କହି ନଥିବା କଥା

କହି ନଥିବା କଥା

ଡକ୍ଟର ନିରଞ୍ଜନ ସାହୁ

ବ୍ଲାକ୍ ଇଗଲ୍ ବୁକ୍ସ
ଭୁବନେଶ୍ୱର, ଓଡ଼ିଶା

BLACK EAGLE BOOKS
Dublin, USA

କହି ନଥିବା କଥା / ଡକ୍ଟର ନିରଞ୍ଜନ ସାହୁ

ବ୍ଲାକ୍ ଇଗଲ୍ ବୁକ୍ସ : ଭୁବନେଶ୍ୱର, ଓଡ଼ିଶା • ଡବ୍‌ଲିନ୍, ଯୁକ୍ତରାଷ୍ଟ୍ର ଆମେରିକା

BLACK EAGLE BOOKS

USA address:
7464 Wisdom Lane
Dublin, OH 43016

India address:
E/312, Trident Galaxy, Kalinga Nagar,
Bhubaneswar-751003, Odisha, India

E-mail: info@blackeaglebooks.org
Website: www.blackeaglebooks.org

First International Edition Published by
BLACK EAGLE BOOKS, 2025

KAHINATHIBA KATHA

by **Dr. Niranjan Sahu**
Email: niranjansahu1961@gmail.com

Copyright © **Dr. Niranjan Sahu,** IAS (Retd.)

All rights reserved. No part of this publication may be reproduced, stored in a retrieval system, or transmitted, in any form or by any means, electronic, mechanical, photocopying, recording or otherwise without the prior permission of the publisher.

Cover & Interior Design: Ezy's Publication

ISBN- 978-1-64560-764-9 (Paperback)

Printed in the United States of America

ଉତ୍ସର୍ଗ

ପ୍ରଫେସର ଡକ୍ଟର ବ୍ରଜମୋହନ ମିଶ୍ର, ଭଦ୍ରକ

ସାର,

ଆପଣଙ୍କୁ ବିଦ୍ୟାଳୟ ଜୀବନରୁ ପାଖରୁ ଦେଖିବା ଓ ଜାଣିବା ଥିଲା ମୋ ପାଇଁ ଏକ ଦୈବୀ ସଂଯୋଗ। ବାଲେଶ୍ୱର ଜିଲ୍ଲା ସ୍କୁଲରେ ଅଧ୍ୟୟନ ସମୟରେ ଆପଣ ଆସିଥିଲେ ଆମର ଛାତ୍ରାବାସକୁ। ମୋର ଉପର ଶ୍ରେଣୀରେ ଅଧ୍ୟୟନରତ ତଥା ଅଗ୍ରଜପ୍ରତୀମ ମନମୋହନ ମିଶ୍ରଙ୍କର ବଡ଼ ଭାଇ ଭାବରେ ଆପଣଙ୍କୁ ପ୍ରଥମେ ଦେଖି ଲାଗିଲା ଆପଣ ଜଣେ ସାଧାରଣ ମଣିଷ ନୁହନ୍ତି। ବେଶଭୂଷାରେ କଥାବାର୍ତ୍ତାରେ ସବୁଠି ସଂସ୍କାର ଆଉ ସାତ୍ତ୍ୱିକ ଭାବର ସ୍ୱାକ୍ଷର। ଆପଣଙ୍କର ସରଳତା ମୋତେ ମନ୍ତ୍ରମୁଗ୍ଧ କରିଦେଇଥିଲା। ମୁଁ ଆପଣଙ୍କୁ ଆଦର୍ଶର ଉଦାହରଣ ଭାବରେ ଗ୍ରହଣ କରିନେଲି; ମାତ୍ର ମୋର ଦୃଢ଼ତାର ଅନେକ ଅଭାବ ଥିବା ଅନୁଭବ କରୁଥିଲି।

ଆପଣ ହେଉଛନ୍ତି ଜ୍ଞାନର ଅସରନ୍ତି ଭଣ୍ଡାର। ସାହିତ୍ୟ, ଦର୍ଶନ, ସାମାଜିକ ବିଜ୍ଞାନରେ ଆପଣଙ୍କର ବ୍ୟୁତ୍ପତ୍ତି ଅନତିକ୍ରମଣୀୟ। ସାଧୁତା ଓ ନିଷ୍ଠାପରତାର ଯେଉଁ କୀର୍ତ୍ତିସ୍ତମ୍ଭ ଆପଣ ଯୋଡ଼ି ଯାଇଛନ୍ତି ତାହା ମୋ ପରି ଅନେକଙ୍କ ପାଇଁ ଆଦର୍ଶ।

ମୁଁ ଶ୍ରେଣୀ ଗୃହରେ ଆପଣଙ୍କର ଛାତ୍ର ହେବାର ଅବସର ପାଇନାହିଁ, ହେଲେ ଗୁରୁ ଶିଷ୍ୟର ସମ୍ବନ୍ଧ କେବଳ ଆନୁଷ୍ଠାନିକ ପରିସରରେ ହୋଇନଥାଏ। ଜୀବନରେ ଯେଉଁ ତିନିଗୋଟି ଗ୍ରନ୍ଥ ମଣିଷ ସଂସାର ତ୍ୟାଗ ପୂର୍ବରୁ ଅଧ୍ୟୟନ କରିବା ଦରକାର ବୋଲି କୁହାଯାଏ ତାହା ହେଲା ଉପନିଷଦ, ଶ୍ରୀମଦ୍ ଭଗବତ୍‌ଗୀତା ଏବଂ ବ୍ରହ୍ମସୂତ୍ର। ଏହାକୁ କୁହାଯାଏ ପ୍ରସ୍ଥାନତ୍ରୟୀ। ମୋ ପାଇଁ ସେ ପ୍ରସ୍ଥାନତ୍ରୟୀ ପାଲଟିଛନ୍ତି ଆପଣ

ଓ ଆପଣଙ୍କର ଆଉ ଦୁଇ ସମଧର୍ମା - ଶ୍ରୀଯୁକ୍ତ ନରହରି ମହାନ୍ତି ଓ ସ୍ୱର୍ଗତ ବଙ୍କିମ ଚନ୍ଦ୍ର ମହାରଣା। ବେଳେବେଳେ ଆପଣ ତିନିଜଣଙ୍କୁ ଗୋଟିଏ କାଳ୍ପନିକ କାନଭାସ୍ ଭିତରେ ମୁଁ ଅନୁଭବ କରେ। ମୁଁ ଜଣଙ୍କୁ ଦେଖେ - ଜଣଙ୍କ ଭିତରେ ତିନିଜଣଙ୍କୁ। ମୋର ସକଳ କର୍ମ ଭିତରେ ଆପଣଙ୍କର ବ୍ୟକ୍ତିତ୍ୱର ଦର୍ଶନ କରୁଥାଏ। ଏକ ସାର୍ଥକ ଜୀବନ ଆପଣଙ୍କର। ଜ୍ଞାନ, ଚରିତ୍ର ଓ ସେବାର ତ୍ରିଧାରାର ପ୍ରତୀକ ହେଉଛନ୍ତି ଆପଣ।

ଶ୍ରୀମଦ୍ ଭଗବତ ଗୀତାର ଷୋଡ଼ଶ ଅଧ୍ୟାୟରେ ଭଗବାନ ଶ୍ରୀକୃଷ୍ଣ ଦୈବୀଗୁଣ ସଂପର୍ଣ୍ଣ ବ୍ୟକ୍ତିମାନଙ୍କର ଛବିଶଟି ଗୁଣର ବ୍ୟାଖାନ କରିଛନ୍ତି। ମୋର ହୃଦ୍‌ବୋଧ ହୋଇଛି ସେସବୁ ଗୁଣ ଆପଣଙ୍କ ନିକଟରେ ପ୍ରସ୍ଫୁଟିତ ହୋଇଛି।

ମୋର ପ୍ରଥମ ସ୍ମୃତିଗ୍ରନ୍ଥ 'କଥା ଅନେଶ୍ୱତ' ପ୍ରକାଶିତ ହୋଇଥିଲା ଆଜକୁ ପ୍ରାୟ ପାଞ୍ଚ ବର୍ଷ ତଳେ।

କହିନଥିବା କଥାମାନ ଲେଖି ଦେବାକୁ ମନ ହେଲା। ସେଇ ଅକୁହା କାହାଣୀର ପ୍ରତିବିମ୍ବ 'କହିନଥିବା କଥା'।

ଏଇ ପୁସ୍ତକଟିକୁ ଆପଣଙ୍କୁ ସମର୍ପଣ କଲାବେଳେ ମୋତେ ଲାଗୁଛି ଜୀବନ ସରି ସରି ଆସୁଛି। ଜୀବନ ଦୀର୍ଘ ହେବ କି ନାହିଁ ତାହା ମଣିଷ ଉପରେ ସଂପୂର୍ଣ୍ଣ ନିର୍ଭର କରେ ନାହିଁ; ମାତ୍ର ବିଭୁକୃପା ହେଲେ ସେ ଦିବ୍ୟ ଜୀବନର ଅଧିକାରୀ ହୋଇପାରେ। ଏଇ ପୁସ୍ତକଟି ଆପଣଙ୍କୁ ଉତ୍ସର୍ଗ କରି ମୁଁ ସ୍ୱର୍ଗସୁଖ ଅନୁଭବ କରୁଛି। ଆପଣଙ୍କ ବରଦହସ୍ତ ମୋ ମୁଣ୍ଡ ଉପରେ ଥିବ, ସବୁବେଳେ ଭାବି ଭାବି ଚାଲିଛି ଓ ଚାଲୁଥିବି।

ବିନୟାବନତ ନିରଞ୍ଜନ

କୃତଜ୍ଞତା ଜ୍ଞାପନ

ପାଞ୍ଚ ବର୍ଷ ତଳେ ପ୍ରକାଶିତ ହୋଇଥିବା ମୋର ସ୍ମୃତିଲେଖ 'କଥା ଅନେଶ୍ୱତ' ପଢ଼ିବା ପରେ ଅନେକ ଲୋକଙ୍କ ପ୍ରତିକ୍ରିୟା ପାଇଥିଲି । ମୋର ପିଲାଦିନର ସ୍ମୃତି ସହିତ ସମତୁଲ ଥିଲା ବହୁ ପାଠକଙ୍କର ଅନୁଭବ । ଜୀବନ ଏକ ସ୍ମୃତିର ଗନ୍ତାଘର । ପ୍ରତି ମଣିଷର ଜୀବନବ୍ୟାପୀ ଯାତ୍ରା ପଛରେ ଗୋଟିଏ ଭାବନା ଥାଏ ଯେ ସ୍ମୃତିଟି ହେଉ ଆନନ୍ଦମୟ; ମାତ୍ର କେବେ ବି ତାହା ଏକପାଖିଆ ହୋଇନଥାଏ । 'କଥା ଅନେଶ୍ୱତ'ର ପାଠକ ପାଠିକାମାନଙ୍କର ପ୍ରତିକ୍ରିୟା ଏଇ ପୁସ୍ତକ ରଚନା କରିବାକୁ ମୋତେ ପ୍ରବର୍ତ୍ତେଇଛି । ତେଣୁ ସେମାନଙ୍କୁ ମୋର କୃତଜ୍ଞତା ଜଣାଉଛି ।

ଚାକିରି ଜୀବନର ବ୍ୟସ୍ତତା ଭିତରେ ମୋର ଅନେକ ନିଜ କାମ ପଛେଇ ଯାଇଥିଲା । ସରକାରୀ ଚାକିରି ସରିବା ଠିକ୍ ଆଗରୁ ମୋତେ ରାଜ୍ୟ ପବ୍ଲିକ୍ ସର୍ଭିସ୍ କମିଶନର ସଦସ୍ୟ ଭାବରେ ମାନ୍ୟବର ରାଜ୍ୟପାଳ ନିଯୁକ୍ତି ଦେଲେ ଦି ବର୍ଷ ପାଇଁ । ସେଇ ଦାୟିତ୍ୱରେ ବିଶେଷ ଝାମେଲା ନଥିଲା, ନଥିଲା ରାତି ଅନିଦ୍ରା ବ୍ୟାପାର । ଆଉ ତାହା ମୋର କାମର ବେଗ କମେଇବା ପାଇଁ ଯେମିତି ଥିଲା ଦୈବ ଅଭିପ୍ରେତ । ବହୁ ବେଗଗାମୀ ବିମାନଟିଏ ଅବତରଣ କରିବା ପୂର୍ବରୁ ଯେମିତି ବେଗ କମେଇ ଦେଇ ଧୀରେ ଧୀରେ ତଳକୁ ଆସେ, ସେଇ ପର୍ଯ୍ୟାୟଟି ଥିଲା ଓ.ପି.ଏସ୍.ସି.ର ସମୟ । ତା' ହୋଇନଥିଲେ ମୋ ପାଇଁ ଏକ ଅତର୍କିତ ଅବତରଣର ତ୍ରାସକୁ ସାମ୍ନା କରିବାକୁ ପଡ଼ିଥାନ୍ତା ହୁଏତ । ଏହା ମହାପ୍ରଭୁ ଶ୍ରୀଜଗନ୍ନାଥଙ୍କ ଅନନ୍ତ କୃପାରୁ କାଣିଚାଏ ମାତ୍ର ।

ମୋର ଗୋଟିଏ ବିଶେଷ ଦୁର୍ବଳତା ହେଲା କମ୍ପ୍ୟୁଟର ଓଡ଼ିଆ ଟାଇପ ଏବଂ ତତ୍‌ସଂଲଗ୍ନ ସଂପାଦନା । ଏହି କାର୍ଯ୍ୟରେ ମୋର ପୂର୍ବତନ ଅଫିସ୍ ସହଯୋଗୀ

ଶ୍ରୀମାନ ପ୍ରକାଶ ଚନ୍ଦ୍ର ବେଦାନ୍ତଙ୍କ ସସ୍ନେହ ଯୋଗଦାନ ମୋ ପାଇଁ ଏକାନ୍ତ ସ୍ମରଣୀୟ। ତାଙ୍କର ସହଯୋଗ ବିନା ଏହି କାର୍ଯ୍ୟ କେତେଦିନ ଅଧୁରା ରହିଥାନ୍ତା, ତାହା ବିଶ୍ୱନିୟନ୍ତାଙ୍କ ଛଡ଼ା ଅନ୍ୟ କାହାକୁ ଅମାଲୁମ। ଏଇ ସୁଯୋଗରେ ସେ ମୋର ଅଜସ୍ର ପ୍ରଂଶସାର ଅଂଶୀଦାର।

ଏହି ଲେଖାଗୁଡ଼ିକ ଲେଖି ସାରିବା ପରେ ମୁଁ ତାକୁ ପୁନର୍ବାର ଅଧ୍ୟୟନ କରିଛି; ମାତ୍ର ନିଜ ଭୁଲ୍ ଉପରେ ଆମର କ୍ୱଚିତ୍ ଦୃଷ୍ଟିପଡ଼େ ବୋଲି ଯାହା କୁହାଯାଏ ତାହା ଏକଦମ୍ ସତ। ଏହି କାମରେ ମୋତେ ସହାୟତା କରିଛନ୍ତି ମୋର ଧର୍ମପତ୍ନୀ ବିଦ୍ୟୁତ୍ ପ୍ରଭା। ତାଙ୍କୁ ମୋର ଅଜସ୍ର ବଧେଇ।

ଚଳିତ ବର୍ଷ ମୋର ଏକ ଲଳିତ ନିବନ୍ଧ ସଂକଳନ 'ଗୁଜବର ଡେଣା' ବ୍ଲାକ୍ ଇଗଲ ପବ୍ଲିକେସନ ପ୍ରକାଶ କରି ମୋତେ କୃତଜ୍ଞତା ପାଖରେ ଆବଦ୍ଧ କରିଥିଲେ। ଚଳିତ ପୁସ୍ତକଟିର ପ୍ରକାଶନ ଦାୟିତ୍ୱ ସେମାନେ ଗ୍ରହଣ କରିଛନ୍ତି, ଏଥିପାଇଁ ଉକ୍ତ ସଂସ୍ଥାର ସତ୍ତ୍ୱାଧିକାରୀ ଶ୍ରୀଯୁକ୍ତ ସତ୍ୟ ପଟ୍ଟନାୟକଙ୍କୁ ମୋର ଗଭୀର କୃତଜ୍ଞତା।

ପୁସ୍ତକଟିର ପ୍ରଚ୍ଛଦପଟ ଆଙ୍କିଛନ୍ତି ଶ୍ରୀଯୁକ୍ତ ଅଶୋକ କୁମାର ପରିଡ଼ା। ସେ ମୋର ଅଜସ୍ର ଧନ୍ୟବାଦର ପାତ୍ର।

ପରିଶେଷରେ ମାତା ବାଗ୍‌ଦେବୀ ଯାହାଙ୍କ କରୁଣା ବିନା ମଣିଷ ଜଡ଼, ଯାହାଙ୍କ ଆଶୀର୍ବାଦ ହିଁ ଲେଖନୀକୁ ଗତିଶୀଳ କରାଇ, ସେଇ ଦିବ୍ୟ ଜନନୀଙ୍କ ନିକଟରେ ଏଇ ଅକିଞ୍ଚନର ଦଣ୍ଡବତ।

ନିରଞ୍ଜନ ସାହୁ

ଆତ୍ମନେପଦୀ

ଦିହଜାର କୋଡ଼ିଏ ମସିହା ଡିସେମ୍ବର ମାସରେ ମୋର ସ୍ମୃତିଲେଖ 'କଥା ଅନେଶ୍ୱତ' ପ୍ରକାଶିତ ହୋଇଥିଲା, ସରକାରୀ ଚାକିରିରୁ ଅବସରର ମାସେ ପୂର୍ବରୁ। ସେତେବେଳେ ଅନୁଭବ କରିଥିଲି ଆହୁରି ଅନେକ କଥା ବାକି ରହିଗଲା କହିବାକୁ ଏବଂ ସେଥିପାଇଁ ସେତେବେଳେ ଲେଖିଥିଲି ଏହାକୁ ସ୍ମୃତି କଥାର ପ୍ରଥମ ଭାଗ ଭାବରେ ଧରିନେବା ପାଇଁ। ଆଜି ଯେତେବେଳେ ସ୍ମୃତିଲିପିର ଦ୍ୱିତୀୟ ଖଣ୍ଡ ପ୍ରକାଶିତ ହେବାକୁ ଯାଉଛି ମୁଁ ଅନୁଭବ କରୁଛି ପ୍ରଥମ ଓ ଚଳିତ ଦୁଇଟିଯାକ ପୁସ୍ତକ ନ ପଢ଼ିଲେ ଅନେକ କଥା ଅନାଲୋଚିତ ରହିଯିବ।

ଏଥିରେ ସନ୍ନିବେଶିତ ଘଟଣାଗୁଡ଼ିକ କେବଳ ମୋର ଅବସର ପରବର୍ତ୍ତୀ ସମ୍ବାଦ ନୁହେଁ ବରଂ ସେଇ ପୁସ୍ତକରେ ଲେଖା ହୋଇନଥିବା କାହାଣୀ, କୁହା ନ ଯାଇଥିବା କଥା। 'କଥା ଅନେଶ୍ୱତ' ବାହାରିବା ପରେ ଅନେକ ମନ୍ତବ୍ୟ ମିଳିଥିଲା ଯାହା ଭିତରୁ ବହୁ ଭାଗ ସକାରାତ୍ମକ। ଅନେଶ୍ୱତରୁ ଶହେକୁ ଡେଇଁବା କେତେ କଷ୍ଟ ତାହା ମୁଁ ଏଇଠି ଅନୁଭବ କରୁଥିଲି। ଲେଖୁଥିବା ମଣିଷଟିଏ ତ ତା ଜୀବନରେ ଶତକ ଛୁଇଁପାରେ ନାହିଁ। କଥା ସବୁବେଳେ ରହିଯାଏ କିଛି ଅକୁହା; ମାତ୍ର ହଲପ କରି କହିପାରେ ଏଇ ଘଟଣାଗୁଡ଼ିକ ମୋ ନିଜ ଜୀବନକୁ ଛୁଇଁଛି କେତେବେଳେ ମୋତେ ଉତ୍ସାହିତ କରିଛି, ତେବେ ପୁଣି ଦେଇଛି ଅଭିସମ୍ପାତ। ଜୀବନ କେବେ ବି ଏକ ସରଳରେଖା ନୁହେଁ ତାହା ପ୍ରତିପାଦିତ ହୋଇଛି ବାରମ୍ବାର।

ମାନ୍ୟବର ମୁଖ୍ୟମନ୍ତ୍ରୀଙ୍କ ଦପ୍ତରରେ ମଧ୍ୟ ମୋତେ ପ୍ରାୟ ଦୁଇବର୍ଷ ପାଖାପାଖି କାର୍ଯ୍ୟ କରିବାର ସୁଯୋଗ ମିଳିଥିଲା; ମାତ୍ର ତାହା ହିଁ ଥିଲା ମୋର ସବୁଠାରୁ ବଡ଼ ଦୁର୍ଯୋଗ। ଏଇଠି ଯୋଗ ଦେଉ ଦେଉ କିଛି ଷ୍ଟେସନ ସିନିୟର ମୋତେ ପରାମର୍ଶ

ଦେବାପାଇଁ ଧାଇଁ ଆସି କହିଥିଲେ, ଏଠାରେ ନିଜେ କିଛି କରିବେ ନାହିଁ, ଯାହା କୁହାଯିବ ସେତେକ ହିଁ କରିବେ। ମୋ ଭିତରେ ଥିବା ବିବେକଟିକୁ ନେଇ ମୁଁ ଚାଲୁଥିଲି ସବୁବେଳେ; ଯେମିତି ମୋତେ ଲାଗିଲା ମାଙ୍କଡ଼ ଯେମିତି ତା କଲିଜାଟିକୁ ଛାଡ଼ି ଯାଇଥିଲା ସେ ଗପରେ, ମୋତେ ଅବିକଳ ବିବେକଟିକୁ ହରେଇବାକୁ ହେବ। ମୁଁ ନିଜେ ଅନୁଭବ କରୁଥିଲି ସେଇ ଜାଗାଟି ମୋ ପାଇଁ ଉପଯୋଗୀ ନଥିଲା। ସେଇଠୁ ଖସିବା ବି ଏତେ ସହଜ ନଥିଲା। ତେଣୁ ସେଇ ଦୁଇ ବର୍ଷ ବିଷୟରେ ବିଶେଷ ଉଲ୍ଲେଖ କେଉଁଠାରେ ନାହିଁ।

ପ୍ରଥମରୁ କହି ରଖିଛି ସ୍ମୃତି ଏକ ଘଟଣା ଯାହା ମନରେ ବସା ବାନ୍ଧି ନେଇଛି। ହେଲେ ଏଇ ଘଟଣାର କର୍ତ୍ତା ଲେଖକ କେବେ ବି ନୁହେଁ, ସେ ଖାଲି ଦର୍ଶକଟିଏ। ସବୁ ତା ଆଖି ଆଗରେ ଘଟି ଯାଇଛି। ମନେ ପଡ଼ିଯାଉଛି ମହାଭାରତରେ କୁହାଯାଇଥିବା କଥାଟି। ଅନେକଙ୍କୁ ପ୍ରଶ୍ନ ହୋଇଥିଲା ମହାଭାରତ ଯୁଦ୍ଧରେ କିଏ କଣ ବିଶେଷ ପ୍ରତିଷ୍ଠା ରଖିଲେ। କିଏ କାହାକୁ ମାରିଲେ ବା କିଏ କାହାଦ୍ୱାରା ପରାଭୂତ ହେଲେ। ଏଇ ପ୍ରଶ୍ନ ଭୀମ ପୁତ୍ର ବେଲାଲସେନଙ୍କୁ ବି କରାଯାଇଥିଲା; ସେ ଯୁଦ୍ଧରେ ନିଜେ ଯୋଗ ଦେଇ ନଥିଲେ ଜଣେ ଯୋଦ୍ଧା ଭାବରେ ବରଂ ଏକ ପରିସ୍ଥିତିରେ ତାଙ୍କର ମୁଣ୍ଡଟି କେବଳ ରଖାଯାଇଥିଲା ଯୁଦ୍ଧ ଭୂମିରେ - ଦୃଶ୍ୟ ଦେଖିବାକୁ। ତାଙ୍କର ଉକ୍ତି ଚିରଦିନ ପାଇଁ ଇତିହାସ, ପୁରାଣ ଓ ସାହିତ୍ୟକୁ ପ୍ରତିଧ୍ୱନିତ କରିଛି। ତାଙ୍କର ଭାଷାରେ - ମୁଁ କେବଳ ଦେଖୁଥିଲି ଗୋଟାଏ ଚକ୍ର ବୁଲୁଥିଲା ଆଉ ସବୁ ବିନାଶ ସମ୍ଭବ ହେଉଥିଲା ତାରି ଯୋଗୁଁ। ଯେ ଚକ୍ର ହେଉଛି କାଳର। କାଳର ଅଧୀନ ସମସ୍ତେ। ଯିଏ ସେତେବେଳେ ସବୁ କରିଛନ୍ତି ବୋଲି ଦାବୀ କରୁଥିଲେ ଏବେ ସେ ମୁହଁ ପୋତି ବସିଛନ୍ତି। ଯିଏ ତାଙ୍କର ଭୈରବ ରଡ଼ିରେ ସମସ୍ତଙ୍କ ଛାତିରେ ପ୍ରକମ୍ପ ସୃଷ୍ଟି କରୁଥିଲେ ତାଙ୍କର କଣ୍ଠରୁ ଆଜି ଭାଷା ବାହାରୁ ନାହିଁ। ଯିଏ ପାଟି ଖୋଲିଲେ କଥା ନୁହେଁ କମାଣରୁ ଗୁଳା ପରି ଶବ୍ଦ ମାନ ବାହାରୁଥିଲେ ସିଏ ଆଜି ସ୍ତବ୍ଧ ଓ ସ୍ଥବିର। 'ସର୍ବେ ନିଜ ନିଜ ଅଭିନୟ ସାରି ବାହୁଡ଼ିବେ କାଳ ବଳେ' ତାହାହିଁ ସତ୍ୟ। ମୋତେ ଯେଉଁ ଅଭିନୟ ମିଳିଥିଲା ମୁଁ ସେଇ ପୋଷାକ ପିନ୍ଧିଥିଲି। ମୋର ନିର୍ଦ୍ଦେଶକ ଯେଉଁ ଭାଷା ମୋତେ ଶିଖେଇଥିଲେ - ତାହା କହିବାକୁ ଅଭ୍ୟାସ କରିଥିଲି।

ଯେଉଁ ଘଟଣାଗୁଡ଼ିକ ଏଇ ପୁସ୍ତକରେ ବିବୃତ କରାଯାଇଛି ସବୁଗୁଡ଼ିକ ମୋ ସମ୍ମୁଖରେ ଘଟିଛି। ମୁଁ ଜଣେ ଦର୍ଶକ, ଅବଶ୍ୟ ପ୍ରତି ଦୃଶ୍ୟରେ ମୋର କିଛି ସାମାନ୍ୟ ବକ୍ତବ୍ୟ ରହିଛି, କେତେବେଳେ ବା ମୁଁ ତୁଚ୍ଛା ଜଡ଼ ଭରତଟାଏ !

ଏଇ ଘଟଣା ସମୂହର ବ୍ୟବସ୍ଥିତିକୁ ଦେଖିଲେ ଲାଗିବ ଏଗୁଡ଼ିକୁ ହୁଏତ ଆମ ଚାରିକଡ଼ରେ ଘଟିଯାଇଥିବା ନିତ୍ୟ ନୈମିତ୍ତିକ ଘଟଣା । ସବୁ ଘଟଣା ମିଶିଯାଇ ଗୋଟିଏ ଜୀବନ ଗଢ଼ା ହୁଏ । ସବୁ ଘଟଣାର ମୂଲ୍ୟାୟନ ଠିକ୍ ସମୟରେ ହୁଏନି ।

ଉଲ୍ଲିଖିତ ପ୍ରସଙ୍ଗ ଭିତରୁ କିଛି ପରିବେଷଣ କରାଯାଇଛି ଗଳ୍ପର ଶୈଳୀରେ ଏବଂ ଆଉ କିଛି କେବଳ ଅବତାରଣା କରାଯାଇଛି ଘଟଣାର ପ୍ରେକ୍ଷାପଟରେ ।

ସମୟ ଗଡ଼ିଯାଇଛି - ଗତ ବର୍ଷ ଶେଷ ଆଡ଼କୁ ମୋର ବଡ଼ ପୁଅର ପୁଅଟିଏ ଜନ୍ମ ହେଲା ବାଙ୍ଗାଲୋରଠାରେ । ମାସେ ହେଲାରୁ ଆମେ ମାଆ ପୁଅକୁ ଆମ ପାଖକୁ ନେଇ ଆସିଲୁ । ନାତିଟି ଏବେ ସାତମାସ ପାଖାପାଖି ହେଲାଣି । ତାକୁ ଅଧିକାଂଶ ସମୟରେ ଦେଖିବା ଭିତରେ ମୁଁ ଦେଖୁଛି କେମିତି ଅସହାୟ ଶିଶୁଟିର କ୍ରମୋନ୍ନତି ହେଉଛି । ଚାକିରି ଜୀବନରେ ଜଞ୍ଜାଳ ଭିତରେ ମୋର ଦୁଇଟି ଛୁଆ ବଡ଼ ହେବା ମୁଁ ଲକ୍ଷ୍ୟ କରି ପାରିନଥିଲି । ଅଫିସ୍ ଭିତରେ ମୁଁ କଣ ଏତେ ମଜ୍ଜି ଯାଇଥିଲି - ସବୁ କେବଳ କାମ କାମ । ଏବେ ଅନୁଭବ କରୁଛି କି ଭୁଲ୍ ମୁଁ କରିଥିଲି ସେତେବେଳେ ଏବେ ଭଗବାନ ମୋତେ ସୁଯୋଗ ଦେଇଛନ୍ତି ନାତି ଛୁଆଟିକୁ ଦେଖି ମୋ ଅପହୃତ ଆନନ୍ଦକୁ ପୁନର୍ବାର ଖୋଜି ପାଇବା ପାଇଁ । ସମସ୍ତଙ୍କ ପାଇଁ ଏହା ଜୁଟେନି । ସମୟ କେତେବେଳେ ଚାଲିଯିବ ଜାଣି ହେବ ନାହିଁ । ତେଣୁ ଯେତେବେଳେ ଯେଉଁ ସୁଖ ଟିକକ ମିଳୁଛି ତାକୁ ଉପଭୋଗ କରିବା ଉଚିତ ।

ଜୀବନରେ ସତରେ ଦୁଃଖର ପରିମାଣ ସୁଖଠୁ ଢେର ଅଧିକ । ଯେମିତି ସଂସାରରେ ତିନିଭାଗ ଜଳକୁ ଭାଗେ ସ୍ଥଳ ହୁଏତ ସେମିତି ସୁଖର ତିନିଗୁଣ ହୁଏ ଦୁଃଖର ଭୂଗୋଳ । ଯଦି ଆପଣଙ୍କୁ ପ୍ରଶ୍ନ ହେବ ଆପଣଙ୍କର ସବୁଠୁ ଅଧିକ ସୁଖର ସମୟ କଣ ଥିଲା ହୁଏତ ଆପଣ ହଠାତ୍ ଏହାର ଉତ୍ତର ଦେବା ସମ୍ଭବ ହେବ ନାହିଁ; ମାତ୍ର ଭାବିଚିନ୍ତି ଆପଣ କେତୋଟି ଘଟଣାକୁ ସ୍ମୃତିରୁ ଉଖାରି ପାରିବେ, ବ୍ୟକ୍ତିଗତ କୃତୀତ୍ୱ ଖୁସି ଦେଇପାରେ ତାହାକୁ ଅସ୍ୱୀକାର କରି ହେବ ନାହିଁ; ମାତ୍ର ଯେତେବେଳେ ଆପଣ ଅନ୍ୟ କାହାକୁ ଖୁସି ଦେବାରେ ଟିକିଏ ଯୋଗଦାନ ଦେଇଛନ୍ତି ସେଇ କଥା ମନେ ପକେଇଲେ, ଯେଉଁ ଖୁସି ତାର ପଟାନ୍ତର ନାହିଁ । ମନେ ପଡ଼ିଯାଉଛି ଆମର ପ୍ରାକ୍ତନ ରାଷ୍ଟ୍ରପତି କାଲାମ୍ ସାହାବଙ୍କର ଜୀବନର ଗୋଟିଏ ଘଟଣା ।

ଦିନେ ଜଣେ ସାମ୍ବାଦିକ ତାଙ୍କୁ ପ୍ରଶ୍ନ କଲେ - ମହାମହୀମ, ଆପଣ ଜୀବନରେ ଅନେକ ବଡ଼ ବଡ଼ କୃତୀତ୍ୱ ହାସଲ କରିଛନ୍ତି । ଅଗ୍ନି କ୍ଷେପଣାସ୍ତ୍ର ଠାରୁ

ବହୁ କ୍ଷେପଣାସ୍ତ୍ରର ଆପଣ ଜନକ। ଆପଣ ଭାରତର ସର୍ବଶ୍ରେଷ୍ଠ ଆସନ ରାଷ୍ଟ୍ରପତି ପଦରେ ଅସୀନ ହୋଇଛନ୍ତି; ଭାରତର ସର୍ବଶ୍ରେଷ୍ଠ ସମ୍ମାନ ଭାରତରତ୍ନରେ ବି ସମ୍ମାନିତ ହୋଇଛନ୍ତି ଆପଣ କହିବେ ତ କେଉଁ ଉପଲବ୍ଧି ଆପଣଙ୍କୁ ସବୁଠୁ ଅଧିକ ଖୁସି ଦେଇଛି।

ମୁହୂର୍ତ୍ତେ ଅଟକି ଗଲେ କଲାମ ମହାଶୟ। କହିଲେ, "ନା ଆପଣଙ୍କ ବର୍ଣ୍ଣନା ଭିତରେ ମୋର ସବୁଠୁ ଆନନ୍ଦମୟ ମୁହୂର୍ତ୍ତ ନାହିଁ। ମୁଁ ସେତେବେଳେ କ୍ଷେପଣାସ୍ତ୍ର ବିଭାଗର ମୁଖ୍ୟ ବୈଜ୍ଞାନିକ ଭାବରେ କାର୍ଯ୍ୟ କରୁଥାଏ। ଥରେ ଗୋଟିଏ ପୋଲିଓ ହସ୍‌ପିଟାଲକୁ ଯାଇଥିଲି। ସେଇଠି ଦେଖିଲି ପୋଲିଓ ଆକ୍ରାନ୍ତ ଶିଶୁମାନଙ୍କର ଦୁଃଖ। ସେମାନଙ୍କୁ ଚାଲିବା ପାଇଁ କିଛି ଲୁହାର ନିର୍ମିତ ବସ୍ତୁ ପିନ୍ଧିବାକୁ ପଡ଼େ, ଯାହା ତାଙ୍କର ଗୋଡ଼ ଏବଂ ଅଣ୍ଟାର ଚାରିଆଡ଼େ ବେଢ଼େଇ ଦିଆଯାଇଥାଏ। ପଚାରି ବୁଝିଲି ଯେ ସେହି ଯନ୍ତ୍ରପାତିର ଓଜନ ଜଣ ପିଛା ପ୍ରାୟ ଆଠ କେଜିରୁ ଅଧିକ। ମନେ ମନେ ଭାବିଲି କେତେ କଷ୍ଟ ପାଉଥିବେ ଏଇ ପିଲାମାନେ। ଏକେତ ରୋଗ ବାଧିତ; ତାଛଡ଼ା ସେମାନଙ୍କୁ ଯେଉଁ ତଥାକଥିତ ସହାୟକ ବସ୍ତୁ ପିନ୍ଧାଯାଉଛି ତାକୁ ବହି ଚାଲିବା କଣ କମ୍ କଷ୍ଟକର ବ୍ୟାପାର !"

ସେଦିନ ଫେରିଯାଇ ସେ ଗଭୀର ଭାବରେ ଚିନ୍ତା କଲେ କଣ କରି ପିଲାମାନଙ୍କର ଦୁଃଖ ଲାଘବ କରାଯିବ। ସେ ଦେଖିଲେ କ୍ଷେପଣାସ୍ତ୍ରକୁ ଅଧିକ ଗତିଶୀଳ କରିବା ପାଇଁ କ୍ଷେପଣାସ୍ତ୍ରର ଅଗ୍ର ଭାଗରେ କମ୍ ଓଜନର ବସ୍ତୁ ବ୍ୟବହୃତ ହୁଏ। ତାଙ୍କର ମନ କଥା ଖୋଲି କହିଲେ ଅନ୍ୟ ସାଥୀ ବୈଜ୍ଞାନିକମାନଙ୍କୁ। ସମସ୍ତେ ଲାଗି ଗଲେ ସେଇ କାମରେ ଓ କିଛିଦିନ ପରେ ନୂତନ ସହାୟତା ସରଞ୍ଜାମ ତିଆରି ହେଲା ଯାହାର ଓଜନ ଥିଲା ଆଠଶହ ଗ୍ରାମ। ପୂର୍ବ ସରଞ୍ଜାମର ଏକ ଦଶମାଂଶ। ଏହି ସରଞ୍ଜାମ ପିନ୍ଧାଇ ଦେଲା ପରେ ପିଲାମାନଙ୍କ ଚାଲିବା ଯେତେବେଳେ ସେ ଦେଖିଲେ ଭାବ ବିହ୍ୱଳ ହୋଇଗଲେ। ସେ ଦେଖୁଥିଲେ ପିଲାମାନଙ୍କର ଆନନ୍ଦ ଓ ତାଙ୍କର ମାଆମାନଙ୍କର ଆଖିରେ ଥିବା ଆନନ୍ଦର ଲୁହ।

ଅନ୍ୟକୁ ଖୁସି ଦେବାରେ ଯେଉଁ ଆନନ୍ଦ ସେଇ ଆନନ୍ଦ ପାଇଁ ସମସ୍ତେ ଟିକିଏ ଟିକିଏ କାମ କଲେ ଆମ ଦୁନିଆଁ କେତେ ବଦଳି ଯାଆନ୍ତା ନାହିଁ ସତରେ ?

-ବିନୀତ ଲେଖକ

ସୂଚିପତ୍ର

ପୂର୍ବ ଛାତ୍ରାବାସର ସ୍ମୃତି ୧୫
ବାଣୀବିହାର ୨୧
ଭଗବାନଙ୍କ ସହିତ ଭେଟାଭେଟି; ଅକସ୍ମାତ୍ କେତେବେଳେ କେଉଁଠି ୩୦
ଓଡ଼ିଶାରେ ଚାକିରି : ଚାକିରିର ପ୍ରାରମ୍ଭ ୩୯
ବଡ଼ମାନଙ୍କ ପରାମର୍ଶ ୪୬
ଏକ ମାମୁଲି ଖଟର ଉପକଥା ୫୪
ସନ୍ଥଙ୍କ ବେଶଭୂଷା ୬୧
ଗୋଟିଏ ସୁମଧୁର ବିଳମ୍ବର କାହାଣୀ ୬୫
ଅଜାଗା ଘା' ୭୧
ନିଃସଙ୍ଗ ପଦାତିକ ୮୧
ନିର୍ବାଚନ ପରିଚାଳନାର ଏକ ବିରଳ ଅନୁଭୂତି ୮୮
କୋର୍ଟ ପରିଚାଳନା ୯୫
ମାଧ୍ୟମିକ ଶିକ୍ଷା ବୋର୍ଡ଼ରେ ଅଜବ ଅଭିଜ୍ଞତା ୧୦୭
ଜଣେ ବିଷାଦଗ୍ରସ୍ତଙ୍କ ଡାଏରୀ ୧୧୭
ଗୋଟିଏ ଛୋଟିଆ ପଦକ୍ଷେପ : ଏକ କ୍ଷୁଦ୍ର ଆନନ୍ଦର ଉତ୍ସ ୧୨୪
ପୁଟ୍ଟପର୍ତ୍ତି ପଥେ ୧୨୯
ମନ୍ତ୍ରୀଙ୍କ ବ୍ୟକ୍ତିଗତ ସଚିବ ବେଳର କିଛି ସ୍ମରଣୀୟ ଘଟଣା ୧୩୮
ଉଚ୍ଚଶିକ୍ଷା ନିର୍ଦ୍ଦେଶାଳୟ : ଅସ୍ପଷ୍ଟ ପଦଚିହ୍ନ ୧୪୫
ବଡ଼ ଘର ବଡ଼ ଗୁମର କଥା ୧୫୨
ବିଦାୟ ବାଇଶି ୧୫୭
ରାଜ୍ୟ ପବ୍ଲିକ୍ ସର୍ଭିସ୍ କମିଶନରେ କଟିଥିବା ଦିନଗୁଡ଼ିକ ୧୮୨
ଯେ ମନ ଭାବୁଥାଏ ଯାହା ୧୯୦
ଯୁଗ୍ମ ଜୀବନ ଓ ଟୁନୀ ୧୯୭

ପୂର୍ବ ଛାତ୍ରାବାସର ସ୍ମୃତି

୧୯୭୬ ରୁ ୧୯୮୦ ଏଇମିତି ଚାରିବର୍ଷ ମୋ ଜୀବନର କଟିଥିଲା ରେଭେନ୍ସା କଲେଜ ଇଷ୍ଟ ହଷ୍ଟେଲରେ। ଜୀବନର ଭାରି ଗୁରୁତ୍ୱପୂର୍ଣ୍ଣ ସମୟ, ବହୁ ହସ କାନ୍ଦର ସ୍ମୃତିରେ ଭରା। ପ୍ରଥମ ଦୁଇବର୍ଷ ଆଇ.ଏସ୍.ସି. ଓ ଶେଷ ଦୁଇବର୍ଷ ଇତିହାସ ସମ୍ମାନ ସହିତ ବି.ଏ.। ଆଧୁନିକ ଓଡ଼ିଶା ଇତିହାସ ରେଭେନ୍ସା କଲେଜକୁ ଛାଡ଼ି ପୂର୍ଣ୍ଣାଙ୍ଗ ହୋଇ ପାରିବ ନାହିଁ। ନଅଙ୍କ ଦୁର୍ଭିକ୍ଷ ପରଠାରୁ ଯେ ଯାବତ୍ ଓଡ଼ିଶାର ଶୈକ୍ଷିକ ଜଗତର ଅନ୍ୟତମ କେନ୍ଦ୍ର ହୋଇଛି ଏହି ସର୍ବବୃହତ୍ ଏକକ ଶିକ୍ଷାନୁଷ୍ଠାନ। ସ୍ୱାଧୀନତା ସଂଗ୍ରାମରେ ଯେଉଁମାନେ ଅଗ୍ରଗାମୀ ଥିଲେ ସେମାନଙ୍କ ମଧ୍ୟରୁ ରେଭେନ୍ସାଭିଆନ୍‌ଙ୍କ ସଂଖ୍ୟା ସର୍ବାଧିକ। ଓଡ଼ିଶାର ଉତ୍କର୍ଷ କେନ୍ଦ୍ର ଭାବରେ ବିବେଚିତ ଏହି ଅନୁଷ୍ଠାନରେ ଶିକ୍ଷାଲାଭର ସୁଯୋଗ ମିଳିଥିବାରୁ ମୁଁ ବେଶ୍ ଖୁସିଥିଲି। ଅବଶ୍ୟ ସେଦିନର ରେଭେନ୍ସା କଲେଜ ଏବେ ଆଉ କଲେଜ ହୋଇ ନାହିଁ, ତାହା ଏବର ରେଭେନ୍ସା ବିଶ୍ୱବିଦ୍ୟାଳୟ।

ଯେତେବେଳେ ହଷ୍ଟେଲକୁ ଆସିଲୁ ସେତେବେଳେ ଜରୁରୀ ପରିସ୍ଥିତି ସମୟ। ଆଇନ ଶୃଙ୍ଖଳା ଭାରି କଡ଼ାକଡ଼ି। ପ୍ରାଧ୍ୟାପକ ବିଶ୍ୱମୋହନ ମିଶ୍ର (କବି ମନମୋହନ ମିଶ୍ରଙ୍କ ସାନଭାଇ) ଥାଆନ୍ତ ତତ୍ତ୍ୱାବଧାରକ। ଭାରି କଠୋର ଶୃଙ୍ଖଳା ଭିତରେ ରଖୁଥିଲେ। ଆମଠାରୁ ଦୁଇବର୍ଷ ସିନିଅର ଇତିହାସ ସମ୍ମାନର ଛାତ୍ର ଥିଲେ ଅମୀୟ କୁମାର ରଥ। ଟିକିଏ ଅଧିକ ସ୍ୱାଧୀନଚେତା ଆଉ ସିଧାସଳଖ ପ୍ରତିରୋଧ କରନ୍ତି କର୍ତ୍ତୃପକ୍ଷଙ୍କୁ। ଆଉ ଫଳ ହୁଏ - ଅନେକ ସମୟରେ ତାଙ୍କ ଉପରେ ଶହେ ଟଙ୍କା ଜୋରିମାନା କଷି ଦିଆଯାଏ। ହଷ୍ଟେଲ ନୋଟିସ ବୋର୍ଡ଼ରେ ତାହା ବାହାରେ।

ଆମେମାନେ ନୂଆ ପିଲା। ସାହସ କରିପାରୁନି ସିଧାସଳଖ ପ୍ରତିବାଦ କରିବାକୁ; କିନ୍ତୁ ନୈତିକ ସମର୍ଥନ ଦେଇଥାଉ।

ଯା ଭିତରେ ଏତେକ ବର୍ଷ ବିତି ଗଲାଣି; ମାତ୍ର ଅମୀୟ ବାବୁଙ୍କୁ ବାରମ୍ବାର ଜୋରିମାନା କରାଯାଇ ନୋଟିସ ବୋର୍ଡ଼ରେ ଲଗାଯାଉଥିବା ଆଦେଶଗୁଡ଼ିକ ମୁଁ ଭୁଲିପାରିନାହିଁ। ଦିନେ ହୁଏତ ବାହାରିଥିବ - Shri Amiya Kumar Rath, III Yr Arts (Hist) is hereby fined Rs 100/- for grave miscondct. ପନ୍ଦର ଦିନ ଯାଇଥିବ କି ନାହିଁ, ପୁଣି ନୋଟିସ ବୋର୍ଡ଼ରେ ବାହାରିବ - Shri Amiya Kumar Rath, III Yr Arts (Hist) is hereby fined Rs 100/- for indisciplined behaviour. ପୁଣି କେତେବେଳେ ନୋଟିସ ବୋର୍ଡ଼ରେ ବିଜ୍ଞପ୍ତି ବାହାରିଯିବ ସେଇ ଏକା କଥା ମାତ୍ର; ଏଥରକ persistent misconduct ଥିବ କାରଣ।ସୁପରିଣ୍ଟେଣ୍ଡେଣ୍ଟ୍ ଭାଷାଜ୍ଞାନ ଦେଖି ଚମତ୍କୃତ ହେଉଥିଲି; ମାତ୍ର ତାଙ୍କର ଆକ୍ରୋଶ ଦେଖି ହେଉଥିଲି ବିବ୍ରତ। ବର୍ଷେ ଉତ୍ତାରୁ ସୁପରିଣ୍ଟେଣ୍ଡେଣ୍ଟ୍ ବଦଳି ହୋଇଗଲେ। ଆଉ କେବେ ବି ସେପରି ଜୋରିମାନା ବାଲା ନୋଟିସ ଆମ ଆଖିରେ ପଡ଼ିନି। ପରବର୍ତ୍ତୀ ସମୟରେ ଜଣେ ଭଲ ଇତିହାସ ପ୍ରାଧ୍ୟାପକ ଭାବରେ ସରକାରୀ ମହାବିଦ୍ୟାଳୟରେ ଅଧ୍ୟାପନା ଜୀବନ କଟେଇ ଅବସର ନେଇଛନ୍ତି ସେଦିନର ଅମୀୟ ବାବୁ, ଡକ୍ଟର ଅମୀୟ କୁମାର ରଥ।

ଆମର ରହଣୀ ସମୟରେ ଯେଉଁ ଛାତ୍ରମାନେ ବକ୍ତୃତା ଦେଇ ରେଭେନ୍‌ସାରେ ସମସ୍ତଙ୍କ ଦୃଷ୍ଟି ଆକର୍ଷଣ କରୁଥିଲେ ସେମାନଙ୍କ ମଧ୍ୟରେ ପ୍ରମୁଖ ଥିଲେ କୃଷ୍ଣ ବଳ, ଶାନ୍ତନୁ ସର, ପ୍ରଫୁଲ୍ଲ ଦାଶ। ଆମଠାରୁ ଦୁଇବର୍ଷ ସାନ ଥିଲେ ଆମର ସୁପରିଣ୍ଟେଣ୍ଡେଣ୍ଟ୍ ବିଶ୍ୱମୋହନ ସାରଙ୍କ ପୁଅ ସନ୍ତୃପ୍ତ ମିଶ୍ର। ସେ ବି ଖୁବ୍ ଚମତ୍କାର ଭାଷଣ ଦେଉଥିଲେ। କର୍ପୋରେଟ୍ ଜଗତର ମାନବସମ୍ବଳରେ ବିଖ୍ୟାତ ନାଁ କରି ସେ ରାଜନୀତିରେ ପାଦ ଦେଇଛନ୍ତି।

ହଷ୍ଟେଲର ଖାଦ୍ୟ ବିଷୟରେ ଶୁଣିବାକୁ ପ୍ରଥମେ ଭାରି ଭଲ ଲାଗୁଥିଲା। ଅର୍ଥାତ୍ ସାପ୍ତାହିକ ମେନ୍ୟୁରେ ଥିଲା ଥରେ ମାଂସ, ଥରେ ଅଣ୍ଡା, ଥରେ ମାଛ; ମାତ୍ର ଯେତେବେଳେ ହଷ୍ଟେଲର ଖାଦ୍ୟ ପରଷା ଗିନାର ଆକାର ଦେଖିଲୁ ତାହା ସମସ୍ତଙ୍କର ହୋସ୍ ଉଡ଼େଇ ଦେଇଥିଲା। ପ୍ରଥମେ ସବୁ ତରକାରୀ ବାଢ଼ି ଦିଆଯାଏ ଏବଂ ପ୍ରତ୍ୟେକଙ୍କୁ ଗୋଟିଏ ଲେଖାଏଁ ଗିନା ଦିଆଯାଏ। ଶତକଡ଼ା ନବେ ଜଣ ସେଇ ଗିନା ବଦଳାଇ ଆଉ ଗୋଟିଏ ଗିନା ଆଣିବାକୁ ଦାବୀ କରନ୍ତି। ଏକଥା ସତ

ଯେ ଦ୍ୱିତୀୟ ଗିନାରେ କିଛି ଅଧିକ ଥିବାର ସମ୍ଭାବନା ଶୂନ ସହିତ ସମାନ। ତଥାପି ଏପରି କାହିଁକି ଆମେ ସମସ୍ତେ କରୁଥିଲୁ ଏବଂ ମନସ୍ତତ୍ତ୍ୱରେ ଏହାକୁ କଣ କୁହାଯିବ ତାହା ଉପରେ ମୁଁ କିଛି ଅଧ୍ୟୟନ ବା ଅନୁଧ୍ୟାନ କରିନାହିଁ।

ଆମର ଆଗ ପୀଢ଼ିରେ କୁଆଡ଼େ ଖାଇବା ପିଇବା ଥିଲା ଖୁବ୍ ଚମତ୍କାର। ଆମ ସମୟରେ ଯେଉଁ ନନାମାନେ ହଷ୍ଟେଲରେ ରୋଷେଇ ବାସ କରୁଥିଲେ ଯଥା - ବିଦ୍ୟାନ୍ନା, ଦିବ୍ୟାନ୍ନା ଇତ୍ୟାଦି। ସେମାନଙ୍କ ମୁହଁରୁ ଶୁଣିଥିଲି ଯେ ସେମାନଙ୍କୁ କଲେଜରେ ପିଅନ ଭାବରେ ଯୋଗଦେବାକୁ ଗୋଟାଏ ସମୟରେ ପ୍ରସ୍ତାବ ମିଳିଥିଲା; ମାତ୍ର ଇଷ୍ଟ ହଷ୍ଟେଲରେ ଖାଦ୍ୟ ଏତେ ଉଚ୍ଚମାନର ଥିଲା ଯେ ସେମାନେ ସରକାରୀ ଚାକିରିର ମୋହକୁ ଏଡ଼େଇ ଯାଇଥିଲେ। ଅବଶ୍ୟ ଆମେମାନେ ଆସିଲା ବେଳକୁ ସେମାନଙ୍କର ଦରମା କଲେଜ ପିଅନମାନଙ୍କ ତୁଳନାରେ ଖୁବ୍ କମିଯାଇଥିଲା। ଅବଶ୍ୟ ମଝିରେ ପୂର୍ବତନ ଅନ୍ତେବାସୀମାନେ ଆସିଲେ ସେମାନଙ୍କୁ ଭଲ ଉପହାର ଦେଉଥିଲେ ଏବଂ ସେମାନଙ୍କ ମଧ୍ୟରୁ ଅନେକଙ୍କ ପିଲାମାନେ କୁହାବୋଲାରେ ଭଲଭଲ ଚାକିରି ପାଇଯାଉଥିଲେ ସେକାଳରେ।

ଇଷ୍ଟ ହଷ୍ଟେଲରେ ସାହିତ୍ୟିକ ପରମ୍ପରା ମୋତେ ବିଶେଷ ପ୍ରଭାବିତ କରିଥିଲା। ମୁଁ ସେକେଣ୍ଡ ଇଅରରେ 'ଜାଗରଣ'ର ସହ ସଂପାଦକ ଭାବରେ ନିର୍ବାଚିତ ହୋଇଥିବା ବେଳେ ଚତୁର୍ଥ ବର୍ଷରେ ଜାଗରଣ 'ସଂପାଦନା' ଦାୟିତ୍ୱ ମୋ ଉପରେ ପଡ଼ିଥିଲା। ସେତେବେଳେ ମୁଁ ମନୋଜ ଦାସଙ୍କ ସହିତ ଗୋଟିଏ ସାକ୍ଷାତକାର କରିଥିଲି ଏବଂ ଜଣେ କୁଲିଗିରି କରୁଥିବା ଶ୍ରମିକ ସହିତ ସାକ୍ଷାତକାର ନେଇଥିଲି ଯାହା ସେତେବେଳେ ଚର୍ଚ୍ଚାର ବିଷୟ ପାଲଟିଥିଲା। ପତ୍ରିକା ଜାଗରଣର ଥିଲା ଦୀର୍ଘ ସାହିତ୍ୟିକ ପରମ୍ପରା। ଏହାର ପ୍ରଥମ ସମ୍ପାଦକ ଥିଲେ କାଳିନ୍ଦୀ ଚରଣ ପାଣିଗ୍ରାହୀ। ଏକଦା ସଂପାଦକ ପଦ ମଣ୍ଡନ କରି ପରବର୍ତ୍ତୀ ଜୀବନରେ ବହୁ ପଦମର୍ଯ୍ୟାଦାର ଅଧିକାରୀ ହୋଇଥିଲେ ଅନେକ। ସେମାନଙ୍କ ମଧ୍ୟରେ ଥିଲେ ଶ୍ରଦ୍ଧାକର ସୁପକାର, ବସନ୍ତ ଶତପଥି, ଯୋଗେଶ ଚନ୍ଦ୍ର ପତି, ରମାକାନ୍ତ ରଥ, ସୀତାକାନ୍ତ ମହାପାତ୍ର, ବିଦ୍ୟାଧର ମିଶ୍ର, ସର୍ବେଶ୍ୱର ଦାଶ, ଶରତ ଚନ୍ଦ୍ର ପ୍ରଧାନ, ପ୍ରସନ୍ନ କୁମାର ମିଶ୍ର, ଗୋପବନ୍ଧୁ ପଟ୍ଟନାୟକ ଏବଂ ଆହୁରି ଅନେକ। ତେଣୁ ନିଜ ଭିତରେ ଆତ୍ମବିଶ୍ୱାସ ବୃଦ୍ଧି ପାଇଥିଲା।

ଆମର ଫାଷ୍ଟ ଇଅରରେ ଜରୁରୀକାଳୀନ ପରିସ୍ଥିତିକୁ ଫେରାଇ ନିଆଯାଇଥିଲା ଏବଂ ତୁରନ୍ତ ସାଧାରଣ ନିର୍ବାଚନ ଘୋଷଣା କରିଦିଆଯାଇଥିଲା ୧୯୭୭

ମସିହାରେ। ପରବର୍ତ୍ତୀ ସମୟରେ ଡକ୍ଟର ଶ୍ରୀରାମ ଚନ୍ଦ୍ର ଦାଶ ଗୋଟିଏ ଭାଷଣରେ କହୁଥିଲେ ବିଭିନ୍ନ ପ୍ରାନ୍ତରେ ଲୋକମାନଙ୍କର ଜରୁରୀ ପରିସ୍ଥିତି ଉପରେ ମତିଗତି କ'ଣ ଜାଣିବାକୁ ତତ୍‌କାଳୀନ ପ୍ରଧାନମନ୍ତ୍ରୀ, ଶ୍ରୀମତୀ ଗାନ୍ଧୀ ଚାହିଁଥିଲେ। ତାଙ୍କର ବିଶ୍ୱସ୍ତ ସଂସ୍ଥା 'ର'ର ବିଭିନ୍ନ କେନ୍ଦ୍ରରୁ ଯେଉଁ ଗୋପନୀୟ ବାର୍ତ୍ତାମାନ ଆସିଥିଲା ତାକୁ ସାଥୀରେ ଧରି ପ୍ରଧାନମନ୍ତ୍ରୀ ତାଙ୍କର ବିଶ୍ୱସ୍ତ ଆର.କେ. ଧାବନଙ୍କ ସହିତ ଆଣ୍ଡାମାନକୁ ବିମାନରେ ଯାଇ ସେଠାରେ ଗୋଟି ଗୋଟି କରି ସବୁ ଚିଠା ପଢ଼ିଥିଲେ। ସବୁଆଡୁ ଆସିଥିଲା ସେଇ ଏକା କଥା। ଲୋକମାନେ କୁଆଡ଼େ ଜରୁରୀ ପରିସ୍ଥିତିରେ ଅତ୍ୟନ୍ତ ଖୁସି। ଶ୍ରୀମତୀ ଗାନ୍ଧୀ ଭାବିଲେ ନିର୍ବାଚନ ଘୋଷଣା କରିବାର ତାହାହିଁ ପ୍ରକୃଷ୍ଟ ସମୟ। ପ୍ରକୃତ କଥା ହେଲା ସେତେବେଳେ ଶ୍ରୀମତୀ ଗାନ୍ଧୀଙ୍କର କ୍ଷମତା ନିଶା ଏତେ ବଢ଼ିଯାଇଥିଲା ଯେ, ଯିଏ ତାଙ୍କ ବିରୋଧରେ କିଛି କହୁଥିଲା ସେ ଦଣ୍ଡ ଭୋଗୁଥିଲା। ତେଣୁ କେହି ଜଣେବି ସତ ନ ଲେଖି କେବଳ ତାଙ୍କୁ ଖୁସି କରିବା ପାଇଁ ମିଛତକ ଲେଖିଥିଲେ। ତେଣୁ ଯଦି କେହି ପ୍ରକୃତ ଫିଡ୍‌ବ୍ୟାକ୍ ନେବାକୁ ଚାହିଁବେ ସେ ପ୍ରଥମରୁ କହିଦେବା ଉଚିତ ଯେ କୌଣସି ପ୍ରତିକୂଳ ମନ୍ତବ୍ୟ ଦେଲେବି କିଛି ଖରାପ କେହି ଭାବିବେ ନାହିଁ ଏବଂ ସେଇ କଥା ଉପରେ ସମସ୍ତଙ୍କର ଭରଷା ହେବା ଦରକାର। ନହେଲେ ସତକଥା କହି କିଏ ବା ବିପଦରେ ପଡ଼ିବାକୁ ଚାହିଁବ !

ଆମ ଇଷ୍ଟ ହଷ୍ଟେଲର ବିଭିନ୍ନ ଉତ୍ସବକୁ ଅନେକ ମାନ୍ୟଗଣ୍ୟ ଅତିଥି ଆସୁଥିଲେ। ମୋ ରହଣୀ ସମୟରେ ଆସିଥିବା ଅତିଥିମାନଙ୍କ ଭିତରୁ ଜଷ୍ଟିସ ରଙ୍ଗନାଥ ମିଶ୍ର, ଜଷ୍ଟିସ ନବ କୁମାର ଦାଶ, ଜଷ୍ଟିସ କୁଞ୍ଜ ବିହାରି ପଣ୍ଡା, ଡକ୍ଟର ହରେକୃଷ୍ଣ ମହତାବ, ଡକ୍ଟର ସଦାଶିବ ମିଶ୍ର, ଗୋପୀନାଥ ମହାନ୍ତି, ସୀତାକାନ୍ତ ମହାପାତ୍ର, କୁଳପତି ବିଦ୍ୟାଧର ମିଶ୍ର, ଡକ୍ଟର ବୈଦ୍ୟନାଥ ମିଶ୍ର, ହୃଦାନନ୍ଦ ରାୟ, କବି ରବି ସିଂ ପ୍ରମୁଖ ଆସିଥିବା ମୋର ମନେପଡୁଛି। କେବଳ ଆମ ହଷ୍ଟେଲ ନୁହେଁ ରେଭେନ୍‌ସାର ସବୁ ହଷ୍ଟେଲ ତଥା ମହାବିଦ୍ୟାଳୟର ବିଭିନ୍ନ ସଭାସମିତିକୁ ବହୁ ଜ୍ଞାନୀ ଗୁଣୀ ଲୋକ ଆସୁଥିଲେ। ମୁଁ ଚାରିବର୍ଷରେ ଅନ୍ତତଃ ଦେଢ଼ଶହରୁ ଅଧିକ ବକ୍ତାଙ୍କୁ ଶୁଣିଥିବି। ସେମାନଙ୍କ ଭାବନା ଗତାନୁଗତିକ ନଥିଲା। ଅନେକଙ୍କର ପ୍ରଭାବୀ ଭାଷଣର କିୟଦଂଶ ଏବେବି ମନେ ପଡ଼ିଯାଉଛି।

ଚାରିବର୍ଷ କାଳ ଯାକ ଅଧକ୍ଷ ଥିଲେ ଡ. ମହେନ୍ଦ୍ର କୁମାର ରାଉତ, ଯାହାଙ୍କୁ ଶ୍ରଦ୍ଧାରେ ପିଲାମାନେ ଗୋପନରେ ମକୁରା ବୋଲି ଡାକୁଥିଲେ। ମୁଁ ପ୍ରଥମେ ଭାବୁଥିଲି

ମକୁରା ବୋଧହୁଏ ପ୍ରିନ୍‌ସିପାଲ ସାର୍‌ଙ୍କର ଡାକ ନାଁ ହୋଇଥିବ; ମାତ୍ର ଗୋଟିଏ ସଭାକୁ ଅତିଥି ହୋଇ ଆସିଥିବା ଗୋପୀନାଥ ମହାନ୍ତି (ଜ୍ଞାନପୀଠ ପୁରସ୍କାର ବିଜେତା ଓ ପଦ୍ମଭୂଷଣ ପୁରସ୍କାରପ୍ରାପ୍ତ ସାହିତ୍ୟିକ)ଙ୍କ ବିଷୟରେ ସେ କହିଲେ "ଆଜିର ଅତିଥି ମୋତ ଭାରି ଭଲ ପାଆନ୍ତି । ମୋ ଡାକ ନାଁରେ 'କୁନିଆଁ' ବୋଲି ଡାକନ୍ତି ।" ମୁଁ ବଡ଼ ଚିନ୍ତାରେ ପଡ଼ିଲି ଓ ଆଉ ଜଣେ ସହପାଠୀଙ୍କୁ ମୋର ବିମର୍ଷତାର କାରଣ କହିଲି, ସେ ଠୋ ଠୋ ହସିଲେ ଓ କହିଲେ, ଆରେ ତମେ ପରା ବାଲେଶ୍ୱରରୁ ଆସିଚ ଏତିକି ଜାଣିନ, ପ୍ରିନ୍‌ସିପାଲ ସାର୍‌ଙ୍କ ନାଁକୁ ସଂକ୍ଷିପ୍ତ କଲେ ହେବନି 'ମକୁରା' । ଯେତେ ସହଜ ଜିନିଷ ହେଲେ ବି ଜାଣି ନଥିଲା ବେଳେ ଲାଗେ ଭାରି କଷ୍ଟ । ତାହା ଅନୁଭବ କରୁଥିଲି । ଆମକୁ ପଢ଼ାଉଥିବା ଅନେକ ଅଧ୍ୟାପକଙ୍କ ଲେଖା ବହି ଆମର ପଢ଼ା ହେଉଥିବାରୁ ଆମେ ଅଧିକ ଖୁସି ହେଉଥିଲୁ । ଗୌରୀ କୁମାର ବ୍ରହ୍ମା, ହୃଦାନନ୍ଦ ରାୟ, ଅସିତ୍ କବି, ଆଲଟଫ୍ ହୁସେନ୍‌ଙ୍କ ପରି ପ୍ରବୀଣ ଅଧ୍ୟାପକଙ୍କ ଶ୍ରେଣୀରେ ବସିବା ଥିଲା ମୋର ପରମ ସୌଭାଗ୍ୟ । ସତ କହିବାକୁ ଗଲେ ଅଧ୍ୟାପକଙ୍କ ତୁଳନାରେ ଆମର ସିନିୟରମାନଙ୍କ ଠାରୁ ଆମେ ଅଧିକ ଦିଗ୍‌ଦର୍ଶନ ନେଉଥିଲୁ ।

ଆମର ରହଣୀ ବେଳେ ହଷ୍ଟେଲ ରୁମ୍‌ମାନଙ୍କରେ ସରକାରଙ୍କ ତରଫରୁ ଫ୍ୟାନ୍ ନଥିଲା । ଆମର ଫାଷ୍ଟ ଇଅର ବେଳେ ଢେଙ୍କାନାଳ କଲେଜ ହଷ୍ଟେଲରେ ନୂଆ କରି ଫ୍ୟାନ୍ ଲାଗିବାରୁ ତାହା ଚର୍ଚ୍ଚାର ବିଷୟ ହୋଇଥିଲା । ମାନ୍ୟବର ମୁଖ୍ୟମନ୍ତ୍ରୀଙ୍କ ଅଞ୍ଚଳ ହୋଇଥିବାରୁ ତାହା ସମ୍ଭବ ହେଲା ବୋଲି ଆଲୋଚିତ ହେଉଥିଲା । ଏହା ସୂଚେଇ ଦିଏ ଯେ ଏଇ କେତେ ବର୍ଷ ଭିତରେ ବାୟୁମଣ୍ଡଳ କେତେ ଅଧିକ ଉତ୍ତପ୍ତ ହୋଇଯାଇଛି । ତାକୁ ଖୋଜିବାକୁ ପରୀକ୍ଷାଗାରର ତାପମାତ୍ରା ପରିସଂଖ୍ୟାନର ଆବଶ୍ୟକତା ନାହିଁ । ଆଜିକାଲି ଅନେକ ବିଶ୍ୱବିଦ୍ୟାଳୟରେ ବାତାନୁକୂଳ ରୁମ୍‌ମାନ ହୋଇଛି । ବାହାରକୁ ତାହା ଆମର ଅଗ୍ରଗତି ପରି ଦୃଶ୍ୟମାନ ହେଉଥିଲେ ବି ଆମର ଜଳବାୟୁର ଅଧୋଗତିର ନମୁନା ।

ମୋ ସମୟର ପ୍ରତିଭାଶାଳୀ ଛାତ୍ରଙ୍କର ନାଁ କହିଲେ ପୋଥିଟାଏ ହେବ; ମାତ୍ର ମୁଁ ଦୁଇଜଣଙ୍କ କଥା ସଂକ୍ଷେପରେ ଲେଖୁଛି । ଜଣେ ହେଲେ ମୋ ବ୍ୟାଚ୍‌ର ମାଟ୍ରିକ୍‌ରେ ପ୍ରଥମ ହୋଇଥିବା ଅଜିତ୍ ମିଶ୍ର । ବି.ଏ. ଶ୍ରେଣୀରେ ସେ ଦୁଇବର୍ଷ ପାଇଁ ସେ ଆମ ସାଙ୍ଗରେ ପଢ଼ିଥିଲେ । ପରବର୍ତ୍ତୀ ସମୟରେ ଦିଲ୍ଲୀ ସ୍କୁଲ୍ ଅଫ୍ ଇକୋନୋମିକ୍‌ସରେ ଅଧ୍ୟୟନ କରି ବିଦେଶର ବହୁ ବିଶ୍ୱବିଦ୍ୟାଳୟରେ ଅଧ୍ୟାପନା

କଲେ। ଏବେ ସେ ଆମ ଦେଶର ଜଣେ ପ୍ରମୁଖ ଅର୍ଥନୀତି ବିଶାରଦ। ସେହିପରି ଆଉ ଜଣେ ବନ୍ଧୁ ହେଲେ ତ୍ରିଲୋକି ଦାଶ। ବି.ଏ. ତୃତୀୟ ଓ ଚତୁର୍ଥ ବର୍ଷରେ ଆମ ସାଙ୍ଗରେ ହଷ୍ଟେଲରେ ରହୁଥିଲେ। ପରବର୍ତ୍ତୀ ସମୟରେ ରେଭେନ୍‌ସାରେ ଅଧ୍ୟାପନା କରିଥିଲେ। ସେତେବେଳେ ଅଧ୍ୟାପନା ଛାଡ଼ି ସନ୍ନ୍ୟାସ ନେଲେ ଏବଂ ଏବେ ପରମହଂସ ଉପାଧିରେ ଭୂଷିତ ହୋଇ ପ୍ରଜ୍ଞାନାନନ୍ଦ ଭାବରେ ସାରା ପୃଥିବୀର କ୍ରିୟାଯୋଗର ମୁଖ୍ୟ ଅଟନ୍ତି।

ରେଭେନ୍‌ସାକୁ ଛାଡ଼ିଦେଲେ ଯେମିତି ଆଧୁନିକ ଓଡ଼ିଶାର ଇତିହାସ କେବେବି ସମ୍ପୂର୍ଣ୍ଣ ହୋଇପାରିବ ନାହିଁ, ଠିକ୍ ସେଇମିତି ଇଷ୍ଟ ଓ ୱେଷ୍ଟ୍ ହଷ୍ଟେଲ୍‌କୁ ଛାଡ଼ିଦେଇ ରେଭେନ୍‌ସା କଥା ଚିନ୍ତା କରିବା ଏକଦମ୍ ଅସମ୍ଭବ। ୨୦୨୧ରେ ସେଇ ହଷ୍ଟେଲର ଶତବାର୍ଷିକୀ ପାଳନ ହୋଇଛି।

■

ବାଣୀବିହାର

ଆମେ ସାଙ୍ଗମାନେ ବାଣୀବିହାରକୁ ଆସିଥିଲୁ ୧୯୮୦ ମସିହା ଜୁଲାଇ ମାସରେ। ଏମ୍.ଏ ଶ୍ରେଣୀରେ ଆଡ୍‌ମିସନ ହୋଇଥିଲା ସେଇ ସମୟରେ; ମାତ୍ର ସେତେବେଳକୁ ଆମଠାରୁ ଦୁଇବର୍ଷ ସିନିଅର ପିଲାମାନଙ୍କ ପରୀକ୍ଷା ସରିନଥିଲା। ଅତଏବ ସେମାନେ ହଷ୍ଟେଲରେ ରହୁଥିଲେ ସେତେବେଳେ। ତେଣୁ ଆମର ସାଙ୍ଗମାନେ ବଡ଼ ଚିନ୍ତାରେ ଥିଲୁ ଯଦି କ୍ଲାସ୍ ଆରମ୍ଭ ହୋଇଯିବ, ତାହେଲେ ଆମେ କେମିତି କେଉଁଠି ରହିବୁ ବୋଲି। ଏମିତି ପ୍ରଶ୍ନର କିଛି ନିର୍ଦ୍ଧାରିତ ଉତ୍ତର ନଥିଲା; ମାତ୍ର ଯେତେବେଳେ ଶହ ଶହ ଛାତ୍ର ସେଇ ଏକା ସମସ୍ୟାର ମୁକାବିଲା କରନ୍ତି ସେତେବେଳେ ଆପେ ଆପେ ତାର କିଛି ସମାଧାନର ବାଟ ବାହାରିପଡ଼େ। ଆମେ ଖୋଜାଖୋଜି ପରେ ଜାଣିଲୁ ଆମର କେହି ଜଣାଶୁଣା ସିନିଅର ହଷ୍ଟେଲରେ ରହୁଛନ୍ତି। କେମିତି ଆଗାମୀ କିଛିମାସ ଚଳିବୁ କହୁ କହୁ ସେମାନେ କହିଲେ ଆରେ ଆମେମାନେ ତ ଠିକ୍ ତମରି ପରି ଆରମ୍ଭ କରିଥିଲୁ, ଅର୍ଥାତ୍ ବର୍ତ୍ତମାନ ଆମ ରୁମ୍‌ରେ ତମେ ରୁହ। ଆଉ ଦିବର୍ଷ ଗଲେ ତମେ ତମ ରୁମ୍ ଆଉ କାହା ସହିତ ସେୟାର କରିବ। ମନେ ମନେ ଖୁସି ହେଉଥିଲି। କେଉଁ ଯୁଗରୁ ଚଳିଆସିଥିବା କଥାପରି ହନୁମାନ ଭଜନର ପ୍ରିୟ ଦୋହା - ରଘୁକୁଳ କଥା କହାଁଚଲି ଆଇ, ପ୍ରାନ୍ ଯାଏ ପର ବଚନ ନଯାଇ। ସବୁ ଯୁଗରେ ଏମିତି ବଡ଼ଭାଇମାନେ ସାନମାନଙ୍କୁ ଆବୋରି ନିଅନ୍ତି। ତାଙ୍କୁ ଆଶ୍ରୟ ଦିଅନ୍ତି। ଏମିତି ଏକ ପରମ୍ପରା ଗଢ଼ି ଉଠେ - ଯେମିତି ଗଢ଼ି ଉଠିଥିଲା ଆମ ସମୟରେ। ଏବେ ଅଛି କି ନାହିଁ, ମୋତେ ଜଣା ନାହିଁ।

କିଛିଦିନ ପରେ ଆମକୁ ହଷ୍ଟେଲ ଏଲଟ୍‌ମେଣ୍ଟ ହୋଇଗଲା। ମୁଁ ଓ ବିଶ୍ୱନାଥ ପ୍ରଧାନ ଦୁହେଁ ଫାଷ୍ଟ ହଷ୍ଟେଲର ଦୁଇଶହ ପନ୍ଦର ନମ୍ବର ରୁମ୍‌ରେ ରହିଲୁ। ଆମର

ସାଙ୍ଗ ହୃଷୀ ଓ ପ୍ରଶାନ୍ତ ଦୁହେଁ ରହୁଥିଲେ ଆମର ତିନି ମହଲା ରୁମ୍‌ର ଠିକ୍ ତଳେ ରୁମ୍ ନମ୍ବର ଶହେ ପଞ୍ଚଷଠୀରେ। ସାଙ୍ଗ ହୋଇ ରୋଷେଇ କରି ଖାଉଥିଲୁ। ଏବେ ବିଶ୍ୱନାଥ ସ୍ୱତନ୍ତ୍ର ଶାସନ ସଚିବ ଭାବରେ ଅବସର ପରେ ସମ୍ବଲପୁରରେ ଅବସ୍ଥାନ କରୁଛି। ହୃଷୀକେଶ ଦାସ ମୁଖ୍ୟ ପରିଚାଳକ ଭାବରେ ଷ୍ଟେଟ୍ ବ୍ୟାଙ୍କରୁ ଅବସର ନେଇ କଟକରେ ରହୁଛନ୍ତି ଏବଂ ପ୍ରଶାନ୍ତ ମିଶ୍ର ନାବାର୍ଡ଼ର ଡି.ଜି.ଏମ୍ ଭାବରେ ଅବସର ନେଇ ଭୁବନେଶ୍ୱରର ସ୍ଥାୟୀ ବାସିନ୍ଦା। ମେସ୍ ବର୍ଷ ସାରା ଚାଲୁ ନଥିଲା ବୋଲି ଅନେକ ନିଜେ ରୋଷେଇ କରୁଥିଲେ; ମାତ୍ର ହଷ୍ଟେଲ କର୍ତ୍ତୃପକ୍ଷ କହୁଥିଲେ ଖୁବ୍ କମ୍ ପିଲା ମେସ୍‌ରେ ଖାଉଥିବାରୁ ମେସ୍ ଚଳେଇବା ସମ୍ଭବ ହେଉନାହିଁ। ଅନେକ ପିଲା ନିଜେ ରୋଷେଇ କରନ୍ତି, କେତେକ କ୍ୟାମ୍ପସ୍ ଭିତରେ ଥିବା ବିଭିନ୍ନ ହୋଟେଲ୍‌ରେ ଖାଇ ନିଅନ୍ତି। ସେତେବେଳେ ତିନିଟି ରେଗୁଲାର୍ କ୍ୟାଣ୍ଟିନ୍ ଥିଲା ସେଣ୍ଟ୍ରାଲ୍ କ୍ୟାଣ୍ଟିନ୍, ଗ୍ଲାସ କ୍ୟାଣ୍ଟିନ୍ ଓ ଆଉ ଗୋଟାଏ ..... କ୍ୟାଣ୍ଟିନ୍ ଯାହାର ନାଁ ଭୁଲିଯାଇ ସମସ୍ତେ ପଦିଆ କ୍ୟାଣ୍ଟିନ୍ ବୋଲି ଡାକୁଥିଲେ। ଏହା ବାହାରେ ଆହୁରି କେତେଟା ଝୁମ୍ପୁଡ଼ି ଘର ଯେଉଁଠି କି ଖାଇବା ମିଳେ। ଆମ ଭିତରେ କିଛି ସାଙ୍ଗ ଥିଲେ ଯେଉଁମାନେ ବାଣୀବିହାରକୁ ଆସିବାର ଅଳ୍ପଦିନ ଭିତରେ ତାଙ୍କର ଝିଅ ସାଙ୍ଗ ଖୋଜି ଦେଇଥିଲେ ଏବେ ସେମାନଙ୍କ ପାଇଁ ଟିଫିନ୍ କ୍ୟାରିଅରରେ ସେମାନଙ୍କର ମିଲ୍‌ସ ଲେଡ଼ିଜ୍ ହଷ୍ଟେଲ୍‌ରୁ ଆସୁଥିଲା ବାନ୍ଧବୀଙ୍କ ସୌଜନ୍ୟରୁ। ଆମେ ବେଳେବେଳେ ସେଇ ସାଙ୍ଗମାନଙ୍କର ସୌଭାଗ୍ୟକୁ ଦୃଷ୍ଟିରେ ରଖି ନିଜର ଅପଦାର୍ଥ ପଣିଆ ପ୍ରତି ଆତ୍ମଶ୍ଲାଘା ଅନୁଭବ କରୁଥିଲୁ। ଅବଶ୍ୟ ସେଇ ଭାଗ୍ୟବାନ ତାଲିକାରେ ସଂଖ୍ୟା ଏତେ କମ୍ ଥିଲା ଯେ ସେଥିରେ ନିଜକୁ ଭାଗ୍ୟହୀନ ଭାବିବାରେ ସଂକୋଚ ନଥିଲା। ଭାଗ୍ୟବାନର ଗୋଟାଏ ସଂଜ୍ଞା ଯେତେବେଳେ ଗୋଟିଏ ଗପରେ ପଢ଼ିଥିଲି, ତରୁଣୋତ୍ତର ବୟସରେ ରୋମାଞ୍ଚ ସୃଷ୍ଟି ହୋଇଥିଲା। ଏବେ ବୟସରେ ଅପରାହ୍ନରେ ବି ସେଇ ସ୍ମୃତି ଜାଗିଉଠେ ମନେପଡ଼ିଲେ ସେଇ ଗପର ଆରମ୍ଭ। ଗାଳ୍ପିକଙ୍କ ନାଁ ମନେ ନାହିଁ ଅବଶ୍ୟ। ମାତ୍ର ମନେ ଅଛି କଥାବସ୍ତୁଟି। ଆଉ ଭାଗ୍ୟବାନ ଭାବୁଥିବା ଜଣେ ସ୍କୁଟର ଆରୋହୀଙ୍କ ପ୍ରତି ଲେଖକଙ୍କ ଦୃଷ୍ଟିଭଙ୍ଗୀ। "ସ୍କୁଟର ପଛରେ କିଏ ସେହି ସୌମ୍ୟାରମଣୀ ଯାହାର ଧବଳ ଗ୍ରୀବା ସ୍ପର୍ଶ କରିଛି ଆରୋହୀର ପୃଷ୍ଠଦେଶ - ଭାଗ୍ୟବାନ।"

ଭାଗ୍ୟବାନ ବୋଲି ନିଜକୁ ଅନୁଭବ କରିବା ହେଉଛି ସବୁଠୁ ବଡ଼ ଭାଗ୍ୟର କଥା। ଅନ୍ୟକୁ ଭାଗ୍ୟବାନ ଭାବୁଥିବା ଲୋକଟି ବାସ୍ତବରେ ଭାଗ୍ୟର ପାଖ ମାଡ଼ି

ପାରେନି। ବାଣୀବିହାର ହେଉଛି ଭାଗ୍ୟକୁ ଖୋଜିବାର ସମୟ। କଠିନ ପରିଶ୍ରମ ଭିତରେ - ଯୋଜନା ଭିତରେ; ମାତ୍ର ଚାରିଆଡ଼େ ଭୟର ରାଜୁତି। ଗୋଟେ ଚାପର ଆତଙ୍କ ସେମିଷ୍ଟାର ପରୀକ୍ଷା କେତେବେଳେ ହେବ। ଚାରିଟା ସେମିଷ୍ଟାର। ସବୁ ସେମିଷ୍ଟାରର ସମାନ ଗୁରୁତ୍ୱ। ପରୀକ୍ଷା ହେବା ନୋଟିସ୍ ଆସୁ ଆସୁ ଦଳେ ଯାଇ ହୋ ହଲ୍ଲା କରିବେ ପରୀକ୍ଷା ଘୁଞ୍ଚାଅ। ଯେଉଁମାନେ ପଢ଼ାପଢ଼ି କରିଥିବେ ସେମାନେ ପାଟି କରିପାରୁନଥିବେ। ଭାଗ୍ୟକୁ ନିନ୍ଦୁଥିବେ। ବଳବାନମାନଙ୍କର ଗଳା ବି ମୋଟା ତାଙ୍କ ଆଗରେ ଫିକା ପଡ଼ିଯାଏ ପାଠ ପଢୁଥିବା ପିଲାଙ୍କ ସ୍ୱର। ଆମ ଦେଶର ଗଣତନ୍ତ୍ରରେ ବି ସେଇ ଦୁରବସ୍ଥା।

ବାଣୀବିହାର ଲାଗୁଥିଲା ଭାରି ଫାଙ୍କା। ଗଛଲତା ବିଶେଷ ନାହିଁ; କିନ୍ତୁ ସଂଧ୍ୟା ହୋଇଗଲେ ପବନ ବହେ ସୁଲୁ ସୁଲୁ, କେତେବେଳେ ବା ଜୋର୍ ପବନ। ହଷ୍ଟେଲ୍ ବୋଇଲେ ଚାରିଟା ବୟଜ୍ ହଷ୍ଟେଲ ଆଉ ଦୁଇଟା ଲେଡ଼ିଜ୍ ହଷ୍ଟେଲ୍। ଲେଡ଼ିଜ୍ ହଷ୍ଟେଲ ପାଖରେ ମେଡ଼ିକାଲ। ମେଡ଼ିକାଲ୍‌ରେ ଡାକ୍ତର ତ୍ରିପାଠୀଙ୍କ ପାଖରେ ଦରକାରଠୁଁ ଅଧିକ ଭିଡ଼। ଥରେ ଡକ୍ଟର ତ୍ରିପାଠୀଙ୍କ ସହିତ ରୋଗ ବିଷୟରେ କଥାବାର୍ତ୍ତା ପରେ ଡାକ୍ତରଙ୍କ ଧାରଣା ହେଲା ବୋଧହୁଏ ରୋଗ କିଛି ନାହିଁ ବାବୁଜଣଙ୍କର। ପଚାରିଦେଲେ ବାବୁ ସତରେ ତମର ରୋଗବାଗ କିଛି ନାହିଁ। ଯଦି କଥା ହେବା ପାଇଁ ଆସିଛ ଲେଡ଼ିଜ ହଷ୍ଟେଲ ଆଡ଼େ, ଆଉ ତମର ଅଭିଳଷିତ ଚରିତ୍ର ଅନ୍ୟ କୁଆଡ଼େ ଯାଇଛନ୍ତି ତାହଲେ ସେଇଠି ଅପେକ୍ଷା କର। ଗୋଟାଏ କାଳ୍ପନିକ ରୋଗ ନାଁରେ ମୋ ପାଖରେ ଭିଡ଼ ଜମଉଛ କାହିଁକି ? ଡାକ୍ତର ସେଦିନ ଖାଲି ରୋଗ ଦେଖା ଡାକ୍ତର ଭଳି ଲାଗିଲେନି। ଡାକ୍ତର ଯେ ଜଣେ ମନୋବିଜ୍ଞାନୀ ସେଇ ଧାରଣ ହେଲା ବନ୍ଧୁଙ୍କର। ବନ୍ଧୁ ହସକୁ ରୋକିବାକୁ ଚେଷ୍ଟା କରି ବିଫଳ ହେଲେ।

ଫିଲୋସୋଫି ପଢୁଥିଲେ ଜଣେ ପିଲା। ବାଲେଶ୍ୱର ଅଞ୍ଚଳ ତାଙ୍କର ଘର। ନିଜେ ରୋଷେଇ କରି ଚଳୁଥିଲେ। ପଢ଼ାପଢ଼ି ଭାରି କରନ୍ତି। ପୁସ୍ତକ କୀଟ କହିଲେ ଠିକ୍ ହେବ। ଦିନେ ଜଣେ ଚତୁର ବନ୍ଧୁ ତାଙ୍କ ରୋଷେଇ ଶାଳରେ ପହଞ୍ଚି କିଛି ମନ୍ତବ୍ୟ ଦେଲେ ଆଉ କହିଲେ ଯେ ଗୋଟିଏ ନୂଆ ମସଲା ଏବେ ସମସ୍ତେ ଆଣୁଛନ୍ତି ସେଇଥିରୁ ଟିକିଏ ତରକାରୀରେ ପକେଇ ଦେଲେ ସାରାଜଗତ ବାସ୍ନାରେ କମ୍ପିଯାଉଛି। ସେଇ ମସଲା ନେଇ ଆସିଲେ ତରକାରୀର ମଜା ନିଆରା। ଚତୁର ବନ୍ଧୁଜଣକ ପୁଣି କଥା ଆରମ୍ଭ କଲେ, "ଓଃ କି ବାସ୍ନା ! ଖାଲି ଥରେ ଛିଞ୍ଚିଦିଅ

ତରକାରୀରେ ଆଉ ଦେଖିବ କେମିତି ସୁଗନ୍ଧରେ ଉଛୁଳି ପଡୁଛି ତମ ସାରା ରୁମ ଆଉ କରିଡ଼ର।” ତାପରେ ଆମ ପୁସ୍ତକ କୀଟ ବନ୍ଧୁଜଣକ କହିଲେ, “ଆରେ ଭାଇ କ'ଣ ସେଇ ମସଲାଟା ନାଁ କହିଦିଅଟିକିଏ ଭଲା। ସମସ୍ତେ ଯଦି ଆଣିଲେଣି, ମୁଁ ଆଉ ଆଣିବିନି କାହିଁକି ?” ବୁଝିଲ ଭାଇ, ତମେ ସେ ଜିନିଷ ବ୍ୟବହାର କଲେ ଅସୁବିଧାଟି ଏଇଆ ଯେ ବାସ୍ନାରେ ସାଙ୍ଗମାନେ ମାଡ଼ି ଆସିବେ ତମ ତରକାରୀରୁ ଭାଗ ବସେଇବେ। ଫଳ ହେବ ଏଇଆଯେ ସବୁଦିନ ତରକାରୀ ନିଅଣ୍ଟ ପଡ଼ିବ ତମର ଆଉ ଗାଳିଟା ବସୁଥିବ ମୋ ଉପରେ।

ନାଇଁରେ ଭାଇ, ସତରେ ଯଦି ଏମିତି ଚିଜ ଅଛି ତାହେଲେ ଆମଭଳି ଲୋକବି ତା ବିଷୟରେ ଜାଣିବା ଜରୁରୀ। କାହିଁକିନା ଆନନ୍ଦର ଉପଭୋଗ ହେଉଛି ସ୍ୱାଧୀନତାର ବାସ୍ତବତା।

ଚତୁର ବନ୍ଧୁ କହିଲେ, “ତୁ ଖାଲି ଦର୍ଶନର ଛାତ୍ର ବୋଲି ମୋର ଧାରଣା ଥିଲା; ମାତ୍ର ତୁ ରାଜନୀତି ବିଜ୍ଞାନରେ କିଛି କମ୍ ନୋହୁଁ ଜାଣୁଛି।”

ଚତୁର ବନ୍ଧୁ ସାଙ୍ଗେ ସାଙ୍ଗେ କହିଲେ, ମୋର ହଠାତ୍ ମନେ ପଡୁନି ସେଇ ବିଶେଷ ଔଷଧୀ ତୁଲ୍ୟ ମସଲାର ନାଁ। ମୁଁ ଆର ହଷ୍ଟେଲର ବିଶ୍ୱଜିତ ଠାରୁ ମଗେଇ ତୋତେ ଦେଇଦେବି। ତୁ ଏଇଟା ପ୍ରଚାର କରିବୁନି, ସେଇ ଗୋଟିଏ ସର୍ତ୍ତରେ।

ଆରେ ମୁଁ ତ ଉପକାର ପାଇବି, ପ୍ରଚାର କରିବି କାହିଁକି।

କଥାଟା ହେଲା – କିଛି ବିଶେଷ ଜିନିଷର ଗୁରୁତ୍ୱ ବଢ଼େ ସେତେବେଳେ ଯେତେବେଳେ ତାର ଗ୍ରାହକ ସଂଖ୍ୟା କମ୍।

ଚତୁର ବନ୍ଧୁ କହିଲେ, ମୁଁ ଦେବି ତୋତେ ସେଇ ଅପୂର୍ବ ଚିଜ, କିନ୍ତୁ ଖବରଦାର। ତୁ କହିବୁ ନାହିଁ ତା ନାଁ କାହାକୁ। ଖାଲି ଚିଠାଟି ବଢ଼େଇ ଦେବୁ ତାଳପଦେଶ୍ୱରୀ ପାଖରେ ଯେଉଁ ଭେରାଇଟି ଷ୍ଟୋର ଅଛି ତାରି ଦୋକାନୀକୁ।

କିଛି ସମୟପରେ ଗୋଟିଏ ଚାରି ଭଙ୍ଗା ହୋଇଥିବା କାଗଜଟିଏ ଆସି ପହଞ୍ଚିଗଲା ବନ୍ଧୁଙ୍କ ପାଖରେ। ସେଇଟିକୁ ଧରି ସଂଧ୍ୟାବେଳେ ସେ ସଦର୍ପେ ପହଞ୍ଚିଲେ ଷ୍ଟୋର୍‌ରେ ଆଉ କହିଲେ। “ଏଇ ମସଲାରୁ ପାଞ୍ଚଟା ପିସ୍ ଦେବେ ?” ଦୋକାନୀ ସେଇଟି ପଢ଼ି ହଠାତ୍ କିଛି ବୁଝି ପାରିଲେନି। କହିଲେ – “ଆଜ୍ଞା ଆପଣ ବୋଧହୁଏ ମୋତେ ଭୁଲରେ ଆଉ ଗୋଟିଏ ଚିଠା ଦେଇଛନ୍ତି।” ବିରକ୍ତିରେ ବନ୍ଧୁଜଣକ କହିଲେ, “ଶୁଣିଲି ଏଇ ମସଲାଟି ତରକାରୀରେ ପକେଇଲେ ଭାରି ବାସ୍ନା ହେଉଛି।” ପରିସ୍ଥିତି କାଳେ ହାତରୁ ଖସିଯିବ ଜାଣିପାରି ବୁଦ୍ଧିମାନ ଦୋକାନୀ

କହିଲେ, ସାର୍, ଟିକିଏ ଅପେକ୍ଷା କରନ୍ତୁ। ଅନ୍ୟାନ୍ୟ ଖରିଦ୍‌ଦାରମାନେ ଚାଲିଗଲାପରେ ସେ ନିଜର ହସକୁ ମୁକୁଳେଇ କହିଲେ, "ସାର୍ ଆପଣଙ୍କ ଚିଠାରେ କଣ ଲେଖାଅଛି - ଜାଣନ୍ତି - ତାହା ନାରୀମାନଙ୍କର ଏକ ବିଶେଷ ସମୟର ଅଙ୍ଗବସ୍ତ୍ର।" ଜିଭ କାଢ଼ିପକେଇଲେ ପୁସ୍ତକକୀଟ ବନ୍ଧୁ ଆଉ କହିଲେ ମୁଁ ତାହେଲେ ଛାଡ଼ିଆସିଲି ପ୍ରକୃତ ଚିଠାଟି। ହେଲେ ଫେରିଆସି ହଷ୍ଟେଲରେ ପହଞ୍ଚିଲା ବେଳକୁ ଚତୁର ବନ୍ଧୁଜଣକ କଥାଟି ପ୍ରଘଟ କରେଇ ଦେଇସାରିଥିଲେ। ଏଭଳି ଚୁଗୁଲି କେତେ ଶୀଘ୍ର ବ୍ୟାପେ ସେ କଥା କାହାକୁ ବା ଅଜଣା ! ଚତୁରମାନେ ସାଧାରଣମାନଙ୍କୁ କୌଶଳରେ ତାଚ୍ଛଲ୍ୟ କରନ୍ତି ବୋଲି ଯାହା କୁହାଯାଏ, ତାର ଏପରି ଚଳନ୍ତି ଉଦାହରଣ ସଂସ୍ପର୍ଶରେ ମୁଁ ଆଗରୁ ଆସିନଥିଲି କହିଲେ ଚଳେ।

୧୯୮୦ ମସିହା ଜୁଲାଇ ଅଗଷ୍ଟ ମାସରେ ଆମେ ଆସିଥିଲୁ ବାଣୀବିହାର। ସେତେବେଳେ ବର୍ଷଣମୁଖର ଋତୁ, କିଛିଦିନ ପରେ ଆମମାନଙ୍କୁ ବିଭିନ୍ନ ହଷ୍ଟେଲରେ ରହିବାକୁ ଅନୁମତି ମିଳିଲା। ବିଶେଷତଃ ପ୍ରଥମ ଓ ଦ୍ୱିତୀୟ ହଷ୍ଟେଲ କୁହାଯାଉଥିବା ହଷ୍ଟେଲ ଦୁଇଟିରେ ରହୁଥିଲେ ସେତେବେଳର ପ୍ରଥମ ବର୍ଷ ଅର୍ଥାତ୍ ପଞ୍ଚମ ବର୍ଷର ଛାତ୍ରମାନେ। ଆଉ ସେଇ ଦୁଇ ହଷ୍ଟେଲର ବିଭିନ୍ନ ମହଲାକୁ ଯିବା ପାଇଁ ଯେଉଁ ଗୋଲାକାର ପ୍ରାୟ କ୍ରମିକ ପଦ ଶୃଙ୍ଖଳ ଥିଲା ତାହାର ବିଶେଷତ୍ୱ ଏମିତି ଯେ ବାହାରର ବର୍ଷାମାନେ ଅକ୍ଳେଶରେ ପଶି ଆସୁଥିଲେ ସେଇ ଗୋଲାକାର ସିଡ଼ି ଭିତରକୁ ଏବଂ ବର୍ଷା ହେଉଥିବା ସମୟରେ ପବନ ହେଉଥିଲେ ସେଇ ବାଟେ ଯିବା ଅର୍ଥ ହେଲା ପୂର୍ଣ୍ଣମାତ୍ରାରେ ଭିଜିଯିବା। ଆଉ ଜର୍ମାନ ଇଞ୍ଜିନିୟରଙ୍କ ତତ୍ତ୍ୱାବଧାନରେ ହୋଇଥିବା ସେଇ ନିର୍ମାଣ ଆମକୁ ଭାରି ବିରକ୍ତିକର ଲାଗୁଥିଲା।

ସେଇ ହଷ୍ଟେଲ ଆଉ ବାଣୀବିହାର ବସଷ୍ଟପ୍ ଭିତରେ ଯେଉଁ ଜଳଭାଗଟିଏ ସୃଷ୍ଟି ହୋଇଥିଲା ଜଳପଥର ଅବରୋଧ ହେତୁ ତାହାକୁ କୁହାଯାଉଥିଲା ଲେକ୍ ଅର୍ଥାତ୍ ହ୍ରଦ। ସେଇ ହ୍ରଦର ଆର କୂଳରେ କିଛି ଲୋକ କ୍ରମାଗତ ଭାବରେ ଲୁଗାପଟା ସଫା କରୁଥିଲେ। ଦିନେ ଜଣେ ସାଙ୍ଗ ତାଙ୍କ ଡିପାର୍ଟମେଣ୍ଟ ଲାବରୋଟେରୀକୁ ଦୁଇଟା ମାଇକ୍ରୋସ୍କୋପ୍ ନେଇ ଆସିଲେ ଆଉ ତାକୁ ନେଇ ଝର୍କା ପାଖରେ ରଖିଦେଇ ଏପରି ଭାବରେ ଲାଇଟ ଫୋକସ କରିଦେଲେ ଯେ ତାହା ଯାଇ ପଡ଼ିଲା ବାଣୀବିହାର ବସଷ୍ଟପ୍ ପାଖରେ। ସେଇଠୁ ଥାଇ ବସଷ୍ଟପ୍‌ରେ କିଏ କିଏ ଠିଆ ହୋଇଛନ୍ତି, କଥା ହେଉଛନ୍ତି ତାହା ଦେଖି ହେଉଥିଲା। ତାକୁ ଆଉ ଟିକିଏ ଏଡ଼ଜଷ୍ଟ କରି ଆଉ ଜଣେ ସାଙ୍ଗ ଲୁଗାସଫା ଘାଟ ଆଡ଼କୁ ମୁହାଁଇଦେଲେ।

ଥରେ ହଷ୍ଟେଲ ସୁପରିଣ୍ଟେଣ୍ଡେଣ୍ଟ କଣ ଖବର ପାଇଲେ କେଜାଣି ଆସି ସେଇ ରୁମ୍ ବାଡ଼େଇଲେ ଓ କହିଲେ ଏଇ ରୁମ୍‌ରେ କିଛି ଆପତ୍ତିଜନକ ଜିନିଷ ରଖିଛ ବୋଲି ଖବର ଆସିଛି। ଭିତରକୁ ଯାଇ ଦେଖିଲେ ସେମିତି କିଛି ନାହିଁ ଖାଲି ଦୁଇଟା ମାଇକ୍ରୋସ୍କୋପ୍ ଛଡ଼ା; ଫେରି ଆସିଲେ। କିଛିଦିନ ପରେ ଯାଇ ଜାଣିଲେ ଯେ ଆପତ୍ତିଜନକ ଜିନିଷ କିଛି ନଥିଲା ମାତ୍ର ଆପତ୍ତିଜନକ କାମରେ ବ୍ୟବହାର କରାଯାଉଥିଲା। ତରୁଣ ବୟସରେ ଛୋଟ ଛୋଟ ଆପତ୍ତିଜନକ କାମରେ ଅଜାଣତରେ କିଛି ପିଲା ଲାଗିଯାନ୍ତି ଯାହାକୁ କୁହାଯାଏ ଜୁଭେନାଇଲ ଡେଲିଂକ୍ୟୁଏନସି। ଅବଶ୍ୟ ଅଲକ୍ଷ୍ୟରେ ମୁକୁଳି ଯାଆନ୍ତି ଅନେକ।

ସମ୍ଭବତଃ ଦୁଇ ହଜାର ଦଶ ମସିହାର କଥା। ମୁଁ ସେତେବେଳେ ଜଣେ ମନ୍ତ୍ରୀଙ୍କର ବ୍ୟକ୍ତିଗତ ସଚିବ ଭାବରେ କାର୍ଯ୍ୟରତ ଥାଏ। ମନ୍ତ୍ରୀଙ୍କ ଘର ଅନୁଗୋଳ ଜିଲ୍ଲାରେ ମାତ୍ର ତାଙ୍କର ପଢ଼ାପଢ଼ି ରେଢ଼ାଖୋଲ କଲେଜରେ ସେଇ ଦୃଷ୍ଟିରୁ ସେ ସମ୍ବଲପୁର ଅଞ୍ଚଳ ସହିତ ବିଶେଷ ପରିଚିତ। ବେଳେବେଳେ କହନ୍ତି ଯେ ତାଙ୍କର ଗୋଟିଏ ସାଙ୍ଗ ଥିଲା ଯାହାର ନାଁ ଟୁଟୁ ଆଉ ସେ ଭାରି ପ୍ରତ୍ୟୁତ୍ପନ୍ନମତି। ଲ' ପଢ଼ିଲାବେଳେ ଥିଲା ଭାରି ପ୍ରତିଭାବାନ ଛାତ୍ର; ମାତ୍ର ଭାଗ୍ୟ ତାକୁ ସାଥୀ ଦେଲା ନାହିଁ ତାଙ୍କୁ ଏତେ ଡାଇବେଟିସ୍ ଯେ ସେ ଚଲାବୁଲା କରିପାରେନି। ଏକରକମର ଚଳତ୍ ଶକ୍ତି ବିହୀନ। ଥରେ ଆମେ ସମ୍ବଲପୁର ଯାଇଥିବାବେଳେ ମନ୍ତ୍ରୀ ମହୋଦୟ କହିଲେ, ଆମେ ଏଥର ଫେରିବା ବେଳେ ମୋର ସେଇ ସାଙ୍ଗକୁ ଦେଖାକରିଯିବା। ତା ଦେହ କ'ଣ ଅତି ଖରାପ ଅଛି ବୋଲି ଖବର ମିଳିଲା। ଆଉ ସେ କହିଲେ ଯେ ତାଙ୍କ ସାଙ୍ଗ ହେଉଛନ୍ତି ରେଢ଼ାଖୋଲର ପୂର୍ବତନ ବ୍ଲକ୍ ଚେୟାରମ୍ୟାନ୍‌ଙ୍କ ସାନ ଭାଇ। ମୁଁ ଆଗରୁ ସମ୍ବଲପୁର ଜିଲ୍ଲରେ କାର୍ଯ୍ୟ କରିଥିବାରୁ ସେଇ ପୁରାତନ ଚେୟାରମ୍ୟାନଙ୍କୁ ଜାଣିଥିଲି। ଯେତେବେଳେ ମନ୍ତ୍ରୀ ମହୋଦୟ କହିଲେ ଯେ, ସେ ଏଥର ସାଙ୍ଗକୁ ଦେଖା କରିଯିବାର ଆଉ ଗୋଟିଏ କାରଣ ହେଲା ତାଙ୍କ ବଡ଼ଭାଇଙ୍କର ଜୁଆନ ପୁଅଟି ସଦ୍ୟ ଆତ୍ମହତ୍ୟା କରିଦେଇଛି। ତେଣୁ ଏପରି ଅବସ୍ଥାରେ ତାଙ୍କୁ ଦେଖା କରିବା ଦରକାର। ମୁଁ ହଠାତ୍ କହିଲି ସାର୍ ପାଗାବାବୁଙ୍କ ପୁଅର କଣ ହୋଇଥିଲା ଯେ ସେ ଆତ୍ମହତ୍ୟା କରିଦେଲା ? ସେ ଆଶ୍ଚର୍ଯ୍ୟ ହୋଇ ମୋତେ ପଚାରିଲେ, "ଆପଣ କ'ଣ ପାଗାବାବୁଙ୍କୁ ଜାଣନ୍ତି ?" କହିଲି, ଅନେକ ବର୍ଷତଳେ ସମ୍ବଲପୁର ଜିଲ୍ଲାରେ କାମ କରିଥିଲି ବିଡ଼ିଓ ଭାବରେ ଏବଂ ମୋର ଝାରବନ୍ଧ ବ୍ଲକ ଅନ୍ୟତମ ଶ୍ରେଷ୍ଠ ବ୍ଲକ୍ ଭାବରେ ବିବେଚିତ ହେଲାପରେ ପାଗାବାବୁ

ମୋତେ ଦିନେ ଦେଖା କରିଥିଲେ ଓ ଅନୁରୋଧ କରିଥିଲେ ମୁଁ ରେଢ଼ାଖୋଲ ବଦଳି ହୋଇ ଯିବାକୁ। ମୁଁ ଚାହିଁଲେ, ସେ ମୋ ପାଇଁ ସେକ୍ରେଟେରିଆଟ୍‌ରେ କୁହାକୁହି କରିବେ ବୋଲି। ମୋର ଘରଠାରୁ ଦୂରତା ପ୍ରାୟ ଅଢ଼େଇଶହ କିଲୋମିଟର କମିଯିବ ଭାବି ମୁଁ ତାଙ୍କ ପ୍ରସ୍ତାବରେ ହଁ ନାଁ ହେଉଥିଲି, ଯେତେବେଳେ ମୋତେ ତତ୍କାଳୀନ ଜିଲ୍ଲାପାଳ ଏସ୍.ଏନ୍. ତ୍ରିପାଠୀ ସମ୍ବଲପୁର ସହରକୁ ବଦଳି କରିବା ପାଇଁ ସରକାରଙ୍କୁ ଅନୁରୋଧ କରିଥିଲେ ଓ ମୋତେ ସେହିଠାରେ ଅବସ୍ଥାପିତ କରାଯାଇଥିଲା। ତେଣୁ ଅଳ୍ପ ସମୟ ପାଇଁ ହେଲେ ବି ରେଢ଼ାଖୋଲ ଥିଲା ମୋ ସ୍ମୃତିର ଗୋଟିଏ ଛୋଟ ବିନ୍ଦୁ ଯାହା କେବେବି ବ୍ୟାପ୍ତ ହୋଇପାରି ନଥିଲା।

ଯଥା ସମୟରେ ଆମେ ରେଢ଼ାଖୋଲରେ ପହଞ୍ଚିଲୁ। ସଂଧ୍ୟା ଉତ୍ତୀର୍ଣ୍ଣ ସମୟ। ଗୋଟାଏ ପ୍ରଶସ୍ତ ପକ୍କାଘର ଭିତରକୁ ଆମେ ପଶିଲୁ। ସେଇଠି ଦେଖିଲୁ ମନ୍ତ୍ରୀଙ୍କର ଟୁଟୁ ନାମକ ସାଙ୍ଗ ଶୋଇଛନ୍ତି ଚଟାଣ ଉପରେ ପଡ଼ିଥିବା ଗୋଟିଏ ବିଛଣାରେ। ତାଙ୍କ ଉପରେ ଗୋଟିଏ କମ୍ବଳ ଘୋଡ଼ା ହୋଇଛି। କିଏ ସେଇ ଟୁଟୁ ଯାହାଙ୍କ ବିଷୟରେ ମୁଁ କିଛି ଜାଣେନି କେବଳ ମନ୍ତ୍ରୀଙ୍କ ସାଙ୍ଗ ସେଇ ପରିଚୟ ଛଡ଼ା। ମନ୍ତ୍ରୀ ଆସିଥିବା କେହି ଜଣେ ଯାଇ ଟୁଟୁବାବୁଙ୍କ କାନରେ କହିଦେଲା। ସେଇଠୁ ଆମେ ସମସ୍ତେ ଶୁଣିଲା ଭଳି ବଡ଼ ପାଟିରେ ଟୁଟୁବାବୁଙ୍କ କଥା ଶୁଣିହେଲା। ତାଙ୍କର ଶରୀର ଦୃଶ୍ୟମାନ ହେଉନଥାଏ; ମାତ୍ର କଥାର ପ୍ରତିଟି ଶବ୍ଦମାନେ ଯେମିତି ଗୋଟିଏ ଗୋଟିଏ ଜିଅନ୍ତା ଗୁଳି। ସେ କହିଲେ, ଆରେ ସଞ୍ଜିବ,କେମିତି ଅଛୁତୁ ଆଉ ଆମର ସାଙ୍ଗମାନେ କେମିତି ଅଛନ୍ତି। ଆରେ ବିଜୟ ନାୟକ ଯିଏକି ମନମୋହନ ସାମଲଙ୍କର ପି.ଏସ୍. ଥିଲା - ବିଜୟ ମିଶ୍ର ଯିଏକି ଅରବିନ୍ଦ ଢାଲି ଆଉ ତୋର ନିଜର ପି.ଏସ୍ ନିର ସାହୁ। ମୁଁ ସେତେବେଳଯାଏ ଚୁପଚାପ ବସିଥିଲି ମନ୍ତ୍ରୀଙ୍କ ପାଖରେ। ତାର କଥାରୁ ଆଉ ଜାଣିବାକୁ ବାକି ନଥିଲା ଯେ ମନ୍ତ୍ରୀଙ୍କ ସାଙ୍ଗ ଟୁଟୁ ଆଉ କେହି ନୁହେଁ - ସିଏ ହେଉଛି ବାଣୀବିହାରର ଆମର ସାଙ୍ଗ ସୂର୍ଯ୍ୟ - ସୂର୍ଯ୍ୟ ଦାସ।

'ସୂର୍ଯ୍ୟ' କହିଲେ ମନେପଡ଼ିଯାଏ ଜଣେ ଅତି ବେପରୁଆ ଉଦ୍ଦାମ ଯୁବକ ଯିଏକି ଚାଲୁଥିବା ଶଗଡ଼ରେ ହାତ ଲଗେଇବା ପାଇଁ ସବୁବେଳେ ଥିଲା ତୟାର। ମନେପଡ଼ିଯାଏ ସେଇ ସୂର୍ଯ୍ୟର କଥା ଯିଏକି ୧୯୮୧ ସେପ୍ଟେମ୍ବର ପାଞ୍ଚ ତାରିଖ ଦିନ ବାଣୀବିହାର ଛାତ୍ରଛାତ୍ରୀମାନେ ପ୍ରଧାନମନ୍ତ୍ରୀଙ୍କ ଇନ୍‌ଷ୍ଟିଚ୍ୟୁଟ୍ ଅଫ୍ ଫିଜିକ୍‌ସ ଉଦ୍‌ଘାଟନ ସମୟରେ କିଛି ଆଇନ ଶୃଙ୍ଖଳା ପରିସ୍ଥିତିର ଅନ୍ୟତମ ନାୟକ। ପରିସ୍ଥିତି

ଜଟିଳ ହୋଇପାରେ ଆଶଙ୍କା କରି ପିଲାମାନଙ୍କୁ ବୁଝାଉଥିବା ତତ୍କାଳୀନ ପୁରୀ ଜିଲ୍ଲାପାଳଙ୍କୁ ଅତର୍କିତ ଆକ୍ରମଣ କରିଥିଲା ସୂର୍ଯ୍ୟ ଏବଂ ତା ପରବର୍ତ୍ତୀ ଭୟଙ୍କର ପରିସ୍ଥିତି ଓ ଘଟଣାକ୍ରମରେ ବାରଗୋଟି ବସ୍‌ପୋଡ଼ି। ଅର୍ଥାତ୍ ସୂର୍ଯ୍ୟ କହିଲେ ମୋର ସେଇଦିନରୁ ଆଖି ଆଗରେ ନାଚୁଥାଏ ଗୋଟାଏ ଚଗଲା ପିଲା। ଯିଏ ଦୁଃସାହସୀ। କୌଣସି ବିପଦକୁ ଭୟ ନକରି ଯିଏ ତା ଅଭିଳଷିତ କାମରେ ହାତଦିଏ। ପିଲାବେଳେ ଯେମିତି ବେପରୁଆ ଠୋ ଠୋ କଥା ସେଇଥିରେ ସାମାନ୍ୟତମ ବିଚ୍ୟୁତି ହୋଇନାହିଁ। ତାହେଲେ ଏତେଦିନଯାଏ ମୋର ମନ୍ତ୍ରୀ ତାଙ୍କର ଯେଉଁ 'ଟୁଟୁ' ବୋଲି ସାଙ୍ଗ କଥା କହୁଥିଲେ ସେ କଣ ଏଇ ସୂର୍ଯ୍ୟ। ମୁଁ ସେତେବେଳକୁ ଆଉ ନିଜ ନିୟନ୍ତ୍ରଣରେ ନଥାଏ। ତୁରନ୍ତ ମାଡ଼ି ଆସିଲି ବିଛଣାରେ ଶାୟିତ ରୋଗୀ ପାଖକୁ। ଆଉ ତାକୁ ଜାବୁଡ଼ି ଧରି କହିଲି। ଆରେ ସୂର୍ଯ୍ୟ, ମୁଁ ହେଉଛି ନିର। ସେ ଗୋଟାଏ ଅଟ୍ଟହାସ୍ୟ ଛାଡ଼ିଲା। ଆଉ କହିଲା, ଆରେ ତୁ ଏଇଠିକି ଆସିଛୁ ଅଥଚ ମୋ ସହିତ କଥା ହେଉନୁ। ସଞ୍ଜିବ ସିନା ମନ୍ତ୍ରୀ ହୋଇଯାଇଛି, ତୁ ତ ଯେମିତି ସାଙ୍ଗ ଥିଲୁ ସେଇ ସାଙ୍ଗ। ମୁଁ କଇଁ କଇଁ ହୋଇ କାନ୍ଦୁଥାଏ ଓ କହୁଥାଏ, ଆରେ ମୁଁ କ'ଣ ତୋତେ ଏଇଭଳି ଅବସ୍ଥାରେ ଦିନେ ଦେଖିବି ବୋଲି ଭାବିଥିଲି। ମନ୍ତ୍ରୀ ସିନା ତାଙ୍କ ସାଙ୍ଗ ଟୁଟୁ କଥା ବାରମ୍ବାର କହନ୍ତି ହେଲେ ତୋତେ ବି କେବେ ଆମେ ବାଣୀବିହାରରେ ସେଇ ନାଁରେ ଡାକି ନଥିଲୁ, କେମିତି ଜାଣିବି !

କଥାରେ ସାମାନ୍ୟ ପରିବର୍ତ୍ତନ ନଥିଲା। ସେଇମିତି ଠୋ ଠୋ କଥା ସେ କହୁଥିଲା। ତାର ଗୋଟାଏ ଗୋଡ଼ କଟା ହେବା ପାଇଁ ଡାକ୍ତର ନିଷ୍ପତ୍ତି ନେଇଛନ୍ତି। ସେ ଆର ସପ୍ତାହରେ ମାଡ୍ରାସ ଯିବ। ସେଇଠି ତାର ଆମ୍ପ୍ୟୁଟେସନ୍ ହେବ ବୋଲି କୁଆଡ଼େ ଠିକ୍ ହୋଇଛି। ମୁଁ ଯେଉଁ ପରିସ୍ଥିତିରେ ମୋର ସହପାଠୀକୁ ଦେଖିଲି ତାହା ମୋତେ ଦୋହଲେଇଦେଲା ସାରା ଜୀବନ ପାଇଁ, ଜୀବନ ଅନିଶ୍ଚିତ ବୋଲି କୁହାଯାଏ ଏବଂ ଯୌବନ ତାଠାରୁ ଆହୁରି ସଂକ୍ଷିପ୍ତ ତାହା ଖୁବ୍ ସତ।

ସୂର୍ଯ୍ୟ ଗଲା ତାର ଆମ୍ପ୍ୟୁଟେସନ ପାଇଁ ସେଠାରୁ ଫେରିଲା କିଛିମାସ ପରେ। ଆଉ ତାର ଦି-ତିନି ମାସ ପରେ ଆଖି ବୁଜିଦେଲା ସବୁଦିନ ପାଇଁ; ମାତ୍ର ମୋ ଆଖିଆଗରେ ସବୁବେଳେ ଭାସିଆସେ ସୂର୍ଯ୍ୟକୁ ବାଣୀବିହାରରେ ଦେଖିଥିବା ବିଭିନ୍ନ ପରିସ୍ଥିତିର ସ୍ମୃତିଚିତ୍ର ଏବଂ ଶେଷଥର ରେଢ଼ାଖୋଲରେ ଏକ ନିର୍ଜୀବ ମୂର୍ତ୍ତିପରି ପଡ଼ିରହିଥିବା ତାର ରୂପ। ମାଟି ସହିତ ମିଶିଗଲା ପରି ଚେହେରା। ହେଲେ ଭାଷା ପୂର୍ବପରି ଶାଣଦିଆ। ମୁଁ ସେଦିନର ଦୃଶ୍ୟ ଦେଖି ନଥାନ୍ତି, ହେଲେ.... !

ବାଣୀବିହାରରେ ପଢ଼ିଲାବେଳେ ଲକ୍ଷ୍ୟ କରୁଥିଲି ଯେଉଁମାନେ ଅପେକ୍ଷାକୃତ ଦୁର୍ବଳ ଅର୍ଥନୈତିକ ମାନଦଣ୍ଡରୁ ଆସିଥିଲେ ସେମାନେ ହଷ୍ଟେଲରେ ରୋଷେଇ କରି ଖାଉଥିଲେ। ନିଜ ରୁମରେ ହିଟର ରଖୁଥିଲେ। କିଛି ଚତୁର ପିଲା ହୋଟେଲରେ ପରଷୁଥିବା ପିଲାଙ୍କୁ ଭିତିରିଆ ବକ୍‌ସିସ୍ ଦେଇ ଅଧିକ ତରକାରୀ ବା ମାଛ ଖଣ୍ଡେ ପାଉଥିବାର ଅନେକ ଦୃଶ୍ୟ ଆମେ ଦେଖିଛୁ। ଏବେ ଠକାମୀ ବଢ଼ିଯାଇଛି ବୋଲି କେମିତି କହିବା ! ମଣିଷର ଯାହା ଅଧଃପତନ ତାହା ସବୁବେଳେ ରହିଛି, କମ୍ ପିଲା ହଷ୍ଟେଲ୍‌ରେ ଖାଉଥିବାରୁ ଅନେକ ସମୟରେ ହଷ୍ଟେଲର ମେସ୍ ଚାଲୁ ନଥିଲା ବୋଲି ସୁପରିଣ୍ଟେଣ୍ଡେଣ୍ଟ କହୁଥିଲେ; ମାତ୍ର ମେସ୍‌ରେ ଖାଇବା ଭଲ ହେଉ ନଥିଲା ବୋଲି ପିଲାମାନେ ଖାଇବାକୁ ପସନ୍ଦ କରୁନଥିଲେ। ଏଇ ଦୁଇଟି ଯୁକ୍ତି ଭିତରୁ ହୁଏତ ଉଭୟ ଠିକ୍ କିମ୍ବା ଉଭୟ ଭୁଲ୍।

ହଷ୍ଟେଲ ପିଲାଙ୍କ ଉପରେ ସ୍ଥାନୀୟ ପିଲାମାନେ ଟିକିଏ ନିଜର ପ୍ରୌଢ଼ୀ ଦେଖାଉଥିଲେ। କିଛି ଗଣ୍ଡଗୋଳ ହେଲେ ଗାଡ଼କଣ ପଟିଆ ଅଞ୍ଚଳର ଗୁଣ୍ଡାଳିଆ ପିଲାଙ୍କର ଆବିର୍ଭାବ ଘଟୁଥିଲା। ୨୦୧୫ ମସିହାରେ ମୋତେ ଗୋଟିଏ ପ୍ରଶାସନିକ ପ୍ରଶିକ୍ଷଣ ପାଇଁ ଅକ୍‌ସଫୋର୍ଡ଼ ବିଶ୍ୱବିଦ୍ୟାଳୟକୁ ସ୍ୱଳ୍ପକାଳୀନ ଭାବରେ ଯିବାକୁ ପଡ଼ିଥିଲା। ସେଠାରୁ ଜାଣିଲି ଅକ୍‌ସଫୋର୍ଡ଼ ଥିଲା ବିଲାତର ପ୍ରଥମ ବିଶ୍ୱବିଦ୍ୟାଳୟ। କିଛି ବର୍ଷ ବିଶ୍ୱବିଦ୍ୟାଳୟ ଚାଲିଲା ପରେ ବାହାର ଅଞ୍ଚଳର ଛାତ୍ରମାନେ ଅନୁଭବ କଲେ ସ୍ଥାନୀୟ ଲୋକଙ୍କ ଦାଦାଗିରି। ଯାହାକୁ କୁହାଯାଉଥିଲା ସିଟି ଓ ୟୁନିଭରସିଟି ଭିତରେ କଳି, ଆଉ ସେଇ କଳି ଏତେ ବଢ଼ିଲା ଯେ ବାହାର ଅଞ୍ଚଳର ପିଲା ଓ ଅଭିଭାବକମାନେ ପ୍ରାୟ ଦେଢ଼ଶହ କିଲୋମିଟର ଦୂରରେ କ୍ୟାମ ନଦୀ କୂଳରେ ଖୋଲିଲେ ଆଉ ଗୋଟିଏ କ୍ୟାମ୍ପସ। ନୂଆ ବିଶ୍ୱବିଦ୍ୟାଳୟ ଗଢ଼ି ଉଠିଲା ସେଇଠି। ତାହା କ୍ରମେ ପାଲଟିଗଲା କ୍ୟାମ୍ବ୍ରିଜ୍ ବିଶ୍ୱବିଦ୍ୟାଳୟ।

■

ଭଗବାନଙ୍କ ସହିତ ଭେଟାଭେଟି;
ଅକସ୍ମାତ୍ କେତେବେଳେ କେଉଁଠି

୧୯୮୫ ମସିହା। ସେତେବେଳେ ମୁଁ ଲାଗଲାଗ ତିନିଟି ଚାକିରି ପାଇଯାଇଥାଏ। ତେଣୁ ସ୍ୱାଭାବିକ ଭାବରେ ଦ୍ୱନ୍ଦ୍ୱ ଥାଏ କେଉଁଠି ମୁଁ ଜଏନ୍ କରିବି। କିଏ ଜଣେ ଦାର୍ଶନିକ କହିଥିଲେ ଭୁଲ୍ ଓ ଠିକ୍ ଭିତରେ ଗୋଟିଏ ବାଛିବା ଭାରି ସହଜ କଥା; ମାତ୍ର ଯଦି ଦୁଇଟି ଭିତରୁ ଗୋଟିଏ ଭଲ ଆଉ ଆରଟି ଅପେକ୍ଷାକୃତ ଭଲ ତେବେ ସେତିକିବେଳେ ବାଛିବା ହୁଏ କାଠିକରପାଠ। ମୋ ପାଇଁ ଏଇ ଶେଷପଦଟି ଭଳି ପରିସ୍ଥିତି ସୃଷ୍ଟି ହୋଇଥିଲା। ତାର କାରଣ ହେଲା ଏଇ ଚାକିରି ଭିତରୁ କୌଣସିଟି ମୋର ଅଭିଳଷିତ ନଥିଲେ। ଆଗରୁ କହି ରଖିଛି ଯେ ଅଧ୍ୟାପକ ହେବା ଥିଲା ଏକମାତ୍ର ଅଭିଳାଷ, ଯେତେବେଳେ ଆଡ଼ହକ ଚାକିରିର ଅସ୍ଥାୟୀ ପଣ ପାଇଁ ତାକୁ ଛାଡ଼ିବାକୁ ହେଲା ସେତେବେଳେ ଆଉ ମଝିମଝିଆ ଯେତେ ଯାହା ଚାକିରି ସେ ସବୁ ଖାଲି ଜୀବିକା ପାଇଁ, ଜୀବନ ପାଇଁ ନୁହେଁ। ଗୋଟିଏ ଥିଲା ବମ୍ବେ କଷ୍ଟମ୍‌ସ ହାଉସ୍‌ରେ ପ୍ରିଭେଣ୍ଟିଭ୍ ଅଫିସର କଷ୍ଟମ୍‌ସ, ଦ୍ୱିତୀୟଟି ଥିଲା ଷ୍ଟେଟ୍ ବ୍ୟାଙ୍କ୍ ଅଫ୍ ମହୀଶ୍ୱର (ଆସୋସିଏଟ ବ୍ୟାଙ୍କ୍ ଅଫ୍ ଷ୍ଟେଟ୍ ବ୍ୟାଙ୍କ୍ ଅଫ୍ ଇଣ୍ଡିଆ)ର ପ୍ରବେସନାରୀ ଅଫିସର ଏବଂ ତୃତୀୟଟି ଥିଲା ରାଜ୍ୟ ପ୍ରଶାସନିକ ସେବା।

ଅଶୀ ଦଶକ ବେଳକୁ ବ୍ୟାଙ୍କ ପ୍ରବେସନାରୀ ଅଫିସରମାନଙ୍କର ସାମାଜିକ ସ୍ଥିତି ଥିଲା ବେଶ୍ ଉଚ୍ଚରେ। ତାର କାରଣ ହେଲା ରାଷ୍ଟ୍ରାୟତ୍ତ ବ୍ୟାଙ୍କରେ ଏହି ଅଧିକାରୀମାନେ ସରକାରୀ ଅଫିସରମାନଙ୍କ ଠାରୁ ବହୁ ଅଧିକ ଦରମା ଓ ଆନୁଷଙ୍ଗିକ ଭତ୍ତା ପାଉଥିଲେ। ବାହାଘର ବଜାରରେ କନ୍ୟାପିତାମାନଙ୍କର ପ୍ରଥମ ପସନ୍ଦ ଥିଲେ

ସେଇମାନେ । ଏହି ଉଚ୍ଚା ଦରମା ଏତେ ମାତ୍ରାରେ ସମାଜର ମଗଜରେ ପଶିଯାଇଥିଲା ଯେ ବିଶ୍ୱବିଦ୍ୟାଳୟର ବହୁ ମେଧାବୀ ଛାତ୍ରଛାତ୍ରୀ ସେମାନଙ୍କର କ୍ୟାରିୟର ବ୍ୟାଙ୍କିଙ୍ଗ୍ ସର୍ଭିସ୍ ଭିତରେ ଖୋଜିବାକୁ ଧରି ନେଇଥିଲେ । କେତେକ ସେଣ୍ଟ୍ରାଲ୍ ସିଭିଲ୍ ସର୍ଭିସ୍ ପରୀକ୍ଷାରେ ଉତ୍ତୀର୍ଣ୍ଣ ହୋଇ ମଧ୍ୟ ତାକୁ ଛାଡ଼ି ବ୍ୟାଙ୍କ୍‌କୁ ଆପଣେଇ ନେଇଥିଲେ । ଯେହେତୁ ବହିଃଶୁଳ୍କ ବିଭାଗ ବିଷୟରେ ବହୁ ଗୁଜବ ଆମ କାନରେ ପଡ଼ିଥିଲା ଏବଂ ସେପରି କାଞ୍ଚନିକ ଜୀବନ ମୋ ପାଇଁ ଠିକ୍ ହୋଇନପାରେ ଏଇଭଳି ଏକ ଧାରଣା ମୋଟାମୋଟି ଭାବରେ ମୋ ଭିତରେ ଦୃଢ଼ ହୋଇଥିଲା । ତେଣୁ ମୁଁ ପ୍ରଥମରୁ ବମ୍ବେ ଯିବା କଥାଟି ଛାଡ଼ି ଦେଇଥିଲି । ଯେହେତୁ ନିଜ ରାଜ୍ୟ ପାଇଁ ସିଧାସଳଖ କାମ କରିବା ଅଧିକ ଆନନ୍ଦଦାୟକ ହେବ, ରାଜ୍ୟ ପ୍ରଶାସନିକ ସେବା ସେଇ ଦୃଷ୍ଟିରୁ ମୋ ପାଇଁ ଅଧିକ ଗ୍ରହଣୀୟ ହୋଇପାରେ ବୋଲି ଧରି ନେଇଥିଲି । ହେଲେ ରାଜ୍ୟ ସରକାରଙ୍କର ଫାଇଲମାନଙ୍କର କଚ୍ଛପଗତି ବିଷୟରେ ଆଗରୁ ଯାହା ଶୁଣାଥିଲା ତାହା ସତହେଲେ ବିଳମ୍ବ ସୀମାତିରିକ୍ତ ହୋଇପାରେ ଏହି ଆଶଙ୍କା ବି ମାଡ଼ି ଆସିଲା । ଫଳ ହେଲା ଏଇଆ ଯେ ହାଇଦ୍ରାବାଦରେ ବ୍ୟାଙ୍କ୍ ପ୍ରବେସନାରୀ ଅଫିସର ଭାବରେ କାର୍ଯ୍ୟରେ ଯୋଗଦେବାକୁ ପଡ଼ିଲା । ଅବଶ୍ୟ କିଛି ବର୍ଷ ପରେ ବ୍ୟାଙ୍କ୍ ପ୍ରବେସନାରୀ ଅଫିସରମାନଙ୍କର ଦରମା ଭତ୍ତା ଆଶାନୁରୂପ ବୃଦ୍ଧି ହେଲାନାହିଁ । ଷ୍ଟେଟ୍ ବ୍ୟାଙ୍କ ପରି ପ୍ରମୁଖ ବ୍ୟାଙ୍କରେ ଯେଉଁମାନେ ଯୋଗ ଦେଇଥିଲେ ସେମାନଙ୍କ ଭିତରୁ ଶତକଡ଼ା ପଞ୍ଚାଅଶୀ ଭାଗ ଏ.ଜି.ଏମ୍. ଉପରକୁ ଯାଇପାରିଲେନି । ପ୍ରାୟ ପନ୍ଦର କୋଡ଼ିଏ ବର୍ଷ ପରେ ସେଇ ଚାକିରି ପ୍ରତି ସବୁ କୃତି ଛାତ୍ରଛାତ୍ରୀଙ୍କର ସ୍ୱପ୍ନଭଙ୍ଗ ହେଲା । କଥାରେ ଯାହା କୁହାଯାଏ କି'ବା ଦେଖାନଯାଏ ବଞ୍ଚିଥିଲେ ମହୀରେ !

ମୁଁ ଯେ ଆଗରୁ କେବେ ରାଜ୍ୟ ବାହାରକୁ ଯାଇନଥିଲି ତା ନୁହେଁ, ହେଲେ ଏଥର ଯିବାର ବିଶେଷତ୍ୱ ଥିଲା ଏଇଆ ଯେ ମୁଁ ଥିଲି ଏକୁଟିଆ । ସେତେବେଳେ ବାଣୀବିହାର ପରିସରରେ ବେଶୀ ଗଛବୃଛ ଲଗା ହୋଇନଥିଲା । ଆଜି ପରି ବହୁସଂଖ୍ୟକ ହଷ୍ଟେଲ ବି ନଥିଲା । ହଷ୍ଟେଲ ରୁମ୍‌ରେ ଗୋଟିଏ ଲେଖାଏଁ ଫ୍ୟାନ୍ ଥିଲା । ଆମେ ରେଭେନ୍‌ସାରେ ପଢ଼ିଲା ବେଳେ ସେତକ ବି ନଥିଲା ବୋଲି ଆଗରୁ କହିଛି ।

କାଁ ଭାଁ ପିଲାଙ୍କୁ ବାଦ୍ ଦେଲେ ସମସ୍ତେ ଦୁଇ ତିନି ହଳ ପୋଷାକ ରଖୁଥିଲେ । ଦେଶର ଆର୍ଥିକ ଅବସ୍ଥା ସେଇଥିରୁ ଅନୁମାନ କରାଯାଇପାରିବ । ସାଙ୍ଗସାଥୀଙ୍କ ସହିତ ଅଜଣା ଜାଗାକୁ ଗଲେ ଯେତିକି ଆନନ୍ଦ ଲାଗେ ଏକୁଟିଆ ସେଇ ଜାଗାରେ

ପାଦ ଦେଲେ ସେତିକି ବିରକ୍ତିକର ଅନୁଭୂତି ହୁଏ। ସେଇ ଅନୁଭବକୁ ସାଥୀ କରିବାକୁ ହେବ ମୋର ଏଇ ଯାତ୍ରା ପଥରେ। ଯଥା ସମୟରେ ହାଇଦ୍ରାବାଦ ପାଇଁ ସଂରକ୍ଷିତ ରେଳ ଟିକେଟ୍‌ଟିଏ କିଣିବା ଛଡ଼ା ମୋର ବୋଧହୁଏ ଆଉ କିଛି ପ୍ରସ୍ତୁତି ନଥିଲା। ସେତେବେଳେ କୋଣାର୍କ ଏକ୍ସପ୍ରେସ୍ ନାମକ ଟ୍ରେନ୍‌ଟି ସମ୍ଭବତଃ ସଂଧ୍ୟା ପାଞ୍ଚ ପଇଁଚାଳିଶରେ ଭୁବନେଶ୍ୱର ଷ୍ଟେସନରୁ ଛାଡୁଥିଲା। ସେଦିନ ମୋତେ ବିଦାୟ ଦେବାକୁ ଭୁବନେଶ୍ୱର ରେଳଷ୍ଟେସନରେ ପ୍ରାୟ ଚାଳିଶରୁ ଅଧିକ ବନ୍ଧୁଙ୍କ ସମାଗମ ହୋଇଥିଲା। ଟ୍ରେନ୍ ପହଞ୍ଚିବାର ପ୍ରାୟ ଅଧଘଣ୍ଟାଏ ପୂର୍ବରୁ ଆମେ ସମସ୍ତେ ଷ୍ଟେସନରେ ପହଞ୍ଚି ଯାଇଥାଉ। ଏତିକିବେଳେ ମୋର ଜଣେ ବନ୍ଧୁ ଅଶ୍ୱିନୀବାବୁ ମୋତେ କହିଲେ, "ନିରଞ୍ଜନ ବାବୁ ଆପଣ ହାଇଦ୍ରାବାଦରେ କେଉଁଠି କ'ଣ ରହିବେ, ତାର କିଛି ଆଗୁଆ ବନ୍ଦୋବସ୍ତ କରିଛନ୍ତି!" ଶୁଖିଲା ହସରେ ତାର ପ୍ରତ୍ୟୁତ୍ତର ଦେବାରୁ ସେ ବୁଝିନେଲେ ଯେ ସେପରି କିଛି ବ୍ୟବସ୍ଥା ମୁଁ କରିନାହିଁ। ତାଙ୍କର ଦ୍ୱିତୀୟ ପ୍ରଶ୍ନ ଥିଲା, "ଆପଣଙ୍କର କେହି ଜଣାଶୁଣା ଲୋକ କିମ୍ବା ନିଜର ଲୋକ ନାହାନ୍ତି ହାଇଦ୍ରାବାଦ୍‌ରେ!" ପୁଣି ଥରେ ହସକୁ ଦୋହରାଇ ତାଙ୍କୁ କହିଲି, "ପହଞ୍ଚି ଖୋଜିବି କିଏ ଜଣାଶୁଣା କିମ୍ବା ଆତ୍ମୀୟ!" ମୋ କଥାକୁ ହାଲ୍‌କା ଭାବରେ ଗ୍ରହଣ ନ କରି ସେ କହିଲେ, "ଧେତ୍, ସେମିତି କ'ଣ ବାହାରକୁ ଯାଆନ୍ତି?" ହାତରେ ଧରିଥିବା ଗୋଟାଏ ଖାତାରୁ ପୃଷ୍ଠାଟିଏ ଛିଣ୍ଡାଇ କ'ଣ ଦି ଧାଡ଼ି ଲେଖିଦେଲେ। ସେତେବେଳକୁ ଷ୍ଟେସନ ଛୁଇଁଲା ଆମର ପ୍ରତୀକ୍ଷିତ ଟ୍ରେନ୍‌ର ଇଞ୍ଜିନ୍। ମୋତେ ହାତଲେଖା ଚିଠିଟି ଧରେଇ ଦେଇ କହିଲେ, 'ସମୟ ଯଦି ହୁଏ ଏଇ ଚିଠିଟି ଗ୍ରାହକଙ୍କୁ ଦେବେ। ସେ ମୋର ବନ୍ଧୁ, ବଡ଼ ଭାଇଟି ଭଳି।'

ଟ୍ରେନ୍ ଏବେ ଛାଡ଼ିବ। ୟା ଭିତରେ ଦି ତିନିଥର ଛାତି ଦୁଲୁକେଇ ଦେଲା ଭଳି ରଡ଼ି ଛାଡ଼ିଲାଣି। ମୋ ପାଖରେ ଗୋଟିଏ ମାତ୍ର ସୁଟକେସ୍। ତା'ର ଭିତରେ ଅଛି ମୋର ମଶାରୀ, ବିଛଣାପତ୍ର ଆଉ ପବନ ପୂରା ହୋଇପାରୁଥିବା ତକିଆ। ଦୁଇହଳ ପେଣ୍ଟସାର୍ଟ ସାଙ୍ଗକୁ ମୋର ନିତ୍ୟ ବ୍ୟବହାର୍ଯ୍ୟ କିଛି ଜିନିଷ, କାଗଜପତ୍ର ଓ ବହି ଆଉ ଗୀତା। କେହି ଜଣେ ବନ୍ଧୁ ଦୁଇ ତିନିଟି ମ୍ୟାଗାଜିନ୍ କିଣି ଆଣିଲେ ଆଉ ମୋ ହାତକୁ ବଢ଼େଇଦେଲେ। ଉପସ୍ଥିତ ବନ୍ଧୁମାନଙ୍କ ଭିତରୁ କେତେକଙ୍କୁ ମୁଁ ଛାତିରେ ଜଡ଼େଇ ଧରିଲି। ଆଉ କେତେକଙ୍କ ସହିତ କରମର୍ଦ୍ଦନ କଲି। ଏବେ ମୁଁ ଆଉ ଗୋଟାଏ ଦୁନିଆଁକୁ ଯାଉଛି। ସେଇଠି ମୋର କେହି ନାହାନ୍ତି। ଗୋଟାଏ ଚିହ୍ନା ପୃଥିବୀକୁ ଛାଡ଼ି ଆଉ ଗୋଟିଏ ଅଚିହ୍ନା ଇଲାକାକୁ ଯାଉଛି ମୁଁ। ସେଇଠି ମୋ

ପାଇଁ କୁଆଡ଼େ ଗୋଟାଏ ଚଉକି ପଡ଼ିଛି। ମୁଁ ସେଇଠି ବସିବି। ସେଇଟି କୁଆଡ଼େ ମୋର କର୍ମକ୍ଷେତ୍ର, ସେଇଠି ପୁଣି ଅଚିହ୍ନାଭିତରୁ ଆସ୍ତେ ଆସ୍ତେ ଚିହ୍ନା ମୁହଁଟି ମାନ ବାହାରିବେ। ସେଇଠି ମୁଁ କ୍ରମଶଃ ଶୂନ୍ୟରୁ ବ୍ୟାପ୍ତି ଆଡ଼କୁ ମାଡ଼ିଚାଲିବି। ମୁଁ ପାରିବି। ଏକଥା ମୋ ଗୁରୁଜୀ ମୋତେ କହିଛନ୍ତି। ମୁଁ ମନେ ପକାଇଲି ମୋର ମାଆଙ୍କୁ ମୋର ଗୁରୁଜୀଙ୍କୁ। ଆଖିରେ ଲୁହ ଗାଡ଼ି ଛାଡ଼ିଲା।

ଗହଳ ଚହଳ ଲାଗୁଥିବା ଟ୍ରେନ୍ କମ୍ପାର୍ଟମେଣ୍ଟଟି ବ୍ରହ୍ମପୁର ଷ୍ଟେସନରେ ପହଞ୍ଚିଲା ପରେ କିଛି ଅଧିକ ଯାତ୍ରୀ ଓହ୍ଲାଇଗଲେ। ପିଲାବେଳୁ ଯେଉଁ ତାଲିମ୍ ମିଳିଛି ତାହା ଭୁଲି ହେଉନଥାଏ। ଅପରିଚିତ ଲୋକ ସହିତ ହଠାତ୍ ବନ୍ଧୁତା ନ କରିବାକୁ ବହୁ ନୀତି ଶାସ୍ତ୍ରରେ ପରାମର୍ଶ ଦିଆଯାଇଛି। ଅନେକ ସମୟରେ ବନ୍ଧୁତା ଆଳରେ ବହୁ ଠକାମିର ଗପ ମୁଁ ଶୁଣିଛି। ସେଇଥିପାଇଁ ନିଜକୁ ମୁଁ ଭାରି ସଂକୁଚିତ କରି ରଖୁଥାଏଁ। ମୋ ଶୋଇବା ସିଟ୍ ତଳେ ମୋର ଆରିଷ୍ଟୋକ୍ରାଟ ବ୍ରାଣ୍ଡର ସୁଟ୍‌କେଶ୍‌ଟି ଥାଏ। ସେଇଟିକୁ ଗୋଟିଏ ଚେନ୍‌ରେ ବାନ୍ଧିଦିଆଯାଇଥାଏ ସିଟ୍‌ର ଗୋଟିଏ ଲୁହା ଶିକୁଳି ସହିତ। ମୁଁ ପାଖରେ ଥିବା ପତ୍ରିକା ଖୋଲି ସେଥିରେ ଆଖି ପକାଉଥାଏ। ମାତ୍ର ମୋର କାନ ଦୁଇଟା ପୁରା ମେଲା। ପାଖ ସହଯାତ୍ରୀ କ'ଣ କଥାବାର୍ତ୍ତା ହେଉଥାନ୍ତି ତାହା ଉପରେ ପୂରା ଫର୍ମରେ ନିଘା ରଖିଥାଏ ମୋର କାନ। ସେମାନଙ୍କ କଥାବାର୍ତ୍ତାରୁ ଯାହା ଜଣାଗଲା ଦୁଇଜଣ ଯାଉଛନ୍ତି ବିଜୟୱାଡ଼ାରେ ଓହ୍ଲାଇବେ। ଆଉ ଦୁଇଜଣ କିଛି କଥା ଆଲୋଚନା କରୁଥାନ୍ତି ଯାହାକି ମୋ କର୍ଣ୍ଣ ରାଡ଼ାରରେ ଧରା ପଡୁନଥାଏ। ମୋତେ ରାତିରେ ନିଦ ଆଦୌ ଧରାଛୁଆଁ ଦେଲାନି। ମନ ଭିତରେ ଭୟ - କାଳେ କିଏ କୁଆଡ଼େ ଚେନ୍ କାଟି ମୋ ସୁଟ୍‌କେଶ ନେଇଯିବ। ମୋ ଡକ୍ୟୁମେଣ୍ଟ ସବୁ ଚୋରି ହେଲେ ମୁଁ ଚାକିରିରେ ଯୋଗଦେବି କେମିତି ! କାଳେ କିଏ ମୋ ପର୍ସ ଚୋରି କରିନେବ। ମୁଁ ହଇରାଣ ହୋଇଯିବି, କେହି ଚିହ୍ନା ପରିଚୟ ମୋର ନାହିଁ। ଅବଶ୍ୟ ମୁଁ ଗୋଟେ ଜାଗାରେ ପଇସା ରଖିନି। ଦୁଇ ଚାରି ଜାଗାରେ ଅଲଗା ଅଲଗା କରି ରଖିଛି। ଏକଥା ବି ମୋତେ ଜଣା ଯେ କୌଣସି ପ୍ରଫେସନାଲ ଚୋର ପାଇଁ ସେଇ ନିଷିଦ୍ଧ ଠିକଣା ସବୁ ଅଜଣା ନୁହେଁ। ବିନା ଅଘଟଣରେ ରାତି କଟିଲା ଏବଂ ସକାଳୁ ସକାଳୁ ଦୁଇଜଣ ଯାତ୍ରୀ ଗଲେ ଆଉ ଦୁଇଜଣ ଯାତ୍ରୀ ଆସିଲେ। ମୁଁ ଅନୁଭବ କରୁଥାଏ ଭୁବନେଶ୍ୱରରୁ ଯେଉଁ ଯାତ୍ରୀ ଉଠିଲେ ବିଜୟୱାଡ଼ା ପହଞ୍ଚିଲାବେଳକୁ ତାଙ୍କ ସହିତ ସାମାନ୍ୟ ପରିଚୟ ସୃଷ୍ଟି ହୋଇଯାଇଥାଏ। କ୍ରମେ କ୍ରମେ ନୂଆ ଯାତ୍ରୀମାନେ ଆସିଲେ ଏବଂ ଡବା ଭିତରେ ଓଡ଼ିଆ ଭାଷାର ସ୍ୱର କ୍ଷୀଣରୁ

କ୍ଷୀଣତର ଶୁଣାଗଲା । ମୋ ଅଜଣାତରେ ମୁଁ ଆଉଟୁ ପାଉଟୁ ହେବାକୁ ଲାଗିଲି । କାନ ପାରୁଥାଏଁ । କାଳେ କେହି ଓଡ଼ିଆ ଯାତ୍ରୀ ଥିବେ । ମାତୃଭାଷା କାନକୁ ଏତେ ଆନନ୍ଦ ଦିଏ ସେତିକିବେଳେ ମୁଁ ଅନୁଭବ କଲି । ସେତେବେଳେ ମୋବାଇଲ ଯୁଗ ନଥାଏ ଅର୍ଥାତ୍ ମୋ ଆଡୁ ମୁଁ କାହାରିକୁ ଟେଲିଫୋନ୍ କରିବା ବା କାହାଠାରୁ ଟେଲିଫୋନ୍ ପାଇବାର ସମ୍ଭାବନା ବି ନଥାଏ । ମୁଁ ଆସ୍ତେ ଆସ୍ତେ ନିଃସ୍ୱ ଅନୁଭବ କରୁଥାଏ । ମାତୃଭାଷାର ଅଭାବରେ ନିଃସ୍ୱତାକୁ ପ୍ରଥମ କରି ଅନୁଭବ କଲି ।

ମୁଁ ମନେ ମନେ ଭାବୁଥାଏଁ ହାଇଦ୍ରାବାଦରେ ପହଞ୍ଚି ଷ୍ଟେସନ ପାଖରେ କୌଣସି ହୋଟେଲକୁ ଯାଇ ସେଠାରେ ରାତିଟା ରହିଯିବି । କାଲି ସକାଳ ହେଲେ ବ୍ୟାଙ୍କର ସନ୍ଧାନରେ ବାହାରିବି । ମୋ ପାଖରେ ଥିବା ମାଗାଜିନ୍‌ତକ ଉପରେ ସେତେବେଳକୁ ଆଖି ବୁଲେଇ ନେଇଥାଏ । ହେଲେ ସମୟ କାଟିବା ପାଇଁ ମୋ ପାଖରେ ଆଉ କିଛି ନଥାଏ । ବାରମ୍ବାର ଓଲଟାଉଥାଏ ପୃଷ୍ଠା ପରେ ପୃଷ୍ଠା । ଦୁଇଜଣ ସହଯାତ୍ରୀ ତେଲୁଗୁରେ କ'ଣ ଆଲୋଚନା କରୁଥାନ୍ତି । ସେମାନଙ୍କର ଆଲୋଚନାର କଥାବସ୍ତୁ ମୋର ବୋଧଗମ୍ୟ ନଥିଲେ ମଧ୍ୟ ବାରମ୍ବାର ସେମାନେ ରାଜୀବ ଗାନ୍ଧୀଙ୍କ ନାମ ଉଚ୍ଚାରଣ କରୁଥିବାରୁ ତାହା ତାହା ରାଜନୈତିକ ପୃଷ୍ଠଭୂମିର ଆଲୋଚନା ବିଶେଷ ବୋଲି ମୋର ଅନୁଭବ ହେଉଥାଏ । ସେମାନେ ଇଂଲିଶ୍ ବା ହିନ୍ଦୀରେ ଆଲୋଚନା କରୁଥିଲେ, ମୁଁ ହୁଏତ ତା ଭିତରକୁ ପଶିବାକୁ ଚେଷ୍ଟା କରିଥାନ୍ତି; ମାତ୍ର ପରିସ୍ଥିତି ଦୃଷ୍ଟିରୁ ମୁଁ ନିଜକୁ ନୀରବ ଶ୍ରୋତା ଭାବରେ ସୀମିତ ରଖିଥାଏ ।

ଏଇମିତି କିଛି ଘଣ୍ଟା ବିତିଗଲା ପରେ ଯାତ୍ରୀମାନଙ୍କର ନିଜ ନିଜ ଜିନିଷପତ୍ର ସଜାଡ଼ିନେବା ଲକ୍ଷ୍ୟ କରୁଥିବା ବେଳେ ମୋର ମନେହେଲା ବୋଧହୁଏ କିଛି ବଡ଼ ଷ୍ଟେସନ ପାଖ ହୋଇଗଲା । କେଉଁ ଷ୍ଟେସନ ଆସିବ ମୁଁ ବି ଉତ୍ସୁକ ଭାବରେ ଲକ୍ଷ୍ୟ କରୁଥାଏ । ଗାଡ଼ି ଅଟକିଯିବା ମାତ୍ରେ ମୁଁ ଲକ୍ଷ୍ୟ କଲି ଗାଡ଼ି ସିକନ୍ଦରାବାଦ ଷ୍ଟେସନରେ ପହଞ୍ଚି ଯାଇଛି । ହାଇଦ୍ରାବାଦର ଷ୍ଟେସନ ନାଁ ହେଲା ସିକନ୍ଦରବାଦ । ମୁଁ କାଳ ବିଳମ୍ବ ନ କରି ଗାଡ଼ିରୁ ଓହ୍ଲାଇ ପଡ଼ିଲି ଏବଂ ପ୍ଲାଟଫର୍ମର ବଡ଼ ବଡ଼ ଘଣ୍ଟାମାନେ ସମୟ ଅପରାହ୍ଣ ତିନିଟା ଦଶ ବୋଲି ସୂଚାଇ ଦେଉଥିଲେ । ବହୁସଂଖ୍ୟକ ରଙ୍ଗୀନ ଟେଲିଭିଜନ ପ୍ଲାଟଫର୍ମଗୁଡ଼ିକରେ ଖଞ୍ଜା ଯାଇଥାଏ । ସେଥିରେ ପ୍ରଦର୍ଶିତ ହେଉଥିବା ବିଭିନ୍ନ ଚଳଚ୍ଚିତ୍ର ତଥା ବିଜ୍ଞାପନକୁ ଉପଭୋଗ କରୁଥାନ୍ତି ଅପେକ୍ଷମାଣ ଯାତ୍ରୀମାନେ । ସିକନ୍ଦରାବାଦ ଷ୍ଟେସନର ଲୋକଗହଳି ଭିତରେ ଚାଲୁ ଚାଲୁ ମୁଁ କେତେବେଳେ ଯେ ଷ୍ଟେସନ ପାରି ହୋଇ ବାହାରକୁ ଚାଲିଆସିଲିଣି ତାହା ଜାଣି ହେଲା ନାହିଁ ।

ସମୟ ମାତ୍ର ତିନିଟା ପନ୍ଦର। ଦିପହର ଭଳି ଲାଗୁଥାଏ। ସନ୍ଧ୍ୟା ହେବାକୁ ଆହୁରି ବହୁତ ସମୟ ବାକୀ। ଏତେବେଳୁ କାହିଁକି ହୋଟେଲରେ ଯାଇ ବିଶ୍ରାମ ନେବି ? ବରଂ ଭୁବନେଶ୍ୱର ଛାଡ଼ିଲା ବେଳେ ଅଶ୍ୱିନୀ ବାବୁ ଯେଉଁ ଚିଠି ଖଣ୍ଡେ ଦେଇଥିଲେ ସେଇ ଠିକଣାର ସନ୍ଧାନରେ ଗଲେ ଅସୁବିଧା ବା କ'ଣ! ମନକୁ ମନ ଏକଥା ଦୋହରେଇଲି।

ବାହାରେ ବହୁସଂଖ୍ୟକ ଅଟୋ ରିକ୍ସା ଯାତ୍ରୀମାନଙ୍କୁ ଅନିଷା କରୁଥାନ୍ତି। ମୁଁ ମୋ ଠିକଣାର ଗୁରୁତ୍ୱପୂର୍ଣ୍ଣ ସ୍ଥାନଟି ପୁଣି ଥରେ ପଢ଼ି ନେଇ ଅଟୋବାଲାକୁ ପଚାରିଲି ସେଠାକୁ ଯିବାକୁ ସେ ରାଜିକି ଏବଂ କେତେ ଟଙ୍କା ଦେବାକୁ ହେବ ମୋତେ ତାର ପାରିଶ୍ରମିକ ! କୋଡ଼ିଏ ଟଙ୍କା ନେବ ବୋଲି କହି ଅଟୋବାଲା ମୋତେ ବସେଇବା ସହିତ ମୋ ଲଗେଜ ଗାଡ଼ି ଉପରକୁ ଚଢ଼େଇଲା; ମାତ୍ର ମୁଁ ବସି ସାରିବା ପରେ ସେ ଆଉ ଜଣେ ଯାତ୍ରୀ ସନ୍ଧାନରେ ଅଟକିଗଲା। ମୁଁ ମନେ ମନେ ବିରକ୍ତି ଅନୁଭବ କଲି। ଭାବୁଥାଏ ମୋ ସହିତ ଯିବା ପାଇଁ ଚୁକ୍ତି କଲା ପରେ ପୁଣି ଆଉ ନୂଆ ଗରାଖ ଗୋଟାଇବା କେବଳ ବେଆଇନ ନୁହେଁ ଧୋକ୍କାବାଜି। ହେଲେ ଏତେକଥା କଥୋପକଥନ ଶୈଳୀରେ ହିନ୍ଦୀରେ କହିବା ମୋ ପକ୍ଷରେ ସମ୍ଭବ ନଥିଲା ଆଉ ଇଂଲିଶ୍‌ରେ କହିଲେ ଅଟୋବାଲା ସମ୍ପୂର୍ଣ୍ଣ ବୁଝିପାରିବ ତାହା ଭାବିବା ହିଁ ଭୁଲ୍। କିଛି ସମୟପରେ ଆଉଜଣେ ବୁଢ଼ା ଲୋକଙ୍କୁ ସାଙ୍ଗରେ ଧରି ଫେରିଲା ଅଟୋବାଲା। ସେ ବାବୁଜଣକ ଅଟୋ ଉପରକୁ ଚଢୁ ଚଢୁ ମୋ ବିରକ୍ତି ଇଂଲିଶ୍ ହିନ୍ଦୀ ମିଶାମିଶି କରି ମୁଁ ଅଟୋବାଲା ଉଦ୍ଦେଶ୍ୟରେ କହିଲି; ମାତ୍ର ମୋ କଥା ନସରୁଣୁ ଚମତ୍କାର ଇଂରାଜୀରେ କହି ଉଠିଲେ ବୃଦ୍ଧ ଆଗନ୍ତୁକ - Gentleman, I think you are new to our city. Don't get worried, I would rather lead you to your destination. ତାଙ୍କର ଇଂଲିଶ୍ ଉଚ୍ଚାରଣ ଏତେ ଚମତ୍କାର ଯେ ବିନା ବାକ୍ୟ ବ୍ୟୟରେ ମୁଁ ଯେଉଁ ନିଃସର୍ତ୍ତ ପରାଜୟ ସ୍ୱୀକାରର ହସପଦେ ଛାଡ଼ିଦେଲି ତାହାର ଅର୍ଥ ଥିଲା, ଆପଣଙ୍କ କଥାରେ ମୁଁ ଅରାଜି ନୁହେଁ।

ପ୍ରଫେସରତୁଲ୍ୟ ବ୍ୟକ୍ତିତ୍ୱର ଅଧିକାରୀ ସେଇ ବୃଦ୍ଧଙ୍କର ବୟସ ପ୍ରାୟ ପଞ୍ଚଷଠି ହେବ। ସୁଟ୍ ଟାଇ ଚଷମା ପରିହିତ ସେ ବ୍ୟକ୍ତିଜଣକ ଥିଲେ ଆକର୍ଷଣୀୟ ବ୍ୟକ୍ତିତ୍ୱର ଅଧିକାରୀ। ମୁଁ ବ୍ୟାଙ୍କ୍ ପ୍ରବେସନାରୀ ଅଫିସର ଭାବରେ ଯୋଗ ଦେବାକୁ ଯାଉଛି ଜାଣି ସେ ମୋ ସହିତ କରମର୍ଦ୍ଦନ କରିବା ସହିତ କହିଲେ, Welcome to our city. I hope you enjoy your stay here. ମୋତେ ପଚାରିଲେ ମୋ

ଗନ୍ତବ୍ୟସ୍ଥଳ କେଉଁଠି। ମୁଁ ସେଇ ଦୁଇଧାଡ଼ିଆ ଚିଠିର ଠିକଣାଟି ତୋଳି ଧରିଲି ତାଙ୍କରି ଆଗରେ, ଅଟୋରିକ୍ସା ଗଡ଼ି ଚାଲିଥାଏ। ସେ ଅଟୋକୁ ଅଟକେଇବାକୁ କହିଲେ ଏବଂ ମୋତେ କହିଲେ You can get down here. Your place is some where here. ମୁଁ ଓହ୍ଲେଇଲାବେଳେ ଅଟୋକୁ କୋଡ଼ିଏ ଟଙ୍କା ଦେବା ପାଇଁ ପର୍ସ ବାହାର କଲି। ସେ ମୋତେ ବାରଣ କଲେ। କହିଲେ, Young man, you are our guest today. I will pay for you. ମୁଁ କିଛି କହିବା ପୂର୍ବରୁ ଅଟୋ ତା ବାଟରେ ଚାଲିଗଲା। ମୁଁ ଅଭିଭୂତ ହେଲି କିଛିକ୍ଷଣ ! ବାସ୍ତବ ଜୀବନରେ କ'ଣ ଏପରି ଘଟଣା ଘଟେ ନା ମୁଁ ସ୍ୱପ୍ନାବିଷ୍ଟ। ଏଇ କିଛି ସମୟ ଆଗରୁ ଯାହାକୁ ମୁଁ ଗୋଟାଏ ଭଦ୍ର ଚୋର ବୋଲି ଆଶଙ୍କା କରୁଥିଲି ସିଏ କ'ଣ ଜଣେ ଦେବଦୂତ !

ଅଟୋରୁ ଓହ୍ଲେଇଯିବା ପରେ ମୁଁ ରାସ୍ତାର ବାମ ଆଡ଼କୁ ଅନେଇଲି। ଅନେକ କୋଠାଘର। ହେଲେ ମୋତେ ଯେମିତି ହାତଠାରି ଡାକୁଥିଲା ମୋ ଠିକଣା। ମୁଁ ହଠାତ୍ କିଛି ବୁଝି ପାରୁ ନଥିଲି। କାରଣ ମୁଁ ଯେଉଁ ଘରଆଡ଼େ ପ୍ରଥମେ ନଜର ପକେଇଲି ତାର ପ୍ରବେଶ ପଥରେ ଶୋଭା ପାଉଥିଲା ଗୋଟିଏ ନାମଫଳକ। ଇଂରାଜୀ ଓ ଓଡ଼ିଆ ଉଭୟ ଭାଷାରେ ଲେଖା ହୋଇଥିବା ନାମଫଳକରେ ଥିଲେ ମୋ ଗନ୍ତବ୍ୟସ୍ଥଳର ଅଧିବାସୀ। ଲେଖାଥିଲା ଇଞ୍ଜିନିୟର ମୃତ୍ୟୁଞ୍ଜୟ ଶତପଥି। ମାତୃଭାଷା ନିଜର କେତେପ୍ରିୟ ମୁଁ ସେଇ ମୁହୂର୍ତ୍ତରେ ଅନୁଭବ କରୁଥିଲି, କି ଅନ୍ତରଙ୍ଗ ସେଇ ପରିଭାଷା ! ମୋ ଆଖି ଲୋତକାର୍ଦ୍ର ହୋଇ ଉଠିଲା।

ମୁଁ ସେଇ ଘର ପାଖକୁ ଯାଇ କଲିଂ ବେଲ୍ ଚିପିଲି। କିଛି ସମୟ ପରେ ଦୁଇଟି ଛୋଟ ଛୋଟ ବାଳକ ବାହାରି ଆସିଲେ। ବଡ଼କୁ ବୟସ ପ୍ରାୟ ଛଅ ବର୍ଷ ହେବ ଆଉ ସାନ ହୁଏତ ଦି ବର୍ଷର। ସେମାନେ ମୋତେ କିଛି କହିବା ପୂର୍ବରୁ ମୁଁ କହିଲି ଶତପଥି ବାବୁ ଅଛନ୍ତି କି? ତାଙ୍କ ପାଇଁ ଗୋଟିଏ ଚିଠି ଅଛି। ଚିଠିଟି ସେମାନେ ନେଇ ଘର ଭିତରକୁ ଗଲେ ଏବଂ ସଂଗେ ସଂଗେ ଜଣେ ଭଦ୍ରମହିଳା ବାହାରକୁ ଆସି କହିଲେ, ଆପଣ ତାହେଲେ ଅଶ୍ୱିନୀଙ୍କର ସାଙ୍ଗ, ଆସନ୍ତୁ ଆସନ୍ତୁ ଭିତରକୁ। ଶତପଥି ବାବୁ ଅଫିସ୍‌ରୁ ଫେରୁଛନ୍ତି, ଆପଣ ଟିକିଏ ଫ୍ରେସ୍ ହୁଅନ୍ତୁ ବୋଲି କହି ମୋତେ ତାଙ୍କ ଗେଷ୍ଟ୍ ରୁମ୍‌ରେ ବସେଇ ଦେଲେ। ବାଥ୍‌ରୁମ୍ ଦେଖେଇ ଦେଇ କହିଲେ, ଏତେ ବାଟରୁ ଆସିଲେଣି - ଟିକିଏ ଗାଧୋଇ ପଡ଼ନ୍ତୁ, ଭଲ ଲାଗିବ। ମୁଁ ଗାଧୁଆ ପାଧୁଆ ସାରିଲା ବେଳକୁ ମୋ ପାଇଁ ପୁରୀ ତରକାରୀ ଓ କଟା

ଫଳ ପ୍ରସ୍ତୁତ । ମୁଁ ଖାଉଥାଏ, ସେତିକିବେଳେ ବାହାରେ ଶୁଣାଗଲା କାର୍‌ର ଆୱାଜ । ଶତପଥି ବାବୁ ଅଫିସ୍‌ରୁ ଫେରିଲେ । ତାଙ୍କୁ ଶ୍ରୀମତୀ ଶତପଥି କହିଲେ, ଇଏ ଆମ ଅଶ୍ୱିନୀଙ୍କ ସାଙ୍ଗ, ବ୍ୟାଙ୍କ୍ ପି.ଓ ଜଏନ୍ କରିବାକୁ ଏଠାକୁ ଆସିଛନ୍ତି । ଅଶ୍ୱିନୀ ଚିଠି ଦେଇଛନ୍ତି । ମୁଁ ଖାଉଥିବାବେଳେ ଠିଆ ହୋଇ ନମସ୍କାର କଲି । ଭାରି ଖୁସିହେଲେ ଶତପଥି ବାବୁ। ଡାଇନିଂ ଟେବୁଲରେ ମୋ ଆରପଟେ ବସି ମୋ ବିଷୟରେ ଟିକିଏ ଜାଣିବାକୁ ଚାହିଁଲେ । ମୁଁ ଯେତେବେଳେ କହିଲି ମୁଁ ବାଣୀବିହାରରେ ଇତିହାସରେ ଗବେଷଣା କରୁଥିଲି ସେ କହିଲେ, ଆରେ ମୋ ସାନ ଭାଇତ ସେଇଠି ରିସର୍ଚ୍ଚ କରୁଥିଲା ଜିଓଗ୍ରାଫିରେ । କ'ଣ ତାହେଲେ ଚିଉଭାଇ ଆପଣଙ୍କ ସାନଭାଇ ! ସେ ମୋତେ ଶ୍ରଦ୍ଧାରେ କୁଣ୍ଢାଇ ଧରିଲେ । କହିଲେ ନିରଞ୍ଜନ ତମେ ଏଇଠି ରହିବ । ମୁଁ ତମକୁ କାଲିନେଇ ତମ ଅଫିସ୍‌ରେ ଛାଡ଼ିବି ।

ଆସ୍ତେ ଆସ୍ତେ ଜାଣିଲି ମୃତ୍ୟୁଞ୍ଜୟ ବାବୁ ହେଉଛନ୍ତି ହାଇଦ୍ରାବାଦ ଏୟାରପୋର୍ଟର ଚିଫ୍ ଇଞ୍ଜିନିୟର ଏବଂ ମୋର ପୂର୍ବତନ ସହକର୍ମୀ ଅଶ୍ୱିନୀବାବୁଙ୍କ ଶାଳକ ଏବଂ ମୋର ଗବେଷଣା ସମୟର ବନ୍ଧୁ ଚିଉବାବୁଙ୍କ ଅଗ୍ରଜ । ଯେଉଁ ଆତ୍ମୀୟତାରେ ସେ ଏବଂ ତାଙ୍କର ସମଗ୍ର ପରିବାର ମୋତେ ତାଙ୍କ ପାଖରେ ପ୍ରାୟ ଦୁଇ ସପ୍ତାହରୁ ଅଧିକ କାଳ ରଖିଲେ ତାହା ମୋ ଜୀବନର ଅମୂଲ୍ୟ ଅଭିଜ୍ଞତା । ମୋତେ ସବୁଦିନ ଜଳଖିଆ ପରେ ତାଙ୍କ ସାଙ୍ଗରେ ନେଇ ମୋର ଏବିଡସ୍ ବ୍ରାଞ୍ଚରେ ଛାଡ଼ି ସେ ତାଙ୍କ ଅଫିସ୍ ଯାଆନ୍ତି । ଅଫିସ୍‌ରୁ ଫେରିବା ପରେ ମୋ ବାଟ ଦେଇ ଆସି ମୋତେ ଘରକୁ ନିଅନ୍ତି ଏବଂ ଘରେ ଫ୍ରେସ୍ ହେଲାପରେ ମୋତେ ତାଙ୍କ ଗାଡ଼ିରେ ନେଇ ସାରା ସହର ବୁଲାନ୍ତି । ବହୁ ଓଡ଼ିଆଙ୍କ ସହିତ ପରିଚୟ କରାନ୍ତି । ପ୍ରବାସୀ ଓଡ଼ିଆମାନଙ୍କ ଭିତରେ ମୃତ୍ୟୁଞ୍ଜୟ ଭାଇନାଙ୍କର ଥାଏ ଏକ ସ୍ୱତନ୍ତ୍ର ପରିଚୟ ଏବଂ ତାଙ୍କର ପତ୍ନୀଙ୍କ ପରି ସ୍ନେହୀ ସୁଗୃହିଣୀ ଜୀବନରେ କ୍ୱଚିତ୍ ଦେଖିଛି । ତାଙ୍କ ପାଖରେ ରହିବା ଭିତରେ ମୁଁ ମୋ ରହିବା ପାଇଁ ବସାଘର ଖୋଜୁଥାଏ । ହେଲେ ଭାଇନା ମୋତେ କହୁଥାନ୍ତି, ନିରଞ୍ଜନ, ଏଠାରେ କିଛି ଅସୁବିଧା ହେଉଛି କି ? ପ୍ରାୟ ପନ୍ଦର ଦିନ ସେଠାରେ ରହିବା ପରେ ତାଙ୍କ ଘରେ ଅଶୋକ ବାବୁ ଯାଇ ପହଞ୍ଚିଲେ । ଶ୍ରୀ ଅଶୋକ ମହାନ୍ତି ସେତେବେଳେ ୟୁକୋ ବ୍ୟାଙ୍କର ଜଣେ ସିନିଅର ଅଫିସର । ସେ କହିଲେ 'ନିରଞ୍ଜନ ବାବୁ ଏବେ ମୋ ସହିତ ରହିବେ । କାରଣ ମୋର ଫ୍ୟାମିଲି ଅଛନ୍ତି ଓଡ଼ିଶାରେ । ମୁଁ ଏଡ଼େ ବଡ଼ ଲିଜ୍ ଘର ନେଇଛି ଯେ ଏକୁଟିଆ ରହି ଭାରି ବୋର୍ ହେଉଛି । ଦୁହେଁ ଗପସପ କରି ଚଳିଯିବୁ ।' ମୃତ୍ୟୁଞ୍ଜୟ

ଭାଇନାଙ୍କ ଘରେ ଯେଉଁ ଦୁଇ ସପ୍ତାହ କଟେଇଲି ତାହା ମୋ ଜୀବନର ଏକ ଅଭୁଲା ପର୍ଯ୍ୟାୟ। ଜଣେ ଅଜଣା ଅଶୁଣା ଲୋକକୁ ଖଣ୍ଡେ ଦି ଧାଡ଼ିଆ ଚିଠିର ଆଧାରରେ ନିଜ ଘରେ ରଖି ସେ ପରିବାରର ପ୍ରତି ସଦସ୍ୟ ମୋ ପ୍ରତି ଯେପରି ଅନ୍ତରଙ୍ଗ ବ୍ୟବହାର କରିଥିଲେ, ଯେଉଁ ସେବା କରିଥିଲେ ତାହା ମୋତେ ସାରାଜୀବନ ସେମାନଙ୍କ ପାଖରେ କୃତଜ୍ଞ କରିଛି।

ସେଦିନ ଆଜିଠାରୁ ପ୍ରାୟ ପାଖାପାଖି ଚାଳିଶ ବର୍ଷ ତଳର ଘଟଣା। ଆଜି ଯେତେବେଳେ ମୁଁ ସେକଥା ମନେ ପକାଉଛି ମୋର ସେଇ ଆନନ୍ଦାଶ୍ରୁଗୁଡ଼ାକୁ ମୁଁ ରୋକିପାରୁନାହିଁ। ସତରେ ଅଶ୍ୱିନୀ ବାବୁ ଏହା ଭିତରେ ଏଣ୍ଡିଆନ ଅଡ଼ିଟ ଏଣ୍ଡ ଏକାଉଣ୍ଟସ ସର୍ଭିସକୁ ଉତ୍ତୀର୍ଣ୍ଣ ହୋଇ ଏ.ଜି.ପାହ୍ୟାକୁ ଯାଇ ରିଟାୟାର୍ଡ଼ କଲେଣି। ମୃତ୍ୟୁଞ୍ଜୟ ଭାଇନା ସେବା ନିବୃତ୍ତ ହେଲା ପରେ ବି ହାଇଦ୍ରାବାଦର ବାସିନ୍ଦା। ତାଙ୍କର ସେ ଦିନର ଦୁଇ ଛୋଟ ଛୋଟ ପୁଅ ଉଭୟେ ଆମେରିକାରେ ରହୁଛନ୍ତି; ମାତ୍ର ମୁଁ ମନେ ପକାଉଛି ସେଦିନର ଘଟଣାକ୍ରମକୁ। ସେଦିନ ଅଶ୍ୱିନୀବାବୁ କ'ଣ ଭଗବାନଙ୍କ ଦୂତ ଭାବରେ ଷ୍ଟେସନରେ ସେ ଦୁଇଧାଡ଼ିଆ ଚିଠିଟି ଲେଖି ମୋତେ ଧରାଇ ଦେଇଥିଲେ। ଯେତେବେଳେ ଅଟୋରିକ୍‌ସାରେ ମୋର ଅସନ୍ତୋଷ ଦେଖି ସହଯାତ୍ରୀଜଣକ ତାଙ୍କର କଥାର ଚମତ୍କାରିତାରେ ମୋତେ ଆନନ୍ଦ ରାଜ୍ୟକୁ ଘେନିଯାଇଥିଲେ ଏବଂ ମୋତେ ଯେଉଁଠି ଛାଡ଼ିଦେଇଗଲେ ସେଇଠି ମୋ ପାଇଁ ଅପେକ୍ଷା କରିଥିଲା ଶାନ୍ତିର ଆନନ୍ଦ ଭବନ। ସତରେ ଭଗବାନ କ'ଣ ଏଇମିତି ଦେଖାଦିଅନ୍ତି ଆକସ୍ମିକ ଭାବରେ - ଆମର ଚଲାପଥରେ - କେତେବେଳେ କେଉଁଠି ! ମଣିଷ ଭିତରେ ଭଗବାନ ଥାଆନ୍ତି ବୋଲି ଆଗରୁ ପଢ଼ିଥିଲି - ନିଜ ଜୀବନରେ ଦେଖିଲି, ପରଖିଲି। ଅନ୍ୟ ଜୀବନର ଚମତ୍କାରିତା ଶୁଣି ଆମେ ବିହ୍ୱଳ ହୁଅନ୍ତି, ହେଲେ ଆମ ସମସ୍ତଙ୍କ ଜୀବନରେ ଏମିତି କିଛି ଘଟଣା ଘଟିଛି ତାକୁ ମନେ ପକେଇଲେ ଲାଗିବ, ଭଗବାନ ଆମକୁ ଛେଉଣ୍ଡ କରିନାହାନ୍ତି।

■

ଓଡ଼ିଶାରେ ଚାକିରି : ଚାକିରିର ପ୍ରାରମ୍ଭ

ଘରୁ ବାହାରୁ ବାହାରୁ ଚାଳରେ ମୁଣ୍ଡ ବାଜିବା ପରି ଘଟଣାଟିଏ ମୋତେ ଅପେକ୍ଷା କରିଥିଲା ଯେମିତି ! ବ୍ୟାଙ୍କ ପ୍ରୋବେସନାରୀ ଅଫିସ୍‌ର ଚାକିରି ଛାଡ଼ି ପ୍ରାଦେଶିକ ପ୍ରଶାସନିକ ସେବାରେ ଯୋଗ ଦେବାକୁ ଅନେକ ସହଜରେ ହଜମ କରିପାରିନଥିଲେ । ବ୍ୟାଙ୍କରେ ସେତେବେଳେ ଦରମା ଥିଲା ଅଧିକ । ସହରାଞ୍ଚଳ ଭତ୍ତା ସମେତ ମୋତେ ବାଇଶଶହ ଛଅସ୍ତରୀ ଟଙ୍କା ମିଳୁଥିବା ବେଳେ ନୂଆ ଚାକିରିରେ ମୋତେ ମିଳିଲା ପନ୍ଦର ଶହ ତିରିଶ ଟଙ୍କା; ମାତ୍ର ଓଡ଼ିଶା ଫେରି ଲୋକଙ୍କର କିଛି କାମରେ ଲାଗିବି ଏଇମିତି ଗୋଟେ ଧାରଣା ମୋତେ ଫେରାଇ ଆଣିଥିଲା । ଅନ୍ୟମାନେ ଯିଏ ଯାହା ଭାବୁଥାଆନ୍ତୁ ପଛେ ମୋର ମାଆ ଖୁସି ଥିଲା । ତାର କାରଣ ଥିଲା ସେ ମୋତେ ସହଜରେ ସୁବିଧାରେ ଦେଖିପାରିବ । ଟଙ୍କା କ'ଣ ଜୀବନର ସବୁକଥା !

ମୋ ପରିବାରରୁ ଆଗରୁ କେହି ପ୍ରଶାସନିକ ସେବାରେ ନଥିଲେ । ତେଣୁ କେବେ ପ୍ରମୋସନ ହେବ, ଅତିବେଶିରେ କେତେ ବାଟ ଯାଏ ପହଞ୍ଚିହେବ ସେପରି ପ୍ରଶ୍ନ ମୁଣ୍ଡରେ ପଶି ନଥିଲା କେବେବି ? ବ୍ୟାଙ୍କରେ ପ୍ରବେସନାରୀ ଅଫିସରଙ୍କୁ ଗୁରୁତ୍ୱ ଦିଆଯାଉଥିଲା; ମାତ୍ର ଏଠାରେ ଦେଖିଲି କେହି ପଚାରୁ ନାହାନ୍ତି କହିଲେ ଚଳେ । ବାଲେଶ୍ୱର କଲେକ୍ଟରେଟ ଯେଉଁଠି ମୋତେ ଟ୍ରେନିଂ ନେବାକୁ କୁହାଯାଇଥିଲା ସେଠାରେ ଥିଲେ ଅଧାରୁ ଅଧିକ ପ୍ରମୋଟି ଅଫିସର । ତେଣୁ ସେମାନେ କିଛି ତାଲିମ ଦେବାବେଳେ ପଦେ କହୁଥିଲେ, "ଗୋଟାଏ କଥା ମନେରଖ, ହାତରେ ପଡ଼ିଲେ ବଜେଇ ଶିଖନ୍ତି । ଅର୍ଥାତ୍ ଯେତେବେଳେ ପୋଷ୍ଟିଂ ହେବ ସେତେବେଳେ ଆପେ ଆପେ ଶିଖିଯିବ । ସେତେବେଳେ ଆଦୌ ଛୁଟି

ମିଳିବ ନାହିଁ, ଏଇ ସମୟତକ କମ୍ ତାଲିମ ବେଶି ଖୁସିବାସିର କଟାଅ। ସମୟ କେତେ ଶୀଘ୍ର ଚାଲିଯିବ ଜାଣିପାରିବ ନାହିଁ।"

ମୁଁ ଯୋଗଦେବାର ଗୋଟେ ସପ୍ତାହ ସପ୍ତାହ ଯାଇ ନଥିବ, ଦେଖାହେଲା ଜଣେ ଅଫିସରଙ୍କ ସହିତ। ସେ ହେଉଛନ୍ତି ଜ୍ଞାନରଞ୍ଜନ ଦାଶ, ତାଙ୍କ ଘର ଆମ ଗାଁରୁ ପାଞ୍ଚ ଛଅ କିଲୋମିଟର ହେବ ଏବଂ ସେ ଥିଲେ ମୋଠାରୁ ସାତ ବର୍ଷ ସିନିୟର। ସେ ମୋତେ ଦେଖୁ ଦେଖୁ ଝାମ୍ପି ପଡ଼ିଲେ ଆଉ କହିଲେ, ତମ ମୁଣ୍ଡ ଠିକ୍ ଅଛି ତ। ତମେ ପରା ଆମ ଗାଁ ପାଖ ପିଲା, ଯାଠାରୁ ଦେଢ଼ଗୁଣ ଦରମା ମିଳୁଥିବା ବ୍ୟାଙ୍କ ପ୍ରବେସନାରୀ ଅଫିସର ଛାଡ଼ି କାହିଁକି ଏଠିକି ଆସିଛ, କଣ ଚୋରି ପଇସା କମେଇବ ବୋଲି କେହି ଦୁର୍ବୁଦ୍ଧି ଦେଇଛି କି ? ଏତେ ବଡ଼ କଡ଼ା କଥା ଶୁଣି ମୁଁ ସ୍ତବ୍ଧ ହୋଇଗଲି। ମୋ ଆଖିକୁ ଲୁହ ଆସିଗଲା। ତହୁଁ ସେ କହିଲେ, ମୋର ଆଠବର୍ଷ ଚାକିରି ହେଲାଣି। ପ୍ରମୋସନର ନାଁ ଗନ୍ଧ ନାହିଁ। ଆମ ଉପରେ ସବ୍-ଡେପୁଟି ମାନେ ଶହ ସଂଖ୍ୟାରେ ଅଛନ୍ତି। ତମ ଉପରେ ତ ଗୋଟେ ବିରାଟ ବ୍ୟାଚ୍ ୧୯୭୬ ବ୍ୟାଚ୍। ତା ସାଙ୍ଗକୁ ୧୯୭୯ର ସ୍ପେଶାଲ ରିକ୍ରୁଟ ଏସ୍.ସି, ଏସ୍.ଟି ବ୍ୟାଚ୍। ତମର ରିଟାୟାରମେଣ୍ଟ ଏଇ ଏଣ୍ଟ୍ରି ଲେଭେଲ୍ ହୋଇଯିବ କି କ'ଣ ଦେଖୁଥାଅ !

ସଫା ସଫା କହିଦେଲେ - ଦେଖ, ଆଉ ଥରେ ରେଜିଗ୍‌ନେସନ୍ ଫେରେଇ ଫେରି ଯାଇହେବକି ବ୍ୟାଙ୍କ୍ ଚାକିରିକୁ। ଏଇଠି ମାଟି ହୋଇଯିବ ଦେଖୁଦେଖୁ। ଭାରି କଷ୍ଟଦାୟକ ଥିଲା ତାଙ୍କର ଶ୍ଳେଷ ଓ ଆକ୍ରମଣାତ୍ମକ କଥାବାର୍ତ୍ତାର ଶୈଳୀ। ଆଘାତ ପାଇଲି ମନରେ। ଫେରିଯାଇ ଚୁପ୍‌ଚାପ୍ ଶୋଇଲି ରାତିରେ। ମନରେ ଅନେକ ଭାବନା। ତାହେଲେ କ'ଣ ମୋର ନିଷ୍ପତ୍ତି ଭୁଲ୍ ହୋଇଗଲା ! ମନେ ପଡ଼ିଲା କେହି ଜଣେ କହିଥିଲେ you cannot unscramble an omlette। ଅର୍ଥାତ୍ ଅଣ୍ଡାରୁ ଓମ୍‌ଲେଟ୍ ହୋଇପାରିବ ମାତ୍ର ଓମ୍‌ଲେଟ୍‌ରୁ, ଅଣ୍ଡା ନୁହେଁ, କେବେବି ନୁହେଁ।

ରାତିସାରା କଟିଲା ଅଶାନ୍ତିରେ, ସେଦିନ ଅଫିସ୍‌ରେ ପହଞ୍ଚି ମୋର ମନେ ହେଲା କମ୍ପେନ୍‌ସେସନ ଅଫିସର କିଶୋର ବାରିକ ସାର୍‌ଙ୍କୁ ଦେଖା କରିବି। ତାଙ୍କୁ ଦେଖା କରି ଗତକାଲିର ଦୁଃଖଦାୟକ ଅନୁଭୂତି ବଖାଣିଲି। ଜ୍ଞାନ ସାର ମୋତେ କେମିତି ତାଚ୍ଛଲ୍ୟ କଲେ ଏବଂ ଏଇ ଚାକିରିର ଭବିଷ୍ୟତ କିପରି ଅନ୍ଧାର ଏବଂ ମୁଁ କୁଆଡ଼େ ଲାଞ୍ଚ ଖାଇବା ଉଦ୍ଦେଶ୍ୟରେ ଏଇ ଚାକିରି କରିବାକୁ ଆସିଛ ଏହା କହି

ପୁଣି ଥରେ କୋହ ସମ୍ଭାଳିପାରିଲିନି । କାନ୍ଦି ପକେଇଲି । ମୋତେ ସାନ୍ତ୍ୱନା ଦେଲେ କିଶୋର ସାର୍ । କହିଲେ ଆରେ ଆପଣ ଏତିକିରେ ଭାଙ୍ଗି ପଡ଼ୁଛନ୍ତି । ଅନେକ ଲୋକ ଅଛନ୍ତି ଆମର କାମରେ ବିରକ୍ତ ହେବେ, ଆମକୁ ତାଚ୍ଛଲ୍ୟ କରିବେ, ଆମେ ତାଙ୍କୁ ବିରକ୍ତ ହେବାର ଆବଶ୍ୟକତା ନାହିଁ । ଯାହା ଠିକ୍ କାମ ଆମେ ତାହାହିଁ କରିବା ଆଉ ଦିନେ ତାହା ତୁମର ପରିଚିତି ସୃଷ୍ଟି କରିବ । ଆଚ୍ଛା, ନିରଞ୍ଜନ ତୁମେ ଆଉ କେବେ କେଉଁଠିକୁ ଯିବା ଦରକାରନାହିଁ, ସବୁଦିନ ମୋ ପାଖକୁ ଆସିବ ଆଉ ମୁଁ କେମିତି ଲୋକଙ୍କ ସହିତ କଥାବାର୍ତ୍ତା କରୁଛି ତାହା ଲକ୍ଷ୍ୟ କରିବ । ସେଇଟା ହେଉଛି ତମର ଟ୍ରେନିଂ; ମାତ୍ର ମୋର କଥା ପଦଟେ ଆଜି କହୁଛି - ମନେ ରଖିଥାଅ - ଏଇ ଚାକିରି ହେଉଛି ରାଜ୍ୟ ସରକାରଙ୍କ ସର୍ବଶ୍ରେଷ୍ଠ ଓ ସର୍ବୋଚ୍ଚ ଚାକିରି ଏବଂ ତମେ ଦିନେ ଏଇ ଚାକିରିର ସର୍ବଶ୍ରେଷ୍ଠ ଆସନରେ ବସିପାରିବ ।

ସେଇଦିନୁ କିଶୋର ସାର୍ ମୋର ପାଲଟି ଗଲେ ଗୁରୁ, ଆତ୍ମୀୟ ଓ ପଥଦ୍ରଷ୍ଟା ଏବଂ ଜୀବନ ସାରା ମୋ ପାଇଁ ଏକ ଦିଗବାରେଣୀ ହୋଇ ରହିଲେ । ସେ ମଧ୍ୟ ଉତ୍ତରାଞ୍ଚଳ ରାଜସ୍ୱ କମିଶନର ଭାବରେ କାର୍ଯ୍ୟ କରି ଅବସର ନେଲେ ଏବଂ ତାଙ୍କର କିଛି ବର୍ଷ ପରେ ମୁଁ ତାଙ୍କ ପଦାଙ୍କ ଅନୁସରଣ କରି ସେଇଠି ପହଞ୍ଚିଲି ଓ ମନେ ପକାଉଥିଲି ମୋତେ ପ୍ରଥମ ସାକ୍ଷାତରେ ତାଚ୍ଛଲ୍ୟ କରିଥିବା ମୋର ସିନିୟରଙ୍କ କଥା । ସେଇ ତାଚ୍ଛଲ୍ୟ ମୋତେ ସାମୟିକ କଷ୍ଟ ଦେଇଥିଲା; ମାତ୍ର ମୋର ଆତ୍ମାକୁ ଦୋହଲାଇ ପାରିନଥିଲା । ମାତ୍ର ମୋତେ ସାରା ଜୀବନ ସତର୍କତା ସହିତ ବଞ୍ଚିବାରେ ସହାୟକ ହୋଇଥିଲା । ଅବଶ୍ୟ ତାଙ୍କୁ ସିନିଅର ଭାବରେ ସମ୍ମାନ ଦେବାରେ ମୁଁ କେବେବି ହେଳା କରିନାହିଁ ।

ଟ୍ରେନିଂ ସରିବାକୁ କିଛିଦିନ ବାକୀ ଥାଏ । ଏତିକିବେଳେ ଖୁବ୍ ବଡ଼ ବନ୍ୟାଟିଏ ଆସିଲା ଉତ୍ତର ବାଲେଶ୍ୱର ଅଞ୍ଚଳର ଜଳେଶ୍ୱର ଭୋଗରାଇ ବ୍ଲକରେ । ସେତେବେଳେ ସେ ଦୁଇଟି ଯାକ ବ୍ଲକ ଜଳେଶ୍ୱର ତହସିଲରେ ଅନ୍ତର୍ଭୁକ୍ତ । ମୋତେ ସେଇ ତହସିଲକୁ ପଠାଗଲା ଘରଭଙ୍ଗା ଆକଳନ କରିବା ପାଇଁ । ବିଶେଷତଃ ଜଳେଶ୍ୱର ବ୍ଲକ ଅଞ୍ଚଳ ଥିଲା ମୋର କାର୍ଯ୍ୟସ୍ଥଳ । ମୋର ଆଉ ଜଣେ ମୋ ବ୍ୟାଚର ସହକର୍ମୀ ଅକ୍ଷୟବାବୁ ଗଲେ ଭୋଗରାଇ ।

ସେତେବେଳେ ଜଳେଶ୍ୱରର ତହସିଲଦାର ଥାଆନ୍ତି ମୋ ଠାରୁ ଛ'ବର୍ଷ ସିନିୟର ଖଗେନ୍ଦ୍ର ଜେନା । ସେ ଯେହେତୁ ବାଲେଶ୍ୱର ଆସିଲେ କିଶୋର ସାର୍‌ଙ୍କ ନିକଟକୁ ନିୟମିତ ଆସିଥାନ୍ତି, ସେହି ଦୃଷ୍ଟିରୁ ମୋ ସହିତ ତାଙ୍କର ପରିଚିତି ହୋଇ

ଯାଇଥିଲା, ତେଣୁ ଜଳେଶ୍ୱର ତହସିଲରେ ମୋର ସ୍ୱତନ୍ତ୍ର ଦାୟିତ୍ୱ ମୋତେ ବିଶେଷ ଚିନ୍ତାର କାରଣ ନଥିଲା । ମୁଁ ଜଳେଶ୍ୱରରେ ପହଞ୍ଚି ଖଗେନ୍ଦ୍ର ସାର୍‌ଙ୍କୁ ଦେଖା କଲି ଏବଂ ସେଠାରେ ରହଣି ସମୟରେ ତାଙ୍କର ଅତିଥି ଭାବରେ ରହିବାକୁ କହିଲେ ଅବଶ୍ୟ ଯେତେବେଳେ କ୍ଷେତ୍ର ପରିଦର୍ଶନ କରିବାକୁ ହେବ, ସେତେବେଳେ ତ ଯିବାକୁ ପଡ଼ିବ ।

ମୋର ଦାୟିତ୍ୱ ବାସ୍ତବରେ କଣ ହେବ, ସେତେବେଳକୁ ମୋତେ ଜଣା ନଥାଏ । ମୁଁ ପ୍ରଥମ ଦିନ ଦିପହରେ ସାର୍‌ଙ୍କ ଘରେ ଖାଇ ଟିକିଏ ରେଷ୍ଟ୍ ନେଇଥାଏ, ଏତିକି ବେଳେ ତାଙ୍କ ବସାରେ ଥିବା ଅର୍ଡ଼ର୍ଲି ପିଅନ ଆସି ମୋତେ ଡାକି କହିଲା, ସାର୍ ଆପଣଙ୍କୁ ସି.ଏମ୍. ଦେଖା କରିବାକୁ ଆସିଛନ୍ତି । ମୁଁ ହଠାତ୍ ବ୍ୟସ୍ତ ହୋଇ ପଡ଼ିଲି; ମାତ୍ର ବୁଝିପାରିଲି ନାହିଁ ମୋତେ କ'ଣ କରିବାକୁ ହେବ । ସାଙ୍ଗେ ସାଙ୍ଗେ ଉଠି ପଡ଼ିଲି ଓ ତରବରରେ ବାହାରି ପଡ଼ିଲି । ସେତେବେଳେ ମୋ ମୁଣ୍ଡରେ କିଛି ପଶୁ ନଥାଏ କାରଣ ସି.ଏମ୍. କହିଲେ ଆମେ ପିଲାଦିନରୁ ଶୁଣି ଆସିଛୁ ଚିଫ୍ ମିନିଷ୍ଟର । ଚିଫ୍ ମିନିଷ୍ଟର ତ ମୋତେ ଦେଖା କରିବାକୁ ଆସିବେ ନାହିଁ, ଇଏ ମହାତ୍ମା ତାହେଲେ କିଏ ? ମୁଁ ବାହାରକୁ ବାହାରିବା ମାତ୍ରେ ମୋତେ ନମସ୍କାର କରି ଆଗନ୍ତୁକ ତାଙ୍କର ପରିଚୟ ଦେଲେ ଯେ ସେ ହେଉଛନ୍ତି ସ୍ଥାନୀୟ କଲେକ୍‌ସନ୍ ମୋହରିର । ମୋର ସେତେବେଳେ ଅବସ୍ଥା ହସିବି ନା କାନ୍ଦିବି ? ସେ ଆଣିଥିଲେ ଘରଭଙ୍ଗା ତାଲିକା ସମ୍ବଳିତ ଖାତାଟିଏ ଆଉ କହିଲେ ଯେ ମୁଁ ଚାହିଁଲେ ତାକୁ ତନଖି କରି ମୋର ଦସ୍ତଖତ ଦେବି । ତା'ଛଡ଼ା ଆର୍.ଆଇ ଓ ସେ ମିଶି ବହୁ ଯତ୍ନରେ ସେ ତାଲିକା ପ୍ରସ୍ତୁତ କରିଛନ୍ତି । ମୁଁ କହିଲି ଆଚ୍ଛା କାଲି ସକାଳୁ ବାହାରିଯିବା, ସରଜ୍‌ମିନ୍‌ରେ ସବୁ ଦେଖିବା ।

ପରଦିନ ସକାଳ ବେଳକୁ ମୁଁ ପ୍ରସ୍ତୁତ ହୋଇ ରହିଥିଲି । ଏତିକିବେଳେ ଆର.ଆଇ, କଲେକସନ ମୋହରିର ଆଉ ତାଙ୍କର ତିନିଚାରିଜଣ ଅଫିସ୍ ଲୋକ ଆସି ପହଞ୍ଚିଲେ ମୋ ପାଖରେ । ସେମାନେ ଆସିଥାନ୍ତି ରିଲିଫ କାମ ପାଇଁ ରିକ୍ୟୁଜିସନ କରାଯାଇଥିବା ଗୋଟିଏ ସରକାରୀ ଜିପ୍‌ରେ । ଆର.ଆଇ କହିଲେ ସାର୍, ବନ୍ୟାରେ ସବୁ ଘର ଧୋଇ ଯାଇଛି କିମ୍ବା ଭାଙ୍ଗିଯାଇଛି । ତାଛଡ଼ା ଅନେକ ଜାଗାରୁ ବନ୍ୟା ଜଳ ଏପର୍ଯ୍ୟନ୍ତ ଛାଡ଼ିନି, ଆମେ ବହୁତ କଷ୍ଟ କରି ଗାମୁଛା ପିନ୍ଧି ଗାଁଗୁଡ଼ିକ ଭିତରେ ପହଞ୍ଚିଲୁ । ଆପଣମାନେ ନୂଆ ଚାକିରିକୁ ପଶିଛନ୍ତି । କେତେ ପାଣିଗୋହୀରା, କଣ୍ଟାବଣ ଭିତରେ, କ'ଣ ପଶିପାରିବେ ? ଆପଣ ଆମକୁ ବିଶ୍ୱାସ କରି ଦସ୍ତଖତ କଲେ ବି କିଛି ଅସୁବିଧା

ହେବନି। ମୁଁ କହିଲି, 'ଆପଣମାନେ କେତେ କଷ୍ଟ କରିଛନ୍ତି, ମୁଁ ଟିକିଏ କଷ୍ଟ କରିଦେଲେ କଣ ବା ଅସୁବିଧା ହେବ। ଏତେକ କହି ମୁଁ ଗୋଟିଏ ଗାଁକୁ ଯିବାକୁ କହିଲି। ସେ ଗାଁରେ ଭାଙ୍ଗିଯାଇଥିବା ଘରର ସଂଖ୍ୟା ଥିଲା ଅଶୀ ପାଖାପାଖି। ପ୍ରତି ଘରକୁ ଯାଇ ତନଖି କଲି। ଯେଉଁ ଘରଗୁଡ଼ିକୁ ଭାଙ୍ଗିଯାଇଥିବା ବୋଲି ଦର୍ଶାଯାଇଥିଲା, ସେଗୁଡ଼ିକ ଅନେକ ଦିନରୁ ପରିତ୍ୟକ୍ତ ଦିଶୁଥିଲେ। ମୁଁ ଅନୁଭବ କରୁଥିଲି ଏବଂ ଦୃଢ଼ ନିଶ୍ଚିତ ହେଲି ଯେ ଅଧିକାଂଶ ଲୋକ କେବଳ ବନ୍ୟା ରିଲିଫ୍ ବର୍ଷକରେ ଥରେ ପାଇବା ପାଇଁ ଏମିତି ଗୋଟିଏ ଗୋଟିଏ ଭଙ୍ଗା ଘର ଛାଡ଼ିଦେଇଛନ୍ତି। ଗୋଟିଏ ଗାଁ ଗୋଟି ଗୋଟି କରି ସବୁ ଘର ଦେଖିଲି। ମୋତେ ଜାଣିଶୁଣି ସେମାନେ ଏମିତି ବାଟ ଦେଇ ନେଲେ ଯେଉଁ ପଡ଼ାରେ ପହଞ୍ଚିବା ବେଳକୁ ମୋର ପ୍ୟାଣ୍ଟ ଅଣ୍ଟାଯାଏ ଓଦା ହୋଇଗଲା। ଯେତେବେଳଯାଏଁ ଆଣ୍ଠୁ ପର୍ଯ୍ୟନ୍ତ ପାଣି ଲାଗୁଥିଲା, ସେତେବେଳ ପର୍ଯ୍ୟନ୍ତ ଭୟ ରହୁଥିଲା; ମାତ୍ର ପୁରାପ୍ୟାଣ୍ଟ ଯେତେବେଳେ ଓଦା ହୋଇଗଲା, ମୋର ପୂରା ଭୟ ଛାଡ଼ିଗଲା। ଯେ ଥିଲାଏକ ଚମତ୍କାର ଅଭିଜ୍ଞତା, ପ୍ରଥମ ଗାଁ ଦେଖି ସାରିଲା ପରେ ମୋର ମନ୍ତବ୍ୟକୁ ମୁଁ ତିନିଟି ସାଙ୍କେତିକ ପ୍ରକାରେ ଲେଖିଲି ଯେଉଁଥିରୁ ବୁଝିହେବ କ୍ଷତି ପରିମାଣ ସର୍ବନିମ୍ନ, ମଧ୍ୟମସ୍ତର ଓ ସର୍ବାଧିକ। ସର୍ବାଧିକ ସ୍ତରରେ ଗାଁର ପଞ୍ଚାନବେ ପ୍ରତିଶତ ଆର.ଆଇ.ଙ୍କ ରିପୋର୍ଟରେ ଥିଲାବେଳେ ମୋ ତନଖି ରିପୋର୍ଟରେ ତାହା ଶତକଡ଼ା କୋଡ଼ିଏକୁ ଖସି ଆସିଲା। ଗୋଟିଏ ସମଗ୍ର ଦିନ ଝାଳନାଳ ହେଲେ ବି ତାହା ମାତ୍ର ତିନୋଟି ଗାଁର କାମକୁ ସୂଚାଇଲା ପ୍ରତ୍ୟାବର୍ତ୍ତନ ସମୟକୁ।

ଫେରିଆସିଲା ପରେ ଯେଉଁ ଗାଁର ତନଖି କରିଥିଲି ତାକୁ ମୋ ପାଖରେ ରଖିଲି ଓ ଆଉ ସବୁ ନଥି ଫେରେଇ ଦେଲି ପରଦିନ ପାଇଁ। ପରଦିନ ବି ସେଇମିତି ଥିଲା ଭାରି କଷ୍ଟକର ପରୀକ୍ଷା, ଯେଉଁ ଗାଁରେ ପହଞ୍ଚିଲୁ ସେଇଠିକି ଯିବାକୁ ଗାଡ଼ିଠାରୁ ପ୍ରାୟ ତିନି କିଲୋମିଟର ଯିବାକୁ ହେଲା ପାଣି କାଦୁଅରେ। ମୋତେ କେହି ଜଣେ କହିଲେ ସାର୍ ଆପଣ ବ୍ୟାଙ୍କ ଅଫିସର ଥିଲେ, ଏଠାକୁ କାହିଁକି ଆସିଲେ ଯେ ପାଣି କାଦୁଅରେ ପ୍ୟାଣ୍ଟ ଟେକି ଜୋତାକୁ ମୁଣ୍ଡ ଉପରେ ରଖି କି କଷ୍ଟରେ ଯିବାକୁ ହେଉଛି ଭାବିଲେ, ମୁଁ ଶୁଣିଲି, ଆଉ ହସିଦେଲି। ଗୋଟି ଗୋଟି କରି ଦେଖୁଥାଏ ଏଥରର ସଠିକତା ପ୍ରାୟ ତିରିଶ ପ୍ରତିଶତ ଛୁଇଁଲା। ଏଇମିତି ସାତଦିନ ଚାଲିବା ଭିତରେ ଅନୁଭବ କଲି ମୋ ପାଖରେ ଯେଉଁ ମିଛ ରିପୋର୍ଟ ପ୍ରଥମେ ପେଶ କରାହେଉଥିଲା ତାର ବହୁ ପରିମାଣରେ ସୁଧାର ହୋଇଛି। କ୍ରମେ କ୍ରମେ ରିପୋର୍ଟର ସତ୍ୟତା ଅଶୀଭାଗ ଛୁଇଁଲା। ଯଦିଓ ମୁଁ ବହୁ କଷ୍ଟ କରୁଥାଏ; ମାତ୍ର ସଂଧ୍ୟାବେଳେ

ଫେରିଲାବେଳକୁ ମୋର ଆତ୍ମସନ୍ତୋଷ ଓ ଆତ୍ମବିଶ୍ୱାସ ବୃଦ୍ଧି ହେଉଥାଏ। ଶେଷ ସପ୍ତାହ ବେଳକୁ ସବୁ ରିପୋର୍ଟ ଏକାଥରେ ନେଇ ଆସିଲି ଏବଂ ରେଣ୍ଡମ୍ ସେମ୍ପଲିଂ ମେଥଡ଼ରେ ତାକୁ ଚେକ୍ କଲି ଶତକଡ଼ା ଦଶଭାଗ। ପ୍ରାୟ ପନ୍ଦରଦିନ କଠିନ କାମ ପରେ ଯେତେବେଳେ ଫେରିଲି ମୋତେ ଲାଗିଲା ବେଶି କାମ ରହିଛି କ୍ଷେତ୍ରରେ, ଲୋକଙ୍କର ପ୍ରକୃତ ଅବସ୍ଥା ଦେଖି ଦୁଃଖୀ ଲୋକଙ୍କୁ ସାହାଯ୍ୟ ପହଞ୍ଚେଇବାରେ।

ମଝିରେ ଗୋଟିଏ ରବିବାର ବାଲେଶ୍ୱର ଫେରି ଆସିଥିଲି ଦୁଇ ହଳ ସଫା ସୁତୁରା ନୂଆ ପୋଷାକ ନେବା ପାଇଁ, ଖବର ପାଇଲି ଯେ ଆମର ଗୋପବନ୍ଧୁ ଏକାଡ଼େମୀରେ ଟ୍ରେନିଂ ନେବା ପାଇଁ ଚିଠି ଆସିଛି; ମାତ୍ର ନିରୁତ୍ସାହିତ ହେଲୁ ଯେତେବେଳେ ଏଷ୍ଟାବ୍ଲିଷ୍‌ମେଣ୍ଟ ବିଭାଗର କିରାଣୀ ଆମକୁ ଫୁସ୍‌ଫୁସ୍ କରି କହିଲେ ଯେ ଏଷ୍ଟାବ୍ଲିଷ୍‌ମେଣ୍ଟ ଅଫିସର ତାଙ୍କ ଟିପ୍‌ପଣୀରେ ଆମ ଦୁଇଜଣ ପ୍ରଶାସନିକ ଶିକ୍ଷାନବୀସ ବନ୍ୟାଞ୍ଚଳରେ କାର୍ଯ୍ୟରତ ଥିବାରୁ ଆମକୁ ଗୋପବନ୍ଧୁ ଏକାଡ଼େମୀକୁ ନ ପଠେଇବା ପାଇଁ ଲେଖିଛନ୍ତି। ଆମକୁ ଭାରି ନିରାଶ ଲାଗିଲା; ମାତ୍ର ତତ୍‌କାଳୀନ ଜିଲ୍ଲାପାଳ ପ୍ରିୟବ୍ରତ ପଟ୍ଟନାୟକ ତଳସ୍ତରରୁ ଆସିଥିବା ଟିପ୍‌ପଣୀକୁ ରଦ୍ଦ କରି ଲେଖିଥିଲେ ତୁରନ୍ତ ସେଇ ନବୀନ ପ୍ରଶାସନିକ ଅଧିକାରୀଙ୍କୁ ଗୋପବନ୍ଧୁ ଏକାଡ଼େମୀକୁ ପ୍ରଶାସନିକ ତାଲିମ ପାଇଁ ପଠାଇବା ପାଇଁ, ଆମେ ମନେ ମନେ ଜିଲ୍ଲାପାଳଙ୍କୁ ଭାରି ପ୍ରଶଂସା କଲୁ। ମୋ ସହିତ ତାଲିମ ନେଉଥିଲେ ମୋ ବ୍ୟାଚ୍‌ର ଅକ୍ଷୟ ବାବୁ। ମୋ ଠାରୁ ସିନିଅର ପାଠପଢ଼ାରେ ବୋଲି ମୁଁ ତାକୁ ଭାଇ ଡାକେ, ସେ ବି ମୋତେ ଭାରି ଶ୍ରଦ୍ଧା କରୁଥିଲେ। ମୁଁ ଜିଲ୍ଲାପାଳଙ୍କ ପ୍ରତି କୃତଜ୍ଞତା ଜଣାଇ ମୋ ଦାୟିତତ୍ୱ ସାରିଦେଲି, ଅକ୍ଷୟ ଭାଇ କିନ୍ତୁ ଥିଲେ ପ୍ରଗଲ୍‌ଭ। ଆମକୁ ଗୋପବନ୍ଧୁ ଏକାଡ଼େମୀ ଯିବାର ବାଟ ଯେଉଁ ବୁଢ଼ା ଓ.ଏ.ଏସ୍. ଅଫିସରଜଣକ ଓଗାଳୁଥିଲେ ତାଙ୍କର ସପ୍ତପୁରୁଷ ସେ ଉଦ୍ଧାର କଲେ ଶୁଦ୍ଧ ଇଂଲିଶ୍‌ରେ। ସେ ଜେ.ଏନ୍.ୟୁ.ରୁ ଆସିଥିଲେ ଓ ତାଙ୍କର ଶ୍ଳେଷପୂର୍ଣ୍ଣ ଇଂଲିଶ୍ ଥିଲା ଭାରି ରୋଚକ। ସ୍ମିତ ହାସ୍ୟ ମାଧ୍ୟମରେ ମୁଁ ତାଙ୍କର ଅଭିସମ୍ପାତକୁ ଆଗ୍ରହସହ ଉପଭୋଗ କରୁଥିଲି। ଜଣେ ବୃଦ୍ଧୋପମ ବ୍ୟକ୍ତିଙ୍କୁ ତାଙ୍କ ପଛରେ ଗାଳିଦେବା ଦୋଷରେ ମୁଁ ବି ସମଭାଗୀ।

ଶ୍ରୀମଦ୍ ଭଗବତ ଗୀତାର ଷୋଡ଼ଶ ଅଧ୍ୟାୟ ହେଉଛି ଦୈବାସୁର ସମ୍ପଦ୍ ବିଭାଗ ଯୋଗ ଯେଉଁଥିରେ ଦୈବୀଗୁଣ ସଂପନ୍ନ ବ୍ୟକ୍ତିଙ୍କର ଛବିଶ ଗୋଟି ଲକ୍ଷଣ ବର୍ଣ୍ଣନା କରାଯାଇଥିବାବେଳେ ଆସୁରିକ ସ୍ୱଭାବର ବ୍ୟକ୍ତିଙ୍କର ଛଅଗୋଟି ଲକ୍ଷଣ ବିଷୟରେ ଆଲୋଚନା କରାଯାଇଛି। ସେଇଠି ଗୋଟିଏ ଶବ୍ଦ ବ୍ୟବହୃତ ହୋଇଛି

ଦୈବୀଗୁଣ ପ୍ରଧାନ ବ୍ୟକ୍ତିଙ୍କ ଉପଲକ୍ଷେ। ଯାହାହେଲା ଅପୈଶୁନ। ପୈଶୁନ ଶବ୍ଦର ଅର୍ଥ ହେଲା ପରନିନ୍ଦା କରିବା ବିଶେଷତଃ ତାଙ୍କର ଅନୁପସ୍ଥିତିରେ। ଯିଏ ପରନିନ୍ଦାଠାରୁ ନିଜକୁ ଦୂରେଇ ରହେ ଅର୍ଥାତ୍ ଅପୈଶୁନ ସେ। ଏଇ ବ୍ୟାଖ୍ୟା ଶୁଣିଲା ପରେ ନିଜ ଭିତରର ଆସୁରିକ ପ୍ରଭାବ ସେଦିନ ଦେଖେଇଥିଲି ବୋଲି ବହୁ ପରେ ଅନୁଭବ କରିଥିଲି।

ବଡ଼ମାନଙ୍କ ପରାମର୍ଶ

ଚାକିରିରେ ଯୋଗଦେବା ବେଳେ ମୁଁ ଯେମିତି ନାଁବାଳକ ଥିଲି ଚାକିରି ଶେଷ ହେଲା ବେଳକୁ ଲକ୍ଷ୍ୟ କରୁଛି ସେଇ ନାଁବାଳକପଣିଆ ସେଇମିତି ରହିଗଲା। ଅବଶ୍ୟ ସେଇ ଭାବନାଟା ବୋଧହୁଏ ଶିଶୁଟାଏ, ଯାହା ଏପର୍ଯ୍ୟନ୍ତ ବଂଚିଛି ମୋ ଭିତରେ ଆଉ ସେଇଟି ମୋତେ ଖୁସି କରିଦିଏ ଅଜ୍ଞକରେ। ବେଳେବେଳେ ବଂଚିବାର ସ୍ପୃହା ପୂରଣ କରେ - ଖାଲି ଆକାଶ ଆଉ ଗଛଲତା ଆଡ଼େ ଅନେଇ - କେତେ ବିଶ୍ୱ ବ୍ରହ୍ମାଣ୍ଡ ବ୍ରହ୍ମାଣ୍ଡ ଭିତରେ କ୍ଷୁଦ୍ରାତିକ୍ଷୁଦ୍ର ଜୀବଟାଏ ମୁଁ ସେଥିରେ ଆକାଶ ଫଟାଇ ବଢ଼ିଯିବାର ଅଦମ୍ୟ ତୃଷ୍ଣା ସୃଷ୍ଟି ହୋଇନି କେତେବେଳେ। ଅନ୍ୟ ସହିତ ପ୍ରତିଦ୍ୱନ୍ଦ୍ୱିତା କରି ତାକୁ ପରାହତ କରିବାର କାମନା ଜାଗରିତ ହୋଇନି।

ଚାନ୍ଦବାଲିର ଘଟଣା - ମୋର ଚାକିରି ଆରମ୍ଭ ସମୟର କଥା। ମୁଁ ସେଠାରେ ପହଞ୍ଚିବାର ପ୍ରାୟ ଛ'ଆଠ ମାସ ପରର କଥା। ୧୯୮୭ର ଦ୍ୱିତୀୟାର୍ଦ୍ଧ। ଆଉ ଜଣେ ବୁଢ଼ାଲୋକ ଆଡ଼ିସନାଲ ତହସିଲଦାର ହୋଇ ଆସିଲେ। ନୟାଗଡ଼ ଜିଲ୍ଲାର ବାସିନ୍ଦା। ସେତେବେଳେ ନୟାଗଡ଼ ଜିଲ୍ଲା ହୋଇ ନଥାଏ। ପୁରୀ ଜିଲ୍ଲାର ବୋଲି କୁହାଯାଉଥାଏ। କମ୍ କଥା କହୁଥାନ୍ତି। ସେ ଆସିଲା ପରେ ତହସିଲଦାର ଏବଂ ଦୁଇ ଆଡ଼ିସନାଲ ତହସିଲଦାରଙ୍କ ଭିତରେ ବିଭିନ୍ନ ଆର୍ ଆଇ ସର୍କଲ ବଣ୍ଟା ହେଲା ଦାଖଲ ଖାରଜ ମକଦ୍ଦମା କରିବା ପାଇଁ। ମୋ ପାଖରେ ଛଅଟା ଆର୍‌ଆଇ ସର୍କଲ୍ ଆଗରୁ ଥିଲା। ସେଥିରୁ ତାଙ୍କୁ ଦୁଇଟି ଦେବାପାଇଁ ଆଦେଶ ଦିଆଗଲା। ମୁଁ ତାଙ୍କୁ ତୁରନ୍ତ ସଂପୃକ୍ତ ନଥିପତ୍ର ହସ୍ତାନ୍ତର କରିବାକୁ ମୋର ପେସ୍‌କାରଙ୍କୁ କହିଲି। ପନ୍ଦର ଦିନ ପରେ ବି ଦିନେ ଦେଖିଲି ଯେ ସେଇ ଅଞ୍ଚଳରୁ କିଛି କେଶ୍ ମୋ ପାଖରେ ପଡ଼ିଲା। ମୁଁ କହିଲି, ବିଶ୍ୱାଳ ବାବୁ ଏଇ କେଶ୍ ତ

ଟ୍ରାନ୍ସଫର ହୋଇଯାଇଛି, ପୁଣି କାହିଁକି ମୁଁ ତାକୁ ଶୁଣିବି । ସେ କହିଲେ, ସାର୍, ସେଇଗୁଡ଼ାକ ଆଗେ ନୋଟିସ ହୋଇଯାଇଥିଲା ତ ସେଇଥିପାଇଁ ମୁଁ ତାକୁ ପେଶ୍ କରିଦେଲି । ମୁଁ କହିଲି, ଥରେ ମୋର ଜୁରିସ୍‌ଡିକସନ୍ ଚାଲିଯାଇଥିଲେ ମୁଁ ତାହା ଉପରେ ଆଦେଶ ଦେବା ଠିକ୍ ନୁହେଁ । ସେ କିଛି କହିଲେ ନାହିଁ - ମୋ କୋଠରୀରୁ ନିଷ୍କ୍ରାନ୍ତ ହୋଇଗଲେ ।

ଆହୁରି ଆଠଦିନ ଗଲା । ଦିନେ ନୂଆ ଅତିରିକ୍ତ ତହସିଲଦାର ମୋତେ କହିଲେ, "ଆଜ୍ଞା ଆପଣଙ୍କ ପେସ୍‌କାର ମୋ ପେସ୍‌କାରଙ୍କୁ ପୁରୁଣା କେଶ୍‌ଗୁଡ଼ାକ ହସ୍ତାନ୍ତର କରୁନଥିବାରୁ କିଛି ଲୋକ ମୋ ପାଖରେ ଆପତ୍ତି କରୁଥିଲେ ।" ମୁଁ ହଠାତ୍ ରାଗିଗଲି । ଆଉ ତାଙ୍କୁ ଡକେଇଲି ଓ କହିଲି, "କି ପାଲା ଚାଲିଛି ହୋ ବିଶ୍ୱାଳ ବାବୁ ! କାହିଁକି ପୁରୁଣା ନଥିପତ୍ର ତମେ ହସ୍ତାନ୍ତର କରୁନାହିଁ? ଆଜି ଭିତରେ ତାକୁ ଦିଅ। ନହେଲେ ମୁଁ ତହସିଲଦାରଙ୍କୁ କହି ଆଉ କାହାକୁ ମୋର କେଶ୍ କାମ ବୁଝିବାକୁ କହିବି ।" ବହୁଦିନ ଲାଗିଲା ଏଇ ଅମଲାମାନଙ୍କର ମନୋବୃତ୍ତି ବୁଝିବାକୁ । ସେମାନେ ସେଇ ପୁରୁଣା କାଳିଆ ଜମିଦାରୀ ପ୍ରଥାରେ ବିଶ୍ୱାସ କରନ୍ତି । ଜମିଦାରୀ ଅଞ୍ଚଳ କମିଗଲେ ଜମିଦାରଙ୍କର ଯେଉଁ ଅବସ୍ଥା ସେଇ କଥାର ପୁନରାବୃତ୍ତି ତହସିଲର ପେସ୍‌କାରଙ୍କ ଦାଖଲ ଖାରଜ ଦାୟିତ୍ୱ କମିଗଲେ । ସେମାନେ ସବୁ ରୁଣ୍ଡଉଥିବେ ଆଉ କହୁଥିବେ ଯେ ଏତେ କାମ ଯେ ଟିକିଏ ଫୁରସତ୍ ନାହିଁ । କହିବା ବାହୁଲ୍ୟ ଲୋକଙ୍କ ଆଗରେ ମିଛ ସତ କହି ତାଙ୍କ ଠାରୁ କିଛି ସୁବିଧା ହାତେଇବା ପାଇଁ ଏତେ ସବୁ ପାଲା ।

ଏମିତି ଆଉ ଚାରି ମାସ ଗଲା । ଦିନେ ସକାଳେ ଅତିରିକ୍ତ ତହସିଲଦାର ମିଶ୍ର ବାବୁ ମୋ ବସାରେ ପହଞ୍ଚିଲେ, ସେ ବୟସରେ ଥିଲେ ମୋ ଠାରୁ ପ୍ରାୟ ପଚିଶ-ତିରିଶ ବର୍ଷ ବଡ଼ । ବାପାଙ୍କ ବୟସର କହିଲେ ଚଳେ । ବୟସ ଦୃଷ୍ଟିରୁ ସମ୍ମାନ ଦେଉଥିଲି ମାତ୍ର ଚାକିରିର ପରମ୍ପରା ଅନୁସାରେ ତାଙ୍କୁ ସହକର୍ମୀ ଭାବରେ ବ୍ୟବହାର କରୁଥିଲି । ସେ ଅତିରିକ୍ତ ବନ୍ଦୋବସ୍ତ ଅଧିକାରୀ ଥାଇ ଦାଖଲ ଖାରଜ ମକଦ୍ଦମା ବୁଝିବା ପାଇଁ ତହସିଲରେ ଅବସ୍ଥାପିତ ହୋଇଥିଲେ । ତାଙ୍କ ସହିତ ବନ୍ଦୋବସ୍ତ ବିଭାଗରୁ କିଛି କିରାଣୀ, ପ୍ରସେସ ସର୍ଭର, ପିଅନ ବି ଆସିଥିଲେ । ମୁହଁରେ ତାଙ୍କର ବସନ୍ତ ଦାଗର ଛାପ । ଚାଲିରେ ସାମ୍ରାଜ୍ୟର ଛଟା । ତାଙ୍କ ପଛେ ପଛେ ସବୁବେଳେ ତାଙ୍କର ଅର୍ଡ଼ର୍ଲି ପିଅନଟି ଚାଲୁଥାଏ ଓ ତାଙ୍କର ସରକାରୀ ଡାଏରିଟି ଧରିଥାଏ । ସେହି ସରକାରୀ ଡାଏରିଟି ସେ କାଳରେ ସୂଚେଇ ଦେଉଥିଲା

ଯେ ଆଗ ଲୋକଟି ଜଣେ ଗେଜେଟେଡ୍ ଅଫିସର। କେହି ଲୋକ ଅତିରିକ୍ତ ତହସିଲଦାରଙ୍କୁ କିଛି କଥାବାର୍ତ୍ତା କରିବାକୁ ଚାହିଁଲେ ସେ ଅର୍ଡ଼ର୍ଲି ପିଅନ ଆଡ଼କୁ ହାତ ବଢ଼ାଇ ଦିଅନ୍ତି। ଅର୍ଡ଼ର୍ଲି ପିଅନ ଗୋଟେ ନାଲିକନାର ହୁଦା ପକେଇଥାଏ। ଆଉ ଲୋକ କେହି ଅଫିସରଙ୍କୁ ଦେଖା କରିବାକୁ ଚାହିଁଲେ କହେ - ହାକିମ ଟିକିଏ ବ୍ୟସ୍ତ ଅଛନ୍ତି।

ମୁଁ ଚାକିରିରେ ନୂଆ ଥିବାରୁ ତାଙ୍କର ଦୀର୍ଘଦିନର ଅଭିଜ୍ଞତାକୁ ମନଭରି ଉପଭୋଗ କରୁଥାଏଁ, ତାଙ୍କର ଘର ଖଣ୍ଡପଡ଼ା ଆଉ ସେ ଏକୁଟିଆ ରହୁଥାନ୍ତି ରେଭେନ୍ୟୁ ବଙ୍ଗଳାରେ। ଖଣ୍ଡପଡ଼ା ନାଁ ଶୁଣୁଶୁଣୁ ମୁଁ ତାଙ୍କୁ ସାମନ୍ତ ଚନ୍ଦ୍ରଶେଖରଙ୍କ ବିଷୟରେ ବିଭିନ୍ନ କଥା ପଚାରିଲି। ମୋର ଧାରଣା ଥିଲା ଯେମିତି ସେ ସିଦ୍ଧାନ୍ତ ଦର୍ପଣ ପଢ଼ି ମୁଖସ୍ଥ କରିଦେଇଥିବେ; ମାତ୍ର ଦୁଇ ତିନିଟା ପ୍ରଶ୍ନ କଲାପରେ ସେ ଧାରଣା ମୋର ବଦଳି ଗଲା, ତା ପରେ ମୁଁ ଦିନେ ରାତିରେ ଭାବିଲି ମୁଁ ତ ରାଧାନାଥ ରାୟ କିମ୍ବା ଫକୀର ମୋହନଙ୍କୁ ମୋ ଜିଲ୍ଲା ଲୋକ କହି ଗୌରବ ଅନୁଭବ କରୁଛି, ହେଲେ ତାଙ୍କର ସବୁ ଲେଖା ପଢ଼ିଛି କି ? ତାପରେ ସବୁ ଲେଖା ପଢ଼ିବା ଆରମ୍ଭ କଲି। ଆରମ୍ଭ ସିନା ହେଲା ଶେଷ ହୋଇପାରିଲା ନାହିଁ। ଦୃଢ଼ତାର ଅଭାବ ପୁଣି ଥରେ ମୋତେ ଲକ୍ଷ୍ୟସ୍ଥଳରୁ ଦୂରେଇ ନେଲା।

ସେତେବେଳକୁ ମୋର ତାଙ୍କ ସହିତ ଗୋଟେ ରକମର ଆନ୍ତରିକତା ଆସିଯାଇଥାଏ। ମୋର ବାହାଘର ହୋଇନଥାଏ। ମୁଁ ଏକୁଟିଆ। କେବେକେବେ ଏସିଏଫ୍ ନିମାଇଁ ବାବୁ କିମ୍ବା ଡିଏଫ୍‌ଓ ବିଉସାରଙ୍କର ସୌଜନ୍ୟରୁ ଭିତରକନିକା ଛୁଟି ଦିନରେ ମାଡ଼ିଯାଏ। ଲଞ୍ଚରେ ଯାଉଥିଲାବେଳେ ବାଟରୁ ତଟକା ମାଛ ଧରା ହୋଇ ତରକାରୀ ହୁଏ। ବହୁତ ବଢ଼ିଆ ରୋଷେଇ କରନ୍ତି ଫରେଷ୍ଟ ଡିପାର୍ଟମେଣ୍ଟର କ୍ଲାସଫୋର୍‌ମାନେ। ସେଦିନ ମୁଁ ମୋ ବସାରେ ଥାଏ। ଅର୍ଡ଼ର୍ଲି ପିଅନଟି ଆସି କହିଲା ସାର୍ - ଆର ଆଡ଼ିସନାଲ୍ ମିଶ୍ର ସାର୍ ଆସିଛନ୍ତି।

ମୁଁ ଘର ଭିତରୁ ବାହାରି ଆସିଲି। ଅଫିସ ଟେବୁଲଟାଏ ପଡ଼ିଥାଏ ମୋ ବସାରେ। ଦି ପାଖରେ ଦି'ଟା ସରକାରୀ ଚଉକି। ଆଉ କିଛି ଆସବାବପତ୍ର ନଥାଏ। ସେତେବେଳକୁ ସେ ଗୋଟାଏ ଚଉକୀ ଅକ୍ତିଆର କରିସାରିଥାନ୍ତି। ମୁଁ ନମସ୍କାର କରି ଦୁଃଖସୁଖ ଆରମ୍ଭ କରିଦେଲି। ଅର୍ଡ଼ଲିକୁ କହିଲି ଚା'ଟିକିଏ କରିବା ପାଇଁ।

-କ'ଣ ଆପଣ ରବିବାରରେ ଘରଆଡ଼େ ଯାଇନାହାନ୍ତି ଯେ

-କ୍ୟାମ୍ପକୋର୍ଟଟିଏ କାଲି ରହିଯାଇଛି, ଧାମରାରେ। ଖଣ୍ଡପଡ଼ାରୁ ଫେରୁ ଫେରୁ ଡେରି ହୋଇଯିବ ତ।

-ଠିକ୍ କଥା କହିଲେ, ଏତେ ଲୋକ ଆସିଥିବେ। ଡେରିରେ ପହଞ୍ଚିଲେ ବିରକ୍ତ ଲାଗିବା ସ୍ୱାଭାବିକ।

-ମୋର ବେଳେବେଳେ ଇଚ୍ଛା ହୁଏ ଆପଣଙ୍କ ଅଞ୍ଚଳକୁ ଥରେ ଯିବା ପାଇଁ।

-କ'ଣ ଅଛି ଯେ ଦେଖିବେ ?

-କ'ଣ ନାହିଁ, ଖଣ୍ଡପଡ଼ାଗଡ଼ ସାମନ୍ତ ଚନ୍ଦ୍ରଶେଖରଙ୍କ ଜାଗା।

-କିଛି ନାହିଁ, ଭଙ୍ଗା ସୂର୍ଯ୍ୟଘଡ଼ିଟାଏ ପଡ଼ିଛି।

-ସୂର୍ଯ୍ୟଘଡ଼ି ମୁଁ ଦେଖିଛି ରେଭେନ୍‌ସାରେ ପଢୁଥିଲି ତ ହେଲେ ସାମନ୍ତଙ୍କ ନିଜ ଜାଗାରେ ସୂର୍ଯ୍ୟଘଡ଼ି ଦେଖିବା ନିଆରା। ଥରେ କଲେଜରୁ କଣ୍ଟିଲୋ ଯାଇଥିଲୁ ପିକ୍‌ନିକ୍। ମୋର ଇଚ୍ଛା ଥିଲା ଖଣ୍ଡପଡ଼ାରେ ଓହ୍ଲାଇବା ପାଇଁ। ସମୟ ନଥିଲା।

ମୁଁ ସିନା ମନେ ମନେ ଖଣ୍ଡପଡ଼ାରେ ଥିଲି ସାମନ୍ତଙ୍କ ସୂର୍ଯ୍ୟଘଡ଼ି ପାଖରେ ହେଲେ ମିଶ୍ରବାବୁ ଥିଲେ କେବଳ ଚାନ୍ଦବାଲିରେ। ଅର୍ଥାତ୍ ଗୋଟାଏ ସରକାରୀ କଥା କହିବାକୁ ଆସିଥିଲେ।

କହିଲେ, ଗୋଟାଏ ଗୁରୁତ୍ୱପୂର୍ଣ୍ଣ କଥା ଆପଣଙ୍କୁ କହିବି କହିବି ବୋଲି କେତେଦିନ ହେଲା ଭାବିଲିଣି। ଅଫିସ ଭିତରେ କେତେଗୁଡ଼ାଏ ବ୍ୟକ୍ତିଗତ କଥା କହି ହୁଏନି। ତେଣୁ ଆଜି ଖଣ୍ଡପଡ଼ା ନଯାଇ ରହିଯାଇଛି। କାଲି ଆପଣଙ୍କ ପିଅନଠୁ ବୁଝିଥିଲି ଯେ ଆପଣ କୁଆଡ଼େ ଯାଉନାହାନ୍ତି ତେଣୁ ଚାଲି ଆସିଲି। ସେତେବେଳେ ମୁଁ ବୁଝିପାରିନଥିଲି ଯେ କାଲିର କ୍ୟାମ୍ପକୋର୍ଟ ପାଇଁ ନୁହେଁ ବରଂ ଆଜିର କିଛି ଜରୁରୀ କଥାବାର୍ତ୍ତା ପାଇଁ ମିଶ୍ରବାବୁ ମୋ ପାଖକୁ ଆସିଛନ୍ତି।

ଚା ଆସିଲା। ତା ସାଙ୍ଗକୁ ଦୁଇ ଚାରିଟା ଲୁଣି ବିସ୍କୁଟ। ସେ କପ୍‌ରେ ଢୋକେ ଚା' ନେଲେ - ଆଉ ତା'ପରେ ଆରମ୍ଭ କଲେ, ଆପଣ ଭାରି ନରମ ଲୋକ, ଆପଣଙ୍କ ଉପରେ ପରିବାରର ବିଶେଷ କିଛି ଦାୟିତ୍ୱ ନାହିଁ। ପିଲାଲୋକ ଆପଣ। ହାତକୁ ଦିହାତ ହୋଇନାହାନ୍ତି। ଆପଣଙ୍କୁ ସମସ୍ତେ ଭାରି ଭଲ ପାଆନ୍ତି ଆପଣଙ୍କ ବ୍ୟବହାର ପାଇଁ। ସବୁ ବେଶ ଭଲ। ଖାଲି ଗୋଟେ ଦି'ଟା କଥା ଆପଣଙ୍କ ଦରକାରରେ ଲାଗିବ ଭାବି ଆସିଥିଲି କହିବାକୁ।

ମନେ ମନେ ଭାବୁଥିଲି କିଛିଦିନ ତଳେ ସେଇମିତି କହିଥିଲେ ତହସିଲଦାର। ଆଉ ବହୁତ ଫେଣେଇ ବଙ୍କେଇ ଯାହା କହିଥିଲେ - ତା'ର ଅର୍ଥ

ଥିଲା - ମୁଁ ଭାରି ସରଳିଆ ଲୋକ। ଫାଇଲ ସାଙ୍ଗେ ସାଙ୍ଗେ ଡିସପୋଜ କରି ଦେଉଥିବାରୁ ଅଫିସରର ଗାମ୍ଭୀର୍ଯ୍ୟ ଓ ଗୁରୁତ୍ୱ ବ୍ୟାହତ ହେଉଛି ବୋଲି ତାଙ୍କର ହୃଦବୋଧ ହେଉଛି।

ଦିନ ଦିନ କାଳ ରାତି ଅନିଦ୍ରା ହୋଇଥିଲି, ଭାବୁଥିଲି ମୋର ଗୁରୁତ୍ୱ ବଢ଼େଇବା ପାଇଁ ପୁଣି ବିଳମ୍ବ କରିବି ବୋଲି ମୋତେ ସିନିଅର ପରାମର୍ଶ ଦେଲେ; ମାତ୍ର ମୋ ମନ ମାନି ନଥିଲା। ଭିତରୁ ଯେମିତି କେହିଜଣେ କହୁଥିଲା ତୁ ସ୍ୱାଭାବିକ ଭାବରେ ବଂଚ। ଏମିତି ଅନେକ ପରାମର୍ଶ ମିଳିବ। ତୁ ତାକୁ ଶୁଣ - ମୁଣ୍ଡ ହଲା - ହେଲେ ଛାତି ଭିତରକୁ ନେ ନା।

ଆଜି ପୁଣି ଆଉ ଜଣେ ବର୍ଷୀୟାନ କିଛି ପରାମର୍ଶ ଦେବେ - କି ପରାମର୍ଶ - ସେ ପୁଣି ପାଟି ଖୋଲିଲେ - ବୁଝିଲେ ଆପଣ କେଶ୍ ଫଇସଲା ହେଲା ପରେ ଅର୍ଡ଼ର ଡିକଲାର କରି ଦେଉଛନ୍ତି - ସେଇମିତି କେହି ହାକିମ କରନ୍ତି ନାହିଁ।

ମୁଁ ନିଜକୁ ପଚାରୁଥିଲି। ମୋର ଭୁଲ୍ ରହିଲା କେଉଁଠି। ଆଦେଶ ପତ୍ରର ଶେଷ ପାରାଗ୍ରାଫ୍‌ରେ ଲେଖା ରହୁଥିଲା - Pronounced in the open court today.... ତେଣୁ ମୁଁ ନୈଷ୍ଠିକ ଭାବରେ ଠିଆ ହୋଇ ପଢୁଥିଲି ଏବଂ କହୁଥିଲି, "ତୁମର କେଶ୍ ଫଇସଲା ହୋଇଗଲା। ତୁମେ ଦୁଇମାସ ପରେ ଆସି ମୋତେ ଦେଖା କରିବ ଅଫିସ୍‌ରେ। ଏଇ ଦୁଇ ମାସ ଭିତରେ ଯଦି କେହି ମୋ ଆଦେଶ ବିରୋଧରେ ଉପର କୋର୍ଟରେ ଅପିଲ କରିନଥିବେ ତେବେ ସେଇଦିନ ମୁଁ ଆପଣଙ୍କୁ ଆପଣଙ୍କ ନାଁରେ ହୋଇଥିବା ପଟ୍ଟା ଦେଇଦେବି।" ମୁଁ ଏଥିରେ କେଉଁଠି ଭୁଲ୍ ରହିଲା ତାହା ବୁଝିପାରୁନଥିଲି; ମାତ୍ର ତାଙ୍କୁ ପଚାରିଲି ସେ କଣ କରୁଛନ୍ତି ବୋଲି। ସେ ହସିଲେ, କହିଲେ, "ମୁଁ କହି ଦେଉଛି, ତମ ଅର୍ଡ଼ର ପେସକାରଙ୍କଠାରୁ ବୁଝିଯିବ।" ମୁଁ ସନ୍ଦେହରେ ପଡ଼ିଲି। ସେ ପୁଣି ପାଟି ଖୋଲିଲେ ଆଉ କହିଲେ ଆପଣଙ୍କ ଉପରେ କିଛି ଚାପ ନାହିଁ। ଯେ କେହି ଉପରିସ୍ଥ ଅଧିକାରୀ ଆସିଲେ ତାଙ୍କ କ୍ୟାମ୍ପ ଆରେଞ୍ଜମେଣ୍ଟ୍ କରିବା ପାଇଁ ତହସିଲଦାର ମୋ ଉପରେ ଦାୟିତ୍ୱ ଦେଇ ଦେଉଛନ୍ତି। ଏପରି ନକଲେ ସେ କାମ ହେବ କେମିତି। ଅବଶ୍ୟ କ୍ୟାମ୍ପ୍ ଆରେଞ୍ଜମେଣ୍ଟ ବିଷୟରେ ତହସିଲଦାର ମୋତେ କେବେବି କହିନଥିଲେ। କ୍ୟାମ୍ପ ଆରେଞ୍ଜମେଣ୍ଟ କ'ଣ ତାହା ହୁଏତ ପାଠକ ବୁଝିପାରୁନଥିବେ। ଏହା ଯୁଗ ଯୁଗରୁ ଚାଲି ଆସିଥିବା ଏକ କ୍ୟାନସର ଭଳି ବଥ। ସଂକ୍ଷେପରେ କହିଲେ ଗସ୍ତରେ ଆସୁଥିବା ଉପରିସ୍ଥ ଅଧିକାରୀଙ୍କ ଖାଇବା ପିଇବା ବିଷୟରେ ବିଭିନ୍ନ ଆୟୋଜନ

କରିବା। ସେମାନଙ୍କୁ ସନ୍ତୁଷ୍ଟ କରିବା ପାଇଁ ଖାଦ୍ୟପେୟ ପାଇଁ ଅସାଧାରଣ ସ୍ତରରେ ବ୍ୟବସ୍ଥା ହୁଏ। ଆଉ ସେଇ ଖର୍ଚ୍ଚ ଅନେକ ସମୟରେ ସାଧାରଣ ଲୋକଙ୍କ ଠାରୁ ଆଦାୟ ହୁଏ ବହୁ ବୁଲା ବଙ୍କା ବାଟରେ....

ମୁଁ ଭାବିଲି ବୋଧହୁଏ ଏଇ ଦିବ୍ୟଜ୍ଞାନ ଦେବା ପାଇଁ ସେ ମୋ ପାଖକୁ ଆସିଛନ୍ତି; ମାତ୍ର ସେ ଫେରିବାର ଉପକ୍ରମ ଦେଖାଇଲେ ନାହିଁ, ମୋତେ ଲାଗିଲା ଆହୁରି କିଛି ଘନ ରହସ୍ୟମୟ କଥା ଫିଟେଇ କହିବା ବୋଧହୁଏ ତାଙ୍କର ଲକ୍ଷ୍ୟ।

ସେ ପୁଣି ଆରମ୍ଭ କଲେ, "ଜାଣିଥାନ୍ତୁ ଏଇ ଦାଖଲ ଖାରଜ ମାମଲାଗୁଡ଼ିକ ହାକିମଙ୍କ ଇଚ୍ଛାମତେ ହୁଏ।" ମୁଁ କହିଲି, "ବଡ଼ ଆଶ୍ଚର୍ଯ୍ୟ କଥା ଆପଣ କହୁଛନ୍ତି। ଜଣେ ଲୋକ ଜୀବନ ସାରା ସଂଚୟ ଢାଳି ଦେଇ ଜମି କିଣିବ ଆଉ ତାର ଦାଖଲ ଖାରଜ ଆପଣଙ୍କର ଖୁସି ମତେ ହେବ ଏଇଟା ମୋତେ ଭାରି ଅଡୁଆ ଲାଗୁଛି। ଯିଏ ଜମି କିଣିଥିବ ତାର ଲକ୍ଷ୍ୟ ସୁବିଧାରେ କାଗଜପତ୍ର କେମିତି ତାଙ୍କ ନାଁରେ ହୋଇଯିବ। ଅଥଚ ଆପଣ ତାଙ୍କୁ ଆପଣଙ୍କ ମର୍ଜିରେ କରିବେ। ମୁଁ ଏହା ସହିତ କେବେବି ଏକମତ ହୋଇ ପାରିବି ନାହିଁ।"

ସେ ତାଙ୍କର ଗାର୍ଜନ ସୁଲଭ ଢଙ୍ଗରେ କହିଲେ, "ଆପଣ ଯାହା କହୁଛନ୍ତି ତାହା ବହି ପାଠ; ମାତ୍ର ମୁଁ ଯାହା କହୁଛି ତାହା ବାସ୍ତବତା। ଗାଁ ଗହଳିରେ ଯେଉଁମାନେ ଜମିବାଡ଼ି କିଣୁଛନ୍ତି ସେମାନଙ୍କ ଭିତରୁ ଶତକଡ଼ା ପଞ୍ଚସ୍ତରୀ ଭାଗ ହେଉଛନ୍ତି ସରକାରୀ କର୍ମଚାରୀ। ଯେଉଁମାନେ କୌଣସି ଜମିବାଡ଼ି କିଣିବା ଆଗରୁ ସରକାରଙ୍କ ଠାରୁ ଅନୁମତି ନେବା ଦରକାର; ମାତ୍ର ସେମାନେ କାଁ ଭାଁ ତାହା କରିଥାନ୍ତି। ଆପଣ ଯଦି ସେଇଟି ଜାଣିଯିବେ ଯେ ସେ ସରକାରୀ କର୍ମଚାରୀ ତେବେ ପଚାରିଦେବେ, ଆପଣଙ୍କ ଅନୁମତିପତ୍ର ଦେଖାନ୍ତୁ। କେଶ୍ ସେଇଠି ଅଟକିଯିବ - ଆପଣ ଯଦି ନ ଚାହିଁବେ କେଶର ଭବିଷ୍ୟତ ଅନ୍ଧାର। କେତେକ ଅଧିକ ଚତୁର ହୋଇ ନିଜ ନାଁରେ ନ କଣି ନିଜର ସ୍ତ୍ରୀ ବା ନାବାଳକ ପୁଅଝିଅ ନାଁରେ ଜମି କିଣନ୍ତି; ମାତ୍ର ସେ ସମସ୍ତେ ସେଇ ସରକାରୀ ଚାକିରିଆ ପରିବାର - ତେଣୁ ଅନୁମତି ଜରୁରୀ।"

ମୋ ପାଖରେ କିଛି ଭାଷା ନ ଥାଏ କହିବାକୁ। ସେ କିନ୍ତୁ କହି ଚାଲିଥାନ୍ତି - "ଆପଣ ତାପରେ ଆସିବେ ଜମିର କିସମ ଉପରକୁ। ଜମିର ମୂଲ୍ୟ ତା'ର କିସମ ଉପରେ ନିର୍ଭର କରେ। ଅନେକ ଲୋକ ଚାଷ ଜମିର ଉନ୍ନତ କିସମ କିଣି ସବରେଜେଷ୍ଟ୍ରୀ ଅଫିସ୍‌ରେ ସରକାରୀ ଦେୟ କମେଇବା ପାଇଁ ନ୍ୟୂନ କିସମ

ଲେଖନ୍ତି। ଅର୍ଥାତ୍ ଦଲିଲରେ ଲେଖାଥିବା କିସମ ଆଉ ପ୍ରକୃତ କିସମ ଭିତରେ ଫରକ ଥିବାର ସମ୍ଭାବନା ଖୁବ୍ ବେଶି। ଏଥିରେ ଶତକଡ଼ା ପଚାଶ ଲୋକ ଆପଣଙ୍କର ବ୍ୟକ୍ତିଗତ ଦୟା ପାଇଲେ କେଶ୍‌ନଦୀ ପାର ହେବେ ନହେଲେ ବୁଡ଼ିଯିବା ହିଁ ସାର ହେବ।" ମୁଁ ଭିତରେ ଭିତରେ ଭାରି ଅସହଜ ମଣୁଥାଏଁ; କିନ୍ତୁ ବାହାରକୁ ଚୁପ୍‌ଚାପ୍। ଅବଶ୍ୟ ଏହା ଭିତରେ ସରକାର ଆଇନ କରି ଏଇ ଅସୁବିଧା ଦୂର କରିଦେଇଛନ୍ତି।

ଏହାପରେ ଆଉ ଟିକିଏ ଅଧିକ ଉତ୍ସାହିତ ହୋଇ ସେ କହି ଚାଲିଲେ, ଆଉ ଗୋଟିଏ ଅମୋଘ ଅସ୍ତ୍ର ଅଛି ଶୁଣନ୍ତୁ। ଫଇସଲା କରିବା ଦାୟିତ୍ୱରେ ଥିବା ଅଧିକାରୀ ଫଇସଲା ନ କରିବା ପାଇଁ ଅମୋଘ ଅସ୍ତ୍ରର ବି ପ୍ରୟୋଗ କରିପାରିବେ ଏହା ମୋତେ କିଂକର୍ତ୍ତବ୍ୟବିମୂଢ଼ କରିଦେଉଥାଏ। କହି ଚାଲିଥିଲେ ମିଶ୍ରବାବୁ, ବୁଝିଲେ ଏଥର ଆସନ୍ତୁ ଚଉହଦୀ ବିଷୟକୁ। ଯେଉଁ ପ୍ଲଟ୍‌ଟି ଦଲିଲ୍‌ରେ ଲେଖାହୋଇଛି ତାହାର ବିଭିନ୍ନ ଦିଗରେ କେଉଁ ଚାଷୀଙ୍କର ଜମିଜମା ଅଛି ତାହା ବି ଦଲିଲରେ ଲେଖାଯାଏ। ପାର୍ଶ୍ୱବର୍ତ୍ତୀ ଜମି ମାଲିକଙ୍କ ନାମ ବି ଆମର ସରକାରୀ ରେକର୍ଡ଼ରେ ଥାଏ। ଯଦି ଏଇ ଦୁଇଟିକୁ ମେଳ କରିବେ ତାହେଲେ ଶହେରୁ ଶହେ ଭାଗ ମେଳକ ହେବନି। ଅର୍ଥାତ୍ ଆପଣଙ୍କ ଦୟା ନ ହେଲେ କୌଣସି ମ୍ୟୁଟେସନ ହୋଇପାରିବ ନାହିଁ।

ମିଶ୍ରବାବୁଙ୍କର ଧୈର୍ଯ୍ୟ ମୋଠାରୁ ଯଥେଷ୍ଟ ଅଧିକ। ସେ ମୋର ସମର୍ଥନ ନ ପାଉଥିଲେ ବି ଧୈର୍ଯ୍ୟ ହରାଉ ନଥିଲେ। କହିଲେ "ବୁଝିଲେ, ଆଉ ଗୋଟିଏ କଥା ଅଛି। ତାକୁ ଦେଖି ଚାହିଁ ପ୍ରୟୋଗ କରିବେ। କ୍ରେତା ବାସ୍ତବରେ କିଣିଥିବା ଜମିକୁ ନିରଙ୍କୁଶ ଭାବରେ ଦଖଲ କରୁଥିଲେ ସିନା ତାଙ୍କ ନାଁରେ ଜମି ହେବ। ସେ ଯଦି ପ୍ରକୃତରେ ଦଖଲରେ ଅଛନ୍ତି, ସେଥିରେ କିଛି ଅସୁବିଧା ନାହିଁ। ସେ ଜମି ଆଗରୁ ବିକ୍ରୀ ହୋଇନାହିଁ। ଯେ ବିଷୟରେ କ୍ରେତା ପାଖରେ କିଛି କାଗଜ ନଥାଏ। ତାକୁ ଇ.ସି. (ଏନକୁମ୍ବ୍ରେନ୍‌ସ୍ ସାର୍ଟିଫିକେଟ) ଆଣିବାକୁ କହିଲେ ସେ ଗୋଡ଼ ତଳେ ପଡ଼ିବ କାହିଁକିନା ବହୁ ଖର୍ଚ୍ଚାନ୍ତ ହେବାକୁ ପଡ଼ିବ। ଆପଣ କହିପାରନ୍ତି ଦଖଲ ନିରଙ୍କୁଶ ଅଛି କି ନାହିଁ ତାହା ଦେଖିବାକୁ ଆପଣଙ୍କୁ କ୍ଷେତ୍ର ପରିଦର୍ଶନ କରିବାକୁ ପଡ଼ିପାରେ। ଆପଣଙ୍କ ସମୟ ସୁବିଧା ହେଲେ ସିନା ଯାଇ ଯିବେ। ଏଥିରେ ଶହେରୁ ଶହେ ଲୋକ ଆପଣଙ୍କ ଗୋଡ଼ ତଳେ ପଡ଼ିବା ଛଡ଼ା ବାଟ ନଥିବ।

ମୁଁ ପିଲାଲୋକ ସତ କଥା। ମୋର ବି କେବେ ଉଚ୍ଚ ରକ୍ତଚାପ ନଥିଲା। ମୁଁ କିନ୍ତୁ ଭିତରେ ଭିତରେ ରାଗିଯାଇଥାଏ; କିନ୍ତୁ ତାଙ୍କର ବୟସ ପ୍ରତି ସମ୍ମାନ ହେତୁ

ବାହାରକୁ ତାହା ନ ଦେଖେଇବାର ଚେଷ୍ଟା କରୁଥାଏ ଯତ୍‌ପରୋନାସ୍ତି। କହିଲି, "ମିଶ୍ରବାବୁ, ଲୋକେ ଆମକୁ ପିଟିବେନି ଏମିତି କହିଲେ ?" ସେ କହିଲେ, "ଆପଣ କି କଥା କହୁଛନ୍ତି! ଜମିଜମା ପାଇଁ ଲୋକଙ୍କର ଲୋଭ ଆଉ ମୋହ କ'ଣ ଆପଣ ଜାଣି ନାହାନ୍ତି! ଛୁଞ୍ଚିମୁନର ଜାଗା ଟିକିଏ ବି ଦେଇ ହେବନାହିଁ ବୋଲି ଦୁର୍ଯ୍ୟୋଧନଙ୍କ ଦୃଢ଼ୋକ୍ତିରୁ ସୃଷ୍ଟି ହୋଇଥିଲା ମହାଭାରତ। ବହୁତ ଦିନ ସିନା ବିତିଯାଇଛି; ମାତ୍ର ଜମିରୁ ମଣିଷର ମମତ୍ୱ କମିନି। କେହି କିଛି କହିବେ ନାହିଁ, ଆପଣଙ୍କର ଦୟାର ବଶବର୍ତ୍ତୀ ହେବାକୁ ଚାହିଁବେ, ତାହାହିଁ କେବଳ ତାଙ୍କୁ କୂଳରେ ପହଞ୍ଚାଇଦେବ। ଆପଣ ପିଲାଲୋକ ଆପଣଙ୍କର ସିନା କିଛି ଦରକାର ନାହିଁ; ମାତ୍ର ମୋ ଉପରେ ଚାପ ଅଧିକ ଉପରିସ୍ଥ ହାକିମଙ୍କ ଠାରୁ।"

ଏତିକି କହି ମିଶ୍ର ବାବୁ ମୋ ବସା ଛାଡ଼ିଲେ; କିନ୍ତୁ ମୋ'ଠି ଛାଡ଼ିଦେଇ ଯାଇଥିଲେ ଏମିତି କିଛି ବିଷମଞ୍ଜି, ଯାହା ମୋତେ ଆଉଟୁ ପାଉଟୁ କଲା ବେଶ୍ କିଛିଦିନ। ମୁଁ ନିଜକୁ ପଚାରୁଥିଲି - ମୁଁ କଣ ଏଇଆ କରିବାକୁ ପ୍ରଶାସନରେ ଯୋଗ ଦେଇଛି। ହେ ପ୍ରଭୁ ମୋତେ ଭଲ ବାଟ ଦେଖାଅ - ମୋତେ କ୍ଷମା କର। ରାତିରେ ଶୋଇଥିବା ବେଳେ ମୋତେ ଦିଶିଯାଉଥିଲା ମୋର ପ୍ରିୟ ସ୍କୁଲ ଶିକ୍ଷକମାନଙ୍କ ମୁହଁ ମୋର ପ୍ରିୟ ନିତ୍ୟାନନ୍ଦ ସାର୍। ମୋର ନରହରି ସାର୍ ମୋର ଦିବଂଗତ ପିତା - ସମସ୍ତେ ଯେମିତି ମୋତେ ଅନେଇଥିଲେ ଆଉ କହୁଥିଲେ - ସେମାନେ ମୋତେ ଅନେଇଛନ୍ତି - ନିଘା ରଖିଛନ୍ତି ମୋର ପ୍ରତି ପଦକ୍ଷେପକୁ।

ପ୍ରାୟ ମାସେ ପରେ ମୋର ଦେଖାହେଲେ ମିଶ୍ରବାବୁ ଆଉ କହିଲେ, "ସେଦିନ ଆପଣଙ୍କୁ ଅନେକ କଥା କହିଲି - କ'ଣ ବୁଝିହେଲାନି କି ?" ମୁଁ କହିଲି, "ମୋ ଉପରେ ତ ଆପଣଙ୍କ ପରି ପ୍ରେସର ନାହିଁ ବଡ଼ ହାକିମମାନଙ୍କର। ମୋ ପାଇଁ ଆପଣ ବ୍ୟସ୍ତ ହୁଅନ୍ତୁ ନାହିଁ। ମୁଁ ମୋ କଥା ବୁଝିବି।"

■

ଏକ ମାମୁଲି ଖଟର ଉପକଥା

ନୂଆଖାଇ। କୃଷିଭିତ୍ତିକ ଏଇ ପର୍ବ ଆମ ଦେଶର ବିଭିନ୍ନ ଅଞ୍ଚଳରେ ରହିଛି। ଫସଲ ଅମଳ ପରେ ପରେ ମକର ସଂକ୍ରାନ୍ତିରେ ବିଭିନ୍ନ ନାଁରେ ବିଭିନ୍ନ ଅଞ୍ଚଳରେ ଭାରି ଜାକଯମକରେ ପାଳିତ ହୁଏ ଏଇ ପର୍ବ। ଯେମିତି ତାମିଲନାଡୁରେ ପୋଙ୍ଗଲ, ଆସାମରେ ବିହୁ, ପଞ୍ଜାବରେ ମାଘୀ ଆଉ ଉତ୍ତରପ୍ରଦେଶ ବା ରାଜସ୍ଥାନରେ ଉତ୍ତରାୟଣ; ମାତ୍ର ଆମ ଓଡ଼ିଶାରେ ସେପ୍ଟେମ୍ବର-ଅକ୍ଟୋବର ମାସରେ ନୂଆଖାଇ ପାଳିତ ହୁଏ। ପଶ୍ଚିମାଞ୍ଚଳରେ ଏହା ଯେତେ ଶ୍ରଦ୍ଧା ଆଉ ଆଡ଼ମ୍ବରରେ ପାଳିତ ହୁଏ ତାହା ଅନ୍ୟ କେଉଁଠି ହୁଏ ନାହିଁ ବୋଲି ମୋର ଧାରଣା। ଆଗରୁ ପଶ୍ଚିମାଞ୍ଚଳରେ ବି ଗୋଟିଏ ଗାଁର ଲୋକେ ଏକ ନିର୍ଦ୍ଦିଷ୍ଟ ଦିନରେ ଏଇ ପର୍ବ ମାନୁଥିଲେ; ମାତ୍ର କିଛି ଦଶନ୍ଧି ତଳେ ଓଡ଼ିଶା ସାଂସ୍କୃତିକ ପରିଷଦ ନାମକ ଏକ ସାମାଜିକ ଅନୁଷ୍ଠାନ ପଶ୍ଚିମାଞ୍ଚଳର ସବୁ ଆଞ୍ଚଳିକ ମୁଖିଆ ବ୍ୟକ୍ତି ଏବଂ ଛାମୁଆଁ ଅନୁଷ୍ଠାନମାନଙ୍କୁ ଏକଜୁଟ କଲେ ଏବଂ ସାରା ପଶ୍ଚିମ ଓଡ଼ିଶାରେ ଗୋଟିଏ ଦିନରେ ତାହା ପାଳିତ ହେବାକୁ ଠିକ୍ କଲେ। ତାହା ହେଲା ଗଣେଶ ପୂଜାର ଠିକ୍ ପରଦିନ। ସେଇଦିନଠୁଁ ପ୍ରତିବର୍ଷ ଏହା ଗୋଟିଏ ଦିନରେ ସବୁ ଲୋକ ମାନନ୍ତି ଏବଂ ଏଇ ଆଞ୍ଚଳିକ ପ୍ରତିଧ୍ୱନୀ ସହିତ ତାଳଦେଇ ଓଡ଼ିଶା ସରକାର ବି ଏହାକୁ ଗୋଟିଏ ସରକାରୀ ଛୁଟିଦିନ ଭାବରେ ମାନି ନେଇଛନ୍ତି ବେଶ୍ କିଛି ବର୍ଷ ହେଲା।

ପ୍ରାୟ ଆଜକୁ ୩୫ ବର୍ଷ ତଳେ ମୋତେ ଯୋଗ ଦେବାକୁ ହୋଇଥିଲା ଗୋଟିଏ ଉପାନ୍ତ ଅଞ୍ଚଳର ବ୍ଲକରେ ବିଡ଼ିଓ ଭାବରେ ୧୯୯୦ରେ। ପଶ୍ଚିମ ଓଡ଼ିଶାର ପ୍ରାଣକେନ୍ଦ୍ର କୁହାଯାଉଥିବା ସମ୍ବଲପୁରରୁ ପ୍ରାୟ ଦୁଇଶହ କିଲୋମିଟର ଦୂର ଝାରବନ୍ଧ। ସେତେବେଳେ ସମ୍ବଲପୁରର ସବୁଠାରୁ ଦୂରିଆ ପଛୁଆ ଆଉ ମରୁଡ଼ିପ୍ରବଣ ଅଞ୍ଚଳ

ଭାବରେ ତାର ପରିଚିତି। ଅଞ୍ଚଳଟିଏ ପଛୁଆ ହେବା ପାଇଁ ଯେତେ ଯାହା କାରଣ ଅଛି ତା ଭିତରୁ ଗୋଟିଏ ମୁଖ୍ୟ କାରଣ ହେଲା ଯେ ତାହା ଥାଏ ପ୍ରଶାସନିକ କେନ୍ଦ୍ରଠାରୁ ବହୁ ଦୂରରେ। ଯୋଗାଯୋଗର ବିଚ୍ଛିନ୍ନତା ଆଉ ତତ୍‌ସହିତ ସରକାରୀ କର୍ମଚାରୀ ଓ ଅଧିକାରୀମାନଙ୍କର ଦୂରରେ କାମ କରିବାର ବିତସ୍ପୃହତା ଅନେକ ପଛୁଆ ପଣ ଯୋଡ଼ିଦିଏ; ମାତ୍ର ଏହା ଥିଲା ମୋ ପାଇଁ ଏକ ଚମତ୍କାର ଅଭିଜ୍ଞତା ଗୋଟିଏ ସମ୍ପୂର୍ଣ୍ଣ ନୂଆ ଅଞ୍ଚଳ ସହିତ ଯୋଡ଼ିହେବା ପାଇଁ। ନୂଆଲୋକଙ୍କ ସହିତ ମିଶିବା ପାଇଁ, ସେମାନଙ୍କର ସାଂସ୍କୃତିକ ବିଭାବ ସହିତ ସଂପୃକ୍ତ ହେବାପାଇଁ। ଅବଶ୍ୟ କେହି ସାପ ବିଷୟରେ ଜାଣିବା ପାଇଁ ସାପ ପୋଷେ ନାହିଁ ତାହା ସତ, ମାତ୍ର ମୋ ଭିତରେ ଥିବା କୌତୁହଳ ମୋତେ ଟାଣି ନେଇଥିଲା ଏଇ ଅସୁମାରୀ ଅଜ୍ଞତାକୁ ଅତିକ୍ରମ କରିବା ପାଇଁ। ମୋର ଅନେକ ଗୁରୁଜନ ମୋତେ ପରାମର୍ଶ ଦେଇଥିଲେ ବଦଳି ଆଦେଶ ପରିବର୍ତ୍ତନ ପାଇଁ ଚେଷ୍ଟା କରିବାକୁ। କିଏ ବା କାହିଁକି ଉପକୂଳ ଅଞ୍ଚଳରୁ ସାତଶହ କିଲୋମିଟର ଦୂରକୁ ବିନା ଚେଷ୍ଟାରେ ଚାଲିଯିବ। ମୁଁ କିନ୍ତୁ ଚେଷ୍ଟା କରିନଥିଲି। ଏଣୁ ଯାଇଥିଲି ଝାରବନ୍ଧ। ଯାଇଥିଲି ବୋଲି ତ ଆଜି ମନେ ପକାଉଛି ଅସୁମାରୀ ସ୍ମୃତିରୁ ଗୋଟିଏ।

ଝାରବନ୍ଧ ଅଞ୍ଚଳଟିର ବୈଶିଷ୍ଟ୍ୟ କହିଲେ ହୁଏତ ବୁଝାଉଥିଲା ଅବମୂଲ୍ୟାୟନର ଶିକାର ହୋଇଥିବା ଏକ ସ୍ୱଳ୍ପବୃଷ୍ଟି ଅଞ୍ଚଳ। ଏଠାରୁ ଲୋକେ ବହୁ ସଂଖ୍ୟାରେ ଦାଦନ ଯାଆନ୍ତି, ଯେଉଁଠି ଲୋକମାନେ ନିଜର ପରିଚୟ ଦେଲାବେଳେ ଏମ୍.ପି.ରେ ବୋଲି କହି ଦିଅନ୍ତି। ସେତେବେଳେ ଏହା ଥାଏ ମଧ୍ୟପ୍ରଦେଶର ସୀମାନ୍ତ, ଛତିଶଗଡ଼ ନୂଆ ରାଜ୍ୟ ହୋଇନଥାଏ। ଭାଷାରେ ସମ୍ବଲପୁରୀର ଏକ ବିରଳ ସ୍ଥାନୀୟ ପ୍ରକରଣ ଯାହାକୁ 'ଲରିଆ' ବା ଛତିଶଗଡ଼ିର ପ୍ରତିରୂପ ବୋଲି କୁହାଯାଇପାରେ। ଖଣ୍ଡେ ବସ୍ ଚାଲେ ସବ୍‌ଡିଭିଜନ ହେଡ୍‌କ୍ୱାଟର୍ସ ପଦ୍ମପୁରରୁ ଡଭାଯାଏ। ଡଭା ହେଉଛି ଝାରବନ୍ଧଠାରୁ ଆଉ ଆଠ କିଲୋମିଟର। ବ୍ଲକର ମୁଖ୍ୟ ଡାକ୍ତରଖାନା ପି.ଏଚ୍.ସି। ତେଣୁ ସରକାରୀ ଗାଡ଼ି ଉପରେ ଭରସା କରୁଥିବା ଲୋକେ ଦିନ ଦୁଇଟା ପରେ ଝାରବନ୍ଧ ନ ଛାଡ଼ିଲେ କେଉଁଠି ରହିବେ ତାହା ତାଙ୍କୁ ବିବ୍ରତ କରେ। ହୋଟେଲ ତ ଦୂରର କଥା ଦିନରେ ଯଦି ପହଞ୍ଚିବେ କେଉଁଠି ଖିଆପିଆ କରିବେ ତାପାଇଁ ଆଗରୁ ପ୍ରସ୍ତୁତ ହେବାକୁ ପଡୁଥିଲା।

ପ୍ରତି ଗାଁରେ ଥାଆନ୍ତି ଜଣେ ଅଧେ ଅଘୋରିଆ ଲୋକ। ଅଧିକାଂଶଙ୍କର ସାଙ୍ଗିଆ ପଟେଲ, ନାୟକ କିମ୍ବା ଗୌନ୍ତିଆ। ଯେଉଁମାନେ ଚାଷ କାମରେ ଆଗୁଆ

ଆଉ ଗାଁର ଅଧିକାଂଶ ଜମିର ମାଲିକାନା ତାଙ୍କରି ହାତରେ। ଆଉ ଅଧିକାଂଶ ପଞ୍ଚାୟତ ମୁଖ୍ୟାଳୟରେ ଗୋଟେ ଅଧେ ମାରୱାଡ଼ି ଦୋକାନ। ମାରୱାଡ଼ିମାନେ ପରିବାର ସହିତ ରହନ୍ତି। ତା ସହିତ ତାଙ୍କର ଗୋଟିଏ ବିରାଟ କ୍ୟାମ୍ପସ, ବାଉଣ୍ଡେରୀ ୱାଲ୍ ଚାରିକଡ଼େ। ବ୍ୟବସାୟ ଉପଯୋଗୀ ସବୁ ଜିନିଷ କିଣାବିକା ପାଇଁ ସେଇଠି କିଣା ହୋଇ ରଖାହୁଏ। ଯେମିତି ଅମଳ ସମୟରେ ଧାନ ବା ତେନ୍ତୁଳି, କେନ୍ଦୁ କିମ୍ବା କୋଳି, ଶାଳପତ୍ର କିମ୍ବା ଶାଳମଞ୍ଜି। ହରେକ ଜଙ୍ଗଲଜାତ ଦ୍ରବ୍ୟ ସବୁ ଅଳ୍ପ ଦାମ୍‌ରେ କିଣି ନିଅନ୍ତି ସେଇମାନେ ଗାଉଁଲି ଲୋକଙ୍କଠାରୁ, ଯାହା ଦାମ୍ ତାଙ୍କ ମୁହଁରୁ ବାହାରେ ଗାଁ ଲୋକଙ୍କ ପାଇଁ ତାହାହିଁ ନିର୍ଦ୍ଧାରିତ ମୂଲ୍ୟ। ଟ୍ରକ ରଖିଥାନ୍ତି ପ୍ରାୟ ସବୁ ମାରୱାଡ଼ି ବ୍ୟବସାୟୀ। ଏଇସବୁ ଜିନିଷର ନେବା ଆଣିବାରେ ନିୟୋଜିତ ହୁଅନ୍ତି ଟ୍ରକ୍‌ମାନେ। ବ୍ୟବସାୟର ଅନ୍ୟ କେନ୍ଦ୍ର ଥିଲା ରାୟପୁର କିମ୍ବା ଛତିଶଗଡ଼ର ଅନ୍ୟ ଛୋଟବଡ଼ ବାଣିଜ୍ୟିକ ପେଣ୍ଠ, ଯେମିତି ସରେଇପାଲି କିମ୍ବା ବସ୍‌ନା।

ଅଧିକାଂଶ ସରକାରୀ ବୈଠକ ଉପଖଣ୍ଡ ସ୍ତରରେ ଅନୁଷ୍ଠିତ ହେଉଥିଲା। ଅତଏବ ଦୁଇ ଚାରିମାସରେ ଥରେ ଅଧେ ସମ୍ବଲପୁରରେ ବୈଠକ ହୁଏ। ଏମିତି କିଛି ଖବର ଆସିଲେ ଲାଗୁଥିଲା ଯେମିତି ଗୋଟେ ବଡ଼ ସମ୍ବାଦ, ଭୋର ପାଞ୍ଚଟା ପୂର୍ବରୁ ଝାରବନ୍ଧରୁ ବାହାରିଲେ ସାଢ଼େ ଦଶଟା ବେଳକୁ ସମ୍ବଲପୁରରେ ପହଞ୍ଚି ଯାଇ ହେଉଥିଲା; ମାତ୍ର ବୟାନବେ ମସିହାରେ ମୋର ଅଫିସ୍‌ର ବଡ଼ବାବୁ ତ୍ରିପାଠୀ ବାବୁ ମୋତେ ଆମନ୍ତ୍ରଣ ଜଣେଇଥିଲେ ନୂଆଖାଇରେ ତାଙ୍କର ଅତିଥି ହେବା ପାଇଁ ସମ୍ବଲପୁରରେ। ଆଉ ମୁଁ ରାଜି ହୋଇଯାଇଥିଲି ତତ୍‌କ୍ଷଣାତ୍। ଗୋଟିଏ ଛୁଟିଦିନରେ ସମ୍ବଲପୁର ଯାଇ ବୁଲି ଆସିବା ପାଇଁ ତାହା ଥିଲା ଏକ ଅସ୍ୱାଭାବିକ ସଂଯୋଗ।

ବଡ଼ବାବୁଙ୍କ ପରିବାର ସହିତ ଯାଇ ନୂଆଖାଇ ପୂର୍ବଦିନ ପହଞ୍ଚିଲି ତାଙ୍କର ସମ୍ବଲପୁର ଘରେ। ନନ୍ଦପଡ଼ାରେ ଥିବା ଏକ ପୁରାତନ ଘର। ଚାକଚକ୍ୟରହିତ ଏଇ ଘରଟିର ଉପର ମହଲାରେ ବଡ଼ବାବୁଙ୍କ ପରିବାର ରହୁଥିଲେ। ଉପର ମହଲାରେ ଥିବା ଛୋଟ ଛୋଟ ଝରକାଗୁଡ଼ିକ ଗୋଟିଏ ନିର୍ଦ୍ଦିଷ୍ଟ ଯୁଗର ନିର୍ମାଣଶୈଳୀ ବୋଲି ପ୍ରକାଶ କରୁଥିଲେ। ସେତେବେଳେ ବହୁ ଆଲୋକ ବା ବାୟୁ ପ୍ରତି ଏତେ ମାତ୍ରାଧିକ ପ୍ରବଣତା ନଥିଲା ପରନ୍ତୁ ଚୌର୍ଯ୍ୟ ଭୟ ପ୍ରତି ଥିଲା ଅତ୍ୟଧିକ ପ୍ରମାଦ। ଦୁଇ ମହଲା ଉପରକୁ ଉଠିବା ପାଇଁ ଯେଉଁ ପାହାଚ ସେପରି ଆଗରୁ କ୍ୱଚିତ୍ ଦେଖିଥିବି ହୁଏତ। ଗୋଟିଏ ପାହାଚରେ ଜଣେ ଏକ ସମୟରେ ଯାଇ ପାରିବେ। ଅର୍ଥାତ୍ ଜଣେ ଉପରକୁ ଉଠିବାକୁ ଗଲେ ଆଉ କେହି ତଳକୁ ଆସିପାରିବେ ନାହିଁ।

ଏତେ ସଂକୁଚିତ ସେଇ ପଥ ଗୋଟିଏ ସୁଡ଼ଙ୍ଗର ଭ୍ରମ ସୃଷ୍ଟି କରିବା ବିଚିତ୍ର ନୁହେଁ। କମ୍ ଖର୍ଚ୍ଚରେ କିପରି ନିର୍ମାଣ କରାଯାଇପାରିବ ବୋଧହୁଏ ଶହେ ବର୍ଷ ଆଗରୁ ତାହାହିଁ ଥିଲା ଏକମାତ୍ର ଲକ୍ଷ୍ୟ। ବିଳାସ, ସ୍ୱଚ୍ଛନ୍ଦ ଏବଂ ପ୍ରତିଯୋଗିତା ମନୋଭାବ ହୁଏତ ନଥିଲା ସେତେବେଳେ। ମୁଁ ପହଞ୍ଚୁ ପହଞ୍ଚୁ ମୋତେ ଗୋଟେ କାଠଖଟରେ ବସେଇ ଦେଇ ବଡ଼ବାବୁ ଘର ଭିତରକୁ ଗଲେ। ପ୍ରାୟ ସାଢ଼େ ପାଞ୍ଚଫୁଟ ଲମ୍ବର ଜଣେ ଲୋକ ଶୋଇ ପାରିବା ଭଳି ଖଟଟିଏ। କୌଣସି କୁଟିକମ ନାହିଁ। ସରଳତାର ଅଧିକ ଉଦାହରଣ ଖୋଜିବାକୁ ପଡ଼ିବ ନାହିଁ। ଯେମିତି ଚାରିଟି ଗୋଡ଼ ଆଉ ସେଇ ଚାରିଟି ଉପରେ ନିଜର ଆସ୍ଥାନ ଜମେଇଥିବା କେତୋଟି ପଟା। କୋଉ କାଳରୁ ଖଟଟିରେ ରଙ୍ଗ ଦିଆ ହୋଇନି। କେବଳ ଖଟର ଗୋଟିଏ ପାଖରେ ଚାରି ଛଅ ଇଞ୍ଚ ଉଚ୍ଚତାର ପଟାଟିଏ ଉଠିଯାଇଥାଏ, ସୂଚେଇ ଦେବାକୁ ଯେ ସେଇଟା ମୁଣ୍ଡ ପାଖ। ସେମିତି କୌଣସି ବିଶେଷତା ନଥିଲା ଖଟଟିରେ। ଖାଲି ଖଟ ଉପରେ ପଡ଼ିଥିଲା ସପଟିଏ। ତା'ରି ଉପରେ ମୁଁ ବସିପଡ଼ିଲି ଓ ଧନ୍ୟବାଦ ଦେଲି ସେତେବେଳେ ଥିବା ବିଜୁଳିକୁ ଯାହା ନଥିଲେ ମୋ ମୁଣ୍ଡ ଉପରେ ଘୂରୁଥିବା ପଙ୍ଖାଟି ସ୍ଥିର ହୋଇ ରହିଥାନ୍ତା ଏବଂ ମୋର ଝାଳୁଆ ଦେହ ଆହୁରି ଅଶାନ୍ତ ହୋଇଉଠିଥାନ୍ତା। ଅବଶ୍ୟ ବଡ଼ବାବୁ ଭାରି ହିସାବୀ ଲୋକ। ସେ ଘର ଭିତରକୁ ସିନା ଚାଲିଗଲେ ବୈଠକ ଖାନାରେ ମୋତେ ବସେଇ ଦେଇ; ମାତ୍ର ତାଙ୍କରି ନିର୍ଦ୍ଦେଶରେ ତାଙ୍କ ସାନ ପୁଅଟି ଗୋଟିଏ ବିଞ୍ଚଣା ଆଣି ମୋତେ ଧରେଇ ଦେଇଗଲା। ବିଞ୍ଚଣାଟି ମୋ ପାଖରେ ପହଞ୍ଚିବା ସୂଚେଇ ଦେଉଥିଲା ବିଜୁଳି ଉପରେ ତାଙ୍କର ଥିବା ଅବିଶ୍ୱାସ। ଅର୍ଥାତ୍ ବିଜୁଳି ଯେକୌଣସି ମୁହୂର୍ତ୍ତରେ ଚାଲିଯାଇପାରେ ଆଉ ସେମିତି ସଂଗୀନ ମୁହୂର୍ତ୍ତରେ ହାତଚାଳିତ ପଙ୍ଖାଟି ଅନ୍ତତଃ ସାମାନ୍ୟ ଇଜ୍ଜତ୍ ବଞ୍ଚେଇଦେବ। ଅପନା ହାତ ଜଗନ୍ନାଥ। ବରଡ଼ା ପତ୍ରର ନୁଖୁରା ଚିଜଟିଏ ପୁରାତନ ଯୁଗର ଏକ ଆବିଷ୍କାର ଏଇ ନଳଟି। ଯାହା ଫଳରେ ବିଞ୍ଚଣାଟି ବୁଲିପାରିବ ଆପଣା କକ୍ଷ ଚାରିପଟେ। ଅଥଚ ବିଜୁଳିବତୀର ଅନୁପସ୍ଥିତିରେ ଏକ ନିର୍ଭରଯୋଗ୍ୟ ଦ୍ୱିତୀୟ ପ୍ରତିଶ୍ରୁତି।

ନୂଆଖାଇକୁ ନେଇ ମୋ ମନରେ ଅନେକ ପ୍ରଶ୍ନଥିଲା। ଭାବୁଥିଲି ସେଥିରୁ କିଛି ପ୍ରଶ୍ନର ଉତ୍ତର ଆପେ ଆପେ ପାଇଯିବି ଆଉ ଯେଉଁଗୁଡ଼ିକର ଉତ୍ତର ନ ମିଳିବ ତାହା କଥାଛଳରେ ପଚାରିଦେବି। ଏମିତି କେତେ ପ୍ରଶ୍ନ ଆଜି ସକାଳ ଯାଏ ମୋତେ ଆନ୍ଦୋଳିତ କରୁଥିଲା। ଅଥଚ ଆସିଲାବେଳେ ବଡ଼ବାବୁ ତାର ଉତ୍ତର

ମୋତେ କହିଦେଇଛନ୍ତି। ମୁଁ ଭାବୁଥିଲି ସେପ୍ଟେମ୍ବର ପ୍ରଥମ ଭାଗରେ ପଡୁଥିବା ଏଇ ପର୍ବରେ ନୂଆକରି କେମିତି ଖାଆନ୍ତି ଲୋକେ। ଏତେବେଳକୁ ତ ଧାନ ପାଚି ନଥାଏ; ମାତ୍ର ଉପକୂଳ ଅଞ୍ଚଳର ଜ୍ଞାନ ଯେ ଏକ ସ୍ଥାନୀୟ ଜ୍ଞାନ ତାହା ଅନୁଭବ କରୁଥିଲି। ଏହା ସର୍ବକାଳୀନ ବା ସର୍ବାନ୍ତକରଣରେ ସର୍ବଗ୍ରହଣୀୟ ଏମିତି କିଛି ନଥିଲା। ବଡ଼ବାବୁ କହିଲେ, ପଶ୍ଚିମାଞ୍ଚଳରେ କିଛି କିଛି ଉଚ୍ଚା ଜାଗା ଅଛି ଯେଉଁଠିକି ଗାଁ ତରଫରୁ କେହି ଜଣେ ଅଧେ ଆଗ ଫଳୁଥିବା କିଛି ଧାନ ଚାଷ କରନ୍ତି, ଯାହାକି ଗାଁର ଗଣକ ନେଇ ପ୍ରତି ଘରେ ଦୁଇ ଚାରିଟି ଲେଖାଏଁ ଧାନ ଦେଇ ଆସନ୍ତି। ଯେଉଁ କ୍ଷୀରି ତିଆରି କରାଯାଇ ଘରର ଇଷ୍ଟଦେବୀଙ୍କ ନିକଟରେ ଅର୍ପଣ କରାଯାଏ, ସେଥିରେ ସାଙ୍କେତିକ ଭାବରେ ଏଇ ନୂଆ ଶସ୍ୟକୁ ପକାଯାଇଥାଏ। ବିଶାଳ ବାସ୍ତବତା ଆଉ ତୀର୍ଯ୍ୟକ ସଂକେତ ଉଭୟ ଜୀବନର ବିପୁଳ ଐଶ୍ୱର୍ଯ୍ୟର ପ୍ରସ୍ଥ।

ବଡ଼ବାବୁ କିଛି ସମୟ ଭିତରେ ଘର ଭିତରୁ ଆସିଲେ। ଆଉ ଏକ ଚମତ୍କାର ହସ ଫୁଟାଇ ଯାହା କହିଲେ ତାହା ଥିଲା ମୋ ପାଇଁ ଜୀବନର ଅତ୍ୟନ୍ତ ସ୍ମରଣୀୟ ମୁହୂର୍ତ୍ତ। ସେ କହିଲେ, "ସାର୍ ଆପଣ ଯେଉଁଠି ବସିଛନ୍ତି, ଠିକ୍ ସେଇଠି, ସେଇ ଖଟ ଉପରେ ୧୯୨୮ ମସିହାରେ ବସିଥିଲେ ମହାତ୍ମାଗାନ୍ଧୀ।" ମୁଁ ହଠାତ୍ ଅନୁଭବ କଲି ଯେମିତି ମୋ ଦେହରେ ହଜାରେ ୱାଟର ଇଲେକଟ୍ରିକ୍ ସକ୍‌ଟାଏ ଲାଗିଗଲା। ମୋ ଛାତି ଦୁମ୍ ଦୁମ୍ ଉଠିଲା ପଡ଼ିଲା, ଲୋମ ଟାଙ୍କୁରି ଉଠିଲା। ମୁହୂର୍ତ୍ତେ ପାଇଁ ମୁଁ ଜଡ଼ କି ଚେତନ ତାହା ଅନୁଭବ କରିପାରିଲି ନାହିଁ। ଅସ୍ମିତା ବିସ୍ମୟର ଏକ ମଧୁର ସାଙ୍କେତିକ ପର୍ବ ମୋ ଠାରେ ଆକସ୍ମିକ ଭାବରେ ସଙ୍ଘଟିତ ହୋଇଯାଉଥାଏ। ମୁଁ ଚାଉଁକିନା ଉଠିପଡ଼ିଲି। କିଛି ଭାବିବା ପୂର୍ବରୁ ମୋ ହାତ ଯୋଡ଼ିକ ଗୋଟିଏ ପ୍ରଣାମ ମୁଦ୍ରାରେ ରୂପାନ୍ତରିତ ହୋଇଗଲା। ମୁଁ ପ୍ରଣାମ କଲି ଖଟଟିକୁ। ମୁଣ୍ଡିଆ ମାରିଲି ବାରମ୍ବାର। ହଠାତ୍ ମୋ ପାଟିରୁ ବାହାରିଲା, "ଯେ କ'ଣ କହୁଛନ୍ତି ବଡ଼ବାବୁ। ମୋତେ ଆଗରୁ କହିଥାନ୍ତେ ସିନା - ୟା ଉପରେ ନ ବସିଥିଲେ ଭଲ ହୋଇଥାନ୍ତା। ମୋତେ ଆଉ ଗୋଟିଏ ତଉକୀ ଦିଅନ୍ତୁ। ମୁଁ ଏହା ଉପରେ କଦାପି ବସିବି ନାହିଁ, ବସିପାରିବି ନାହିଁ।" ମୋ ଆଖିରୁ ବିସ୍ମୟ ଓ ଆନନ୍ଦର ଅବାରିତ ଅଶ୍ରୁପାତ ହେଉଥାଏ।

ବଡ଼ବାବୁ ଆରମ୍ଭ କଲେ, "ସାର୍, ଏଇଟି ହେଉଛି ପ୍ରକୃତରେ ସ୍ୱର୍ଗତ ପଣ୍ଡିତ ଲକ୍ଷ୍ମୀନାରାୟଣ ମିଶ୍ରଙ୍କ ଘର (ମୁହୂର୍ତ୍ତକ ଭିତରେ ମୋ ମନ ଭିତରେ ଉଙ୍କି ମାରିଲା ଭାରତୀୟ ସ୍ୱାଧୀନତା ସଂଗ୍ରାମର ବିଶିଷ୍ଟ ସେନାନୀ ପଣ୍ଡିତ ଲକ୍ଷ୍ମୀନାରାୟଣ

ମିଶ୍ରଙ୍କ କଥା, ଯିଏକି ୧୮ଗୋଟି ଭାଷାରେ ଅନର୍ଗଳ ବକ୍ତୃତା ଦେଇପାରୁଥିଲେ ଏବଂ ଆମର ପ୍ରଥମ ରାଷ୍ଟ୍ରପତି ଡ. ରାଜେନ୍ଦ୍ର ପ୍ରସାଦ ତାଙ୍କୁ ଅତ୍ୟନ୍ତ ଭକ୍ତି କରୁଥିଲେ ଏବଂ ସାଷ୍ଟାଙ୍ଗ ପ୍ରଣିପାତ କରୁଥିଲେ। ସେ ଜିଲ୍ଲା ସ୍କୁଲ ସମ୍ବଲପୁରର ଛାତ୍ର ଥିବାବେଳେ ୧୯୨୧ ଅସହଯୋଗ ଆନ୍ଦୋଳନରେ ଯୋଗଦେଇ ପାଠପଢ଼ା ଛାଡ଼ିଥିଲେ। ଜୀବନର ସତର ବର୍ଷ ତାଙ୍କର କଟିଥିଲା ଜେଲ୍‌ର ଅବରୁଦ୍ଧ କୋଠରୀରେ। ଜଣେ ବିଶିଷ୍ଟ ଜାତୀୟତାବାଦୀ ବିପ୍ଳବୀ ଭାବରେ ତାଙ୍କର ବିଶେଷ ପରିଚିତି। ପାର୍ଲିଆମେଣ୍ଟ ସଭ୍ୟ ଥିବା ସମୟରେ ଅଜ୍ଞାତ ଆତତାୟୀ ଦ୍ୱାରା ମୃତ୍ୟୁର ଶିକାର ହୋଇଥିବା ପଣ୍ଡିତ ଲକ୍ଷ୍ମୀନାରାୟଣ ମିଶ୍ରଙ୍କ ନାମରେ ଝାରସୁଗୁଡ଼ା କଲେଜ ପରବର୍ତ୍ତୀ ସମୟରେ ନାମିତ ହୋଇଅଛି)। ତାଙ୍କର ବଡ଼ ବୋହୂ ହେଉଛନ୍ତି ମୋର ଆତ୍ମୀୟ ଏବଂ ତାଙ୍କ ଅନ୍ତେ ଏଇ ଘରେ ଆମେ ରହୁଛୁ। ୧୯୨୮ରେ ମହାତ୍ମାଗାନ୍ଧୀ ଯେତେବେଳେ ସମ୍ବଲପୁର ଆସିଥିଲେ ସେତେବେଳେ ତାଙ୍କର ସେଇ ସଭା ଆୟୋଜନର ଦାୟିତ୍ୱ ଥିଲା ତାଙ୍କର ସମ୍ବଲପୁର ଅଞ୍ଚଳର ଅନ୍ୟତମ ପଟ୍ଟଶିଷ୍ୟ ପଣ୍ଡିତ ଲକ୍ଷ୍ମୀନାରାୟଣ ମିଶ୍ରଙ୍କ ଉପରେ। ସଭାର ପୂର୍ବଦିନ ପଣ୍ଡିତଜୀଙ୍କୁ ପୋଲିସ ହାଜତକୁ ନେଇଗଲେ। ତଥାପି ଯଥା ସମରେ ସଭା ହେଲା ବାଲିବନ୍ଧା ଠାରେ। ହଜାର ହଜାର ପୁରୁଷ ମହିଳା ଯୋଗଦେଇଥିଲେ ସେଇ ସଭାରେ। ଆଉ ସଭା ଶେଷ ହେଲା ପରେ ଗାନ୍ଧିଜୀ କହିଲେ ଯେ ସେ ପଣ୍ଡିତଜୀଙ୍କ ଘରକୁ ଯିବେ। ସେ ଆସିଲେ ଏଇଠି ପ୍ରାୟ ଦଶରୁ ପନ୍ଦର ମିନିଟ୍ ବସିଲେ, ତାଙ୍କର ପତ୍ନୀଙ୍କୁ ପ୍ରବୋଧନା ଦେଲେ। ସାହସ ଧରିବାକୁ ପରାମର୍ଶ ନେଲେ ଏବଂ ତାପରେ ବାହୁଡ଼ିଗଲେ।"

ବଡ଼ବାବୁଙ୍କ କଥା ମୁଁ ଶୁଣୁଥାଏ। ଜୀବନରେ ଏତେ ଆତ୍ମସ୍ଥ ହୋଇନଥିଲି କେବେ। ପଢ଼ିଥିଲି ଗୀତାରେ ଭଗବାନ ଯେତେବେଳେ ଅର୍ଜୁନଙ୍କୁ ତାଙ୍କର ବିଶ୍ୱରୂପଦର୍ଶନ କରାଇଲେ ସେତେବେଳେ ତାଙ୍କର ଅବସ୍ଥା। ମୁଁ ଜୀବନରେ ଏପରି ତଲ୍ଲୀନ କ୍ୱଚିତ ହୋଇଛି। ମୋତେ ଧାରଣା ହେଉଥିଲା ଯେମିତି ଗାନ୍ଧିଜୀ ସେଇଠି ବସିଛନ୍ତି ଆଉ ତାଙ୍କ ସହିତ ଆସିଥିବା ସମସାମୟିକ ନେତୃମଣ୍ଡଳୀ ସମସ୍ତେ ତାଙ୍କୁ ଶୁଣୁଛନ୍ତି। ଆଉ ସେଇଠି ଚୁପ୍‌ଚାପ ଠିଆ ହୋଇଥିବା କାଳ୍ପନିକ ତରୁଣଟାଏ ମୁଁ।

ସେଦିନ ବଡ଼ବାବୁଙ୍କ ଘରେ ତାଙ୍କର ପରିବାରବର୍ଗଙ୍କ ସହିତ ନୂଆଖାଇର ଅନୁଭବ ନେଉଥିଲା ବେଳେ ମନେ ହେଉଥିଲା ଅନ୍ନବ୍ରହ୍ମ ସହିତ ନିଜକୁ ଯୋଡ଼ିବାର ଏଇ ପର୍ବ ଏକ ସଂଯୋଗ ସାରଣୀ। ଯିଏ ଯେଉଁଠି ଥିଲେ ବି ନୂଆଖାଇ ବେଳକୁ ଫେରିଆସନ୍ତି ଘରକୁ। ଇଷ୍ଟଦେବୀଙ୍କୁ ପ୍ରାର୍ଥନାପୂର୍ବକ ନୂତନ ଶସ୍ୟରେ ପ୍ରସ୍ତୁତ ଖାଦ୍ୟ

ଖାଆନ୍ତି । ନୂଆ ଲୁଗା ପିନ୍ଧନ୍ତି । ବଡ଼ ବଡ଼ିଆଙ୍କୁ ସ୍ମରଣ କରନ୍ତି । ନିଜଠାରୁ ବୟସ୍କ ସମସ୍ତଙ୍କୁ ପ୍ରଣାମ କରି ଆଶୀର୍ବାଦ ନିଅନ୍ତି । ସମ୍ବଲପୁର ପାଖାପାଖି ଅଞ୍ଚଳରେ ରହୁଥିବା ଲୋକେ ମା ସମଲେଶ୍ୱରୀଙ୍କ ଦର୍ଶନ କରନ୍ତି ଏବଂ ସମ୍ବଲପୁରୀ ଗୀତ ନାଚର ତାଳେ ତାଳେ ମଜ୍ଜି ଯାଆନ୍ତି । ଏଇକଥା ଚଳି ଆସିଛି ଯୁଗଯୁଗରୁ । ପାରିବାରିକ ମୈତ୍ରୀ ଓ ସଦ୍‌ଭାବର ବାର୍ତ୍ତା ନୂଆଖାଇ ଦେଇ ଆସିଛି କାହିଁ କେତେଦିନରୁ । ହେଲେ ସେଇ କାଠ ଖଟର କାହାଣୀ ମୋ ପାଇଁ ରହି ଯାଇଛି ସ୍ମୃତିର ଅମୂଲ ମୂଲ ହୋଇ ।

ଏଇ ଛୋଟିଆ ଘଟଣାଟି ସୂକ୍ଷ୍ମାତିସୂକ୍ଷ୍ମ ସ୍ତରରେ ମୋ ଚେତନାରେ ରହିଗଲା । ସାମାନ୍ୟ ମାମୁଲି ଚାକଚକ୍ୟହୀନ ଖଟଟାଏ ଭିତରେ ଯଦି ଏମିତି ଇତିହାସଟାଏ ରହିଛି ତାହେଲେ ମୁଁ ଯେଉଁ ଅନେକ ଲୋକଙ୍କୁ ସବୁଦିନ ଭେଟୁଛି ପ୍ରତ୍ୟେକଙ୍କ ଠାରେ ଏମିତି କିଛି ଅନାଲୋଚିତ ରତ୍ନ ନଥିବ ବା କାହିଁକି ! ମୋତେ କେହି କେହି ପରାମର୍ଶ ଦେଇଛନ୍ତି - ତମେ ଲୋକଙ୍କୁ ବହୁତ ଗୁରୁତ୍ୱ ଦେଉଛ, ବେଳେ ବେଳେ ତାଙ୍କୁ ଅଣଦେଖା କରିବା ଦରକାର; ମାତ୍ର ମୁଁ କେବଳ ଚାକିରି ଜୀବନ କାହିଁକି ସାରା ଜୀବନରେ ସେଇଆ ଘଟିଲା ମୋ ପାଇଁ । ବେଳେ ବେଳେ ସମୟକୁ ଚାହିଁ ନିଜକୁ ଦୂରେଇ ଆଣେ ସତ; ମାତ୍ର କାହାକୁ ଅଣଦେଖା କରେନି । ଗାନ୍ଧୀଙ୍କ ତାଲିସ୍‌ମ୍ୟାନ୍ ଗପ ସତରେ ମୋତେ ବେଶି ପ୍ରଭାବିତ କରିନଥିଲା । ତାଙ୍କର କେଇ ମୁହୂର୍ତ୍ତ କଟେଇଥିବା ଖଟଟି ମୋର ଗୁରୁ ପାଲଟିଗଲା ପରବର୍ତ୍ତୀ ଜୀବନରେ ।

■

ସନ୍ଥଙ୍କ ବେଶଭୂଷା

ଚାକିରି ଜୀବନର ପ୍ରାରମ୍ଭରେ ମୋତେ ଏକ ଉପାନ୍ତ ଜିଲ୍ଲାର ସୀମାନ୍ତ ବ୍ଲକରେ ବିଡ଼ିଓ ଭାବରେ କାମ କରିବାକୁ ପଡ଼ିଥିଲା । ଆଜକୁ ପ୍ରାୟ ପଇଁତିରିଶି ବର୍ଷ ତଳର କଥା । ସେତେବେଳେ ଆଜିକାଲି ପରି ଗମନାଗମନର ବିଶେଷ ଉନ୍ନତି ହୋଇନଥାଏ । ବହୁ ଜାଗାକୁ ରାସ୍ତା ନଥାଏ । ଚାଲି ଚାଲି ଯିବାକୁ ହୁଏ । ଯଦି କେବେ ଜିଲ୍ଲା ସଦର ମହକୁମାକୁ ମାସିକ ସମୀକ୍ଷା ବୈଠକରେ ଯିବାକୁ ହୁଏ ତାହେଲେ ରାତି ଚାରିଟାରୁ ବାହାରିବାକୁ ହୁଏ । ପାଞ୍ଚ ଛଅ ଘଣ୍ଟା ଲାଗିଯାଏ ସମ୍ବଲପୁରରେ ପହଞ୍ଚିବାକୁ ଆଉ ଫେରୁ ଫେରୁ ତାର ପରଦିନ ଭୋର କହିଲେ ଚଳେ ।

ଝାରବନ୍ଧରୁ ବାହାରି ପାଇକମାଲ, ପଦମପୁର ବାଟ ଦେଇ ଗାଡ଼ି ଯାଏ ବରଗଡ଼ । ବରଗଡ଼ ପହଞ୍ଚିଗଲେ ସମ୍ବଲପୁର ଆଉ ଦୂର ଲାଗେନି, ସେଇ ଜାତୀୟ ରାଜପଥ ବେଶ୍ ଚଉଡ଼ା । ମୋତେ କେହି ଜଣେ କହିଲେ ସୋହେଲା ପଦମ୍ପୁର ଭିତରେ କନ୍‌ସିଙ୍ଗା ଗାଁରେ ଜଣେ ସାଧୁ ମହାତ୍ମା ରହନ୍ତି । ତାଙ୍କ କଥା ସତ ହୋଇଯାଏ । ମୋର ଭାରି ଇଚ୍ଛା ହେଲା ତାଙ୍କୁ ଦର୍ଶନ କରିବାକୁ । ସେଦିନ ସମ୍ବଲପୁରରେ ମୋର ବୈଠକ ଟିକିଏ ଆଗତୁରା ସରିଗଲା । ତାର କାରଣ ଥିଲା ଜିଲ୍ଲାପାଳ ନିଜେ ଉପସ୍ଥିତ ଥିଲେ । ଆଲୋଚନାରେ ଜିଲ୍ଲାପାଳଙ୍କ ଅନୁପସ୍ଥିତିରେ ଅତିରିକ୍ତ ଜିଲ୍ଲାପାଳମାନେ ଯଦି ବୈଠକରେ ପୌରୋହିତ୍ୟ କରନ୍ତି ତାହେଲେ ଦୂରରୁ ଆସଥିବା କ୍ଷେତ୍ରାଧିକାରୀମାନେ ମୁଣ୍ଡରେ ହାତ ଦିଅନ୍ତି । ସେମାନେ ସାଧାରଣତଃ ବହୁତ ଲମ୍ବା ଆଲୋଚନା କରନ୍ତି; ଏକା କଥାକୁ ଫେଣେଇ ବହୁ ସମୟ ନିଅନ୍ତି; ମାତ୍ର ଯୁବ କଲେକ୍ଟରମାନେ କମ୍ ସମୟରେ ଅଧିକ ତାତ୍ପର୍ଯ୍ୟପୂର୍ଣ୍ଣ ଟିପ୍‌ପଣୀ ରଖନ୍ତି । ପିଲାମାନଙ୍କଠାରେ ସମୟର ମୂଲ୍ୟ ଅଧିକ ଥାଏ ଅବା !

ଯାହାହେଉ ସେଦିନ ସଂଧ୍ୟା ଆଗରୁ ଆମେ ବୈଠକ ଶେଷ ହେଲା ଘୋଷଣା କରାଗଲାରୁ ଆଶ୍ୱସ୍ତ ହେଲୁ। ଫେରିଲା ବେଳେ କେହି ଜଣେ ସହକାରୀ ମନେ ପକେଇଦେଲେ, "ସାର୍, ଆପଣ ପରା କହୁଥିଲେ ବାବାଙ୍କୁ ଦର୍ଶନ କରିବେ, ଆଜି ଚାଲୁନାହାନ୍ତି ?" ମୋର ମନା କରିବାର ନଥିଲା।

ଜିପ୍ ଅଟକିଲା ସଡ଼କ ପାଖରେ ଥିବା ଛୋଟିଆ ଘରଟିଏ ପାଖରେ। ସେଠାରେ କିଛି ଲୋକ ବସି ଭାଗବତ ପାଠ କରୁଥାଆନ୍ତି। ମୁଁ ସେଇଠି ଭିତରକୁ ଗଲି। ମୋତେ କେହି ବାବା ଭଳି ଦୃଶ୍ୟମାନ ହେଲେ ନାହିଁ। ବାବା କହିଲେ ସ୍ୱତଃ ମନକୁ ଆସିଯାଏ ସେ ଜଟାଜୁଟ ମଣ୍ଡିତ ହୋଇଥିବେ କିମ୍ୱା ଗେରୁଆ ବସ୍ତ୍ର ପରିଧାନ କରିଥିବେ। ସେମିତି କେହି ନ ଥିବାରୁ ମୁଁ ଫେରି ଆସିଲି ଜିପ୍ ପାଖକୁ ଓ କହିଲି - କାଇଁ, ବାବାଙ୍କ ଭଳି ତ କେହି ଦିଶୁ ନାହାନ୍ତି ଯେ! ଅଫିସ୍‌ର ସିନିୟର କ୍ଲର୍କ ଭାଗବତ ବାବୁ ଏଥର ଜିପ୍‌ର ପଛପଟୁ ଓହ୍ଲେଇଲେ। ସବୁ କାମରେ ଭାରି ମଠୁଆ। ଖାଇ ଖାଇ ବଡ଼ ମୋଟା ହୋଇଯାଇଥାନ୍ତି ଯେ ଥରେ କୌଣସି ଜାଗାରେ ବସିଗଲେ ସେଠାରୁ ଅନ୍ୟତ୍ର ଉଠନ୍ତି ନାହିଁ। ମୋ କଥା ଶୁଣି ଗାଡ଼ିରୁ ସେ ଓହ୍ଲେଇ ଆସିଲେ ଆଉ ସେହି ଘର ଭିତରକୁ ପଶିଗଲେ ଆଗେ ଆଗେ। ଆଉ ମୋତେ ଦେଖେଇ ଦେଲେ ଜଣେ ବୁଢ଼ାଲୋକଙ୍କୁ ଯିଏକି ଗାଉଁଲି ଧୋତି ଖଣ୍ଡେ ପିନ୍ଧିଛନ୍ତି। ଅନେକ ଦିନ ତଳେ ହୁଏତ ସଫା ହୋଇଥିବ। କାନ୍ଧରେ ଆଉ ଖଣ୍ଡେ ଗାମୁଛା। ମୁଁ ତାଙ୍କର ପରିଚୟ ପାଇଲା ପରେ ତାଙ୍କର ପାଦଧୂଳି ନେଲି ଏବଂ ସେ ମୋତେ ତାଙ୍କ ଅଗଣାରେ ବସିବାକୁ କହିଲେ - ମୋତେ ଗ୍ଲାସେ ପାଣି ଦେବାକୁ କହି ମୋ ପାଖକୁ ଆସିଲେ - ମୁଁ ସେତେବେଳକୁ କଣ ପଚାରିବି କଣ କଥାହେବି ତାହା ଭାବୁଥାଏ।

ସେ ମୋ ପାଖରେ ବସିଗଲେ ଆଉ ମୋର କୁଶଳ ଜିଜ୍ଞାସା କଲେ। ତାଙ୍କର ଆଚରଣ ପୂରା ଗାଉଁଲି ଲୋକଟିଏ ଭଳି। ମୁଁ କହିଲି ବାବା ଆଜିକାଲି ନୈତିକ ଶିକ୍ଷା କମି ଯାଇଥିବାରୁ ସଂସାରରେ ଏତେ ଭ୍ରଷ୍ଟାଚାର ଚାଲିଛି। ସେ କହିଲେ ବାପା, ଏଇ ଶିକ୍ଷା ନେବାକୁ କ'ଣ କିଏ ଆମକୁ ମନା କରିଛି। ଆମେ ଚାହିଁଲେ କେହି ଆମକୁ ଅଟକେଇବାକୁ ନାହିଁ। ଆମେ ସବୁ ସରକାରଙ୍କ ଉପରେ ବେଶି ନିର୍ଭରଶୀଳ ହୋଇପଡୁଛୁ।

- ବାବା, ଏଇ ଆଶ୍ରମରେ କ'ଣ ସବୁ ହୁଏ ?

- ଆମେ ବାପା ଗାଉଁଲି ଲୋକ। ଏଠି ବସି ଭାଗବତ ପଢୁ।

କେହି କହିଥିଲେ, ମୋର ମନେ ପଡ଼ିଗଲା - ଏଇ ବୁଢ଼ାବୁଢ଼ୀ ଦୁହେଁ ପଚାଶବର୍ଷ

ହେଲା ଭାଗବତ ପଢୁଛନ୍ତି। ଆଉ କେହି ଲୋକ କିଛି ସମସ୍ୟା ଆଣିଲେ ତାଙ୍କ ମୁହଁରୁ ଭାଗବତର ଗୋଟେ ପଦ ଉଛୁଳି ପଡ଼େ। ସେଇ ପଦ ଭିତରେ ଥାଏ ସମସ୍ୟାର ସମାଧାନ। ଏଇଟା ଅଲୌକିକ ଲାଗୁଥିଲେ ବି ସତ। ମୁଁ କହିଲି, "ବାବା, ଆପଣ କଣ ଲୋକଙ୍କର ଭଲମନ୍ଦରେ ଠାକୁରଙ୍କୁ ଡାକି ତାଙ୍କର ଦୁଃଖ ଦୂର କରନ୍ତି ବୋଲି ଶୁଣି ମୁଁ ଏଠାକୁ ଆସିଛି ଖାଲି ଦେଖିବାକୁ। ମୋର ଅବଶ୍ୟ କିଛି ପ୍ରଶ୍ନ କରିବାକୁ ନାହିଁ।"

– ହଁ ବାପା, ବହୁତ ରୋଗୀ ଏଠାକୁ ଆସନ୍ତି। କେହି ଭାବନ୍ତି ମୁଁ କୁଆଡ଼େ ତାଙ୍କୁ ହୁକୁମ ଔଷଧ ଦିଏ ବୋଲି। ସେମିତି ମନ୍ତ୍ର ମୋତେ କିଛି ଜଣାନାହିଁ। କେହି ଲୋକ ତାଙ୍କର ଦୁଃଖ କହିଲେ ମୋତେ ଲାଗେ ସେଇ ଦୁଃଖ ମୋ ଭିତରକୁ ପଶି ଆସିଛି। ମୁଁ ବି ତା' ପାଇଁ ଦିପଦ ଠାକୁରଙ୍କୁ ଡାକେ। ହେ ଭଗବାନ! ଦୁଃଖର କାରଣ ତମେ ନିରାକରଣ ବି ତୁମେ। ତା' ଦୁଃଖ ଆଉ କିଏ ବା ଘୁଞ୍ଚେଇ ପାରିବ! କେବେ କେବେ ଠାକୁର ଶୁଣନ୍ତି, କେବେ କେବେ ଡାକିଲେ ବି କିଛି ହୁଏନି। ଲୋକେ ଭାବନ୍ତି ତା'ର ଦୁଃଖ ଦୂର ହେବାର ବେଳ ଆହୁରି ବିଳମ୍ବ ଅଛି। ମୋ ପାଖରେ କିଛି ମନ୍ତ୍ର ତନ୍ତ୍ର ନାହିଁ ବାବା।

ତାଙ୍କର ସ୍ପଷ୍ଟ ଓ ସରଳ ଉତ୍ତରରେ ମୁଁ ଦ୍ରବୀଭୂତ ହେଉଥିଲି। ଏତିକିବେଳେ ଆଉ ଜଣେ ବୁଢ଼ୀ ଆସି ମୋତେ ଗୋଟେ କପ୍ ଚା ଧରେଇ ଦେଲେ। କେହି ଜଣେ କହିଲେ ଇଏ ହେଉଛନ୍ତି ଆଶ୍ରମର ମାଆ। ସତରେ ବାଙ୍ଗିରି ବୁଢ଼ୀଟିଏ। ସାବନା ଓ ପତଳା। ଖୁବ୍ ବେଶିରେ ଚାଳିଶ କେଜି ଓଜନର ହେବେ। ଦେହରେ ବ୍ଲାଉଜ୍ ନାହିଁ। ବୟସ ପ୍ରାୟ ପଁଷଠି ହେବ। ଗାଁ ପରିବେଶରେ ଅଧିକ ଲାଗୁଥାଇପାରେ।

ମାଆଙ୍କୁ ମୁଁ କହିଲି – ଆମେ ଝାରବନ୍ଧ ବ୍ଲକରୁ ଆସିଛୁ। ସେ ଅଞ୍ଚଳରେ ଆପଣମାନଙ୍କର ବହୁ ଭକ୍ତ ଓ ଅନୁଗାମୀ ଅଛନ୍ତି। ଆପଣ କେବେ ସେଇମାନଙ୍କ ଘରକୁ ଯାଉଥିଲେ ରାତିରେ ଦିନେ ମୋର ଅତିଥି ହେବା ମୋର ଇଚ୍ଛା।

ବାବା ଆସି ପହଞ୍ଚିଗଲେ ଓ କହିଲେ – ମୁଁ ସବୁ ଶୁଣିଲିଣି। ତମେ ବାବା ଝାରବନ୍ଧରୁ ବଦଳି ହବା ପୂର୍ବରୁ ଆମେ ଦୁହେଁ ତମ ଘରେ ପହଞ୍ଚିବୁ।

ସେଦିନ ବହୁତ ଖୁସିରେ ଫେରିଥିଲି। ବେଶ୍ କିଛିଦିନ ଯାଏ ମୋର ମନେ ପଡୁଥିଲା ବାବା କ'ଣ ସତରେ ଆସିବେ? ନା ଏମିତି ମୋର ମନ ଦୁଃଖ ନ ହେବା ପାଇଁ କହିଦେଲେ। ତାଙ୍କୁ ଦେଖା ହେବାର ପ୍ରାୟ ଦେଢ଼ ବର୍ଷ ପରେ ମୋର ବଦଳି ହେଲା। ବଦଳି ହୋଇଥାଏ ସବୁଠାରୁ ଦୁର୍ଦ୍ଦାନ୍ତ ବ୍ଲକକୁ, ଯେଉଁଠି ସବୁଦିନ କିଛି ମାରପିଟ୍, ଗଣ୍ଡଗୋଳ। ଗୋଟେ ବର୍ଷ ଭିତରେ ଚାରିଜଣ ବିଡ଼ିଓ ବଦଳି

ହୋଇଯାଇଥାନ୍ତି। କଣ ଜିଲ୍ଲାପାଳଙ୍କର ମୁଣ୍ଡରେ ପଶିଲା କେଜାଣି ସେ ସରକାରଙ୍କ ନିକଟରେ କହି ମୋତେ ସେଇଠିକୁ ବଦଳି କରେଇ ଦେଇଥାନ୍ତି। ମୁଁ କିନ୍ତୁ ଭାରି ଦୁଃଖରେ ଥାଏ। ତାର କାରଣ ହେଲା ମୋତେ ଅନେକ ଲୋକ ଆସି ମୋର ଭାଗ୍ୟ ବିପର୍ଯ୍ୟୟ ହୋଇଛି ବୋଲି କହି ସାନ୍ତ୍ୱନା ଦେଉଥାନ୍ତି। ମୁଁ କ୍ରମଶଃ ଗୋଟାଏ ଦଣ୍ଡରେ ପଡ଼ିଲା ପରି ଅନୁଭବ କରୁଥାଏ।

ଏମିତି ସମୟରେ ଦିନେ ସଂଧ୍ୟାବେଳେ ମୋ ଘରେ ପହଞ୍ଚିଗଲେ ବୁଢ଼ାବୁଢ଼ୀ ଦୁହେଁ। ଅନେକ ଦିନ ପରେ ଦେଖି ଭାରି ଖୁସିହେଲେ। ଆମର ଦୁଇ ଟିକିଟିକି ଛୁଆଙ୍କୁ ଗେଲ କଲେ। ପିଲାମାନେ ବି ସମ୍ବଲପୁରୀ ଭଲ କହୁଥାନ୍ତି। ବହୁତ ରାତି ପର୍ଯ୍ୟନ୍ତ ଦୁଃଖସୁଖ କଲେ। ସେତିକିବେଳେ କହିଦେଲି - ବାବା ମୋର ଗୋଟାଏ ବଡ଼ ବିପଦପୂର୍ଣ୍ଣ ବ୍ଲକକୁ ବଦଳି ହୋଇଛି। ମୋତେ ସମସ୍ତେ କହୁଛନ୍ତି ଛୁଟି ନେବା ପାଇଁ। କେହି କେହି ପରାମର୍ଶ ଦେଉଛନ୍ତି ସେଠାକୁ ଖବରଦାର ନ ଯିବା ପାଇଁ।

ବାବା ହସିଲେ, କହିଲେ, ଆରେ କିଏ କହିଲା - ସବୁ ବିପଦ ତମକୁ ଅପେକ୍ଷା କରିଛି ବୋଲି। ମନେ ପକାଅ - ଯଦି ଶ୍ରୀରାମଚନ୍ଦ୍ର ବଣକୁ ନ ଯାଇଥାନ୍ତେ ତାଙ୍କୁ ଆଜି କିଏ ମନେ ପକାଉଥାନ୍ତା ! ସେ ଯଦି ଖାଲି ଶାସନ ଗାଦିରେ ବସିଥାନ୍ତେ ସେ କ'ଣ ଆମର ମନ, ଆତ୍ମା, ହୃଦୟରେ ବିରାଜମାନ କରିଥାନ୍ତେ। ତମେ ନିଶ୍ଚୟ ସେଇଠିକି ଯିବ, ତମର ସବୁ ମଙ୍ଗଳ ହେବ।

ମୋ ଭିତରୁ ହଜିଯାଇଥିବା ଆତ୍ମବିଶ୍ୱାସ ଯେମିତି ପୁଣି ଜୀଇଁ ଉଠିଲା। ମୁଁ ନିଷ୍ପତ୍ତି ନେଲି ଆଉ ଡେରି ନ କରି ଧନକଉଡ଼ା ବ୍ଲକରେ ଯୋଗ ଦେବି। ସେଦିନ ବାବା ମୋ ଘରେ ରାତ୍ରୀଯାପନ କଲେ। ଶୁଦ୍ଧ ଶାକାହାରି ସେମାନେ। ଦିଜଣଙ୍କ ଖାଦ୍ୟ ଦୁଇଟି ଶିଶୁଙ୍କ ଖାଦ୍ୟ ସହିତ ସମାନ। ସେ ଫେରିଗଲା ପରେ ମୋ ମନ ଭିତରେ ଧାରଣା ହେଲା - ସତରେ ଭଗବାନ କ'ଣ ମୋ ଘରକୁ ଅତିଥି ହୋଇ ଆସିଥିଲେ କି ? ଏଢ଼େ ସାଧାରଣ ଚଳଣି ଭିତରେ ଜୀଇଁଥିବା ସନ୍ଥଙ୍କ ସାନ୍ନିଧ୍ୟ ମୁଁ ଏପର୍ଯ୍ୟନ୍ତ ଭୁଲିପାରି ନାହିଁ। ସେଇ କଥା ମନକୁ ଆସିଲେ ଏପର୍ଯ୍ୟନ୍ତ ଆଖି ଛଳଛଳ ହୋଇଯାଏ।

ମୋର ପର ଦେଢ଼ ଦୁଇ ବର୍ଷ ନୂତନ ଜାଗାରେ ଏତେ ସୁବିଧାରେ କଟିଲା ଯାହା ମୁଁ କେବେବି ଆଶା କରିନଥିଲି। ତା ପଛରେ ଅନ୍ୟାନ୍ୟ କାରଣ ସହିତ ସନ୍ଥଙ୍କ ଆଶୀର୍ବାଦ ଥାଇପାରେ ବୋଲି ଏବେ ଅନୁଭବ କରୁଛି।

■

ଗୋଟିଏ ସୁମଧୁର ବିଳମ୍ବର କାହାଣୀ

ସେଲ୍ ଫୋନ୍ ଆସିବା ଠାରୁ ଦୁନିଆଁ ଯେତେ ବଦଳି ଯାଇଛି ସେ କଥା ଆଜି ଭାବିହୁଏ ନାହିଁ। ଏବେ କେବଳ ଅଦରକାରୀ କାମରେ ଆମେ ସେଲ୍‌ଫୋନ୍ ବ୍ୟବହାର କରୁନାହୁଁ ବରଂ ଆମେ ସେଇ ଫୋନ୍ ରୂପକ ଯନ୍ତା ଭିତରେ ପଶିଯାଇଛୁ। ଆଗରୁ ଟେଲିଫୋନ୍‌ମାନେ ତା'ର ମୂଳାଧାର ସହିତ ଯୋଡ଼ି ହେଉଥିଲେ ତାର ଦ୍ୱାରା; ମାତ୍ର ଏବେ ଯେତେବେଳେ ତାର ନଥିବା ମୋବାଇଲ ଫୋନ୍ ଆମେ ବ୍ୟବହାର କରୁଛୁ ସେତେବେଳେ ଆମେ ସ୍ୱୀକାର ନକଲେ ବି ସତକଥା ହେଉଛି ଆମେ ନିଜର ମନକୁ ବନ୍ଧା ପକେଇ ଦେଉଛୁ କୌଣସି ଅଦୃଶ୍ୟ ରଜ୍ଜୁରେ ସେଲ ଫୋନ୍ ସହ। ସିଏ ସେଲ୍‌ଫି ହେଉକି ଅନ୍ୟ କୌଣସି ବସ୍ତୁ ବା ପରିବେଶର ଚିତ୍ର ଉତ୍ତୋଳନ ହେଉ। ହ୍ୱାଟ୍‌ସଅପ୍‌ରେ ବାର୍ତ୍ତା ଅଥବା ଭିଡ଼ିଓ ପ୍ରେରଣ ହେଉ କିମ୍ୱା ପାଇଥିବା ବାର୍ତ୍ତାର ପ୍ରତ୍ୟୁତ୍ତର। ଫେସ୍‌ବୁକ୍ ଭିତରକୁ ଯାଇ ମିଛବନ୍ଧୁଙ୍କ ସହିତ ଲୋକାଚାର ଭିତରେ ନିଜକୁ ମଜେଇ ରଖିବା ହେଉ କିମ୍ୱା ୟୁଟ୍ୟୁବ୍ ଭିତରେ ନିଜକୁ କଏଦୀ ବନାଇ ଯେତେ ଅବାନ୍ତର ଭିଡ଼ିଓ ଦେଖି ନିଜକୁ ଅତୃପ୍ତ ମନେ କରୁଥିବା ଭିତରେ ଅମେ ଜାଣିପାରୁନୁ ଯେ ଆମର ସର୍ବାଧିକ ସମୟ ବିତିଯାଉଛି ସେଲଫୋନ୍ ସହ। ଆମ ଅଜାଣତରେ ଗୋଟିଏ ବୈଜ୍ଞାନିକ ଉଦ୍ଭାବନର ଚାକର ପାଲଟି ଯାଇଛନ୍ତି ଆମେ।

ଅଥଚ ଏଇ କିଛି ବର୍ଷ ତଳେ ଯୋଗାଯୋଗ ବ୍ୟବସ୍ଥା ଥିଲା ନିହାତି ମାମୁଲି। ଆମର କଳ୍ପନା ଶକ୍ତି ଓ ସୃଜନୀ ଶକ୍ତିକୁ ବ୍ୟାପକ ଉପଯୋଗ କରିବାର ଥିଲା ଭରପୁର ଅବସର। ସେଦିନର ଘଟଣାଟି ଥିଲା ଭାରି ଉତ୍‌ପୀଡ଼କ, ହେଲେ ସ୍ମୃତିରେ ଚିରହରିତ ହୋଇ ରହିଛି ସେଇଦିନ।

ମୁଁ ଯେଉଁଠି ତହସିଲଦାର ଭାବରେ ଅବସ୍ଥାପିତ ହୋଇଥାଏ ତାହା ଜିଲ୍ଲା ସଦର ମହକୁମା ଠାରୁ ପ୍ରାୟ ଅଶୀ ନବେ କିଲୋମିଟର ଦୂର। ମୋ ତହସିଲ ଠାରୁ ପ୍ରାୟ ଚାଳିଶ ପଚାଶ କିଲୋମିଟର ଦୂରରେ ପଞ୍ଚାୟତ ସ୍ତରରେ ଆୟୋଜିତ ହୋଇଥାଏ ଗୋଟିଏ ଫୁଟବଲ ଖେଳ ପ୍ରତିଯୋଗିତା। ଆୟୋଜକମାନେ ଜିଲ୍ଲାପାଳଙ୍କୁ ମୁଖ୍ୟଅତିଥି ଭାବରେ ନିମନ୍ତ୍ରଣ କରିଥାନ୍ତି। ଉପଜିଲ୍ଲାପାଳଙ୍କ ଶରୀର ଅସୁସ୍ଥ ଥିବାରୁ ସେ କିଛିଦିନ ପାଇଁ ସରକାରୀ କାମରୁ ଅବ୍ୟାହତି ନେଇଥାନ୍ତି। ଏହା ୧୯୯୬ର ଘଟଣା।

ଜିଲ୍ଲାପାଳଙ୍କ ଅଫିସ୍‌ରୁ ଫାଇନାଲ୍ ଖେଳର ପୂର୍ବଦିନରୁ ମୋତେ କହିଦିଆଗଲା ଯେ ମୁଁ ଆଗତୁରା ଖେଳପଡ଼ିଆକୁ ଚାଲିଯାଇଥିବି। ଜିଲ୍ଲାପାଳ ଠିକ୍ ସମୟରେ ପହଞ୍ଚି ଖେଳାଳୀମାନଙ୍କ ସହିତ କରମର୍ଦ୍ଦନ କରିବେ ଓ ଖେଳର ଶୁଭାରମ୍ଭ କରିବେ।

କ୍ରିକେଟ ଖେଳ କିଛି ବର୍ଷ ହେବ ସମ୍ଭ୍ରାନ୍ତ ସାଧାରଣ ନିର୍ବିଶେଷରେ ଯୁବଗୋଷ୍ଠୀଙ୍କୁ ପ୍ରଲୁବ୍ଧ କରିଥିଲେ ମଧ୍ୟ କେତେକ ରକ୍ଷଣଶୀଳ ଅଞ୍ଚଳରେ ଏବେ ବି ଫୁଟବଲର ଲୋକପ୍ରିୟତାରେ କିଛି ଅବମୂଲ୍ୟାୟନ ହୋଇନାହିଁ। ଫୁଲବଲ୍ ଖେଳ ପୃଥିବୀର ଅନେକ ଦେଶରେ ଖେଳାଯାଏ ଏବଂ ଆନ୍ତର୍ଜାତିକ ସ୍ତରରେ ଭାରତ ଏଇ ଖେଳରେ ପ୍ରଥମ ଶହେଟି ଦେଶ ଭିତରେ କଦବା କ୍ୱଚିତ ସ୍ଥାନପାଏ। ଅଥଚ ମାତ୍ର ଦଶ ପନ୍ଦରଟି ଦେଶ ଖେଳୁଥିବା କ୍ରିକେଟ୍‌ରେ କେବେ କେମିତି ଜିତିଯାଇ ବିଶ୍ୱବିଜୟୀ ହେବାର ଗୌରବ ଅନୁଭବ କରେ ଭାରତ ଏବଂ ସମ ଗୌରବର ଅଧିକାରୀ ବୋଲି ଭାବନ୍ତି ଆମର ଯୁବ ସଂପ୍ରଦାୟ। ଏହାଠୁ ବଳି ଅଧିକ ବିଡ଼ମ୍ବନା ବା କ'ଣ ଥାଇପାରେ !

ଖେଳ ଆରମ୍ଭ ହେବା କଥା ସାଢ଼େ ତିନିଟା ବେଳେ। ମୁଁ ଟିକିଏ ସଅଳ ଦିବାହାର ସାରି ବାହାରି ପଡ଼ିଲି ଫୁଟବଲ ଖେଳ ହେଉଥିବା ଅଞ୍ଚଳ ଆଡ଼କୁ। ପ୍ରାୟ ଦଶକୋଡ଼ିଏ କିଲୋମିଟର ଦୂରରୁ ଲକ୍ଷ୍ୟ କରୁଥିଲି, ଅନେକ ଲୋକ ସେଇ ଆଡ଼କୁ ମୁହାଁଉଛନ୍ତି। ସେମାନଙ୍କ ଭିତରୁ କିଛି ସାଇକେଲ୍‌ରେ ତ ଆଉ କିଛି ଚାଲି ଚାଲି। ମୁଁ ପ୍ରଥମେ ଭାବୁଥିଲି ହୁଏତ କେଉଁ ହାଟପାଳି ପଡ଼ିଥିବ ସେଇ ଆଡ଼କୁ ଲୋକମାନେ ଯାଉଥିବେ; ମାତ୍ର ଆମର ଅଫିସ୍ ଗାଡ଼ି ଆଗେଇ ଚାଲିଥିଲା ବେଳେ ମୋର ଧାରଣା ହେଉଥିଲା ଯେ ସମସ୍ତଙ୍କର ଗନ୍ତବ୍ୟସ୍ଥଳ ହେଉଛି ସେଇ ଖେଳପଡ଼ିଆ। କଳ୍ପନାରେ ମୁଁ ମନେ ପକାଉଥିଲି ସେଇ ପରିଚିତ ଆପ୍ତବାକ୍ୟକୁ - ସବୁ ପଥର ଗନ୍ତବ୍ୟସ୍ଥଳ ରୋମ।

ଯେଉଁ ସଂଖ୍ୟାରେ ଲୋକ ଯାଉଥାନ୍ତି ସେମାନେ କେମିତି ବା ଖେଳ ଦେଖିବେ

ମୁଁ ତାହା ଅନୁମାନ କରିପାରୁନଥାଏ; ମାତ୍ର ମୁଁ ଯେତେବେଳେ ପଡ଼ିଆ ପାଖରେ ପହଞ୍ଚିଲି ଦେଖିଲି ଯେ ପଡ଼ିଆ ଚାରିପାଖରେ ଅନ୍ତତଃ ତିନିଫୁଟ ଉଚ୍ଚତାରେ ବାଉଣ୍ଡରୀ ନିର୍ମାଣ କରାଯାଇଛି। ପ୍ରଥମ ଧାଡ଼ିରେ ଅଛନ୍ତି ସେଇମାନେ ଯେଉଁମାନେ ସେଇ ବାଉଣ୍ଡରୀକୁ ଲାଗି ହୋଇ ବସିଛନ୍ତି ପଡ଼ିଆ ଆଡ଼କୁ ଅନାଇ ଆଉ ଗୋଟିଏ ଧାଡ଼ି ସୃଷ୍ଟି ହୋଇଛି ଯେତେବେଳେ ସେଇ ବାଉଣ୍ଡରୀ ଉପରେ ଲୋକମାନେ ବସିଛନ୍ତି ଗୋଡ଼କୁ ଲମ୍ବେଇ ଆଉ ଗୋଟିଏ ଧାଡ଼ି ସୃଷ୍ଟି ହୋଇଛି ଯେତେବେଳେ ସେଇ ବସିଥିବା ଲୋକଙ୍କ ପଛରେ ଗୋଟିଏ ଧାଡ଼ିରେ ଲୋକେ ଠିଆ ହୋଇ ଖେଳ ଦେଖୁଛନ୍ତି। ଅଭାବ ଓ ଅସୁବିଧା ନୂଆ ବାଟ ଦେଖାଏ ବୋଲି ଯାହା ପଢ଼ିଥିଲି, ତାକୁ ଯେମିତି ଠିକଣା ରୂପରେ ଅନୁଧ୍ୟାନ କଲି ଏଇ ପଛୁଆ ଅଞ୍ଚଳରେ। ଯୁଗାଡ଼ର ନୂଆ ରୂପ।

ଯେତେବେଳେ ଗାଁ ଠାରୁ ସହରାଞ୍ଚଳର ଯୁବକମାନେ କ୍ରିକେଟ ଖେଳର ମାୟାରେ ବାୟା ହେଉଛନ୍ତି ସେତେବେଳେ ଏଇ ଅଞ୍ଚଳର ଅବାଳବୃଦ୍ଧବନିତା ଯେ ଫୁଟବଲ ରସିକ ତାହାର ଅନୁଭବ ମୋ ଠାରେ ଏକ ରୋମାଞ୍ଚ ସୃଷ୍ଟି କରୁଥିଲା। ପିଲାଦିନେ ଫୁଟବଲ୍‌କୁ କେତେ ଭଲ ପାଉଥିଲି ତାହା ଭାବି ମନେ ମନେ ଅଶ୍ରୁପାତ କରୁଥିଲି। ମନେ ପକାଉଥିଲି ଫୁଟବଲ୍‌କୁ ଧରି ରଖିବାର ରୋମାଞ୍ଚ। ଦୁଇ ଗୋଡ଼ ଭିତରେ ଫୁଟବଲ ଏମିତି ରହିଯାଇଥାଏ। କେବେ ଗୋଡ଼ ଆଗରେ ତ କେବେ ଫୁଟବଲ ଆଗରେ। ପ୍ରତିପକ୍ଷମାନେ ଟେର୍ ପାଉନଥିଲେ। ସାଙ୍ଗସାଥୀମାନେ ଚିଅର ଅପ୍ ଚିଅର ଅପ୍ ଚିତ୍କାର କରି କମ୍ପାଇ ଦେଉଥିଲେ ଖେଳପଡ଼ିଆର ଚାରିପାଖ। ଖେଳପଡ଼ିଆରେ ପହଞ୍ଚିବା ପର୍ଯ୍ୟନ୍ତ ଏଇ କାଳ୍ପନିକ ଅତୀତର ଦୃଶ୍ୟରାଜି ଭିତରେ କଏଦୀଟିଏ ପାଲଟି ଯାଇଥାଏ ମୁଁ।

ଖେଳପଡ଼ିଆକୁ ଜର୍ସି ପିନ୍ଧି ପଶିଲାପରେ ଖେଳାଳୀଟି ଦିଶିଯାଏ ଅଧିକ ଗୁରୁତ୍ୱପୂର୍ଣ୍ଣ। ଯେମିତି ବ୍ୟାଙ୍କର କ୍ୟାସ ସେକ୍‌ସନ୍‌ରେ ବସିଥିବା ବାବୁଜଣକ ଯେତେ ଗୁରୁତ୍ୱପୂର୍ଣ୍ଣ ଲାଗନ୍ତି ସେଇ ତାର ଜାଲି ସମ୍ବନ୍ଧ କୋଠରୀ ଭିତରୁ, ବାହାରକୁ ଆସିଲେ ତାଙ୍କର ଔଜ୍ଜଲ୍ୟ ଧୀମା ପଡ଼ିଯାଏ। ଠିକ୍ ସେଇମିତି ଜର୍ସି ଖୋଲି ଦେଲାପରେ ଖେଳାଳିର ଚମକ କମିଯାଏ ସେମିତି। ସେଇଥିପାଇଁ ବୋଧହୁଏ କୁହାଯାଏ ଅପନା ଗଲି ମେ କୁତ୍ତା ଶେର୍। ନିଜ ଇଲାକାରେ ଜଣକର ଔଜ୍ଜଲ୍ୟ ଅଲଗା।

କଥାରେ କହନ୍ତି ନର୍ତ୍ତକୀ ଯଦି ନାଚ ଦେଖୁଥାଏ ତାହେଲେ ଅଲକ୍ଷ୍ୟରେ ତା ଦେହରେ ଶିହରଣ ଖେଳିଯାଉଥାଏ ନୃତ୍ୟର ପ୍ରତିଟି ମୁଦ୍ରାରେ। ଗୀତି କବିତାଟିଏ ବୋଲା ହେଉଥିବା ବେଳେ ଗୀତ ରସିକ ଆପଣାଛାଏଁ ତାଳ ଲୟ ମେଳିଦିଏ।

ଠିକ୍ ସେଇମିତି ଫୁଟବଲ ଖେଳ ଦେଖିଲେ ଖେଳୁଆଡ଼ ଜଣେ ନିଜକୁ ଆବିଷ୍କାର କରେ ଯେମିତି ସିଏ ଖେଳପଡ଼ିଆର ଦର୍ଶକ ଗ୍ୟାଲେରୀ ଛାଡ଼ି ବଲ୍ ପାଖରେ ପହଞ୍ଚି ଯାଇଛି । ହେଲେ ପ୍ରାୟ କୋଡ଼ିଏ ବର୍ଷର ବିରତି ମୋଠାରେ ସେଇ ରୋମାଞ୍ଚ ଅନେକ ପରିମାଣରେ କମେଇ ଦେଇଥିଲା । ଖେଳ ଏପରି ଏକ ରାଜ୍ୟ ତମେ ସେଇଠି ବର୍ତ୍ତମାନରେ ଥିବା ଦରକାର ଅତୀତର କେଉଁ ଯୁଗରେ ତମେ ଖେଳୁଥିଲ ବା ଦେଖୁଥିଲ ତାହା କିଛି ମାନେ ରଖେନା ।

ଖେଳ ଆରମ୍ଭ ହେଲା । ସମୟ ହେଲାରୁ ପ୍ରତି ଦଳର ଖେଳାଳୀ ପଡ଼ିଆ ଭିତରକୁ ପଶିଲେ ଓ ଗୋଟିଏ ଗୋଟିଏ ଗୋଲପୋଷ୍ଟ୍ ଆଡ଼କୁ ସେମାନଙ୍କର ପ୍ରତିପକ୍ଷଙ୍କ ଅଞ୍ଚଳ ବୋଲି ଧରିନେଇ ସେଇ ଗୋଲପୋଷ୍ଟ ଆଡ଼କୁ ଆକ୍ରମଣ ଜାରି ରଖିଲେ; ମାତ୍ର ସେମାନଙ୍କର ଗୋଲ କିପର ହିଁ ସେ ଗୋଲପୋଷ୍ଟର ରକ୍ଷାକର୍ତ୍ତା । ବିଭିନ୍ନ ସ୍ଥାନରୁ ବଲମାରି ଗୋଲ ପୋଷ୍ଟ ଭିତରକୁ ଅନେକ ରକମର ଚେଷ୍ଟା ଚାଲିଥାଏ । କିପର ତାଙ୍କର ସାଧ୍ୟମତେ ବଲ୍‌କୁ ରୋକିବାକୁ ଚେଷ୍ଟା କରୁଥାଆନ୍ତି । ପ୍ରାୟ ପାଞ୍ଚମିନିଟ୍ ସମୟ ଗଲା । ଆୟୋଜକମାନେ ଜିଲ୍ଲାପାଳଙ୍କୁ ଅପେକ୍ଷା କରି କରି ବିବ୍ରତ ଅନୁଭବ କଲେଣି । ପ୍ରଥମେ ସେମାନଙ୍କୁ ଭିତରୁ ଦୁଇ ତିନିଜଣ ଆସି ମୋ ପାଖରେ ପହଞ୍ଚିଗଲେ ଓ କହିଲେ ସାର୍ – ଜିଲ୍ଲାପାଳ କାହିଁ ତ ଏଯାଏଁ ପହଞ୍ଚିଲେ ନାହିଁ ?

ମୁଁ କହିଲି ଜିଲ୍ଲାପାଳ ଆସିବାକୁ ପ୍ରତିଶ୍ରୁତି ଦେଇଥିଲେ । ତେଣୁ ଆସୁଥିବେ ନିଶ୍ଚୟ । ସେମାନେ ଆଉ କିଛି କହିବାକୁ ଚାହୁଁଥିଲେ ଏତିକିବେଳେ ମୁଁ କହିଲି, ଦେଖନ୍ତୁ ଜିଲ୍ଲାଟା ଯାକରେ କେତେ ଜଞ୍ଜାଳ କେତେ ଉପର ମହଲରୁ ଚାପ । ଶେଷ ମୁହୂର୍ତ୍ତରେ ଯେ ଗସ୍ତ ବାତିଲ ନ ହୋଇ ରହିବ ତାହା ସେ ସମୟର ବିଶେଷ ପରିସ୍ଥିତି ଉପରେ ନିର୍ଭର କରେ ।

ଏତିକିବେଳେ ଆୟୋଜକଙ୍କ ମୁଖ୍ୟ ଏବଂ ତାଙ୍କ ସହିତ ଆଉ ସାତ ଆଠଜଣ ଭଦ୍ରଲୋକ ଆସି ମୋତେ ଅଳି କଲେ, ସାର୍ ! ଆଉ ବିଳମ୍ବ କଲେ ଖେଳ ଶେଷ ହେବା ବେଳକୁ ରାତି ହୋଇଯିବ । ବଡ଼ ଅସୁନ୍ଦର ହେବ କଥାଟି । ଆପଣ ଏଇ ପରିସ୍ଥିତିରେ ମୁଖ୍ୟଅତିଥିଙ୍କ ଦାୟିତ୍ୱ ତୁଲାଇ ଦିଅନ୍ତୁ ।

ବଡ଼ ଧର୍ମ ସଂକଟରେ ପଡ଼ିଲି । କହିଲି, ଦେଖନ୍ତୁ ଜିଲ୍ଲାପାଳ ମହୋଦୟଙ୍କ ଅନୁପସ୍ଥିତିରେ ମୁଁ କେବଳ ତାଙ୍କର ଅନୁମତିକ୍ରମେ ଏଇ କାମ କରିପାରିବି, ଯଦି ସିଏ ଥାନା ଜରିଆରେ କିଛି ଜରୁରୀ କାମ ହେତୁ ଆସିପାରୁ ନାହାନ୍ତି ଏବଂ ଏପରି

କ୍ଷେତ୍ରରେ ଏଇ ଆନୁଷ୍ଠାନିକ କାମଟି ମୁଁ ତାଙ୍କ ତରଫରୁ କରିଦେବା ପାଇଁ ସେ ନିର୍ଦ୍ଦେଶ ଦେବେ ତାହେଲେ ହୁଏତ ମୁଁ ଅରାଜି ହେବାର କିଛି ନଥିବ, ମାତ୍ର ସେତେବେଳେ ଏପରି କାମ କରିବା ସମ୍ଭବ ନଥିଲା।

ମୁଁ ଭାରି ଅଶ୍ୱସ୍ତି ଅନୁଭବ କରୁଥିଲି। ନ ଯଯୌ ନ ତସ୍ଥୌ ଅବସ୍ଥା। ଏଣୁ କଲେ ମଲ ସେଣୁ କଲେ ମଲ। ଯଦି ମୁଁ ଏଇ କାମ କରୁଥିବି ଆଉ ଆସି ଜିଲ୍ଲାପାଳ ପହଞ୍ଚିଯିବେ ତାହେଲେ ତାଙ୍କ ଅପଦସ୍ତ ହେବାର ଏକମାତ୍ର କାରଣ ହିଁ ମୁଁ ହେବି। ଏଇ ପ୍ରଶ୍ନ ନିଜକୁ ପଚାରୁଥାଏ ଓ ଦୃଢ଼ ଭାବରେ ଠିଆ ହେଉଥାଏ ମୋ ନିଷ୍ପତ୍ତିରେ।

ଆୟୋଜକମାନେ ମୋ ଠାରୁ ନିରାଶ ହୋଇ କିଛିବାଟ ଯାଉଥାନ୍ତି ଓ ପୁଣି ମିନିଟିଏ ପରେ ମୋ ଆଡ଼କୁ ଫେରି ଆସୁଥାନ୍ତି। ମୋତେ ଲାଗୁଥାଏ ସମୟଟା ଯେମିତି ମୋଟେ ଚାଲୁନି। ସେମାନେ ମୋ ପାଖକୁ ଏଥର ଆସିଲେ କ'ଣ ପୁଣି କହିବି ଯେ ! ମନକୁ ମନ ଭାବିଲି କହିଦେବି - ବୁଝିଲେ ମୁଁ ବରଯାତ୍ରୀ ହେବାକୁ ଆସିଛି, ବର ହେବା ପାଇଁ ନୁହେଁ। ଜିଲ୍ଲାପାଳ ହେଉଛନ୍ତି ମୁଖ୍ୟଅତିଥି। ମୁଁ ଆସିଛି କେବଳ ତାଙ୍କୁ ଏଠାରେ ସଂଖୋଳିବା ପାଇଁ। ସେମାନେ ଏଥର ଅଧିକ ଉତ୍ସାହରେ ଆସୁଥିବାର ଦେଖାଗଲା; ମାତ୍ର ମୋର ଉତ୍ତର ସେମାନଙ୍କ ଉତ୍ସାହର ଜୁଆରକୁ ସାଙ୍ଗେ ସାଙ୍ଗେ ଭଟ୍ଟା କରିଦେବ ଏଥିରେ ମୁଁ ଥାଏ ନିଃସନ୍ଦେହ; ମାତ୍ର ଏଥର ବିନା ପ୍ରସ୍ତୁତିରେ ଆଉ ଗୋଟାଏ ଉତ୍ତର ବାହାରି ପଡ଼ିଲା ମୋ ପାଟିରୁ। ମୁଁ କହିଲି ଗୋଟାଏ କାମ କରନ୍ତୁ - ଏବେ ଆଉ ବିଳମ୍ବ କରି ଲାଭ ନାହିଁ। ଖେଳ ଆରମ୍ଭ ହୋଇଯାଉ। ହାଫ୍‌ଟାଇମ୍ ବେଳକୁ ନିଶ୍ଚିତ ରୂପେ ଜିଲ୍ଲାପାଳ ଆସିଯାଇଥିବେ। ସେତେବେଳେ ସେ ଦୁଇଦଳର ଖେଳାଳୀମାନଙ୍କୁ କରମର୍ଦ୍ଦନ କରିବା ସହିତ ଖେଳ ସରିଲେ ପୁରସ୍କାର ଦେବେ ବିଜୟୀ ଦଳକୁ। ଏତେ ସହଜ ସମାଧାନଟାଏ କେଉଁଠି ଅପେକ୍ଷା କରିଥିଲା ଯେ କାହାର ମୁଣ୍ଡକୁ ପଶିନଥିଲା।

ଖେଳ ଆରମ୍ଭ ହୋଇଗଲା। ପରିବର୍ତ୍ତିତ ସୂଚୀ ଅନୁଯାୟୀ ଜିଲ୍ଲାପାଳଙ୍କୁ ଅପେକ୍ଷା ନକରି ଖେଳ ଆରମ୍ଭ କରି ଦିଆଯାଉଛି। ସେ ମଧ୍ୟାନ୍ତର ସମୟରେ ଉଭୟ ପକ୍ଷର ଖେଳାଳୀମାନଙ୍କ ସହିତ ପରିଚିତ ହେବେ ବୋଲି ଡାକବାଜୀ ଯନ୍ତ୍ରରେ ପ୍ରଚାର କରିଦିଆଗଲା।

ମୁଁ ସାମୟିକ ଭାବରେ ଆଶ୍ୱସ୍ତ ହେଲି। ମୁଁ ଏଥର ଖେଳ ନ ଦେଖି ଭିଡ଼ ବାହାରକୁ ଚାଲି ଗଲି ଆଉ ନିଘା ରଖିଲି ସେଇ ରାସ୍ତାର ଶେଷ ଦୃଶ୍ୟ ଆଡ଼କୁ ଯେଉଁଠାରୁ ଆଉ ତାହା ଖାଲି ଆଖିକୁ ଦିଶୁନାହିଁ। ପ୍ରାୟ ଦଶମିନିଟ୍ ପର୍ଯ୍ୟନ୍ତ ମୋତେ

ଆଶାରେ ନିରାଶାକୁ ସାମ୍ନା କରିବାକୁ ପଡ଼ିଲା । ଆଉ ତା'ପରେ ମୁଁ ଦେଖିଲି ଯେ ଆଗରେ ପୋଲିସ ଜିପ୍ ଓ ତା' ପରେ ପରେ ଜିଲ୍ଲାପାଳଙ୍କ କାର୍ । ସେତେବେଳେ ମୁଁ ଆଶ୍ୱସ୍ତ ହେଲି ।

ଜିଲ୍ଲାପାଳ ଆସି ମଧ୍ୟାନ୍ତରରେ କ୍ରୀଡ଼ାବିତ୍‌ମାନଙ୍କ ସହିତ କରମର୍ଦ୍ଦନ ପୂର୍ବକ ପରିଚିତ ହେଲେ । ମୁଁ ତାଙ୍କର ସହଯୋଗୀ ଭାବରେ ସାଙ୍ଗେ ସାଙ୍ଗେ ରହିଥାଏ । ଖେଳ ପରେ ବି ସମାନ ଉତ୍ସାହରେ ବି ଟ୍ରଫି ଇତ୍ୟାଦି ଦିଆଗଲା । ତାଙ୍କ ମୁଖ୍ୟଅତିଥି ଭାଷଣରେ ଜିଲ୍ଲାପାଳ କହିବାକୁ ଭୁଲି ନଥିଲେ ଯେ କିଛି ବିଶେଷ କାର୍ଯ୍ୟ ପାଇଁ ତାଙ୍କୁ ଡେରିରେ ବାହାରିବାକୁ ପଡ଼ିଲା ଜିଲ୍ଲା ସଦର ମହକୁମାରୁ । ଜିଲ୍ଲାଟା ଯାକର କେତେ କାମ ତା ସାଙ୍ଗକୁ ରାଜଧାନୀରୁ ବି କିଛି ବଡ଼ କାମର ଦାୟିତ୍ୱ ଆସିପାରେ । ପ୍ରାଥମିକତା ବଦଳି ଯିବା କିଛି ବଡ଼ କଥା ନୁହେଁ । ସେ କଥା ଯାହାହେଉ ସାଧାରଣ ଲୋକେ ବହୁତ ଆନନ୍ଦିତ ହୋଉଥିଲେ ଯେ ତାଙ୍କର ଖେଳ ପଡ଼ିଆର ଉନ୍ନତ କରାଯିବ ବୋଲି କଲେକ୍ଟରଙ୍କ ଘୋଷଣା ଶୁଣି ।

ଜିଲ୍ଲାପାଳଙ୍କର ଜଣେ କଲେଜ ପଢ଼ା ସମୟର ବନ୍ଧୁ ଆଡ଼ଭୋକେଟ କହ୍ନେୟାଲାଲ ଶେଠ ସେଇଠି ଥିଲେ । ତାଙ୍କ ସହିତ କିଛି ହସଖୁସିରେ କଥା ହେଲେ; ମାତ୍ର ପରଦିନକୁ ସବୁ ଆଡ଼କୁ ଫିଟି ପଡ଼ିଥିଲା ସେଇ ବିଳମ୍ବର ଗୁମର ।

କଥା କ'ଣ କି ଜିଲ୍ଲାପାଳ ଦୈନିକ ଖାଇସାରି ପ୍ରାୟ ଦଶ ମିନିଟ୍ ବିଶ୍ରାମ କରନ୍ତି । ତାଙ୍କର ନିର୍ଦ୍ଦିଷ୍ଟ ଅର୍ଡ଼ର୍ଲି ପିଅନଟିର ଦାୟିତ୍ୱ ଥାଏ ତାଙ୍କୁ ଡାକିଦେବା ପାଇଁ । ହେଲେ ଦିଦିନ ତଳେ ମାଡ଼ାମ୍ ଭୁବନେଶ୍ୱରରୁ ଯାଇ ପହଞ୍ଚିଥିଲେ ଜିଲ୍ଲା ସଦର ମହକୁମାରେ, ଆଉ ଶାଢ଼ୀ କିଣିବା ପାଇଁ ସେଇ ଅର୍ଡ଼ର୍ଲିକୁ ଧରି ଚାଲିଯାଇଥିଲେ ଟାଉନ ଭିତରକୁ । ମାଡ଼ାମଙ୍କ ମନ ପସନ୍ଦର ଶାଢ଼ୀ ଦେଖଉ ଦେଖଉ ଏତେ ଶାଢ଼ୀ ଖୋଲା ହେଲାଣି ଯେ ଦ୍ରୌପଦୀଙ୍କର ଏତେ ଶାଢ଼ୀ ସେଦିନ ଦୁଃଶାସନ ଦାଉରେ ତଳେ ପଡ଼ି ନଥିବ । ସେଦିନ ମ୍ୟାଡ଼ାମ ଘରକୁ ଫେରିବା ଯାଏ ଶୋଇଯାଇଥାନ୍ତି ଜିଲ୍ଲାପାଳ ଆରାମରେ; ମାତ୍ର ଏଇଟି ହିଁ ଥିଲା ଜିଲ୍ଲାପାଳଙ୍କ ବିଳମ୍ବରେ ବାହାରିବାର କାରଣ ।

ମୋତେ ଦି ଚାରିଦିନ ପରେ ଅଫିସ୍‌ର କେହି କିରାଣୀ କହିଲେ ଏଇ କଥାଟି । ମୁଁ କହିଲି ଖବରଦାର, ଏକଥା ଆଉ କହିବନି କାହାକୁ । ସେ ସଙ୍କୋଚରେ କହିଲା, "ସାର୍, ଆଉ କିଏ ନ ଜାଣିଛି ଯେ ଏଇ କଥା, ଇଏତ ହାଟରେ ପଡ଼ି ଘାଟରେ ବୁଲୁଛି ।"

■

ଅଜାଗା ଘା'

କୁଚିଣ୍ଡା ରହଣି ସମୟର ଆଉ ଗୋଟାଏ ସ୍ମରଣୀୟ କଥା। ଉଣେଇଶି ଶହ ଅଠାନବେ ମସିହାରେ ଗୋଟେ ସାଧାରଣ ନିର୍ବାଚନ ହେଲା। ସାଧାରଣ ନିର୍ବାଚନର ଠିକ୍ ଆଗରୁ ଉପଜିଲ୍ଲାପାଳଙ୍କ ବଦଳି ହୋଇଗଲା କାରଣ ସେ ନିଜେ ଥିଲେ ସମ୍ବଲପୁର ଜିଲ୍ଲାର ବାସିନ୍ଦା। ନୂତନ ଉପଜିଲ୍ଲାପାଳ ଭାବରେ ଯିଏ ଯୋଗଦେଲେ ତାଙ୍କ ଘର କେଉଁଝର ଜିଲ୍ଲାରେ। ଉପଜିଲ୍ଲାପାଳଙ୍କୁ ବିଧାନସଭା ନିର୍ବାଚନରେ ରିଟର୍ଣ୍ଣି ଅଫିସର ଭାବରେ କାର୍ଯ୍ୟ ତୁଲାଇବାକୁ ପଡ଼େ। ମୁଁ ଯେହେତୁ ଷ୍ଟେସନ ସିନିଅର ଥିଲି ତେଣୁ ସବୁ ନିର୍ବାଚନ ସମ୍ପର୍କୀୟ କାମରେ ମୋତେ ବିଶେଷ ଭାବେ ଯୋଗ ଦେବାକୁ ପଡୁଥାଏ। ସେତେବେଳେ ନିର୍ବାଚନ କମିଶନ ଏପରି ନିର୍ଦ୍ଦେଶନାମା ଜାରି କରିଥାନ୍ତି ଯାହାଫଳରେ ସମ୍ବଲପୁର ଅଞ୍ଚଳର କର୍ମଚାରୀମାନେ କୁଚିଣ୍ଡା ସବଡିଭିଜନରେ ପ୍ରିଜାଇଡ଼ିଂ ଓ ପୁଲିଂ ଅଫିସର ଭାବରେ କାମ କରିବାକୁ ଦାୟିତ୍ୱ ଦିଆଯାଇଥାଏ। ପ୍ରିଜାଇଡ଼ିଂ ଅଫିସରମାନଙ୍କୁ ତାଲିମ ଦେବାରେ ମୋର ପ୍ରମୁଖ ଭୂମିକା ରହିଥାଏ, ବିଶେଷତଃ ମୋର ଗପ ଛଳରେ ପାଠପଢ଼ାକୁ ସମସ୍ତେ ଉପଭୋଗ କରୁଥାନ୍ତି। ବିଭିନ୍ନ ସମ୍ଭାବ୍ୟ ପରିସ୍ଥିତିରେ କିପରି ସାମ୍ନା କରିବେ ସେଇକଥା ମୁଁ ଯଥାସମ୍ଭବ ବୋଧଗମ୍ୟ ଭାଷାରେ କହୁଥାଏ। ଯାହାର କିଛି ବ୍ୟକ୍ତିଗତ ଅସୁବିଧା ତାକୁ ସମାଧାନ କରିବାରେ ମୁଁ ଚେଷ୍ଟା କରୁଥାଏ। ବିଶେଷତଃ କିପରି ଭୁଲ୍ ନିଷ୍ପତ୍ତି ନେଇ ଅସୁବିଧାରେ ପ୍ରିଜାଇଡ଼ିଂ ଅଫିସରମାନେ ଅତୀତରେ ପଡ଼ିଥିଲେ, ସେ କଥାକୁ ଖୁବ୍ ମନଯୋଗ ସହକାରେ ସେମାନେ ଶୁଣନ୍ତି। ଅଭିଜ୍ଞତାର କଥା ଯୁଗେ ଯୁଗେ ଆଗ୍ରହର କେନ୍ଦ୍ରବିନ୍ଦୁ ହୋଇ ଆସିଛି।

ନୂଆ କରି ଯୋଗ ଦେଇଥିବା ଉପଜିଲ୍ଲାପାଳ ପ୍ରଥମେ ସମସ୍ତଙ୍କୁ ଅବିଶ୍ୱାସରୁ

କାମ ଆରମ୍ଭ କଲେ। ମୁଁ ଯେକୌଣସି ପ୍ରସ୍ତାବ ଦେଲେ ସେ ତାକୁ ଗୁରୁତ୍ୱ ଦେଲେନି ଯାହାକି ମୋତେ ଟିକିଏ କଷ୍ଟ ହେଲା; ମାତ୍ର ମୋର ଏତିକି ବିଶ୍ୱାସ ଥାଏ ଆସ୍ତେ ଆସ୍ତେ ସେ ପରିସ୍ଥିତି ବୁଝିଯିବେ ଏବଂ ଠିକ୍ ବାଟରେ କାମ ଚାଲିବ। ସେ ମଝିରେ ମଝିରେ ମଜାକଥା କହୁଥିଲେ, ସେତେବେଳେ ଭାରି ପିଲାଳିଆ ଜଣାଯାଉଥିଲେ; ମାତ୍ର ବେଳେବେଳେ ଏତେ ପୌଢ଼ୀ ବଖାଣୁଥିଲେ ଯେ ଇଚ୍ଛା ବିରୁଦ୍ଧରେ ବି ଆମେମାନେ ଆଜ୍ଞାଧୀନ ଛାତ୍ରଭଳି ତାଙ୍କ ପାଖେ ପାଖେ ରହି କେବଳ ଭାଷଣ ଶୁଣୁଥିଲୁ। ଗଲା ନିର୍ବାଚନ ବେଳେ ସେ କରଞ୍ଜିଆ ବିଧାନସଭାର ରିଟର୍ଣ୍ଣିଂ ଅଫିସର ଥାଇ ଜଣେ ସେଠାକାର ବିଡ଼ିଓ ଓ ଆଉ ଜଣେ ଜେଇଙ୍କୁ ମାଡ଼ମାରି କେମିତି କାମ କରାଇ ଥିଲେ ତାହା ବର୍ଣ୍ଣନା କଲାବେଳେ ସମଗ୍ର ଶ୍ରୋତାମଣ୍ଡଳି ଭିତରେ ଏକ ବିରକ୍ତିକର ନୀରବତା ଛାଇ ହୋଇଯାଇଥିଲା। ହେଲେ କେହି କିଛି କହୁ ନଥିଲେ। ସରକାରୀ ଚାକିରିରେ ଅଧସ୍ତନମାନେ ଅନେକ ସମୟରେ ମୁହଁରେ ତାଲାମାରି ବସିଥାନ୍ତି। ସେମାନଙ୍କର ନୀରବ ମୁଖମଣ୍ଡଳ ଭିତରେ ଜମାଟ ବାନ୍ଧିଥିବା ଭାବ ମାନେ ନିଶ୍ଚୟ ଭସା ବାଦଲ ପରି ଘୂରି ବୁଲୁଥାନ୍ତି।

ଦିନପରେ ଦିନ ବିତିବାକୁ ବସିଲା। ୟା ଭିତରେ କଟକ ଯାଇ ଗଭର୍ଣ୍ଣମେଣ୍ଟ ପ୍ରେସ୍‌ରୁ ମୋତେ ବାଲାଟ ପେପର ଆଣିବାକୁ ହେଲା। ତାକୁ ଯାଞ୍ଚ କରିବା, ସଦ୍ୟ ବର୍ଷାଋତୁ ଯାଇଥିବାରୁ ତାକୁ ଆଖିରେ ରଖି ଗାଡ଼ି ବ୍ୟବସ୍ଥା କରିବା, ରାଜନୈତିକ ଦଳମାନଙ୍କର ସଭା ଡାକି ସେମାନଙ୍କୁ କୋର୍ଡ଼ ଅଫ୍ କଣ୍ଡକ୍ଟ ବିଷୟରେ ବୁଝେଇବା, ଅବଜରଭର୍ ଆସିଲେ ତାଙ୍କୁ ବିଭିନ୍ନ ବୁଥ୍‌କୁ ନେଇ ସେଠାରେ ବିଭିନ୍ନ ସୁବିଧା ଅସୁବିଧା ବିଷୟରେ ଜଣେଇବା ଆଦି ସବୁ କାମରେ ମୋତେ ସାମିଲ୍ ହେବାକୁ ପଡୁଥାଏ। ଜିଲ୍ଲାପାଳ ମୋତେ ଡାକି କହିଲେ, ଆପଣ ସବୁଠୁ ଅଭିଜ୍ଞ ଏଠାକାର ଅଫିସରଙ୍କ ଭିତରେ, ଉପଜିଲ୍ଲାପାଳ ନୂଆ ଲୋକ। ଏରିଆ ଉପରେ ତାଙ୍କର ନିୟନ୍ତ୍ରଣ ଆସିନି। ଯଦିଓ ସିଏ ସରକାରୀ ଭାବରେ ରିଟର୍ଣ୍ଣି ଅଫିସର, ହେଲେ ଆପଣଙ୍କୁ ସବୁ କାମ କରିବାକୁ ହେବ। ମୋର ବା ଆପତ୍ତି କରିବାର କ'ଣ ଥିଲା! ତେଣୁ ଉତ୍ସାହରେ ହଁ ଭରିଲି।

ଭୋଟ ଦିନକୁ ଯଦି ବାହାଘର କୁହାଯିବ ବରଯାତ୍ରୀଙ୍କୁ ନେଇଯିବା କାମଟି ହେଲା ନିର୍ବାଚନ ପାଇଁ ଉଦ୍ଦିଷ୍ଟ ପ୍ରିଜାଇଡ଼ିଂ ଓ ପୁଲିଂ ଅଫିସରମାନଙ୍କୁ ନେଇ ବୁଥିରେ ପହଞ୍ଚେଇବା। ସେମାନେ ଯିବା ପୂର୍ବରୁ ଗୋଟିଏ ଗୋଟିଏ ବାକ୍ସରେ ସବୁ କାଗଜପତ୍ର ସାଇତି ହୋଇ ରଖାଯାଏ। ଯେମିତି ନଣନ୍ଦ ପେଡ଼ିରେ ବହୁ ଜିନିଷ ରଖିବାକୁ

ହୁଏ । ସେଇ ବାକ୍ସରେ ଶହେ ଦେଢ଼ଶହଟି ଦ୍ରବ୍ୟ ରଖିବାକୁ ପଡ଼େ । ସେଥିରେ ଆଲପିନ୍ ଠାରୁ ଆରମ୍ଭ କରି ବାଲାଟ୍ ବକ୍ସ ପର୍ଯ୍ୟନ୍ତ ସବୁ ଜିନିଷକୁ ଯତ୍ନରେ ଲିଷ୍ଟ କରି ରଖାଯାଇଥାଏ ।

ପ୍ରିଜାଇଡ଼ିଂ ଓ ପୁଲିଂ ଅଫିସର ଜିନିଷତକ ନେବାଠାରୁ ନିର୍ବାଚନ ଶେଷକରି ଜିନିଷପତ୍ର ଫେରାଇବା ପର୍ଯ୍ୟନ୍ତ ସମୟତକ ନିର୍ବାଚନ ପରିଚାଳନା ଅଧିକାରୀମାନଙ୍କ ପାଇଁ ଅତି କଠିନ ସମୟ । ସେଥର ନିର୍ବାଚନରେ ବିଶେଷ ଅସୁବିଧା ହୋଇନଥିଲା । ବିଶେଷ ଅସୁବିଧା କହିଲେ ଗୁରୁତର ଆଇନ ଶୃଙ୍ଖଳା ପରିସ୍ଥିତି କିମ୍ବା ଏମିତି କିଛି ଅସୁବିଧା ଯାହାକି ପୁନର୍ବାର ଭୋଟିଂ ପାଇଁ ଅବସ୍ଥା ସୃଷ୍ଟି କରେ; ମାତ୍ର ଏମିତି କିଛି ଅସୁବିଧା ନଥିବାରୁ ଆମେମାନେ ମନେମନେ ଭାବୁଥିଲୁ ସୁରୁଖୁରୁରେ ନିର୍ବାଚନ ଶେଷ ହେବାକୁ ଯାଉଛି ।

ସଂଧ୍ୟା ନଇଁଲା ବେଳକୁ ଗୋଟିଏ ଗୋଟିଏ ପୁଲିଂ ପାର୍ଟି ଫେରିବାକୁ ଲାଗିଲେ । ସେମାନଙ୍କ ଠାରୁ ସବୁ ଜିନିଷ ତନଖି କରି ନେବାପାଇଁ ପ୍ରସ୍ତୁତ ହୋଇ ରହିଥାନ୍ତି ବିଭିନ୍ନ ଅଫିସର ଓ କର୍ମଚାରୀମାନେ । ବିନା ଅସୁବିଧାରେ ଶେଷ ପର୍ବଟି କେମିତି ସମାହିତ ହେବ ତାହା ଭାବି ସମସ୍ତେ ନିଜ କାମରେ ଲାଗିଥାନ୍ତି । ଯେହେତୁ ଆଗନ୍ତୁକ ପ୍ରିଜାଇଡ଼ିଂ ଓ ପୁଲିଂ ଅଫିସରମାନେ ବିଶେଷତଃ ସମ୍ବଲପୁରରୁ ଆସିଥାନ୍ତି ଓ ସେତେବେଳକୁ ଫେରନ୍ତା ଗାଡ଼ିର ସୁବିଧା ନଥାଏ, ସେଇ ପରିସ୍ଥିତିକୁ ଲକ୍ଷ୍ୟରଖି ଆମେ ସରକାରୀ ନିର୍ବାଚନ ଗାଡ଼ି ବ୍ୟବସ୍ଥା କରିଦେଇଥାଉ । ଆସ୍ତେ ଆସ୍ତେ ଗୋଟାକ ପରେ ଗୋଟାଏ ପୁଲିଂ ପାର୍ଟି ଫେରି ଆସୁଥାନ୍ତି ଏବଂ ସେମାନଙ୍କର ବାକି ପଇସା ତୁରନ୍ତ ଦେବାର ବ୍ୟବସ୍ଥା ମଧ୍ୟ କରାଯାଇଥାଏ । କ୍ରମାଗତ ତିନିଦିନର ଜଞ୍ଜାଳପୂର୍ଣ୍ଣ ଜୀବନର ପରିସମାପ୍ତି ହୋଇଥିବାରୁ ସେମାନେ ଅବଶ ଦିଶୁଥିବା ସହିତ ନିଜ ନିଜ ଘରକୁ ଫେରିବା ପାଇଁ ବ୍ୟଗ୍ର ଦିଶୁଥାନ୍ତି । ମୋର କାମ ଥିଲା ପ୍ରିଜାଇଡ଼ିଂ ଅଫିସରମାନଙ୍କର ଡାଇରିକୁ ତନ୍ନ ତନ୍ନ କରି ଅନୁଧ୍ୟାନ କରିବା ଓ ତାହା ଅନୁସାରେ ଏକ ରିପୋର୍ଟ ପ୍ରସ୍ତୁତ କରିବା । ଏହି ରିପୋର୍ଟ ଅନୁସାରେ କେଉଁଠି ପୁନର୍ବାର ନିର୍ବାଚନ କରାଇବା ଦରକାର କି ନା ତାହା ନିଷ୍ପତ୍ତି ନିଆଯାଇଥାଏ । ସେଇ ଦୃଷ୍ଟିରୁ ଏହି ରିପୋର୍ଟଟିକୁ ଅତ୍ୟନ୍ତ ଗୁରୁତ୍ୱପୂର୍ଣ୍ଣ ବୋଲି ବିବେଚନା କରାଯାଇଥାଏ ।

ସଂଧ୍ୟା ଆଠଟା ବେଳକୁ ପ୍ରାୟ ଅଶୀ ଭାଗ ପୁଲିଂ ବୁଥ୍‌ର କର୍ମକର୍ତ୍ତାମାନେ ଫେରି ଆସି ସେମାନଙ୍କର ଭୋଟ ବାକ୍ସ ଓ ଅନ୍ୟାନ୍ୟ ଜିନିଷ ଫେରାଇ ଦେଲେ । ଆମେ ସମସ୍ତେ ଭାରି ଉତ୍ସାହିତ ହୋଇ ପଡୁଥାଉ କାରଣ ଏତେ ଶୀଘ୍ର ଫେରିବା

କେବେ ଆଗରୁ ଦେଖା ଯାଇନଥିଲା। କେହି କେହି କହୁଥିବାର ଶୁଣାଯାଉଥାଏ ଯେ ଏଥର ଟ୍ରେନିଂ ଏତେ ଭଲ ହୋଇଛି ଯେ ପୁଲିଂ ପାର୍ଟିଙ୍କର କିଛି ସନ୍ଦେହ ନଥିଲା ଯାହା ଫଳରେ ସେମାନେ ଶୀଘ୍ର ସବୁ କାମ ଶେଷ କରି ଫେରିପାରିଛନ୍ତି। ଉପଜିଲ୍ଲାପାଳଙ୍କ ପାଖଲୋକ ବୋଲି ନିଜକୁ ଦାବୀ କରୁଥିବା ଅଫିସର ଜଣେ ତାଙ୍କ କାନ ପାଖରେ କହିଲେ ଆପଣଙ୍କ ନେତୃତ୍ୱରେ ଏଥର ନିର୍ବାଚନ ପ୍ରକ୍ରିୟା ରେକର୍ଡ଼ ସମୟରେ ସରିବାକୁ ଯାଉଛି। ଉଭୟ ଦିଶୁଥିଲେ ଭାରି ଉଲ୍ଲସିତ।

ରାତି ନଅଟା ବେଳକୁ ଦେଖାଗଲା ପ୍ରାୟ ସବୁ ପୁଲିଂ ପାର୍ଟି ଫେରି ଆସିଛନ୍ତି କେବଳ ଦୁଇଟି ପାର୍ଟିକୁ ଛାଡ଼ି। ସଙ୍ଗେ ସଙ୍ଗେ ପୁଲିସ୍‌କୁ ଜଣାଇ ଦିଆଗଲା ସେମାନଙ୍କର ଅବସ୍ଥିତି ବିଷୟରେ ବୁଝି ଆମକୁ ଖବର ଦେବାକୁ। ପୁଲିସ ଓ୍ୱାରଲେସ୍‌ରେ ସଂଗେ ସଂଗେ ଖବର ଫେରିଲା ଯେ ଦିଆଯାଇଥିବା ଭୋଟ୍ ଓ ଫେରିଥିବା ଭୋଟ୍ କାଗଜର ତାଳ ମେଳ ରହୁ ନଥିବାରୁ ବାବୁମାନେ ସେଇ ଜିନିଷ କିପରି ମେଳ ଖାଇବ, ସେଇ ଜଞ୍ଜାଳ ଭିତରେ ରହିଛନ୍ତି। ତାହାହିଁ ସେମାନଙ୍କର ବିଳମ୍ବର କାରଣ। କାଳେ ବାଟରେ କିଏ ଭୋଟବାକ୍ସ ଛଡ଼ାଇ ନେଲାକି ଭଳି ସର୍ବ ସମ୍ଭାବିତ ପ୍ରଶ୍ନଟି ଅନ୍ତତଃ ନାହିଁ ତାହା ଆମକୁ ସାମାନ୍ୟ ଆଶ୍ୱସ୍ତ କଲା; ମାତ୍ର ଆମର ଖୁସି ବେଶି ସମୟ ରହିଲା ନାହିଁ କାରଣ ଘଣ୍ଟେ ଦୁଇଘଣ୍ଟା ଅପେକ୍ଷା କଲେବି ସେ ଦୁଇଟି ଦଳ ଫେରିଲେ ନାହିଁ। ସେମାନଙ୍କ ଫେରିବା ବାଟକୁ ଚାହିଁ ଚାହିଁ ଆମେସବୁ କ୍ରମଶଃ ଉଦ୍‌ଗ୍ରୀବ ହୋଇ ରହିଥାଉ। ନୂଆ ନୂଆ ଆଶଙ୍କା ଆମ ଭିତରକୁ ଆସୁଥାଏ। କଳ୍ପନାର ଜଗତ ବାସ୍ତବତାର ଜଗତ ଠାରୁ କାହିଁ କେତେ ଅଧିକ ପରିବ୍ୟାପ୍ତ ! ଥରେ ନକାରାତ୍ମକ ଚିନ୍ତା ମନକୁ ଆସିଲେ ସାଙ୍ଗେ ସାଙ୍ଗେ ସେଇ ଅଧ୍ୟାୟ ଶେଷ ହୁଏ ନାହିଁ। ମନେ ପଡ଼ିଗଲା କଳ୍ପନା ଚାଓଲାଙ୍କ କଥା। ତାଙ୍କ ଆଗମନ ଆଉ ଅଳ୍ପ କେଇ ମିନିଟ୍‌ର କଥା। ଚାରିଆଡ଼େ ଉତ୍ସବ ଆରମ୍ଭ ହେଲାଣି। କଣ ହେଲା କାହାକୁ ଅଜଣା ନାହିଁ। ତାହା ଆଜି ସର୍ବଜନବିଦିତ ଇତିହାସ।

ଅନେକ ଲୋକ କମିଗଲେଣି ମାତ୍ର ସତୁରୀ ଅଶୀ ଲୋକ ରହି ଖୁସିଗପ କରୁଥାନ୍ତି। ସେମାନେ ହୁଏତ ଭାବୁଥାନ୍ତି ସମ୍ବଲପୁରରେ ପହଞ୍ଚିଲେବି ଏତେ ରାତିରେ ସେଠାରୁ ଘରକୁ ଯିବା ସମ୍ଭବ ହେବ ନାହିଁ। ଗୋଟିଏ ଦିନର ଜଞ୍ଜାଳ ଶେଷ ହୋଇଯାଇଥିବା ପରେ ନିଜ ନିଜର ଅଭିଜ୍ଞତାକୁ ପରସ୍ପର ବାଣ୍ଟି ଖୁସି ହେଉଥାନ୍ତି। କେତେଜଣ ଏଣେତେଣେ ବସି ତାସ୍‌ରେ ମନ ଦେଉଥାନ୍ତି। ପରିବେଶ କ୍ରମଶଃ ମାନ୍ଦା ଧରି ଆସିଥାଏ। କେବଳ ଭୋଟିଂ ଜିନିଷ ପତ୍ର ଫେରିଲେ

ତାକୁ ରଖିବା ପାଇଁ ଯେଉଁ ଅଧିକାରୀ ଓ କର୍ମଚାରୀମାନେ ଥାଆନ୍ତି ସେମାନେ ମନେ ମନେ ଏଇ ରହିଯାଇଥିବା ଦୁଇଟି ଦଳର ବାବୁମାନଙ୍କ ଉପରେ ବିରକ୍ତ ହେଉଥାଆନ୍ତି ।

ଏତିକି ବେଳେ କ୍ରମାଗତ ତିନୋଟି ଗାଡ଼ି ଆସିବାର ସୂଚନା ମିଳିଲା । ଦୁଇଟି ପୋଲିସ ଗାଡ଼ି ଆଗପଛ ହୋଇ ରହିଯାଇଥିବା ପୁଲିଂ ପାର୍ଟି ଦୁଇଟିକୁ ଗୋଟିଏ ଟ୍ରାକ୍‌ରରେ ନେଇ ଏସ୍‌କଟ କରି ଆଣୁଥାନ୍ତି । ସେମାନେ ଆସି ପହଞ୍ଚିବା ପରେ ନିଜ ନିଜର ଜିନିଷ ଫେରେଇବାକୁ ଲାଗିଲେ । ମୁଁ ସେତେବେଳେ ଗୋଟିଏ ରୁମ୍‌ରେ ବସିଥାଏ । ମୋର ପ୍ରିଜାଇଡ଼ିଂ ଅଫିସର୍ସ ଡାଇରି ବିଷୟରେ ଅନୁଧ୍ୟାନ ବି ଶେଷ ସ୍ତରରେ ପହଞ୍ଚିଥାଏ । ଏତିକିବେଳେ ବାହାରୁ ଜୋର୍‌ରେ ଶବ୍ଦ ଶୁଣାଗଲା । କଣ ହେଲା ଜାଣିବାକୁ ମୁଁ ଚଉକିରୁ ଉଠି କବାଟ ପାଖକୁ ଗଲାବେଳକୁ ଯାହା ଦେଖିଲି ତାହା ବିଶ୍ୱାସ କଲା ଭଳି ଦୃଶ୍ୟ ନୁହେଁ । ମୋର ଉପଜିଲ୍ଲାପାଳ ଦୌଡ଼ୁଥାନ୍ତି ଏବଂ ତାଙ୍କୁ ଆକ୍ରମଣ କରିବା ଭଙ୍ଗୀରେ ତାଙ୍କ ପଛରେ ଥାଆନ୍ତି ପ୍ରାୟ ତିରିଶରୁ ଅଧିକ ପୁଲିଂ ପାର୍ଟିର ସଦସ୍ୟ । ସେମାନେ ବିକଟାଳ ଶବ୍ଦରେ ତାଙ୍କର ପାଞ୍ଚ ପୁରୁଷ ଉଦ୍ଧାର କରୁଥାନ୍ତି ଓ ତାଙ୍କୁ ମରଣାନ୍ତକ ଆକ୍ରମଣ କରିବାକୁ ଦଉଡ଼ୁଥାନ୍ତି । ମୁଁ ହଠାତ୍ କିଛି ବୁଝିବା ପୂର୍ବରୁ ଉପଜିଲ୍ଲାପାଳ କାକୁତି ମିନତି କରି ମୋ ପାଖରେ ପହଞ୍ଚି ଯାଇ କହିଲେ, 'ସେମାନେ ମୋତେ ମାରିଦେବେ । ମୋତେ ବଞ୍ଚାନ୍ତୁ ।' ତାଙ୍କୁ ମୁଁ ବସିଥିବା କୋଠରୀ ଭିତରକୁ ପୂରାଇ ଦେଇ କବାଟ ପାଖରେ ଠିଆହୋଇ ରହି ଦୁଇ ହାତରେ କବାଟର ବନ୍ଧକୁ ଧରିଲି ଭୂମି ସହିତ ସମାନ୍ତରାଳ ଭାବରେ ଏବଂ କଥାଟି କଣ ବୁଝିବା ଆଗରୁ ତାଙ୍କୁ ଅନୁଧାବନ କରୁଥିବା ପ୍ରାୟ ତିରିଶ ସରିକି ଲୋକ ମୋ ପାଖରେ ପହଞ୍ଚି ଉପଜିଲ୍ଲାପାଳଙ୍କୁ ତାଙ୍କୁ ହସ୍ତାନ୍ତର କରିବାକୁ ଦାବୀ କଲେ । ସେମାନେ ହିଂସ୍ର ଅବସ୍ଥାରେ ଥିଲେ ବି ମୁଁ ବାଟ ଓଗାଳିବାରୁ ସେମାନେ ମୋତେ ଆକ୍ରମଣ କଲେନି ବରଂ ମୋ ପାଖରେ ଫେରାଦ ହେବା ଭଙ୍ଗୀରେ କହିଲେ, ସାର୍, ଏଇଟା ଉପଜିଲ୍ଲାପାଳ ନା କେଉଁଠିକାର ଅମଣିଷ ପଶୁ ! ଆମର ସହକର୍ମୀଙ୍କୁ ମାରି ସେ ରକ୍ତାକ୍ତ କରିଛି । ଆମେ ପ୍ରତିଶୋଧ ନେବୁ । ଆମେ ଏଇଠି ତାକୁ ଜୀବନରୁ ମାରିଦେବୁ । ମୁଁ ବଡ଼ ପାଟିରେ ତାଙ୍କୁ କହୁଥାଏ ଯେ ତାଙ୍କର ସମସ୍ତ ଅଭିଯୋଗ ମୁଁ ବୁଝିବି ଏବଂ ସେମାନଙ୍କୁ ଶାନ୍ତ ରହିବାକୁ ପରାମର୍ଶ ଦେଉଥାଏ । ଏତିକିବେଳେ ମୋ ମୁଣ୍ଡକୁ ବୁଦ୍ଧି ଜୁଟିଲା ମୁଁ ଗୋଟାଏ ତାଲା ନେଇ ସେଇ ଘରେ ଚାବି ପକେଇ ଦେଲି

ଉପଜିଲ୍ଲାପାଳଙ୍କୁ ଏବଂ ଉପସ୍ଥିତ ପୋଲିସ ଗାର୍ଡ଼ ଦୁଇଜଣଙ୍କୁ ଡାକି ସେଇ ଘରକୁ ଗାର୍ଡ଼ କରିବା ପାଇଁ ନିର୍ଦ୍ଦେଶ ଦେଲି। ବନ୍ଧୁକ ଧାରୀ ପୋଲିସ ଗାର୍ଡ଼ କରିବାରୁ ସେମାନେ ଉତ୍ୟକ୍ତ ହୋଇ ମୋ ଉପରେ ସେମାନଙ୍କ ବିରକ୍ତି ପ୍ରକାଶ କଲେ। ମୁଁ କାହିଁକି ଏପରି ଅପଦାର୍ଥ ପଦାଧିକାରୀଙ୍କୁ ଘଣ୍ଟ ଘୋଡ଼ାଉଛି ତାହା ଥିଲା ସେମାନଙ୍କର ବିତୃଷ୍ଣାର କାରଣ। କେହି ଜଣେ ଉଚ୍ଚ ସ୍ୱରରେ କହିଲେ ଆମେ ଭାବିଥିଲୁ - "ଏଠାକାର ତହସିଲଦାର ହେଉଛନ୍ତି ନିର୍ବିବାଦୀୟ ଅଫିସର; ମାତ୍ର ଯାହା ଦେଖୁଛି ସମସ୍ତେ ହେଉଛନ୍ତି ଗୋଟେ ଲାଉର ମଞ୍ଜି।"

ମୁଁ କହିଲି ଆସନ୍ତୁ ଆପଣମାନେ କ'ଣ ଅସୁବିଧା ହୋଇଛି ବୁଝିବା। କେହିଜଣେ ଉତ୍ୟକ୍ତ ହୋଇ କହିଲେ, "ଛେନାଗୁଡ଼ କ'ଣ ବୁଝିବେ ? ଆମର ପ୍ରିଜାଇଡ଼ିଂ ଅଫିସରଙ୍କୁ ମାରି ଲହୁ ଲୁହାଣ କଲାଣି ସବ୍ କଲେକ୍ଟର। ଏଥିରେ ଆପଣ ବୁଝିବେ କ'ଣ !"

ମୁଁ ଦଉଡ଼ିଯାଇ ଭୋଟବାକ୍ସ ଗ୍ରହଣ କରାଯାଉଥିବା କାଉଣ୍ଟର ପାଖରେ ପହଞ୍ଚି ଦେଖିଲି ପ୍ରାୟ ପଞ୍ଚାବନ ଛପନ ବର୍ଷ ବୟସର ଗୋରା ଲୋକ ଜଣେ ମୁଣ୍ଡରେ ହାତ ଦେଇ ବସିଛନ୍ତି ତାଙ୍କ ମୁହଁରୁ ଧାର ଧାର ରକ୍ତ ବାହାରି ଯାଉଛି। ଏହା ଯେ ଉପଜିଲ୍ଲାପାଳଙ୍କ ଶକ୍ତି ପ୍ରଦର୍ଶନର ନମୁନା ତାହା ଆଉ ବୁଝିବାକୁ ବାକି ରହିଲା ନାହିଁ।

ମୁଁ ତୁରନ୍ତ ଗୋଟିଏ ଗାଡ଼ିରେ ଆହତ ବ୍ୟକ୍ତିଙ୍କୁ ନେଇ ହସ୍‌ପିଟାଲ୍‌ରେ ପହଞ୍ଚାଇଲି - ଡାକ୍ତରଙ୍କୁ ଡକାଇଲି ଏବଂ ତୁରନ୍ତ ତାଙ୍କୁ ଫାଷ୍ଟ ଏଡ଼୍ ଦେବାର ବ୍ୟବସ୍ଥା କରାଗଲା। ସେତେବେଳେ ମୋତେ ଘେରି ପ୍ରାୟ ପଚାଶ ହେବ ଲୋକ ରହିଥାନ୍ତି। ମୁଁ ଖାଲି କହୁଥାଏ ସିଏ ଯେତେ ବଡ଼ ଲୋକ ହେଲେ ବି ତାଙ୍କ ବିରୋଧରେ କଠୋର କାର୍ଯ୍ୟାନୁଷ୍ଠାନ ହେବ। ଜନତାଙ୍କ ଭିତରୁ କେହି ଜଣେ ରାଗରେ କହୁଥାନ୍ତି ଉପଜିଲ୍ଲାପାଳର ଭାଗ୍ୟ ଯେ ଆପଣ ଏଇଠି ଅଛନ୍ତି, ନହେଲେ ଆଜି ତା'ର ଶବ ଏଇଠି ପଡ଼ିଥାନ୍ତା। କେହି କେହି ତାଙ୍କର ପ୍ରତ୍ୟକ୍ଷଦର୍ଶୀ ବିବରଣୀ ଅନ୍ୟମାନଙ୍କୁ ଶୁଣାଉଥାନ୍ତି। ମୁହୂର୍ତ୍ତଟାଏ ମୋ ପାଇଁ ଘଣ୍ଟାଏ ଭଳି ଲାଗୁଥାଏ।

ଘଟଣାଟି ଥିଲା ଏହିପରି। ବିଳମ୍ବ କାହିଁକି ଏତେ ହେଲା ବୋଲି ବିରକ୍ତିର ସହିତ ପଚାରିଦେଲେ ଉପଜିଲ୍ଲାପାଳ। ପ୍ରିଜାଇଡ଼ିଂ ଅଫିସରଜଣକ କୁଆଡ଼େ କହିଦେଲେ, "ଆପଣ କେମିତି ଜାଣିବେ ଭୋଟିଂ ସରିବା ପରେ ସବୁ କାଗଜପତ୍ର ଓ ଫର୍ମ ପୂରଣ କରିବା କେତେ ଜଟିଳ।" ତା ପରେ ହଠାତ୍ ଉତ୍‌କ୍ଷିପ୍ତ ଉପଜିଲ୍ଲାପାଳ

ଗୋଟିଏ ମୁଥ ମାରିଦେଲେ ପ୍ରିଜାଇଡ଼ିଂ ଅଫିସରଙ୍କ ମୁହଁରେ। ତାଙ୍କର ଆଙ୍ଗୁଳିରେ ଥିବା ମୁଦିଟି ଅଖାଡୁଆ ଭାବରେ ଜୋର୍‌ରେ ବାଜିଗଲା ପ୍ରିଜାଇଡ଼ିଂ ଅଫିସରଙ୍କ ନାକରେ। ତାପରେ ଆଉ କିଏ ରୋକିବ ରକ୍ତକୁ ଆଉ ତା ସହିତ ଜନତାର ଆବର୍ତ୍ତକୁ ! ଦୁଇଚାରି ଧକ୍କା ଖାଇ ଉପଜିଲ୍ଲାପାଳ ଧାଇଁ ଆସିଥିଲେ ମୋ ଆଡ଼କୁ ଜୀବନ ବିକଳରେ। ଯେ ସବୁ କଥା ଶୁଣିଲା ପରେ ମୁଁ କିପରି ପ୍ରତିକ୍ରିୟା ପ୍ରକାଶ କରିବି ତାହା ଭାବିପାରୁନଥାଏ। ମୁଁ ପୁଣି ଆହୁରି ବିମର୍ଷ ବୋଧ କରୁଥାଏ ପ୍ରିଜାଇଡ଼ିଂ ଅଫିସରଙ୍କର ପରିଚୟ ପାଇ। ସେ ମହାଶୟ ଆଉ କେହି ନୁହନ୍ତି। ସେ ହେଉଛନ୍ତି ବୁର୍ଲା ୟୁନିଭର୍ସିଟି କଲେଜ ଅଫ୍ ଇଞ୍ଜିନିୟରିଂର ଗଣିତ ବିଭାଗର ତତ୍କାଳୀନ ପ୍ରଫେସର। ସେତେବେଳେ ବୁର୍ଲା ସ୍ୱତନ୍ତ୍ର ବିଶ୍ୱବିଦ୍ୟାଳୟ ହୋଇନଥାଏ। ପ୍ରଫେସର ମହୋଦୟଙ୍କର କାନ୍ଦ ଭିତରେ ଲୁହ ଓ ଲହୁ ଏକାକାର ହୋଇ ଯାଇଥାଏ। ତାଙ୍କର ବେଦନା ଭିତରେ ଅସହାୟ ଭାବରେ ତାଙ୍କର ସମ୍ମାନ, ତାଙ୍କର ପଦମର୍ଯ୍ୟାଦା କୂଳକିନାରା ନପାଇ ଭାସିଯାଉଥାନ୍ତି। ମୁଁ ବି ତାଙ୍କ ସହିତ ବାହୁନୁଥାଏ। ତାଙ୍କ ହାତ ଗୋଡ଼ ଧରୁଥାଏ। ଉପଜିଲ୍ଲାପାଳଙ୍କ ତରଫରୁ ବାରମ୍ବାର କ୍ଷମା ମାଗୁଥାଏ। ଜଣେ ପଦାଧିକାରୀ କିପରି ଏତେ ପରିମାଣରେ ଅମଣିଷ ଓ ଅପରିଣାମଦର୍ଶୀ ତାହା ସମସ୍ତେ ନିଜ ନିଜ ଭିତରେ ଆଲୋଚନା କରୁଥାନ୍ତି। ପରିସ୍ଥିତି ଥାଏ ଗମ୍ଭୀର ଆଉ ଉତ୍ତେଜନାପ୍ରବଣ - କଥା କେଉଁଆଡ଼କୁ ମୁହେଁଇବ ତାର କିଛି କୂଳ କିନାରା ଦିଶୁନଥାଏ।

ଆହତ ଅଧ୍ୟାପକଙ୍କର ଏକା ଜିଦ୍ ସେ ନ୍ୟାୟ ନ ପାଇଲା ପର୍ଯ୍ୟନ୍ତ କୁଟିଣ୍ଡା ଛାଡ଼ିବେ ନାହିଁ। ତାଙ୍କ ସହିତ ଥିବା ପ୍ରାୟ ପଚାଶ ସରିକି ଲୋକ କୁହାଟ ମାରି ବାତାମଣ୍ଡଳକୁ ସରଗରମ କରୁଥାନ୍ତି। କେହି କେହି କହୁଥାନ୍ତି, "ଯେ କ'ଣ ରାଜା ରାଜୁଡ଼ା ଶାସନ ନା ବ୍ରିଟିଶ ସର୍କାର ! ଯେ ସବ୍‌କଲେକ୍ଟର ନା ଗୋଟାଏ ପାଗଳା କୁକୁର !" କେହି କେହି ତାଙ୍କର ମାନସିକ ବିକୃତି ପାଇଁ ତାଙ୍କୁ ତୁରନ୍ତ ସସ୍‌ପେଣ୍ଡ କରାଯିବା ସହିତ ତାଙ୍କୁ ରାଞ୍ଚି ପାଗଳଖାନାକୁ ପଠେଇବା ପାଇଁ ଦାବୀ କରୁଥାନ୍ତି। କେହି ଜଣେ କହିଲେ, ଆମେ ଏଇଠି ଆନ୍ଦୋଳନ କରିବା ଏଇଠିକି ନିର୍ବାଚନ କମିଶନର ଆସନ୍ତୁ। କେହି କହିଲେ ଅନ୍ତତଃ ଜିଲ୍ଲାପାଳ ଏଇଠି ନ ପହଞ୍ଚି ଦୃଷ୍ଟାନ୍ତମୂଳକ କାର୍ଯ୍ୟାନୁଷ୍ଠାନ ନ ନେଲା ପର୍ଯ୍ୟନ୍ତ ଆମେ ଇଞ୍ଚେ ବି ଘୁଞ୍ଚିବୁ ନାହିଁ। ସମଗ୍ର ଲୋକଙ୍କ ଭିତରେ ଆଖିରେ ଥାଏ ପ୍ରଚଣ୍ଡ ପ୍ରତିଶୋଧର ଦାବାଗ୍ନି; ମାତ୍ର ପ୍ରଫେସର ମିଶ୍ରଙ୍କ ଆଖିରେ ବେଦନା ଓ ପ୍ରତିଶୋଧର ଅଗ୍ନି ଓ ମୋ ଆଖିରେ ଲଜ୍ଜା

ଓ କରୁଣାର ଅଶ୍ରୁ। ମୁଁ କାନ୍ଦି କାନ୍ଦି କହୁଥାଏ, ସାର୍ ଆପଣ ଯଦି ଚାହିଁବେ ତାହେଲେ ଉପଜିଲ୍ଲାପାଳଙ୍କୁ କ୍ଷମା ମାଗିବା ପାଇଁ କୁହାଯିବ। ସେ ପ୍ରଥମେ ରାଜି ହେଉଥିଲେ; ମାତ୍ର ତାଙ୍କୁ ଅନ୍ୟମାନେ ସେଥିରୁ ବିରତ କଲେ। "ସେ ଆମକୁ ମାଡ଼ ମାରିଲେ, ରକ୍ତାକ୍ତ କଲେ, ଆମର ମାନ ସମ୍ମାନ ନେଲେ, ଆଉ ପଦେ କ୍ଷମା ମାଗିଦେଲେ ଛାଡ଼ିଦେବୁ। ଏତେ ସହଜରେ ତାଙ୍କୁ ଛାଡ଼ିବୁ ନାହିଁ। ତାଙ୍କୁ ଲଣ୍ଡା କରିବୁ। ସାତ ବେଣ୍ଟିଆ କରିବୁ। ତାଙ୍କୁ ଏମିତି ଶିକ୍ଷା ଦେବୁ ଯେ ଭବିଷ୍ୟତରେ କେହି ଏପରି ହିଂସ୍ର ଆଚରଣ କରିବେ ନାହିଁ ଯେମିତି।" ନିର୍ବାଚନରେ ଭାଷଣ ଦେବା ପରି ଭଙ୍ଗୀରେ କହିଲେ ଜଣେ ତରୁଣ ତୁର୍କୀ। ଆମ ଦେଶରେ କଥାବାର୍ତ୍ତା ଶାଳୀନତାର ଶେଷ ସୀମା ପାରି ହେବାକୁ ବିଳମ୍ବ ହୁଏ ନାହିଁ। ତାରି ଉତ୍କୃଷ୍ଟ ଉଦାହରଣରେ ବାତାବରଣ ସରଗରମ ହେଉଥିଲା ବାରମ୍ବାର।

ପରିସ୍ଥିତି କ୍ରମଶଃ ଅଣାୟତ୍ତ ଅବସ୍ଥାକୁ ଯାଉଥାଏ। ମୁଁ ବିଡ଼ିଓ, ଅତିରିକ୍ତ ତହସିଲଦାର ଆଦି ଅନ୍ୟାନ୍ୟ ଅଫିସରଙ୍କ ସହିତ ପରାମର୍ଶ କରୁଥାଏ କାରଣ ଏତେବଡ଼ ସମସ୍ୟାର ସମାଧାନ କରିବାକୁ ମୁଁ ଯେ ଏକୁଟିଆ ଯଥେଷ୍ଟ ନୁହେଁ ତାହା ମୋତେ ଜଳଜଳ ଦିଶୁଥାଏ। ଅତିରିକ୍ତ ତହସିଲଦାର ଥାଆନ୍ତି ବିଡ଼ିଓଙ୍କ ସହଧର୍ମିଣୀ - ଶ୍ରୀମତୀ ରୀତାରାଣୀ ମହାପାତ୍ର - ମୋର ସାନ ଭଉଣୀଠୁ ବି ବଳି। ପରବର୍ତ୍ତୀ ସମୟରେ ସେ ମାନ୍ୟବର ମୁଖ୍ୟମନ୍ତ୍ରୀଙ୍କ ସ୍ୱତନ୍ତ୍ର ଶାସନ ସଚିବ ଭାବରେ କାର୍ଯ୍ୟ କରି ସେବା ନିବୃତ୍ତ।

ଏତିକିବେଳେ ଅଧ୍ୟାପକଙ୍କୁ କିଏ ଶିଖେଇ ଦେଲେ ଯେ ସିଏ ଅଡ଼ି ବସିଲେ ଏଫ୍.ଆଇ.ଆର୍ ଦେବାପାଇଁ। ଏହାତ ତାଙ୍କର ନାଗରିକ ଅଧିକାର, ସେଥିରୁ ତାଙ୍କୁ ବା ଅଟକାଇପାରିବ କିଏ ! ସେମାନେ ଉତ୍ୟକ୍ତ ହୋଇ ଥାନା ଆଡ଼କୁ ମୁହାଁଇଲେ। ସେତେବେଳକୁ ପୋଲିସ ଫୋର୍ସ ସବୁ ପ୍ରସ୍ତୁତ ହୋଇଯାଇଥାନ୍ତି। ଥାନା ସେଠାରୁ ପ୍ରାୟ ଗୋଟାଏ କିଲୋମିଟର ଦୂର।

ମୁଁ ଏତିକିବେଳେ ବିଡ଼ିଓ ଲଲାଟେନ୍ଦୁ ବାବୁଙ୍କ ସହିତ ବିଚାର ବିମର୍ଷ କଲି (ଲଲାଟେନ୍ଦୁ ବାବୁ ଗୋଟିଏ ଜିଲ୍ଲାର ଜିଲ୍ଲାପାଳ ଭାବରେ କାର୍ଯ୍ୟ କରି ଅଧୁନା ଅବସରପ୍ରାପ୍ତ)। କିଛି ସମୟ ପରେ ଲାଗଲାଗ ଦୁଇଟି ଗାଡ଼ି ସମ୍ବଲପୁର ଛାଡ଼ିବ ବୋଲି ମାଇକ୍ ଯୋଗେ ଘୋଷଣା କରାଗଲା। ଯେଉଁମାନେ ବୁର୍ଲା ଗୋଡ଼ଭଗା ଯିବାପାଇଁ ଚାହିଁବେ ତାଙ୍କୁ ବି ଗାଡ଼ି ଛାଡ଼ିଦେବ ବୋଲି ଡକା ହେଲା। କିଛି ସମୟ ପରେ ଦେଖାହେଲା ଆନ୍ଦୋଳନକାରୀମାନଙ୍କ ଭିତରୁ କିଛି ପୋଲିସ୍ ଷ୍ଟେସନ ଆଡ଼କୁ

ନଯାଇ ଷ୍ଟାର୍ଟ କରିଥିବା ଗାଡ଼ି ଆଡ଼କୁ ମୁହାଁଉଛନ୍ତି । ତଥାପି ସେତେବେଳକୁ ପ୍ରାୟ ପଚାଶ ପାଖାପାଖି ଲୋକ ଥାନା ପାଖରେ ରୁଣ୍ଡ ହୋଇ ଏଫ୍.ଆଇ.ଆର୍ ଦେବାର ଯୋଜନା କରୁଥାନ୍ତି। ମୁଁ ସେଠାରେ ବି ପହଞ୍ଚିଗଲି। କାଳେ ଅତି ଉତ୍ସାହିତ ହୋଇ ସେମାନେ କିଛି ଅଘଟଣ କରିବସିବେ - ଆଉ ଥାନା ଉପରେ କିଛି ଆକ୍ରମଣ ହେଲେ ତା'ର ପରିଣାମ କ'ଣ ହେବ - ବିଶେଷତଃ ଯେତେବେଳେ ଯଥେଷ୍ଟ ଫୋର୍ସ ସେଠାରେ ମୁତୟନ ଅଛନ୍ତି - ତାହା ମୋତେ ଜଳଜଳ ଦିଶିଯାଉଥାଏ। ମୁଁ ସାଧ୍ୟମତେ ସେମାନଙ୍କୁ ବୁଝାଉଥାଏ। ଏହି ଘଟଣା ଆମ ସମସ୍ତଙ୍କୁ କେତେ ମର୍ମାହତ କରିଛି ଏବଂ ଉପଜିଲ୍ଲାପାଳଙ୍କ କାର୍ଯ୍ୟ କିପରି ସମଗ୍ର ପ୍ରଶାସନକୁ ଲଜ୍ଜିତ କରିଛି ତାହା ବୁଝାଇ ସେମାନଙ୍କ କ୍ରୋଧକୁ ପ୍ରଶମିତ କରିବାକୁ ଚେଷ୍ଟା କରୁଥାଏ। ସେତେବେଳେ ପୂର୍ବ ପରାମର୍ଶ ଅନୁସାରେ ଲଲାଟେନ୍ଦୁ ବାବୁ ଆଉ ଗୋଟିଏ ବସ୍ ପଠାଇଲେ। ବସ୍‌ଟି ଥାନା ସମ୍ମୁଖରେ ରହି ସମ୍ବଲପୁର ଅଭିମୁଖେ ଯାଉଥିବା ଘୋଷଣା କଲା। ଥାନା ଭିତରେ ଥିବା କିଛି ଲୋକ ବସ୍ ଭିତରକୁ ପଶିଲେ। କେତେଜଣ ସେମାନଙ୍କୁ ବାରଣ କରୁଥାନ୍ତି। କେହି କାହାକୁ ବାଧ ବା ବାରଣ କରନ୍ତୁ ନାହିଁ ବୋଲି ମୁଁ ପରାମର୍ଶ ଦେଲି। ଆହୁରି କିଛି ଲୋକ ବସ୍‌ରେ ବସିଲେ। କ୍ରମଶଃ ଥାନାରେ ଗହଳି କମି କମି ସେମାନଙ୍କ ସଂଖ୍ୟା ଦଶ ପାଖାପାଖିରେ ସୀମିତ ରହିଲା।

ମୁଁ ଯାଇ ଉପଜିଲ୍ଲାପାଳଙ୍କ ନିକଟରେ ପହଞ୍ଚିଲି। ସେ ପରାଜିତ ସୈନିକ ଭଳି ଦିଶୁଥାନ୍ତି ମୌନ ଓ ଗମ୍ଭୀର। ପରିସ୍ଥିତି କେମିତି ଅଛି ବୋଲି ମୋତେ ପଚାରୁଥିବା ତାଙ୍କ ଚାହାଣୀରୁ ଜଣାପଡୁଥିଲା। ତାଙ୍କ ଚେହେରାରୁ ଅନୁମାନ ହେଉଥିଲା ଯେମିତି ସେ ନିଃସର୍ତ୍ତ ଆତ୍ମସମର୍ପଣ କରିଛନ୍ତି। ମୁଁ ନମ୍ର ଭାବରେ ତାଙ୍କୁ ଧୈର୍ଯ୍ୟ ଧରିବାକୁ ପରାମର୍ଶ ଦେଲି। ପୁନର୍ବାର ଯାଇ ପୀଡ଼ିତ ଅଧ୍ୟାପକଙ୍କ ପାଖରେ ପହଞ୍ଚିଲି ଏବଂ କହିଲି, ସାର୍, ଆପଣ ଉପଜିଲ୍ଲାପାଳଙ୍କ ନିକଟକୁ ଚାଲନ୍ତୁ। ସେ ଆପଣଙ୍କ ପାଖରେ କ୍ଷମା ପ୍ରାର୍ଥନା କରିବାକୁ ପ୍ରସ୍ତୁତ। ତାଙ୍କ କ୍ରୋଧର ଶେଷ ଧାଡ଼ିଟି ସେ ଉଚ୍ଚାରଣ କଲେ, "ସେଭଳି ପାପାଚାରୀଙ୍କୁ ଦେଖିବା ମୋ ପକ୍ଷରେ ଘୃଣା ସୃଷ୍ଟି କରିବ। ମୁଁ ତାଙ୍କୁ ଏଇଠୁ କ୍ଷମା କରିଦେଉଛି।" ଏତକ କହି ସେ କଇଁ କଇଁ ହୋଇ କାନ୍ଦି ଉଠିଲେ। ସମ୍ମିଳିତ କ୍ରନ୍ଦନ କରିବା ଛଡ଼ା ମୋ ପାଖରେ ଭାଷା ନଥିଲା। ଏତିକିବେଳେ ଗୋଟିଏ କାର୍ ପଠେଇବାକୁ କହିଲି ଗାଡ଼ି ଦାୟିତ୍ୱରେ ଥିବା ଅଫିସରଙ୍କୁ। ସେଇ କାର୍‌ଟି ବାହାରୁ ଆସୁଥିବା ଉଚ୍ଚ ପଦାଧିକାରୀଙ୍କ ସେବାରେ ନିୟୋଜିତ ଥାଏ। ତାହା ସେ ମହାଶୟଙ୍କୁ ନେଇ ସମ୍ବଲପୁର ଚାଲିଲା। ଗାଡ଼ି

ଛାଡ଼ିବାବେଳେ ମୋ ମୁଣ୍ଡରେ ହାତ ମାରି ଅଧ୍ୟାପକ ମହୋଦୟ କହିଲେ, ଲଙ୍କାକାଣ୍ଡରୁ ପରିସ୍ଥିତି ମୁକୁଳି ଗଲା ଖାଲି ଆପଣଙ୍କ ପାଇଁ। ଗାଡ଼ି ଚାଲିଗଲା ବେଳକୁ ସମୟ ପ୍ରଭାତ ପ୍ରାୟ। ଉଦୟମାନ ସୂର୍ଯ୍ୟଙ୍କ କିରଣ ଯେମିତି କହି ଦେଉଥିଲା ଅନ୍ଧାର ଆଉ ନାହିଁ। ଆଉ ମୁଁ ଭାବୁଥିଲି ଭଗବାନ କେଡ଼େ ବଡ଼ ଦୁର୍ଯ୍ୟୋଗରୁ ଆମ୍ଭମାନଙ୍କୁ ରକ୍ଷା ନକଲେ ସତେ! ଆମେ ଯେ ଆମର ବୁଦ୍ଧି ବା ଜ୍ଞାନ ବଳରେ ପରିସ୍ଥିତିକୁ ମୁକାବିଲା କଲୁ ତାହା କେବେବି ନୁହେଁ, ଏହା ପୂର୍ଣ୍ଣମାତ୍ରାରେ ଭଗବତ କରୁଣା।

ନିଃସଙ୍ଗ ପଦାତିକ

୧୯୯୭ ମସିହାର କଥା। ସେତେବେଳେ କୁଚିଣ୍ଡାରେ ତହସିଲଦାର ଭାବରେ ମୁଁ ଅବସ୍ଥାପିତ ହୋଇଥାଏ। ସହରାଞ୍ଚଳ ନିର୍ବାଚନ ପାଇଁ ବିଜ୍ଞପ୍ତି ବାହାରିବା ସାଙ୍ଗକୁ ମୋତେ ଗୋଟାଏ ଅତିରିକ୍ତ ଦାୟିତ୍ୱ ମିଳିଗଲା ଯେ ନିର୍ବାଚନ ଅଧିକାରୀ କାମ ମୋତେ ହିଁ ତୁଲାଇବାକୁ ହେବ। ସମ୍ବିଧାନର ୭୩ ଓ ୭୪ ତମ ସଂଶୋଧନ ପରେ ତ୍ରିସ୍ତରୀୟ ପଞ୍ଚାୟତ ଓ ସହରାଞ୍ଚଳର ନିର୍ବାଚନ ଦାୟିତ୍ୱ ରାଜ୍ୟ ନିର୍ବାଚନ କମିଶନରଙ୍କ ତତ୍ତ୍ୱାବଧାନରେ କରାଗଲା। ନିର୍ବାଚନକୁ ଅବାଧ ଓ ନିରପେକ୍ଷ କରାଯିବା ଥିଲା ତାର ମୁଖ୍ୟ ଉଦ୍ଦେଶ୍ୟ।

ନିର୍ବାଚନ ଦାୟିତ୍ୱ ନେବାକ୍ଷଣି ପୁଣି ମନେ ପକେଇ ଦିଆଯାଏ ଯେ ନିରପେକ୍ଷତା, ସମୟାନୁବର୍ତ୍ତିତା ଏବଂ ଦୃଢ଼ତାକୁ କେମିତି ନିଷ୍ଠାପର ଭାବରେ ନିର୍ବାହ କରିବାକୁ ପଡ଼ିବ। କୁହାଯାଏ - ତମେ ଖାଲି ନିରପେକ୍ଷ ହେଲେ ଚଳିବ ନାହିଁ ବରଂ ଲୋକଙ୍କ ପାଖରେ ଗୋଟାଏ ଧାରଣା ସୃଷ୍ଟିହେବା ଦରକାର ଯେ ତମର ପ୍ରତିଟି କାମରେ ନିରପେକ୍ଷତା ଫୁଟି ଉଠୁଛି - ନିର୍ବାଚନ କମିଶନଙ୍କ ଭାଷାରେ Election Officer shall not only be impartial but also appear to be as such.

କୁଚିଣ୍ଡା ଗୋଟିଏ ଟ୍ରାଇବାଲ୍ ସବ୍ ପ୍ଲାନ୍ ଏରିଆ ମାନେ ଏଠାକାର ଲୋକଙ୍କ ଭିତରେ ଶତକଡ଼ା ପଚାଶ ଭାଗରୁ ଅଧିକ ହେଉଛନ୍ତି ଆଦିବାସୀ ସଂପ୍ରଦାୟର। ଅତଏବ ଏହି ସହରାଞ୍ଚଳର ନଗର ଉନ୍ନୟନ ପରିଷଦର ଅଧ୍ୟକ୍ଷ ପଦବୀଟି ବି ଆଦିବାସୀଙ୍କ ପାଇଁ ସଂରକ୍ଷିତ। ମୁଁ ଯେଉଁ ସମୟର କଥା କହୁଛି ସେତେବେଳେ ରାଜ୍ୟ ଶାସନ କରୁଥାନ୍ତି କଂଗ୍ରେସ ଦଳ ଏବଂ ବିରୋଧୀ ଦଳର ଭୂମିକା ନେଉଥାନ୍ତି

ସଦ୍ୟ ଭାରତୀୟ ରାଜନୀତିରେ ପ୍ରଭାବ ବିସ୍ତାର କରିଥିବା ଭାରତୀୟ ଜନତା ପାର୍ଟି। ସମ୍ବଲପୁର ଜିଲ୍ଲା ପରିଷଦର ମୁଖ୍ୟ ଥାଆନ୍ତି ଶ୍ରୀ ବୃନ୍ଦାବନ ମାଝୀ। ଶ୍ରୀ ମାଝୀ ପୂର୍ବରୁ ଜନତା ଦଳରେ ଥାଇ ବିଧାୟକ ଥିଲେ ଏବଂ ସଦ୍ୟ ବିଜେପିରେ ଯୋଗଦେଇ ଜିଲ୍ଲା ପରିଷଦର ଅଧ୍ୟକ୍ଷ ପଦ ମଣ୍ଡନ କରିଥାନ୍ତି।

ଏଇଭଳି ଏକ ରାଜନୈତିକ ପ୍ରେକ୍ଷାପଟରେ ସହରାଞ୍ଚଳ ପାଇଁ ନିର୍ବାଚନର ବିଗୁଲ ବାଜିଲା। ମୁଁ ସାଧାରଣ ଲୋକଙ୍କ କାମ କଲାବେଳେ ବିଶେଷତଃ ନିରପେକ୍ଷ ରହୁଥିଲି। ସେଇ ଦୃଷ୍ଟିରୁ ବିରୋଧୀ ଦଳ ଲୋକମାନେ ମୋତେ ଅଧିକ ପସନ୍ଦ କରୁଥିଲେ। ଅଫିସରମାନେ ନିରପେକ୍ଷ ହେଲେ ବିରୋଧୀ ଦଳ ବୋଧହୁଏ ଅଧିକ ଉପକୃତ ହୋଇଥାନ୍ତି, ଏଭଳି ଏକ ଧାରଣା ସଚରାଚର ଦେଖିବାକୁ ମିଳେ।

ଏତିକିବେଳେ ମୋ ସାମ୍ନାରେ ଗୋଟିଏ ସମସ୍ୟା ଆସି ଛିଡ଼ାହେଲା। ବିରୋଧୀ ଦଳ ତରଫରୁ ଯାହାଙ୍କୁ ଅଧ୍ୟକ୍ଷ ଆସନ ପାଇଁ ପ୍ରତିଯୋଗିତା କରିବାକୁ ପ୍ରାୟତଃ ଠିକ୍ କରାଯାଇଥିଲା, ସେଇ ମହାଶୟ ଆସି ମୋ ଅଫିସ୍‌ରେ ତାଙ୍କୁ ଗୋଟିଏ ଜାତି ସାର୍ଟିଫିକେଟ୍ ଦେବାପାଇଁ ଅନୁରୋଧ କଲେ। ତାଙ୍କ ଦରଖାସ୍ତଟିକୁ ଅନୁସନ୍ଧାନ କରିବାକୁ ମୁଁ ତୁରନ୍ତ ନିର୍ଦ୍ଦେଶ ଦେଲି ଏବଂ ନିର୍ବାଚନ ସମ୍ପର୍କିତ ହୋଇଥିବାରୁ ଆଦୌ ବିଳମ୍ବ କରିବା ଉଚିତ ନୁହେଁ ବୋଲି ରାଜସ୍ୱ ନିରୀକ୍ଷକଙ୍କୁ ଟେଲିଫୋନ୍ ଯୋଗେ ଜଣାଇଲି।

କିଛି ସମୟ ଉତ୍ତାରୁ ମୁଁ ଅଫିସ୍‌ରେ ଥିବାବେଳେ ଦେଖିଲି କେତେଜଣ ସରକାରୀ ଦଳ ସମର୍ଥିତ ଲୋକ ଆସି ଗୋଟିଏ ଆପତ୍ତି ଦରଖାସ୍ତ ଦେଲେ। ସେଥିରେ ଉଲ୍ଲେଖ ଥିଲା ଯେ ଉପରୋକ୍ତ ମହାଶୟ ଜଣକର ପିତା ଜଣେ ମାରୱାଡ଼ି ବ୍ୟବସାୟୀ, ସେ ତାଙ୍କ ଘରେ କାମ କରୁଥିବା ଜଣେ ଆଦିବାସୀ ଗଣ୍ଡ ସଂପ୍ରଦାୟର ଯୁବତୀଙ୍କୁ ରକ୍ଷିତା ଭାବରେ ରଖିଥିଲେ ଏବଂ ଏଇ ପୁତ୍ର ହେଉଛନ୍ତି ତାଙ୍କର ତଥାକଥିତ ଉତ୍ତରାଧିକାରୀ। ଏଇ ମହାଶୟଜଣକ ଜମିବାଡ଼ି କିଣିଲାବେଳେ ସାଙ୍ଗିଆ ନାୟକ ବ୍ୟବହାର କରି ନିଜକୁ ଆଦିବାସୀ ବୋଲି ଦର୍ଶାଇ ସବୁ ଆଦିବାସୀଙ୍କ ଜମିକୁ ବିନା ପରିମିସନ୍‌ରେ କିଣି ପକାନ୍ତି; ମାତ୍ର ସମାଜରେ ଚଳିବା ବେଳେ ନିଜକୁ ଅମୁକ ଅଗ୍ରୱାଲ ବୋଲି ପରିଚିତ କରାନ୍ତି। ତାଙ୍କର ଲୁଗାଦୋକାନ ଇତ୍ୟାଦି ଅଗ୍ରୱାଲ ନାମ ବହନ କରିଥିବାର ପ୍ରମାଣ।

କିଛି ସମୟ ଉତ୍ତାରୁ ଆର.ଆଇ.ଙ୍କ ରିପୋର୍ଟ ଆସି ପହଞ୍ଚିଲା ଯେଉଁଥିରେ ମହାଶୟଙ୍କର କିଛି କିଣା ହୋଇଥିବା ଜମିରେ ତାଙ୍କ ଜାତି ଆଦିବାସୀ (ଗଣ୍ଡ) ବୋଲି ଲେଖାଯାଇଛି ବୋଲି ସେ ଦର୍ଶାଇଥିଲେ।

ମୋ ପାଇଁ ଠିକ୍ ଜାତି ସାର୍ଟିଫିକେଟ୍ ଦେବା ଥିଲା ଏକ ବିଶେଷ ଆହ୍ୱାନ। ମୁଁ ଅନୁସନ୍ଧାନ କରି ଜାଣିଲି ଯେ ଅଭିଯୋଗରେ ଯେଉଁ କଥା ଦର୍ଶାଯାଇଛି ତାହା ପୂରାପୂରି ଠିକ୍। ତେଣୁ ମୁଁ ନିଜେ ଗୋଟିଏ କ୍ଷେତ୍ର ପରିଦର୍ଶନ ବିବରଣୀ ପ୍ରସ୍ତୁତ କଲି ଏବଂ ସେ ଜାତି ସାର୍ଟିଫିକେଟ ପାଇବା ପାଇଁ ହକ୍‌ଦାର ନୁହନ୍ତି ବୋଲି ମୋର ଆଦେଶନାମାରେ ଦର୍ଶାଇଲି।

ସାଙ୍ଗେ ସାଙ୍ଗେ ଦେଖିଲି ଯେଉଁ ରାଜନୈତିକ ଦଳର ଲୋକମାନେ ମୋର ସଚ୍ଚୋଟତା ଓ ନିରପେକ୍ଷତାର ପ୍ରଶଂସା କରୁଥିଲେ, ସେମାନେ ଆଖି ପିଛୁଳାକେ ମୋର ଶତ୍ରୁ ପାଲଟିଗଲେ ଯେମିତି। ସେମାନେ ଏମିତି ଅପପ୍ରଚାର କଲେ ଯାହାର ସାରମର୍ମ ହେଲା ଯେ ଏଇ ଅଫିସରଜଣକ ଅମେରୁଦଣ୍ଡୀ ପ୍ରାଣୀଟିଏ। ସରକାରୀ କଳକୁ ସାହାଯ୍ୟ କରିବା ପାଇଁ ସେ ଏପରି ବିବାଦମାନ ନିଷ୍ପତ୍ତି ନେଇଛନ୍ତି। ସଂପୃକ୍ତ ବ୍ୟକ୍ତିଙ୍କର ଜମିଜମାରେ ଜାତି ଆଦିବାସୀ ଲେଖା ହୋଇଥିଲା ବେଳେ ତାକୁ ବଦଳେଇବାର କ୍ଷମତା ତହସିଲଦାରଙ୍କର ନାହିଁ। କେହି କେହି ଗୁଜବ ଆରମ୍ଭ କଲେ ଯେ ମୁଖ୍ୟମନ୍ତ୍ରୀଙ୍କ ଦପ୍ତରରୁ ଧମକ ଆସିବା ମାତ୍ରେ ବିଚରାଟି ଏଇ ନିଷ୍ପତ୍ତି ନେଇଛନ୍ତି। ମୁଁ କିନ୍ତୁ ଠିକ୍ ନିଷ୍ପତ୍ତି ନେଇଛି ବୋଲି ମୋର ଦୃଢ଼ ଧାରଣା ଥାଏ।

ଉପଜିଲ୍ଲାପାଳ ଅନୌପଚାରିକ ଭାବରେ ମୋତେ ପଚାରିଲେ - କ'ଣ ନିରଞ୍ଜନ ବାବୁ! ହଠାତ୍ କ'ଣ ଲୋକମତ ଆପଣଙ୍କ ବିରୋଧରେ ଚାଲିଗଲା।

ମୁଁ ତାଙ୍କୁ ନମ୍ର ଭାବରେ କହିଲି - ସାର୍! ନିଷ୍ପତ୍ତି ନେବା ଆମର କାମ। ଯାହା ବିରୋଧରେ ଆଦେଶ ଗଲା, ସିଏ ଅଶାନ୍ତି ହେବା ତ ସ୍ୱାଭାବିକ କଥା ! ମାତ୍ର କଥାଟି ଏତେ ଜୋର୍‌ରେ ଏହା ଚର୍ଚ୍ଚା ହେଲା ଯେ ଆମେ ଭାବୁଥିଲୁ ନିର୍ବାଚନ୍ ଖୁବ୍ ପ୍ରତିଦ୍ୱନ୍ଦ୍ୱିତାମୂଳକ ହେବାକୁ ଯାଉଛି।

ସେଦିନର ମୋର ନିଷ୍ପତ୍ତି ପରେ ସଂପୃକ୍ତ ରାଜନୈତିକ ଦଳ ମୋ ଆଦେଶ ବିରୋଧରେ ଅପିଲ୍ କରିବାକୁ କହିଲେ; ମାତ୍ର ସେମାନେ ଜାଣିଥିଲେ ଯେ ଏହାର ଫଳାଫଳ ବଦଳିବା ସମ୍ଭବ ନୁହେଁ, ଜଣେ ମନ୍ଦ ଉଦ୍ଦେଶ୍ୟ ରଖି ନିଜର ଜାତି ସରକାରୀ ରେକର୍ଡ଼ରେ ବଦଳାଇ ଦେଲେ ପ୍ରକୃତରେ ତାଙ୍କର ଜାତି ବଦଳି ଯାଏ ନାହିଁ। ଏହାହିଁ ନିୟମ। ବାପ ମା' ଉଭୟ ଆଦିବାସୀ ହୋଇଥିଲେ ସେମାନଙ୍କର ପୁତ୍ରକନ୍ୟାମାନେ ଆଦିବାସୀ ସାର୍ଟିଫିକେଟ୍ ପାଇବାକୁ ହକ୍‌ଦାର।

ସଂପୃକ୍ତ ରାଜନୈତିକ ଦଳ ତରଫରୁ ଆଉ ଜଣଙ୍କୁ ପ୍ରାର୍ଥୀ ଭାବରେ ସେମାନେ ଠିକ୍ କଲେ ଯିଏକି ପ୍ରକୃତ ଆଦିବାସୀ। ତାଙ୍କୁ ସାର୍ଟିଫିକେଟ୍ ଦେବାରେ ମୁଁ ମୁହୂର୍ତ୍ତେ ବିଳମ୍ବ କରି ନଥିଲି। ତାପର କିଛିଦିନ କ୍ରମାଗତ ଭାବରେ ଲକ୍ଷ୍ୟ କରୁଥିଲି ଏକାରକମର ଅଭିଯୋଗ। ସରକାରୀ ଦଳ ତରଫରୁ ମୋ ନିକଟତର ଅଭିଯୋଗ ପତ୍ର ପହଞ୍ଚିବ ଯେ ଅମୁକ ଗାଁର ଲୋକଙ୍କୁ ପ୍ରଭାବିତ କରିବା ପାଇଁ ବିରୋଧୀ ଦଳ ତରଫରୁ ଗୋଟିଏ ଭୋଜୀର ଆୟୋଜନ କରାଯାଇଛି ତ ବିରୋଧୀ ଦଳ ତରଫରୁ ଅଭିଯୋଗ ଆସିବ କେଉଁ ଗାଁରେ ଭୋଟ ନଦେଲେ ସେଇ ଅଞ୍ଚଳରେ କିଛି ଉନ୍ନୟନ କାମ ହେବ ନାହିଁ ବୋଲି ସରକାରୀ ଦଳ ତରଫରୁ ଧମକ ଦିଆଯାଉଛି। ମୁଁ କ୍ରମଶଃ ଅନୁଭବ କରୁଥିଲି ପ୍ରତି ଦଳରୁ କିଛି ବଛାବଛା ଓକିଲଙ୍କୁ ଏଇ କାମରେ ନିୟୋଜିତ କରାଯାଉଥିଲା। ଅଭିଯୋଗ ଓ ପ୍ରତି ଅଭିଯୋଗର ସଂଖ୍ୟା କ୍ରମେ ବହୁଳ ଭାବରେ ବୃଦ୍ଧି ହେଉଥିଲା। ଯେଉଁମାନେ ଦରଖାସ୍ତ ଲେଖିବାରେ ପ୍ରବୀଣ ସେମାନେ ଏତେ ଚମତ୍କାର ବର୍ଣ୍ଣନା କରିଥାନ୍ତି ତାହା ପଢ଼ିଲେ ସାଧାରଣ ଲୋକ ତାକୁ ସତ ଭାବିବ ହିଁ ଭାବିବ। ଆଧୁନିକ ଯୁଗ ହେଉଛି ବର୍ଣ୍ଣନା ଚାତୁରୀର ଯୁଗ – ଏହା ନିଃସନ୍ଦେହରେ କୁହାଯାଇପାରେ।

ଦିନକର କଥା। ରବିବାର ହୋଇଥାଏ। ମୁଁ ଖାଇବା ପରେ ସରକାରୀ କ୍ୱାଟର୍ସରେ ଟିକିଏ ଶୋଇପଡ଼ିଥାଏ। ନିଦ ଭାଙ୍ଗିଲା ବେଳକୁ ପ୍ରାୟ ତିନିଟା ହେବ। ମୁଁ ଝରକା ଭିତରୁ ଥାଇ ବାହାରର ଦୃଶ୍ୟକୁ ନିରେଖୁ ଥାଏ। ଗୋଟିଏ ଅସ୍ୱାଭାବିକ ଦୃଶ୍ୟ ମୋ ନଜରକୁ ଆସିଲା। ଦେଖିଲି ପ୍ରାୟ ଶହେ ଜଣ ହେବ ଲୋକ ଗୋଟିଏ ଶୋଭାଯାତ୍ରା କରି ଆସୁଥାନ୍ତି; ମାତ୍ର କିଛି ସ୍ଲୋଗାନ ନଥାଏ। ମୁଁ ଭାବିଲି ହୁଏତ କୌଣସି ରାଜନୈତିକ ଦଳର ର୍‍ୟାଲି ହୋଇଥିବ। ବୋଧହୁଏ ସଭାସ୍ଥଳକୁ ନେତୃମଣ୍ଡଳୀକୁ ନେଇ ଯାଉଛନ୍ତି ସଂପୃକ୍ତ ଦଳର ତଳତଳିଆ କର୍ମୀବୃନ୍ଦ। ମୁଁ ଆଶ୍ଚର୍ଯ୍ୟ ହେଲି ଯେତେବେଳେ କିଛି ସମୟ ଭିତରେ ଆଉ ଟିକିଏ ପାଖେଇ ଆସିଲା ସେଇ ଶୋଭାଯାତ୍ରାଟି। ସେଥିରେ ମୁଖ୍ୟ ଭାଗରେ ଥାଆନ୍ତି ରାଜ୍ୟ ସରକାରଙ୍କର ତତ୍କାଳୀନ ଶ୍ରମ ବିଭାଗର କ୍ୟାବିନେଟ ମନ୍ତ୍ରୀ ଶ୍ରୀଯୁକ୍ତ ଦୁର୍ଗାଶଙ୍କର ପଟ୍ଟନାୟକ, ସ୍ଥାନୀୟ ବିଧାୟକ ଶ୍ରୀ ପାଣୁ ନାୟକ, ସ୍ଥାନୀୟ ପୂର୍ବତନ ଚେୟାରମ୍ୟାନ୍ ଶ୍ରୀ ପିଣ୍ଟୁ ମହାନ୍ତ। ମୋର କୌତୁହଳର ସୀମା ରହିଲା ନାହିଁ ଯେତେବେଳେ ମୁଁ ଦେଖିଲି ସେଇ ଶହେ ପାଖାପାଖି ଜନସଂଖ୍ୟାର ଧାଡ଼ିଟି ମୋ ସରକାରୀ ବାସଭବନର ଗେଟ୍ ଦେଇ ଭିତରକୁ ପଶିଲେ। ମୁଁ ତୁରନ୍ତ ପ୍ୟାଣ୍ଟ ସାର୍ଟ ପିନ୍ଧି ପକେଇଲି ଓ ବାହାରକୁ ବାହାରି ଆସିଲି। ନେତୃବୃନ୍ଦ ସମସ୍ତେ ମୋତେ ବ୍ୟକ୍ତିଗତ

ଭାତରେ ଜାଣିଥିଲେ। ମୁଁ ସେମାନଙ୍କୁ ଅଭିବାଦନ ଜଣାଇ ଏପରି ଶୋଭାଯାତ୍ରା ସହିତ ଆସିବାର କାରଣ ଜିଜ୍ଞାସା କଲି।

ଶ୍ରମ ମନ୍ତ୍ରୀ ଦୁର୍ଗା ବାବୁ କହିଲେ, ନିରଞ୍ଜନ ବାବୁ ଆପଣତ ଆମର ନିର୍ବାଚନ ଅଧିକାରୀ। ଆସିଛୁ ଆପଣଙ୍କ ନିକଟକୁ ଗୁରୁତର ଅଭିଯୋଗଟିଏ ନେଇ।

ମୁଁ କହିଲି, ସାର୍। ଏମିତି କ'ଣ ଅଛି ଯେ ଆପଣ କାହାକୁ ପଠେଇ ପାରିଥାନ୍ତେ ଦରଖାସ୍ତଟିଏ ଦେଇ। ତାଙ୍କ ସହିତ ନୀରବରେ ଥିବା ଜନତା ଆଡ଼କୁ ଲକ୍ଷ୍ୟ କରି କହିଲେ, "ସମସ୍ୟା ଏତେ ଗୁରୁତର ହୋଇ ନଥିଲେ ଛୁଟି ଦିନରେ କ'ଣ ଆପଣଙ୍କ ଶୋଇବା ସମୟରେ ଆପଣଙ୍କୁ ଡିଷ୍ଟର୍ବ କରିଥାନ୍ତୁ।"

ମୁଁ ମନେ ମନେ ଭାବୁଥାଏ। ଏମିତି ଦାୟିତ୍ୱ ମିଳିଛି ଯେ ଛୁଟିଦିନ ଦିପହରରେ ବି ଟିକିଏ ବିଶ୍ରାମ ନେବାର ସ୍ୱାଧୀନତା ବି ମୋର ନାହିଁ। ମାତ୍ର ମୁହଁ ଖୋଲି କହିଲି ସାର୍, କ'ଣ କଥାଟି କହନ୍ତୁ।

ସେ କହିଲେ, କହିବୁ କ'ଣ ଆଉ - ଆପଣ ଆମ ସାଙ୍ଗରେ ଆସନ୍ତୁ ଆପଣଙ୍କ ଏଇ ସରକାରୀ ବାସଗୃହଠାରୁ ମାତ୍ର ଦୁଇଶହ ମିଟର ଦୂରରେ ଯେଉଁ ପୂର୍ତ୍ତବିଭାଗ ଡାକବଙ୍ଗଳା ଅଛି ସେଇଠିକି, ସରକାରୀ କାମରେ ଆସିଥିଲେ ଜିଲ୍ଲାପରିଷଦର ଅଧକ୍ଷ। ଏବେବି ତାଙ୍କର ସରକାରୀ ଗାଡ଼ି ସେଇଠି ରହିଛି। ସେ ଯାଇଛନ୍ତି ନିର୍ବାଚନ ପ୍ରଚାର କରିବାକୁ। ଆମ ସହିତ ଆପଣ ଆସନ୍ତୁ। ସେଇ ଗାଡ଼ିରେ ଲାଗିଥିବା ନାଲିବତୀଟିକୁ ଆପଣ ଖୋଲିବେ - ଯେହେତୁ ତାହା ନିର୍ବାଚନ ଆଚରଣ ବିଧିର ଘୋର ଉଲ୍ଲଙ୍ଘନ।

ମୁଁ କହିଲି - ଠିକ୍ କଥା ସାର୍। ଆପଣ ଗୋଟାଏ ଦରଖାସ୍ତ ପଠେଇ ଦିଅନ୍ତୁ। ଆଇନ ଅନୁଯାୟୀ ମୁଁ ପଦକ୍ଷେପ ନେବି।

ତାପରେ ଦେଖାଗଲା ସମସ୍ତେ ତାଙ୍କ ପଛେ ପଛେ ପୁଣି ଫେରିଗଲେ ଯେଉଁଆଡୁ ଆସିଥିଲେ। ପାଞ୍ଚ ମିନିଟ୍ ଯାଇଥିବ କି ନାହିଁ ଦରଖାସ୍ତ ହସ୍ତେ ଆସି ଦୁଇଜଣ ଯୁବ କଂଗ୍ରେସ ପିଲା ମୋ କଲିଂ ବେଲ୍ ଚିପିଲେ। ମୁଁ ତାଙ୍କ ଠାରୁ ଦରଖାସ୍ତ ଆଣୁ ଆଣୁ ସେମାନେ କହିଲେ - ସାର୍ ଏବେ ଯିବେ ଆମ ସାଙ୍ଗରେ ?

ମୁଁ କହିଲି - ଆରେ ବାବୁ ! ମୁଁ ଏଇ ଦରଖାସ୍ତଟା ଅନୁସନ୍ଧାନ କରିବାକୁ ସି.ଆଇ. ପୋଲିସ୍‌ଙ୍କୁ ଦେଉଛି। ତାଙ୍କଠାରୁ ରିପୋର୍ଟ ଆସିଲା ପରେ ମୋର ଯାହା କରିବା କଥା ମୁଁ କରିବି। ମୁଁ ଦରଖାସ୍ତଟି ଅନୁସନ୍ଧାନ କରିବାକୁ ମୋ ପିଅନକୁ ଦେଇ ପଠାଇଲି। ସେମାନେ ମୋ ଅଫିସ ପିଅନ ସହିତ ଗଲେ - ଅଧଘଣ୍ଟେ ଯାଇ

ନଥିବ ମୁଁ ପଠେଇଥିବା ଦରଖାସ୍ତ ସହିତ ପୋଲିସ ଇନିସ୍‌ପେକ୍ଟରଙ୍କ ଅନୁସନ୍ଧାନ ରିପୋର୍ଟ ନେଇ ଯୁବ କଂଗ୍ରେସର କେତେଜଣ ଆଉ ଛାତ୍ରକଂଗ୍ରେସର କିଛି ଚଗଲା ପିଲା ମୋ ବସାଘର ସାମ୍‌ନାରେ ଭିଡ଼ ଜମାଇଲେ। ମୁଁ ଦେଖିଲି ପରିସ୍ଥିତି କ୍ରମଶଃ ବିଗିଡ଼ି ଯାଉଛି ଏଇ ପରିସ୍ଥିତିରେ କ'ଣ କରିବି ଅଥବା କହିବା ଉଚିତ ତାହା ମୁଁ ଠିକ୍ କରିପାରୁନଥିଲି। ମୁଁ ଇଲେକ୍‌ସନ କମିଶନ ଦେଇଥିବା ନିର୍ଦ୍ଦେଶାବଳୀ ପଢ଼ିବାକୁ ଚାହିଁଲି। ସେତେବେଳେ ମୋ ବସାକୁ କ୍ରମାଗତ ଦୁଇଟା ଟେଲିଫୋନ ଆସିଲା। ମୁଁ ଗୋଟାଏ ଉଠଉ ଉଠଉ ସମ୍ବଲପୁର ଉପଜିଲ୍ଲାପାଳ ତାଙ୍କର ଗାର୍ଜନ ସୁଲଭ ଢଙ୍ଗରେ କହିଲେ, "ନିରଞ୍ଜନ ତମେ କାହିଁକି ତୁଛାଟାରେ ବିଳମ୍ବ କରୁଛ। ତମ ଉପରେ ସରକାର ଖପ୍‌ପା ହେଲେଣି। ତମେ ଯାଇ ତୁରନ୍ତ ସେଇ ଗାଡ଼ିରୁ ନାଲିବତୀଟା ଖୋଲିଦିଅ। ଆରେ ଆମ ସରକାର ଅଛି, ତମର କିଏ କ'ଣ ଅସୁବିଧା କରିବ?" ମୁଁ ମନକୁ ମନ କହୁଥାଏ। ମୁଁ ଇଲେକସନ୍ କମିଶନଙ୍କ ନିର୍ଦ୍ଦେଶାବଳୀ ଅନୁଯାୟୀ କାମ କରିବି। ଯାହା ହୋଇଯାଉ ପଛକେ! ପଡ଼ୋଶୀ ସବ୍‌ଡିଭିଜନର ଉପଜିଲ୍ଲାପାଳଙ୍କ ଉପରେ ପଡ଼ି ପରାମର୍ଶ ଦେବା କଥା ମୋତେ ଶୁଝିକଟୁ ଲାଗିଲା।

ଛାତ୍ର ଓ ଯୁବକ କଂଗ୍ରେସର ଚଗଲା ଟୋକାମାନଙ୍କୁ କୌଶଳରେ କେଇପଦ କଥା କହିଦେଇ ମୁଁ ଚାଲିଲି ଉପଜିଲ୍ଲାପାଳଙ୍କ ନିକଟକୁ ପରାମର୍ଶ କରିବାକୁ। ଉପଜିଲ୍ଲାପାଳଙ୍କ ବାସଭବନ ମୋର ସରକାରୀ ଘରଠାରୁ ମାତ୍ର ଶହେ ମିଟର ଦୂର। ସେତେବେଳକୁ ମୁଁ ନିର୍ଦ୍ଦେଶାବଳୀ ଦରାଣ୍ଡି ଦେଇଥାଏ। ଉପଜିଲ୍ଲାପାଳଙ୍କୁ ସମସ୍ତ କଥା ଜଣାଇବା ସହିତ କହିଲି, ସାର୍ ଏଇ ନିର୍ଦ୍ଦେଶାବଳୀ କହୁଛି ଏପରି ପରିସ୍ଥିତିରେ ନିର୍ବାଚନ ଅଧିକାରୀ ଜିଲ୍ଲା ମାଜିଷ୍ଟ୍ରେଟ୍‌ଙ୍କୁ ଜଣାଇବେ ଏବଂ ଜିଲ୍ଲା ମାଜିଷ୍ଟ୍ରେଟ୍ ହିଁ ଯାହା କିଛି ନିର୍ଦ୍ଦେଶ ଦେଇ ପାରିବେ। ଉପଜିଲ୍ଲାପାଳଙ୍କୁ ଅନୁରୋଧ କଲି ଜିଲ୍ଲାପାଳଙ୍କୁ କଥା ହୋଇ କିଛି ନିର୍ଦ୍ଦେଶ ଥିଲେ ଜଣାଇବା ପାଇଁ। ସେ ଯୁଗରେ ଆଜିକାଲି ଭଳି ମୋବାଇଲ ଟେଲିଫୋନ ନଥିଲା। ଜିଲ୍ଲାପାଳଙ୍କ ବାସ ଭବନରୁ ଖବର ଆସିଲା ଯେ ଜିଲ୍ଲାପାଳ କୌଣସି କାର୍ଯ୍ୟରେ ରେଢ଼ାଖୋଲ ଯାଇଛନ୍ତି। ରେଢ଼ାଖୋଲ ସହିତ ଟେଲିଫୋନ୍‌ରେ ଯୋଗାଯୋଗ କରିବା ସମ୍ଭବ ହେଲାନାହିଁ। ଉପଜିଲ୍ଲାପାଳଙ୍କୁ ମୁଁ କହିଲି ମୁଁ ଗୋଟିଏ ଗାଡ଼ିରେ ଜଣେ ପତ୍ରବାହକ ଦ୍ୱାରା ଜିଲ୍ଲାପାଳଙ୍କ ଅଫିସ୍‌କୁ ଏଇ ପ୍ରକାରେ ଜିଲ୍ଲାପରିଷଦ ଅଧକ୍ଷ ନିର୍ବାଚନ ଆଚରଣ ବିଧି ଉଲ୍ଲଙ୍ଘନ କରିଥିବା ମୋ ନଜରକୁ ଆସିଛି ବୋଲି ଜଣାଇ ଦେଉଛି। ସେ ନୀରବ ରହିଲେ।

ମାତ୍ର ସେତେବେଳେ କଂଗ୍ରେସ ଦଳର ମନ୍ତ୍ରୀ ଏବଂ ଅନ୍ୟମାନେ ଯାଇ ଉପଜିଲ୍ଲାପାଳଙ୍କ ନିକଟରେ ପହଞ୍ଚି ତହସିଲଦାର ନ୍ୟାୟ ଦେବାରେ ବିଳମ୍ବ କରୁଛନ୍ତି ବୋଲି କହିଲେ। ସେ ତାଙ୍କୁ ଉତ୍ତର ଦେଲେ ଯେ ନିର୍ବାଚନ ଅଧିକାରୀ ଭାବରେ ସେ ତାଙ୍କର ନିଷ୍ପତ୍ତି ନେଉଛନ୍ତି ମୁଁ ସେଥିରେ କିଛି ହସ୍ତକ୍ଷେପ କରିପାରିବି ନାହିଁ।

ସେତେବେଳକୁ ମୋ ଘର ସାମ୍ନାରେ ଲୋକଙ୍କର ଭିଡ଼ ବଢ଼ିବାକୁ ଲାଗିଲା। ମୁଁ ତୁରନ୍ତ ଚିଠି ଦେଇ ଜିଲ୍ଲାପାଳଙ୍କ ପାଖକୁ ପଠାଇଦେଲି; ମାତ୍ର ଜିଲ୍ଲାପାଳଙ୍କୁ ସଂପର୍କ କରିବା ସମ୍ଭବ ହେଲା ନାହିଁ। ସରକାରୀ ଦଳ ସେତେବେଳେ ପ୍ରଚାର କଲେ ଯେ ବିରୋଧୀ ଦଳଙ୍କ ସହିତ କିଛି ଭିତରି ବୁଝାମଣା କରି ତହସିଲଦାର ନିଷ୍ପତ୍ତି ନେବାରେ ଟାଳଟୁଳ କରୁଛନ୍ତି। ଆହୁରି କିଛି ଉତ୍ସାହୀ ସ୍ଲୋଗାନ ଦେଲେ ଯେ ତହସିଲଦାର ଡାଉନ୍ ଡାଉନ୍। ମୋ ଛାତି ଧଡ଼ ଧଡ଼ ହେଉଥାଏ। ମୁଁ ପୋଲିସ୍‌କୁ ଖବର ଦେଲି ସରକାରୀ ଦଳ ତରଫରୁ ମୋତେ ଆକ୍ରମଣ କରିବା କିଛି ବିଚିତ୍ର ନୁହେଁ। ପୋଲିସ ଆସି ବୁଝାବୁଝି କରି ସେମାନଙ୍କୁ ମୋ ଘର ପାଖରୁ ବାହାର କଲେ।

ଦିଦିନ ପରେ ଜିଲ୍ଲାପାଳଙ୍କ ଦପ୍ତରରୁ ଗୋଟିଏ ଚିଠି ମୋତେ ମିଳିଲା। ସେଇ ଚିଠିଟି ଜିଲ୍ଲାପରିଷଦ ଅଧକ୍ଷଙ୍କୁ ଦିଆଯାଇଥିବା ଚିଠିର ନକଲ। ମୋର ଅବଗତି ପାଇଁ ପ୍ରେରଣ କରାଯାଇଥିଲା। ସେଥିରେ ଜିଲ୍ଲା ମାଜିଷ୍ଟ୍ରେଟ୍ ତାଙ୍କୁ ଅନୁରୋଧ କରିଥିଲେ ସେ ଯେମିତି ଆଗକୁ ସରକାରୀ କାମ ସହିତ ରାଜନୈତିକ କାମକୁ ନ ଯୋଡ଼ନ୍ତି।

ଏଇ ଘଟଣାଟି ପରେ ମୁଁ ନିଜକୁ ପଚାରୁଥିଲି ପ୍ରାୟ ଦଶଦିନ ଭିତରେ ଘଟିଯାଇଥିବା ଦୁଇଟି ଘଟଣାକୁ ନେଇ ଉଭୟ ଘଟଣାରେ ମୁଁ ଆଇନ୍ ଅନୁଯାୟୀ ନିଷ୍ପତ୍ତି ନେଇଥିଲି। ଅଥଚ ପ୍ରଥମରେ ମୁଁ ସରକାରୀ ଦଳର ଚାପରେ କାମ କଲି ବୋଲି ବିରୋଧୀ ଦଳଙ୍କର ବିରାଗ ଭାଜନ ହେଲି, ଅଥଚ ଦଶଦିନ ଭିତରେ ଆଉ ଗୋଟିଏ ଘଟଣାରେ ମୁଁ ସରକାରୀ ଦଳର ଆକ୍ରୋଶର ଶିକାର ହେଲି। ଲାଗୁଥିଲା, ଆଇନ ଅନୁସାରେ ଚଳୁଥିବା ଲୋକଟି ଯେମିତି ଖୁବ୍ ଏକଲା। ନିଃସଙ୍ଗ ପଦାତିକଟିଏ। ଯାହାର ଆଗରେ କେହିନାହିଁ କି ପଛରେ କେହିନାହିଁ।

■

ନିର୍ବାଚନ ପରିଚାଳନାର ଏକ ବିରଳ ଅନୁଭୂତି

୨୦୦୨ ମସିହାର କଥା। ସେତେବେଳେ ମୁଁ ନୟାଗଡ଼ରେ ଉପଜିଲ୍ଲାପାଳ ଭାବରେ କାର୍ଯ୍ୟରତ ଥାଏ। ଫେବୃୟାରୀ ମସିହାରେ ହେଲା ପଞ୍ଚାୟତ ନିର୍ବାଚନ। ପାର୍ଲିଆମେଣ୍ଟରେ ଆଇନ ସଂଶୋଧନ ହେଲା ପରେ ତ୍ରିସ୍ତରୀୟ ପଞ୍ଚାୟତ ନିର୍ବାଚନ ହୋଇ ଆସୁଛି। ଅର୍ଥାତ୍ ପଞ୍ଚାୟତ, ପଞ୍ଚାୟତ ସମିତି ଓ ଜିଲ୍ଲା ପରିଷଦ। ପଞ୍ଚାୟତରେ ସରପଞ୍ଚ ନିଜେ ହେଉଛନ୍ତି ମୁଖ୍ୟ କାର୍ଯ୍ୟନିର୍ବାହୀ। ପଞ୍ଚାୟତ ସମିତିକୁ ସାଧାରଣ ଭାବରେ ଲୋକମାନେ ବ୍ଲକ ବୋଲି ବୁଝନ୍ତି। ପଞ୍ଚାୟତ ସ୍ତରରୁ ଯେଉଁମାନେ ସମିତି ମେମ୍ବର ଭାବରେ ନିର୍ବାଚିତ ହୋଇ ଆସିଥାନ୍ତି ସେମାନେ ସଂରକ୍ଷଣ ନିୟମ ଅନୁସାରେ ନିଜ ଭିତରୁ ଜଣକୁ ଅଧ୍ୟକ୍ଷ ଓ ଆଉ ଜଣକୁ ଉପାଧ୍ୟକ୍ଷ/ଉପାଧ୍ୟକ୍ଷା ବାଛନ୍ତି। ପଞ୍ଚାୟତ ସମିତି ସ୍ତରରେ ନିର୍ବାଚନ ଯଦିଓ ଆଇନ ଅନୁସାରେ ନିର୍ଦ୍ଦଳୀୟ ଭାବରେ ହୁଏ; ମାତ୍ର ବାସ୍ତବରେ ସବୁ ରାଜନୈତିକ ଦଳ ସେଥିରେ ପରୋକ୍ଷରେ ନିଜର ପ୍ରାର୍ଥୀ ଦିଅନ୍ତି। ଅବଶ୍ୟ ରାଜନୈତିକ ଦଳର ଚିହ୍ନ ବ୍ୟବହାର କରିବା ପାଇଁ ଅନୁମତି ଏଇ ନିର୍ବାଚନରେ ନଥାଏ କେବଳ ଜିଲ୍ଲାପରିଷଦ ଛଡ଼ା।

ପଞ୍ଚାୟତ ସମିତିର ଅଧ୍ୟକ୍ଷ ନିୟମ ଅନୁସାରେ ବ୍ଲକ ସ୍ତରରେ ସବୁ ନିଷ୍ପତ୍ତିର ମୁଖ୍ୟ। ସେଇ ଦୃଷ୍ଟିରୁ ଏହା ଏକ ଗୁରୁତ୍ୱପୂର୍ଣ୍ଣ ପଦବୀ। ବିଶେଷତଃ ଉନ୍ନୟନ କାର୍ଯ୍ୟକଳାପର ସବୁକଥା ସେଇ ବ୍ଲକସ୍ତରରେ ହୁଏ। ଅତଏବ ପଞ୍ଚାୟତ ସମିତିର ଅଧ୍ୟକ୍ଷ ପଦ ହାତେଇବା ପାଇଁ ବହୁ ପ୍ରତିଦ୍ୱନ୍ଦ୍ୱିତା ପୂର୍ଣ୍ଣ ନିର୍ବାଚନ ହେଉଥିବା ଆମେ ସମସ୍ତେ ଜାଣନ୍ତି। କେତେବେଳେ କିଏ ସମିତିସଭ୍ୟଙ୍କୁ ପ୍ରଭାବିତ କରିବା ପାଇଁ କଣ କରୁଛନ୍ତି ତାର ମୁଖ ରୋଚକ ତଥ୍ୟ ମଝିରେ ମଝିରେ ଖବର କାଗଜରେ

ମଧ୍ୟ ସ୍ଥାନ ପାଏ । କେବେକେବେ ଅପହରଣ ପରି ସଙ୍ଗୀନ ଅପରାଧ ମଧ୍ୟ ସଂଘଟିତ ହୋଇଥାଏ କିମ୍ବା ସେଇଭଳି ଅଭିଯୋଗ ପୁଲିସ ପାଖରେ ପହଞ୍ଚେ ।

ପଞ୍ଚାୟତ ସ୍ତରରେ ନିର୍ବାଚନ ହେଲାବେଳେ ନିର୍ବାଚନ ଦିନ ଯେଉଁ ଗଣନା ହୁଏ, ସେଇଥିରୁ ଅଧିକାଂଶ ପଞ୍ଚାୟତ ସମିତି ସଦସ୍ୟଙ୍କ ନିର୍ବାଚନ ଜଣା ପଡ଼ିଯାଇଥାଏ, ଯଦିଓ ତାହାକୁ ନିର୍ବାଚନ ଫଳାଫଳ ବୋଲି ଧରାଯାଏ ନାହିଁ । ନିର୍ବାଚନ ସବୁ ପଞ୍ଚାୟତରେ ସରିବା ପରେ ଜିଲ୍ଲାପାଳଙ୍କ ନିର୍ଦ୍ଦେଶ ଅନୁସାରେ ଆଉଥରେ ବ୍ଲକସ୍ତରରେ ଗଣନା କରାଯାଇ ଫଳ ଘୋଷଣା ହୁଏ ଯଦିଓ ଏହି ପ୍ରକ୍ରିୟାର ପଞ୍ଚାନବେ ପ୍ରତିଶତରୁ ଅଧିକ ଫଳାଫଳ ଆଗରୁ ଜଣାଯାଇଥାଏ । ପଞ୍ଚାୟତ ସମିତି ଅଧ୍ୟକ୍ଷ ନିର୍ବାଚନ ହେଲାବେଳକୁ ପ୍ରାୟ ମାସେ ଦେଢ଼ ମାସ ବିତିଯାଇଥାଏ । ଅର୍ଥାତ୍ ଯେଉଁ ସମିତି ସଭ୍ୟମାନେ ନିର୍ବାଚିତ ହୋଇନିଜେ ପୁଣି ସମିତି ଅଧ୍ୟକ୍ଷ ନିର୍ବାଚନ ପାଇଁ ଅପେକ୍ଷା କରିଥାନ୍ତି । ସେମାନେ ବିରକ୍ତ ହୋଇ ପଡ଼ିବା ସ୍ୱାଭାବିକ । ସେମାନଙ୍କୁ ନିଜ ସପକ୍ଷରେ ନେବା ପାଇଁ କେତେ କ'ଣ ରାଜନୈତିକ କାର୍ଯ୍ୟକଳାପ ଚାଲେ ।

ପ୍ରାୟ ଏପ୍ରିଲ ମାସ ବେଳକୁ ସବୁ ବ୍ଲକରେ ଅଧ୍ୟକ୍ଷ ନିର୍ବାଚନ ହୋଇଗଲା କେବଳ ଗୋଟିଏ ବ୍ଲକ ଗଣିଆକୁ ଛାଡ଼ି । ଗଣିଆ ହେଉଛି ନୟାଗଡ଼ ଜିଲ୍ଲାର ସବୁଠୁ ଉପାନ୍ତ ବ୍ଲକ ମହାନଦୀ କୂଳରେ । ମୁଁ ରେଭେନ୍ସାରେ ପଢ଼ା ସମୟରେ କେବେ ବାଦାମବାଡ଼ି ବସ୍‌ଷ୍ଟାଣ୍ଡରେ ଗଣିଆ ସାଇନ୍‌ବୋର୍ଡ଼ ଥିବା ସରକାରୀ ବସ୍ ଦେଖିଥିଲି; ମାତ୍ର ତାହାର ଅବସ୍ଥିତି ବିଷୟରେ ସଚେତନ ନଥିଲି ବା ତାକୁ ଜାଣିବାର ଆବଶ୍ୟକତା ଅନୁଭବ କରିନଥିଲି । ସବୁଠୁ ପଛୁଆ ଅପାଂକ୍ତେୟ ଓ ଉଦାସୀନ ଅଞ୍ଚଳ ଲୋକେ ବେଳେବେଳେ ଏମିତି କାଣ୍ଡ କରି ପକାନ୍ତି ଯେ ତାହା କିଛିଦିନ ପାଇଁ ସମ୍ବାଦର ଶିରୋନାମା ପାଲଟେ । ଠିକ୍ ତାହାହିଁ ହୋଇଥିଲା ଗଣିଆ ବ୍ଲକରେ । ଅଧ୍ୟକ୍ଷ ନିର୍ବାଚନ ବେଳେ ଏତେ ହିଂସାତ୍ମକ ଘଟଣା ଘଟିଲା ଯେ କହିଲେ ନ ସରେ । ଦୁର୍ଦ୍ଦାନ୍ତ ଲୋକେ ପଞ୍ଚାୟତ ସମିତିର ଛାତ ସମେତ ଆସବାବପତ୍ର ଓ ଉପକରଣ ଭଙ୍ଗାରୁଜା କରିଥିଲେ । ମାଡ଼ପିଟ୍‌ରେ କିଛିଲୋକ ଆହତ ହୋଇଥିଲେ । ଏପରି ଅଶାନ୍ତ ବାତାବରଣରେ ନିର୍ବାଚନ କାର୍ଯ୍ୟ କରାଯାଇ ପାରିନଥିଲା ଏବଂ ଏଇ ପ୍ରକ୍ରିୟାକୁ ପୁନର୍ବାର ହେବା ପାଇଁ ଘୁଞ୍ଚାଇ ଦିଆଯାଇଥିଲା କିଛିଦିନ ।

କିଛିଦିନ ଅର୍ଥାତ୍ ପ୍ରାୟ ପନ୍ଦର ଦିନ ପରେ ଆଉଥରେ ଜିଲ୍ଲା କାର୍ଯ୍ୟାଳୟରୁ ଗୋଟିଏ ନିର୍ଦ୍ଦେଶନାମା ବାହାରିଲା ପୁନର୍ବାର ପଞ୍ଚାୟତ ସମିତି ଅଧ୍ୟକ୍ଷ ନିର୍ବାଚନ

କରିବା ପାଇଁ; ମାତ୍ର ଏଥର ଉପଜିଲ୍ଲାପାଳଙ୍କୁ ନିର୍ବାଚନ ଅଧିକାରୀ ଦାୟିତ୍ୱ ତୁଲାଇବା ପାଇଁ ଆଦେଶ ଦିଆଯାଇଥିଲା।

ଏଇ ନିର୍ଦ୍ଦେଶନାମା ମୋ ପାଖରେ ପହଞ୍ଚିବା ପରେ ମୁଁ ନିଶ୍ଚିତ ହେଲି ଯେ ଏଇ ଅପ୍ରିୟ କାମ ମୁଣ୍ଡ ଲଗେଇବା ମୋରି ଉପରେ। ମୁଁ ପୁନର୍ବାର ନିର୍ବାଚନ ନିୟମାବଳୀ ପଢ଼ିଲି। ଜିଲ୍ଲାପାଳ ମୋତେ ଗଲାବେଳେ କିଛି କହିନଥିଲେ; ମାତ୍ର ତାଙ୍କ ହାବଭାବରୁ ଜଣା ପଡୁଥିଲା ମୁଁ ସେଇ ପରିସ୍ଥିତିକୁ ସମ୍ଭାଳି ନେବି।

ଆଉ ଗୋଟାଏ ନିର୍ଦ୍ଦେଶନାମାର ନକଲ ମୋ ପାଖରେ ପହଞ୍ଚିଲା। ସେଇଟା ଥିଲା ଯେ ଅତିରିକ୍ତ ଜିଲ୍ଲାପାଳ ନିଜେ ଉପସ୍ଥିତି ରହି ମାଜିଷ୍ଟ୍ରେଟ୍ ଭାବରେ ଶାନ୍ତି ଶୃଙ୍ଖଳା ଦାୟିତ୍ୱ ନିର୍ବାହ କରିବେ। ଗତ ନିର୍ବାଚନରେ ବହୁ ହିଂସାତ୍ମକ କାର୍ଯ୍ୟ ହୋଇଥିବାରୁ ଜିଲ୍ଲାପାଳ ବୋଧହୁଏ ଏପରି ଆଦେଶ ନିର୍ଦ୍ଦିଷ୍ଟ ଭାବରେ କରିଛନ୍ତି ବୋଲି ଭାବିଲି।

ଅତିରିକ୍ତ ଜିଲ୍ଲାପାଳ ଟିକିଏ ଟାଣୁଆ ଲୋକ। କଥାଗୁଡ଼ାକ ଶାଣଦିଆ। ସବୁବେଳେ ଗୋଟେ ରିଭଲଭର ନିଜ ପାଖରେ ରଖିବା ତାଙ୍କର ଅଭ୍ୟାସରେ ପଡ଼ିଯାଇଥିଲା। ତାଙ୍କର ଆଇନଗତ କ୍ଷମତା ଅପେକ୍ଷା ତାଙ୍କର ଶାଣଦିଆ କଥା ଲୋକଙ୍କ ଆଗରେ ତାଙ୍କର ଏକ ବିଶେଷ ପରିଚୟ ସୃଷ୍ଟି କରିଥିଲା। ନିର୍ବାଚନ ଆରମ୍ଭର ଯଥେଷ୍ଟ ପୂର୍ବରୁ ସେ ନିଜେ ମାଇକରେ ଏମିତି ଭୟଙ୍କର ରଡ଼ିଛାଡ଼ି ଲୋକଙ୍କୁ ଡରେଇ ଦେଲେ ଯେ ଲୋକମାନେ ନିର୍ଦ୍ଧାରିତ ସୀମାର ଢେର ଦୂରକୁ ଘୁଞ୍ଚିଗଲେ। ତାଙ୍କ ନିକଟରେ ଦୁଇ ପ୍ଲାଟୁନ ଫୋର୍ସ ଥିବା ମୁଁ ସେଇ ଘୋଷଣାରୁ ଜାଣିଲି ଏବଂ ଯେକୌଣସି ବିଶୃଙ୍ଖଳାକୁ ଶକ୍ତି ପ୍ରଦର୍ଶନ ଏବଂ ପ୍ରୟୋଗ ଉଭୟ ଦ୍ୱାରା ସେ ନିୟନ୍ତ୍ରଣ କରିପାରିବେ ବୋଲି କମ୍ପେଇ କମ୍ପେଇ କହିଲେ। ଦେଖଣାହାରିଙ୍କ ସଂଖ୍ୟା ହୁଏତ ପାଞ୍ଚଶହରୁ କିଛି ଅଧିକ ହୋଇଥିବ।

ସୌଖୀନ ବରଯାତ୍ରୀଙ୍କ ପରି ଦିଶୁଥିବା ଦେଖଣାହାରିମାନେ ଅଶାନ୍ତ ହୋଇଗଲେ ପରିସ୍ଥିତି ବିପଦପୂର୍ଣ୍ଣ ସ୍ଥିତି ଆଡ଼କୁ ଖୁବ୍ ଶୀଘ୍ର ଢଳିଯାଏ। ନେତୃତ୍ୱ ନେଉଥିବା ଲୋକମାନଙ୍କର ଉତ୍ତେଜନା ସୃଷ୍ଟିକାରୀ ଭାଷଣ ବେଳେ ବେଳେ ସାଧାରଣ ଜନତାଙ୍କୁ ଅବେଳରେ ଦଙ୍ଗାକାରୀ ପର୍ଯ୍ୟାୟକୁ ନେଇଯାଏ; ମାତ୍ର ସେପରି ପରିସ୍ଥିତି ନଥିଲା। ଉଭୟ ଦଳରୁ ଆସିଥିବା ଲୋକେ ବି ଜାଣିଥିଲେ ଶାନ୍ତି ଶୃଙ୍ଖଳା ବ୍ୟାହତ ହେଲେ ଏଥର କଠୋର ନିଷ୍ପତ୍ତି ନେବା ପାଇଁ ଶାସନ କଳ ପଛେଇବ ନାହିଁ; ମାତ୍ର ଉଭୟ ପକ୍ଷ ଉତ୍ସାହରେ ଦୃଢ଼ ଥିଲେ ଯେ ସେମାନଙ୍କ ପ୍ରାର୍ଥୀ ଏଥର ଜିତିବେ।

ସମୟ ନିର୍ଘଣ୍ଟ ଅନୁସାରେ ମୁଁ ନିର୍ବାଚନ ପ୍ରକ୍ରିୟା ଆରମ୍ଭ କଲି । ମୋର ଯାହା ମନେ ପଡୁଛି ବୋଧହୁଏ ବାରଗୋଟି ପଞ୍ଚାୟତ ଏଇ ବ୍ଲକରେ ଥିବାରୁ ବାରଜଣ ସଦସ୍ୟ ସଦସ୍ୟା ଆସି ନିର୍ବାଚନ ରୁମ୍‌ରେ ପହଞ୍ଚିଥିଲେ । ସେମାନଙ୍କ ପରିଚୟ ବିଡ଼ିଓ ଦେଇଥିଲେ । ମୁଁ ସେମାନଙ୍କୁ ନିର୍ବାଚନର ନିୟମ ବିଷଦ ଭାବରେ ବୁଝାଇଦେଲି । ନିର୍ବାଚନ କାମ ଆରମ୍ଭ ହେବାର ଅଳ୍ପ ସମୟ ଭିତରେ ବାରଟି ଭୋଟ ପଡ଼ିଗଲା । ମୁଁ ମନେ ମନେ ଭାବିଲି ଯାହାହେଉ ଖୁବ୍ କମ୍ ସମୟରେ ଭୋଟ୍ ଗଣତି ସରିଯିବ । ଭୋଟ ଗଣତି ଶେଷ ବେଳକୁ ଜଣାଗଲା ଯେଉଁ ଦୁଇଜଣ ପ୍ରତିଦ୍ୱନ୍ଦ୍ୱୀ ଥିଲେ ଉଭୟ ଛଅଟି ଲେଖାଏଁ ଭୋଟ୍ ପାଇଛନ୍ତି । ତେଣୁ ଗୋଟିଏ କଥା ଜଣା ପଡ଼ିଗଲା ଯେ ନିର୍ବାଚନ କାର୍ଯ୍ୟ ସରିବାକୁ ଆହୁରି କିଛି ସମୟ ଲାଗିବ । ନିର୍ବାଚନ କମିଶନଙ୍କ ନିୟମ ଅନୁଯାୟୀ ଯେତେବେଳେ ଉଭୟ ପକ୍ଷ ସମାନ ଭୋଟ ପାଆନ୍ତି ସେତେବେଳେ ଭାଗ୍ୟ ପରୀକ୍ଷା ଜରିଆରେ ଫଳ ବାହାର କରାଯାଏ । କିପରି ଡ୍ର ଅଫ୍ ଲଟସ୍ କରାଯାଏ ତାହାର ବିସ୍ତୃତ ବିବରଣୀ ନିର୍ବାଚନ ପରିଚାଳନା ନିୟମାବଳୀରେ ସନ୍ନିବେଶିତ ହୋଇଥିବାରୁ ତାହା ମୋର ଗୋଟି ଗୋଟି ହୋଇ ମନେଥାଏ ।

ଏତିକିବେଳେ ଅତିରିକ୍ତ ଜିଲ୍ଲାପାଳ ନିର୍ବାଚନ କକ୍ଷକୁ ପଶିଲେ ଓ ସମସ୍ତ ସଦସ୍ୟାଙ୍କୁ କହିଲେ ଆପଣମାନେ ପାଞ୍ଚ ମିନିଟ୍ ପାଇଁ ବାହାରକୁ ଯାଇପାରନ୍ତି । ବର୍ତ୍ତମାନ ପରବର୍ତ୍ତୀ ପର୍ଯ୍ୟାୟ ପାଇଁ କିଛି ସମୟର ଆବଶ୍ୟକତା ଅଛି । ସେ ମୋ ପାଖକୁ ଆସିଲେ ଏବଂ ମୋତେ କହିଲେ, ନିରଞ୍ଜନ ! ଯେମିତି ହେଲେ - ପ୍ରତିଦ୍ୱନ୍ଦ୍ୱୀ 'କ'କୁ ନିର୍ବାଚିତ ଘୋଷଣା କରିବାକୁ ପଡ଼ିବ । ତୁମେ ଗୋଟିଏ ଟିଣ ଭିତରେ ଯେଉଁ ଦୁଇଟି କାଗଜ ଗୁଳା 'କ' ଆଉ 'ଖ' ଲେଖି ପକେଇଥିବ, ତାକୁ ଟିକିଏ ହଲେଇଦେଇ ଯେଉଁଟିକୁ ଉଠେଇବ ତାହା 'କ' ବୋଲି ପଢ଼ିଦେବ । ମୋ ପାଖରେ ଯେତେ ଫୋର୍ସ ଅଛି ମୁଁ ଯେ କୌଣସି ପରିସ୍ଥିତି ସମ୍ଭାଳି ନେବି ।

ମୁଁ କହିଲି, ସାର୍ ଆପଣ ଆପଣଙ୍କ କାମ କରନ୍ତୁ । ମୋ କାମ ମୁଁ କରୁଛି । ସେ ମୋ ରୁମ୍ ଛାଡ଼ିବା ପରେ ମୁଁ କାମ ଆରମ୍ଭ କଲି ।

ତୁରନ୍ତ ସଦସ୍ୟ-ସଦସ୍ୟାମାନଙ୍କୁ ଭିତରକୁ ଡକେଇଲି । ସେତେବେଳକୁ ବିଡ଼ିଓ ଗୋଟିଏ ଟିଣଡବା ଆଣି ଦେଇଯାଇଥାଆନ୍ତି । ମୁଁ ବୁଝେଇଦେଲି ଯେ ଏଇ ଯେଉଁ ଧର୍ମଗୋଳା ପଡ଼ିବ ତାହାକୁ ନିୟମ ଅନୁସାରେ ମୋତେ ଉଠେଇବାକୁ ପଡ଼ିବ । ସମାନ ଆକାରର ଦୁଇଟି କାଗଜ ନେଇ ଗୋଟିକରେ 'କ' ଆଉ

ଆରଟିରେ 'ଖ' ଲେଖିଲି। ଉଭୟଙ୍କୁ ଚାରି ଆଡ଼ ଭାଙ୍ଗ କରି ଦେବାରୁ ତାହା ଖୁବ୍ ଛୋଟ ଆକାର ଧାରଣ କଲା। ମୁଁ ଦୁଇଟିଯାକ କାଗଜକୁ ଟିଣ ଭିତରେ ରଖି ଟିଣର ଘୋଡ଼ଣି ବନ୍ଦ କଲି। ଟିଣକୁ ଉପରତଳ କରି ଦୁଇଚାରିଥର ଘୁରାଇଦେଲି ଏବଂ ଘୋଡ଼ଣିଟି ବାହାର କଲି ଏବଂ ମୋର ହାତ ପୂରାଇଲା ବେଳେ କହିଲି, ଧର୍ମଗୋଳାର ଦାୟିତ୍ୱ ନିର୍ବାଚନ କମିଶନ ମୋ ଉପରେ ଦେଇଛନ୍ତି। ବର୍ତ୍ତମାନ ଧର୍ମର ଜୟ ହେଉ। ଗୋଟିଏ ଗୋଳା ଧରି ସେଇଟିକୁ ବାହାର କଲି ଏବଂ ମୁଁ ନିଜେ ନ ପଢ଼ି ଭୋଟ ଦେଇଥିବା ସଦସ୍ୟ ସଦସ୍ୟାଙ୍କ ଆଗରେ ତାହା ଟେକି ଧରିଲି। ସେଥିରେ ଲେଖାଥିଲା ଯେ 'ଖ'ଙ୍କ ସପକ୍ଷରେ ଯାଇଛି ଧର୍ମଦେବତାଙ୍କ ରାୟ।

କହିବା ବାହୁଲ୍ୟ ପ୍ରତିଦ୍ୱନ୍ଦ୍ୱୀ 'କ' ଥିଲେ ବାହୁବଳୀ ପର୍ଯ୍ୟାୟର। ତାଙ୍କର ପ୍ରତିପକ୍ଷ ଜିତିଗଲେ ବୋଲି ପ୍ରଚାର ହୋଇଗଲା ଆଖିପିଛୁଳାକେ। ଆଗରୁ ତ ସମସ୍ତଙ୍କର ଦସ୍ତଖତ ନିଆସରିଥିଲା। ମୁଁ ପରିସ୍ଥିତି ଦେଖିଲା ପରେ ଆଉ ଥରେ ସେମାନଙ୍କର ଦସ୍ତଖତ ନେଲି। ମୁଁ ତାପରେ ଲକ୍ଷ୍ୟ କଲି ଯେ ବାହାରେ କିଛି ଗଣ୍ଡଗୋଳ ନାହିଁ। ଲୋକେ ସୁନା ପିଲା ପରି ଫେରିଗଲେ ଯେଝା ଘରକୁ। ମୁଁ ଅନ୍ୟାନ୍ୟ ଅଧିକାରୀଙ୍କ ସହିତ ଫେରିଲି ମୁଖ୍ୟାଳୟକୁ। କେତେ ଆଗରୁ ଫେରି ଆସିଥାନ୍ତି ଅତିରିକ୍ତ ଜିଲ୍ଲାପାଳ। ମୁଁ ଜିଲ୍ଲାପାଳଙ୍କୁ ଖବରଟା ଦେବାପାଇଁ ଗଲି। ସେତେବେଳକୁ ମୋବାଇଲ୍ ଫୋନ୍‌ର ଗତିବିଧି ନୟାଗଡ଼ରେ ନଥିଲା।

ମୁଁ ଯାଇ ଜିଲ୍ଲାପାଳଙ୍କ ପାଖରେ ପହଞ୍ଚିଲା ବେଳକୁ ସଂଧ୍ୟା ସମୟ। ତାଙ୍କ ଆଗରେ ପ୍ରାୟ ସାତ ଆଠ ସରିକି ଅଫିସର ବସିଥାଆନ୍ତି। କୌଣସି ଗୁରୁତ୍ୱପୂର୍ଣ୍ଣ ବିଷୟରେ ବୋଧହୁଏ ଆଲୋଚନା ହେଉଥାଏ। ମୋ ଆଗରୁ ଫେରି ଆସିଥିବା ଅତିରିକ୍ତ ଜିଲ୍ଲାପାଳ ଜିଲ୍ଲାପାଳଙ୍କ ବାମପଟେ ବସିଥାନ୍ତି। ମୋତେ ଦେଖୁ ଦେଖୁ କ'ଣ କହିବାକୁ ଉଦ୍ୟତ ହେଉଥିଲେ, ଜିଲ୍ଲାପାଳ ତାଙ୍କୁ ରୋକିଲେ। ଯେଉଁ ସମୀକ୍ଷା ଚାଲିଥିଲା ସେଇଥିରେ ମନ ଦେଲେ। ମୁଁ ଯେଉଁ ଖବର ଦେବାକୁ ଯାଇଥିଲି, ସେତେବେଳେ ତାହା ପୁରୁଣା ହୋଇଗଲାଣି। ବାସି ଖବରରେ କ'ଣ ବା ତାତି ଥାଏ!

ସେଦିନ ରାତିରେ ଘରକୁ ଫେରିବା ବେଳକୁ ପତ୍ନୀ କହିଲେ ଆଜି ଉପରବେଳା ଠାରୁ ଖାଲି ଘନଘନ ଫୋନ୍ ଆସୁଛି। କାହିଁକି ଏତେ ଫୋନ ଆମେ ବୁଝିପାରୁନୁ। ବହୁତ ଲୋକ ଆଜି କାହିଁକି ଖୋଜୁଛନ୍ତି ଜାଣିପାରୁନୁ। ସେତେବେଳେ

ମୋବାଇଲ ଫୋନ୍‌ର ବ୍ୟବହାର ଏତେ ଲୋକପ୍ରିୟ ହୋଇ ନଥାଏ। ମୋର ମଧ୍ୟ ସେତେବେଳେ ମୋବାଇଲଟାଏ ନଥାଏ। ମୁଁ ବି ଅଡୁଆରେ ପଡ଼ିଲି। ଘଟଣା କ'ଣ। ପହଞ୍ଚୁ ପହଞ୍ଚୁ ଲ୍ୟାଣ୍ଡ ଲାଇନ୍ ପୁଣି ବାଜି ଉଠିଲା। କିଏ କହୁଛନ୍ତି ମୁଁ ପଚାରିଲି।

ସେ ପଟରୁ ଆୱାଜ୍ ଆସିଲା - ସାର୍ କହୁଛନ୍ତି ନିଶ୍ଚିତ।

ମୁଁ ହଁ ଭରିଲି।

ସେ ନିଜର ପରିଚୟ ଦେଲେ ଆଉ କହିଲେ, ସାର୍, ଆପଣ ଆଜି ଯାହା କଲେ ତାହା ଇତିହାସରେ ରହିବ।

ମୁଁ ବୁଝିପାରୁନଥାଏ। ମୁଁ ତ ସାଧାରଣ ଗତାନୁଗତିକ ପ୍ରଶାସନିକ କାମ କରୁଛି। ଏମିତି କଣ କୋଣାର୍କ ମନ୍ଦିରଟେ ତୋଳେଇ ଦେଲି ଯେ ୟେ ଏମିତି କହୁଛନ୍ତି ! କିଛି କାମ ଦାମ ଥାଇପାରେ ମୋ ପାଖରେ। ମନେ ମନେ ଭାବିଲି ଓ ତାଙ୍କୁ ଧନ୍ୟବାଦ କହି ଟେଲିଫୋନ ରଖୁ ରଖୁ ଆଉଥରେ ଫୋନ୍ ବାଜି ଉଠିଲା। ଏଥର କଣ୍ଠସ୍ୱର ଥିଲା ପରିଚିତ। ଗଣିଆର ପୂର୍ବତନ ଚେୟାରମ୍ୟାନ ପରୀକ୍ଷିତ ପଟ୍ଟନାୟକ।

ସେ କହିଲେ - ନିରଞ୍ଜନ ବାବୁ, ଆପଣଙ୍କ ଦୃଢ଼ତା ପାଇଁ ଧନ୍ୟବାଦ।

ମୁଁ କହିଲି - ମୁଁ ବୁଝିପାରୁନି ଆପଣ କ'ଣ କହିବାକୁ ଯାଉଛନ୍ତି।

ପରୀକ୍ଷିତ ବାବୁ କହିଲେ, ସମସ୍ତେ ଧରିନେଇଥିଲେ ବଳଶାଳୀ ଓ ବିତ୍ତଶାଳୀ ଜିତିବେ; ମାତ୍ର ପ୍ରମାଣିତ ହୋଇଗଲା ଧର୍ମ ସବୁବେଳେ ସେଇମାନଙ୍କ ସପକ୍ଷରେ ନଥାଏ।

ମୁଁ କହିଲି, ଆପଣ ଏମିତି କାହିଁକି ଧରି ନେଇଥିଲେ ?

ସେ କହିଲେ, ଖାଲି ମୁଁ ନୁହେଁ, ଏଇ ଅଞ୍ଚଳର ସମସ୍ତେ ଧରିନେଇଥିଲେ: ମାତ୍ର ସବୁ ଲୋକ ଖୁସି ଯେ ଉପଜିଲ୍ଲାପାଳ କୌଣସି ଚାପ ଆଗରେ ତାଙ୍କର ନୀତି ବଦଳେଇ ନାହାନ୍ତି।

ମୁଁ କହିଲି, ଆପଣ ଜାଣନ୍ତି, ଆମକୁ ଅନେକ ସମୟରେ ଚାପ ରହେ; ମାତ୍ର ତାକୁ କିପରି ଅତିକ୍ରମ କରିବାକୁ ହୁଏ ତାହା ମଧ୍ୟ ଆମକୁ ଜଣା। ମୁଁ ତାଙ୍କୁ କହିଲି ଆଉ ଗୋଟିଏ ବିଶେଷ କଥା ହେଲା ଜିଲ୍ଲାପାଳଙ୍କ ନାଁକୁ ସମଗ୍ର ବିଷୟରେ ଯୋଡ଼ା ହେବାଟା ମୁଁ ପସନ୍ଦ କରୁନାହିଁ। କାରଣ ସେ ମୋର କାମ ବିଷୟରେ ଜାଣନ୍ତି ଏବଂ ସେ କେବେ କୌଣସି ବେଆଇନ କାମରେ ସଂପୃକ୍ତ ନଥାନ୍ତି।

ସେଦିନ ପ୍ରାୟ ଆଠ ଦଶଟି ଟେଲିଫୋନ ମୋ ପାଖକୁ ଆସିଲା। ସବୁଠି ସେଇ କଥା। ମୁଁ ମନେ ମନେ ଭାବୁଥିଲି ଲୋକମାନେ ଗୋଟାଏ ଧାରଣାର ବଶବର୍ତ୍ତୀ ହୋଇଯାଆନ୍ତି କାହିଁକି ଓ କେମିତି। ପ୍ରତି ପ୍ରଶାସକର ଦାୟିତ୍ୱ ବୋଧହୁଏ ଲୋକଙ୍କର ମନ ଭିତରର ଏଇ ଗହୀର କଥାକୁ ପଢ଼ିବା। ଯଦି ସାଧାରଣ ଲୋକଙ୍କର ଭିତରେ କିଛି ଭ୍ରମାତ୍ମକ କଥା ବୁଲୁଥାଏ, ତାକୁ ମୋଚନ କରିବା ପ୍ରଶାସନର ପ୍ରମୁଖ ଦାୟିତ୍ୱ।

ଏଇ ଛୋଟ ଘଟଣାଟି ପରେ ଅନେକ ସମୟରେ ମୋ ପାଖକୁ ଆସିଛନ୍ତି ସେଦିନ ବିଜୟ ମୁକୁଟ ପିନ୍ଧିଥିବା ସେଇ ବ୍ୟକ୍ତିଜଣକ। ସବୁବେଳେ ସେଇ କଥାକୁ ଦୋହରାନ୍ତି ଯେ ମୁଁ ତାଙ୍କୁ କୁଆଡ଼େ ବ୍ଲକ ଅଧ୍ୟକ୍ଷ କରିଥିଲି। ମୁଁ ନିଜକୁ ପଚାରେ ଆଉ ହସିଦିଏ। ମୁଁ ଯେତେ କହିଲେ ବି ସେ ବିଶ୍ୱାସ କରିପାରନ୍ତି ନାହିଁ ଯେ ଆଉ କେହି ଥିଲେ ପରୀକ୍ଷାଫଳ ଭିନ୍ନ କିଛି ହୋଇଥାନ୍ତା ବୋଲି। ନିଜର ସ୍ୱାଭାବିକ ମାମୁଲି କାମ ପାଇଁ ବେଳେବେଳେ ମଣିଷ ଲୋକଙ୍କର ଶ୍ରଦ୍ଧା ଆଉ ସହାନୁଭୂତି ପାଇଯାଏ। ମୁଁ ଭାବେ ଏହା ସେଇପରି ଏକ ଆକସ୍ମିକ ଯୋଗାଯୋଗ।

■

କୋର୍ଟ ପରିଚାଳନା

ଜଣେ କାର୍ଯ୍ୟନିର୍ବାହୀ ଅଧିକାରୀ ପ୍ରଶାସନିକ ଦାୟିତ୍ୱ ସମ୍ଭାଳୁଥିଲେ ତାଙ୍କୁ ଅନେକ ସମୟରେ କୋର୍ଟ ପରିଚାଳନା କରିବାକୁ ପଡ଼ିଥାଏ। ମୋର ଚାକିରି ଜୀବନରେ ଅଧିକାଂଶ ସମୟ ଏଇଥିରେ ବିତିଥିଲା। ଯଦିଓ ସବୁଦିନ କୋର୍ଟ କରିବା ଦରକାର ପଡୁନଥିଲା ମାତ୍ର କୋର୍ଟ ପରିଚାଳନା ଥିଲା ଏକ ଅନିବାର୍ଯ୍ୟ କାର୍ଯ୍ୟ।

ନୂଆ ନୂଆ ଚାକିରିରେ କୋର୍ଟ କେମିତି କରିବି ତାହା ମୋତେ ଏକରକମର ଭୟ ସୃଷ୍ଟି କରୁଥାଏ ? ଓକିଲ କଣ ପଚାରିଦେବେ ଆଉ ମୁଁ ଯଦି ଠିକ୍ କହି ନ ପାରିବି ତାହେଲେ ମୋର ଅପମାନ ହେବ। ବିଶେଷ କରି କୋର୍ଟ ପରିଚାଳନାରେ ମୋର ଦାୟିତ୍ୱ କଣ ରହିବ ତାହା ମୋତେ ଭାରି ବ୍ୟସ୍ତ କରୁଥିଲା। ଏଇ ବ୍ୟସ୍ତତା ମୋର ହାବଭାବରୁ ବାରି ହୋଇ ପଡୁଥିଲା। ମୁଁ ଦିନେ ମୋର ସିନିଅର ତଥା ତହସିଲଦାରଙ୍କୁ ପଚାରିଲି - ସାର୍ କେମିତି କୋର୍ଟ ପରିଚାଳନା କରିବି ଜାଣିପାରୁନାହିଁ। ସେ ଗୋଟିଏ ମଉଜିଆ କଥାରୁ ଆରମ୍ଭ କଲେ ଓ କହିଲେ ଜଣେ ଲୋକ ଗୋଟିଏ ହୋଟେଲ କରିବା ପାଇଁ ପ୍ରଖ୍ୟାତ ହୋଟେଲ ମାଲିକଙ୍କ ପାଖରେ ପହଞ୍ଚି କିପରି ହୋଟେଲ ଚଳେଇବେ ତାହା ପ୍ରଶ୍ନ କରନ୍ତେ ସେ ହସିଲେ ଓ କହିଲେ ଆପଣଙ୍କୁ ବିଶେଷ କିଛି କରିବାକୁ ପଡ଼ିବ ନାହିଁ। "The customers will manage the hotel" ଅର୍ଥାତ୍ ହୋଟେଲ ସହିତ ଯେଉଁମାନଙ୍କର ସଂପୃକ୍ତି ସେମାନେ ତାଙ୍କ କାମ କରିବେ ଆଉ ତାଙ୍କୁ ଧୀରସ୍ଥିର ଭାବରେ ଆପଣା ଆସନରେ ବସିବାକୁ ହେବ। ବ୍ୟାଖ୍ୟାଟି ମୋତେ ଆନନ୍ଦ ଦେଲା ଓ ମୁଁ ଧରିନେଲି ପେସ୍କାର, କୋର୍ଟର ହୁଦାବନ୍ଧା ପିଅନ, କୋର୍ଟକୁ ଆସୁଥିବା ମହକିଲ, ଏମାନଙ୍କର କାମ ମୋ ଠାରୁ ବେଶି। ମୋତେ ସେଠାରେ ବିଶେଷ କିଛି କରିବାର ବା କହିବାର ଆବଶ୍ୟକତା

ନାହିଁ। କେବଳ ଧୀର ସ୍ଥିର ଭାବରେ କୋର୍ଟରେ ବସିରହି ଉଭୟ ପକ୍ଷ ବା ସେମାନଙ୍କର ଓକିଲ ଯାହା କହୁଛନ୍ତି ତାକୁ ମନୋଯୋଗପୂର୍ବକ ଶୁଣିବା ଦରକାର। ତା ଭିତରୁ ଯାହା ଗୁରୁତ୍ୱପୂର୍ଣ୍ଣ ତାକୁ ଟିପି ରଖିବାକୁ ହେବ। ଉଭୟ ପକ୍ଷର ଯୁକ୍ତି ଭିତରେ ତୁଳନା କରି ଯାହା ଅଧିକ ଗ୍ରହଣୀୟ ସେଇ ଅନୁସାରେ ଆଦେଶ ଦେବା ଦରକାର। ଅର୍ଥାତ୍ କୋର୍ଟରୁମ୍‌ରେ ବିଚାରପତି ଦାୟିତ୍ୱ ତୁଲେଇବା ବେଳେ ଯେତେ କମ୍ କଥା କୁହାଯିବ ସେତେ ଭଲ। ସେଇଥିପାଇଁ କୁହାଯାଏ କୋର୍ଟ ଶୁଣାଣି କରନ୍ତି।

ପ୍ରଥମେ ପ୍ରଥମେ ମୋ କୋର୍ଟରେ ଯେଉଁ କେଶ୍‌ଗୁଡ଼ିକ ବିଚାର ପାଇଁ ରଖାଯାଉଥିଲା ସେଗୁଡ଼ିକ ଭିତରୁ ମୁଖ୍ୟ ଥିଲା ମ୍ୟୁଟେସନ କେଶ୍ ବା ଦାଖଲ ଖାରଜ ମାମଲା। ବେବନ୍ଦୋବସ୍ତି କେଶ୍ - ଓଏଲ୍‌ଆର୍ - କେଶ୍, ଲିଜ୍ କେଶ ଏବଂ ଏନକ୍ରୋଚମେଣ୍ଟ ବା ଜବରଦଖଲ କେଶ ତଥା ସାର୍ଟିଫିକେଟ୍ କେଶ୍। କେଶ୍ ପରିଚାଳନା ବିଷୟରେ ଆମକୁ ଟ୍ରେନିଂ ବେଳେ ପଢ଼ାଯାଇଥିଲେ ବି ପ୍ରଥମ କୋର୍ଟ ପରିଚାଳନା କରିବାର ଅନୁଭୂତି ଥିଲା ନିଆରା। ଜୀବନଟା ସାରା ସେଇ କଥାର ପୁନରାବୃତ୍ତି। ଗୋଟିଏ ଜିନିଷ ମିଳିବା ଆଗରୁ ଲାଗୁଥାଏ କେମିତି ହୋଇଥିବ। ବୁଝିପାରିବି କି ନାହିଁ। ମୋ ପାଇଁ ସୁବିଧା ହେବ କି ନାହିଁ। ମାତ୍ର ଥରେ ଅଭିଜ୍ଞତା ପାଇଲା ପରେ ଲାଗିଯିବ - ଓଃ ଏଇ କଥା। ଭାରି ମାମୁଲି - ଯାହାକୁ ଆଜିକାଲି କିଛି ଲୋକ ଷ୍ଟାଇଲ୍‌ରେ କହନ୍ତି nothing like rocket science - ଅବଶ୍ୟ ରକେଟ୍ ସାଇନ୍‌ସ ମୁଁ ପଢ଼ିନାହିଁ। ଯେଉଁମାନେ ତାକୁ ଆୟତ୍ତ କରିଥିବେ ତାଙ୍କ ପାଇଁ ବି ତାହା ବାଁ ହାତର ଖେଳ ହୋଇଥିବ।

ଅନେକ ଦିନ ପରେ ମୁଁ ଏଲ୍.ଆଇ. ପରିଜାଙ୍କର ଆତ୍ମଜୀବନୀ ପଢ଼ିଥିଲି। ପରିଜା ସାହେବ ଥିଲେ ପ୍ରଖ୍ୟାତ ବୈଜ୍ଞାନିକ ପ୍ରାଣକୃଷ୍ଣ ପରିଜାଙ୍କର ସୁପୁତ୍ର ଓ ଓଡ଼ିଶାର ପୂର୍ବତନ ମୁଖ୍ୟ ଶାସନ ସଚିବ। ସେ ତାଙ୍କର ଗୋଟିଏ ଅନୁଭୂତି ଲେଖିଛନ୍ତି ତାଙ୍କ ପ୍ରୋବେସନ୍ ସମୟର କଥାରୁ। ଜନୈକ ଜିଲ୍ଲାଜଜ୍‌ଙ୍କ ନିକଟରେ ସେ ଜୁଡ଼ିସିଆଲ୍ ଟ୍ରେନିଂ ନେଉଥାନ୍ତି - ଜବାବ ସୁଆଲ ଚାଲୁଥାଏ। ଜଜ୍‌ସାହେବ ଗୋଟିଏ ସାକ୍ଷୀର ବୟାନ ଲିପିବଦ୍ଧ କରୁଥାନ୍ତି। ଏତିକିବେଳେ ଦେଢ଼ଟା ବାଜିଲା ବୋଲି ଘଣ୍ଟା ବାଜିଲା ମଧ୍ୟାହ୍ନ ବିରତିର ସୂଚନା ଦେଇ। ସେତେବେଳେ ସେ ଗୋଟିଏ ଶବ୍ଦର ଅଧା ଲେଖିଥାନ୍ତି। ଇେଠି ଅଧାରୁ ସେ କଲମ ବନ୍ଦ କଲେ ଓ ବିରତିପରେ ପୁନର୍ବାର କୋର୍ଟ କାମ ହେବ ବୋଲି ଘୋଷଣା କରି ନିଜ ସ୍ଥାନରୁ ଉଠି ପଡ଼ିଲେ। ସାଧାରଣତଃ ଜୁଡ଼ିସିଆଲ୍ କୋର୍ଟର ଅଫିସରମାନେ ସବୁଦିନ ସେଇ ଏକାକାମ

କରୁଥିବାରୁ ସେମାନେ ସମୟ ପ୍ରତି ଅଧିକ ସଚେତନ ଥାଆନ୍ତି ଯାହା କାର୍ଯ୍ୟନିର୍ବାହୀ ମାଜିଷ୍ଟ୍ରେଟ୍ କରିବା ସମ୍ଭବ ହୁଏନାହିଁ। ମୋର ମନେ ପଡୁଛି କୁଚିଣ୍ଡା ପରି ଗୋଟିଏ ଆଦିବାସୀ ବହୁଳ ତହସିଲ୍‌ରେ ତହସିଲଦାର ଭାବରେ ମୋତେ ଦାୟିତ୍ୱ ନେବାକୁ ପଡ଼ିଥିଲା। ବହୁ ଦୂରଦୂରାନ୍ତରୁ ଖର୍ଚ୍ଚାନ୍ତ ହୋଇ ମହକିଲମାନେ ଯେପରି ନ ଆସିବେ, ସେଥିପାଇଁ ଅଧିକ ସଂଖ୍ୟକ କ୍ୟାମ୍ପ କୋର୍ଟ କରାଯାଏ।

ମନେପଡୁଛି ମୋର କୁଚିଣ୍ଡାରେ ରହଣି ସମୟର ଅନୁଭୂତି। ଆର.ଆଇ. ସର୍କଲରେ କ୍ୟାମ୍ପ କୋର୍ଟ କରିବାକୁ ପଡ଼େ। ମୁଁ ଟିକିଏ ଲୋଭୀ। ବେଶୀ ସଂଖ୍ୟକ କେଶ୍ ପକେଇବାକୁ ନିର୍ଦ୍ଦେଶ ଦେଇଥାଏ ପେସ୍‌କାରଙ୍କୁ। ଦୂର ଦୂରାନ୍ତରୁ ଲୋକମାନେ ଆସିବାରେ ଅସୁବିଧା ଥାଏ। ସେମାନଙ୍କ ହାଟବାରି ସହିତ ମିଶାଇ କୋର୍ଟ ତାରିଖ କରାଯାଏ। ଯେମିତି ଗୋଟିଏ ଜାଗାରେ ଦୁଇଟି କାମ କରିପାରିବ ଲୋକଟିଏ, କଦଳୀ ବିକା ଠାକୁର ଦେଖା। ମୁଁ ଲଞ୍ଚ୍ ଆୱାର ବେଳକୁ ବାହାରକୁ ବୁଲିଯାଇ ଦେଖେତ ଆହୁରି କୋଡ଼ିଏ ତିରିଶ ଲୋକ ଅପେକ୍ଷା କରି ରହିଥାନ୍ତି। ଯଦି ଏବେ ମୁଁ ଖାଇବା ନାଁରେ କୋର୍ଟ କାମ ଛାଡ଼ିଦେବି ତାହେଲେ ପୁଣି କୋର୍ଟ କାମ ଆରମ୍ଭ ହେଉ ହେଉ ଅନ୍ତତଃ ଅଧା ଘଣ୍ଟା ବିତିଯିବ। ତେଣୁ କୋର୍ଟ ବନ୍ଦ କରିବାକୁ ମଝିରୁ ମୋର କେବେବି ମନ ହୁଏନି। ଭାବେ କେତେ ହଇରାଣ ହରକତ ହୋଇ ଲୋକଟିଏ ଫେରିବ ତା ଗାଁକୁ। ମୁଁ ସିନା ଫେରିଯିବା ପାଇଁ ସରକାର ମୋତେ ଗାଡ଼ି ଯୋଗାଇ ଦେଇଛନ୍ତି। ଭାବେ, ଶୀଘ୍ର ବାକୀ କେଶ୍ ଶୁଣିଦେବି। ମାତ୍ର ଫଳହୁଏ ଏଇଆ ଯେ କେଶ୍ ଶୁଣାଣି ସରୁ ସରୁ ଦିନ ଚାରିଟା ହୋଇଯାଏ କେବେ ପୁଣି ତାଠାରୁ ଆହୁରି ଉଛର। ଆଇଁଶ ବାରିଦିନ ଆର.ଆଇ. ଚିକେନ୍ କିମ୍ବା ମାଛ ତରକାରୀ କରନ୍ତି ଦ୍ୱିପହର ଭୋଜନ ପାଇଁ। ମୁଁ ବେଳେବେଳେ ଲକ୍ଷ୍ୟ କରେ ମୁଁ ଖାଇ ନଥିବାରୁ କେହି ଲୋକ ବି ଖାଇବାକୁ ଯାଆନ୍ତି ନାହିଁ କାଳେ କେତେବେଳେ ତାଙ୍କର ନାଁ ଡାକରା ହେବ ବୋଲି। ଡାକରା ସେଇ ମୋଗଲ ଯୁଗରୁ ଏକାପରି ଚାଲିଆସିଛି। ହୁଦାପିନ୍ଧା ପିଅନ ଯେତେବେଳେ ହିନ୍ଦୀମିଶା ଓଡ଼ିଆରେ କୁହାଟ ଦେବା ଭଙ୍ଗୀରେ ଲୋକଙ୍କୁ ଡାକ ପକାଏ ଗାଁଉଲି ଲୋକ ଡରିଯିବା ସ୍ୱାଭାବିକ। ନାଁ ପରେ ଥାଏ ହାଜର ହୈ। କେହି କେବେ ସଂସ୍କାର କଥା ଭାବିନାହାନ୍ତି। ଗୋଟିଏ ବିଦେଶୀ ଢଙ୍ଗରେ ଏବେବି ପରିପୁଷ୍ଟ ଆମର କୋର୍ଟର ଧାରା ଓ ଆନୁଷଙ୍ଗିକ ବ୍ୟବସ୍ଥା। ଖରାଦିନରେ ବି ଓକିଲମାନେ କଳା କୋର୍ଟ ପିନ୍ଧିବାର ପରମ୍ପରା ଆମର। କେହି କେବେ ପ୍ରଶ୍ନ କରନ୍ତିନି। କେହି କେବେ ଉତ୍ତର ଆଶା ରଖନ୍ତିନି। ଆମେ ସମସ୍ତେ ଗୋଟିଏ ପ୍ରବାହ ଭିତରେ ଥାଆନ୍ତି ଯେମିତି।

କେବେ କେବେ ଶୀଘ୍ର ଖାଇଦେଇ ମୁଁ ଟିକିଏ ବାହାରକୁ ବାହାରିଯାଏଁ କାହାରିକୁ ସାଙ୍ଗରେ ନଦେଇ। ଦେଖେ କେତେକ ଲୋକ ଘରୁ ଆଣିଥିବା ଖାଇବା ଜିନିଷର ବ୍ୟବହାର କରୁଥାନ୍ତି। କାହାରି କାହାରି ପାଖରେ ଥାଏ ପଖାଳ ଭାତ ସାଙ୍ଗକୁ ଉଲି ପିଆଜ ଓ ଲଙ୍କା କେହି କେହି ଆଣିଥିବା ମୁଢ଼ି କିମ୍ବା ପିଠା ଇତ୍ୟାଦି ଖାଇ ଆର୍.ଆଇ ଅଫିସ୍ ଟ୍ୟୁବ୍‌ୱେଲ୍‌ରୁ ପାଣି ପିଉଥାଆନ୍ତି। ଚାଷ କେମିତି ହୋଇଛି ଗାଁର ଆଉ ଭଲମନ୍ଦ କ'ଣ ଏମିତି କିଛି ମାମୁଲି ପ୍ରଶ୍ନ ପଚାରେ। ସେମାନେ ଅନେକ ସମୟରେ ଜାଣି ପାରନ୍ତି ନାହିଁ ମୁଁ କିଏ ବୋଲି। ସ୍ୱାଭାବିକ ଭାବରେ ଉତ୍ତର ଦିଅନ୍ତି। ଦିନେ ଜଣେ ବସି କଥା ହେଉଥିଲେ - ମୁଁ ସେତେବେଳକୁ ଠିଆ ହୋଇଛି। ଦେଖିଦେଲା ମୋର ଜଣେ ଅଫିସ୍ ପିଅନ। ଦୌଡ଼ି ଆସି ଧମକ ଦେବା ଢଙ୍ଗରେ କହିଲା କେମିତି ବସିବସି ତହସିଲଦାରଙ୍କ ସହିତ କଥା ହେଉଛି ବୋଲି। ତାକୁ ବାରଣ କରି ମୁଁ ଫେରି ଆସିଲି ମୋ ବସୁଥିବା ଜାଗାକୁ। ଅନୁଭବ କରୁଥିଲି ସରକାରୀ କର୍ମଚାରୀମାନେ ନିଜକୁ କେବେ ଲୋକଙ୍କ ସେବକ ଭଳି ଭାବିପାରନ୍ତି ନାହିଁ। ଏଇ ଧାରଣା ନିକଟରେ ବଦଳିବ ବୋଲି ମୁଁ ଆଶା କରିପାରୁନାହିଁ।

ମୋର ମନେ ପଡ଼ିଯାଉଛି ଆଉ ଗୋଟିଏ କଥା। ମୋର ସହକର୍ମୀମାନଙ୍କ ଭିତରୁ ଜଣେ ଥିଲେ ମହିଳା ଅଧିକାରୀ ଶ୍ରୀମତୀ ରୀତାରାଣୀ ମହାପାତ୍ର। ସେ ସେତେବେଳେ ଅତିରିକ୍ତ ତହସିଲଦାର ଭାବରେ ଅବସ୍ଥାପିତା ହୋଇଥାନ୍ତି। ଅତ୍ୟନ୍ତ ସଚ୍ଚୋଟ ଆଉ କଥାରେ ରୋକ୍‌ଠୋକ୍। ଦିନେ ତାଙ୍କର କୋର୍ଟରେ ଜଣେ ଲୋକର ନାଁ ଡାକହେଲା ମାତ୍ରେ ଲୋକଟିଏ ଆସିଲା ତାଙ୍କର କକ୍ଷକୁ; ମାତ୍ର ତାର ଅନୁରୋଧ ଥିଲା ଟିକିଏ ଅଲଗା। ସେ କହିଲା ଯେ ତାର ଓକିଲ ଆସି ନ ଥିବାରୁ ତାକୁ ଆଉ ଗୋଟିଏ ତାରିଖ ମହଲତ ଦିଆଯାଉ। ତାର ପୋଷାକପତ୍ରରୁ ଅତିରିକ୍ତ ତହସିଲଦାର ଜାଣୁଥିଲେ ଯେ ସେ ଗାଉଁଲି ଲୋକଟିଏ। ତାକୁ କହିଲେ - ତମର ଜମି କିଣାକିଣିର କାଗଜ ଅଛିକି ? ସେଇଠୁ ବୁଢ଼ା ଲୋକଟି ତା କନା ବ୍ୟାଗ୍ ଅଣ୍ଡାଳିଲା। କେଉଁଟା ତାର କାଗଜପତ୍ର ଠଉରାଇ ପାରିଲା ନାହିଁ। ସେଇଠୁ ଅତିରିକ୍ତ ତହସିଲଦାର ତା କାଗଜପତ୍ର ନେଇ ଦେଖିଲେ ଆଉ ଜାଣି ପାରିଲେ କେଉଁଟି ଦରକାରୀ କାଗଜ। ସେ ତନଖି କଲାପରେ କହିଲେ ଯେ ତମର ଦାଖଲଖାରଜ ହୋଇଗଲା। ତାକୁ ତାର କାଗଜପତ୍ର ଫେରେଇ ଦେବାବେଳେ କହିଲେ - "ଏଇ ମାମୁଲି ମକଦ୍ଦମାରେ କାହିଁକି ଓକିଲ ଲଗାଉଛ। ତମେ ଗରିବ ଲୋକ। ଅଯଥାରେ ପଇସା ଖର୍ଚ୍ଚ କରୁଛ !" ଲୋକଟି ଯାଇ କ'ଣ କହିଲା କେଜାଣି ଉପରବେଳାକୁ ଆଠ ଦଶ ଓକିଲ ମାଡ଼ି

ଆସିଲେ ତହସିଲ ଅଫିସ୍‌କୁ ଆଉ ନାରାବାଜି କଲେ ଅତିରିକ୍ତ ତହସିଲଦାରଙ୍କ ବିରୋଧରେ। ସେଇଦିନ ସେମାନେ ବାର୍‌ରେ ରିଜୋଲ୍ୟୁସନ କରାଇଲେ ଯେ ଅତିରିକ୍ତ ତହସିଲଦାରଙ୍କୁ ତୁରନ୍ତ ବଦଳି କରାଯାଉ ଯେହେତୁ ସେ ଆଡ଼ଭୋକେଟମାନଙ୍କ ବିରୁଦ୍ଧରେ ମହକିଲମାନଙ୍କୁ ଉସୁକାଉଛନ୍ତି। ଏଇ କଥା ସମାଧାନ ହେବାକୁ ଲାଗିଗଲା ବେଶ୍ କିଛିଦିନ।

ମୋର ଗୋଟାଏ ଖରାପ ଅଭ୍ୟାସ ଥିଲା ଯେ ମୁଁ ବେଶି ମହଲତ ଦେବାକୁ ଭାରି ବିରୋଧ କରୁଥିଲି। ବିଶେଷ ଜରୁରୀ ନଥିଲେ ଗୋଟିଏ କେଶ୍ ଶୁଣାଣି ବେଳେ ଦୁଇ ତିନୋଟିରୁ ଅଧିକ ମହଲତ ପାଇବା ଥିଲା କାଠିକର ପାଠ। ମୋର ଜଣେ ଆଡ଼ଭୋକେଟ ବନ୍ଧୁ ଶ୍ରୀ ଅଶୋକ କୁମାର ମହାପାତ୍ର ଏକ ଅନୌପଚାରିକ ଆଲୋଚନାବେଳେ ମୋତେ ଯାହା କହିଲେ ତାର ମର୍ମ ଏବେବି ମୋର ମନେ ଅଛି। ସେ କହିଲେ "ଆପଣ ରୀତିମତ କୋର୍ଟ କାମ କରୁଛନ୍ତି ଏବଂ ସାଧାରଣ ଲୋକ ତା ଫଳରେ ନ୍ୟାୟ ପାଉଛନ୍ତି ଏହା ଖୁବ୍ ଭଲ କଥା, ମାତ୍ର ଆପଣ ମହଲତ ଦେବାରେ ଭାରି କୁଣ୍ଠା ବୋଲି ବାର୍‌ରେ ଆଲୋଚନା ହେଉଛି। ଅବଶ୍ୟ ଆପଣ ବ୍ୟକ୍ତିଗତ ଭାବରେ ସବୁ ଓକିଲଙ୍କୁ ମାନ୍ୟ ଦେଉଥିବାରୁ ଆପଣଙ୍କ ବିରୋଧରେ କିଛି ମିଳିତ ଅସନ୍ତୋଷ ବାହାରି ନାହିଁ; ମାତ୍ର ଆପଣ ଚାହିଁଲେ ଏତେ ଜିଦ୍‌ଖୋର୍ ନ ହୋଇ ବି ଚଳି ପାରନ୍ତେ।"

ମୁଁ ତାଙ୍କୁ କହିଲି, ମୁଁ ଅଯଥା ବିଳମ୍ବକୁ ଟିକିଏ ଭଲ ପାଏନାହିଁ। ସେ କହିଲେ, ସେ କଥା ଠିକ୍; ମାତ୍ର ଆପଣ ସବୁବେଳେ ମନେ ରଖିଥିବେ - ଓକିଲିଙ୍କ ପଛରେ ପଡ଼ିବେ ନାହିଁ କିମ୍ବା ବ୍ୟକ୍ତିଗତ ଭାବେ ତାଙ୍କର ରୋଷର କାରଣ ହେବେ ନାହିଁ। ଦେଖନ୍ତୁ ଏମାନେ ଏଡ଼େ ବଡ଼ ଗୋଷ୍ଠୀଟିଏ ଯେ କେହି ଏମାନଙ୍କର ମିଳିତ ଶକ୍ତି ସହିତ କ୍ୱଚିତ୍ ଶତ୍ରୁତା କରନ୍ତି। ଆଉ ଆପଣ ଯଦି ଚାହିଁବେ ମୁଁ ଗୋଟିଏ ଛୋଟ ଅନୁଭୂତି କହିବି।

ମୁଁ କହିଲି, "କହନ୍ତୁନାହାନ୍ତି। ଆପଣଙ୍କ ସହ ଆଲୋଚନାରୁ ମୁଁ ଅନେକ ସମୟରେ କିଛି ନୂଆକଥା ଶିଖେ।"

ସେ ଆରମ୍ଭ କଲେ, କିଛି ବର୍ଷ ତଳେ ଏଇଠି ଥିଲେ ଜଣେ ଜୁଡ଼ିସିଆଲ ଅଫିସର। ସେ ବି ଭାରି ଜିଦ୍‌ଖୋର। ତାରିଖ ଦେଲାବେଳେ ସେ ଏତେ କଞ୍ଜୁସ୍ ଯେ ଟିକିଏ ବି କୋହଳ ହୁଅନ୍ତି ନି। ଥରେ ଦୁଇତିନିଟି ତାରିଖ ପରେ ସେ ଓକିଲଙ୍କୁ କହିଲେ, ଆପଣ ଆରଥରକୁ ଯଦି ଆପଣଙ୍କର ସାକ୍ଷୀ ନ ଆଣିବେ ତାହେଲେ ମୁଁ

ତାଙ୍କୁ ଆଉ ଗ୍ରହଣ କରିବି ନାହିଁ। ଜଣେ ମହିଳାଙ୍କର ସାକ୍ଷୀ ଦେବାର ଥାଏ। ଆର ଥରକୁ ସେ ସାକ୍ଷୀଙ୍କୁ ନ ଆଣି କୋର୍ଟକୁ ଆସିଲେ। ତାଙ୍କୁ ଦେଖୁ ଦେଖୁ ଉତ୍‌କ୍ଷିପ୍ତ ହୋଇଗଲେ ହାକିମ ଓ କହିଲେ, "ଦେଖନ୍ତୁ ମୁଁ ଆପଣଙ୍କୁ ଆଉ ଆଦୌ ମହଲତ ଦେଇପାରିବି ନାହିଁ।" ତାଙ୍କର ସ୍ୱର ଶୁଭୁଥିଲା ରୁକ୍ଷ ଓ କଠୋର। ଓକିଲ ବନ୍ଧୁ କହିଲେ - ମହାଶୟ, ଆପଣ ହେଉଛନ୍ତି ଧର୍ମାବତାର। ଆପଣଙ୍କ ନିର୍ଦ୍ଦେଶରେ ସବୁ ହେବ; ମାତ୍ର ମୋର କଥା ଟିକିଏ ଶୁଣିଦେଲେ ଭଲ ହେବ।

ବିରକ୍ତି ସହ ଜଜ୍ କହିଲେ, 'କୁହନ୍ତୁ'। ଆଡ଼ଭୋକେଟ୍ ମହାଶୟ କହିଲେ, ଆପଣ ଆପଣଙ୍କ ଝରକାବାଟ ଦେଇ ଦେଖିପାରନ୍ତି ଜଣେ ମହିଳାଙ୍କୁ ଯିଏକି ପାଖ ବର ଗଛ ତଳେ ଏପଟକୁ ପଛ କରି ବସିଛନ୍ତି। ତାଙ୍କର କେଶରାଶି ଥାଏ ବିକ୍ଷିପ୍ତ।

ଆଡ଼ଭୋକେଟ୍ କହିଲେ, ଆମର ପୁରାତନ କାଳରୁ ଗୋଟିଏ କଥା ଅଛି ଋତୁ ସମୟରେ ମହିଳାମାନେ କୋର୍ଟକୁ ଆସିବା ମନା। ତେଣୁ ତାଙ୍କୁ ସେଇଠି ବସେଇ ଦେଇଛି। ଯଦି ଆପଣ ନିହାତି ବାଧ କରିବେ ତାହେଲେ ତାଙ୍କୁ ଏଇଠିକି ଡାକି ଆଣିବି। ଜଜ୍ ସାହେବଙ୍କର ସବୁ ଆଦେଶ ଫୁ ହୋଇଗଲା। ସେ ବା' ଆଉ କ'ଣ କରିଥାନ୍ତେ।

ଏତେକ କହିସାରି ସେ ମୋତେ ପରାମର୍ଶ ଦେଲେ ଯେ ମହଲତ୍ ଦେଲାବେଳେ ଏତେ କଠୋର ନ ହେବା ପାଇଁ। ମୁଁ ଏକ ଲୟରେ ଶୁଣି ଯାଉଥିଲି। ଆଉ ଭାବୁଥିଲି ଯେ ମହାତ୍ମା ଯେଉଁ ପାଠ ପଢ଼େଇଲେଣି ଯଦି ତାଙ୍କୁ ସବୁବେଳେ ମାନିବି ତାହେଲେ ଗରିବ ଆଦିବାସୀ ନିରୀହ ଗାଁ ଲୋକଙ୍କ ପ୍ରତି ଶୋଷଣ ବଢ଼ି ବଢ଼ି ଯିବ। ମୁଁ ଏକ ମଧ୍ୟମ ପନ୍ଥା ଖୋଜୁଥିଲି। ଆଉ ନିଜ ଭିତରେ ଏକ ନିରାଶା ଭାବକୁ ସାମ୍ନା କରୁଥିଲି। ଓକିଲଙ୍କ ସହିତ ବନ୍ଧୁତା କଲେ ବିଚରା ମହକିଲ ମରିବ ଏଣେ ଓକିଲ ସହିତ ଶତ୍ରୁତା କଲେ ନିଜେ ମରିବାକୁ ହେବ।

କେବଳ ନିଜ କୋର୍ଟ ସମ୍ଭାଳିବା ସହିତ ଅନ୍ୟାନ୍ୟ କୋର୍ଟରେ ପ୍ରତିପକ୍ଷ ଭାବରେ ଦାୟିତ୍ୱନେବା ମଧ୍ୟ ପ୍ରତି ସରକାରୀ ଅଧିକାରୀଙ୍କ ଦାୟିତ୍ୱ। ଅନେକ କେଶ୍ ଯାହା ସରକାରଙ୍କ ବିରୋଧରେ କରାଯାଏ ତାହା ସରକାରଙ୍କ ତରଫରୁ ସରକାରୀ ଓକିଲମାନେ ଲଢ଼ିଥାନ୍ତି। ଏଥିରେ ସଂପୃକ୍ତ ଅଧିକାରୀମାନେ କ୍ଷେତ୍ରରେ ଉପୁଜିଥିବା ସମସ୍ୟା ଓ ସେମାନଙ୍କର ଦୃଷ୍ଟିଭଙ୍ଗୀ ଅନୁସାରେ ନିଜର ପକ୍ଷ ରଖିଥାନ୍ତି; ମାତ୍ର ଦେଖାଯାଏ ଅନେକ କଥାକୁ ବାରମ୍ବାର ଦୋହରା ଯାଇଥାଏ ମୁଖ୍ୟ ଆବେଦନରେ। ତେଣୁ ସେଇ କଥାକୁ ପୁନର୍ବାର ଉପସ୍ଥାପନା କରିବାରେ ଏକ

ବିରକ୍ତି ସୃଷ୍ଟି ହୋଇଥାଏ। ଆଉ ଗୋଟିଏ କଥା ମୁଁ ଲକ୍ଷ୍ୟ କରୁଥିଲି ଅନେକ ଦିନରୁ ଯାହାକି ମାନ୍ୟବର ସୁପ୍ରିମ୍ କୋର୍ଟରେ କୌଣସି ନ୍ୟାୟମୂର୍ତ୍ତି ଏବେ ତାଙ୍କର ଅନୁରୂପ ମତାମତ ଦେଇଛନ୍ତି। କୋର୍ଟମାନଙ୍କରେ ଯେଉଁ କଥା ଲେଖାଯାଏ ତାହା ଏତେ ବିଶଦ୍ ଓ ପୁନରୁକ୍ତିମୂଳକ ଯେ ତାହା ସମୟ ଓ ସାଧନ ଉଭୟର ଦୁରୁପଯୋଗ। ସଂକ୍ଷିପ୍ତ ଓ ସଠିକ୍ ତଥ୍ୟ ଉପରେ ଗୁରୁତ୍ୱ ଦେବା ଦରକାର। କୋର୍ଟମାନେ ବେଳେ ବେଳେ ଏତେ ଦୀର୍ଘ ଆଦେଶ ଦିଅନ୍ତି ଯେ ତାକୁ ପଢ଼ିବା ପାଇଁ ଧୈର୍ଯ୍ୟ ନଥାଏ କାହାର, କେବଳ ତା'ର ମୁଖ୍ୟାଂଶ ଦେଖି କାମ କରନ୍ତି, ହେଲେ କାହିଁକି ମନୋଭାବ ବଦଳୁ ନାହିଁ ତାହା ଚିନ୍ତାର ବିଷୟ। ଯେ ସଂକ୍ରାନ୍ତରେ ଆର.କେ. ଲକ୍ଷ୍ମଣଙ୍କର ଗୋଟିଏ ବ୍ୟଙ୍ଗଚିତ୍ର ମନକୁ ଆସେ। ଥରେ ଜଣେ ନ୍ୟାୟାଧୀଶଙ୍କ ଅଧ୍ୟକ୍ଷତାର ଗୋଟିଏ ନ୍ୟାୟିକ କମିଶନ ସରକାର ବସାଇଲେ। କମିଶନ କେତେ ହଜାର ପୃଷ୍ଠା ବ୍ୟାପୀ ଏକ ରିପୋର୍ଟ ଦେଲେ। ବାହାରେ ସାମ୍ବାଦିକମାନଙ୍କର ଉତ୍କଣ୍ଠା। କ'ଣ ଅଛି କମିଶନଙ୍କ ରିପୋର୍ଟର ଗୁରୁତ୍ୱପୂର୍ଣ୍ଣ ଅଂଶ। ଏତିକିବେଳେ ଜଣେ ଅଧିକାରୀ ଆସି ଘୋଷଣା କରୁଛନ୍ତି ଏଇ ଦୀର୍ଘ ରିପୋର୍ଟକୁ ସଂକ୍ଷିପ୍ତ କରିବାକୁ ସରକାର ଆଉ ଏକ ସ୍ୱଳ୍ପମିଆଦୀ କମିଶନ ବସାଇ ପାରନ୍ତି। ଦୀର୍ଘକୁ ଚୁମ୍ବକରେ ପ୍ରକାଶ କରିବା ପାଇଁ ବ୍ୟଙ୍ଗଠାରୁ କ'ଣ ଅଧିକ ଶାଣିତ ଅସ୍ତ୍ର ଥାଇପାରେ ?

ହାଇକୋର୍ଟକୁ ବାରମ୍ବାର ଦଉଡ଼ିବାକୁ ପଡ଼େ ଜଣେ ସରକାରୀ ଅଧିକାରୀଙ୍କୁ ସରକାରଙ୍କ ବିରୋଧରେ ହେଉଥିବା କେଶରେ ପକ୍ଷ ରଖିବା ପାଇଁ। ମୋତେ ସମଗ୍ର ଚାକିରି ଜୀବନରେ ତିନିଥର ବ୍ୟକ୍ତିଗତ ହାଜିରା ଦେବାକୁ ପଡ଼ିଛି ହାଇକୋର୍ଟରେ। ମୁଁ ଲକ୍ଷ୍ୟ କରିଛି ଆମର ନିଜର ଅଫିସ୍ କିମ୍ବା କ୍ଷେତ୍ରାଧିକାରୀଙ୍କ ଫାଇଲ ଆଦେଶ ଠିକଣା ସମୟରେ ଅନୁପାଳନରେ ହେଳା ଏବଂ କେବେ କେବେ କେହି ଅସାଧୁ ଓକିଲଙ୍କର କାରସାଦି ଯୋଗୁଁ ଏପରି ପରିସ୍ଥିତି ସୃଷ୍ଟି ହୋଇଥାଏ। ଆଡ଼ଭୋକେଟ୍ ଜେନେରାଲ୍‌ଙ୍କ ଅଧୀନରେ ଯେଉଁ ସରକାରୀ ଆଡ଼ଭୋକେଟ୍‌ମାନେ ଥାଆନ୍ତି ସେମାନଙ୍କ ଭିତରୁ କେହି କେହି ସରକାରୀ ଅଧିକାରୀଙ୍କୁ ସାହାଯ୍ୟ କରିବା ପରିବର୍ତ୍ତେ ତାଙ୍କ ଉପରେ ଧମକ ଚମକ କରାନ୍ତି। ଏହା ଅନେକ କ୍ଷେତ୍ର ଅଧିକାରୀଙ୍କ ମନୋବଳ ଭାଙ୍ଗିଦିଏ।

ମୋର ମନେ ପଡୁଛି ଚାକିରି ଆରମ୍ଭ କାଳରେ ଗୋଟିଏ କାଉଣ୍ଟର ଏଫିଡେଭିଟ୍ ଫାଇଲ କରିବା ପାଇଁ ତହସିଲଦାର ଯାଇଥିଲେ କଟକ ଆଉ ବିଫଳ ମନୋରଥ ହୋଇ ଫେରିଥିଲେ। ମୋତେ ଡାକି କହିଲେ ଆପଣତ ରେଭେନ୍‌ସାରେ

ପଢୁଥିଲେ। କଟକ ଆପଣଙ୍କ ପୁରୁଣା ଜାଗା। ସେଇଠି ଯାଇ ଆପଣଙ୍କ ଭାଗ୍ୟ ପରଖନ୍ତୁ ଆଡ୍‌ଭୋକେଟ୍ ଜେନେରାଲ୍‌ଙ୍କ ଅଫିସ୍‌ରେ। ସେ ଏତେ ବିବ୍ରତ ହୋଇଥିଲେ ଯେ ପୁନର୍ବାର ସେଠାକୁ ଯିବେ ନାହିଁ ବୋଲି ପଣ କରିଥିଲେ। ମୁଁ ଗୋଟିଏ ନୂଆ ଦାୟିତ୍ୱ ନେଇଗଲି। ମୋର ପଡ଼ୋଶୀ ଥିଲେ ବନ ବିଭାଗର ଏସିଏଫ୍, ନିମାଇଁ ମହାନ୍ତି, ସିଏ ମୋତେ ଭାରି ଶ୍ରଦ୍ଧା କରୁଥିଲେ।

ନିମାଇଁ ବାବୁ କହିଲେ, "ଆପଣ ପିଲାଲୋକ, ଆଡ୍‌ଭୋକେଟ୍ ଜେନେରାଲ ଅଫିସରେ କେମିତି କାମ କରିବେ ? ମୋର ଜଣେ ସଂପର୍କୀୟ ଭାଇ ଅଛନ୍ତି। ମୁଁ ତାଙ୍କୁ ଗୋଟିଏ ଚିଠି ଲେଖି ଦେଉଛି। ସେଇଠି ପହଞ୍ଚି ତାଙ୍କୁ ଦେଖାକରି ଚିଠିଟି ଦେବେ। ହୁଏତ ସିଏ କିଛି କାମରେ ସାହାଯ୍ୟ କରି ପାରନ୍ତି।" ଗୋଟିଏ କୂଳ କିନାରା ହରା ଜାହାଜ ଯେମିତି ବତୀଘରର ଆଲୋକଟିଏ ପାଇଗଲା। ମୁଁ ଯାଇ କଟକରେ ପହଞ୍ଚି ତାଙ୍କୁ ଚିଠିଟି ବଢ଼େଇ ଦେଲି। ସେ ମୋତେ ପାଦରୁ ମୁଣ୍ଡଯାଏ ଚାହିଁଲେ। ପଚାରିଲେ ଆଗରୁ କେବେ ଏଠିକି ଆସିଥିଲ ? ମୁଁ ମୁଣ୍ଡ ହଲାଇ ନାହିଁ କହିଲି। ସେ କହିଲେ, ମୋ ଟେବୁଲ ପାଖରେ ବସ। ସେତେବେଳେ ଜାଣିଲି ସେ ହେଉଛନ୍ତି ଏଡ଼ିସ୍‌ନାଲ ଷ୍ଟାଣ୍ଡିଂ କାଉନ୍‌ସେଲ୍ ପି.କେ. ମହାନ୍ତି। ସେସବୁ କାମ କରିଦେଲେ ଲଞ୍ଚ୍ ଆୱାର ପୂର୍ବରୁ। ମୁଁ ଯେତେବେଳେ ସଂଧ୍ୟାବେଳକୁ ଫେରିଯାଇ ପହଞ୍ଚିଗଲି ଚାନ୍ଦବାଲିରେ, ତହସିଲଦାର ଭାବିଲେ - ଯେଉଁଠି ଦାରୁ ଲାଗେନି ସେଠି ଦୂବ ଲାଗେ ବୋଲି ଯାହା କହନ୍ତି ତାହା କ'ଣ ସତ !

ତାପରେ କୌଣସି କାମ ଆଡ୍‌ଭୋକେଟ ଜେନେରାଲଙ୍କ ଅଫିସ୍‌ରେ ପଡ଼ିଲା ମାତ୍ରେ ତହସିଲଦାର ମୋତେ କହିଦିଅନ୍ତି, ସେଇଟା ମୋ ଦାୟିତ୍ୱ ବୋଲି। ମୁଁ କଟକରେ ପହଞ୍ଚିଗଲା ପରେ ଖୋଜେ ମହାନ୍ତି ସାର୍ କୁଆଡ଼େ ଗଲେ। କେବେକେବେ ସେ କୋର୍ଟକୁ ଚାଲିଯାଇଥାନ୍ତି। ମୁଁ ଅପେକ୍ଷା କରେ ତାଙ୍କର ସିଟ୍ ପାଖରେ। ଲଞ୍ଚ ବ୍ରେକ୍ ବେଳକୁ ସେ ଫେରିଲାବେଳେ ଦେଖନ୍ତି ମୁଁ ବସିଥାଏ। ସାଙ୍ଗେ ସାଙ୍ଗେ ହସି ଦେଇ କହନ୍ତି, "ନିରଞ୍ଜନ, କେମିତି ଅଛନ୍ତି ନିମାଇଁ ଭାଇ ଆମର ?" ମୁଁ ଦିପଦ କଥା ହେଉ ହେଉ ସେ ଦେଖି ଦିଅନ୍ତି ମୋ କାଗଜପତ୍ର। ସାଙ୍ଗେ ସାଙ୍ଗେ ଫାଇଲ୍ ମଗେଇ ଦିଅନ୍ତି ଓ ଡିକଟେସନ ଦିଅନ୍ତି କାଉଣ୍ଟର ଏଫିଡେଭିଟ୍ ଆଉ ତାପରେ ଯାଆନ୍ତି ଲଞ୍ଚ କରିବାକୁ। ସେ ଫେରିବାବେଳକୁ ମୁଁ ଜୀବନବାବୁଙ୍କ ପାଖରେ ବସି ଟାଇପ୍ କାମ କରେଇ ଦେଇଥାଏ। ଜୀବନବାବୁ ହେଉଛନ୍ତି ଜଣେ ଅତ୍ୟନ୍ତ ପତଳା ଡେଙ୍ଗା ଟାଇପ୍ କରୁଥିବା ଯୁବକ ଯାହାଙ୍କର

ଟାଇପ୍ କରିବାର ବେଗ ଦେଖିଲେ କେବଳ ମହାବାତ୍ୟାର ବେଗ ସହିତ ତୁଳନା କରିହେବ। ଏପରି ନିର୍ଭୂଲ ଓ ବେଗବାନ ଟାଇପ ମୁଁ କେବେବି ଜୀବନରେ ଦେଖିନି। ପରବର୍ତ୍ତୀ ସମୟରେ ଯେବେ ତାଙ୍କର ଅତିରିକ୍ତ ଶାସନ ସଚିବ ସ୍ତରକୁ ଯିବାର ପ୍ରମୋଶନ ଫାଇଲ ମୋ ପାଖକୁ ଲୋକସେବା ଆୟୋଗର ସଦସ୍ୟ ଭାବରେ ପେଶ ହୋଇଥିଲା ତାକୁ ଦେଖୁ ଦେଖୁ ମୋର ପୁରୁଣା ସ୍ମୃତି ମନେ ପଡ଼ିଯାଉଥିଲା ଏବଂ ପ୍ରକୃତ ଯୋଗ୍ୟ ଲୋକମାନେ ବେଳେବେଳେ ଉପଯୁକ୍ତ ଭାବରେ ପୁରସ୍କୃତ ହେଉଛନ୍ତି ବୋଲି ଜାଣି ମୁଁ ବିଶେଷ ଆନନ୍ଦିତ ହୋଇଥିଲି। ମହାନ୍ତି ସାର୍ ଲଞ୍ଚରୁ ଫେରିବା ବେଳକୁ ଟାଇପ୍ ରେଡ଼ି ହୋଇ ଏଫିଡ଼େଭିଟ୍ ଥୁଆ ହୋଇଥାଏ।

ସେ ତାଙ୍କ ଅଫିସର ସଂପୃକ୍ତ କିରାଣୀଙ୍କୁ ମୋତେ ଚିହ୍ନେଇ ଦେଇଥିଲେ, ଅତଏବ ସେ ମୋତେ ନେଇ ଓଥ କମିଶନରଙ୍କ ପାଖରେ ଶପଥ କରାନ୍ତି। ମୁଁ ମହାନ୍ତି ସାର୍‌ଙ୍କୁ ଦେଖିଲେ ମୋର ଅନୁଭବ ହୁଏ ପୂର୍ବଜନ୍ମରେ ହୁଏ ତାଙ୍କର କିଛି କରୁଣା ମୋ ଉପରେ ବାକୀ ରହିଯାଇଥିଲା। ମୁଁ ପ୍ରାୟ ଦଶଥର ବିଭିନ୍ନ କାମରେ ଯାଇଥିବି। ସେଇ ଅଫିସ୍ ଛାଡ଼ିଲା ପରେ ବି ଆଉ ସବୁବେଳେ ମୋତେ ନିରୀହ ପିଲାଟିଏ ଭାବି ମୋତେ ସହାୟତାର ହାତ ବଢ଼ାଇ ଦିଅନ୍ତି। ଆଉ ଯେତେବେଳେ ମୁଁ ନୟାଗଡ଼ରେ ଉପଜିଲ୍ଲାପାଳ ଥିଲାବେଳେ ଖବରକାଗଜରେ ଗୋଟିଏ ଖବର ଦେଖିଲି ଯେ ସେ ହାଇକୋର୍ଟର ବିଚାରପତି ଭାବରେ ପଦୋନ୍ନତି ପାଇଛନ୍ତି। ମୋର ସେଇ ସଂଚିତ କୃତଜ୍ଞତା ଆଉ ବୋଲ ମାନିଲା ନାହିଁ। ମୁଁ କୁଆଁ କୁଆଁ ରଡ଼ି ଛାଡ଼ିଲି। ମୋର ଉଦ୍‌ବେଳିତ ଅଶ୍ରୁପାତ ଯେମିତି ଭଗବାନଙ୍କ ପାଖରେ ମୁଣ୍ଡ ନୁଆଁଉଥିଲା ମହାନ୍ତି ସାର୍‌ଙ୍କ ବଡ଼ତି ପାଇଁ। ବଡ଼ ବଡ଼ିଆ ଲୋକମାନେ ସମସ୍ତେ ହୃଦୟହୀନ ବୋଲି ଯାହା କୁହାଯାଏ, ମୁଁ ତାହା ଗ୍ରହଣ କରିପାରେ ନାହିଁ। ଅବଶ୍ୟ ସେମାନେ ସଂଖ୍ୟାନ୍ୟୁନ ତାହା କୁହାଯାଇପାରିବ ଯାହା ମୁଁ ପିଲାବେଳେ ଗୋଟିଏ ସଂସ୍କୃତ ଶ୍ଳୋକ ଶୁଣି ଶୁଣି ମୋ ଜେଜେଙ୍କଠାରୁ ଶିଖିଥିଲି ଏବଂ ଆଜି ଯାଏ ମନେ ରଖିଛି-

ଶୈଳେ ଶୈଳେ ନ ମାଣିକ୍ୟଂ ମୌକ୍ତିକଂ ନ ଗଜେ ଗଜେ
ସାଧବଃ ନହିଃ ସର୍ବତ୍ର ଚଂଦନଂ ନ ବନେ ବନେ।

ନ୍ୟାୟମୂର୍ତ୍ତି ପ୍ରଦ୍ୟୁମ୍ନ ମହାନ୍ତି ସେଇଭଳି ଜଣେ ଅସାଧାରଣ ଚରିତ୍ର।

ଉପଜିଲ୍ଲାପାଳ ଭାବରେ ଗୋଟିଏ ନୁହେଁ ତିନିଗୋଟି ଜାଗାରେ କାମ କରିବାର ସୁଯୋଗ ମୋତେ ମିଳିଛି ନୟାଗଡ଼, କେନ୍ଦ୍ରାପଡ଼ା ଓ ଖୋର୍ଦ୍ଧା। ଗୋଟିଏ

ଜାଗାରେ ଥିଲାବେଳେ ମୋ ପାଖରେ ଗୋଟିଏ ହରିଜନ ଜମି ବିକ୍ରି ସଂକ୍ରାନ୍ତ ମାମଲା ବିଚାର ହେଉଥିଲା । ମୁଁ ସାଧାରଣତଃ ସେଗୁଡ଼ିକ କ୍ଷେତ୍ରରେ ଟିକିଏ କଠୋର ମନୋଭାବ ଦେଖାଉଥିଲି । ଗୋଟିଏ ମକଦ୍ଦମାରେ ମୁଁ ଦେଖିଲି ଯେ ସଂପୃକ୍ତ ବିକ୍ରେତା ଜଣେ ସରକାରୀ ହସ୍‌ପିଟାଲ୍‌ର ନର୍ସ ଭାବରେ କାର୍ଯ୍ୟରତ । ତାଙ୍କର ଶ୍ୱଶୁରଙ୍କର ଏକ ବ୍ୟୟବହୁଳ ଚିକିତ୍ସା ପାଇଁ ତାଙ୍କର ଗୋଟିଏ ଘରବାଡ଼ି ଜମିକୁ ମୁଁ ବିକ୍ରି ଅନୁମତି ଦେଇଥିଲି । ଅବଶ୍ୟ ତାଙ୍କର ଘର ଅନ୍ୟ ଏକ ଜାଗାରେ ଥିଲା । ସେତେବେଳେ ଆଜିକାଲି ପରି ସରକାରୀ ଇନସ୍ୟୁରେନ୍‌ସ ମିଳୁନଥିଲା ଏବଂ ବିକି ସାରିଲା ପରେ ବି ବିକ୍ରେତା ଭୂମିହୀନ ହେଉନଥିଲେ । ଅତଏବ ମୁଁ ତାହାକୁ ଅତି ସହଜରେ ବିକ୍ରି ପାଇଁ ସମ୍ମତି ଦେଇଦେଲି; ମାତ୍ର ତାର ସପ୍ତାହକ ପରେ ଜଣେ ବ୍ୟାଙ୍କ ମ୍ୟାନେଜର ଯିଏକି ମୋର ଜଣେ ବ୍ୟକ୍ତିଗତ ବନ୍ଧୁ ଥିଲେ ସେ ମୋ ଘରକୁ ଆସି କହିଲେ, "ଆପଣଙ୍କୁ ଗୋଟିଏ ବ୍ୟକ୍ତିଗତ କଥା କହିବା ପାଇଁ ଆସିଛି ।" ତାଙ୍କର ଗୋଟିଏ ଟ୍ରେନିଂ ଇନ୍‌ଷ୍ଟିଚ୍ୟୁଟ୍ ଥିଲା । ସେଠାକୁ ମୁଁ ଥରେ ଦିଥର ଇଣ୍ଟରପ୍ରିନ୍ୟୁଅରସିପ୍ ଡେଭ୍‌ଲପ୍‌ମେଣ୍ଟ ଉପରେ ମୋର ବକ୍ତବ୍ୟ ଉପସ୍ଥାପନ କରିବାକୁ ଯାଇଥିଲି । ତା'ଛଡ଼ା ମଝିରେ ମଝିରେ ସେ ଆସି ବିଭିନ୍ନ ଜିନିଷ ଆଲୋଚନା କରନ୍ତି । ବିଶେଷ କରି ଫିନେନ୍ସିଆଲ ଲିଟେରେସି ଉପରେ ତାଙ୍କର ଭାଷଣ ଶୁଣି ମୁଁ ତାଙ୍କୁ ବଧେଇ ଦେଇଥିଲି । ଏମିତି ମୋର ତାଙ୍କର ବୌଦ୍ଧିକ ଗୁଣ ହେତୁ ଟିକିଏ ଶ୍ରଦ୍ଧା ଲାଗିଯାଇଥିଲା । ସେ କହିଲେ, ଯାହାହେଉ ଆପଣଙ୍କ ଯୋଗୁଁ ମୋର ବାର୍ଷିକ ଟାର୍ଗେଟ୍ ହୋଇଗଲା । ତେଣୁ ବ୍ୟାଙ୍କ ତରଫରୁ ଗୋଟିଏ ଛୋଟିଆ ଗିଫ୍ଟଟିଏ ଆଣିଥିଲି । ଏତେକ କହି ସେ ମୋ ଟେବୁଲ ଉପରେ ଗୋଟିଏ ମୋବାଇଲ୍ ଫୋନ୍ ଥୋଇଦେଲେ । ମୁଁ ତାହା ନେବାପାଇଁ ଅନିଚ୍ଛା ପ୍ରକାଶ କଲି । ଯଦିଓ ସେତେବେଳେ ନୂଆ ନୂଆ ମୋବାଇଲ ଆସୁଥିଲା ଏବଂ ତାହା ଧରିବା ଏକ ସମ୍ଭାବ୍ୟ ସାମ୍ଭାନ୍ତପଣ ଜାହିର କରୁଥିଲା । ମୁଁ ତାଙ୍କୁ କହିଲି, ଗୋଟିଏ କଲମ ଦେଲେ ମୁଁ ନେଇଯିବି । ସେ ଫେରିଗଲେ ଆଉ ଦି ଦିନ ପରେ ଆସି କହିଲେ, ଆପଣଙ୍କ ପାଇଁ ଗୋଟିଏ ଭଲ କଲମ ମଗେଇଛି, ମାତ୍ର ଆଉ ଗୋଟିଏ କଥା କହିବା ପାଇଁ ଆସିଥିଲି, କହିବାକୁ ସାହସ ହେଉନାହିଁ । ମୁଁ ଠଉରେଇଲି କିଛି ଆପତ୍ତିଜନକ କଥା ବୋଧହୁଏ କହିବାକୁ ଚାହୁଁଛନ୍ତି । ମୁଁ କହିଲି ଆପଣ ଜାଣନ୍ତି ମୁଁ ସାଦାସିଧା ଲୋକ ମୋତେ ବେଆଇନ ଓ ନୀତିବିରୁଦ୍ଧ କଥା ଛଡ଼ା ଅନ୍ୟ ଯାହା କହିପାରନ୍ତି – ସେ ଥତମତ ହେଲେ ଓ କହିଲେ, ମୁଁ ଶୁଣୁଥିଲି ଭୁବନେଶ୍ୱରଠୁ ଦୂରର କଥା ରାଜଧାନୀ

ପାଖଆଖରେ ବି ଆପଣଙ୍କର ଜାଗା ଚାଖଣ୍ଡେ ନାହିଁ। ଏବେ ଆମେ ଆପଣଙ୍କ ଦୟାରୁ ଗୋଟାଏ ହରିଜନ ଜାଗା ନେଇଛୁ। ସେଇଟିକୁ ପ୍ଲଟିଂ କରିଛୁ। ଆପଣଙ୍କୁ ସେଇଠୁ ଖଣ୍ଡିଏ ପ୍ଲଟ ଦେବାପାଇଁ ମନସ୍ଥ କରିଛୁ। ଆପଣ ମନା କରିବେ ନାହିଁ। ମୋର ବାରବର୍ଷର ତପସ୍ୟା ଶୁଖୁଆପୋଡ଼ାରେ ଯିବାକୁ ବସିଛି, ଏହା ଭାବିଲି। ଗମ୍ଭୀର ହୋଇ କହିଲି, ବୋଧହୁଏ ଆପଣ ମୋତେ ଚିହ୍ନି ପାରିଲେ ନାହିଁ। ଯାହାହେଉ ଭଗବାନଙ୍କ କୃପା ମୋତେ ଲୋଭରୁ ରକ୍ଷା କରିଥିଲା ଏବଂ ମୁଁ ଜାଣେ ଅନେକ ସରକାରୀ ଅଧିକାରୀ ଲୋଭର ବଶବର୍ତ୍ତୀ ହୋଇ କିପରି ଅସୁବିଧାରେ ପଡ଼ିଛନ୍ତି। ମାଲିମକଦ୍ଦମାରେ ଛନ୍ଦି ହୋଇଛନ୍ତି ଆଉ ଜୀବନର ସବୁ ସମ୍ମାନ ହରେଇଛନ୍ତି। ଭଗବତକୃପା ମୋତେ ଆଉ ଗୋଟିଏ ଫାସରୁ ମୁକୁଳେଇଦେଲା।

କୋର୍ଟ ସମ୍ପର୍କିତ ଆଉ ଗୋଟିଏ କାମ ହେଲା ବିଭିନ୍ନ ନିଷ୍ପତ୍ତି ବିରୋଧରେ ଲୋକ ଜୁଡ଼ିସିଆଲ କୋର୍ଟକୁ ଯାଆନ୍ତି – ସେତେବେଳେ କୋର୍ଟରେ ହାଜର ହେବାକୁ ପଡ଼େ। ମୁଁ ଯେହେତୁ ପ୍ରାୟ ଛ' ବର୍ଷ ପାଖାପାଖି ତିନୋଟି ସବ୍‌ଡିଭିଜନ୍‌ରେ ଉପଜିଲ୍ଲାପାଳ ଭାବରେ କାର୍ଯ୍ୟ କଲି, ସେତେବେଳର ନିୟମ ଅନୁସାରେ ମୋତେ ଉପଖଣ୍ଡର ସବୁ ସରକାରଙ୍କ ଠାରୁ ସିଧାସଳଖ ଦରମା ପାଉଥିବା ପ୍ରାଇଭେଟ କଲେଜର ପରିଚାଳନା ପରିଷଦର ଅଧ୍ୟକ୍ଷ ଭାବରେ କାମ କରିବାକୁ ପଡ଼ିଥିଲା। ଏକାଧିକ ବାର କିଛି କଲେଜ ଅଧ୍ୟକ୍ଷଙ୍କ ବିରୋଧରେ ଭିଜିଲାନ୍‌ସ ମୋକଦ୍ଦମା ହୋଇଥିଲା। ସେହି କ୍ଷେତ୍ରରେ ଉପଜିଲ୍ଲାପାଳ ଗଭର୍ଣ୍ଣିବଡ଼ିର ଅଧ୍ୟକ୍ଷ ଭାବରେ ପ୍ରୋସିକ୍ୟୁସନ ସେକ୍‌ସନ୍ କରିବାକୁ ଅଧିକାର ପ୍ରାପ୍ତ। ସେଇ କେଶ୍ ପଡୁ ପଡୁ କିଛି ବର୍ଷ ବିତିଯାଇଥାଏ; ମାତ୍ର ଅଧିକାଂଶ କେଶ୍ ବିଚାର ବେଳେ ପ୍ରତିପକ୍ଷର ଓକିଲମାନେ ସବୁବେଳେ ଉପଜିଲ୍ଲାପାଳ ନ୍ୟାୟିକ ପଦ୍ଧତିରେ ମଂଜୁରି ଦେଇ ନାହାନ୍ତି କହି ବହୁ ବିତଣ୍ଡା ଯୁକ୍ତି କରନ୍ତି। ଯେଉଁଠି ଜଜ୍‌ମାନେ ସରଳିଆ ହୋଇଥାନ୍ତି ସେଇଠି ଓକିଲମାନେ ବେଶୀ ଆକ୍ରମଣାତ୍ମକ ହୁଅନ୍ତି। କୋର୍ଟରେ ଏଇସବୁ ଘଟଣା ସମ୍ମୁଖୀନ ହେଲାବେଳେ ମନ ଭାରି ଖରାପ ହୁଏ। ସରକାରୀ ଓକିଲମାନେ ଭଲ ଥିଲେ ଟିକିଏ ସାହାଯ୍ୟ କରନ୍ତି। ସେଇମିତି ପ୍ରାୟ ଚାରି ବର୍ଷରୁ ଅଧିକ ସମୟ ମୋତେ ଜିଲ୍ଲାପାଳ ଭାବରେ ଝାରସୁଗୁଡ଼ା ଏବଂ ଖୋର୍ଦ୍ଧା ଜିଲ୍ଲାରେ କାର୍ଯ୍ୟ କରିବାକୁ ପଡ଼ିଥିଲା। ଜିଲ୍ଲାରେ କାର୍ଯ୍ୟ କରୁଥିବା ସବୁ ତୃତୀୟ ଶ୍ରେଣୀ କର୍ମଚାରୀଙ୍କର ଏପଏଣ୍ଟିଂ ଅଥରିଟି ହେଲେ ଜିଲ୍ଲାପାଳ, ସେଇ ଦୃଷ୍ଟିରୁ ସେ ସବୁ ଭିଜିଲେନ୍‌ସ କେଶ୍‌ରେ ମଧ ମଞ୍ଜୁରି ଦିଅନ୍ତି। ସେଇ ସବୁ କେଶ୍‌ରେ ବିଚାର ବେଳେ ଯାଇ କୋର୍ଟରେ ସାକ୍ଷୀ ଦେବାକୁ

ପଡ଼େ। ମୋର ଧାରଣା ଏହା ଏକ ଅସାଧାରଣ ବ୍ୟାପାର। ଯେଉଁ ବ୍ୟକ୍ତିଙ୍କ ବିରୋଧରେ ଭିଜିଲେନ୍‌ସ ବିଭାଗ କେଶ୍ କରିଛନ୍ତି ସେ ତାଙ୍କର ତଥ୍ୟ ପ୍ରମାଣ ଦେବେ; ମାତ୍ର ଜିଲ୍ଲାପାଳ ସେ କେଶ୍‌ରେ ମଞ୍ଜୁରି ଦେଲାବେଳେ ସବୁ ବିଷୟକୁ ଟିକିନିଖି ଅନୁଧ୍ୟାନ କରିଛନ୍ତି କି ନାହିଁ ତାହା ମଧ୍ୟ କହିବେ - ବାହାରକୁ ବିତଣ୍ଡା ଲାଗିଲେ ବି ଯେ କଥା ସତ।

■

ମାଧ୍ୟମିକ ଶିକ୍ଷା ବୋର୍ଡ଼ରେ ଅଜବ ଅଭିଜ୍ଞତା

ମାଟ୍ରିକ ବୋର୍ଡ଼ ବା ମାଧ୍ୟମିକ ଶିକ୍ଷା ବୋର୍ଡ଼ କାର୍ଯ୍ୟାଳୟରେ କାର୍ଯ୍ୟ କରୁଥିବାବେଳେ ଗୋଟିଏ ଜିନିଷ ଲକ୍ଷ୍ୟ କରୁଥିଲି । ଏହା ୧୯୯୮-୧୯୯୯ର କଥା । ବୋର୍ଡ଼ କର୍ତ୍ତୃପକ୍ଷ ଯାହା ନିଷ୍ପତ୍ତି ନେଉଥିଲେ ସେଇ ନିଷ୍ପତ୍ତି ବିରୋଧରେ ମାଧ୍ୟମିକ ଶିକ୍ଷକ ସଂଘ ଅନେକ ସମୟରେ ତାଙ୍କର ଅସନ୍ତୋଷ ବ୍ୟକ୍ତ କରୁଥିଲେ । ସେଇ ଅସନ୍ତୋଷ ପ୍ରକାଶର ମାଧ୍ୟମ କେତେବେଳେ ବିକ୍ଷୋଭ ତ କେବେ ପୁଣି ସମ୍ବାଦପତ୍ରରେ ବିବୃତ୍ତି; ମାତ୍ର ଏଇ ବ୍ୟାପାରରେ ମୋର ଧାରଣା ହେଉଥିଲା ତାହା ଗୋଟିଏ ପ୍ରେସର ଗ୍ରୁପ୍ ବା ଚାପ ପ୍ରଦାନକାରୀ ସଂସ୍ଥା ଭାବରେ ବୋର୍ଡ଼ ପାଇଁ ରହୁଥିଲେ ଅବଶ୍ୟ ଏହା ଏକପାଖିଆ ନିଷ୍ପତ୍ତି ନେବାରୁ ପରିଷଦ କର୍ତ୍ତୃପକ୍ଷଙ୍କୁ ବିରତ କରାଉଥିଲା ।

ମୁଁ କିଛିଦିନ କାମ କଲାପରେ ଦିନେ ବୋର୍ଡ଼ ଅଫିସ ସମ୍ମୁଖରେ ବାସ କରୁଥିବା ମୋର ଜଣେ ସମ୍ପର୍କୀୟ ଭାଇଙ୍କ ଘରକୁ ଯାଇଥିଲି । ସେ ଅନେକ ଦିନ ହେବ ସେଇଠି ଘରଦ୍ୱାର କରି ରହିଲେଣି । ବୋର୍ଡ଼ର କିଛି ଅନୈତିକ କିରାଣୀଙ୍କ ପାଇଁ ସମଗ୍ର ଅନୁଷ୍ଠାନ କେମିତି ବଦନାମ ହେଉଛି ତାହା ସେ ମୋତେ କହୁଥିଲେ, ମାଟ୍ରିକ୍ ପରୀକ୍ଷା ଅନ୍ୟ ଯେକୌଣସି ପରୀକ୍ଷା ଠାରୁ ଭିନ୍ନ । ଆଉ ସେଇ ପରୀକ୍ଷା କରାଉଥିବା ପରିଷଦର ସବୁ କର୍ମଚାରୀ ବି ନିଜକୁ ସ୍ୱତନ୍ତ୍ର ଅନୁଭବ କରିବା ସ୍ୱାଭାବିକ । ପରୀକ୍ଷା ସରିଲେ ଅନେକ ଦୂର ଦୂରାନ୍ତରୁ ଲୋକ ଆସି ସେଇ ଠକଙ୍କ ହାବୁଡ଼ରେ ପଡ଼ନ୍ତି । କଥୋପକଥନ ଚାଲେ ଏଇମିତି-

-ଆଜ୍ଞା ମୋର ଝିଅଟି ଏଇଥର ପୁଣି ମାଟ୍ରିକ୍ ପରୀକ୍ଷା ଦେଇଛି । ମାଟ୍ରିକ୍

ପାସ୍ କରିପାରୁନି ବୋଲି ତା ବାହାଘର ଭାଙ୍ଗିଯାଉଛି । ମାଥମାଟିକସ୍ ଆଉ ଇଂଲିଶ ଏଇ ଦୁଇଟା ପେପରରେ ସନ୍ଦେହ ହେଉଛି କାଳେ ଖସିପଡ଼ିବ । ତାକୁ ଟିକିଏ ସାହାଯ୍ୟ କରିହେବନି ?

-ଓଃ ଏଇ କଥା ମଉସା । ଏମିତି କେତେ ଲୋକଙ୍କୁ ସାହାଯ୍ୟ କରୁଛୁ ନା ଆମେ । କେତେ ଝିଅଙ୍କର ଜୀବନ ଜୀବିକା କଥା । ଏଇଥିରେ ସାହାଯ୍ୟ କରିବା ପୁଣ୍ୟକାମ ।

-ଆଉ କେତେ କଣ ଖର୍ଚ୍ଚ ଲାଗିବ ?

-ଖର୍ଚ୍ଚ କଣ ତମେ ଜାଣିନ, ମୁଁ କଣ ଏକୁଟିଆ କିଛି କରିପାରିବି ଏକ୍‌ଜାମିନର ଠାରୁ ଚିଫ୍, ତା ସାଙ୍ଗକୁ ଟେବୁଲେଟର ସେଇଠୁ କେତେ ବାଟ ଦେଇ ନମ୍ବର ବୁଲୁଥିବ ।

-ଆଜ୍ଞା ଆପଣ ସାହାଯ୍ୟ ନକଲେ ମୋ ଝିଅର ଦୁଃଖ ତୁଟିବ ନାହିଁ, ଖୋଲିକରି କୁହନ୍ତୁ ।

-ମଉସା, ତମେ ବ୍ୟସ୍ତ ହୁଅନି ତମ ରୋଲନମ୍ବର ଦେଇଯାଅ ।

-କେତେଟଙ୍କା ଦେବାକୁ ହେବ ?

-ତମେ କଣ ଜାଣିନ ଯେ ମୁଁ କହିବି । ପେପର ପିଛା ଦି ହଜାର ହିସାବରେ ଚାରି ହଜାର ଟଙ୍କା ସହିତ ରୋଲ ନମ୍ବର ଲେଖାଥିବା ଚିଠାଟି ନେଇ ପକେଟରେ ରଖିଦିଅନ୍ତି ବାବୁଜଣକ । ବୁଢ଼ା ମଉସାର ଟେଲିଫୋନ ନମ୍ବରଟି ଟିପି ନିଅନ୍ତି । ଆଉ ବୁଢ଼ା କଥା ଆରମ୍ଭ କଲାବେଳକୁ 'ମଉସା ତମ ନମ୍ବରରେ ମୁଁ ବେଳକୁ ବେଳ ଯୋଗାଯୋଗ କରିବି' କହି ବାବୁଜଣକ ଛୁ ।

ବୁଢ଼ା କଷ୍ଟେ ମଷ୍ଟେ ଅଫିସର ଅନ୍ୟ ସହଯୋଗୀଙ୍କ ଠାରୁ ବାବୁଙ୍କ ନମ୍ବର ହାସଲ କରନ୍ତି ଆଉ ଅପେକ୍ଷା କରନ୍ତି ବାବୁଙ୍କର ଫୋନ୍‌କୁ । ପରୀକ୍ଷା ଫଳ ବାହାରିବାର ଦୁଇଦିନ ପୂର୍ବରୁ ଫୋନ୍ ଆସେ । "ମଉସା ତମେ କହିଥିଲ ତମ ଝିଅ ଦୁଇଟା ବିଷୟ ମାନେ ଖାଲି ଇଂଲିଶ ଆଉ ମ୍ୟାଥରେ ଫେଲ୍ ହୋଇଥିବ ବୋଲି । ପ୍ରକୃତରେ ସେ ଛଅଟା ବିଷୟରେ ଫେଲ୍ ହୋଇଥିଲା । ଆଉ ଚାରିଟା ସବଜେକ୍ଟ କୁହାକୁହି କରି ପାସ୍ କରେଇଦେଲି । ଏଇ ଦୁଇଟା ଯେତେ ଚେଷ୍ଟା କଲେ ବି ହେଲାନି । ବ୍ୟସ୍ତ ହୁଅନି । ଆରଥରକୁ ଦେଖିବା ।" ସେପଟରେ ମଉସା ବେହୋସ୍ !

ଭାଇ କହିଲେ ଏଇଟା ପୁରୁଣା ଚାଲ୍ ଥିଲା । ଲୋକେ କିଛି ଠକୁଥିଲେ । ବେଳେ ବେଳେ ଅଜଣାତରେ ବି ପାସ୍ ହୋଇଯାଉଥିଲେ । ସେ କଥା ଲୋକେ

ବୁଝିପାରୁନଥିଲେ ଯେ ଛଅଟା ବିଷୟରେ ପାସ୍ କରିଥିଲେ ବେଳେବେଳେ ବୋର୍ଡ଼ କର୍ତ୍ତୃପକ୍ଷ ଆଉ ଦୁଇଟି ବିଷୟରେ ଫେଲ୍ ଥିଲେ ବି ତାକୁ ପାସ୍ କରେଇ ଦିଅନ୍ତି ଯାହାଙ୍କୁ କହନ୍ତି ଗ୍ରେସ୍ ମାର୍କ; ମାତ୍ର ଏହାର ଫାଇଦା ଅସାଧୁ ଲୋକେ ନେଉଥିଲେ। କ୍ରମେ ଲୋକମାନେ ପୁରୁଣା ଚାଲ୍ ବୁଝିପାରିବାରୁ ନୂଆ ନୂଆ ବାଟ ଉଦ୍ଭାବନ କଲେ ସଂପୃକ୍ତ ଠକଦଳ। ଆଇ.କ୍ୟୁ. ଯେମିତି ଉଭୟ ପକ୍ଷର ବୃଦ୍ଧି ହୋଇଛି ସମୟର ଗତି ସହିତ ତାଳ ଦେଇ।

ଯେତେବେଳେ ମାଟ୍ରିକ୍ ଆନୁଆଲ୍ ପରୀକ୍ଷାର ଫଳ ବାହାରେ ସେତେବେଳେ ଲୋକାରଣ୍ୟ ପାଲଟିଯାଏ କ୍ୟାମ୍ପସ। ସେ ଯୁଗରେ ଅନଲାଇନରେ ଲୋକେ ଫଳ ଦେଖିବା ସମ୍ଭବ ନଥିଲା।

ଯେଉଁଠି ପରୀକ୍ଷାଫଳ ବହି ବିକ୍ରି ହୁଏ ସେଇଠି ନାହିଁ ନ ଥିବା ଭିଡ଼। ବେଳେ ବେଳେ ସ୍ଥାନୀୟ ପିଲାମାନେ ଗୋଟେ ଅଧେ ବହି ଯୋଗାଡ଼ କରି ଅପେକ୍ଷାରତ ଲୋକଙ୍କ ନମ୍ବର ଶୁଣି ପରୀକ୍ଷା ଫଳ ଡାକି ଦିଅନ୍ତି ଏବଂ ଫାଷ୍ଟ ସେକେଣ୍ଡ ଓ ଥାର୍ଡ଼ ଡିଭିଜନ ପାଇଁ ଦେୟ ଥାଏ ଅଲଗା ଅଲଗା। ଯଦି ପ୍ରାର୍ଥୀଟି ଫେଲ୍ ହୋଇଥାଏ ତାହେଲେ ସେମାନେ ଦେୟ ନେଉ ନଥିଲେ। ଏଇ ବ୍ୟାପାରଟି ମୋତେ ଟିକିଏ ତରଳାଇ ଦେଉଥିଲା। ଦସ୍ୟୁ ହୃଦୟରେ ଦେବତା କଥା ଆମେ ହାଇସ୍କୁଲରେ ପଢ଼ିଥିଲୁ; ମାତ୍ର ସେଇ ଦୁଷ୍ଟ ପ୍ରକୃତିର ଯୁବକମାନଙ୍କ ଆଚରଣ ମୋତେ ସେଇ ପଢ଼ାପାଠକୁ ମନେ ପକେଇ ଦେଉଥିଲା। ପରୀକ୍ଷା ଫଳ ଯୁଗେ ଯୁଗେ ଗୋଟେ ବଡ଼ ଆକର୍ଷଣ ହୋଇ ରହି ଆସିଛି। ପୁଣି ମାଟ୍ରିକ୍ ପରୀକ୍ଷାର କଥା ନିଆରା। ଆଉ ପରୀକ୍ଷାଫଳ ଟିକିଏ ଆଗରୁ ଜାଣିବା ପାଇଁ କି ଉତ୍ସୁକତା !

ମାଧ୍ୟମିକ ଶିକ୍ଷା ପରିଷଦ ଖାଲି ମାଟ୍ରିକ୍ ପରୀକ୍ଷା କରାଏ ନାହିଁ। ତା ସହିତ ହିନ୍ଦୀ କୋବିଦ, ସଂସ୍କୃତ, ସିଟି, ଆହୁରି କେତୋଟି ପରୀକ୍ଷା କରାଏ। ପୁଣି ମାଟ୍ରିକ୍ ପରୀକ୍ଷା କହିଲେ ଯଦିଓ କୌଣସି ଶିକ୍ଷା ବର୍ଷର ରେଗୁଲାର ଆନୁଆଲ ପରୀକ୍ଷାକୁ ଆମେ ହିସାବକୁ ନିଅନ୍ତି, ସତରେ ତା ଛଡ଼ା ସପ୍ଲିମେଣ୍ଟାରୀ, ଏକ୍‌ସ ରେଗୁଲାର ଏମିତି କେତେ ପ୍ରକାରଭେଦ ରହିଛି।

ଆଗରୁ ପରୀକ୍ଷା ସେଣ୍ଟର ନିର୍ଦ୍ଧାରଣ ପାଇଁ କେତେରକମ ପାଲା ଚାଲୁଥିଲା ଅର୍ଥାତ୍ ରାଜନୈତିକ ପ୍ରଭାବ ହେତୁ କେତେକ ଜାଗାରେ ସେଣ୍ଟର ନିର୍ଦ୍ଧାରଣ କରାଯାଉଥିଲା; ମାତ୍ର ସେଇ ସ୍କୁଲରେ ପରୀକ୍ଷା ସେଣ୍ଟରର ଆବଶ୍ୟକ ଭିତ୍ତିଭୂମି ନଥିଲା କିମ୍ବା ସମୟକ୍ରମେ ସେଇ ସ୍କୁଲ କେବଳ ଅପାରଗମାନଙ୍କୁ ପାସ୍ କରେଇବାର

ଗୋଟିଏ କେନ୍ଦ୍ର ପାଲଟି ଯାଇଥିଲା। ଏଇ ବ୍ୟାପାରରେ ଅନେକଙ୍କର ପକେଟ ଗରମ ହୁଏ। ଅବଶ୍ୟ କିଛି ବର୍ଷ ତଳେ ନିଜ ସ୍କୁଲରେ ପରୀକ୍ଷା ଦେବାର ବ୍ୟବସ୍ଥା ହୋଇଛି। ଏହା ଯେ ସଂପୂର୍ଣ୍ଣ ଭାବରେ ଅନ୍ୟ ସ୍କୁଲରେ ପରୀକ୍ଷା ଦେବା ଠାରୁ ଭଲ ତାହା କୁହାଯାଇପାରିବ ନାହିଁ।

ପରୀକ୍ଷା ସରିଲା ପରେ ଉତ୍ତରଖାତାଗୁଡ଼ିକ ଗୋଟିଏ ଗୋଟିଏ ମୂଲ୍ୟାଙ୍କନ କେନ୍ଦ୍ରକୁ ପଠାଇବା ପାଇଁ କେନ୍ଦ୍ର ଅଧିକାରୀଙ୍କୁ ନିର୍ଦ୍ଦେଶ ଦିଆଯାଇଥାଏ। ବିଭିନ୍ନ ସ୍କୁଲର ଶିକ୍ଷକମାନଙ୍କ ଅଭିଜ୍ଞତାକୁ ଭିତ୍ତିକରି ଯେଉଁ ତାଲିକା ପ୍ରଦାନ କରାଯାଇଥାଏ, ସେଇଠୁ ପରୀକ୍ଷକ ତାଲିକା ବଛାଯାଏ। ପରୀକ୍ଷା କେନ୍ଦ୍ରକୁ ଧୂମ୍ ଖରାଦିନରେ ଯାଇ ସେଠାରେ ପରୀକ୍ଷା ଖାତା ଦେଖିବା ପାଇଁ ଅନେକ ପରୀକ୍ଷକ ରାଜି ହୁଅନ୍ତି ନାହିଁ ଏବଂ ସ୍କୁଲ ବିଭାଗର ଇନିସ୍‌ପେକ୍ଟରଙ୍କ ସହାୟତାରେ ଦଣ୍ଡ ଭୟ ଦେଖାଇ ସେମାନଙ୍କୁ ବାଧ କରି ଖାତା ଦେଖାଯାଏ। ଖାତା ଦେଖା ସମୟରେ ବହୁ ଅଦ୍ଭୁତ କଥା ନଜରକୁ ଆସେ।

ଥରେ ଜଣେ ପରୀକ୍ଷାର୍ଥୀ ତାଙ୍କର ପରୀକ୍ଷା ଖାତାରେ ଗୋଟିଏ ଶହେ ଶଙ୍କା ରଖିଦେଇ ଗୋଟିଏ ଚିଠି ପରୀକ୍ଷକଙ୍କୁ ଲେଖିଥିଲେ ଯେ ସେ ଗତ ଦୁଇଥର ସଂପୃକ୍ତ ବିଷୟରେ ଫେଲ୍ ହୋଇଛନ୍ତି ଚଳିତ ପରୀକ୍ଷାରେ ପାସ୍ କରିପାରିବେ ବୋଲି ତାଙ୍କର ହୃଦ୍‌ବୋଧ ହେଉନାହିଁ। ତେଣୁ ତାଙ୍କୁ ଦୟା କରିବା ପାଇଁ ଏମିତି କରିଥିଲେ। କେହି କେହି ଛାତ୍ରୀ ପରୀକ୍ଷାରେ ପାସ୍ ନକଲେ ବାହାଘର ଭାଙ୍ଗିଯିବ ବୋଲି ହୃଦୟଥରା ଚିଠି ଲେଖିଥାନ୍ତି ପରୀକ୍ଷକଙ୍କ ଭିତରେ ଆବେଗ ସୃଷ୍ଟି କରି ତାଙ୍କଠାରୁ କିଛି ବେଆଇନ ସୁବିଧା ହାସଲ କରିବାକୁ।

କିଛି ପିଲାଙ୍କ ଉତ୍ତର ବେଳେବେଳେ ହାସ୍ୟରୋଳ ସୃଷ୍ଟି କରେ। ଥରେ ପ୍ରଶ୍ନ ପଡ଼ିଥିଲା 'ପାନିପଥ ଯୁଦ୍ଧ ବିଷୟରେ ସଂକ୍ଷିପ୍ତରେ ଲେଖିବାକୁ। ପ୍ରତ୍ୟୁତ୍ପନ୍ନମତିଜଣକ ଲେଖିଥିଲେ – ହାତ ଓ ହାତର ଯେଉଁ ଯୁଦ୍ଧ ହୁଏ ତାହା 'ହା ତା ହା ତି' ଯୁଦ୍ଧ କୁହାଯାଉ ଥିଲାବେଳେ ଖଣ୍ଡା ଓ ଖଣ୍ଡାରେ ଯେଉଁ ଯୁଦ୍ଧ ହୁଏ ତାହାକୁ ଖଣ୍ଡାଯୁଦ୍ଧ କୁହାଯାଏ। ସେହିପରି ପନିକୀ ଓ ପନିକୀ ଧରି ଦୁଇଯୋଦ୍ଧା ଯୁଦ୍ଧ ଘୋଷଣା କଲେ ଯେଉଁ ପରିସ୍ଥିତି ଉପୁଜେ ତାହା ପାନିପଥ ଯୁଦ୍ଧ।

ଶୁଣିଥିଲି କେବେ ପରୀକ୍ଷାରେ ପ୍ରଶ୍ନଟିଏ ଥିଲା – ଶୂନ୍ୟସ୍ଥାନ ପୂରଣ କରିବାକୁ। ପ୍ରଶ୍ନଟି ଥିଲା ପାରାଦ୍ୱୀପ ଏକ ______(ଡ୍ୟାସ୍)। ଅନେକ ପିଲା ପ୍ରଥମେ ପ୍ରଶ୍ନଟି

ଲେଖିଦିଅନ୍ତି। ଯଦି ପରବର୍ତ୍ତୀ ସମୟରେ କାହାଠୁ ପଚାରି ଜାଣିପାରନ୍ତି ଉତ୍ତର ସେତେବେଳେ ଶୂନ୍ୟସ୍ଥାନଟି ପୂରଣ କରିଦିଅନ୍ତି। ଏହି କ୍ରମରେ ଜଣେ ପିଲା ଲେଖିଥିଲା 'ବନ୍ଦର'। ତାକୁ ତାର ବାମପଟରେ ବସିଥିଲା ପିଲାଟି ହଲେଇ ଦେଇ ପଚାରିଲା, ଆରେ ତିନି ନମ୍ବର (ଖ) ପ୍ରଶ୍ନର ଉତ୍ତର କ'ଣ ? ସେ କହିଲା ବନ୍ଦର। ତାକୁ ଟିକିଏ କମ୍ ଶୁଭେ। ସେ ଶୁଣିଲା ପନ୍ଦର। ତେଣୁ ସେଇଆ ଲେଖିଲା। କିଛି ସମୟ ପରେ ଦ୍ୱିତୀୟ ପିଲାକୁ ପଛ ପିଲାଟି ପଚାରିଲା ସିଏ କଣ ଲେଖିଛି ପ୍ରଶ୍ନ ତିନି (ଖ)ର ଉତ୍ତର। ସେ କୁଣ୍ଠିତ ହୋଇ କହିଲା ପନ୍ଦର। ଆଉ ଯେଉଁ ତୃତୀୟ ପିଲାଟି ଶୁଣିଲା, ସେ ମନେ ମନେ ଭାବିଲା ମୁଁ ଯଦି ଅକ୍ଷରରେ ପନ୍ଦର ଲେଖିଦେବି ତାହେଲେ ହୁଏତ କେହି ଭାବିବେ ମୁଁ କପି କରିଛି ବୋଲି। ତେଣୁ ତାର ଉତ୍ସାହ ଓ ଉଦ୍ଭାବନକୁ ପଣ ରଖି ସେ ଉତ୍ତରଟି ଲେଖିଲା ସଂଖ୍ୟାଟିଏ ୧୫ ଏବଂ ମନେ ମନେ ଖୁସି ହୋଇଗଲା ଏବଂ ତାର ଉଦ୍ଭାବନରେ ଖୁସିହେବା ପୂର୍ବକ ଏପରି ପୋଜ୍ କଲା ଯେ ତାର ଉତ୍ତରଟି ଠିକ୍ ଅଛି। ତାକୁ ନ ପଚାରି କଣେଇ କଣେଇ ତାର ପଡ଼ିଶା ପିଲା ଜଣକ ଦେଖିଲା ଯେ ୧୫ ଲେଖାଯାଇଛି ସେତେବେଳେ ଦ୍ୱିତୀୟ ବନ୍ଧୁଜଣକ ବାଁ ହାତଟି ଏପରି ଭାବରେ ପକେଇଥାଏ ଖାତା ଉପରେ ଯେ କଷ୍ଟେ ମଷ୍ଟେ ସେତକ ଦିଶିଯାଉଥାଏ। ତୃତୀୟ ଛାତ୍ରଜଣକ ବୁଦ୍ଧିରେ କମ୍ ନଥିଲା। ଆଉ ନିଜ ବୁଦ୍ଧିକୁ ତାରିଫ୍ କରିବା ସହିତ ଭାବିନେଲା 'ଅଗଷ୍ଟ ପନ୍ଦର' ବୋଧହୁଏ ସଠିକ୍ ଉତ୍ତର। ଏଇଠି କହି ରଖୁଛୁ ଯେଉଁ ପିଲାମାନେ କପି କରନ୍ତି ସେମାନେ କେବଳ ଶୂନ୍ୟସ୍ଥାନ ପୂରଣ ପାଇଁ କପି କରନ୍ତି। କେବଳ ଶୂନ୍ୟସ୍ଥାନ ହିଁ ତାଙ୍କୁ ଦିଶେ ଅର୍ଜୁନ କେବଳ ମାଛର ଆଖିକୁ ଦେଖିଲା ପରି, ପୂରା ବାକ୍ୟ ଉପରେ କେବେବି ତାଙ୍କର ଲକ୍ଷ୍ୟ ନଥାଏ। ଆଉ ଚତୁର୍ଥ କପି ଆକାଂକ୍ଷୀଜଣକ ଯେତେବେଳେ ଦେଖିଲା ତହିଁରେ ଲେଖାଅଛି ଅଗଷ୍ଟ ପନ୍ଦର ସେ ଟିକିଏ ବୁଦ୍ଧି ପ୍ରୟୋଗ କରି ତାକୁ 'ସ୍ୱାଧୀନତା ଦିବସ' ଏପରି ଭାବରେ ଲେଖି ନିଜର କାମ ବଢ଼େଇ ଦେଲା। ନକଲରେ ଅକଲ ନଥାଏ ବୋଲି କୁହାଯାଏ। ଅକଲ ଯୋଡ଼ିଦେଲେ ନକଲ ଯେ କେଡ଼େ ବିଭତ୍ସ ହୋଇପାରେ ସେଇ ଉଦାହରଣ ଦେଖି ହସୁଥିଲି ସେଦିନ। ଆଉ ସମସ୍ତେ ହସରେ ଭିଜିଥିଲେ ସମଗ୍ର ପରୀକ୍ଷା ମୂଲ୍ୟାୟନ କେନ୍ଦ୍ରର ପରୀକ୍ଷକମାନେ ! 'ପାରାଦ୍ୱୀପ ଏକ ବନ୍ଦର' ଶେଷରେ ପାଲଟିଗଲା 'ପାରାଦ୍ୱୀପ ଏକ ସ୍ୱାଧୀନତା ଦିବସ'।

ବିଜ୍ଞାନ ପରୀକ୍ଷାରେ ପ୍ରଶ୍ନଟିଏ ଥିଲା – ଜଳରେ ଅର୍ଦ୍ଧ ନିମଜ୍ଜିତ ଦଣ୍ଡ କାହିଁକି ବଙ୍କା ଦିଶେ। ଉତ୍ତର ଥିଲା ଏଇଭଳି – "ଯେଉଁ ଜଳ ଅଗ୍ନିର ଲେଲିହାନ ଶିଖାକୁ

ନିମିଷକ ମଧ୍ୟରେ ନିର୍ବାପିତ କରିପାରେ, ଯେଉଁ ଜଳ ତାର ପ୍ରାବଲ୍ୟରେ ବନ୍ୟାର ବିଭୀଷିକା ବୁହାଇ ଦେଇପାରେ, ଯେଉଁ ଜଳ ସ୍ରୋତ ନିମିଷକ ମଧ୍ୟରେ ପ୍ରଳୟ ରଚିପାରେ ସେଇ ଜଳ ଆଗରେ ସାମାନ୍ୟ ଖଣ୍ଡିଏ ବାଡ଼ି - ଦେଲା ବଙ୍କେଇ।" ଉତ୍ତରଟି ଲେଖିବା ପୂର୍ବରୁ ଛାତ୍ରଟି କେତେ ମୌଳିକ ମାର୍ମିକ ସ୍ତରକୁ ଯାଇଥିବ। ବାଡ଼ିଟି ବଙ୍କା ଦିଶୁଥିବାର କାରଣ ନିଶ୍ଚିତ କରିଥିବ ଯେ ଜଳର ଶକ୍ତି ଅଧିକ ହୋଇଥିବାରୁ ବାଡ଼ିଟି ବଙ୍କା ଦିଶୁଥିବ, ତାପରେ ଜଳଶକ୍ତିକୁ ସାହିତ୍ୟିକ ଭାଷାରେ ଲେଖିଲେ ତାହା ଅଧିକ ଗ୍ରହଣୀୟ ହେବ ବୋଲି ଆକଳନ କରିଥିବ। ଆଉ ବିଶେଷ କରି କୌଣସି ଛାତ୍ର ଏପରି ଉତ୍ତର ଦେଇ ନଥିବା ବେଳେ ଯିଏ ଏପରି କରିଛି ସେ ଛାତ୍ର ହିସାବରେ ସାମାନ୍ୟ ହୋଇପାରେ; ମାତ୍ର ଅନୁକରଣ ନକରି ଅନୁଶୀଳନ କରିଥିବାରୁ ଭବିଷ୍ୟତରେ ଅନ୍ତତଃ ଅସାମାନ୍ୟ ହୋଇ ବାହାରିବ ଏକଥା ନିଃସନ୍ଦେହରେ କୁହାଯାଇପାରେ।

ମାଧ୍ୟମିକ ଶିକ୍ଷା ପରିଷଦ କେବଳ ମାଟ୍ରିକ ପରୀକ୍ଷା କରାନ୍ତି ନାହିଁ ମାଟ୍ରିକ୍ ସାର୍ଟିଫିକେଟ ପ୍ରଦାନ କରିବା ଏଇ ସଂସ୍ଥାର କାମ। ମାଟ୍ରିକ ସାର୍ଟିଫିକେଟରେ ଥିବା ଜନ୍ମ ତାରିଖ ହିଁ ବ୍ୟକ୍ତିର ଅପରିବର୍ତ୍ତନୀୟ ଜନ୍ମ ଜାତକ ପାଲଟିଯାଏ। ଏବେ ସିନା ଶିଶୁ ଶ୍ରେଣୀରେ ଲେଖାହେବା ବେଳକୁ ପିଲାଙ୍କର ଜନ୍ମ ସାର୍ଟିଫିକେଟ ମଗାଯାଉଛି ଏବଂ ପାଞ୍ଚବର୍ଷରୁ କମ୍ ପିଲା ବିଦ୍ୟାଳୟରେ ଅଧ୍ୟୟନ କରି ପାରିବେ ନାହିଁ ବୋଲି ନିର୍ଦ୍ଦେଶ ରହିଅଛି, ହେଲେ କିଛିବର୍ଷ ଆଗରୁ ଏପରି ନିୟମ ନଥିଲା। ତେଣୁ ମାଟ୍ରିକ୍ ପରୀକ୍ଷାବେଳେ ଦିଆଯାଉଥିବା ଜନ୍ମ ତାରିଖ ସମଗ୍ର ଭବିଷ୍ୟତକୁ ନିର୍ଦ୍ଧାରଣ କରୁଥିଲା। ସେତେବେଳେ ଗାଁ ଗହଳିର ପିଲାମାନଙ୍କ ସ୍କୁଲରେ ନାଁ ଲେଖାବେଳେ ସ୍କୁଲର ମାଷ୍ଟର ଯାହା ଲେଖିଦେଉଥିଲେ ତାହା ଜୀବନସାରା ନିର୍ଣ୍ଣାୟକ ହୋଇଯାଉଥିଲା। କେଉଁଠି ଯୁକ୍ତି କରାଯାଉଥିଲା ପିଲାଟି ଶୀଘ୍ର ଚାକିରି କରିବା ଦରକାର। ପରିବାରର ଆର୍ଥିକ ସମ୍ବଳ ନାହିଁ କଲେଜରେ ପଢ଼ିବା ପାଇଁ। ତେଣୁ ଅନ୍ତତଃ ମାଟ୍ରିକ ପାସ୍ କଲା ବେଳକୁ ଅଠର ବର୍ଷ ହୋଇଥାଉ। ଏଇମିତି ଅନେକ ଲୋକଙ୍କର ବୟସ ପ୍ରାୟ ଦୁଇବର୍ଷ ବଢ଼ିଯାଇଛି ସାର୍ଟିଫିକେଟରେ। ଯେଉଁ ପିଲାମାନଙ୍କର ବାପାମାଆମାନେ ଶିକ୍ଷକତା କରୁଥିଲେ ସେମାନେ ବୁଝିବିଚାରି ପିଲାମାନଙ୍କ ବୟସ କମାଇ ଦେଉଥିଲେ ଏବଂ ଅନେକ ଅଧ୍ୟାପକଙ୍କ ପିଲାଙ୍କ ବୟସ ସେଇ ଏକା ଶ୍ରେଣୀରେ ପଢୁଥିବା ପିଲାଙ୍କ ଠାରୁ ହାରାହାରି ଦୁଇବର୍ଷ କମ୍ ରହୁଥିଲା ଏବଂ ସରକାରୀ ଚାକିରିର ଶେଷ ବେଳକୁ ହେଉଥିବା ସବୁ ପ୍ରମୋସନ

ସେଇମାନଙ୍କ କପାଳରେ ପଡୁଥିଲା। ଏହା କେତେ ସତ ଆପଣମାନେ ନିଜେ ନିଜେ ଅନୁମାନ ଓ ଅନୁଭବ କରିପାରିବେ। ବୋର୍ଡ଼ କର୍ତ୍ତୃପକ୍ଷ ଯଦିଓ ନିଜେ ମନରୁ କିଛି ଜନ୍ମ ତାରିଖ ସୃଷ୍ଟି କରନ୍ତି ନାହିଁ, ସେଇ କାଗଜଖଣ୍ଡିକ ତାଙ୍କ ହେପାଜତରେ ରହେ ଆଉ ବର୍ଷକରେ ବହୁ ଅନୁରୋଧ ଆସେ ଚାକିରି କରୁଥିବା ବହୁ ଲୋକଙ୍କ ଜନ୍ମ ତାରିଖ ଯାଞ୍ଚ କରିବା ପାଇଁ। ଅନେକ ସେଥିରେ ଜାଲିଆତି କରିଥିବାର ପ୍ରମାଣ ବି ମିଳେ ଏବଂ କାର୍ଯ୍ୟାନୁଷ୍ଠାନ ଗ୍ରହଣ କରାଯାଏ। ଜନ୍ମ ତାରିଖ ସଂକ୍ରାନ୍ତରେ ବହୁ କେଶ୍ କୋର୍ଟ ମୋକଦ୍ଦମାରେ ଜଡ଼ିତ ହୋଇଯାଏ। ମୁଁ ଲକ୍ଷ୍ୟ କରିଛି ସେଗୁଡ଼ିକ ଯେଉଁ ପୁରାତନ ରେଜିଷ୍ଟରରେ ଚଢ଼ାଯାଇଥିଲା ସେଥିରେ କିଛି ଓଭରରାଇଟିଂ ରହିଛି ଏବଂ କିଛି ଗୁରୁତ୍ୱପୂର୍ଣ୍ଣ ପୃଷ୍ଠାମାନ ନାହିଁ। ଏପରି ସଂବେଦନଶୀଳ ରେଜିଷ୍ଟରର ମୂଳ କପି ଟ୍ରେଜେରୀରେ ଦୃଢ଼ ବ୍ୟବସ୍ଥା ଭିତରେ ନ ରଖିବା ଫଳରେ ସେଇ ଗୁରୁତ୍ୱପୂର୍ଣ୍ଣ ଦସ୍ତାବିଜର ପ୍ରମାଣଗତ ମୂଲ୍ୟ କମିବା ସଂଗେ ସଂଗେ ଅନୈତିକ ବ୍ୟକ୍ତିଙ୍କ ହାତ ସଫେଇ ପାଇଁ ଦ୍ୱାର ଉନ୍ମୁକ୍ତ ହୋଇଯାଇଛି। ଅବଶ୍ୟ ଏହା ଭିତରେ ସେସବୁ ନିଶ୍ଚିତ ଭାବରେ କମ୍ପ୍ୟୁଟରରେ ଅପଲୋଡ଼୍ ହୋଇଥିବ।

ଦୁଇ ହଜାର ମସିହା ବେଳକୁ ପ୍ରଥମ କରି ମୋବାଇଲ ଫୋନ୍ ଆସିଲା ଓ ତତ୍କାଳୀନ କଟକ ଜିଲ୍ଲାପାଳ ଶ୍ରୀଯୁକ୍ତ ପ୍ରଦୀପ ଜେନା, ଆଇ.ଏ.ଏସ୍ ସେଇଟି ଧରି ବୁଲୁଥିଲେ। ସେତେବେଳେ ତାହା ଥିଲା ଏକ ବିରଳ ଦ୍ରବ୍ୟ। ସେ ଗୋଟିଏ ପରୀକ୍ଷା ସେଣ୍ଟରକୁ ପଶିଲେ ଓ ଗୋଟିଏ ଶ୍ରେଣୀରେ ପଶି ଘୋଷଣା କଲେ ତାଙ୍କ ପାଖରେ ଗୋଟିଏ କପିଧରା ଯନ୍ତ୍ର ଅଛି। ତୁରନ୍ତ ପିଲାମାନଙ୍କ ପାଖରେ ଯାହା କପି ଅଛି ତାହା ପିଅନ ଧରିଥିବା ଝୁଡ଼ିରେ ପକାଇ ଦିଅନ୍ତୁ ନହେଲେ ପାଞ୍ଚ ମିନିଟ୍ ଭିତରେ ସେ ଯନ୍ତ୍ରକୁ କାମରେ ଲଗେଇବେ - ଏହା ଘୋଷଣା କରାଗଲା। ସତକୁ ସତ ଅଜାଡ଼ି ହୋଇ ପଡ଼ିଲା କପିତକ ସେଇ ଟ୍ରେ'ରେ।

ଥରେ ପରୀକ୍ଷା କେନ୍ଦ୍ର ବୁଲିଯିବା ପାଇଁ ବାହାରିଲା ବେଳେ ବୋର୍ଡ଼ର ଜଣେ ଅଧିକାରୀ ମୋତେ କହିଲେ, ସାର୍ ଆପଣ ଟିକେ ଦୟାକରି ଦେଖିବେ ଓ.ବି.ବି. ଚାଲିଛିକି ! ଏଇ ସଂକ୍ଷିପ୍ତ ଶବ୍ଦ ଗୁଚ୍ଛଟି ମୋ ପାଇଁ ଅଜଣା ନଥିଲା ଯେହେତୁ ମୁଁ ପ୍ରଶାସନିକ ଶବ୍ଦ କୋଷ ସହିତ ସଂପୃକ୍ତ ଥିଲି। ଅପରେସନ୍ ବ୍ଲାକ ବୋର୍ଡ଼ ଏକ ଅଭିନବ ପରିକଳ୍ପନା ଥିଲା ସରକାରଙ୍କର ଯେଉଁ ଯୋଜନା ଅନୁସାରେ ପକ୍କାଘର ନଥିବା ସ୍କୁଲରେ ପକ୍କାଘର ନିର୍ମାଣ କରାଯାଉଥିଲା ନବେ ଦଶକରେ; ମାତ୍ର ସହକର୍ମୀଙ୍କର ଓ.ବି.ବି. ହୁଏତ ଅନ୍ୟ କିଛି ବୋଲି ତାଙ୍କ ଇଙ୍ଗିତରୁ ବୁଝିପାରୁଥିଲି।

ସବିସ୍ତାରେ କହିବା ପାଇଁ ଅନୁରୋଧ କରିଥିଲି। ସେ କହିଲେ, ଆପଣମାନେ ପରୀକ୍ଷା କେନ୍ଦ୍ରରେ ପହଞ୍ଚିବା ବେଳକୁ ବାହାରେ ଗେଟ୍‌ରେ ତାଲା ପଡ଼ିଥିବ। ଆପଣ ସେଇଠୁ ଆୱାଜ ଦେଲା ପରେ କେହି ଜଣେ ପିଅନ ସ୍କୁଲରୁ ଯାଇ ଗେଟ୍‌ର ତାଲା ଖୋଲିବ; ମାତ୍ର ସେତେବେଳେ ଶୂନ୍ୟସ୍ଥାନ ପୂରଣ ସମେତ ଛୋଟ ସଂକ୍ଷିପ୍ତ ପ୍ରଶ୍ନର ଉତ୍ତରମାନ ବିଦ୍ୟାଳୟର ଶିକ୍ଷକମାନେ ପ୍ରତି ଶ୍ରେଣୀର କଳାପଟାରେ ଲେଖିଦେଉଥିବେ। ଆପଣ ଶ୍ରେଣୀ ଗୃହରେ ପହଞ୍ଚି ଦେଖିବେ ସବୁ ପରିଷ୍କାର। କେଉଁଠି କପି ନାହିଁ କି ଟୁପୁରୁ ଟାପୁରୁ ନାହିଁ। ଆଶ୍ଚର୍ଯ୍ୟ ହେଲି ଓ.ବି.ବି.ର ଏଇ ବିକୃତ ପ୍ରକରଣରେ। ଯଦି ସତରେ ଏପରି କୌଣସି ସ୍କୁଲର କର୍ତ୍ତୃପକ୍ଷ କରୁଥିବେ ତାର ନିଦାନ କ'ଣ ହେବ ଚିନ୍ତା କରନ୍ତୁ। ଏହା ସେଇ ସେଣ୍ଟରରେ ଥିବା ମେଧାବୀ ଛାତ୍ରଛାତ୍ରୀଙ୍କୁ କେତେ ବାଧୁଥିବ ତାହା ମଧ୍ୟ ଆକଳନ କରାଯାଇପାରେ।

କପି ଏକ ସାମାଜିକ ବ୍ୟାଧି ପାଲଟିଛି। ଇଂଲିଶ୍‌ରେ copy ବୋଲି ଯେଉଁ ଶବ୍ଦଟି ଅଛି ତାହାର ଓଡ଼ିଆ ଅର୍ଥ ନକଲ। କପି ଶବ୍ଦଟି ଓଡ଼ିଆରେ ଯାହାଅଛି ତାହାର ମାଙ୍କଡ଼ର ପ୍ରତିଶବ୍ଦ ବୋଲି ଆମେ ସମସ୍ତେ ଜାଣୁ। ମାଙ୍କଡ଼ ନକଲ ପ୍ରିୟ ଆଉ ସେଇ ଦୃଷ୍ଟିରୁ ଇଂରାଜୀ 'କପି' ଓ ଓଡ଼ିଆ ଶବ୍ଦ 'କପି' କିଏ କାହାକୁ ପ୍ରଭାବିତ କରିଛନ୍ତି ତାହା ଗବେଷଣା ସାପେକ୍ଷ; ମାତ୍ର କପି ଏକ ଦୁଷ୍ଟ ପରମ୍ପରା ଯାହା ପ୍ରତିଭା ଏବଂ ମେଧାର ପରିପନ୍ଥୀ; ମାତ୍ର କେତେକ ସ୍ଥାନରେ ଦେଖାଯାଏ ଅଭିଭାବକମାନେ ପିଲାଙ୍କ ପରୀକ୍ଷାକେନ୍ଦ୍ର ପାଖରେ ଭିଡ଼ ଜମେଇ ଥାଆନ୍ତି। କଣ କରନ୍ତି ସେମାନେ! ଏହାର ଉତ୍ତର ଯଦି ଆପଣଙ୍କୁ ଜଣାନାହିଁ କେବେ ପରୀକ୍ଷା କେନ୍ଦ୍ର ପାଖକୁ ଯାଆନ୍ତୁ। ଅବଶ୍ୟ ଗତ ନବେ ଦଶକରେ ଅସାଧୁ ଉପାୟ ଅବଲମ୍ବନକୁ ବେଆଇନ ଘୋଷଣା କରି ଏକ ଧର୍ତ୍ତବ୍ୟ ଅପରାଧ ରୂପେ ସରକାର ଘୋଷଣା କରିବା ପରେ ଏହାର ପୂର୍ବପରି ପ୍ରାବଲ୍ୟ ଦୃଶ୍ୟମାନ ହେଉନି; ମାତ୍ର ଓ.ବି.ବି. ଭଳି କୌଶଳ ପୂର୍ବକ କପି ଆଜି ବି ବିଦ୍ୟମାନ।

ସେତେବେଳେ ହୋଇଥିବା ଗୋଟିଏ କପିର ବିବରଣୀ ଆପଣ ଶୁଣିଲେ ଆଶ୍ଚର୍ଯ୍ୟ ହେବେ। ଯେତେବେଳେ ଗୋଟିଏ ସହରର ତରୁଣ ଓ ଯୁବକମାନେ ଅତ୍ୟନ୍ତ ଉତ୍ସାହୀ ହୋଇ ଉଠୁଥିଲେ କପି ଦେବା ପାଇଁ। କେତେକ ନିର୍ଦ୍ଦିଷ୍ଟ ପିଲାଙ୍କୁ ସାହାଯ୍ୟ କରିବାକୁ ଇଚ୍ଛୁକ ଥିଲାବେଳେ କେତେକ ନେତୃ ଶ୍ରେଣୀୟ ସମସ୍ତଙ୍କୁ ସାହାଯ୍ୟ କରି ସେମାନଙ୍କର ଭବ୍ୟ ଉଦାରତା ସାଧାରଣରେ ବିତରଣ କରିବାରେ ଭାରି ଉଦ୍ୟମୀ ଥାଆନ୍ତି। ଏହିପରି ଏକ ଉଦାହରଣ ଆପଣଙ୍କ ସମ୍ମୁଖରେ।

ସେଥର ସହରର ବଛା ବଛା ଯୁବକମାନେ ଏତେବଡ଼ ଦାୟିତ୍ୱ ନିଜ

ମୁଣ୍ଡକୁ ନେଲେ। ସେମାନଙ୍କ ମଧ୍ୟରୁ ଅନେକ ନିଜେ ମାଟ୍ରିକ୍ ପାସ୍ କରି ନଥିଲେ ମଧ୍ୟ ଆଧୁନିକ ମ୍ୟାନେଜ୍‌ମେଣ୍ଟ ପ୍ରଣାଳୀକୁ ବ୍ୟବହାର କରି ନିଜର ଅଭାବ ପୂରଣ କରିପାରିବେ ବୋଲି ନିଶ୍ଚିତ ଥିଲେ। ଉତ୍ସାହୀ ଦଳ ପୋଲିସ ସହିତ ଆଗତୁରା କଥାବାର୍ତ୍ତା କରିଥାନ୍ତି ସେମାନେ ତାଙ୍କୁ ଅସୁବିଧାରେ ନ ପକେଇବା ପାଇଁ। ତାଛଡ଼ା ସେମାନେ କେଉଁ ନିର୍ଦ୍ଦିଷ୍ଟ ଲୋକକୁ ସାହାଯ୍ୟ କରିବାକୁ ଚାହୁଁନାହାନ୍ତି ବରଂ ସର୍ବସାଧାରଣ ସେବା ତାଙ୍କର ଲକ୍ଷ୍ୟ। ସକାଳ ହେଲା ବେଳକୁ ସେଣ୍ଟର ଆଡ଼କୁ ମୁହଁ କରି ମାଇକ୍ ଟଙ୍ଗା ସରିଥିଲା। ଜଣ ଜଣ କରି କପି ଦେବା ଅପେକ୍ଷା ଏହା ଏକ ସାର୍ବଜନୀନ ବ୍ୟବସ୍ଥା। ପ୍ରଶ୍ନର ଉତ୍ତର ସେଇଥିରେ ଡାକିଦେଲେ ତାହା ସମସ୍ତଙ୍କୁ ସୁବିଧା ପହଞ୍ଚେଇବ ତାହାହିଁ ଥିଲା ଏଇ ବ୍ୟବସ୍ଥାର ଉଦ୍ଦେଶ୍ୟ। ଯଥା ସମୟରେ ପ୍ରଶ୍ନପତ୍ରରୁ ଗୋଟିଏ କାଗଜରେ ଟିପି ରଚନା କଣ ପଡ଼ିଛି ତାହା ବାହାରକୁ ଚାଲିଗଲା। ବାହାରେ ଇଂରାଜୀ ରଚନା ବହି ଧରି ଖୋଜିବାରେ ବ୍ୟସ୍ତ ଥିଲେ କିଛି ତରୁଣ। ଖବର ମିଳିଗଲା ଭାରି ସହଜ ପ୍ରଶ୍ନ ପଡ଼ିଛି Food (ଖାଦ୍ୟ) ବିଷୟରେ। ଖୋଜାଖୋଜି ହୋଇ ପ୍ରବନ୍ଧଟି ମିଳିଗଲା ଆଉ ମାଇକ୍ ସାହାଯ୍ୟରେ ଦ୍ୱିଗୁଣିତ ଉତ୍ସାହରେ ଡାକି ଚାଲିଲେ ଜଣେ ଉତ୍ସାହୀ। ପିଲାମାନଙ୍କ ଭିତରୁ ଯେଉଁମାନେ ଆକାଶର ଇସାରା ଉପରେ ଭରସା କରୁଥିଲେ ସେମାନଙ୍କୁ ଭଗବାନଙ୍କ ଆଶୀର୍ବାଦ ଝରି ଆସୁଥାଏ ଯେମିତି! ପରୀକ୍ଷା ସରିବାକୁ ଆଉ ମାତ୍ର ଦଶ ମିନିଟ୍ ବାକି, ସେତିକି ବେଳେ କେହି ଜଣେ କହିଲେ - ସବୁ ଭୁଲ୍ ହୋଇଯାଇଛି। କଣ ଭୁଲ୍ ହୋଇଛି ବୁଝିଲା ବେଳକୁ ଫ୍ଲଡ଼୍ (Flood) ଥିଲା ରଚନା; ମାତ୍ର ଫୁଡ଼୍ (Food) ବିଷୟରେ ଲେଖା ହୋଇଯାଇଛି। ଅନ୍ୟମାନେ ଭାରି ହତାଶ ଦିଶୁଥିଲେ; ମାତ୍ର ଦଳପତି ନିଜ ଉପରୁ ବିଶ୍ୱାସ ହରାଇ ନଥିଲେ। ସରଳ ସମାଧାନଟିଏ ବାହାରିଲା। ଆଉ ତାପରେ ଡାକବାଜି ଯନ୍ତ୍ରରୁ ଘୋଷଣା କରାଗଲା - ଭାଇମାନେ ଅନିଚ୍ଛାକୃତ ତ୍ରୁଟି ପାଇଁ ଆମେ ଅବଶ୍ୟ ଦୁଃଖିତ; ମାତ୍ର ଆପଣମାନେ ଆଦୌ ବ୍ୟସ୍ତ ବା ବିବ୍ରତ ହେବେନି ଭୁଲ୍‌ଟି ମାମୁଲି ମାତ୍ର। ତୁମେମାନେ ରଚନା ଲେଖିଥିବା Foodରେ ଏଫ୍ ପରେ ଏଲ୍‌ଟିଏ ଯୋଡ଼ିଦେଲେ ତାହା ଫ୍ଲଡ଼୍ ହୋଇଯିବ। ଆଉ ବିଭୁକୃପାକୁ ଭରସା କରୁଥିବା ଛାତ୍ରକୂଳ ଅଚିରେ ତାହା କରିଦେଲେ। ଏହାର ଫଳ ଯାହା ହୋଇଥିବ ପାଠକେ ବିଚାର କରନ୍ତୁ - ମନେ ମନେ ହେଜନ୍ତୁ।

ଏଇମିତି ମଉଜିଆ କଥାମାନଙ୍କ ଭିତରେ ମୋର ବିତିଗଲା ପ୍ରାୟ ଦେଢ଼ବର୍ଷ; ମାତ୍ର ମୋର ଗୋଟିଏ ମୋଟାମୋଟି ଧାରଣା ହୋଇଗଲା ପରୀକ୍ଷା କରାଇ ଫଳ

ବାହାର କରିବାର ବିଭିନ୍ନ ସ୍ତର ବିଷୟରେ ବିଭିନ୍ନ ପ୍ରକ୍ରିୟା ବିଷୟରେ। ବାହାରୁ 'ପରୀକ୍ଷା କରିବା' ଗୋଟାଏ ସାଧାରଣ କଥା ବୁଝାଯାଉଥିଲେ ବି ତାହା ଏତେ କଷ୍ଟକର ବ୍ୟାପାରର ମାମଲା ତାହା ଅନୁଭବ କରୁଥିଲି। ଆଉ ଠିକ୍ ବୁଝୁଥିଲି ହାତରେ ପଡ଼ିଲେ ବଜେଇ ଶିଖନ୍ତିର ପ୍ରକୃତ ମାନେ କ'ଣ।

ଏଠାରେ କାର୍ଯ୍ୟରତ ଥିଲାବେଳେ ମହାବାତ୍ୟାର ଆକ୍ରୋଶ ଆମକୁ ସମ୍ମୁଖୀନ ହେବାକୁ ପଡ଼ିଥିଲା। ସେ ବିଷୟରେ 'କଥା ଅନେଶ୍ୱତ'ରେ ବିଶଦ ବର୍ଣ୍ଣନା ଅଛି।

ଜଣେ ବିଷାଦଗ୍ରସ୍ତଙ୍କ ଡାଏରୀ

ଉପଜିଲ୍ଲାପାଳ ଭାବରେ ଯୋଗ ଦେଲାପରେ ମୋତେ ଲାଗିଲା ଏପର୍ଯ୍ୟନ୍ତ ଯେଉଁ ଦାୟିତ୍ୱମାନ ମୁଁ ସମ୍ଭାଳିଥିଲି ଏହା ତାଠାରୁ ଅଲଗା । ଅଲଗା ତାର ଭୌଗୋଳିକ ପରିସୀମା ଦୃଷ୍ଟିରୁ । ଅଲଗା ତାର ଅବହାଓ୍ୱାରୁ ଅଲଗା ଲାଗୁଥିଲା ଯେ ସବୁବେଳେ ଅଫିସ ନଯାଇ ବି କାମ କରାହୋଇପାରିବ । ଅର୍ଥାତ୍ ସରକାରୀ ବାସଭବନରେ ଗୋଟିଏ ଅଫିସ ସଂଯୁକ୍ତ - ଅଫିସ୍ ସମୟ ବାହାରେ ଯେଉଁ କାମ ସବୁ ହୁଏ ସେଥିପାଇଁ ଉପଜିଲ୍ଲାପାଳଙ୍କୁ ଯୋଗାଇ ଦିଆଯାଇଥାଏ ରେସିଡେନ୍‌ସିଆଲ ଅଫିସ୍ । ଉପଜିଲ୍ଲାପାଳମାନଙ୍କୁ କାହିଁ କେତେ ଯୁଗରୁ ରେଣ୍ଟ୍ ଫ୍ରି ଏକମୋଡ଼େସନ ଯୋଗାଇ ଦିଆହୋଇଆସିଛି । ଯେତେବେଳେ ଗମନାଗମନର ବିଶେଷ ସୁବିଧା ନଥିଲା ଏବଂ ଯୋଗାଯୋଗ ବ୍ୟବସ୍ଥା ଥିଲା ଅତି ନିମ୍ନ ଶ୍ରେଣୀୟ, ସେତେବେଳେ ସେମାନେ ଉପଖଣ୍ଡସ୍ତରରେ ପ୍ରାୟ ସବୁ ନିଷ୍ପତ୍ତି ନେଉଥିଲେ । ଯଦିଓ ଜିଲ୍ଲା ସଂଖ୍ୟା ବଢ଼ିବା ହେତୁ ଅନେକ ଉପଖଣ୍ଡ ଜିଲ୍ଲାରେ ପରିଣତ ହୋଇଛି ଏବଂ ଯୋଗାଯୋଗ ବ୍ୟବସ୍ଥା ତଥା ସଡ଼କ ପରିବହନ ଆଧୁନିକ ହେବାରୁ ଜିଲ୍ଲାପାଳମାନେ ସମଗ୍ର ଜିଲ୍ଲା ପ୍ରତି ସମନ୍ୱିତ ଦୃଷ୍ଟି ଦେବାକୁ ସକ୍ଷମ ହେଉଛନ୍ତି ।

ମୁଁ ନୟାଗଡ଼ରେ ଉପଜିଲ୍ଲାପାଳ ଭାବରେ ଯୋଗଦେଲି, ମହାବାତ୍ୟାର ପର ବର୍ଷ । ଉପଜିଲ୍ଲାପାଳଙ୍କ ସରକାରୀ ବାସଭବନରେ ଥିବା ଛଅଜଣ ପିଅନଙ୍କୁ ଦେଖିଲେ ଲାଗୁଥିଲା ସତରେ ସରକାର କ'ଣ ପାଇଁ ଏତେ ବ୍ୟକ୍ତିଗତ ସ୍ୱଚ୍ଛନ୍ଦର ବାଟ ସୃଷ୍ଟି କରିଛନ୍ତି ! ସେମାନେ ଯେ ଗୋଟିଏ ସମାନ୍ତରାଳ ଅଫିସ ପାଇଁ ସରକାରୀ ବାସଗୃହରେ ନିୟୋଜିତ ହୋଇଥାନ୍ତି ତାହା ବୁଝୁବୁଝୁ ଡେରି ହୋଇଯାଏ । ସରକାରୀ କାମ ସାଙ୍ଗକୁ ଡାକହାକ ବା ପରିବା ତଥା ରୋଷେଇ ସାମଗ୍ରୀ କିଣାକିଣିରେ ସେମାନେ

ସାହାଯ୍ୟ କରିବାରେ କାର୍ପଣ୍ୟ ଦେଖାଉ ନଥାନ୍ତି; ମାତ୍ର ଦୁଇଟି ଜିନିଷ ଥିଲା ପାର୍ଥକ୍ୟ - ଯାହା କି ଆଗରୁ ମୋର ଅନୁଭବ ହୋଇ ନଥିଲା। ମୁଁ ଗଲାବେଳେ ଏକୁଟିଆ ଯାଇଥିଲି। ପ୍ରାୟ ମାସେ ପାଖାପାଖି ମୋତେ ପି.ଡବ୍ଲୁ.ଡ଼ି ବଙ୍ଗଳାରେ ରହିବାକୁ ପଡ଼ିଥିଲା। ତାପରେ ପରିବାର କଟକରୁ ଆସିବା ପରେ ମୁଁ ସରକାରୀ କ୍ୱାର୍ଟର୍ସକୁ ଆସିଲି। ନୟାଗଡ଼ ଟାଉନର ମୁଖ୍ୟଭାଗ ଅତିକ୍ରମ କରି ପୁରୁଣା ନୟାଗଡ଼ ଆଡ଼କୁ ଗଲାବେଳକୁ ଯେଉଁ ଶିଖର ସ୍ତରଟି ଅତିକ୍ରମ କରିବାକୁ ପଡ଼େ ତାହା ଥିଲା ଉପଜିଲ୍ଲାପାଳଙ୍କ ସରକାରୀ ବାସଭବନ। ବୋଧହୁଏ ସ୍ୱାଧୀନତା ପୂର୍ବ ସମୟରେ ଏଇ ଅଫିସ୍‌ଟି ଉପଖଣ୍ଡର ସବୁଠାରୁ ଗୁରୁତ୍ୱପୂର୍ଣ୍ଣ ଅଫିସ୍ ହୋଇଥିବାରୁ ସବୁଠୁ ଉପର ଭୌଗୋଳିକ ସ୍ତରରେ ରହୁଥିଲେ ତତ୍କାଳୀନ ଅଧିକାରୀ। ଉପଜିଲ୍ଲାପାଳ ଅତିରିକ୍ତ ଦାୟିତ୍ୱ ଆର.ଏମ୍.ସି. ଏବଂ ଦେବୋତ୍ତର କଥା ବୁଝୁଥିବାରୁ ତାଙ୍କୁ ଦୁଇ ଅତିରିକ୍ତ ପିଅନ ମିଳିଥିଲା, ତାହା ପିଅନ ସଂଖ୍ୟାକୁ ଏକ ଅବିଶ୍ୱାସନୀୟ ସ୍ତରକୁ ନେଇଥିଲା।

ମୁଁ ରହୁ ରହୁ ରାତିରେ ଘରେ ରହୁଥିବା ପିଅନଟି ଆସି କହିଲା ସାର୍ ମୁଁ ଟିକିଏ ସାର୍‌ଙ୍କର ସେବା କରିବି। ମୁଁ ହଠାତ୍ ବୁଝିପାରିଲି ନାହିଁ। ସେ ତାକୁ ଟିକିଏ ସହଜରେ କହିବାକୁ ଚେଷ୍ଟା କଲା। ସାହେବମାନେ ବହୁତ ଟୁର୍ କରନ୍ତି। ଫେରୁଫେରୁ ଅନେକ ସମୟରେ ସେମାନେ ଥକି ଯାଇଥାନ୍ତି। ତେଣୁ ମୁଁ ସେମାନଙ୍କର ଗୋଡ଼ ଟିକିଏ ଆଉଁସିଦିଏ।

ମୁଁ ତାକୁ ଥଟ୍ଟା କରି କହିଲି ଆରେ ସେ ଯୁଗରେ ବୁଢ଼ା ବୁଢ଼ା ସବ୍‌କଲେକ୍ଟର ରହୁଥିଲେ। ସେମାନେ ଥକି ଯାଉଥିବେ। ତେଣୁ ଗୋଡ଼ମୋଡ଼ା ଦରକାର କରୁଥିବେ। ମୋତେ ତ କାଇଁ କ୍ଳାନ୍ତି ଲାଗୁନି।

ସେ କହିଲା ସାର୍ ଟିକିଏ ମସାଜ୍ ନେଲେ କ'ଣ ହେବ ଦେଖିବେ। ଭାରି ଭଲ ନିଦ ହୋଇଯିବ, ଯାହାକି ଆପଣମାନଙ୍କ ପାଇଁ ଅତି ଜରୁରୀ।

ମୁଁ କହିଲି, ଆରେ, ଏଇଟା ଠିକ୍ କଥା ନୁହେଁ। ପ୍ରାୟ ତେର-ଚଉଦ ବର୍ଷ ମୋର ଚାକିରି ହେଲାଣି। ଯଦିଓ ସବୁଠୁ ମୋତେ ଅର୍ଦ୍ଦଳି ପିଅନ ମିଳିଛି; ମାତ୍ର ମୁଁ କେବେ ସେମାନଙ୍କୁ ଏପରି ବ୍ୟକ୍ତିଗତ କାମରେ ଲଗାଇ ନାହିଁ।

ସେଇଠୁ ସେ କହିଲା, ସାର୍ ଥରେ ଟିକିଏ ଲମ୍ବ ହୋଇ ଶୋଇ ଯାଆନ୍ତୁ। ମୁଁ ଟିକିଏ ହାତ ଲଗେଇ ଦେବି। ଦେଖିବେ ଯଦି ଅଶାନ୍ତି ଲାଗିବ ଆଉ ମସାଜ୍ ନେବେନି। ଆଗରୁ ଥିବା ସବୁ ସାର୍‌ମାନେ ଖାଲି ରାତିରେ ନୁହେଁ ଜଣେ ଜଣେ

ଛୁଟି ଦିନରେ ଦିନ ସମୟରେ ବି ଘଷାମୋଡ଼ା ହୁଅନ୍ତି । ଆମେ ଏଇ କାମ ଜୀବନଯାକ କରିକରି ଏତେ ଅଭ୍ୟସ୍ତ ହୋଇଗଲୁଣି ଯେ ଟିକିଏ ମୋଡ଼ାମୋଡ଼ି ନକଲେ ଆମର ବି ମନ ଖୁସି ହୁଏନି । ତା'ଛଡ଼ା ଆମେମାନେ କଣ ଆଉ କାଳି ଅକ୍ଷର କାମ କରୁଛୁ !

ପ୍ରଥମେ କିଛିଦିନ ମୁଁ ଖୁବ୍ ବିରୋଧ କଲି ଓ କହିଲି, ଆରେ ତମେ ପିଅନ ହେଲ ବୋଲି କ'ଣ ମୋର ବ୍ୟକ୍ତିଗତ ଭୃତ୍ୟ କି - ତାହା ତ ନୁହେଁ ।

ପିଅନଟି କହିଲା, ସାର୍ ! ଆପଣ ଆମର ମାଆବାପା । ଆପଣଙ୍କୁ ସେବା କଲେ ଆମର ଖୁସି । ମୁଁ କହିଲି ମୋ ଦେହ ପା କେବେ ଖରାପ ହେଲେ ତମକୁ କହିବି । ଏଇଆ କହି ତା'ଠାର ରକ୍ଷା ପାଇଲି ।

ପ୍ରାୟ ମାସେ ଯାଇଛି କି ନାହିଁ ମୋର ଦେହ ଖରାପ ହେଲା । ମୋତେ କ୍ରମାଗତ ଜ୍ୱର ପରେ ପରୀକ୍ଷାରୁ ଜଣାପଡ଼ିଲା ଯେ ଟାଇଫଏଡ୍ ହୋଇଛି । ସେତେବେଳେ ଦେହ ହାତ ବିନ୍ଧୁଥିଲା ଆଉ ସେଇ ଦୁର୍ବଳ ମୁହୂର୍ତ୍ତରେ ପିଅନମାନେ ତାଙ୍କ କାମ କରି ବସିଲେ । ମାନେ ମୁଁ ଶୋଇ ରହିଥିଲାବେଳେ ଯାହାର ଡ୍ୟୁଟି ଥାଏ ସେ ଆସି ଗୋଡ଼ ହାତ ଆଉଁଷି ଦେବା ନାଁରେ ମସାଜ୍ କରି ଦିଅନ୍ତି । ଦେହ ହାତ ବିନ୍ଧାବିନ୍ଧି ହେଉଥିବାରୁ ମନା କରିହୁଏ ନାହିଁ । ଏଇମିତି ପ୍ରାୟ ପନ୍ଦରଦିନ ଗଲା । କ୍ରମେ ମୋ ଦେହ ଭଲ ହୋଇଗଲା । ମାତ୍ର ଦେହ ଭଲ ହେଲା ପରେ ବି ସଂଧ୍ୟାପରେ ଘରେ ରହୁଥିବା ପିଅନ ପୁଣି ମସାଜ୍ କରିବାକୁ ଆସିଲା । ମୁଁ ମନାକଲେ ବି ନିଜେ ଲକ୍ଷ୍ୟ କରୁଥିଲି ମୋର ଦୃଢ଼ତା କମିଯାଇଛି ।

ସେ କହିଲା, ସାର୍ ଟିକିଏ ଟିକିଏ ହାତ ମାରିଦେଲେ ଦେହରେ ରକ୍ତ ସଂଚାଳନ ଭଲ ହେବ । ଖାଲି ଆରାମ ଲାଗିବ ନାହିଁ । କାମ କରିବାକୁ ଜୋସ୍ ଆସିବ । ମୁଁ ନିର୍ଜୀବଟାଏ ଭଳି ପଡ଼ି ରହିଲି । ତାପରେ ଆସ୍ତେ ଆସ୍ତେ ତାହା ଏକ ନିତିଦିନିଆଁ ଧାରା ଭାବରେ ଚାଲୁ ରହିଲା । ମୁଁ ଯେଉଁ ଜିନିଷକୁ ନୀତି ସ୍ତରରେ ବିରୋଧ କରୁଥିଲି ତାରି କବଳରେ ପଡ଼ିଗଲି । ଯଦିଓ ମୁଁ ମୋର ପିଅନମାନଙ୍କୁ ପାରିତୋଷିକ ଦେଉଥିଲି ଏବଂ ସେମାନଙ୍କୁ କେବେ ମୋ ତରଫରୁ ସେପରି କାମରେ ନିୟୋଜିତ କରୁନଥିଲି, ଏଇ ଯୁକ୍ତିଗୁଡ଼ାକ ମୋ ନିଜ ପାଖରେ ଭାରି ଦୟନୀୟ ଲାଗୁଥିଲେ ଏବଂ ପରବର୍ତ୍ତୀ ସମୟରେ ଏଥିପାଇଁ ମୁଁ ନିଜକୁ ନୀତିହୀନ ମନେ କରୁଥିଲି ।

ଠିକ୍ ସେଇମିତି ପରିସ୍ଥିତି ଆସିଲା ସରକାରୀ ଗାଡ଼ି ବ୍ୟବହାର ବିଷୟରେ। ମୁଁ ଜାଣିଥିଲି ଯେଉଁ ସାମ୍ବିଧାନିକ ଦାୟିତ୍ୱସମ୍ପର୍ଣ୍ଣ ବ୍ୟକ୍ତିମାନେ ଫ୍ଲାଗକୋର୍ଡ଼ ଅନୁସାରେ ଜାତୀୟ ପତାକା ଲଗାଇବା ବିଧି, ସେମାନେ ଯେହେତୁ ସଂଧ୍ୟାପରେ ଜାତୀୟ ପତାକା ଲଗାଇ ପାରିବେ ନାହିଁ ସେଇଁ ଦୃଷ୍ଟିରୁ ସଂଧ୍ୟାପରେ ଗାଡ଼ି ଉପରେ ନାଲିବତୀ ଲଗାଇବା ପାଇଁ କ୍ଷମତାପ୍ରାପ୍ତ; ମାତ୍ର ସବ୍‌କଲେକ୍ଟରମାନେ ଗାଡ଼ିରେ ଯେଉଁ ନାଲିବତୀ ଲଗାଉଥିଲେ ତାହା ସେମାନଙ୍କର କ୍ଷମତା ପରିସର ବାହାରେ; ମାତ୍ର କାହିଁ କେତେ ଯୁଗରୁ ସେ କାଳରେ ଉପଜିଲ୍ଲାପାଳ, ଅତିରିକ୍ତ ଜିଲ୍ଲାପାଳ ଏବଂ ଜିଲ୍ଲାପାଳ ସେମାନଙ୍କ ସରକାରୀ ଗାଡ଼ିରେ ନାଲିବତୀ ଲଗାଉଥିଲେ। ସେଇ ଗାଡ଼ିଗୁଡ଼ିକର ମାନ୍ୟତା ଅନ୍ୟାନ୍ୟ ଅଣପୋଲିସ ଅଫିସରଙ୍କ ଗାଡ଼ି ଭିତରେ ଥିଲା ସ୍ୱତନ୍ତ୍ର। ଯେହେତୁ ସେମାନେ ନିଜ ନିଜ ଅଞ୍ଚଳରେ ଶାନ୍ତିଶୃଙ୍ଖଳା ଦାୟିତ୍ୱରେ ଥାଆନ୍ତି ପୁଲିସ ସେମାନଙ୍କର ସାହାଯ୍ୟ ନିଏ ଅନେକ କାମରେ, ଏଇ ଭୁଲ୍‌କୁ କିଏ ବା କହିବ ସେମାନଙ୍କୁ।

ଯେତେବେଳେ ମୁଁ ସରକାରୀ ଗାଡ଼ି ବ୍ୟବହାର କଲି, ଡାଇଭ୍ରରକୁ କହିଲି ନାଲିବତୀ ଖୋଲି ଦେବାପାଇଁ। ମୋର ଏପରି କହିବା ସେ ହଜମ କରିପାରିଲା ନାହିଁ। କହିଲା, ସାର୍ କେତେ କାଳରୁ ଏଇଧାରା ଚଳି ଆସିଛି। ବିଶେଷ କରି ସବୁ ଶାନ୍ତି ଶୃଙ୍ଖଳା ରକ୍ଷା ଦାୟିତ୍ୱ ହେଉଛି ସବ୍‌ଡିଭିଜ୍‌ନାଲ ମାଜିଷ୍ଟ୍ରେଟ୍‌ଙ୍କ ଉପରେ। ଯଦି ନାଲିବତୀ ଗାଡ଼ିରୁ ବାହାର କରି ଦିଆଯିବ, ଲୋକଙ୍କର ଗୋଟାଏ ଧାରଣା ହେବ ଯେ ଏଇ ଅଫିସରଙ୍କ କ୍ଷମତା ସଙ୍କୁଚିତ ହୋଇଛି। ଲୋକେ ତାଙ୍କ କଥା ମାନିବେ ନାହିଁ। ଏଇମିତି କଥା କହୁ କହୁ ସେ କହିଲା, "କିଛିଦିନ ଲଗେଇବା ସାର୍। ଆପଣ ଯଦି ବାଧ୍ୟ କରିବେ ତାହେଲେ ବାହାର କରିନେବା; ମାତ୍ର ଆପଣ କିଛିଦିନ ପରିସ୍ଥିତିକୁ ଲକ୍ଷ୍ୟ କରନ୍ତୁ।"

ନୟାଗଡ଼ରେ ଯୋଗଦାନ କରିବା ଦିନଠୁ ନାଟୁଗାଁ ପରି କ୍ରମାଗତ ଅଶାନ୍ତ ଅଞ୍ଚଳକୁ ବାରମ୍ବାର ଯିବାକୁ ପଡୁଥିଲା। କ୍ରମଶଃ ଅନୁଭବ କରୁଥିଲି ଉପଜିଲ୍ଲାପାଳଙ୍କ ବେଶୀତକ ସମୟ ହିଁ ଶାନ୍ତି ଶୃଙ୍ଖଳା ରକ୍ଷା ସମ୍ବନ୍ଧୀୟ। ଆଉ ନାଲିବତୀ ଥିବା ଗାଡ଼ିଟି ହେଉଛି ସେହି ଐତିହାସିକ ସାମ୍ରାଜ୍ୟର ଶେଷ ଦସ୍ତାବିଜ। କାହିଁ କେତେ ଯୁଗରୁ ଚଳି ଆସିଛି ଏଇ ମାନସିକତା। ପିଲାବେଳେ ପଢ଼ିଥିଲି ଗିଆସୁଦ୍ଦିନ ବଲ୍‌ବନଙ୍କ ଶାସନ କରିବାର କାଇଦା କଟକଣା। ଲୋକମାନେ ଲୁହା ଦେଖି ପାଣି ଦିଅନ୍ତି ବୋଲି ଯାହା କୁହାଯାଏ ତାହା ଖାଣ୍ଟି ସତ। ଆପଣ ଯଦି ନିହାତି ସରଳ

ହେବେ ବା ନିଜକୁ ସେଇ ଭଳିଆ ପ୍ରଦର୍ଶନ କରିବାକୁ ଚାହିଁବେ ଆପଣଙ୍କ ତଣ୍ଟିରେ ଫାସ ଦେବା ପାଇଁ ଖଳଲୋକଙ୍କ ସଂଖ୍ୟାର ଅଭାବ ନାହିଁ। କଥାରେ କହନ୍ତି ଲୁହାଯଦି ନରମ ହେବ ତାହେଲେ ବିଲେଇ ତାକୁ କାମୁଡ଼ି ତାର ଦୃଢ଼ତା ପରଖିବ। ଏଇ ସବୁକୁ ଆଖିରେ ରଖି ପ୍ରଶାସନର ନିଷ୍ପତ୍ତି ନେବା ସ୍ତରରେ ଜାଣିଶୁଣି କିଛି ବ୍ୟବସ୍ଥା ରଖାଯାଇଥିଲା ଯେମିତି କି କେହି ବିଶିଷ୍ଟ ଅତିଥି ଗଲେ ସାଇରନ ବଜେଇ ବଜେଇ ଆଗରେ ଗାଡ଼ିଟିଏ ଚାଲିଯାଏ। ଜିଲ୍ଲାପାଳ, ଜିଲ୍ଲାଜଜ୍ କିମ୍ବା ଉପଜିଲ୍ଲାପାଳଙ୍କ ସାଥୀରେ ହୁଦାପିନ୍ଧା ପିଅନଟିଏ ଥାଇ ସମଗ୍ର ମାହୋଲକୁ ଆଭିଜାତ୍ୟସମ୍ପର୍ଣ୍ଣ କରାଏ। ଯେତେବେଳେ ଶାସକ ଆଉ ଶାସିତ ଦୁଇଟି ଗୋଷ୍ଠୀ ଥିଲେ, ସେତେବେଳେ ଏମିତି ହେଉଥିଲା ଠିକ୍ କଥା; ମାତ୍ର ଆଜି କାହିଁକି ହେଉଛି ଏଇ ପ୍ରଶ୍ନ ଅନେକ ପଚାରନ୍ତି; କିନ୍ତୁ କ୍ଷମତାର ଅଳିନ୍ଦରେ ଥିବା ଲୋକଙ୍କର ଧାରଣା ଅତି ଘଷିମାଜି ହେଲେ, ଅତି ପରିଚୟେ ଗୌରବ ନଷ୍ଟ ନ୍ୟାୟରେ ଅନେକ କାମ ହୋଇପାରେନା।

ଏଇ ଦ୍ୱନ୍ଦ୍ୱ ଭିତରେ କିଛିଦିନ ଚାଲିଗଲା। ନାଲିବତୀଟି ସବ୍‌କଲେକ୍ଟର ସ୍ତରୀୟ ଗାମ୍ଭୀର୍ଯ୍ୟ ବଢ଼େଇବାରେ ଅଥବା ସ୍ଥିତାବସ୍ଥା ରଖିବାରେ ସହାୟକ ହେଉଛି ବୋଲି ମୋର ଧାରଣା ହେଲା। ଏଇ ଧାରଣାର କାରଣ ମୁଁ ଅଙ୍ଗେ ଲିଭେଇଲି ଯେତେବେଳେ ରାତିରେ କିଛିଦିନ ନାଲିବତୀ ବ୍ୟବହାର ନକରି ଗାଡ଼ିରେ ଗଲି ଦେଖିଲି ବେପରୁଆ ଭାବରେ ଅନ୍ୟଗାଡ଼ିମାନେ ମାଡ଼ି ଆସୁଛନ୍ତି। ବାଟ ଛାଡୁନାହାନ୍ତି; ମାତ୍ର ନାଲିବତୀଟା ଧପଧପ୍ ହେଉଥିଲେ ଗାଡ଼ିର ମଥାନ ଉପରେ ଅନ୍ୟ ସବୁ ଗାଡ଼ି ଆମ ବାଟ ଛାଡ଼ିଦିଅନ୍ତି।

ବୋଧହୁଏ ମୋର ମନ ଭିତରେ ଥିବା ନାଲିବତୀର ମୋହ ନୂଆ କାରଣ ଖୋଜୁଥିଲା ଆଉ କହୁଥିଲା ନାଲିବତୀ କାଢ଼ିଦେଲେ କ'ଣ ଇତିହାସ ତମକୁ ମନେରଖିବ ବରଂ ତମେ ଗୋଟାଏ ଅପଦାର୍ଥ ଭାବରେ ପରିଚିତ ହେବ। ମୁଁ ଆଉ ନାଲିବତୀ ଖୋଲିବାକୁ ତାଗିଦ୍ କଲିନି। ଏଇମିତି ଖାଲି ତିନିବର୍ଷ ନୟାଗଡ଼ରେ ନୁହେଁ କେନ୍ଦ୍ରାପଡ଼ାରେ ବର୍ଷେ ଓ ଖୋର୍ଦ୍ଧାରେ ଦେଢ଼ବର୍ଷ କଟିଲା। ଯେତେବେଳେ ସଚେତନ ଭାବରେ ପରେ ଅନୁଧ୍ୟାନ କରିଛି ଅନୁଭବ ହୋଇଛି ମୋ ମନ ନିର୍ମଳ ନଥିଲା। ମୋର ଥିଲା ଦୃଢ଼ତାର ଅଭାବ। ମୁଁ ସେତେବେଳେ ଦେଇଥିବା ଯୁକ୍ତିଗୁଡ଼ାକ ଆଜି ଲାଗନ୍ତି ନିତାନ୍ତ ମାମୁଲି, ହାସ୍ୟାସ୍ପଦ ଓ ଅବାସ୍ତବ। ଏହା କଣ ମୋର ଆତ୍ମବିଶ୍ୱାସ କମ୍ ଥିବାର ଏକ ସୂଚନା ନା ମୋର ଏକ କାଳ୍ପନିକ ଆଦର୍ଶ ଏବଂ ବାସ୍ତବତା ଭିତରେ ଥିବା ଯୋଜନ ଯୋଜନ ଦୂରତାର ପ୍ରତୀକ !

ମୋର ମନେ ପଡ଼ିଯାଉଛି ଗୋଟିଏ କଥା । ମହାଭାରତର ଗୋଟିଏ କାହାଣୀ ଅନେକଙ୍କୁ ଜଣା । ଯେତେବେଳେ ଶ୍ରୀକୃଷ୍ଣଙ୍କ ସାହାଯ୍ୟ ନେବାପାଇଁ ଉଭୟ ଦୁର୍ଯ୍ୟୋଧନ ଏବଂ ଅର୍ଜୁନ ପହଞ୍ଚିଥିଲେ ଯୁଦ୍ଧର ଅବ୍ୟବହୃତ ପୂର୍ବରୁ । ପ୍ରଥମେ ପହଞ୍ଚିଥିଲେ ଦୁର୍ଯ୍ୟୋଧନ । ସେତେବେଳେ ନିଦ୍ରାରେ ଶାୟିତ ଶ୍ରୀକୃଷ୍ଣ ଆଉ ତାଙ୍କର ମୁଣ୍ଡ ପାଖରେ ଗୋଟିଏ ସୁସଜ୍ଜିତ ଆସନ । କାଳ ବିଳମ୍ବ ନ କରି ସେଥିରେ ବସିଗଲେ ସେ ଆଉ ଅପେକ୍ଷା କଲେ କେତେବେଳେ ନିଦ୍ରାରୁ ଉଠିବେ ଦ୍ୱାରକାଧିପତି ଶ୍ରୀକୃଷ୍ଣ । କିଛି ସମୟ ଭିତରେ ସେଇଠି ପହଞ୍ଚିଗଲେ ଅର୍ଜୁନ । ସେ ବୟସରେ ଦୁର୍ଯ୍ୟୋଧନଙ୍କଠାରୁ ସାନ । ପ୍ରଣାମ ଜଣେଇଲେ । ସେତେବେଳକୁ ଗୋଟିଏ ମାତ୍ର ଆସନରେ ବସି ସାରିଥିଲେ ଦୁର୍ଯୋଧନ । ଅର୍ଜୁନ ଆଉ କାଳ ବିଳମ୍ବ ନକରି ଶ୍ରୀକୃଷ୍ଣଙ୍କ ପାଦ ପାଖରେ ଥିବା ବିଛଣାର ଶୂନ୍ୟ ଅଂଶରେ ନିଜର ଆସ୍ଥାନ ଜମେଇଲେ ଆଉ ଖାଲି ବସିବେ ବା କାହିଁକି ? ତାଙ୍କର ପରମ ସଖାଙ୍କର ପାଦରେ ଧୀରେ ଧୀରେ ହସ୍ତ ସଂଚାଳନ କଲେ । କିଛି ସମୟ ଭିତରେ ଆଖି ଖୋଲିଲେ ଶ୍ରୀକୃଷ୍ଣ ଆଉ କହିଲେ, ଆରେ ଅର୍ଜୁନ, କେତେବେଳଠାରୁ ଆସିଲଣି । ଅର୍ଜୁନ କିଛି କହିବା ପୂର୍ବରୁ ଦୁର୍ଯ୍ୟୋଧନ କହିଲେ ନାହିଁ, ଅର୍ଜୁନ ନୁହେଁ ମୁଁ ତାଠାରୁ ଆଗରୁ ଆସି କେତେବେଳୁ ଅପେକ୍ଷା କରିଛି । ଶ୍ରୀକୃଷ୍ଣଙ୍କ ସର୍ତ୍ତଥିଲା ଯିଏ ଆଗରୁ ଆସିଥିବେ ସେହିଁ ପ୍ରଥମ ବର ପାଇବେ । ଶ୍ରୀକୃଷ୍ଣ କହିଲେ ଅର୍ଜୁନଙ୍କୁ ସିଏ ଆଗ ଦେଖିଥିବାରୁ ଏବଂ ଅର୍ଜୁନ ବୟସରେ ସାନ ଥିବାରୁ ପ୍ରଥମେ ତାଙ୍କୁ ଶୁଣିବା ଠିକ୍ ହେବ । ଅର୍ଜୁନ ଯାହା କହିଲେ ସେଥିରେ ବରଂ ଖୁସି ହୋଇଥିଲେ ଦୁର୍ଯ୍ୟୋଧନ । କାରଣ ଶ୍ରୀକୃଷ୍ଣ ଆଗରୁ ତାଙ୍କର ପକ୍ଷ ରଖି ସାରିଥିଲେ । ସେ ଯାହା ସହିତ ରହିବେ ତାଙ୍କୁ କୌଣସି ସାମରିକ ସହାୟତା ମିଳିବ ନାହିଁ । ଅର୍ଥାତ୍ ଗୋଟିଏ ପକ୍ଷରେ ନିରସ୍ତ୍ର ଶ୍ରୀକୃଷ୍ଣ ଆଉ ଆର ପାଖରେ ଶ୍ରୀକୃଷ୍ଣଙ୍କର ସମସ୍ତ ଐଶ୍ୱର୍ଯ୍ୟ ଅସ୍ତ୍ରଶସ୍ତ୍ର ସମନ୍ୱିତ ବିଶାଳ ସେନାନୀ । ଆଉ ଏଇ ପରିପ୍ରେକ୍ଷୀରେ ଯେତେବେଳେ ଅର୍ଜୁନ କହିଲେ ସେ ଚାହାନ୍ତି ନିରସ୍ତ୍ର ଶ୍ରୀକୃଷ୍ଣଙ୍କ ସହଚର୍ଯ୍ୟ, ସେଥିରେ ଭିତରୁ ହସି ଉଠିଥିଲେ ଦୁର୍ଯ୍ୟୋଧନ ଆଉ ଆନନ୍ଦରେ ଗ୍ରହଣ କରିଥିଲେ ଆରପକ୍ଷର ସମସ୍ତ ସମ୍ଭାବିତ ଐଶ୍ୱର୍ଯ୍ୟ । ଏଇ କଥା ଯେତେବେଳେ ଆଲୋଚନା ହୋଇଛି ଆମେ ସମସ୍ତେ ଭାବିଛନ୍ତି ଅର୍ଜୁନ ହିଁ ଠିକ୍ ଚୟନ କରିଥିଲେ । ଯଦିଓ ଆମେ ଏଇ କଥା କହନ୍ତି ସବୁ ସଭାସମିତିରେ ଆମେ ନିଜକୁ ପଚାରିଛନ୍ତି କି ଆମେ ଯାହା କହନ୍ତି ସତରେ କଣ ତାହା ଭାବନ୍ତି । ଆମେ କଣ ଭାବୁନାହାନ୍ତି ଆମ ପୁଅକୁ ବଡ଼ ଚାକିରି ମିଳୁ, ଆମେ ଗୋଟିଏ ପ୍ରାସାଦୋପମ ନିବାସରେ

ବସବାସ କରୁ, ଆମର ନିବାସ ବହୁ ବିଶ୍ୱସ୍ତ ଭୃତ୍ୟଙ୍କ ଦ୍ୱାରା ଶୋଭିତ ହେଉ, ଆମର ଘର ବାହାରେ ଥିବା ଫୁଲ ଫଳ ଗଛରେ ବର୍ଷକର ବାରମାସ ଫୁଲଫଳ ଲୋଟୁଥାଉ। ଆମ ପାଖରେ ପ୍ରଚୁର ଟଙ୍କା, ସମ୍ପତ୍ତି ଆଉ ଐଶ୍ୱର୍ଯ୍ୟର ସବୁ ଉପାଦାନ ଅବିରତ ରହିଥାଉ। ଯଦି ଆମର ମନ ଭିତରେ ଏଇମିତି କଥା ବସା ବାନ୍ଧି ରହିଛି, ସେଇଟା ଦୁର୍ଯ୍ୟୋଧନର ଯାଚଞ୍ଚା ସହିତ ସମତୁଲ ନୁହେଁ କି ? ଆମେ ଯାହା କହୁଛୁ ଆଉ ଯାହା ଭାବୁଛୁ ସେଇ ବ୍ୟବଧାନକୁ କ'ଣ ଆମେ ଅତିକ୍ରମ କରିପାରିବା ନାହିଁ ! ଆପଣ ଚେଷ୍ଟା କରିପାରନ୍ତି ଆଜିଠାରୁ, ମାତ୍ର ମୁଁ ତ ଦୁଇ ଦୁଇଥର ହାରିଯାଇଛି। ସେଇଥିପାଇଁ ଆଜି ଭାରି ମନେପଡୁଛି ସେଇଦିନ ଯାହା ଆଉ ଫେରି ଆସିବ ନାହିଁ। ସେଇ ଅତୀତ ଯେଉଁଠି ଆଉ ସଂଶୋଧନ ସମ୍ଭବ ନୁହେଁ, ସେଇ ଘଟଣା ଦୁଇଟି ଯେଉଁଠି ମୋ ଆଦର୍ଶରୁ ମୁଁ ବିଚ୍ୟୁତ ହୋଇଛି।

■

ଗୋଟିଏ ଛୋଟିଆ ପଦକ୍ଷେପ : ଏକ କ୍ଷୁଦ୍ର ଆନନ୍ଦର ଉତ୍ସ

ଜଣେ ମନ୍ତ୍ରୀଙ୍କର ବ୍ୟକ୍ତିଗତ ସଚିବ ଭାବରେ ମୋର ଯେତେବେଳେ ବଦଳି ହେଲା ତାହା ଥିଲା ଭୁବନେଶ୍ୱରରେ ଅବସ୍ଥାପିତ ହେବା ପାଇଁ ମୋର ପ୍ରଥମ ଅବସର । ସେତେବେଳକୁ ଚାକିରି ଜୀବନର କୋଡ଼ିଏ ବର୍ଷ ଅତିକ୍ରାନ୍ତ ହୋଇ ସାରିଥାଏ । ପିଲା ଦୁହିଁଙ୍କର କଲେଜ ପଢ଼ା ହେବ, ତେଣୁ ଭୁବନେଶ୍ୱର ହୁଏତ ଅଧିକ ଭଲ - ଏଇ ଉଦ୍ଦେଶ୍ୟରେ ଆସିଲି ।

ମୋର ବିଭାଗୀୟ ମନ୍ତ୍ରୀଙ୍କ ଦାୟିତ୍ୱରେ ଥାଏ ବିଜ୍ଞାନ ଓ କାରିଗରୀ ବିଭାଗ । ସାଧାରଣ ଲୋକଙ୍କୁ ଅଡୁଆ ଲାଗୁଥିବା ଏଇ ବିଭାଗର ଏକ ନିରାସକ୍ତ ବୈଶିଷ୍ଟ୍ୟ ହେଲା, ଜିଲ୍ଲା ସ୍ତରରେ ଏହାର କିଛି ପରିଚିତି ନଥାଏ । ଯେମିତି ରାଜସ୍ୱ ବିଭାଗର ମନ୍ତ୍ରୀ ଜିଲ୍ଲାରେ ପହଞ୍ଚୁ ପହଞ୍ଚୁ ତାଙ୍କୁ ଆତିଥ୍ୟ ଦେବାପାଇଁ ଜିଲ୍ଲାପାଳଙ୍କଠାରୁ ଆରମ୍ଭ କରି ତହସିଲଦାରଙ୍କ ପର୍ଯ୍ୟନ୍ତ ସମସ୍ତେ ହାଉଯାଉ ହୁଅନ୍ତି କିମ୍ବା ପଞ୍ଚାୟତିରାଜ ବିଭାଗର ମନ୍ତ୍ରୀଙ୍କ ପାଦ ପଡ଼ିଲେ ବିଡ଼ିଓମାନେ ତାଙ୍କର ହାଲଚାଲ ବୁଝନ୍ତି, ସେମିତି କିଛି ନଥାଏ ବିଜ୍ଞାନ ଓ କାରିଗରୀ ବିଭାଗର ମନ୍ତ୍ରୀଙ୍କ ଭାଗ୍ୟରେ । ତେଣୁ ପ୍ରଥମେ ବେଶ୍ କିଛିଦିନ ଲାଗିଗଲା ବୁଝୁବୁଝୁ ମନ୍ତ୍ରୀଙ୍କ ଦାୟିତ୍ୱ କ'ଣ

ବୋଲି । ତାଛଡ଼ା ମନ୍ତ୍ରୀ ବି ନବାଗତ କହିଲେ ଚଳେ, ସେତେବେଳକୁ ସେ ଦୁଇବର୍ଷର ଏମ୍‌ଏଲ୍‌ଏ ମାତ୍ର ।

ମନ୍ତ୍ରୀଙ୍କ ଚାମ୍ବର ଭିତରେ ଗୋଟିଏ ଛୋଟିଆ ଛଅଫୁଟର ଆଠଫୁଟ କ୍ୟୁବିକ୍ଲ ଭିତରେ ମୋର ବସିବା ଜାଗାଟି ଭାରି ମାଡ଼ି ପଡୁଥାଏ । ତିନି ତିନିଟା ସ୍ଥାନରେ ଉପଜିଲ୍ଲାପାଳ ଭାବରେ କାମ କରି ଏମିତି ଜାଗାରେ ବସିବାକୁ ଟିକିଏ ଅଡୁଆ ଲାଗୁଥାଏ । ଭାରି ଦୟନୀୟ ସ୍ଥିତି ଆଉ ପାରିପାର୍ଶ୍ୱିକ ଅବସ୍ଥିତି । କେବଳ ସରକାରୀ ଭାବରେ ସକାଳେ କପଟିଏ ଚା' ଆଉ ଉପରବେଳା ଆଉ କପେ । ଲୋକମାନେ ଯଦି ଆସୁଥାନ୍ତେ ତାଙ୍କ ସହିତ କଥାବାର୍ତ୍ତା ହୋଇବି ସମୟ ବିତନ୍ତା । କାହିଁ କେହି ଜଣେ ବି ଲୋକ ଦେଖା ହେଉନାହାନ୍ତି । ମୋତେ ଲାଗିଲା ଗୋଟେ କାମ ଖୋଜୁଥିବା ଲୋକଙ୍କୁ ଯେମିତି ନିକର୍ମା କରିଦେବା ପାଇଁ ପରିବେଶଟାଏ ସୃଷ୍ଟି କରାଯାଇଛି । ମନ ଭିତରେ ଗୋଟାଏ ବିରାଗ ଦେଖାହେଲା - କାମ କାହିଁ ?

ମନ୍ତ୍ରୀ ମହୋଦୟ ନୂଆ ହୋଇ ମନ୍ତ୍ରୀ ହୋଇଥିବାରୁ ବିଭିନ୍ନ ଜିଲ୍ଲା ଗସ୍ତରେ ଯାଉଥାନ୍ତି ବିଶେଷତଃ ତାଙ୍କର ରାଜନୈତିକ ଦଳ ତରଫରୁ ତାଙ୍କୁ ସମ୍ବର୍ଦ୍ଧନା ଦିଆଯାଉଥାଏ - ଯେହେତୁ ସେଥିରେ କିଛି ସରକାରୀ ସମୀକ୍ଷାଜନିତ କାମ ନଥାଏ, ମୋର ତାଙ୍କ ସହିତ ଯିବାର କିଛି କାରଣ ନଥାଏ ।

ମୁଁ ବେଳେବେଳେ ଲକ୍ଷ୍ୟ କରେ ମୋର କିଛି ଅନ୍ୟାନ୍ୟ ବନ୍ଧୁ ଯେଉଁମାନେ ସେଇ ଏକା ଫ୍ଲୋରରେ ଅନ୍ୟ ମନ୍ତ୍ରୀ ପାଖରେ ମୋରି ଦାୟିତ୍ୱ ତୁଲାଉଥାନ୍ତି; ମାତ୍ର ତାଙ୍କର ବହୁତ କାମ, ଭାରି ଗହଳ ଚହଳ । ମୋର ଅଫିସ ଫାଙ୍କା - ମଶା ମାରିବାକୁ ବି କାମ ନାହିଁ - ମୁଁ ତାହେଲେ କ'ଣ ଗୋବର ଗଣେଶ ! ମନଟା କ୍ରମଶଃ ନିରସ ହେବାକୁ ଲାଗିଲା ।

ଥରେ ଜଣେ ଭଦ୍ର ମହିଳା ମନ୍ତ୍ରୀଙ୍କ ଅନୁପସ୍ଥିତିରେ ଆସି ମୋତେ ଖୋଜିଲେ ଏବଂ ନିଜକୁ ବିଭାଗର ପ୍ରିନ୍‌ସିପାଲ ସେକ୍ରେଟେରୀ ଭାବରେ ପରିଚୟ ଦେଲେ । କହିଲେ ଯେ ସେ ମନ୍ତ୍ରୀଙ୍କ ସହିତ ପରିଚିତ ହେବାକୁ ଆସିଥିଲେ ଓ ବିଭାଗର ଅଗ୍ରଗତି ସମ୍ପର୍କରେ ସୂଚନା ଦେଇଥାନ୍ତେ । ସେ ଫେରିଗଲା ପରେ ମୁଁ ତାଙ୍କ ବିଷୟରେ ଖବର ନେଲି । ସେ ଯେଉଁ କାଗଜତକ ମନ୍ତ୍ରୀଙ୍କ ଅଧ୍ୟୟନ ପାଇଁ ଦେଇଯାଇଥିଲେ ତାହା ପଢ଼ିବାକୁ ଲାଗିଲି - ସେତେବେଳେ ଜାଣିଲି ମୋର କାମ ହେଲା ସବୁ ଫାଇଲ ତନ୍ନ ତନ୍ନ ଅଧ୍ୟୟନ କରିବା ଏବଂ ମାନନୀୟ ମନ୍ତ୍ରୀଙ୍କୁ ସେଇ ଅନୁସାରେ ଅବଗତ କରିବା । ହେଲେ ଫାଇଲ କାହିଁ ଯେ !

ଆଉ ତ କାମ କିଛି ନ ଥାଏ, ତେଣୁ କ'ଣ ବା କରିବି। ମ୍ୟାଡ଼ାମ ଯେଉଁ କାଗଜତକ ଦେଇଯାଇଥିଲେ ତାକୁ ମନଯୋଗ ସହକାରେ ପଢ଼ିଲି - ଆଉ ସେଥିରୁ ଯାହା ଜଣା ପଡ଼ିଲା - ତାହା ହେଲା ଏଇ ବିଭାଗର ଜିଲ୍ଲା ସ୍ତରରେ କୌଣସି ସଂସ୍ଥା ନାହିଁ; ମାତ୍ର ଚାରିଗୋଟି ନିର୍ଦ୍ଦେଶାଳୟ ରହିଛି ଯେଉଁଗୁଡ଼ିକ ବିଭାଗର ଭିତ୍ତିଭୂମି। ସେଗୁଡ଼ିକ ହେଲା ଓରେଡ଼ା ବା ରାଜ୍ୟ ଅକ୍ଷୟ ଶକ୍ତି ବିକାଶ ସଂସ୍ଥା, ବାୟୋଟେକ୍‌ନୋଲୋଜି ନିର୍ଦ୍ଦେଶାଳୟ, ଓରସାକ୍ ବା ରାଜ୍ୟ ରିମୋଟ ସେନସିଂ ସେଣ୍ଟର, ପଠାଣୀ ସାମନ୍ତ ପ୍ଲାନେଟୋରିଅମ୍। ଏଥିସହିତ କେତୋଟି ସ୍ୱୟଂଶାସିତ ଅନୁଷ୍ଠାନ ଯେମିତି ଗଣିତ ଶିକ୍ଷା ପ୍ରତିଷ୍ଠାନ, ମେଟେରିଆଲ ସାଇନ୍‌ସ ପ୍ରତିଷ୍ଠାନ। ବୈଜ୍ଞାନିକମାନଙ୍କୁ ପ୍ରୋତ୍ସାହିତ କରିବା ପାଇଁ ବିବିଧ ପୁରସ୍କାର ଦିଆଯାଏ ଏବଂ ବିଜ୍ଞାନକୁ ଲୋକପ୍ରିୟ କରିବା ପାଇଁ ବିଜ୍ଞାନ ଏକାଡ଼େମୀ ତରଫରୁ ବିଜ୍ଞାନ ଦିଗନ୍ତ ନାମରେ ଗୋଟିଏ ମାସିକ ପତ୍ରିକା ପ୍ରକାଶ କରାଯାଏ। ଏତେ କମ୍ ପରିମାଣରେ ଅର୍ଥ ବଜେଟ୍‌ରେ ବିଭାଗ ପାଇଁ ଥାଏ ଯେ କାହାର କିଛି ଉତ୍ସାହଜନକ କାମ କରିବାକୁ ମନ ବଳୁନଥାଏ।

ବିଜ୍ଞାନ ଦିଗନ୍ତ ନାମରେ ମାସିକ ବିଜ୍ଞାନ ପତ୍ରିକାଟିଏ ବାହାରୁଛି ଜାଣିବା ପରେ ମୁଁ ତାହାର ବିଗତ କିଛି ମାସର ସଂଖ୍ୟା ମଗାଇଲି ଓ ବିଜ୍ଞାନ ଏକାଡ଼େମୀର ସଂପାଦକଙ୍କୁ ଅନୁରୋଧ କରିଥିଲି ସେ ବିଷୟରେ ବିସ୍ତୃତ ତଥ୍ୟ ଦେବାପାଇଁ। ତାଙ୍କଠାରୁ ଜାଣିଲି ଯେ ଏଇ ଯେଉଁ ପତ୍ରିକାଟି ପ୍ରକାଶିତ ହେଉଛି ତାହା ଅନେକ ବର୍ଷରୁ ପ୍ରତି ପଞ୍ଚାୟତକୁ ପଠାଯାଉଛି। ମୁଁ କିଛି ହାଇସ୍କୁଲର ପ୍ରଧାନଶିକ୍ଷକଙ୍କୁ ପଚାରି ବୁଝିଲି ଯେ ଏପରି ପତ୍ରିକା କେବେ ସେମାନଙ୍କ ପାଖକୁ ଯାଏ ନାହିଁ। ଅର୍ଥାତ୍ ଛଅ ହଜାରରୁ ଅଧିକ ବହି ପ୍ରତିମାସ ସାରା ରାଜ୍ୟର ପଞ୍ଚାୟତ ଅଫିସ୍‌କୁ କାହିଁକି ପଠାଯାଉଛି ଏହାର ଉତ୍ତର କେହି ଦେଇ ପାରିଲେ ନାହିଁ। କେବଳ କେହିଜଣେ କହିଲେ ଅନେକ ଦିନରୁ ତ ସେଇମିତି ଚାଲିଛି। ଏପରି ଉତ୍ତର ମୋତେ ବିବ୍ରତ କଲା।

ମନେ ମନେ ଭାବୁଥିଲି କେମିତି ହୋଇଥିବ ପରିସ୍ଥିତି। ପଞ୍ଚାୟତ ଅଫିସ୍‌ର ସେକ୍ରେଟାରୀଙ୍କ ପାଖରେ ହୁଏତ ପହଞ୍ଚୁଥିବ ଏଇ ପତ୍ରିକାଟି। ସେ ତାକୁ ତାଙ୍କର କୌଣସି ଅବ୍ୟବହୃତ ଥାକରେ ଥୋଇ ଦେଉଥିବେ। ସେଥିରେ କଣ ସାପ ବା ବେଙ୍ଗ ଲେଖାହୋଇଛି ସେକଥା କିଏ ବା କାହିଁକି ଖୋଜିବେ ବା ବୁଝିବେ। ମଝିରେ ମଝିରେ କେବେ ଜଳଖିଆ ପର୍ବ ହେଉଥିଲେ ସେଥିରୁ ପୃଷ୍ଠା ପୃଷ୍ଠା ଚିରା ହୋଇ

ସାମୟିକ କାଗଜ ପ୍ଲେଟର ଦାୟିତ୍ୱ ସମ୍ଭାଳୁଥିବେ। ମନେ ପଡ଼ିଯାଉଥିଲା ରବି ସିଂ ଦେଇଥିବା କୌଣସି ସଭାର ବକ୍ତବ୍ୟର କିୟଦଂଶ - "ଯାହା ଲେଖାହୁଏ ସବୁ ଯେ ସାହିତ୍ୟ ପାଲଟେ ଏପରି ଭାବିବା ଏକ ସାଂଘାତିକ ବିଭ୍ରମ। ଅନେକ ସାହିତ୍ୟ କିଛିଦିନ ପରେ ଠୁଙ୍ଗା ପାଲଟନ୍ତି। ଅର୍ଥାତ୍ ସେସବୁ ଏକ ବିଶେଷ ଧରଣର ଅବଧାରିତ ସାହିତ୍ୟ - ଠୁଙ୍ଗାସାହିତ୍ୟ।"

ମନେ ମନେ ଭାରି ଆହତ ହେଉଥିଲି। ସରକାର କେତେ ପଇସା ଖର୍ଚ୍ଚ କରୁଛନ୍ତି। କେତେ ଭଲ ଭଲ ବିଜ୍ଞାନ ଅଧ୍ୟାପକ / ଶିକ୍ଷକ କେତେ ଶ୍ରମ ସ୍ୱୀକାର କରି ତାଙ୍କର ବୈଜ୍ଞାନିକ ପ୍ରସଙ୍ଗ ସବୁ ଲେଖୁଛନ୍ତି। ଅଥଚ ବିତରଣ କରିବା ପାଇଁ କିଛି ବ୍ୟବସ୍ଥିତ ନିୟମାବଳୀ ଅଭାବରୁ ପତ୍ରିକାର ଶେଷ ପରିଣତି ଏପରି ବିଦ୍ରୁପାତ୍ମକ ସ୍ଥିତିରେ ପହଞ୍ଚୁଛି। ମନେ ମନେ ଭାବୁଥିଲି ନିଶ୍ଚିତ ରୂପେ ଏହା ପାଇଁ କିଛି ଗୋଟେ ବାଟ ବାହାର କରିବି।

ମନ୍ତ୍ରୀ ମହୋଦୟ ଗସ୍ତକ୍ରମ ସାରି ଯେତେବେଳେ ଫେରିଲେ ମୁଁ ତାଙ୍କ ପାଖରେ ପହଞ୍ଚି ଏଇ କଥା କହିବାକୁ ଗୋଟିଏ କାହାଣୀର ଆଶ୍ରୟ ନେଲି। ମୁଁ କାହିଁକି ଗୋଟିଏ ଗପ କହିବାକୁ ଯାଉଛି ସେ ବୁଝିପାରୁ ନଥିଲେ; ମାତ୍ର ଜାଣିଥିଲେ ଗଳ୍ପ ଶୈଳୀରେ କହିବାରେ ମୋର ଆଗ୍ରହ ଅଧିକ। ମୁଁ କହିଲି - ସାର୍ ପିଲାଦିନେ ମୋ ଜେଜେଙ୍କଠାରୁ ଗୋଟିଏ କଥା ଶୁଣିଥିଲି ଯେ - ନୀଳଗିରି ରାଜା କିଶୋର ଚନ୍ଦ୍ର ମର୍ଦ୍ଦରାଜ ବର୍ଷାଦିନରେ କେବେ ବର୍ଷାହେଲେ ତାଙ୍କର ଦ୍ୱିତଳ ପ୍ରାସାଦରେ ବସି ଦେଖନ୍ତି ତାଙ୍କ ରଙ୍ଗଭଦ୍ର ମଣ୍ଡପକୁ। ସେଠାକୁ ପ୍ରାସାଦର ସବୁ ବର୍ଷାଜଳ ଆସି ଗୋଟିଏ ବାଟ ଦ୍ୱାରା ବାହାରକୁ ନିର୍ଗମିତ ହୁଏ। ତେଣୁ ଅଳ୍ପ ବର୍ଷାରେ ବି ବହୁ ବର୍ଷାର ଭ୍ରମ ସୃଷ୍ଟିହୁଏ ଆଉ ତାକୁ ଦେଖି ସେ ତାଙ୍କର ସଭାସଦ୍‌ମାନଙ୍କୁ କହନ୍ତି - ଏଥର ଚମତ୍କାର ବର୍ଷାହେଉଛି ପ୍ରଜାଙ୍କଠାରୁ ଭଲ କର ଆଦାୟ ହେବ। ଚାଟୁକାରମାନେ ପାଳି ଦେଇ କହନ୍ତି - ମହାପ୍ରଭୁ ଏପରି ବର୍ଷା ବହୁ ବର୍ଷ ପରେ ହେଉଛି। ଏଥର ଦୁଇଗୁଣ କର ଆଦାୟ କରାହେବା ଦରକାର।

ଏତେକ ସହିସାରି ଟିକିଏ ଅଟକିଲି। ଆଉ କହିଲି - ଠିକ୍ ଏଇମିତି ଆମ ବିଭାଗର ନୀତି। ମନ୍ତ୍ରୀ ମୋ ମୁହଁକୁ ଅନେଇଲେ। ମୁଁ ପୁଣି ଆରମ୍ଭ କଲି, ସାର୍, ଆମ ବିଭାଗ ତରଫରୁ 'ବିଜ୍ଞାନ ଦିଗନ୍ତ' ନାମରେ ଗୋଟିଏ ମାସିକ ବିଜ୍ଞାନ ପତ୍ରିକା ଛପାହୁଏ। ବହୁ ଉଚ୍ଚମାନର ଏଇ ପତ୍ରିକା ପ୍ରକାଶରେ ଉଦ୍ଦେଶ୍ୟ ହେଲା ରାଜ୍ୟରେ ସାଇଣ୍ଟିଫିକ୍ ଟେମ୍ପର ବଢ଼େଇବା ବା ବିଜ୍ଞାନକୁ ଲୋକପ୍ରିୟ କରିବା ପାଇଁ ବ୍ୟବସ୍ଥା

କରିବା । ଆଉ ଆମ ବିଭାଗ ତରଫରୁ ପ୍ରାୟ ଛଅ ହଜାର ପଞ୍ଚାୟତକୁ ଏଇ ବହି ଡାକ ଜରିଆରେ ପଠେଇ ଦେଇ ବଡ଼ ହାକିମମାନେ ଭାବିନିଅନ୍ତି ଯେ ରାଜ୍ୟରେ ବିଜ୍ଞାନ ଲୋକପ୍ରିୟ ହୋଇଗଲା । ରଙ୍ଗ ଭଦ୍ର ବାହାର ଚଟାଣରେ ବର୍ଷାଜଳକୁ ଆକଳନ କରି ଭଲ କର ଆଦାୟ କରିବାର ଆଶା ପରି ଏହା ନୁହେଁ କି !

ମନ୍ତ୍ରୀ ମହୋଦୟ ଟିକିଏ ଖୋଲା ଲୋକ । ହସି ହସି ଫଟେଇଦେଲେ ବାୟୁମଣ୍ଡଳ ଯେମିତି କହିଲେ - ଆପଣ ଏତେଦିନ ମୋର ଗୋଟିଏ ଅଜ୍ଞତା ଦୂର କଲେ । ମୁଁ ବି ଆମ ଗାଁ ପଞ୍ଚାୟତକୁ ଏଇ ମାସିକ ପତ୍ରିକା ଆସୁଥିବା ଜାଣେ । ମଝିରେ ମଝିରେ ସେଇ ପତ୍ରିକାର ପୃଷ୍ଠା ଛିଣ୍ଡା ହୋଇ ବରାସିଙ୍ଗଡ଼ା ପରଷାଯାଏ ତା'ରି ଉପରେ । ଏତେଦିନ ପରେ ବୁଝୁଛି କିଏ ପଠାଏ ତାକୁ କଣ ଉଦ୍ଦେଶ୍ୟରେ ଆଉ କ'ଣ ହୁଏ ବାସ୍ତବରେ !

ମୁଁ କହିଲି - ସାର୍, ଏଇ ପୁସ୍ତିକାଟି ଭାରି ଭଲ ଭଲ ବୈଜ୍ଞାନିକ ତଥ୍ୟରେ ଭରପୂର । ଏହାକୁ ଗୋଟିଏ ବାଟରେ ବିତରଣ କରିବା ଠିକ୍ ହେବ ଭାବୁଛି । ସେ ଉତ୍ସାହିତ ହୋଇ କହିଲେ - କ'ଣ କରିବା ଭାବୁଛନ୍ତି ? ମୁଁ କହିଲି - ଯଦି ଆମେ କେବଳ ପଞ୍ଚାୟତକୁ ଗୋଟିଏ ଦେବା ତାହେଲେ ସହରାଞ୍ଚଳରେ କେହି ପାଇବେନି ବୋଲି ଆମେ ଧରିନେବା । ପ୍ରତି ସହରାଞ୍ଚଳ ସ୍କୁଲକୁ ବି ପଠେଇବା । ପଞ୍ଚାୟତ ସରପଞ୍ଚଙ୍କ ନିକଟକୁ ନପଠେଇ ପଞ୍ଚାୟତ ହେଡ୍‌କ୍ୱାର୍ଟର୍ସରେ ଥିବା ହାଇସ୍କୁଲର ହେଡ୍‌ମାଷ୍ଟରମାନଙ୍କୁ ପଠେଇବା ଗୋଟିଏ ଲେଖାଏଁ ଚିଠି ଲେଖିବା ଯେ ହେଡ୍‌ମାଷ୍ଟର ଏଇ ପତ୍ରିକାଟିକୁ ବିଦ୍ୟାଳୟର ବିଜ୍ଞାନ ଶିକ୍ଷକଙ୍କୁ ଦେବେ ଏବଂ ସେ ଚେଷ୍ଟା କରିବେ ଏଥିରେ ଲେଖା ହୋଇଥିବା ବିଷୟକୁ ପିଲାମାନଙ୍କ ଭିତରେ ପହଞ୍ଚେଇବା ପାଇଁ । ପ୍ରାର୍ଥନା ସଭାରେ ଗୋଟିଏ ଗୋଟିଏ ଟପିକ୍ ପଢ଼ା ହୋଇ ପାରିଲେ ଆହୁରି ଭଲ । ମନ୍ତ୍ରୀ ମହୋଦୟ ଖୁସିହେଲେ ଏବଂ ସେଇ ଅନୁସାରେ ଗୋଟିଏ ନୋଟ୍‌ସିଟ୍ ପ୍ରସ୍ତୁତ କରିବାକୁ ନିର୍ଦ୍ଦେଶ ଦେଲେ । ମୁଁ ତାହା ଆଗତୁରା ଠିକ୍ କରି ରଖିଥିଲି ଆଉ ତୁରନ୍ତ ପେଶ୍ କରିନେଲି । ସେ ଖୁସିହୋଇ ତାଙ୍କର ସମ୍ମତି ଦେଲେ । ସେଇ ଆଦେଶ ବଳରେ ପ୍ରତି ପଞ୍ଚାୟତ ମୁଖ୍ୟାଳୟର ସ୍କୁଲରେ ସେଇ ପତ୍ରିକା ପହଞ୍ଚିଲା । ତା'ଛଡ଼ା ସହରାଞ୍ଚଳର ବଛା ବଛା ସ୍କୁଲରେ ମଧ୍ୟ ଏହି ପତ୍ରିକା ହେଡ଼ମାଷ୍ଟରମାନଙ୍କ ନିକଟରେ ପହଞ୍ଚେଇ ଦିଆଗଲା । ଏଇ ଛୋଟିଆ କାମଟି ମୋତେ ପରବର୍ତ୍ତୀ ସମୟରେ ବହୁତ ଆନନ୍ଦ ଦେଇଛି ।

■

ପୁଟ୍ଟପର୍ତ୍ତି ପଥେ

ସମ୍ଭବତଃ ଦୁଇହଜାର ଦଶ ମସିହାର କଥା । ସେତେବେଳେ ମୁଁ ମାନ୍ୟବର ମନ୍ତ୍ରୀଙ୍କ ବ୍ୟକ୍ତିଗତ ସଚିବ ଭାବରେ କାର୍ଯ୍ୟରତ ଥାଏ । ମନ୍ତ୍ରୀ ମହୋଦୟ ଥରେ ଅନୌପଚାରିକ ଭାବରେ ପଚାରିଲେ ମୁଁ କେବେ ସାଇବାବାଙ୍କ ପୁଟ୍ଟପର୍ତ୍ତୀ ଆଶ୍ରମକୁ ବୁଲିଯାଇଛି କି ? ମୁଁ କୁଆଡ଼େ ବୁଲାବୁଲି କରିନାହିଁ କହିଲାରୁ ସେ କହିଲେ ଚାଲନ୍ତୁ ସମସ୍ତେ ବୁଲାବୁଲି କରି ଆସିବା । ସତକଥା ହେଲା ଚାକିରି ଜୀବନରେ ମୁଁ ବିଶେଷ ବୁଲାବୁଲି କରିପାରିନଥିଲି । ତାର କାରଣ ଥିଲା କ୍ଷେତ୍ର ଅଧିକାରୀ ଭାବରେ କାର୍ଯ୍ୟ କଲେ ଛୁଟି ମିଳିବା ସମ୍ଭବ ହୁଏ ନାହିଁ । ଆଉ ଗୋଟାଏ ନ କହିବା ଭଳି କଥା ଯେ ପିଲା ଦୁହିଁଙ୍କର ପଢ଼ାପଢ଼ି ସାଙ୍ଗକୁ ମଝିରେ ମଝିରେ ଗାଁ ଘରର ସୁବିଧା ଅସୁବିଧାରେ ଠିଆହେଲେ କେଉଁ ଟଙ୍କା ପଇସା ଆଉ ବଂଚେ ଯେ ବିନୋଦନ ପାଇଁ ଆଉ ମନ ବଳେଇ ହେବ !

ମନ୍ତ୍ରୀ ନିଜେ ଯିବାକୁ ଚାହୁଁଥିଲେ ତାଙ୍କର ଜଣେ ଅନ୍ତରଙ୍ଗ ବନ୍ଧୁଙ୍କ ପରିବାର ସହିତ ଓ ମୋତେ ଅନୁରୋଧ କରିଥିଲେ ସପରିବାର ଯିବା ପାଇଁ । ପୁଅ ଦୁହେଁ ଇଞ୍ଜିନିୟରିଂ ପଢୁଥିବାରୁ ତାଙ୍କର କ୍ଲାସ ଛାଡ଼ି ଯିବା ସମ୍ଭବ ନୁହେଁ ବୋଲି କହିଲାରୁ ମୋ ସହିତ ମୋର ପତ୍ନୀ ଯିବେ ବୋଲି ଠିକ୍ ହେଲା । ଅଫିସ୍‌ରୁ ହୋତା ବାବୁ ଓ ନିରୋଦ ବାବୁଙ୍କୁ ବି ସାଙ୍ଗରେ ନେବାକୁ ମନସ୍ଥ କଲୁ, ଯେହେତୁ ଏହା ଏକ ବ୍ୟକ୍ତିଗତ ଗସ୍ତ ଅଫିସର କେହି ଜଣେ ଅଧେ ରହିଲେ ସବୁ ଯୋଗାଯୋଗ ଠିକ୍ ହୋଇପାରିବ ସେଇ ଲକ୍ଷ୍ୟରେ ଏବଂ ବିଶେଷତଃ ମନ୍ତ୍ରୀଙ୍କ ସହିତ ତାଙ୍କର ବ୍ୟକ୍ତିଗତ ସୁରକ୍ଷା ଅଧିକାରୀ ରହିବା ସବୁବେଳେ ସମୀଚୀନ ।

ହୋତାବାବୁ ହେଉଛନ୍ତି ଆମ ଅଫିସର ଟାଇପିଷ୍ଟ ତଥା ଷ୍ଟେନୋ ଆଉ ଏଇସବୁ କାର୍ଯ୍ୟକ୍ରମ ଯୋଗାଯୋଗରେ ସେ ମାହିର। ଯଥା ସମୟରେ ଆମେ ଟ୍ରେନ୍‌ରେ ଆମମାନଙ୍କର ଟିକେଟ ସଂରକ୍ଷଣ କରିନେଲୁ। ସେତେବେଳକୁ ପ୍ରାୟ ଦୁର୍ଗାପୂଜା ପାଖାପାଖି; କିନ୍ତୁ ଶୀତ ପଡ଼ିନଥାଏ ଏବଂ ଦକ୍ଷିଣାତ୍ୟରେ ସାଧାରଣତଃ ଶୀତର ପ୍ରକୋପ କମ୍ ରହେ ସେଇ ସମୟରେ। ଆମର ସମୁଦାୟ ଯାତ୍ରୀ ସଂଖ୍ୟା ଥାଏ ନଅ। ମୋଟ୍ ତିନିଜଣ ସ୍ତ୍ରୀଲୋକ ଜଣେ ପିଲା ଏବଂ ପାଞ୍ଚଜଣ ପୁରୁଷ। ଆମେ ଯେଉଁ ଟ୍ରେନ୍‌ରେ ଗଲୁ ସେଥିରେ ପ୍ୟାନଟ୍ରି ଭେନ୍ ଥାଏ। ତେଣୁ ପ୍ରସ୍ତୁତ ଖାଦ୍ୟ ମିଳିବାରେ କିଛି ଅସୁବିଧା ନଥିଲା; ମାତ୍ର ଆମ ସାଙ୍ଗରେ ମାନ୍ୟବର ମନ୍ତ୍ରୀଙ୍କର ଯେଉଁ ବନ୍ଧୁଜଣକ ଯାଉଥିଲେ ସେ ଏତେ କାର୍ଯ୍ୟଦକ୍ଷ ବୋଲି ମୋର ଧାରଣା ନଥିଲା। ସେ ଯାଇ ପାଣ୍ଟ୍ରି କାର୍‌ର ଲୋକଙ୍କ ସହିତ ଏପରି ଭାବଦୋସ୍ତି କରିଦେଇ କିଛି ଟିପ୍‌ସ ଆଗତୁରା ଦେଇଦେଲେ ଯେ ଆମେ ଅନୁଭବ କରୁଥିଲୁ ଆମ ପାଇଁ ଖାଦ୍ୟପେୟରେ ଏକ ସ୍ୱତନ୍ତ୍ର ବ୍ୟବସ୍ଥା। ଗୋଟିଏ ଖାଦ୍ୟ ନ ସରୁଣୁ ମନ୍ତ୍ରୀଙ୍କର ସେଇ ଭାଇନା ଆଉ ଗୋଟିକର ବ୍ୟବସ୍ଥା କରି ଦେଉଥାନ୍ତି। ଲାଗୁଥିଲା ପ୍ରକୃତରେ ଯେମିତି (ଭାକେସନ) ଛୁଟି କାଟିବାକୁ ଗଲାବେଳେ ଲୋକେ ମୁଣ୍ଡରେ କିଛି ପଶାନ୍ତି ନାହିଁ ଆମେ ବହୁତ ଦିନ ପରେ ସେମିତି ଅନୁଭବ କରୁଥିଲୁ। ଆମର ଧାରଣା ହେଉଥିଲା ଆମ ଦେଶରେ ଦୁଇରକମର ଆଇନ ଅଛି। ଗୋଟିଏ ହେଉଛି ସର୍ବସାଧାରଣଙ୍କ ପାଇଁ ଆଇନ ଓ ଆଉ ଗୋଟିଏ ବିଶେଷ ଲୋକଙ୍କ ପାଇଁ ଆଇନ। ଏଇ ଦ୍ୱିତୀୟଟି ଆପଣ ବି ଉପଯୋଗ କରିପାରିବେ ଚିହ୍ନା ଥିଲେ କିମ୍ବା ଚିହ୍ନା ହେବାର ବ୍ୟବସ୍ଥା କରିପାରିଲେ। ଘରୁ ବାହାରିବାର ପରଦିନ ଦ୍ୱିପହର ବେଳକୁ ଆମେ ପହଞ୍ଚିଗଲୁ ପୁଟ୍ଟପର୍ତ୍ତି ଆଶ୍ରମରେ।

ସେଠାରେ ପହଞ୍ଚି ଆଶ୍ରମର କାର୍ଯ୍ୟାଳୟରେ ଆମର ରହଣି ବିଷୟରେ ଆଲୋଚନା କଲୁ। ମାନ୍ୟବର ମନ୍ତ୍ରୀ ଓ ପ୍ରାଇଭେଟ୍ ସେକ୍ରେଟେରୀଙ୍କ ପରିବାରଙ୍କ ପାଇଁ ବାବାଙ୍କ ଅତିଥି ଭବନରେ ରହିବା ବ୍ୟବସ୍ଥା ହେଲା। ଅନ୍ୟ ସହଯାତ୍ରୀମାନେ ଅନ୍ୟ ଏକ ଅତିଥି ଭବନରେ ରହିଲେ ଆମଠାରୁ ମାତ୍ର ଦୁଇଶହ ମିଟର ଦୂରରେ। ପହଞ୍ଚୁ ପହଞ୍ଚୁ ଜାଣିଲୁ ପ୍ରାୟ ପଚିଶ ତିରିଶ ବର୍ଷ ତଳେ ଅନନ୍ତପୁର ଜିଲ୍ଲାର ଜିଲ୍ଲା ମାଜିଷ୍ଟ୍ରେଟ୍ ଥିବା ଭଦ୍ରବ୍ୟକ୍ତିଜଣକ ମଝିରେ ମଝିରେ ଆସୁଥିଲେ ଆଶ୍ରମକୁ। ବାବାଙ୍କ ଦ୍ୱାରା ସେ ଏତେ ପ୍ରଭାବିତ ହୋଇଗଲେ ଯେ ନିଜ ଚାକିରି ଛାଡ଼ି ଆଶ୍ରମ ଜୀବନ ଯାପନ ପାଇଁ ବାବାଙ୍କ ଅନୁମତି ମାଗିଲେ। ପ୍ରଥମେ କାଳେ ବାବା ତାଙ୍କୁ ମନା

କରୁଥିଲେ; ମାତ୍ର ପରବର୍ତ୍ତୀ ସମୟରେ ସେ ରାଜି ହେବାରୁ ଶ୍ରୀ ଚକ୍ରବର୍ତ୍ତୀ ଆଇ.ଏ.ଏସ୍ ଚାକିରି ଛାଡ଼ି ଆଶ୍ରମର ଅନ୍ତେଃବାସୀ ପାଲଟିଗଲେ। ଏବେ ସେ ଥାଆନ୍ତି ଆଶ୍ରମର ପ୍ରଶାସନିକ ମୁଖ୍ୟ। ଆଶ୍ରମରେ ଯେଉଁ ଭବ୍ୟ ନିର୍ମାଣ, ପ୍ରଶାସନିକ ଶୃଙ୍ଖଳା, ପରିଷ୍କାର ପରିଛନ୍ନତା ସେସବୁରେ ଶ୍ରୀଯୁକ୍ତ ଚକ୍ରବର୍ତ୍ତୀଙ୍କର ପ୍ରଚ୍ଛନ୍ନ ଛାପ ସବୁଆଡ଼େ।

ସେଠାରେ ପହଞ୍ଚିଲା ପରେ ଜାଣିଲୁ ବାବା ନାହାନ୍ତି ଆଶ୍ରମରେ। ଅବଶ୍ୟ ବାବା ଆଶ୍ରମରେ ଅଛନ୍ତି କି ନାହିଁ ତାହା ଆଗତୁରା ବୁଝିବା ପାଇଁ ମୋତେ କେହି ଜଣେ କହିଥିଲେ। ମୁଁ ସେଥିରେ ମୁଣ୍ଡ ପୁରେଇ ନଥିଲି। କାରଣ ଆମେ ତିନିଦିନ ସେଠାରେ ରହିବାର ଯୋଜନା କରିଥିଲୁ ଏବଂ ମୋତେ କେହିଜଣେ କହିଥିଲେ ବାବା ଅନେକ ସମୟରେ ଅସୁସ୍ଥ ରହୁଛନ୍ତି ବୟସାଧିକ୍ୟ ହେତୁ; କେତେବେଳେ କଣ ହେବ କହିହେବ ନାହିଁ। ତେଣୁ ଯଦି ଯିବାକୁ ଇଚ୍ଛା ହେଲାଣି ତାଙ୍କୁ ସ୍ମରଣ କରି ବାହାରିଯାଅ। ତାଙ୍କର ଇଚ୍ଛାଥିଲେ ଦେଖା ନିଶ୍ଚୟ ହେବ। ଯେକୌଣସି ଆଧାତ୍ମିକ ପୀଠକୁ ଗଲେ ଏଇ କଥା ମନକୁ ଆସେ। ଠାକୁରଙ୍କ ଇଚ୍ଛା ନଥିଲେ ସମୟ ଥିଲେ ବି ଦେଖାହୋଇ ପାରେନା। ତେଣୁ ଅତ୍ୟଧିକ ସାବଧାନତା ପାଇଁ ତିନିଦିନ ରହଣୀର ବ୍ୟବସ୍ଥା କରିଥିଲୁ। ଯେତେବେଳେ ଜାଣିଲୁ ଶ୍ରୀଶ୍ରୀ ବାବା ମୁମ୍ୱାଇ ଯାଇଥିବାରୁ ଫେରୁଫେରୁ ପ୍ରାୟ ତିନିଦିନ ଲାଗିଯିବ, ତେଣୁ ଆମର ରହଣୀ ଆଉ ତିନିଦିନ ବଢ଼େଇ ଦେବାକୁ ନିଷ୍ପତ୍ତି ନିଆଗଲା। ଯେହେତୁ ଆମର ରହଣୀ ବଢ଼ିଗଲା ତେଣୁ ସେଇ ଅନୁସାରେ ଆମେ ସ୍ଥିର କଲୁ ଏତେଦିନ ପୁଟପର୍ତ୍ତିରେ ରହିବା ଅପେକ୍ଷା ଗୋଟେଦିନ ବାଙ୍ଗାଲୋର ଯାଇ ବୁଲାବୁଲି କରି ଫେରିବୁ ଏବଂ ଆଉ ଗୋଟିଏ ଦିନ ଚାଲିଯିବୁ ତିରୁପତି। ସେଇ ଅନୁସାରେ ଆମର ଫେରିବା ଦିନକୁ ତିନିଦିନ ଘୁଞ୍ଚାଇ ଦିଆଗଲା ଏବଂ ଆମକୁ କିଛି ରେଲୱେ ରିଜର୍ଭେସନ ଟିକେଟ ନୂଆ କରିବାକୁ ପଡ଼ିଲା। ରେଲୱେ ଷ୍ଟେସନରେ ଜଣେ ଓଡ଼ିଆ ଅଫିସରଙ୍କ ସହିତ ଦେଖାହେଲା। ସେ ସାହାଯ୍ୟ କଲେ ରିଜର୍ଭେସନ କରେଇବାକୁ।

ତାପରଦିନ ଆମର ଗନ୍ତବ୍ୟସ୍ଥଳ ଥିଲା ବାଙ୍ଗାଲୋର। ଏଇଠି ମୋର ବ୍ୟାଙ୍କ ଜୀବନର ଟ୍ରେନିଂ ସମୟର କିୟଦଂଶ ବିତିଥିଲା ପ୍ରାୟ କୋଡ଼ିଏବର୍ଷ ତଳେ। ହେଲେ ସେତେବେଳର ବାଙ୍ଗାଲୋର ସହିତ ଆଜିର ବାଙ୍ଗାଲୋରକୁ ତୁଳନା ନ କରିବା ଭଲ। ବିଶେଷତଃ ଏହା ଭିତରେ ଏହା ନାଁ ବଦଳି ଏହା ବେଙ୍ଗାଲୁରୁ ହୋଇଯାଇଛି। ଖାଲି ଏଇ ସହରର ନୁହେଁ, କଲିକତା ହୋଇଯାଇଛି

କୋଲକାତା, ବମ୍ବେ ପାଲଟି ଯାଇଛି ମୁମ୍ବାଇ। ଚେନ୍ନାଇ ହୋଇଯାଇଛି ମାଡ୍ରାସର ପରିବର୍ତ୍ତିତ ନାଁ। ସେହି କ୍ରମରେ ନାଁ ବଦଳେଇବା ପାଇଁ ଆହୁରି ଗଢ଼ି ଉଠୁଛି ନୂଆ ଆନ୍ଦୋଳନ, ଦାବୀ ଓ ବିଦ୍ରୋହର ପଟ୍ଟଭୂମି, ସବୁଠି ଏକ ସ୍ଥାନୀୟ ଭାବନାକୁ ପ୍ରାଥମିକତା ଦେବାକୁ ଆଗ୍ରହ। ଆମେ ଯେତେ ବିଶ୍ୱସ୍ତରୀୟ ହେବା ପାଇଁ ପ୍ରଚାର କରୁଛୁ ତାଠାରୁ ବେଶୀ ସ୍ଥାନୀୟ ବୋଲାଇବାର ଅଧିକ ଆଗ୍ରହ ଦେଖାଉଛୁ।

ବାଙ୍ଗାଲୋର ସାରା ଦେଶର ଆଇ.ଟି. କ୍ୟାପିଟାଲ ପାଲଟି ଯାଇଛି। କେତେକ ଏହାକୁ ଭାରତର ସିଲିକନ ଭେଲି ବୋଲି କହୁଛନ୍ତି। କର୍ମସଂସ୍ଥାନ ପାଇଁ ଏହା ପାଲଟିଛି ଆଇ.ଟି. ଜଗତର ପ୍ରମୁଖ ଆକର୍ଷଣ। ଆଗରୁ ବାଙ୍ଗାଲୋରକୁ କୁହାଯାଉଥିଲା ପ୍ରାକୃତିକ ଭାବରେ ବାତାନୁକୂଳ ନଗର। ଏବେ ଲୋକସଂଖ୍ୟା ଜନିତ ପ୍ରଦୂଷଣ ବଢ଼ିଛି ଏବଂ ତଦନୁସାରେ ଉତ୍ତାପ ବୃଦ୍ଧି ପାଇଛି ସ୍ୱାଭାବିକ ଭାବରେ।

ବାଙ୍ଗାଲୋର ହେଉଛି କର୍ଣ୍ଣାଟକର ରାଜଧାନୀ ଏବଂ ଏହାର ସଚିବାଳୟକୁ ବିଧାନସୌଧ କୁହାଯାଏ ଯାହାର ସ୍ଥାପତ୍ୟ ଦେଖିବାକୁ ଅନେକ ଲୋକଙ୍କର ଭିଡ଼ ଲାଗି ରହିଥାଏ। ମୋର ମନେ ପଡୁଛି ବାଙ୍ଗାଲୋର ଅବସ୍ଥାନ ସମୟରେ କୋଡ଼ିଏ ବର୍ଷ ତଳେ ଆମେ ଏହିଠାରେ ଅନେକ ସମୟ ବିତାଉଥିଲୁ ଏବଂ ଅନିଷା କରୁଥିଲୁ କେହି ଓଡ଼ିଆ ଭାଷାଭାଷୀ କେତେବେଳେ ଓଡ଼ିଆରେ କଥା ହୋଇଯିବେ ଏବଂ ଆମେ ଯାଇ ତୁରନ୍ତ ପଚାରିଦେବୁ - ଆଜ୍ଞା ଆପଣ ତାହେଲେ ଓଡିଶାରୁ ଆସିଛନ୍ତି, ଘର କେଉଁଠି ? ସେତେବେଳେ ଏମିତି କେହି କହିଲେ କେହି ଏହାକୁ ପିଲାଳିଆମି ଭାବୁନଥିଲେ; ମାତ୍ର ଆଜିକାଲି ସେପରି ଭାବିବାର ସମ୍ଭାବନା ଯଥେଷ୍ଟ ଅଧିକ।

ବାଙ୍ଗାଲୋର ଠାରେ ଇସକନର ଏକ ଭବ୍ୟ ମନ୍ଦିର ନିର୍ମିତ ହୋଇଛି, ଯାହାକି ଆଗରୁ ନଥିଲା। ଏହାର ନିର୍ମାଣ ଶୈଳୀ ଚମତ୍କାର। ଏହି ମନ୍ଦିର ଭିତରକୁ ପ୍ରବେଶ କଲାବେଳକୁ 'କୃଷ୍ଣାୟ ନମଃ' ଉଚ୍ଚାରଣ ସହିତ ଗୋଟିଏ ଗୋଟିଏ ସୋପାନ ଅତିକ୍ରମ କରିବାକୁ ପଡ଼େ। ଧାଡ଼ିବାନ୍ଧି କ୍ରମାନ୍ୱୟରେ ଯାଉଥିବା ପରିବ୍ରାଜକମାନଙ୍କୁ ଏହି ପ୍ରକ୍ରିୟା ଅଦ୍ଭୁତ ଆନନ୍ଦ ଦିଏ। ଇସକନ ଏକ ବ୍ୟବସାୟିକ ସଂସ୍ଥା ବୋଲି କେତେକ ତାଚ୍ଛଲ୍ୟ କରିପାରନ୍ତି; ମାତ୍ର ଏହା କୌଣସି ବାହ୍ୟ ସାହାଯ୍ୟ ନ ନେଇ ଏତେ ସୁନ୍ଦର ପରିଚାଳନା କରିବା ଅର୍ଥ ହେଲା ଏତେ ବିଶାଳ ମନ୍ଦିର ପରିବେଶ ସହିତ କିଛି ବ୍ୟବସାୟିକ ବ୍ୟବସ୍ଥାର ସଂଯୋଗ କରିବା। ଯାହାକି ପର୍ଯ୍ୟଟକମାନଙ୍କର ବିବିଧ ସୁବିଧା ସହିତ ସଂଯୁକ୍ତ। ଏହା କିଛି ଭ୍ରମାତ୍ମକ ବୋଲି ମୋର ଧାରଣା ନୁହେଁ।

ସେଇଦିନ ଆସିଥିଲୁ ସକାଳେ ବାଙ୍ଗାଲୋର ପରିଦର୍ଶନ କରି ରାତିରେ ଫେରିଯାଇଥିଲୁ ପୁଟ୍ଟପର୍ତ୍ତି ଏବଂ ରୋଡ଼ରେ ଏଇ ଯାତ୍ରା ଥିଲା ବେଶ ଆନନ୍ଦଦାୟକ। ବାଟରେ ନନ୍ଦୀ ହିଲ୍‌ସରେ ଥିବା କିଛି ପ୍ରାଚୀନ ସ୍ଥାପତ୍ୟ ଦେଖିଥିଲୁ। ଦାକ୍ଷିଣାତ୍ୟ ଭାଷାରେ ନନ୍ଦୀ ଅର୍ଥ ବୃଷଭ। ଅର୍ଥାତ୍ ବୃଷଭର ଜଟା ପରି ଦିଶୁଥିବା ପାହାଡ଼ ହିଁ ନନ୍ଦି ହିଲ୍‌ସ।

ଦ୍ୱିତୀୟ ଦିନ ଆମର ଲକ୍ଷ୍ୟସ୍ଥଳ ଥିଲା ତିରୁପତି। ମୁଁ ଆଗରୁ ତିରୁପତି ଦର୍ଶନ କରିପାରିନଥିଲି। ଆମର ମୂଳ କାର୍ଯ୍ୟକ୍ରମରେ ଏହା ନଥିଲା; ମାତ୍ର ପରିବର୍ତ୍ତିତ କାର୍ଯ୍ୟକ୍ରମରେ ଏହା ସ୍ଥାନିତ ହୋଇଥିଲା। ବିଭିନ୍ନ ମନ୍ଦିର ଅଧିକାରୀଙ୍କ ସହିତ ଯୋଗାଯୋଗ କରି ଆମେ ସଅଳ ଦର୍ଶନର ଅନୁମତି ପ୍ରାପ୍ତ ହୋଇଥିଲୁ। ତିରୁପତି ହେଉଛନ୍ତି ବିଷ୍ଣୁଙ୍କର ଅବତାର ଏବଂ ଏହାଙ୍କୁ ସବୁଠାରୁ ଧନାଢ଼୍ୟ ଦେବତା ବୋଲି ଅନେକ କହିଥାନ୍ତି। ଏଠାରେ ଦର୍ଶନ ପାଇଁ ବିଭିନ୍ନ ପ୍ରକାର ପଦ୍ଧତି ଅନୁସୃତ ହୋଇଥାଏ। ଯେଉଁମାନେ କେବଳ କ୍ୟୁ ରେ ଯାଇ ଦର୍ଶନ କରିବାରେ ଅଭିଳାଷୀ ହୋଇଥାନ୍ତି ସେମାନେ ସାଧାରଣତଃ କୋଡ଼ିଏରୁ ଚବିଶ ଘଣ୍ଟା ଅପେକ୍ଷା କରିଥାନ୍ତି ବୋଲି ଆମେ ଶୁଣିଥିଲୁ। ଭାଗ୍ୟକୁ କିଛି ପ୍ରାଥମିକ ପ୍ରତୀକ୍ଷା ପରେ ଆମକୁ ସଅଳ ଦର୍ଶନର ସୁଯୋଗ ମିଳିଗଲା। ଏଇ ଦର୍ଶନ ଭାଗ୍ୟରେ ଥିଲେ ହୁଏ ବୋଲି କୁହାଯାଏ। ଆମକୁ ଜଣକୁ ପାଞ୍ଚଶହ ମୁଦ୍ରାର ଟିକେଟ କାଟିବାକୁ ପଡ଼ିଥିଲା। ଆହୁରି ବହୁବିଧ ଅଧିକ ମୂଲ୍ୟର ଟିକେଟ କିଣି ଲୋକେ ତ୍ୱରିତ ଦର୍ଶନର ସୁଯୋଗ ପାଆନ୍ତି। ଆମେମାନେ ଜଣେ ଭି.ଆଇ.ପି.ଙ୍କ ସହଯାତ୍ରୀ ଭାବରେ ଅତ୍ୟଧିକ ଟଙ୍କା ଦେୟ ନ ଦେଇ ସୁବିଧାରେ ଦର୍ଶନର ସୁଯୋଗ ପାଇଲୁ; କିନ୍ତୁ ତିରୁପତି ବାଲାଜୀଙ୍କ ଦର୍ଶନ ବହୁ ସମୟ ଧରି କରାଯାଇପାରେ ନାହିଁ। ଦର୍ଶନାର୍ଥୀଙ୍କ ଗହଳି ଲାଗି ରହିଥିବାରୁ ଗୋଟିଏ ପଲକ ଠାକୁରଙ୍କ ଉପରେ ଦୃଷ୍ଟି ନିବଦ୍ଧ ହେଉ ହେଉ ମନ୍ଦିର ପ୍ରଶାସନ ତରଫରୁ ନିଯୁକ୍ତ କର୍ମଚାରୀମାନେ ଆଗକୁ ଆଗେଇବା ପାଇଁ ନିର୍ଦ୍ଦେଶ ଦିଅନ୍ତି। ତିରୁପତିଙ୍କ ଭୋଗ ହେଉଛି ଶୁଦ୍ଧ ଘିଅରେ ଛଣା ହୋଇଥିବା ବୁନ୍ଦିଲଡ୍ଡୁ। ଏହା ସ୍ୱାସ୍ଥ୍ୟପ୍ରଦ ଓ ସ୍ୱାଦିଷ୍ଟ। ଅଳ୍ପ ସମୟ ମଧ୍ୟରେ ଦର୍ଶନର ସୁଯୋଗ ପାଇଥିବାରୁ ଠାକୁରଙ୍କ ନିକଟରେ କୃତଜ୍ଞ ଅନୁଭବ କରୁଥିଲୁ। ତିରୁପତି ମନ୍ଦିର ଏକ ଚମତ୍କାର ପର୍ବତ ଶ୍ରେଣୀର ଚୂଡ଼ା ଭାଗରେ। ପ୍ରାକୃତିକ ଦୃଶ୍ୟରାଜି ଅନୁପମ। ଲୋକଙ୍କର ଆସ୍ଥା ମଧ୍ୟ ତତୋଧିକ ଅତୁଳ୍ୟ।

ତିରୁପତିରୁ ଫେରୁ ଫେରୁ ବାଟରେ ମନ୍ତ୍ରୀ ମହୋଦୟଙ୍କୁ ଜ୍ୱର ଆସିଲା। ସାଧାରଣ ଜ୍ୱର ନୁହେଁ। ଅତିଶୟ ତାପମାତ୍ରା, ତା ସାଙ୍ଗକୁ କମ୍ପ। ଭାରି ବ୍ୟସ୍ତ ହୋଇ ପଡ଼ିଲୁ। ବାଟରେ କୌଣସି ମଧ୍ୟବର୍ତ୍ତୀ ସ୍ଥାନରେ ତାଙ୍କୁ ଡାକ୍ତର ପରାମର୍ଶ କରାଇ ଫେରି ଆସିଲୁ ପୁଟ୍ଟପର୍ତ୍ତୀ ଓ ତାପରଦିନ ବଡ଼ି ଭୋରରେ ଯାଇ ପହଞ୍ଚିଗଲୁ ବାବାଙ୍କ ଡାକ୍ତରଖାନାରେ। ସେଠାରେ ରକ୍ତ ପରୀକ୍ଷାରୁ ଜଣାଗଲା ବ୍ରେନ୍ ମେଲେରିଆ। ଯେଉଁ ସାଧାରଣ ମେଲେରିଆକୁ ଆମେ ମାମୁଲି ଭାବନ୍ତି, ସେଇ ମେଲେରିଆ ପଲସିଫେରମ ଭୁତାଣୁଦ୍ୱାରା ହୋଇଥିଲେ ତାହା ମାରାତ୍ମକ ହୁଏ ଏବଂ ଠିକଣା ସମୟରେ ରୋଗୀ ଠିକ୍ ନିଦାନ ନଦେଲେ ପରିସ୍ଥିତି ଜଟିଳ ହୁଏ। ମୁଁ ଭାରି ବ୍ୟସ୍ତ ହୋଇ ପଡ଼ିଲି। ବହୁ ବିଚାର ବିମର୍ଷ ପରେ ମନ୍ତ୍ରୀ ମହୋଦୟଙ୍କୁ ସେଇ ଡାକ୍ତରଖାନାରେ ଭର୍ତ୍ତି କରାଗଲା ଓ ଆଇସିୟୁରେ ରଖି ଚିକିତ୍ସା କରାଗଲା। ଭାରି ଦୁଃଶ୍ଚିନ୍ତା ଭିତରେ ମୁଁ ଥାଏ। ଠାକୁରଙ୍କୁ ଡାକୁଥାଏ – କିପରି ବିପଦରୁ ମୁକ୍ତି ମିଳିବ।

ଗୋଟିଏ ଦିନ ପୁଟ୍ଟପର୍ତ୍ତୀ ବୁଲି ସବୁ ଅନୁଷ୍ଠାନ ଦେଖିଲୁ। ବିଶେଷତଃ ଗୋଟିଏ ଛୋଟିଆ ପାହାଡ଼ ଅଛି ଯେଉଁଠାକୁ ଲୋକମାନେ ଚଢ଼ି ସେଠାରେ ଥିବା ଗଛରେ ସୂତା ବାନ୍ଧି ମନସ୍କାମନା କରନ୍ତି। ମୁଁ ବି ସେଠାକୁ ଚଢ଼ିଲି। ମୋ ମନ ଭିତରେ କେବଳ ଥାଏ ମୋ ମନ୍ତ୍ରୀ କିପରି ଶୀଘ୍ର ଭଲ ହୋଇଯାଆନ୍ତୁ। ତା' ଛଡ଼ା ଅନ୍ୟ କୌଣସି ବ୍ୟକ୍ତିଗତ ମନୋକାମନା ନ ଥିଲା ମୋର।

ପୁଟ୍ଟପର୍ତ୍ତୀରେ ଏତେବଡ଼ ଅଡ଼ିଟୋରିୟମ୍ ଥିଲା ଯାହାକୁ ମୁଁ ଆଗରୁ କେବେ ଦେଖିନଥିଲି। ଏକ ସମୟରେ ଦଶହଜାର ଲୋକ ବସିପାରିବେ। ମୁଁ ମନେ ମନେ ଭାବୁଥିଲି ହୁଏତ ଆଉ କେଉଁଠି ଏତେବଡ଼ ପ୍ରେକ୍ଷାଳୟ ନଥାଇପାରେ। କିଛି ବର୍ଷ ତଳେ ବାବାଙ୍କର ପଞ୍ଚସ୍ତରୀ ବର୍ଷ ପୂରଣ ଅବସରରେ ଆୟୋଜିତ ଉତ୍ସବରେ ପ୍ରାୟ ଦଶଲକ୍ଷ ଭକ୍ତଙ୍କର ସମାବେଶ ହୋଇଥିଲା; ମାତ୍ର ଭକ୍ତମାନେ ଏତେ ଶୃଙ୍ଖଳିତ ଯେ କେବେ କିଛି ଅଘଟଣ ହୋଇନଥିଲା।

ଗୋଟିଏ ଦିନ ବାବାଙ୍କର ଗୋଟିଏ ସଂଗ୍ରହାଳୟ ଦର୍ଶନ କରିବାକୁ ଗଲୁ। ଏହା ବହୁତ ସୁନ୍ଦର। ଅନେକ ସମୟରେ ବହୁସଂଖ୍ୟକ ଭି.ଆଇ.ପି.ଙ୍କର ଏଠାକୁ ସମାଗମ ହୋଇଥାଏ। ବହୁ ରାଷ୍ଟ୍ରମୁଖ୍ୟ – ଭାରତର ପ୍ରଧାନମନ୍ତ୍ରୀ, ରାଷ୍ଟ୍ରପତି ମଧ୍ୟ ବହୁବାର ଆଶ୍ରମ ପରିଦର୍ଶନ କରି ବାବାଙ୍କର ଆଶୀର୍ବାଦ ନେଇଥାନ୍ତି ବୋଲି ଶୁଣିଲି।

ପିଲାବେଳର ଗୋଟିଏ କଥା ମନେ ପଡ଼ିଲା। ମୁଁ ଅଷ୍ଟମ ଶ୍ରେଣୀରେ ସଦ୍ୟ ପଢୁଥାଏ। ସେତେବେଳେ ଆମ ଗାଁ ସ୍କୁଲର ଶିକ୍ଷକ ମନସାର୍ ପୁଟ୍ଟପର୍ତ୍ତି ଦର୍ଶନ କରି

ଫେରିଥାନ୍ତି। ବାବାଙ୍କ ବିଷୟରେ ଅନେକ କଥା ଲୋକେ କୁହାକୁହି ହେଉଥାନ୍ତି। କିପରି ପ୍ରଫେସର ଶ୍ରୀରାମ ଦାଶଙ୍କର ଅହଙ୍କାରକୁ ସେ ଚୂର୍ଣ୍ଣ କଲେ ଏବଂ ସାଧାରଣତଃ ଧର୍ମଦ୍ୱେଷୀ ପ୍ରଫେସର ତାଙ୍କର ଆଶ୍ରୟ ନେଲେ ତାହା ମଧ୍ୟ ଆଲୋଚନା ହେଉଥାଏ। ଥରେ ମନସାର୍ କହିଲେ ବାବାଙ୍କ ନିକଟରେ କେହି ଭକ୍ତ କିଛି ଆଶା କଲେ ତାହା ବାବା ତୁରନ୍ତ ପୂରଣ କରିଦିଅନ୍ତି। ମୁଁ କଳ୍ପନା ଚକ୍ଷୁରେ ଭାବୁଥାଏ। ସ୍ୱପ୍ନରେ ଦେଖେ ମୁଁ ଆଶ୍ରମରେ ପହଞ୍ଚି ଯାଇଛି ଓ ବାବାଙ୍କୁ କହୁଛି ମୋତେ ଗୋଟାଏ ସାଇକେଲ ଦିଅନ୍ତୁ। ବାବା ହସିହସି ମୋତେ ଛୁଇଁ ଦେଉଛନ୍ତି ଆଉ ସାଙ୍ଗେ ସାଙ୍ଗେ ଗୋଟାଏ ସାଇକେଲ ମୋ ପାଖରେ ପହଞ୍ଚି ଯାଉଛି। ଏକଦମ୍ ନୂଆ - ଚକ୍‌ଚକ୍। କହିବା ବାହୁଲ୍ୟ ସେତେବେଳେ ମୋର ସାଇକେଲ ଚଳାଇବାକୁ ପ୍ରବଳ ଇଚ୍ଛା ହେଉଥିଲା ଏବଂ ଆମ ଘରେ ସାଇକେଲଟିଏ ନଥିଲା।

ବାବାଙ୍କର ଅଲୌକିକ ଶକ୍ତି ବିଷୟରେ ବହୁ ଆଲୋଚନା ମୁଁ ଶୁଣିଛି ପିଲାଦିନରୁ। କିପରି ସେ ଆକାଶକୁ ହାତ ପାରିଲେ ତାଙ୍କର ଅଭିଳଷିତ ବସ୍ତୁଟି ହାତକୁ ଆସିଯାଏ ଏବଂ ସେ ଯାହାକୁ ଚାହାନ୍ତି ତାକୁ ଅର୍ପଣ କରନ୍ତି। ଏହି କ୍ରମରେ ଅନେକ ତାଙ୍କଠାରୁ ବହୁ ମୂଲ୍ୟ ଅଳଙ୍କାର ପ୍ରାପ୍ତ ହୋଇଥିବାରୁ ସୁଦୀର୍ଘ ବିବରଣୀମାନ ଆମେ ପାଇଛୁ ଅନେକ; ମାତ୍ର କଲେଜ ଅଧ୍ୟୟନ ସମୟରେ କୌଣସି ପତ୍ରିକା ବାବାଙ୍କ ବିରୋଧରେ କିଛି ମାନହାନି ସୂଚକ ଲେଖା ପ୍ରକାଶିତ କରିଥିଲେ ଏବଂ ତାଙ୍କୁ ଜଣେ ମ୍ୟାଜିକ୍‌ବାଲା ଭାବରେ ଚିତ୍ରଣ କରି ବହୁ ବିତର୍କ ସୃଷ୍ଟି କରିଥିଲେ। ମୁଁ ଏକ ସନ୍ଧି ସ୍ଥଳରେ ରହୁଥିଲି। ଏଥିରୁ କେଉଁଟି ସତ ତାହା ଜାଣି ନଥିଲି; ମାତ୍ର ଯେତେବେଳେ ପୁଟ୍ଟପର୍ତ୍ତିରେ ଚାରିପାଞ୍ଚଦିନ ରହିବାର ସୁଯୋଗ ମିଳିଲା ମୋର ଦ୍ୱନ୍ଦ୍ୱର ଅବସାନ ଘଟିଲା।

ସେଇଠି ଜାଣିଲି ଯେ ତରୁଣ ସତ୍ୟନାରାୟଣ ପିଲାଦିନରୁ ଥିଲେ ସ୍ୱଳ୍ପଭାଷୀ ଏବଂ ଯୁବକ କାଳରୁ ତାଙ୍କଠାରେ ସନ୍ଥଭାବ ପ୍ରକାଶ ପାଆନ୍ତେ ସେ ତାଙ୍କର ମମତାମୟୀ ମାତାଙ୍କୁ ସନ୍ନ୍ୟାସ ଜୀବନ କଥା କହି ତାଙ୍କଠାରୁ ମେଲାଣି ମାଗିଲେ। ତାଙ୍କର ମାଆ ତାଙ୍କୁ ପ୍ରତିରୋଧ କରିନଥିଲେ ମାତ୍ର ଦୁଇଟି ପରାମର୍ଶ ଦେଇଥିଲେ। ମାଆଙ୍କର ପରାମର୍ଶକୁ ସେ ଅକ୍ଷରେ ଅକ୍ଷରେ ପାଳନ କରିଥିଲେ।

ମାଆ କହିଥିଲେ, ତୁ ଘର ଛାଡ଼ିଦେ ମୋର ଆପତ୍ତି ନାହିଁ; ମାତ୍ର ତୁ ଗାଁ ଛାଡ଼ନା। ଏଇଠି ଯେଉଁଠି ଚାହୁଁଛୁ ଆଶ୍ରମ ଗଢ଼ ଓ ସେଇଠି ରହ। ମାତୃଦେବୀଙ୍କୁ ଦେଇଥିବା ପ୍ରତିଶ୍ରୁତି ଅନୁଯାୟୀ ସେ ଗାଁରେ ହିଁ ଆଶ୍ରମ ଗଢ଼ିଥିଲେ ଯାହା ଏକ

ପ୍ରମୁଖ ତୀର୍ଥ ସ୍ଥାନର ମାନ୍ୟତା ହାସଲ କରିଛି। ଏହା ଏକ ସହର ପାଲଟିଛି। ଏଠାକୁ ରେଳ ଯୋଗାଯୋଗ ହୋଇଛି। ବହୁ ବୈଷୟିକ ଓ ବାଣିଜ୍ୟିକ ଅନୁଷ୍ଠାନ ଆପେ ଆପେ ଆସିଛନ୍ତି ଏବଂ ସେଇ ଗାଁର ଲୋକମାନଙ୍କର ଜୀବନର ମାନର ଅଭିବୃଦ୍ଧି ଘଟିଛି।

ମା' ଆଉ ଗୋଟିଏ କଥା କହିଥିଲେ - "ଆମ ଗାଁ ଲୋକେ ଭାରି ଦୁଃଖୀ। ଏଠାରେ ଭଲ ପାନୀୟ ଜଳର ଘୋର ଅଭାବ। ଚିକିତ୍ସାର କିଛି ସୁବିଧା ନାହିଁ। ଏଇଠି ତୁ ଏଇ ଦୁଇଟି ଦିଗ ପାଇଁ ଯଦି ଦୃଷ୍ଟି ଦେବୁ ତୋର ମଙ୍ଗଳ ହେବ।" ବାବା ତାଙ୍କର କଥାକୁ ଅକ୍ଷରେ ଅକ୍ଷରେ ପାଳନ କରିଥିଲେ।

କେବଳ ପୁଟ୍ଟପର୍ତ୍ତି ନୁହେଁ ସମଗ୍ର ଅନନ୍ତପୁର ଜିଲ୍ଲାର ସବୁ ଅଞ୍ଚଳର ଲୋକଙ୍କ ପାଇଁ ବିଶୁଦ୍ଧ ପାନୀୟଜଳ ଯୋଗାଣ ପାଇଁ ସାଇବାବାଙ୍କ ଭକ୍ତମାନଙ୍କ ପ୍ରଚେଷ୍ଟା ବଳରେ ସେମାନଙ୍କର ପିଇବା ପାଣି ଜନିତ ଦୁଃଖ ଲାଘବ ହୋଇଛି। ଆଉ ସତ୍ୟସାଇ ସଂଗଠନ ଜରିଆରେ ସେ ଯେପରି ବିଶ୍ୱସ୍ତରୀୟ ସ୍ୱାସ୍ଥ୍ୟ ଅନୁଷ୍ଠାନ ସୃଷ୍ଟି କରିଛନ୍ତି ତାହା କାହାକୁ ଅଜଣା ନାହିଁ। ବିଶେଷ କରି ବର୍ଷକୁ ହଜାର ହଜାର ହୃଦ୍‌ରୋଗୀ ବିନା ଖର୍ଚ୍ଚରେ ଶଲ୍ୟ ଚିକିତ୍ସା ଦ୍ୱାରା ଭଲ ହୋଇ ନବ ଜୀବନ ଲାଭ କରନ୍ତି ସେଇ ଅନୁଷ୍ଠାନରୁ। ଏତେକ ଜାଣିଲା ପରେ ତାଙ୍କ ବିରୋଧରେ ଯେଉଁମାନେ ଅପବାଦ ରଟୁଥିଲେ ମୁଁ ସେମାନଙ୍କ ଆଡ଼କୁ ଦୃଷ୍ଟି ପକେଇବା ବନ୍ଦ କରିଦେଲି।

ମୁଁ ସାଇବାବାଙ୍କର ଭକ୍ତ ଅନୁଗାମୀ ବା ଅନ୍ଧ ସ୍ତାବକ ନୁହେଁ; ମାତ୍ର ସେବାର ଯେଉଁ ଉଦାହରଣ ତାଙ୍କର ଅନୁଷ୍ଠାନ ସୃଷ୍ଟି କରିଛି ତାହା ଅନନ୍ୟ। ମୁଁ ହୁଏତ ତାଙ୍କୁ ଭଗବାନ ବୋଲି କହିପାରିବି ନାହିଁ; ମାତ୍ର ସେ ଜଣେ ସନ୍ଥ ଏବଂ ଲକ୍ଷ ଲକ୍ଷ କୋଟି କୋଟି ଲୋକଙ୍କୁ ଆକର୍ଷଣ ଓ ପ୍ରଭାବିତ କରିବାର ସାମର୍ଥ୍ୟ ତାଙ୍କର ଥିଲା ତାହା ମୁକ୍ତ କଣ୍ଠରେ ମୁଁ ସ୍ୱୀକାର କରିବି। ଆଉ ଗୋଟିଏ କଥା ସାଇବାବା ତାଙ୍କର କାର୍ଯ୍ୟକ୍ରମ ସାରି ଫେରିଲା ବେଳକୁ ମନ୍ତ୍ରୀ ଅସୁସ୍ଥ ହୋଇ ତାଙ୍କର ଡାକ୍ତରଖାନାରେ ଚିକିତ୍ସିତ ହେଉଥାନ୍ତି। ସେ ଡାକ୍ତରଖାନାରୁ ଫେରିଲେ ତିନିଦିନ ରହି ଆଉ ସେ ଫେରିବା ଦିନ ବାବା ସାନ୍ଧ୍ୟ ଅଧିବେଶନକୁ ଅଡ଼ିଟୋରିୟମ୍‌କୁ ଆସିବେ ବୋଲି ଚର୍ଚ୍ଚା ହେଲାଂ ଏବଂ ସେଠାରେ ତାଙ୍କର ଦର୍ଶନ ମିଳିଲା।

ମନ୍ତ୍ରୀ ମହୋଦୟ ଭାରି ଦୁର୍ବଳ ଦିଶୁଥାନ୍ତି। ସେଇ ଅବସ୍ଥାରେ ବାବାଙ୍କ ଦର୍ଶନ ତାଙ୍କର କିଛି ଅପସୃତ ଆତ୍ମବିଶ୍ୱାସ ଫେରେଇ ଆଣିବାରେ ସାହାଯ୍ୟ କଲା। ଆମେ ଫେରିବା ବାଟରେ କିପରି ରେଳବାଇ ତରଫରୁ ମାନନୀୟ ମନ୍ତ୍ରୀଙ୍କୁ ଡାକ୍ତର

ପରାମର୍ଶ ମିଳିପାରିବ ତାହାର ବ୍ୟବସ୍ଥା କରିଥିଲୁ; ମାତ୍ର ରେଳରେ ଆସି ପ୍ରାୟ ଦେଢ଼ ଦିନପରେ ଯେତେବେଳେ ଭୁବନେଶ୍ୱରରେ ପହଞ୍ଚିଲୁ, ସେତେବେଳେ ମୁଁ ବହୁ ଆଶଙ୍କାରୁ ମୁକ୍ତ ହେଲି ଏବଂ ଘରକୁ ନଯାଇ ସିଧା କ୍ୟାପିଟାଲ ହସ୍‌ପିଟାଲ୍‌ରେ ତାଙ୍କୁ ଭର୍ତ୍ତିକଲୁ। ଅଧା ଚିକିତ୍ସା କରି ଆମେ ଏତେବାଟ ଟ୍ରେନ୍‌ରେ ତାଙ୍କୁ ନେଇ ଆସିବା ଯେ ଗୋଟାଏ ଅବିମୃଶ୍ୟକାରୀ ଧୃଷ୍ଟତା ବୋଲି ଯେତେବେଳେ ଡାକ୍ତର କହିଲେ ମୁଁ ସେତେବେଳେ ଭାରି ଅସ୍ୱସ୍ତି ଅନୁଭବ କରୁଥିଲି; ମାତ୍ର ତାରି ଭିତରେ ମୁଁ ଅନୁଭବ କରୁଥିଲି ଏକ ଭିନ୍ନଧରଣର ଅଲୌକିକ ପ୍ରଭାବ। ହୁଏତ ତାଙ୍କର ଅଲୌକିକତା ଏଥର ମନ୍ତ୍ରୀ ମହୋଦୟଙ୍କୁ ସୁନାହାର ଦେଇ ନଥିଲା; ମାତ୍ର ଆମର କାର୍ଯ୍ୟସୂଚୀର ପରିବର୍ତ୍ତନ, ମୂଳ ପ୍ରସ୍ତାବରେ ବାଙ୍ଗାଲୋର ଏବଂ ତିରୁପତି ଦର୍ଶନ ନଥିଲେ ବି ସେ ସ୍ଥାନର ସୁନ୍ଦର ଦର୍ଶନ, ଶେଷରେ ବାବାଙ୍କ ହାସ୍‌ପାତାଳରେ ମନ୍ତ୍ରୀଙ୍କ ଚିକିତ୍ସା, ବାବାଙ୍କ ଦର୍ଶନ ଲାଭ ଓ ରେଳରେ ଡାକ୍ତରି ଦଳର ପରାମର୍ଶ ସହ ନିରାପଦ ପ୍ରତ୍ୟାବର୍ତ୍ତନ ହୁଏତ ସେଇ ଅଲୌକିକତାର ଗୋଟିଏ ଗୋଟିଏ ଫର୍ଦ୍ଦ - ଯାହା ମୋ ଆଖିରେ କ୍ରମାନ୍ୱୟରେ ଉନ୍ମୋଚିତ ହେଉଥିଲା ଆଉ କୃତଜ୍ଞତାର ଲୁହରେ ମୁଁ ଭାବାବିଷ୍ଟ ହୋଇ ଯାଉଥିଲି।

■

ମନ୍ତ୍ରୀଙ୍କ ବ୍ୟକ୍ତିଗତ ସଚିବ ବେଳର ଆଉ କିଛି ସ୍ମରଣୀୟ ଘଟଣା

ମାନ୍ୟବର ମନ୍ତ୍ରୀ ସଂଜୀବ କୁମାର ସାହୁ ଥିଲେ ବେଶ୍ ସରଳ ଏବଂ ସ୍ୱଳ୍ପ ଅଭିଜ୍ଞତା ସଂପନ୍ନ। ତାଙ୍କୁ ପ୍ରାଥମିକ ପର୍ଯ୍ୟାୟରେ ବିଜ୍ଞାନ ଓ କାରିଗରି ବିଭାଗର ସ୍ୱାଧୀନ ଦାୟିତ୍ୱ ମିଳିଥାଏ। ଏହା ଦୁଇହଜାର ଛ' ମସିହାର କଥା।

ମୁଁ ଯୋଗଦେବାର କିଛିଦିନ ଉତ୍ତାରୁ ପଡ଼ିଲା ବିଧାନସଭା ଅଧିବେଶନ। ବିଧାନସଭା ଅଧିବେଶନ ବିଷୟରେ ମୋର ଧାରଣା ଥିଲା ଜଣେ ଅଫିସର ଭାବରେ। ମନ୍ତ୍ରୀମାନେ ଆଲୋଚନା ପାଇଁ ବିଭିନ୍ନ ସ୍ତରର ଅଧିକାରୀଙ୍କୁ ଡାକନ୍ତି। ସେଇ କ୍ରମରେ ମାଧ୍ୟମିକ ଶିକ୍ଷା ପରିଷଦର କାର୍ଯ୍ୟ କରୁଥିବା ବେଳେ ଆସିଥିଲି; ମାତ୍ର ବ୍ୟକ୍ତିଗତ ସଚିବ ଭାବରେ ଦାୟିତ୍ୱ ବେଶ୍ ଗମ୍ଭୀର ତାହା ମୁଁ କ୍ରମେ ଜାଣିବାକୁ ପାଇଲି।

ଗୋଟିଏ ବୈଠକ ଆରମ୍ଭ ପୂର୍ବରୁ ଆମ ବିଭାଗର ତତ୍କାଳୀନ ପ୍ରିନ୍‌ସିପାଲ ସେକ୍ରେଟେରୀ ମହୋଦୟା ମନ୍ତ୍ରୀ ମହୋଦୟଙ୍କ ଚାମ୍ବରକୁ ଆସିଲେ। ଅନୁରୋଧ କଲେ ଗୋଟିଏ ଅଣତାରକା ପ୍ରଶ୍ନର ଉତ୍ତର ନ ଦେବାକୁ। ତାଙ୍କର ଯୁକ୍ତି ଥିଲା ତାହା ବ୍ୟକ୍ତିଗତ ମାମଲା ହୋଇଥିବାରୁ ତାହା ନ ଦିଆଯିବା ଉଚିତ। ମାନ୍ୟବର ମନ୍ତ୍ରୀ ମୋ ଆଡ଼କୁ ଚାହିଁଲେ। ମୁଁ ମ୍ୟାଡ଼ାମ୍‌ଙ୍କୁ କହିଲି ମ୍ୟାଡ଼ାମ୍ ଆମେ ଦୁହେଁ ତ

ଏଇ ବିଷୟରେ ଅଙ୍କ। ବିଧାନସଭାର ସେକ୍ରେଟେରୀଙ୍କ ସହିତ ଆଲୋଚନା କରି ସେ ବିଷୟରେ ନିଷ୍ପତ୍ତି ନେବୁ।

ସେଦିନ ସେଇ ବିଷୟରେ ଆଲୋଚନା ଆସିଲା। ସେତେବେଳକୁ ଏକ ଅଣତାରକା ପ୍ରଶ୍ନ ଭାବରେ ସ୍ଥାନିତ ହୋଇଥିଲା ଏବଂ ପ୍ରଶ୍ନଟି ଥିଲା "ମାନ୍ୟବର ବିଜ୍ଞାନ ଓ କାରିଗର ମନ୍ତ୍ରୀ ଅନୁଗ୍ରହ କରି କହିବେକି ଚଳିତ ଆର୍ଥିକ ବର୍ଷରେ କେତେ ଟଙ୍କା ଏହି ବିଭାଗକୁ ଔଷଧ କ୍ରୟ (RCM) ବାବଦକୁ ମଞ୍ଜୁର ହୋଇଛି ଓ ତାହା ଭିତରୁ ବିଭାଗୀୟ ମୁଖ୍ୟ ପ୍ରିନ୍‌ସିପାଲ ସେକ୍ରେଟେରୀଙ୍କ ପାଇଁ କେତେ ଟଙ୍କା ବ୍ୟୟ ହୋଇଛି।" କହିବା ବାହୁଲ୍ୟ ଏକ ଛୋଟ ଡିପାର୍ଟମେଣ୍ଟ ହୋଇଥିବାରୁ କମ୍ ଟଙ୍କା ବିଭାଗକୁ ଆର୍.ସି.ଏମ୍. (ରିଇମ୍ବର୍‌ସମେଣ୍ଟ କଷ୍ଟ୍ ଅଫ୍ ମେଡ଼ିସିନ) ବାବଦକୁ ମିଳିଥିଲା; ମାତ୍ର ସବୁତକ ଟଙ୍କା କେବଳ ମାନନୀୟା ପ୍ରିନ୍‌ସିପାଲ ସେକ୍ରେଟେରୀଙ୍କ ପାଇଁ ଖର୍ଚ୍ଚ ହୋଇଥିଲା। ବିଭାଗର ଷ୍ଟାଫ୍‌ମାନେ ସେ ବର୍ଷ କିଛି ପଇସା ପତ୍ର ପାଇନଥିବାରୁ କେହି ଏମ୍.ଏଲ୍.ଏଙ୍କୁ ଧରି ଏପରି ପ୍ରଶ୍ନ କରିଥିଲେ।

ସେହି ପ୍ରଶ୍ନର ଉତ୍ତର ବିଧାନସଭାକୁ ଦେବା ଫଳରେ ମାନନୀୟା ପ୍ରିନ୍‌ସିପାଲ ସେକ୍ରେଟେରୀ ଶ୍ରୀମତୀ ରାଜଲକ୍ଷ୍ମୀ କିଛିଦିନ ମୋଠାରୁ ଦୂରତା ରକ୍ଷା କରିଥିଲେ।

ବିଜ୍ଞାନ ଓ କାରିଗରୀ ବିଭାଗ ତରଫରୁ ବୈଜ୍ଞାନିକମାନଙ୍କୁ ବିଭିନ୍ନ ସମୟରେ ସମ୍ବର୍ଦ୍ଧନା କରାଯିବା ସହିତ ସେମାନଙ୍କୁ ବହୁ ଉପାଧି ଓ ଉପାୟନ ପ୍ରଦାନ କରାଯାଇଥାଏ। ସେଥର ସଭାଟି ଆଦୃତ ହୋଇଥାଏ ଜୟଦେବ ଭବନରେ। ମାନ୍ୟବର ମୁଖ୍ୟମନ୍ତ୍ରୀ ନବୀନ ପଟ୍ଟନାୟକ ଥାଆନ୍ତି ମୁଖ୍ୟ ଅତିଥି। ମୋର ଧାରଣା ଥିଲା ଯେ ବିଭାଗୀୟ ସଭାସମିତି ସବୁ ବିଭାଗୀୟ ଅଧିକାରୀମାନେ ବୁଝିବେ। ସେଥିରେ ମୋର କିଛି ଦାୟିତ୍ୱ ନାହିଁ; ମାତ୍ର ସେଦିନ ସଭା ପରେ ମାନନୀୟ ମୁଖ୍ୟମନ୍ତ୍ରୀ ଆମର ବିଭାଗୀୟ ମନ୍ତ୍ରୀଙ୍କୁ ଡାକି ତାଙ୍କର ବିରକ୍ତି ଜଣାଇ ଦେଇଥିଲେ। କାରଣ ସଭାମଞ୍ଚ ସମ୍ମୁଖରେ ପ୍ରାୟ ତିରିଶି ଧାଡ଼ି ବସିବା ପାଇଁ ଉଦ୍ଦିଷ୍ଟ ଥିଲାବେଳେ ମାତ୍ର ପ୍ରଥମ ଦୁଇଟି ଧାଡ଼ିରେ କେବଳ ପୁରସ୍କୃତ ହେବାକୁ ଥିବା ବୈଜ୍ଞାନିକମାନେ ଆସିଥିଲେ। ଅଳ୍ପ କେତେଜଣ ସେମାନଙ୍କ ପରିବାରବର୍ଗଙ୍କୁ ଧରି ଆସିଥିଲେ। ମାନ୍ୟବର ମୁଖ୍ୟମନ୍ତ୍ରୀ ଓ ମନ୍ତ୍ରୀ ମହୋଦୟଙ୍କ ଭିତରେ ଆଲୋଚନା ଥିଲା ଭାରି ଗମ୍ଭୀର ଓ ଗହନ। ମନ ଉଣା କରି ଫେରିଲେ ମାନ୍ୟବର ମନ୍ତ୍ରୀ ଓ ବଖାଣିଲେ ତାଙ୍କର ଆଲୋଚନା। ଅତି ସରଳ ଲୋକ ହୋଇଥିବାରୁ ସେ କିଛି ଲୁଚାଉ ନଥିଲେ ମୋ ପାଖରେ; ମାତ୍ର ଏଇ ଘଟଣା ମୋର ଆଖି ଖୋଲିଦେଲା। ମୁଁ ସେଇଠୁ

ଜାଣିଲି ସଭା ପୂର୍ଣ୍ଣ ପ୍ରେକ୍ଷାଳୟରେ ହେବା ସୁଚିନ୍ତିତ କରିବା ବି ମନ୍ତ୍ରୀଙ୍କ ଦପ୍ତରର ଦାୟିତ୍ୱ। ତାପରେ ଯେତେ ସଭା ହେଲା, ମୋତେ ଆଉ ମାନନୀୟ ମନ୍ତ୍ରୀ ମହୋଦୟଙ୍କୁ ସଭାରେ ଦର୍ଶକ ଯୋଗାଡ଼ କରିବା ପ୍ରସଙ୍ଗରେ ମନେ ପକେଇବାକୁ ପଡ଼ିଲା ନାହିଁ। ସେ ତାଙ୍କର ରାଜନୈତିକ ଲୋକଙ୍କୁ ଖବର ଦେଉଥିଲେ ଓ ଯଥେଷ୍ଟ ସମୟ ପୂର୍ବରୁ ସେମାନେ ଆସି ପ୍ରେକ୍ଷାଳୟକୁ ଭରପୂର କରିଦେଉଥିଲେ ଏବଂ ସଭା ଅନ୍ତେ ଯଥା ସମୟରେ ଜଳଖିଆ ପ୍ୟାକେଟ ନେଇ ଅତିକ୍ରାନ୍ତ ହେଉଥିଲେ। ବିଜ୍ଞାନର 'ବି' ଅକ୍ଷର ଧରିନଥିବା ଏଇ ଦର୍ଶକମାନଙ୍କୁ ନେଇ ପୂର୍ଣ୍ଣ ସଭାକକ୍ଷରେ ଚାଲୁଥିବା ସଭାକୁ ମୁଁ ଲକ୍ଷ୍ୟ କରୁଥିଲି ଜଣେ ବିତସ୍ପୃହ ନବାଗତ ଭାବରେ। ଗଣତନ୍ତ୍ରକୁ ପରିପୁଷ୍ଟ କରୁଥିବା ଏପରି ଦର୍ଶକଙ୍କ ବିଷୟରେ ଭାବୁଥିଲି ଢେର୍ ସମୟ ଯାଏଁ....

ଦର୍ଶକ କିପରି ସଭାସ୍ଥଳରେ ଅଧିକ ରହିବେ ସେଥିପାଇଁ ଯୁଗେ ଯୁଗେ ଆୟୋଜକମାନଙ୍କର ପ୍ରସ୍ତୁତି ରହିଥାଏ। ଯେଉଁଠି ସେଇ ପ୍ରସ୍ତୁତି ନଥାଏ ଭାରି ମନ ଊଣା କରିଥାନ୍ତି ଅତିଥିମାନେ। କ୍ଷମତାଶାଳୀ ହୋଇଥିଲେ ବିରକ୍ତି ପ୍ରକାଶ କରିଥାନ୍ତି। ଆଜକୁ ଷାଠିଏ ବର୍ଷରୁ ଊର୍ଦ୍ଧ୍ୱ ସମୟ ତଳେ ମହତାବ ମୁଖ୍ୟମନ୍ତ୍ରୀ ଥିଲାବେଳେ ଗୋଟିଏ ସଭା ପାଇଁ ଲୋକଙ୍କୁ କିପରି ମାଇକ ଯୋଗେ ପ୍ରଚାର କରାଯାଇଥିଲା ତାହା କବି ରବି ସିଂଙ୍କର ଏକ କବିତାରୁ ଅନୁମେୟ-

"ଆଜିକା ସଭାରେ ଭାଷଣ ଯେ ଦେବେ
ମୁଖ୍ୟମନ୍ତ୍ରୀ ଡକ୍ଟର ମହତାବ
ଭାଷଣରେ କେତେ ନୂଆ କଥା ବଖାଣିବେ
ସଭା ଶେଷେ ପୁଣି ସିନେମା ବି ଦେଖାହେବ।

ବିଶେଷ ପ୍ରଲୋଭନ ନଥିଲେ ତୁଚ୍ଛା ଭାଷଣ ଶୁଣିବାକୁ ଲୋକମାନେ ଭିଡ଼ କରିବେ ବା କେଉଁ ଗରଜରେ !

ସେଇ ଦପ୍ତରରେ ପ୍ରାୟ ବର୍ଷେ ବିତିଲା ଉତ୍ତାରୁ ମାନନୀୟ ମନ୍ତ୍ରୀଙ୍କର ବିଭାଗ ବଦଳି ଗଲା। ଆଉ ତାଙ୍କୁ ମିଳିଲା ବିଦ୍ୟାଳୟ ଓ ଗଣଶିକ୍ଷା ବିଭାଗ। ହଠାତ୍ ଗୋଟାଏ ଜନଶୂନ୍ୟ ପରିବେଶ ପରିବର୍ତ୍ତିତ ହେଲା ଏକ ଜନାକୀର୍ଣ୍ଣ ଅଞ୍ଚଳରେ। ମାନ୍ୟବର ମନ୍ତ୍ରୀ ତାଙ୍କର ପ୍ରାକ୍ ରାଜନୈତିକ ଜୀବନରେ ଶିକ୍ଷକତା କରିଥିଲେ କିଛିଦିନ। ତାଙ୍କୁ ସାର୍ ଡାକିବା ପରିବର୍ତ୍ତେ ଅନେକ ଆଗନ୍ତୁକ 'ଭାଇ' ସମ୍ବୋଧନ କରୁଥିଲେ। ହଜାର ହଜାର ଆଗନ୍ତୁକଙ୍କ ଭିତରେ ମୁଖ୍ୟ ଭାଗ ରହୁଥିଲେ ବଦଳି ଆକାଂକ୍ଷୀ ଶିକ୍ଷକଗଣ, ବିଭିନ୍ନ ଶିକ୍ଷକ ସଂଘର ନେତୃମଣ୍ଡଳି। ବିଭିନ୍ନ ଆବେଦନକାରୀ

ଯେଉଁମାନେ ଆବେଦନ କରି କରି ସମାଧାନର ଆଶା ହରେଇ ବସିଥିଲେ, ଏବେ ନୂତନ ସମ୍ଭାବନାର ଆଲୋକ ସୃଷ୍ଟି ହୋଇଛି ଭାବି ଭିଡ଼ ଲଗେଇଲେ। କେହି କେହି ଏମ୍.ଏଲ୍.ଏ ବା ରାଜନୈତିକ ନେତା ନିଜ ଅଞ୍ଚଳକୁ ନିଜ ପସନ୍ଦର ଶିକ୍ଷକ ଓ କର୍ମଚାରୀଙ୍କୁ ନେବା ପାଇଁ ଜିଦ୍ କଲେ। ମନ୍ତ୍ରୀ ମହୋଦୟ ବହୁ ସମୟରେ ଗସ୍ତରେ ଯାଉଥିବାରୁ ବସ୍ତୁତଃ ଲୋକଙ୍କ ଆପତ୍ତି ଅଭିଯୋଗ ମୋତେ ଶୁଣିବାକୁ ପଡୁଥିଲା। କୋର୍ଟ କଚେରୀରେ ଏତେ ମାମଲା ଥିଲା ଯେ ତାହା ପରିଚାଳନା କରିବା ଥିଲା କାଠିକରପାଠ। ଡାଇରେକ୍ଟରମାନଙ୍କ ଉପରେ ଏତେ ଅଦାଲତ ଅବମାନନା ମାମଲା ଥିଲା ଯେ ଅଧିକାଂଶ ସମୟରେ ତାଙ୍କୁ ଖୋଜିଲେ ଉତ୍ତର ମିଳୁଥିଲା – "ହାଇକୋର୍ଟରେ"।

ସେତେବେଳେ ମାନ୍ୟବର ମୁଖ୍ୟମନ୍ତ୍ରୀଙ୍କ ଦପ୍ତରରେ କାର୍ଯ୍ୟରତ ଥିବା ବରିଷ୍ଠ ଅଧିକାରୀମାନେ ଥିଲେ ବେଶ୍ ଜ୍ଞାନୀ, ଦକ୍ଷ ଓ ସମ୍ଭ୍ରମଶୀଳ। ଫାଇଲରେ ନିଷ୍ପତ୍ତି ନେବାବେଳେ ମାନ୍ୟବର ମନ୍ତ୍ରୀଙ୍କୁ ଯଥାଯଥ ପରାମର୍ଶ ଦେବା ଆମର ପ୍ରମୁଖ ଦାୟିତ୍ୱ ବୋଲି ସେମାନେ ସୂଚେଇ ଦେଉଥିଲେ। ବେଳେବେଳେ ବିଭାଗ ତରଫରୁ ଅନେକ ଫାଇଲ ନିଷ୍ପତ୍ତି ମାନ୍ୟବର ମନ୍ତ୍ରୀଙ୍କ ଦ୍ୱାରା କରେଇ ନେବା ପାଇଁ ପ୍ରଚେଷ୍ଟା ହୋଇଥାଏ। ତେଣୁ ରୁଲ୍ସ ଅଫ୍ ବିଜିନେସ୍ ଓ ଡେଲିଗେସନ୍ ଅଫ୍ ପାୱାର୍‌ସକୁ ସବୁବେଳେ ନଜର ରଖିବା ପାଇଁ ପରାମର୍ଶ ଦେଉଥିଲେ। ତାହାହେଲେ ମନ୍ତ୍ରୀ କେତେବେଳେ ଅସୁବିଧାରେ ପଡ଼ିବେ ନାହିଁ। ମୁଁ ଏହାକୁ ଗୁରୁବାକ୍ୟ ଭାବରେ ମାନୁଥିଲି।

ଥରେ ଗୋଟିଏ ଫାଇଲ ଆସିଲା ଯେଉଁଥିରେ ଗୋଟିଏ ଆଉଟ୍‌ସୋର୍ସିଂ ଏଜେନ୍‌ସି ଦ୍ୱାରା କିଛି କାମ କରାଯିବାକୁ ପ୍ରସ୍ତାବ ରହିଥିଲା ଏବଂ ସଂପୃକ୍ତ ସଂସ୍ଥାକୁ ସଇଁତିରିଶ ଲକ୍ଷ ଟଙ୍କା ଦେବାର ପ୍ରସ୍ତାବକୁ ଅନୁମୋଦନ କରିବାକୁ ବିଭାଗୀୟ ସଚିବ ଚାହୁଁଥିଲେ। ଏତେଗୁଡ଼ିକ ଟଙ୍କାର କାମ ବିନା ଟେଣ୍ଡର ପ୍ରସେସ୍‌ରେ କାହିଁକି ଦିଆଯିବ ତାହା ଉପରେ ଫାଇଲ୍‌ରେ କିଛି ଟିପ୍‌ପଣୀ ନଥିଲା। ମୁଁ ମୋର ବ୍ୟାଚର ଜଣେ ଓ.ଏଫ୍.ଏସ୍. ଅଫିସରଙ୍କ ସହିତ ପରାମର୍ଶ କରି କିଛି ଆଦେଶ ଲେଖିଲି ଏବଂ ମାନ୍ୟବର ମନ୍ତ୍ରୀ ତାକୁ ଅନୁମୋଦନ କଲେ। ଏତେ ଟଙ୍କା ଖର୍ଚ୍ଚ କରି କଣ ପାଇବା ସେ କଥା ସେଥିରେ ଲେଖାଯାଇଥିଲା। ମାନ୍ୟବର ମନ୍ତ୍ରୀଙ୍କ ବିଭାଗ ବଦଳିବା ଯାଏ ସେ ଫାଇଲ ଆଉ ଆସି ନ ଥିଲା।

ଦୁଇ ହଜାର ନଅ ମସିହାରେ ନିର୍ବାଚନ ହେଲା ଏବଂ ନବୀନ ସରକାର ପୁନର୍ବାର କ୍ଷମତାକୁ ଆସିଲେ। ଦଳରେ ଶ୍ରୀଯୁକ୍ତ ପ୍ୟାରୀମୋହନ ମହାପାତ୍ରଙ୍କ ଦବଦବା ବଢ଼ିବାକୁ ଲାଗିଲା। ତାଙ୍କ ଅନୁଗତମାନେ ଅପେକ୍ଷାକୃତ ଗୁରୁତ୍ୱପୂର୍ଣ୍ଣ ବିଭାଗ ପାଇଲେ। ଆମ ମନ୍ତ୍ରୀ ବି ବାଣିଜ୍ୟ ଓ ପରିବହନ ବିଭାଗର ଦାୟିତ୍ୱ ନେଲେ। ଧାମରା ବନ୍ଦର କାର୍ଯ୍ୟକ୍ଷମ ହେବା ସ୍ତରକୁ ଆଗଉଥାଏ ଏବଂ ସେଥିପାଇଁ ବହୁ ମିଟିଂରେ ମାନ୍ୟବର ମନ୍ତ୍ରୀଙ୍କୁ ଯୋଗଦେବାକୁ ପଡୁଥାଏ। କେତେଥର କ୍ଷେତ୍ର ପରିଦର୍ଶନ କରିବାକୁ ବି ପଡ଼ିଲା। ସ୍ଥାନୀୟ ବିଧାୟକ ତଥା ମନ୍ତ୍ରୀ ବିଜୟଶ୍ରୀ ରାଉତରାୟଙ୍କର ଯୋଗଦାନ ଏହି ବନ୍ଦର ନିର୍ମାଣରେ ସର୍ବାଧିକ କହିଲେ ଅତ୍ୟୁକ୍ତି ହେବନାହିଁ। ଟାଟା ଓ ଏଲ୍.ଏଣ୍ଡ୍.ଟି.ର ମିଳିତ ଉଦ୍ୟୋଗରେ ବନ୍ଦର କାର୍ଯ୍ୟ ଚାଲୁଥାଏ। ସେତେବେଳେ ବନ୍ଦର ନିର୍ମାଣ ସଂସ୍ଥାର ମୁଖ୍ୟ ଥାଆନ୍ତି ଗୁଜୁରାଟ କ୍ୟାଡ଼ରର ପୂର୍ବତନ ଆଇ.ଏ.ଏସ୍. ଅଧିକାରୀ ଶ୍ରୀଯୁକ୍ତ ସନ୍ତୋଷ କୁମାର ମହାପାତ୍ର। ସେ ଥିଲେ ତତ୍କାଳୀନ ମୁଖ୍ୟମନ୍ତ୍ରୀଙ୍କର ପ୍ରମୁଖ ଶାସନ ସଚିବ ଶ୍ରୀଯୁକ୍ତ ବିଜୟ ପଟ୍ଟନାୟକଙ୍କର ଏକାନ୍ତ ବ୍ୟକ୍ତିଗତ ବନ୍ଧୁ ଓ ବ୍ୟାଚ୍‌ମେଟ୍। ଆସୁଥିବା ସମସ୍ତ ବଡ଼ ବଡ଼ ସମସ୍ୟା ସମାଧାନରେ ଏହା ବିଶେଷ ସହାୟକ ହୋଇଥିଲା। ଏହା ପଛରେ ମୁଖ୍ୟମନ୍ତ୍ରୀଙ୍କ ଦୃଢ଼ ସମର୍ଥନ ଥିବାରୁ ବନ୍ଦର କାର୍ଯ୍ୟକ୍ଷମ ହୋଇ ପାରିଲା।

ବନ୍ଦର ଉଦ୍‌ଘାଟନ ହେବା ବେଳର କଥା। ସେତେବେଳେ ଉଦ୍‌ଘାଟନ ସମାରୋହରେ ମୁଖ୍ୟମନ୍ତ୍ରୀଙ୍କ ସହିତ ଆଉ କିଏ ରହିବେ ତାହା ଥିଲା ବଡ଼ ଆଲୋଚନାର ବିଷୟ। ଆମର ମନ୍ତ୍ରୀ ମହୋଦୟ ଥରେ ବିଜୟ ପଟ୍ଟନାୟକ ସାର୍‌ଙ୍କୁ ଫୋନ୍ କରି କହିଲେ ମାନ୍ୟବର ମୁଖ୍ୟମନ୍ତ୍ରୀଙ୍କ ସହିତ ପ୍ୟାରୀବାବୁ ଗଲେ କେମିତି ହୁଅନ୍ତା। ସେଇ କଥାବାର୍ତ୍ତାର ଅଳ୍ପ କିଛି ସମୟ ପରେ ମାନ୍ୟବର ମୁଖ୍ୟମନ୍ତ୍ରୀ ଆମର ବିଭାଗୀୟ ମନ୍ତ୍ରୀଙ୍କ ସହିତ ଫୋନ୍‌ରେ କଥା ହେବାକୁ ଚାହୁଁଛନ୍ତି ବୋଲି ନିର୍ଦ୍ଦେଶ ଆସିଲା। ମୁଖ୍ୟମନ୍ତ୍ରୀ ଏତେ ବିରକ୍ତ ହେଲେ ଯେ ମାନ୍ୟବର ମନ୍ତ୍ରୀ କିଛି ସମୟ ପାଇଁ ଭାଙ୍ଗି ପଡ଼ିଲେ। ମୁଖ୍ୟମନ୍ତ୍ରୀ ଚାହୁଁଥିଲେ କେବଳ ତାଙ୍କ ନାମ ହିଁ ସେଇ ଫଳକରେ ରହିବ ବୋଲି ଏବଂ ଶେଷରେ ତାହାହିଁ ହେଲା। ମନ୍ତ୍ରୀଙ୍କ କାର୍ଯ୍ୟକାଳ ଭିତରେ ଧାମରା ବନ୍ଦର କାର୍ଯ୍ୟକାରୀ ହେବା ଥିଲା ସବୁଠାରୁ ଉଲ୍ଲେଖଯୋଗ୍ୟ ଘଟଣା।

ସମ୍ଭବତଃ ଦୁଇ ହଜାର ଏଗାରର ଘଟଣା। କୌଣସି ଏକ ସମ୍ମିଳନୀରେ ଯୋଗଦେବା ପାଇଁ ଆମେ ଦିଲ୍ଲୀ ଯାଇଥିଲୁ। ମାନ୍ୟବର ମନ୍ତ୍ରୀ ମୋ ପରି ଖାଦ୍ୟ ପ୍ରେମୀ। ତେଣୁ ସବୁବେଳେ ଭଲ ଖାଦ୍ୟ ଖାଇବାରେ ହେଳା ନଥାଏ। ମିଟିଂ ସରିବା

ପରଦିନ ସାର୍ କହିଲେ ଆମେ ଆଗ୍ରା ଯିବା। ତାଜ୍‌ମହଲ ଦେଖିବାକୁ ଇଚ୍ଛା। ଆମେ କାର୍ ଯୋଗେ ନୂଆଦିଲ୍ଲୀରୁ ଯାଇ ଆଗ୍ରାରେ ପହଞ୍ଚିଲୁ। ଏପ୍ରିଲ ମାସ। ଧୁମ୍ ଖରା। ଆମେ ପହଞ୍ଚିବା ବେଳକୁ ପ୍ରାୟ ସାଢ଼େ ଦଶଟା ହେବ। ଟିକେଟ କାଟି ଲମ୍ବା ଲାଇନ୍ ବାଟ ଦେଇ ଯିବାକୁ ହେଲା। ଆଗରୁ ମନ୍ତ୍ରୀ ମହୋଦୟଙ୍କ ଗସ୍ତସୂଚୀ ପଠେଇଥିଲେ ହୁଏତ ଆମକୁ ଏପରି ଅସୁବିଧାର ସମ୍ମୁଖୀନ ହେବାକୁ ପଡ଼ିନଥାନ୍ତା।

ସେତେବେଳକୁ ଗରମ ହେଉଥାଏ ଜୋରସୋର୍। ଝାଳ ଗମ ଗମ ବହୁଥାଏ। ମାର୍ବଲ ଚଟାଣ ଦେଇ ଅନେକ ବାଟ ଚାଲି ଚାଲି ଯିବାକୁ ହୁଏ। ଯେତେବେଳେ ଗମ୍ବୁଜ ନିକଟରେ ଆମେ ପହଞ୍ଚିଲୁ ସେଇଠି ଦେଖିଲୁ ଲୋକମାନେ ନିଜ ନିଜ ଜୋତାଟିମାନ କାଢ଼ି ଖାଲି ପାଦରେ ତା ପରବର୍ତ୍ତୀ ଅଞ୍ଚଳ ଆଡ଼େ ମୁହାଁଉଛନ୍ତି। ହଜାର ହଜାର ଜୋତା ଥୁଆ ହୋଇଥାଏ; ମାତ୍ର ଗୋଟିଏ ସରକାରୀ ବିଜ୍ଞାପନ ଉପରେ ନଜର ପଡ଼ିଲା ମୋର। ଯେଉଁଠି କି ଲେଖାହୋଇଥିଲା - ଏଠାରେ ଜୋତା ରଖନ୍ତୁ ନାହିଁ, ଚୋରି ହେଲେ କର୍ତ୍ତୃପକ୍ଷ ଦାୟୀ ନୁହନ୍ତି। ସେଇ ଜାଗାଠାରୁ ପ୍ରାୟ ପଚାଶ ଫୁଟ ଦୂରରେ ଆଉ ଏକ ନୋଟିସ ଉପରେ ବି ମୋ ଆଖି ବୁଲି ଆସିଲା ଯେଉଁଠି ଲଖା ହୋଇଥିଲା "ଏଠାରେ ଆପଣଙ୍କ ଜୋତା ରଖନ୍ତୁ, ରସିଦ୍ ଟୋକନ ନେଇ ବୁଲି ଯାଆନ୍ତୁ"। ମନ୍ତ୍ରୀ ମହୋଦୟ କେବେବି ଫୁଲ ସୁଜ୍ ବ୍ୟବହାର କରୁନଥିଲେ; ମାତ୍ର ନୂଆ ଚମଡ଼ା ଚପଲ ହଳେ ସେତେବେଳେ ପିନ୍ଧିଥିଲେ ଏବଂ ପ୍ରଥମ ଜୋତାର ସଂଗ୍ରହାଳୟ ପରି ଦିଶୁଥିବା ସେଇ ଅଞ୍ଚଳରେ ତାଙ୍କ ଜୋତା କାଢ଼ିବାକୁ ଉପକ୍ରମ କଲେ। ମୁଁ ସାର୍‌ଙ୍କ ନିକଟକୁ ଯାଇ ଅନୁରୋଧ କରି କହିଲି, ଏଠାରେ ନ ରଖି ଆଗରେ ଆମେ ଜୋତା ରଖିଲେ ଜୋତା ସୁରକ୍ଷିତ ରହିବ। ମନ୍ତ୍ରୀ ମହୋଦୟ କହିଲେ - "ବୁଝିଲେ ନିରଞ୍ଜନ ବାବୁ, ଆପଣ ମୋତେ ଏତେ ଆକଟରେ ରଖିଛନ୍ତି ଯେ ମୁଁ ଭାରି ବ୍ୟସ୍ତ ହୋଇ ପଡ଼ିଲିଣି। ଟିକିଏ ବୁଲାବୁଲି କଲାବେଳେ ବି ଆପଣ ମୋତେ ନିୟମ ପଢ଼ଉଛନ୍ତି। ମୁଁ ଏଇଠି ଜୋତା ରଖୁଛି ଆଉ ଠାକୁରଙ୍କୁ ଡାକୁଛି ଯଦି ଚୋରି ହେବ ତାହେଲେ କେବଳ ମୋ ଜୋତା ହିଁ ଚୋରି ହେଉ।" ମନ୍ତ୍ରୀ ମହୋଦୟ ଯେତେବେଳେ ତାଙ୍କ ନିଜ ଜୋତା ଗୋଟିଏ ଜାଗାରେ ରଖୁଛନ୍ତି ମୋର ବାଟ ନଥିଲା ଅନ୍ୟ କେଉଁଠି ମୋ ଜୋତା ରଖିବାକୁ। ଅଗତ୍ୟା ଜୋତା ରଖି ସାରି ଗମ୍ବୁଜ ଆଡ଼କୁ ଅଗ୍ରସର ହେଲୁ। ମୁଁ ଏବଂ ମନ୍ତ୍ରୀ ମହୋଦୟ ଯେତେ ଯାହା ଦର୍ଶନୀୟ ତାହା ଦେଖିଲୁ। ଇତିହାସର ଛାତ୍ର ଭାବରେ ତାଜମହଲର ବୃତ୍ତାନ୍ତ ମୁଁ କିଛି କିଛି କହୁଥାଏ; ମାତ୍ର ମୋର ମନଟି ଥାଏ ଛାଡ଼ି

ଆସିଥିବା ଜୋତା ଉପରେ। "ହେ ଭଗବାନ କିଛି ଅଘଟଣ ନହେଉ"। ଆମେ ପୁଣି ଫେରି ଆସିଲୁ ଜୋତା ରଖିଥିବା ସ୍ଥାନକୁ ପ୍ରାୟ ଘଣ୍ଟାଏ ପରେ। ଆସି ଦେଖିଲୁ ସମସ୍ତଙ୍କର ଜୋତା ସୁରକ୍ଷିତ ମାତ୍ର ମନ୍ତ୍ରୀ ମହୋଦୟଙ୍କ ଜୋତାହଳଟି ଅନ୍ତର୍ହିତ। ମୁଁ କ'ଣ କରିବି ଭାବି ପାରୁ ନଥାଏଁ।

ମୋର ମନେ ପଡ଼ିଯାଉଥାଏ ଆମେ ଗଲାବେଳେ ମନ୍ତ୍ରୀ ଭଗବାନଙ୍କ ଉଦ୍ଦେଶ୍ୟରେ କହିଥିବା କିଛି କଥା। ସତରେ କ'ଣ ଭଗବାନ ଅଦୃଶ୍ୟ ଭାବରେ ଥାଇ ମାନ୍ୟବର ମନ୍ତ୍ରୀଙ୍କର ଆହ୍ୱାନକୁ ଗ୍ରହଣ କରିନେଲେ ? ବହୁତ ଖୋଜାଖୋଜି ପରେ ବି ଜୋତାର କୌଣସି ସନ୍ଧାନ ମିଳିଲା ନାହିଁ। ମୋର ଫୁଲ୍ ସୁ ଥାଏ। ତାଛଡ଼ା ସାର୍‌ଙ୍କ ପାଦର ଜୋତା ନମ୍ବର ନଅ, ମୋ ପାଦକୁ ସାତ ନମ୍ବର ସୁହାଏ। କଣ କରିବି କିଛି ଭାବି ପାରୁ ନଥାଏ। ସେତେବେଳକୁ ମାର୍ବଲ ସବୁ ଖରାରେ ପାଚିଯାଇଥାଏ କହିଲେ ଚଳେ। ତା ଉପର ଦେଇ ଖାଲି ପାଦରେ ଚାଲି ଆସିବା ଛଡ଼ା ଆଉ ବାଟ ନ ଥିଲା। ତାଛଡ଼ା ସେ ଚପଲ ପିନ୍ଧୁଥିବାରୁ ତାଙ୍କ ପାଦରେ ବି ମୋଜା ନଥିଲା। ଆମେ ତରତରରେ ଫେରି ସିଧା ଜୋତା ଦୋକାନରେ ପହଞ୍ଚିଲୁ। ଗାଡ଼ି ପାଖରେ ପହଞ୍ଚିଲା ବେଳକୁ ମନ୍ତ୍ରୀଙ୍କର ପାଦର ତଳ ପଟଟି ପୂରା ଲାଲ୍ ଦେଖାଯାଉଥାଏ। ଜୋତା କିଣି ପିନ୍ଧିବାର କିଛି ସମୟ ଭିତରେ ପାଦସାରା ବଡ଼ ବଡ଼ ଫୋଟକା ଦିଶିଲା। ଏତେ ଯନ୍ତ୍ରଣା ହେଉଥାଏ ଯେ ଜୋତା ପିନ୍ଧି ଚାଲିବା ବି କଷ୍ଟକର ହେଉଥିଲା।

ଏଇ ଘଟଣାଟି ହୁଏତ ପାଠକଙ୍କୁ ହାସ୍ୟୋଦ୍ଦୀପକ ଲାଗିପାରେ; ମାତ୍ର ତାହା ମୋ ପାଇଁ ଥିଲା ଅତି ଦୁଃଶ୍ଚିନ୍ତାର ସମୟ। ତାଙ୍କର ଦୁଃଖରେ ମୁଁ ସମଭାଗୀ ହୋଇଥିଲି। ଶୋଇଲା ବେଳକୁ ମନେ ପକେଇ ଆଖିରୁ ଲୁହ ନିଗାଡ଼ିଲି। ଖାଲି କହୁଥିଲି, "ଜଣେ ସାଦାସିଦା ନିରୀହ ଲୋକଙ୍କୁ କଥା ପଦକ ପାଇଁ ଏତେ ଦଣ୍ଡ ଦେଇ ଦେଲ ଠାକୁରେ !"

ଅନେକ ଲୋକଙ୍କର ବହୁ ଭୁଲ୍ ଧାରଣା ଥାଏ ମନ୍ତ୍ରୀଙ୍କ ଦପ୍ତରରେ କାମ କରୁଥିବା ଲୋକଙ୍କ ଉପରେ। ଏପରିକି ମୁଁ ନିଜେ ବି ସନ୍ଦେହରେ ଥିଲି। ପ୍ରାୟ ପାଖାପାଖି ଛଅ ବର୍ଷ କାମ କଲାପରେ ମୋର ଧାରଣା ବଦଳି ଯାଇଛି ବରଂ ଏହି ଦାୟିତ୍ୱରେ ଥାଇ ସମଗ୍ର ବିଭାଗର କାର୍ଯ୍ୟକୁ ନିରୀକ୍ଷଣ କରିବା ଏବଂ କିଛି ଯୋଗଦାନ କରିବାର ସୁଯୋଗ ମିଳିଛି, ଯାହାବି ଜଣେ ଉପଶାସନ ସଚିବ ବା ଯୁଗ୍ମ ଶାସନ ସଚିବ ସ୍ତରରେ ନଥାଏ।

■

ଉଚ୍ଚଶିକ୍ଷା ନିର୍ଦ୍ଦେଶାଳୟ : ଅସ୍ପଷ୍ଟ ପଦଚିହ୍ନ

ମାନ୍ୟବର ମୁଖ୍ୟମନ୍ତ୍ରୀଙ୍କ କାର୍ଯ୍ୟାଳୟରୁ ମୋର ବଦଳିକୁ ଅନେକ ବନ୍ଧୁ ଏବଂ ପରିଚିତ ଏକ ସାଧାରଣ ବଦଳି ଭାବରେ ଦେଖି ନ ଥିଲେ । କେତେକଙ୍କ ଧାରଣା ହୋଇଥିଲା ବୋଧହୁଏ ମୁଁ କ୍ଷମତା କେନ୍ଦ୍ରଠାରୁ ଦୂରେଇ ଯାଇଛି । ମୁଁ ଅବଶ୍ୟ ଏହାକୁ ଗୋଟିଏ ସାଧାରଣ ବଦଳି ଭାବରେ ଧରିଥିଲି ଏବଂ ପ୍ରାୟ ଦୁଇବର୍ଷ କାଳ ଏକ ନୂତନ ଅନୁଭୂତିରେ ଅଭିଷିକ୍ତ ହୋଇଥିଲି । ବଦଳି ପୂର୍ବରୁ ମୋତେ ପଚରାଯାଇଥିଲା କେଉଁଟି ମୋର ଅଭିଳଷିତ ପଦବୀ । ମୁଁ କହିଥିଲି ମୁଁ ଏପର୍ଯ୍ୟନ୍ତ କୌଣସି ପଦବୀକୁ ଅଭିଳଷିତ ଭାବରେ ଭାବିନାହିଁ; ମାତ୍ର ମୋତେ ଯଦି ଉଚ୍ଚଶିକ୍ଷା ନିର୍ଦ୍ଦେଶକ ଦାୟିତ୍ୱ ଦେବେ ତାହେଲେ ମୁଁ ଖୁସିହେବି ବିଭିନ୍ନ କାରଣରୁ । ଆଉ ଯେତେବେଳେ ବଦଳି ବିଜ୍ଞପ୍ତି ବାହାରିଲା ସେଥିରେ ଲେଖାଥିଲା ଖାଲି ଉଚ୍ଚଶିକ୍ଷା ନିର୍ଦ୍ଦେଶକ ନୁହେଁ ତା ସାଙ୍ଗକୁ ଅତିରିକ୍ତ ଦାୟିତ୍ୱ ନ୍ୟସ୍ତ କରାଯାଇଛି ଶ୍ରମ କମିଶନର ଭାବରେ ।

ଉଚ୍ଚଶିକ୍ଷା ନିର୍ଦ୍ଦେଶକ ଚଉକିରେ ବସିଥିବା ଅନେକ ବ୍ୟକ୍ତିଙ୍କ ବ୍ୟକ୍ତିତ୍ୱ ଏମିତି ଥିଲା ଯେ ସେମାନେ ଇତିହାସ ପୁରୁଷ ପାଲଟି ଯାଇଛନ୍ତି । ପ୍ରଥମେ ଏଇ ପଦବୀଟିରେ ବିଦେଶୀମାନେ ଅବସ୍ଥାପିତ ହେଉଥିଲେ ଏବଂ ସେତେବେଳେ ଏହି ପଦବୀଟି ଥିଲା ଡି.ପି.ଆଇ ଅର୍ଥାତ୍ ଡାଇରେକ୍ଟର ଅଫ୍ ପବ୍ଲିକ୍ ଇନ୍‌ଷ୍ଟ୍ରକ୍‌ସନ୍ ଅର୍ଥାତ୍ ପଦବୀଟି ଏତେ ସୁଉଚ୍ଚ ଆଳଙ୍କାରିକ ଥିଲା ଯେ ଆସୀନ ବ୍ୟକ୍ତିମାନେ ସାଧାରଣ ଲୋକଙ୍କୁ ନିର୍ଦ୍ଦେଶ କରିପାରୁଥିଲେ । ଏହି କ୍ରମରେ ମନେ ପଡ଼ନ୍ତି ପ୍ରଥମ ଓଡ଼ିଆ ଆଇ.ଇ.ଏସ୍ ଶ୍ୟାମଚନ୍ଦ୍ର ତ୍ରିପାଠୀ ମହୋଦୟ ଯିଏ କି ଅକ୍‌ସଫୋର୍ଡ଼ ଫେରନ୍ତା ଓ ପରିଜା ସାହେବଙ୍କ ସମସାମୟିକ । ପରବର୍ତ୍ତୀ ସମୟରେ ରେଭେନ୍‌ସା କଲେଜରେ ପ୍ରିନ୍‌ସିପାଲ ହେଲାପରେ ସେଠାରୁ ପ୍ରମୋସନ ପାଇ ଶିକ୍ଷା ବିଭାଗର

ସବୁଠୁ ତୁଙ୍ଗ ପ୍ରଫେସର ହିଁ ଏହି ପଦବୀ ମଣ୍ଡନ କରୁଥିଲେ। ମୁଁ ଦେଖୁଥିଲି ସେଇ ପ୍ରଫେସରମାନଙ୍କର ଦୀର୍ଘ ତାଲିକାକୁ ଯେଉଁଥିରେ ପ୍ରଫେସର ସଦାଶିବ ମିଶ୍ର, ପ୍ରଫେସର ବିଧୁଭୂଷଣ ଦାସ, ପ୍ରଫେସର ମହେନ୍ଦ୍ର ରାଉତ, ପ୍ରଫେସର କ୍ଷେତ୍ର ମୋହନ ପଟ୍ଟନାୟକଙ୍କ ଭଳି ପ୍ରାତଃସ୍ମରଣୀୟ ବ୍ୟକ୍ତିତ୍ୱ ମାନେ ଥିଲେ। କ୍ରମେ ସବୁ ସ୍ଥାନରେ ଭଲ ଲୋକଙ୍କ ସ୍ଥାନ କମିଗଲା ନ୍ୟାୟରେ ଉଚ୍ଚଶିକ୍ଷା ବିଭାଗ ବି ସେଥିରୁ ବାଦ ପଡ଼ିଲା ନାହିଁ। ଶିକ୍ଷା ବିଭାଗ ଦୁଇ ଭାଗରେ ବିଭକ୍ତ ହେବା ସହିତ ନିର୍ଦ୍ଦେଶକଙ୍କ ସଂଖ୍ୟା ଗୋଟିଏ ସମୟରେ ଏଇ ଦୁଇ ବିଭାଗରେ ବାର (୧୨)କୁ ଅତିକ୍ରମ କଲା ଏବଂ ନିର୍ଦ୍ଦେଶକମାନଙ୍କର ସମ୍ମାନ ଓ ପଦମର୍ଯ୍ୟାଦା ହ୍ରାସ ପାଇଲା। ବିଭାଗର ସେକ୍ରେଟେରୀମାନେ ସେମାନଙ୍କୁ ନ୍ୟୁନ ମଣିଲେ ଏବଂ ସରକାର କହିଲେ ସାଧାରଣ ଭାବରେ ସେକ୍ରେଟେରୀ ବୁଝାଉଥିବାରୁ କ୍ରମେ କ୍ରମେ ନିର୍ଦ୍ଦେଶକ ଉଚ୍ଚଶିକ୍ଷା ଏକ ନିଷ୍ପ୍ରଭ ଦୀପଶିଖାରେ ପରିଣତ ହେଲା। ନିର୍ଦ୍ଦେଶକମାନଙ୍କର କ୍ଷମତା ପ୍ରଭାବ ଓ ଦାୟିତ୍ୱ ସମୟକ୍ରମେ ବହୁ କମିଯାଇଛି ସେକଥା ଅବଶ୍ୟ ସମସ୍ତେ ଅନୁଭବ କରିଛନ୍ତି ଏବଂ କାଳକ୍ରମେ ନିର୍ଦ୍ଦେଶକ ପଦବୀକୁ ସେକ୍ରେଟେରିଆଟରେ ସମାଧିସ୍ଥ କରି ଦିଆଯାଉଛି। ପରିଦର୍ଶନ କରିବା ଲୋପ ପାଇଛି କହିଲେ ଚଳେ।

ମୁଁ ପିଲାଦିନେ ଜୀବନର ଲକ୍ଷ୍ୟ ସମ୍ବନ୍ଧରେ ରଚନା ଲେଖିବାକୁ କୁହାଗଲାବେଳେ ଲେଖୁଥିଲି, 'ଶିକ୍ଷାବିତ୍ ହେବା ମୋର ଇଚ୍ଛା'। ଅଧ୍ୟାପନା ଜୀବନ ତିନି ମାସରେ ଶେଷ ହୋଇଯାଇଥିଲା। ଶିକ୍ଷା ପ୍ରଶାସନ ସହିତ ସଂଯୁକ୍ତ ହୋଇଥିଲି ବୋର୍ଡ଼ ଅଫ୍ ସେକେଣ୍ଡେରୀ ଏଜୁକେସନ୍‌ରେ ପ୍ରଶାସନିକ ଅଧିକାରୀ ଭାବରେ, ଉପଜିଲ୍ଲାପାଳ ଭାବରେ ବହୁସଂଖ୍ୟକ ମହାବିଦ୍ୟାଳୟର ପରିଚାଳନା ସମିତିର ଅଧ୍ୟକ୍ଷ ଭାବରେ କିମ୍ବା ବିଦ୍ୟାଳୟ ଓ ଗଣଶିକ୍ଷା ବିଭାଗର ମନ୍ତ୍ରୀଙ୍କର ବ୍ୟକ୍ତିଗତ ସଚିବ ଭାବରେ ମାତ୍ର ମୋତେ ଯେତେବେଳେ ଜଣେ ଆଇ.ଏ.ଏସ୍ ଅଧିକାରୀ ଭାବରେ ଉଚ୍ଚଶିକ୍ଷା ବିଭାଗର ନିର୍ଦ୍ଦେଶକ ପଦବୀରେ କାର୍ଯ୍ୟ କରିବାର ସୁଯୋଗ ମିଳିଲା, ମୁଁ ସେତେବେଳେ କ୍ଷଣିକ ପାଇଁ ଭଗବାନଙ୍କ ପାଖରେ ମଥାନତ କରିଦେଲି। ମନେ ମନେ କହିଲି ପ୍ରଭୁ କାହିଁକି ଏଇ ମାୟା। ଯେଉଁ ପୂର୍ବସୁରୀମାନେ ଏଇ ଆସନ ଅଳଂକୃତ କରିଥିଲେ ସେମାନଙ୍କ ତୁଳନାରେ ମୁଁ କି ଅକିଞ୍ଚନ! ବିଶେଷତଃ ଶିକ୍ଷା ବିଭାଗର ପ୍ରାମାଣିକ ଓ ଆତ୍ମିକ ସ୍ତରରେ ମୋର ପ୍ରବେଶ ନାହିଁ କହିଲେ ଚଳେ; ମାତ୍ର ମନରେ ଦମ୍ଭ ଧରିଥିଲି ଅଧ୍ୟାପକ ମଣ୍ଡଳୀଙ୍କୁ ଉତ୍ସାହିତ କରିବି। ସେଇଥିରେ

ମୋର କିଛି ଯୋଗଦାନ ରହିଲେ ଅନ୍ତତଃ ଛାଡ଼ିଲା ବେଳକୁ ମନଦୁଃଖ ନଥିବ। ମୋର ବହୁସଂଖ୍ୟକ ବନ୍ଧୁ ଅଧ୍ୟାପକ ଥିଲେ। ସେମାନେ ପ୍ରମୋସନ ପାଇଁ କଲେଜ ଅଧ୍ୟକ୍ଷ ସ୍ତରକୁ ଉନ୍ନୀତ ହୋଇଥିଲେ। ଅନୌପଚାରିକ କଥାବାର୍ତ୍ତାରେ କହୁଥିଲେ, ଆରେ ଇଏ ଅଫିସ୍ ତ ଅଡୁଆ ସୁତା। କଣ ସଜାଡ଼ିବୁ ଅଫିସ୍କୁ। ଦେଖାଯାଉ କେତେଦିନ ତୋର ସୁଯୋଗ ବା ଦୁର୍ଯୋଗ ଅଛି ଏଇ ଚଉକୀରେ। ବାସ୍ତବ କଥା ହେଲା ଅନେକ ଦିନରୁ ଉଚ୍ଚଶିକ୍ଷା ନିର୍ଦ୍ଦେଶକ ଏକ ଅଭିଶପ୍ତ ପଦବୀ ହୋଇଯାଇଥିଲା କହିଲେ ଚଳେ। ଏହାର ବଡ଼ କାରଣ ହେଉଛି ମାନ୍ୟବର ହାଇକୋର୍ଟରେ ଥିବା ବହୁସଂଖ୍ୟକ କେଶ୍‌ରେ ଅନେକ ସମୟରେ ଉଚ୍ଚଶିକ୍ଷା ନିର୍ଦ୍ଦେଶକଙ୍କୁ ବ୍ୟକ୍ତିଗତ ହାଜିରା ଦେବାକୁ ପଡୁଥିଲା ଏବଂ ଅନେକ କଣ୍ଟେମ୍ପ୍ଟ କେଶ ନିର୍ଦ୍ଦେଶକଙ୍କ ଉପରେ ରହିଥିଲା। ଅତଏବ ଏଇ ପଦବୀଟି ଥିଲା ଗୋଟିଏ ବାରୁଦ ଗଦା ଉପରେ ସଜା ହୋଇଥିବା ଆସନଟିଏ।

ପ୍ରାୟ ଆଠହଜାର କେଶ୍ ଥିଲା ବିଭିନ୍ନ ସ୍ତରରେ। କେଶ୍ ବୁଝିବା ପାଇଁ ଅଫିସ୍‌ରେ କିଛି ରିଟାୟାର୍ଡ଼ ଲୋକଙ୍କୁ ନେଇ ଗୋଟିଏ ଭଲ ଟିମ୍ କରାଯାଇଥିଲା; ମାତ୍ର ସଂପୃକ୍ତ ସେକ୍‌ସନ୍‌ର ବାବୁମାନେ ଅନେକ କେଶ୍‌ରେ ଠିକଣା ସମୟରେ ଫାଇଲ୍ ପେଶ୍ କରୁନଥିଲେ ଏବଂ କେତେକ କ୍ଷେତ୍ରରେ ସରକାରୀ ଓକିଲଙ୍କର ଉତ୍ସାହର ଅଭାବ - ଏଇ ଦୁଇଟି ମିଶି କେଶ୍ ପରିସ୍ଥିତିକୁ କରିଥିଲା ଉତ୍କଟ ଓ ବିଷମ। ମୋର ପ୍ରଥମ କାମ ଥିଲା କେଶ କଣ ଅଛି ଆଗାମୀ ଦିନ ବା ସପ୍ତାହରେ ତାକୁ ଅନୁଧ୍ୟାନ କରିବା। ଥରେ ଦେଖାହେଲା ଉଚ୍ଚଶିକ୍ଷା ନିର୍ଦ୍ଦେଶକଙ୍କୁ ଗୋଟିଏ ବ୍ୟକ୍ତିଗତ ହାଜିରା ଆସିଛି। ମୁଁ ତାକୁ ଅନୁଧ୍ୟାନ କଲାରୁ ଜାଣିପାରିଲି ସଂପୃକ୍ତ କିରାଣୀ ଓ ଉପବିଭାଗ ଅଧିକାରୀଙ୍କ ଦାୟିତ୍ୱହୀନତା। ତୁରନ୍ତ ତାଙ୍କୁ ସେଇଦିନ ନିଲମ୍ବନ କରିବାର ଆଦେଶ ବାହାର କଲି। ଯେଉଁମାନେ ମୋତେ ଅତି ଭଦ୍ରଲୋକ ବୋଲି କହି ମୋଠାରୁ କୌଣସି କଡ଼ା କାର୍ଯ୍ୟାନୁଷ୍ଠାନ ହେବ ନାହିଁ ବୋଲି ଆଶା କରୁଥିଲେ, ସେମାନେ ସେଇଦିନ ସଳଖି ବସିଲେ ଓ ଭାବିଲେ ଯେ ଆଗପରି ଠକେଇବା ବୋଧହୁଏ ସମ୍ଭବ ନୁହେଁ।

ଯେତେବେଳେ ଅଫିସ୍‌ରେ ପହଞ୍ଚିଲି, ଅଫିସ୍‌ଟି ଦିଶୁଥିଲା ନିହାତି ଅରୁଚିକର। ଶହ ଶହ ଫାଇଲ ପଡ଼ିଥିଲା ବିଭିନ୍ନ ରେକ୍‌ରେ ଏବଂ ତଳେ, ତାହା ମୋର ବିରକ୍ତିର କାରଣ ହୋଇଥିଲା। କାହିଁକି ହଜାର ହଜାର ଫାଇଲ ଏଇଠି ପଡ଼ିରହିଛି, ତାହା ପ୍ରଶ୍ନ କଲାରୁ ବଡ଼ ଅଦ୍ଭୁତ ଉତ୍ତର ଆସିଲା। ମୋତେ କୁହାଗଲା

ଯେ ମୋ ପୂର୍ବବର୍ତ୍ତୀ ଅଧିକାରୀ ସେଗୁଡ଼ିକ କରିବାକୁ ଚାହିଁଲେ ନାହିଁ। ମୁଁ ଜାଣେ ଅନେକ ସମୟରେ ଆମ ଲୋକଙ୍କ ନାଁରେ ଏମିତି ଅପବାଦ ଯୋଡ଼ି ଦିଆଯାଏ। କେହି ଭାବନ୍ତି ନାହିଁ ଯେ ଆଗରେ ଥିବା ଲୋକ / ଅଧିକାରୀ (Predecessor) ଯଦି ଖରାପ ହୁଅନ୍ତି ସେଇ ଅପବାଦ ମୋ ମୁଣ୍ଡରେ ଯୋଡ଼ା ହେବାକୁ ବେଶି ସମୟ ଲାଗିବ ନାହିଁ। ଚାକିରି ଜୀବନରେ ବଦଳି କେତେବେଳେ ହେବ ତାହା କିଏ ବା କହିବ। ଏଇ Successor Predecessor conflict ଅନେକ ଜାଗାରେ ଲାଗି ରହିଥାଏ। ବୋଧହୁଏ ଏଇଟା କିଛି ଲୋକଙ୍କ ପାଇଁ ହୋଇଥାଏ। ଯିଏ ତାଙ୍କ ପୂର୍ବ ଲୋକଙ୍କୁ ଦୋଷୀର ଆସନରେ ବସେଇଥାନ୍ତି ତାଙ୍କର ବଦଳି ହେଉ ହେଉ ନିଜେ ସେଇ ସଜା ଭୋଗନ୍ତି। ଭଗବାନଙ୍କ ଅପାର କରୁଣାରେ ମୁଁ ସେଇ ରୋଗରୁ ମୁକ୍ତ ଥିଲି। ଭାବୁଥିଲି ବୋଧହୁଏ ଏମିତି କିଛି କାରଣ ଅଛି ଯାହା ଏମାନେ ଅର୍ଥାତ୍ ଅଫିସ୍ ଲୋକମାନେ କହୁନାହାନ୍ତି ଅତଏବ ସେଥିରେ ବିଶେଷ ମୁଣ୍ଡ ନଖେଳେଇ ମୁଁ ସେଇ ଫାଇଲରେ ହାତ ଦେଲି।

ଅବଶ୍ୟ ପ୍ରକାରାନ୍ତରେ ଜଣେ ପୁରାତନ ଅଧିକାରୀଙ୍କୁ ପଚାରିଥିଲି, ସେ ଯାହା କହିଲେ ତାହା ବି ବଡ଼ ମୁସ୍କିଲ କଥା। ସେ କହିଲେ ଅଫିସର କିରାଣୀ ଯେଉଁଠୁ ସୁବିଧା ପାଇଲେ ସେଇ ଫାଇଲଟି ପଠେଇଲେ। ଯେହେତୁ ସେମାନେ କିଛି ନିର୍ଦ୍ଦିଷ୍ଟ କାରଣ ପାଇଁ ଦରକାରୀ ଫାଇଲଟି ମାନ ପେଶ୍ କରୁନଥିଲେ ଏବଂ କେବଳ ଲାଭଜନକ ଫାଇଲରେ ମାତୁଥିଲେ, ସେଥିପାଇଁ କାହିଁକି ତାଙ୍କ ପାପରେ ଆମେ ଭାଗୀଦାର ହେବୁ। ଏଇ ନ୍ୟାୟରେ ସେଇ ଫାଇଲରେ କେବେବି ଦସ୍ତଖଦ କରିନାହିଁ। ଯୁକ୍ତିଟି ବିଶେଷ ମନ୍ଦ ନୁହେଁ। ଅମୁକ ବାବୁ ସମୁକ ବାବୁଙ୍କ ଦ୍ଵାରା ପରିଚାଳିତ ହୋଇ ଫାଇଲଟି ଦେଇଛନ୍ତି। ତେଣୁ ସେଇଟି କରିବା ଠିକ୍ ନୁହେଁ। ଯଦି ବାସ୍ତବରେ ଆଉ ତୃତୀୟ ଜଣଙ୍କ ଫାଇଲ ଆଗତୁରା ପେଶ ହେବା କଥା ତାକୁ ଉପରିସ୍ଥ କହିଥିଲେ; ମାତ୍ର ଅଧସ୍ତନ କଲେ ନାହିଁ ତାହାହେଲେ ତାଙ୍କୁ ଦଣ୍ଡବିଧାନ ନକରି ବା ଫାଇଲଟେ ଉପଯୁକ୍ତ ଟିପ୍‌ପଣୀ ନଦେଇ ତାହା ପକେଇ ରଖିବା କଣ ଯୁକ୍ତିଯୁକ୍ତ !

ମୁଁ କାହିଁକି ଗୋଲକଧନ୍ଦାରେ ପଶିଲି ନାହିଁ କେବଳ ନିଜକୁ ନିଜେ ପଚାରିଲି ଅତୀତ ସହିତ କଳି କରିବା ଠିକ୍ ନୁହେଁ ବୋଲି କୁହାଯାଇଛି। ମୁଁ କାହିଁକି ସେଇ କଳିରେ ସାମିଲ୍ ହେଉଛି। ବର୍ତ୍ତମାନ ସୁଦ୍ଧା ଯେଉଁ ଫାଇଲତକ ନିଷ୍ପତ୍ତି ନ ହୋଇ ରହିଛି ତାହା ଉପରେ ନିର୍ଣ୍ଣୟ ନେବା ମୋର ଦାୟିତ୍ଵ। ଅତଏବ ମୁଁ ତାକୁ କଠିନ

ପରିଶ୍ରମ ସହିତ ଅଧ୍ୟୟନ କଲି ଏବଂ ଦୈନିକ ସେଇ ପୁରୁଣା ଫାଇଲ ଡିସପୋଜ କରିବାରେ ଲାଗିଲି। ବର୍ଷାଦିନ ଲେବର କମିଶନର ଅଫିସ୍‌ରେ ବସୁଥିଲି ସକାଳ ଦଶରୁ ଦୁଇଟା ଯାଏ। କଣ ଗଣ୍ଡେ ପାଟିରେ ପକେଇ ଦେଇ ଅଢ଼େଇଟାରୁ ବସେ ସେଇ ଉଚ୍ଚଶିକ୍ଷା ନିର୍ଦ୍ଦେଶାଳୟରେ ଯେ ସେଠାରୁ ବାହାରିଲା ବେଳକୁ ରାତି ନଅଟା ବାଜିଯାଏ। ସେତେବେଳକୁ କେହି ନଥାନ୍ତି ମୋର ପର୍ସନାଲ ଷ୍ଟାଫ୍ ଛଡ଼ା ସାରା ନଅ ତାଲା କୋଠା ପୂରା ନିଃଶବ୍ଦ ହୋଇସାରିଥାଏ। ସେଇ ପୂର୍ବ ଅମୀମାଂସିତ ଫାଇଲ ସବୁ ନିଷ୍ପତ୍ତି ନେବା ବେଳେ ଲକ୍ଷ୍ୟ କରୁଥିଲି ସେଥିରେ ଥିଲା ଶହ ଶହ ସଂଖ୍ୟାରେ ଅଧ୍ୟାପକ ଓ ତଳ କର୍ମଚାରୀମାନଙ୍କର ଜି.ପି.ଏଫ୍., ପ୍ରୋଭିଜିନାଲ୍ ପେନସନ କିମ୍ବା ସେମିତି କିଛି ଜରୁରୀ ବ୍ୟକ୍ତିଗତ କାମ। ମୋତେ ନିଜକୁ ଭାରି ଆଶ୍ଚର୍ଯ୍ୟ ଲାଗୁଥାଏ ଏପରି ଜିନିଷମାନ ମଞ୍ଜୁରୀ ନହେଲେ ବି ଲୋକମାନେ କିପରି ସହିଯାଆନ୍ତି। ପ୍ରକୃତରେ ଅନେକ ସରକାରୀ ଚାକିରିଆ ସହଣୀୟ; ସେମାନେ କ୍ୱଚିତ ଉପରିସ୍ଥ କର୍ମଚାରୀଙ୍କୁ ସିଧାସଳଖ ଆହ୍ୱାନ କରିଥାନ୍ତି। ମୁଁ ଖାଲି ଡିସପୋଜ କରୁନଥିଲି। ସଂପୃକ୍ତ ଲୋକଙ୍କର ବାକୀ ଫାଇଲରେ ନିଷ୍ପତ୍ତି ନିଆଯାଇଛି ଏବଂ ତିନିଦିନ ଭିତରେ ତାଙ୍କର ଆଦେଶ ପତ୍ର ନ ପାଇଲେ ମୋ ହ୍ୱାଟସ୍‌ଆପରେ ଜଣେଇବା ପାଇଁ ଟେଲିଫୋନ ଯୋଗେ କହୁଥିଲି।

ପ୍ରଶାସନିକ ଦପ୍ତରରେ ବହୁ ବର୍ଷ କାର୍ଯ୍ୟକରି ଅନୁଭବ ହୋଇଥିଲା ଯେ ଫାଇଲରେ ନିଷ୍ପତ୍ତି ହେଲାପରେ ବି ଦିନ ଦିନ ଧରି ତଳିଆ କର୍ମଚାରୀମାନେ ଆଦେଶ ବାହାର କରନ୍ତି ନାହିଁ। ଏହା ସଂପୃକ୍ତ ଲୋକଙ୍କୁ ଅତ୍ୟନ୍ତ ବାଧିଥାଏ। ତେଣୁ ଲୋକେ ଜାଣିଗଲା ପରେ ଆଉ କେହି ଡେରି କଲେ ନାହିଁ ମୁଁ ମୋ ଅଫିସରେ ଗୋଟିଏ ମନିଟରିଂ ରେଜିଷ୍ଟର କରି କେଉଁ ଫାଇଲରେ ଆଦେଶ ଦେଲି ଓ କେବେ ତାହା ଅନୁପାଳନ ହୋଇ ଆଦେଶପତ୍ର ପ୍ରେରଣ କରାଗଲା ତାହା ନିଶ୍ଚିତ କରିବା ଦ୍ୱାରା ସାମୟିକ ପାଇଁ ସ୍ଥିତିର ଉନ୍ନତି ଘଟିଲା।

ଡି.ପି.ଆଇ ଅଫିସ୍‌ଟି କାର୍ଯ୍ୟ କରୁଥିଲା ନଅତାଲା କୁହାଯାଉଥିବା ହେଡ୍‌ସ ଅଫ୍ ଡିପାର୍ଟମେଣ୍ଟ ବିଲଡ଼ିଂ ଭିତରେ। ଗୋଟିଏ ସମୟରେ ଏହା ଥିଲା ଓଡ଼ିଶାର ସର୍ବୋଚ୍ଚ ପ୍ରାସାଦ - ନବତଳ ବିଶିଷ୍ଟ। ସମୟକ୍ରମେ ଏଇ ପ୍ରାସାଦଟି ହୋଇଯାଇଛି ଜରାଜୀର୍ଣ୍ଣ। ରକ୍ଷଣାବେକ୍ଷଣର ଅଭାବ ସୁସ୍ପଷ୍ଟ। ଦୁଇଟି ଲିଫ୍‌ଟ ଅଛି ମୁଖ୍ୟ ପ୍ରବେଶ ଦ୍ୱାର ପାଖାପାଖି ଯେ ସେଇଠି ଗୋଟିଏ ଗୋଟିଏ ଧାଡ଼ିରେ ଠିଆ ହୋଇଥାନ୍ତି ଚାଳିଶ ପଚାଶ ଲେଖାଏଁ ଆଉଥରକୁ ଗୋଟିଏ ଲିଫ୍‌ଟରେ ସର୍ବାଧିକ ଚଢ଼ିପାରିବେ

ଦଶ ଜଣ। ବେଳେବେଳେ ମଝିରେ ଲିଫ୍‌ଟ ଅଟକି ଯିବା ନଜିର ବି ରହିଛି। ମୁଁ କେବେ କେବେ ଆସି ଲାଇନରେ ଠିଆ ହୋଇଯାଏ। ମଝିରେ ମଝିରେ ଚିହ୍ନା କେହି ଦେଖାହେଲେ ମୋତେ ଲାଇନ ଛାଡ଼ି ସିଧା ସଳଖ ଲିଫ୍‌ଟକୁ ଯିବାକୁ କହନ୍ତି। ମୋ ପାଇଁ ତାହା ଭାରି ଅଶ୍ୱସ୍ତିକର ଲାଗେ। ମୁଁ ମନା କରେ; ମାତ୍ର କେହି କହିବାର ଶୁଣିଛି ନିର୍ଦ୍ଦେଶକ ସ୍ତରୀୟ ଅଧିକାରୀଙ୍କୁ କ୍ୟୁରେ ଠିଆହେବା ଦରକାର ନାହିଁ। ହେଲେ ମୋର ମନ ମାନେନି ସେଇ ଯୁକ୍ତିରେ। କେବେ କେବେ ଅନେକ ଲୋକ ଠିଆ ହୋଇଥିବା ଦେଖିଲେ ମୁଁ ସିଧାସଳଖ ପାହାଚ ବାଟେ ଯିବାକୁ ବାହାରେ। ବିଶେଷତଃ ପ୍ରଥମ ତିନିମହଲା ଯାଏ ଯିବାକୁ ଲୋକମାନେ ଲିଫ୍‌ଟ ପାଇଁ ଅପେକ୍ଷା ନକରି ସେଇବାଟେ ଯିବାକୁ ଅଧିକ ପସନ୍ଦ କରନ୍ତି। ମୋର ଅଫିସ ସପ୍ତମ ମହଲାରେ। ମୋତେ ଶହେ କୋଡ଼ିଏ ପାହାଚ ଦେଇ ଗଲେ ଛାତି ଧଇଁ ସଇଁ ହୋଇଯାଏ। ମୋର ଷ୍ଟାଫ୍‌ମାନେ ବେଳେବେଳେ ଏପରି କରିବାକୁ ମୋତେ ବାରଣ କରନ୍ତି। ମୋର ବୟସ ଅଠାବନ ଧରିଲାଣି ତା ସାଙ୍ଗକୁ କିଛିବର୍ଷ ଜିଲ୍ଲାପାଳ ଭାବରେ କାମ କଲାବେଳେ ମୋତେ ଗିଫ୍‌ଟ ମିଳିଛି ଉଚ୍ଚ ରକ୍ତଚାପ ରୋଗ। ଏ ପରିସ୍ଥିତିରେ ଏତେ ଷ୍ଟେପ୍ ଏକାବେଳେକେ ଚଢ଼ିବା ମୋର ସ୍ୱାସ୍ଥ୍ୟ ଦୃଷ୍ଟିରୁ ଅନୁଚିତ। ମୁଁ ହଠାତ୍, ସ୍ୱାସ୍ଥ୍ୟ ସଚେତନ ହୋଇପଡ଼େ।

କିଛିଦିନ ପରେ ମୋର ପ୍ରାଇଭେଟ୍ ସେକ୍ରେଟେରୀ କହିଲେ ଯେ ମୋତେ କେଶ ହିଅରିଂ କରିବାକୁ ପଡ଼ିବ। ମୁଁ ସେତେବେଳଯାଏଁ ଡିପିଆଇଙ୍କ କାର୍ଯ୍ୟ ପରିସରରେ ତାହା ଅନ୍ତର୍ଭୁକ୍ତ ବୋଲି ଜାଣି ନଥିଲି। ଅନେକ କେଶ୍ ଅଛି ଯାହା ମାନ୍ୟବର ହାଇକୋର୍ଟଙ୍କ ନିର୍ଦ୍ଦେଶ ଅନୁସାରେ ଶୁଣାଣି କରି ଗୋଟିଏ ବିଧିବଦ୍ଧ ଆଦେଶ ଦେବାକୁ ପଡ଼େ। ତା’ଛଡ଼ା ଗ୍ରାଣ୍ଟ ଇନ୍ ଏଡ୍ ଏକ୍ଟରେ କିଛି ଅଭିଯୋଗ ଆପତ୍ତିର ଅନୁଧ୍ୟାନ କରିବାପାଇଁ କେଶ ଶୁଣାଣିର ପ୍ରାବଧାନ ରହି ଆସିଛି। ଅନେକ ପ୍ରାଇଭେଟ୍ କଲେଜରେ ମ୍ୟାନେଜମେଣ୍ଟ ଉଚ୍ଚଶିକ୍ଷା ନିର୍ଦ୍ଦେଶକଙ୍କ ବିରୋଧରେ କୋର୍ଟରେ ଆଶ୍ରୟ ନେଇଥିବା ସେଠାରେ ଗୋଟିଏ ମାମୁଲି କଥା। ଯଦିଓ ବାହାରକୁ ଏହା ଶୁଣାଯାଉଛି ମାରାତ୍ମକ। ହାଇକୋର୍ଟର ଓକିଲମାନେ ବି ଏଇ କେଶ୍ ମାନ ତଦ୍‌ବିର କରୁଥିଲେ। ସେମାନେ ପରିସ୍ଥିତିକୁ ଏପରି ଜଟିଳ କରିଦେଉଥିଲେ ଯେ ଆଦେଶ ଦେବା ଏତେ ସହଜ ନଥିଲା।

ବହୁ କଲେଜର ଅଧ୍ୟାପକ/ଅଧ୍ୟକ୍ଷ ଆସି ଦେଖା କଲାବେଳେ ସେମାନଙ୍କ କଲେଜ ପରିଦର୍ଶନ କରିବାକୁ ଅନୁରୋଧ କରିଥିଲେ। ମୁଁ ସମସ୍ତଙ୍କୁ କଥା

ଦେଇଥିଲି ବର୍ଷାଋତୁର ପ୍ରକୋପ କମିଲେ ସାରା ରାଜ୍ୟ ବୁଲିବି । ଅଧ୍ୟାପକମାନଙ୍କୁ, ଛାତ୍ରଛାତ୍ରୀମାନଙ୍କୁ ପ୍ରେରଣା ଦେବାରେ ହେଳା କରିବିନି । ହେଲେ ମୋ ଏତେ ସ୍ୱପ୍ନକୁ ରାତି ନ ଥିଲା ଯେମିତି । ଦୁଇମାସ ସରୁ ସରୁ ମୋତେ ଆଦେଶ ମିଳିଲା ଯେ ସେଠାରେ ଆଉ ଜଣେ ଅଧିକାରୀଙ୍କୁ ସ୍ଥାନିତ କରାଯାଇଛି, ଯିଏ ଆସୁଥିଲେ ସିଏ ମୋର ଅନୁଜ ପ୍ରତୀମ । ଚାକିରିରେ କିଛି ବର୍ଷ ଜୁନିଅର ପ୍ରାୟ ଛ' ମାସ ପରେ ଥରେ ଅନୌପଚାରିକ କଥାବାର୍ତ୍ତା ବେଳେ ସେ ଯାହା କହିଲେ ତାହା ମୋତେ ଭାରି କଷ୍ଟ ଦେଲା । ସେ କହିଲେ, ସାର୍ ଆପଣ ହେଉଛନ୍ତି ସର୍ବଶେଷ ପୂର୍ଣ୍ଣକାଳୀନ ନିର୍ଦ୍ଦେଶକ । ଏବେ ଆମର ନିର୍ଦ୍ଦେଶାଳୟ ଉଚ୍ଚଶିକ୍ଷା ବିଭାଗ ସହିତ ମିଶିଯାଇ ତାର ସତ୍ତା ହରାଇଛି ।

■

ବଡ଼ ଘର ବଡ଼ ଗୁମର କଥା

ବଡ଼ ହାକିମଙ୍କଠାରୁ ଫୋନ୍‌ଟିଏ ଆସିବା ମାତ୍ରେ ତାଙ୍କ ତଳ ହାକିମଙ୍କ ମୁହଁରୁ ବାହାରିପଡ଼େ ଆଜ୍ଞାବହ ଅନୁଗତଙ୍କ ପରି କୋମଳ କଥା । ଅଥଚ ସେଇଠି ମୁହୂର୍ତ୍ତେ ଆଗରୁ ତାଙ୍କ ନିକଟକୁ ଆସିଥିବା ଗାଁ ଲୋକଙ୍କ ଆଗରେ ସେ କେତେ କର୍କଶ କଥା କହୁଥିଲେ । ରେଡ଼ିଓର ଷ୍ଟେସନ ବଦଳି ଗଲେ ଯେମିତ ସୁର ବଦଳିଯାଏ ଠିକ୍ ସେଇମିତି ବଦଳିଯାଏ ପ୍ରସଙ୍ଗ ଓ ପ୍ରାସଙ୍ଗିକତା । ଆଉ ଠିକ୍ ଏମିତି ଘଟଣାଟିଏ ଘଟିଥିଲା ରାଜଧାନୀର ତହସିଲଦାରଙ୍କ କ୍ଷେତ୍ରରେ । ତହସିଲଦାର ବହୁ ଗୁରୁତ୍ୱପୂର୍ଣ୍ଣ ଜମିଜମା କାମ ବୁଝୁଥିଲେ ବି ବିଭାଗୀୟ ମୁଖ୍ୟଙ୍କ ଆଗରେ ସେ ଜଣେ ମାମୁଲି ଅଧିକାରୀ । ସେ ଚାହିଁଲେ ତାଙ୍କୁ କାଲି ପଠେଇ ଦେଇ ପାରିବେ ସୁଦୂର କଳାହାଣ୍ଡିର ଆଉ କେଉଁ ବ୍ଲକ ବା ତହସିଲକୁ । ବିଭାଗୀୟ ମୁଖ୍ୟଙ୍କ ଟେଲିଫୋନ୍‌ଟି ଥିଲା ବେଶ୍ ସଂକ୍ଷିପ୍ତ - ତାଙ୍କ ପାଖରୁ ଆସିଥବା ବାର୍ତ୍ତାଟିରେ କୁହାଯାଇଥିଲା ନିଜର ଅଫିସ ଷ୍ଟାମ୍ପ୍‌ଟି ସାଥୀରେ ଧରି ତୁରନ୍ତ ତାଙ୍କ ଅଫିସ୍‌ରେ ପହଞ୍ଚିବା ପାଇଁ । କିଛି ବୁଝି ପାରି ନଥିଲେ ତହସିଲଦାର ଶ୍ରୀକାନ୍ତ ।

ସବୁ କାମକୁ ପଛରେ ପକେଇ ସେ ଯାଇଥିଲେ ସେକ୍ରେଟେରୀଙ୍କ ଅଫିସ୍‌କୁ । ସେକ୍ରେଟେରୀଙ୍କ ନିର୍ଦ୍ଦେଶ ଥିଲା ତୁରନ୍ତ ଯାଇ ପୂର୍ବତନ ମୁଖ୍ୟ ଶାସନ ସଚିବ - ସମ ଅଧିକାରୀ ଚନ୍ଦ୍ରକାନ୍ତ ବାବୁଙ୍କୁ ଦେଖା କରିବାକୁ । ମନେ ମନେ ବିରକ୍ତ ହୋଇଥିଲେ ଶ୍ରୀକାନ୍ତ ବାବୁ । ତାଙ୍କ ପାଖରେ କିଛି ଜରୁରୀ କାମ ପାଇଁ ଦୂର ଦୂରାନ୍ତରୁ ଲୋକେ ଧାଇଁ ଆସିଥିବେ । ଜମିବାଡ଼ି ପ୍ରତି କି ଅହେତୁକ ଆସକ୍ତି ଲୋକଙ୍କର । କେଉଁ ଯୁଗରୁ ଦୁର୍ଯୋଧନ କୁଆଡ଼େ କହିଥିଲା ବିନା ଯୁଦ୍ଧରେ ଛୁଞ୍ଚି ମୁନ ତୁଲ୍ୟ ଜାଗା ଟିକିଏ ବି ଛାଡ଼ିବ ନାହିଁ ଆଜି, ଯେମିତି ବି ଅଘୋଷିତ ଭାବରେ ସେଇଟା

ସର୍ବସାଧାରଣ ନୀତି ହୋଇଯାଇଛି। କେତେ ସୀମା ସରହଦ ଚିହ୍ନା ପାଇଁ ଯେତେ ମାଲିମକଦ୍ଦମା ମାଡ଼ପିଟ ସବୁ ସେଇଠୁ ଆରମ୍ଭ। ଯାହାହେଲେ ବି ସେଇ ଲୋକଙ୍କର କାମ କରିବା ପାଇଁ ତାଙ୍କୁ ସରକାର ସେଇଠି ବସେଇଛନ୍ତି ହେଲେ ସେଇ ସରକାରଙ୍କ ବଡ଼ ହାକିମ ପୁଣି ତାଙ୍କୁ ପଠେଇଛନ୍ତି ଆଉ ଜଣେ ପୂର୍ବତନ ହାକିମଙ୍କ ଘରକୁ ତାଙ୍କ କାମ ଘରେ ପହଞ୍ଚି କରିଦେବେ ବୋଲି।

ଯଦି ବି ତାଙ୍କୁ କୁହାଯାଇଥାନ୍ତା ଦିନେ ଦିଦିନ ଭିତରେ କରିବାକୁ ସେ କେବେବି ଭିଡ଼ ଛାଡ଼ି ଯାଇନଥାନ୍ତେ। ହେଲେ ଆଜିକାଲି ଗୋଟାଏ କାମ ନକଲା ମାନେ ତମେ ଅପଦାର୍ଥ। ଆମ ଦେଶରେ ବଡ଼ ହାକିମଙ୍କ ଆଦେଶକୁ ଅକ୍ଷରେ ଅକ୍ଷରେ ନ ମାନିଲେ ତାର ଫଳ ଭାରି ଅପ୍ରିୟ ହୋଇଥାଏ। ସେ ନିଜ ଆଖି ଆଗରେ ଦେଖୁଥିଲେ ଯେ ଆଇନ ଆଖିରେ ସମସ୍ତେ ସମାନ ବୋଲି ଯାହା କୁହାଯାଇଛି ତାହା ସବୁ ଖାଲି ଧର୍ମକୁ ଆଖିଠାର।

ତାଙ୍କ ଜିପ୍ ଚାଲିଲା ଚନ୍ଦ୍ରକାନ୍ତ ସାର୍‌ଙ୍କ ଘର ଆଡ଼କୁ। ଦିବର୍ଷ ଭୁବନେଶ୍ୱରରେ ରହିଲେ ସରକାରୀ ଅଧିକାରୀମାନେ କ୍ଷମତାସୀନମାନଙ୍କର ଗୋଟିଏ ସର୍ଭେ କରିଦିଅନ୍ତି। ତେଣୁ ତାଙ୍କର ଘର ପାଇବାରେ କିଛି ଅସୁବିଧା ହେଲା ନାହିଁ। ସେ ଯାଇ କଲିଂବେଲ୍ ମାରୁ ମାରୁ ଯେଉଁ ଅଶୀତିପର ବ୍ୟକ୍ତିଜଣକ ତାଙ୍କ ପାଖକୁ ଚାଲି ଆସିଲେ ତାଙ୍କୁ ଦେଖି ଯୋଡ଼ ହସ୍ତରେ ଅଭିବାଦନ ଜଣେଇଲେ ଶ୍ରୀକାନ୍ତ ଆଉ ନିଜର ପରିଚୟ ଦେବା ସହିତ କହିଲେ ସେକ୍ରେଟେରୀଙ୍କ ନିର୍ଦ୍ଦେଶରେ ସେ ଆସିଛନ୍ତି।

ତାଙ୍କୁ ବୈଠକଖାନାରେ ବସେଇଦେଇ ଘର ଭିତରକୁ ଚାଲିଗଲେ ଚନ୍ଦ୍ରକାନ୍ତ ସାର୍। ଏତିକିବେଳେ ଶ୍ରୀକାନ୍ତ ଲକ୍ଷ୍ୟ କରୁଥିଲେ ଆଭିଜାତ୍ୟସମ୍ପର୍ଣ୍ଣ ବୈଠକଖାନାରେ ପଡ଼ିଥିବା ପରିପାଟିଗୁଡ଼ିକୁ। ସେଥିରେ ଝୁଲୁଥିଲା ଅନେକ ଦୁର୍ମୂଲ୍ୟ କଳାକୃତି ସହ ଗୃହକର୍ତ୍ତା ବିଭିନ୍ନ ପୁରସ୍କାର ଗ୍ରହଣ କରୁଥିବାର ଆଲୋକ ଚିତ୍ର। ପଦ୍ମଶ୍ରୀ ଠାରୁ ପଦ୍ମଭୂଷଣ ଯାଏ ଗ୍ରହଣ କରୁଥିବା ବିଭିନ୍ନ ବିଭିନ୍ନ ଶୈଳୀର ଫଟୋଚିତ୍ର ଶୋଭାପାଉଛି। ତା ସାଙ୍ଗକୁ କେଉଁଠି କେନ୍ଦ୍ର ସାହିତ୍ୟ ଏକାଡ଼େମୀ ତ କେଉଁଠି ସରସ୍ୱତୀ ସମ୍ମାନ ପରି ବିଶିଷ୍ଟ ସମ୍ମାନ। ଶ୍ରୀକାନ୍ତ ବାବୁ ଦେଖୁଥାନ୍ତି ବହିଗୁଡ଼ିକ ଏତେ ସୁନ୍ଦର ଭାବରେ ସଜା ହୋଇ ରଖାଯାଇଛି। ଗଛମାନେ ବିଭିନ୍ନ ପଟରେ ସଜା ହୋଇଛନ୍ତି ତାଙ୍କୁ ନିଜକୁ ଭାରି ଛୋଟ ଲାଗୁଥିଲା। ତାଙ୍କୁ ବସେଇ ଦେଇ ଭିତରକୁ ଗଲାପରେ ଗୋଟାଏ ଟେବୁଲ ତଳେ ମୁହଁ ମାଡ଼ି ରଖାଯାଇଥିବା କେତୋଟି

ଫଟୋକୁ କୌତୁହଳରୁ ଉଠେଇ ଦେଇ ଦେଖିଲେ ଯେ ସେଇଟା ଅନେକ ବର୍ଷ ତଳୁ ଓଡ଼ିଶା ସାହିତ୍ୟ ଏକାଡ଼େମୀ ପାଇବା ବେଳର ଫଟୋ। ସେଇଟା ଏବେ ଅଦରକାରୀ ବା ଅର୍ବାଚୀନ ହୋଇଯାଇଥିବାରୁ ଏବେ ମୁହଁମାଡ଼ି ଶୋଇପଡ଼ିଛି ଅଭିମାନରେ। ଏମ୍.ଏ ଶ୍ରେଣୀରେ ଫାଷ୍ଟକ୍ଲାସ୍ ହେଲା ପରେ ସପ୍ତମଶ୍ରେଣୀ ସ୍କଲାରସିପ୍ ପାଇଥିବାର ଚିଠିପରି ତାହା ପାଲଟି ଯାଇଥାଏ ନିଷ୍ପ୍ରଭ ଓ ନିରର୍ଥକ।

ଏତିକିବେଳେ ଚାକରଟିଏ ଚା କପ୍‌ଟିଏ ଧରି ଆସିଲା - ପାଣି ଗ୍ଲାସ୍‌ଟି ସହିତ। ଟ୍ରେରୁ ଚା'ଟି ଉଠେଇ ଅତିଥିଙ୍କ ସାମ୍ନାରେ ରଖିଦେଲା, ତା ସହିତ ପାଣି। ପାଣି ଥାଏ ଖୁବ୍ ପରିଚ୍ଛନ୍ନ। ଚା କପ୍ ଦେଇ ଫେରିଗଲାବେଳେ କହିଗଲା, "ସାର୍ କ'ଣ ଗୋଟାଏ କାଗଜ ଖୋଜୁଛନ୍ତି, ଆପଣ ଟିକେ ବସିଥାନ୍ତୁ।"

ଶ୍ରୀକାନ୍ତ ବାବୁ ଭାବୁଥାନ୍ତି କଣ ଗୋଟାଏ ଚାକିରି ବାହାରିଥିଲା ଯେ ତାଙ୍କ ଅଫିସ୍‌ରେ ଯେଉଁ ଭିଡ଼ - ସେଥିରେ ପୁଣି ଓକିଲମାନଙ୍କ କାମରେ ଟିକିଏ ଡେରି ହେଲେ ତାଙ୍କ ଆସୋସିଏସନ୍ ତରଫରୁ ଧର୍ମଘଟର ତୁହାକୁତୁହା ଡାକରା। କେତେ ଶୀଘ୍ର ତାଙ୍କ କାମ ସାରି ଫେରିଯିବେ, ସେ ଜାଣିପାରୁନଥାନ୍ତି। କ'ଣ କାମ ପାଇଁ ସେ ଆସିଛନ୍ତି ନିଜେ ବି ଜାଣି ନଥାନ୍ତି।

ପାଞ୍ଚ ମିନିଟ୍ ଉତ୍ତାରୁ ସାର୍ ଫେରି ଆସିଲେ। ଟିକିଏ ଗମ୍ଭୀର ଦିଶୁଥାନ୍ତି। ଗୋଟିଏ ଟାଇପ କରା କାଗଜଟିଏ ଧରେଇ ଦେଲେ ଆଉ କହିଲେ, ଏଇଟା ଟିକିଏ ପଢ଼ି ନିଅନ୍ତୁ। ଠିକ୍ ଅଛି କି ନାହିଁ ଆଖି ପକେଇ ନିଅନ୍ତୁ। ହଠାତ୍ ସେ କିଛି ବୁଝିପାରୁ ନଥାନ୍ତି। ତାଙ୍କର ଭ୍ରାନ୍ତି ଦୂର କରିବାକୁ ସେ କହିଲେ, "ଜଣେ ବିଦେଶୀ ଝିଅକୁ ମୋ ପୁଅ ବାହାହେବ ସ୍ପେଶାଲ ମେରେଜ୍ ଏକ୍ଟରେ। ସେଇଟା ଆର ସପ୍ତାହରେ ହେବ; ମାତ୍ର ବାହାର ଝିଅଟେ ଯେତେବେଳେ ଆମ ଘରେ ଏତେ ଦିନ ରହିବ ତେଣୁ ଆଫିଡେଭିଟ୍‌ଟାଏ ଆମ ପାଖରେ ଥିଲେ ଭଲ। କେତେବେଳେ କେଉଁ କଥା।"

ଶ୍ରୀକାନ୍ତବାବୁ ପଢ଼ିଗଲେ ଆଫିଡେଭିଟ୍ ଫର୍ମାଟ୍‌ରେ ଲେଖାହୋଇଥିବା ଦୁଇ ପୃଷ୍ଠାର ସେଇ ବିବରଣୀ। କଥାବସ୍ତୁ ଥିଲା ଯେ ମିଷ୍ଟର ଏକ୍ସ ଏବଂ ୱାଇ ପରସ୍ପରକୁ ଭଲ ପାଇ ସ୍ୱଇଚ୍ଛାରେ ବାହାହେବେ ବୋଲି ନିଷ୍ପତ୍ତି ନେଇଛନ୍ତି। ବାହାଘର ପର୍ଯ୍ୟନ୍ତ ସେମାନେ ସାଙ୍ଗରେ ରହୁଛନ୍ତି ଏହା ସେମାନଙ୍କର ନିଜସ୍ୱ ନିଷ୍ପତ୍ତି। ଏତିକି କଥାକୁ ଦି ପାଖ କାଗଜରେ ବିସ୍ତୃତ ଭାବରେ ଟାଇପ୍ କରାଯାଇଛି କମ୍ପ୍ୟୁଟରରେ। ଯେହେତୁ ଏତେ ବରିଷ୍ଠ ସେବାନିବୃତ୍ତ ଅଧିକାରୀ, କହିଲେ ଠିକ୍ ଅଛି କି ନାହିଁ ଦେଖି ନେବାକୁ

ତାକୁ ମନଯୋଗ ସହକାରେ ପଢ଼ିଗଲେ ଶ୍ରୀକାନ୍ତ । ହେଲେ ତାଙ୍କର ମନଟି ଅଟକିଗଲା ସେଇ ଆରମ୍ଭରୁ ଯେଉଁଠୁ ଲେଖାହୋଇଛି ମିଷ୍ଟର ଏକ୍ସଙ୍କର ବୟସ ଛବିଶ ଏବଂ ମିସ୍ ୱାଇ ବୟସ ବତିଶ । ଇଂଲିଶ୍ ବଡ଼ ଏମ୍ ପରେ ଛୋଟ ଅକ୍ଷରର ଏସ୍ ଲେଖାଯାଇଛି ଯାହା ବୁଝେଇବ ସେ ମିସ୍ ହୋଇପାରନ୍ତି କିମ୍ବା ମିସେସ୍ ତାହା ଉପରେ ତର୍ଜମା କରାଯିବା ଅନୁଚିତ; ମାତ୍ର ସେ ଜଣେ ନାରୀ ସେତେକ ନିରାସକ୍ତ ସତ୍ୟ ।

କିନ୍ତୁ ଏଇ ବୟସର ତାରତମ୍ୟଟା ଏକ ସର୍ବସାଧାରଣ ଭାରତୀୟ ଆଖିରେ ପଡ଼ିଯିବା ଏକ ମାମୁଲି କଥା । ଏଇଠିତ ଆଗରୁ କୁହାଯାଉଥିଲା ବର ତିରିଶା କନିଆଁ ଦଶା । ସେ କଥା କୁଆଡ଼େ ଗଲାଣି ଆଜିକାଲି । ତଥାପି ପୁଅମାନେ ଝିଅଙ୍କଠାରୁ ଦୁଇଚାରି ବର୍ଷ ସିନିୟର ଥାଆନ୍ତି ସାଧାରଣତଃ ପୁଣି କେତେବେଳେ ସାଙ୍ଗସାଥି ଭିତରେ ବାହାଘର ହେଉଥିଲେ ହୁଏତ ସମାନ । ଶ୍ରୀକାନ୍ତଙ୍କର ପାରମ୍ପାରିକ ଭାରତୀୟ ମନଟା ସେଇଠି ଅଟକି ଗଲା କାରଣ ଲେଖା ଅନୁସାରେ କନ୍ୟା ବର ଠାରୁ ଛ ବର୍ଷ ବଡ଼ । ଇତିହାସ ଖୋଜିଲେ ମହମ୍ମଦଙ୍କ ଠାରୁ ତେନ୍ଦୁଲକର ଯାଏ ଅନେକ ଉଦାହରଣ ବାହାରିବ; ମାତ୍ର ସିଏତ ଇତିହାସ ପଢ଼ିବାକୁ ବା ପଢ଼େଇବାକୁ ଏଠିକି ଆସି ନାହାନ୍ତି । ସେ ସାର୍‌ଙ୍କୁ କହିଲେ, ସାର୍ ବୋଧହୁଏ ଏଇଟି ଟାଇପ୍ ମିଷ୍ଟେକ୍ ହୋଇଯାଇଛି ମୁଁ ଭାବୁଛି ବୋଧହୁଏ ତେଇଶିଟା ଓଲଟିଯାଇ ବତିଶ ଲେଖାହୋଇ ଯାଇଛି । ସେଇଟା ଦେଖିଦେଲେ ସାର୍, ଆଉ କହିଲେ ନାଇଁ ଠିକ୍ ଅଛି ଆପଣ ଆଉ ସବୁ ଠିକ୍ ଅଛିକି ନାହିଁ ଦେଖି ଦିଅନ୍ତୁ । ଆଗକୁ ଆଗକୁ ପଢ଼ି ଚାଲିଲେ ଶ୍ରୀକାନ୍ତ ମାତ୍ର ଆଉ କିଛି ଅସଂଗତି ତାଙ୍କ ଆଖିରେ ପଡ଼ିଲା ନାହିଁ ।

ଏତିକିବେଳେ ଗୋଟାଏ ଅରଣା ମଇଁଷି ଭଳିଆ ହାପପ୍ୟାଣ୍ଟ ପିନ୍ଧା ବ୍ୟାକ୍ ବ୍ରସ କରିଥିବା ଟୋକାଟିଏ ଭିତରକୁ ପଶି ଆସିଲା ଆଉ ତହସିଲଦାରଙ୍କ ଠାରୁ ସେଇ କାଗଜକୁ ଟାଣିନେଇ ଦେଖିବାକୁ ଲାଗିଲା । ସେତେବେଳକୁ ଚନ୍ଦ୍ରକାନ୍ତ ସାର୍ ଆଉ ଗୋଟାଏ ସୋଫାରେ ବସିଥାନ୍ତି; କିନ୍ତୁ ଥାଆନ୍ତି ଚିନ୍ତାମଗ୍ନ । ସେଇଟି ପଢୁ ପଢୁ ସେ ଚିତ୍କାର କରିବା ଭଙ୍ଗୀରେ କହିଲା - "ହାଏ୍ ଡାଡ଼୍, ହ୍ୱାଟ୍‌ସ ଦିଶ୍ - ସି ଇଜ୍ ନଟ୍ ଥାର୍ଟି ଟୁ, ଶି ଇଜ୍ ଥାଟି ସିକ୍‌ସ - ଦିସ୍ ନିଡ଼୍‌ସ ଟୁ ବି ଚେଞ୍ଜଡ଼୍ ।" ଏତିକି କହି ସେ ଘର ଭିତରକୁ ଚାଲିଗଲା । ଆଉ ସେଇଟିକୁ କରେକସନ୍ କରିବାକୁ ଲାଗିଲେ ତହସିଲଦାର - ତାଙ୍କ ସଂଶୋଧନ ପର୍ବ ସରୁ ସରୁ ଗୋଟିଏ ଭୁତୁଣୀ ଭଳି ଦିଶୁଥିବା ବିଦେଶୀ ମହିଳା ପଶି ଆସିଲେ । ତାଙ୍କର କେଶରାଜି ମୁକୁଳା ।

ହାପ୍‌ପ୍ୟାଣ୍ଟରେ ସେ ଦିଶୁଥିଲେ ଉଗ୍ର ଆଉ କାଗଜଟିକୁ ଆଉ ଥରେ ପରଖି ନେଇ କହିଲେ, "ଓଃ, ଦାଟସ୍ ରଂ, ଆଏ ମ୍ ଥାର୍ଟି ନାଇନ୍ ନଟ ଥାର୍ଟିସିକ୍ସ - ରେକ୍ଟିଫାଏ ଇଟ୍ କୁଲ -" ଏତିକି ନିର୍ଦ୍ଦେଶ ନେଇ ସେ ପୁଣି ଝଡ଼ ପରି ଘର ଭିତରକୁ ପଶିଗଲେ। ଶ୍ରୀକାନ୍ତ ଭାବୁଥିଲେ ଯେଉଁ ହସର ଝଡ଼ ତାଙ୍କ ଭିତରେ ଉଠିଛି ଯଦି ସେଇଠି ବର୍ଷିଯିବ ସେ ଅପଦସ୍ତ ହୋଇଯିବେ। ବହୁ କଷ୍ଟରେ ହସଟିକୁ ଲୁଚେଇବାକୁ ଚେଷ୍ଟା କଲେ ସେ। ହସ ହେଉ କାନ୍ଦ ସ୍ୱାଭାବିକ ଅବସ୍ଥାରୁ ଫେରେଇବା ଭାରି କଷ୍ଟ କାମଟିଏ। ଭାରି କାକୁସ୍ଥ ଦିଶୁଥିଲେ ସେ।

ଏତିକିବେଳେ ସାର୍‌ଙ୍କ ଘରୋଇ ସହକାରୀଟି ସଂଶୋଧନ କରିଦେଲେ ସେଇଟିକୁ ଆଉ ପୁଅଝିଅ ଦୁଇଜଣ ଦସ୍ତଖତ କରିଦେଲେ ସେଇଥିରେ, ଆଉ ଆଫିଡେଭିଟ୍‌ରେ ଦସ୍ତଖତ କରିଦେଲେ ସେ।

ସାଙ୍ଗେ ସାଙ୍ଗେ ବଡ଼ବାବୁଙ୍କୁ ମୋବାଇଲ୍‌ରେ ଫୋନ୍ କଲେ ଆଉ କହିଲେ ବଡ଼ବାବୁ ଆଫିଡେଭିଟ୍ ଖାତାର ପରବର୍ତ୍ତୀ ନମ୍ବରଟି କଣ ଦିଅନ୍ତୁ ଆଉ ତାରି ପାଖରେ ଲେଖିଦିଅନ୍ତୁ ମିଷ୍ଟର ଏକ୍ସ ଓ ମିସ୍ ଓ୍ୱାଇ। ସେଇ ନମ୍ବରଟି ଚଢ଼େଇ ଦେଲେ ଆଫିଡେଭିଟ୍‌ର ଷ୍ଟାମ୍ପ ଉପରେ।

ଫେରିଗଲା ବେଳେ ଚାପି ରଖିଥିବା ହସ ସବୁ ଓଗାଳି ଦେଉଥିଲେ ଶ୍ରୀକାନ୍ତ ଆଉ ପହଞ୍ଚୁ ପହଞ୍ଚୁ ତାଙ୍କୁ ଘେରିଯାଇ ପିଲାମାନେ ତାଙ୍କ କାମରେ ଯେତେବେଳେ ବ୍ୟସ୍ତ କରାଇଲେ ସେତେବେଳେ ଜଣେ ଚିହ୍ନା ଓକିଲ ତାଙ୍କୁ ପଚାରିଲେ ସାର୍ ଆପଣ ଭିଡ଼ ଛାଡ଼ି ହଠାତ୍ ପଳେଇଲେ କେଉଁଠିକି ବୁଝିହେଲାନାହିଁ। ଶ୍ରୀକାନ୍ତ କହିଲେ ମୁଁ ବି ବୁଝିପାରୁନି ମୁଁ କେଉଁଠିକି ଯାଇଥିଲି। ସବୁ କଥା କଣ କହି ହୁଏ, ବଡ଼ ଘର ବଡ଼ ଗୁମର କଥା।

X X X

ତହସିଲଦାର ଏକ ମେଘଳ ସଂଧ୍ୟାରେ ମନଖୋଲା ହସ ହସି ତାଙ୍କ ଦୁଃଖକୁ ବିବୃତ କରୁଥିଲେ ମୋ ସାମ୍ନାରେ। ବେଳେ ବେଳେ ଜଣକର କାମ କରିବା ପାଇଁ ଗଣଙ୍କୁ ଉପେକ୍ଷା କରାଯାଏ। ଇଚ୍ଛା ବିରୋଧରେ କାମ କରିବାକୁ ହୁଏ। ଯେ ଯେମିତି ଏକ ଅଲିଖିତ ବଂଚିବାର କଳା !

■

ବିଦାୟ ବାଇଶି

ଦି ହଜାର ବାଇଶି ମସିହାକୁ ବିଦାୟ ଦେବା ସହିତ ତାଳ ଦେଇ ମୋତେ ଷୋହଳ ସତର ବର୍ଷ ଧରି ଆଶ୍ରୟ ଦେଇଥିବା ସରକାରୀ ଘରକୁ ବି ବିଦାୟ ଦେବାକୁ ହେଲା। ଜାନୁଆରୀ ମାସର ମଝାମଝିରେ ମୋର ଦାୟିତ୍ୱ ସରିଯିବ ବାଷଠି ବର୍ଷର ପୂର୍ତ୍ତି ସହିତ ତାଳଦେଇ ଏବଂ ମୋତେ ନିଷ୍କ୍ରାନ୍ତ ହେବାକୁ ପଡ଼ିବ ଏଇ ସରକାରୀ ଘରୁ, ଏଠାକାର ଷୋହଳ ବର୍ଷରୁ ଊର୍ଦ୍ଧ୍ୱ ସମୟ ଭିତରେ ଘଟିଥିବା ବହୁ ଘଟଣା ଆଖି ଆଗରେ ନାଚି ଯାଉଛି। ସମଗ୍ର ଜୀବନ ଭିତରେ ଏତେ ସମୟ ଏକାଦିକ୍ରମେ ମୁଁ ଗୋଟିଏ ଘରେ ରହିନାହିଁ କିମ୍ବା ରହିବାର ସୁଯୋଗ ନଥିଲା। ଷୋହଳ ବର୍ଷ ଗୋଟିଏ ଛୋଟିଆ କାଳଖଣ୍ଡ ନୁହେଁ ଏହାଠାରୁ କମ୍ ସମୟ ଭିତରେ ରାମାୟଣର କଥାବସ୍ତୁ ଘଟିଯାଇଥିଲା ଯାହାକୁ ଏକ ବୃହତ୍ତର ସମୟ ପରିଧି ଭାବରେ ଗ୍ରହଣ କରାଯାଇଥାଏ। ବନବାସକୁ ପ୍ରଥମେ ଏକ ଦଣ୍ଡ ଭାବରେ ଗ୍ରହଣ କରାଯାଇଥିବାରୁ ଚଉଦ ବର୍ଷ ବନବାସ କହିଲା ବେଳକୁ ଲାଗୁଥିବ ଏ ସମୟ ହୁଏତ ସରିବ ନାହିଁ। ଅନ୍ତତଃ ଏତେ ଧୈର୍ଯ୍ୟ ଅଛି ବା କାହାର; ମାତ୍ର ମୁଁ ଏହି ସରକାରୀ ଘରକୁ ଆସିବା ବେଳକୁ ପ୍ରାୟ କୋଡ଼ିଏ ଏକୋଇଶ ବର୍ଷ ସରକାରୀ ଚାକିରିରେ ବହୁ ଜାଗା ବୁଲି ଶେଷ ପାହାଚରେ ପହଞ୍ଚିଥିଲି ଭୁବନେଶ୍ୱରରେ।

ମୋତେ ମିଳିଥିବା ଘରଟି ଭୁବନେଶ୍ୱରର କେନ୍ଦ୍ରସ୍ଥଳ ମାଷ୍ଟରକ୍ୟାଣ୍ଟିନ୍‌ରେ ଥିବାର ଯେଉଁ ଖୁସି ମୋତେ ମିଳିଥିଲା, କ୍ୱାଟର୍ସରେ ପହଞ୍ଚି ଦେଖିଲା ବେଳକୁ ସେଇ ଆନନ୍ଦ ମିଳେଇ ଯାଇଥିଲା। ତାର ବଡ଼ କାରଣ ହେଲା ପ୍ରାୟ ଦୁଇ ମାସ ହେଲା ମୋର ପୂର୍ବ ଗୃହସ୍ଥ ଘର ଛାଡ଼ି ଦେଇଥିଲେ ଓ ବର୍ଷାଋତୁର ପ୍ରଭାବରୁ ସମଗ୍ର ଅଞ୍ଚଳଟି ଦିଶୁଥିଲା ଏକ ଜଙ୍ଗଲର ପ୍ରତିରୂପ ଭଳି। ଅନାବନା ଗଛ ଓ ଗୁଳ୍ମ - ଅପରିଷ୍କାର ପରିବେଶ - ଆଗରୁ ଉପଜିଲ୍ଲାପାଳ ଭାବରେ ତିନୋଟି ସବ୍‌ଡିଭିଜନରେ

କାର୍ଯ୍ୟ କରିଥିଲା ବେଳେ ବଡ଼ ବଡ଼ ବଙ୍ଗଳାରେ ରହିଥିଲି, ସେଇ ଦୃଷ୍ଟିରୁ ମନ ଟିକିଏ ଉଣା ହୋଇଯାଇଥିଲା ।

କାଳ ବିଳମ୍ବ ନକରି ଅରମା ଦିଶୁଥିବା ଅଗଣା ସଫା କରେଇଲି ଓ ବଗିଚାରେ କେବଳ ପ୍ରାକୃତିକ ଭାବରେ ବଢ଼ି ବନ୍ୟ ଭ୍ରମ ଦିଶୁଥିବା ଗଛମାନଙ୍କୁ ଯତ୍ନରେ ସମତୁଲ କଲି । ଘରେ ଚୁନ ଧଉଳା କରି ଏକ ସଂକ୍ଷିପ୍ତ ପୂଜା ସଂପାଦନାନ୍ତେ ପିଲାମାନଙ୍କ ସହିତ ଗୃହପ୍ରବେଶ କଲି କ୍ୱାଟର୍ସ ଆଲର୍ଟ ହେବାର ତିନିଦିନ ଭିତରେ । ବଡ଼ ପୁଅ ସେତେବେଳେ ବେସିକ ସାଇନ୍‌ସ କଲେଜରେ ଦ୍ୱିତୀୟ ବାର୍ଷିକ ବିଜ୍ଞାନ ଛାତ୍ର ଆଉ ସାନ ପଢ଼ିଲା ବିଜେବିରେ । ପିଲାମାନଙ୍କ ପଢ଼ାପଢ଼ିରେ ଭୁବନେଶ୍ୱର ରହଣି ସହାୟକ ହେବ ତାହା ଥିଲା ମୋର ପ୍ରାଥମିକ ଚିନ୍ତା ।

ଚାକିରି ତମାମ କେତେ ଜିଲ୍ଲା ବୁଲିଲି । ଯେତେ ବଦଳି ହେଲା ସବୁକୁ ଆବୋରିଛି । କେବେ ପ୍ରତିବାଦ କରିନି । କେଉଁ ଉପାନ୍ତ ଅଞ୍ଚଳରେ ଛୁଆଙ୍କ ପାଠପଢ଼ାରେ ବହୁ ବିଘ୍ନ ଘଟିଲା । ତେଣୁ ଭୁବନେଶ୍ୱର ରହଣୀ ମୋତେ ସମ୍ଭାବନା ଦେଲା ଏବେ ଛୁଆଙ୍କ ଯତ୍ନ ନେବି ।

ମୋତେ କେହି ଜଣେ କହିଲେ ମନ୍ତ୍ରୀଙ୍କ ପ୍ରାଇଭେଟ୍ ସେକ୍ରେଟେରୀ ହେବା ଭାରି ଭାଗ୍ୟର କଥା । କାମ ବେଶି ନଥାଏ । ଫାଇଲରେ ଦସ୍ତଖତ କରିବା ଦରକାର ପଡ଼େନି । ଅନ୍ୟ ଚାକିରିରେ ଯେମିତି ଦେହ ହାତ ଦରଜ ହେବା ସାଙ୍ଗକୁ ମନ ମଗଜ ସବୁ କେବେ କେବେ ଅସଜ ହୋଇଯାଏ, ସେମିତି ପରିସ୍ଥିତି ଏଠାରେ କମ୍ । ଚାକିରିରେ ହଜାରେ ଲୋକଙ୍କୁ ସନ୍ତୁଷ୍ଟ କରିବାକୁ ପଡ଼େ; ମାତ୍ର ମନ୍ତ୍ରୀଙ୍କ ପ୍ରାଇଭେଟ୍ ସେକ୍ରେଟେରୀ ବା ଖାସ ସଚିବ ହେଲେ କେବଳ ଜଣେ ମୁନିବ । ତାଛଡ଼ା ଏଥିରେ ସି.ସି.ଆର୍ ସର୍ବୋତ୍ତମ ହେବାର ସମ୍ଭାବନା ସର୍ବାଧିକ । ଛଅ ବର୍ଷ କାଳ କାମ କଲା ପରେ ଲାଗିଲା ଯାହା ଲୋକମାନେ କହନ୍ତି ତାହା ସର୍ବକାଳୀନ ସତ୍ୟ ନୁହେଁ । କଥାରେ କହନ୍ତି ନ ଦେଖିଲା ଓଉ ଛଡ଼ଫଡ଼ା, ନିଜ ଅଭିଜ୍ଞତା ଭିତରେ ହିଁ ବାସ୍ତବ ଜିନିଷକୁ ପରଖାଯାଏ ।

ପ୍ରଥମେ କହିରଖେ ମୋତେ ଯେଉଁ ମନ୍ତ୍ରୀଙ୍କର ଖାସ୍ ସଚିବ ଭାବରେ ନିଯୁକ୍ତି ଦିଆଯାଇଥିଲା ସେ ଥିଲେ ମନ୍ତ୍ରୀ ଭାବରେ ନବାଗତ ତା ଛଡ଼ା ଜଣେ ବିଧାୟକ ଭାବରେ ମଧ୍ୟ ତାଙ୍କର ବିଶେଷ ଅଭିଜ୍ଞତା ନଥିଲା; ମାତ୍ର ସେଥିଲେ ଜଣେ ଅତ୍ୟନ୍ତ ସରଳ ପ୍ରକୃତିର ଲୋକ । ତାଙ୍କୁ କିଛି ଭଲ ପ୍ରସ୍ତାବ ଦେବା ସହିତ ଛୋଟ ଅଫିସ୍‌ଟିକୁ ପରିଚାଳନା କରିବା ଥିଲା ମୋର କାମ । ମୋଟା ମୋଟି ଭାବରେ

ମନ୍ତ୍ରୀ ନୂଆକରି ପଦବୀ ପାଇଥିବାରୁ ତାଙ୍କୁ ଏକ ହାଲକା ବିଭାଗ ଦିଆଯାଇଥିଲା। ତେଣୁ ପ୍ରାଥମିକ ଅବସ୍ଥାରେ ଦିନ ଦିନ କାହିଁକି ସପ୍ତାହେ କାଳ ଅଫିସ୍‌ରେ ବସିବା ଭିତରେ ଗୋଟିଏ ବି ଫାଇଲ ଆସୁ ନଥିଲା। ଏହା ମୋତେ ଭାରି ବିରକ୍ତ କରି ଦେଉଥିଲା। ପ୍ରଥମତଃ ମନ୍ତ୍ରୀ ସାରା ରାଜ୍ୟ ବୁଲୁଥିଲେ ସମ୍ବର୍ଦ୍ଧନା ଗୋଟେଇବା ପାଇଁ ଯେହେତୁ ନୂଆକରି ମନ୍ତ୍ରୀପଦ ମିଳିଛି ଏବଂ ଫାଇଲ ନଥିବାରୁ ଖାଲି ଖବରକାଗଜ ପଢ଼ିବା, ଚା କଫି ପିଇବା, କେହି ସାମ୍ବାଦିକ ଅଥବା ବନ୍ଧୁ ଆସିଲେ ତାଙ୍କ ସହିତ ଗପ ଯୋଡ଼ିବା ହୋଇଥିଲା ମୋର କାମ। ଅଫିସ୍‌ରୁ ଫେରିବା ବେଳକୁ ମୋତେ ଭାରି ଅସ୍ଥିର ଲାଗୁଥିଲା। ଉପଜିଲ୍ଲାପାଳ ଭାବରେ ହାରାହାରି ଦିନକୁ ପନ୍ଦର ଘଣ୍ଟା ପରିଶ୍ରମ କରୁଥିବା ଲୋକଟି ପାଇଁ ଖାଲି ନିକମ୍ମା ହୋଇ ବସିବା ଥିଲା ଭାରି କରୁଣ। ତା ଛଡ଼ା ମୋର ଆଉ କିଛି ସାଙ୍ଗ ବି ସମାନ କାମ କରୁଥିଲେ ଅନ୍ୟ ମନ୍ତ୍ରୀଙ୍କ ଦପ୍ତରରେ ହେଲେ ସେଠାରେ ବହୁ ଫାଇଲ, ବହୁ ଲୋକଙ୍କ ସମାଗମ; ମାତ୍ର ମୋ ପାଖରେ କିଛି କାମ ନାହିଁ, ମାଛିଟାଏ ବି ନାହିଁ ମାରିବାକୁ। ମୁଁ କଣ ଏତେ ଅଲୋଡ଼ା ହୋଇଗଲି କିମ୍ବା ମୋ ଭିତରେ ଥିବା ଏକ ଭୁଲ୍ ଧାରଣାର ପରିବର୍ତ୍ତନ ପାଇଁ ଭଗବାନଙ୍କର ଆଉ ଗୋଟାଏ ଲୀଳା ନୁହେଁ ତ ! ଆଗରୁ ମୁଁ ଭାବୁଥିଲି ମୁଁ ଖୁବ୍ କାମ କରୁଛି। ଲୋକଙ୍କୁ ନ୍ୟାୟ ଦେବା ପାଇଁ ଗଳଦ୍‌ଘର୍ମ ହେଉଛି। ହେଲେ ଏଇ ଦପ୍ତରରେ ନା ଥିଲା ଫାଇଲ ନା ଥିଲେ ଲୋକବାକ। ସମୟକ୍ରମେ ପରିସ୍ଥିତି ବଦଳିଲା। ମନ୍ତ୍ରୀଙ୍କ ଦାୟିତ୍ୱ ବି ବଦଳିଲା ଓ ତା ସାଙ୍ଗକୁ ମୋତେ ବି ଫୁରସତ୍ ମିଳିଲାନି ମିନିଟିଏ ଯେତେବେଳେ ମନ୍ତ୍ରୀ ମହୋଦୟ ଗଣଶିକ୍ଷା ବିଭାଗର ଦାୟିତ୍ୱ ନେଲେ। ଯେଉଁ ମୁଁ ଟିକୁ ନେଇ ମୁଁ ବ୍ୟସ୍ତ ହେଉଥିଲି, ଅନୁଭବ ହେଲା ସେଇଟି ମୋ ହେପାଜତରେ ନାହିଁ। ତା ପାଇଁ ଗର୍ବ କରିବା ଏବଂ ଦୁଃଖ କରିବା ଅଫିସ କାମ କମ୍ ଥିବାରୁ ଲେଖାଲେଖି ଉଭୟ ମୂଲ୍ୟହୀନ।

ଲେଖାଲେଖି କଲେ ଭଲ ହୁଅନ୍ତା ବୋଲି ଭାବି କେତେ ସମୟରେ କାଗଜ କଲମ ଧରି ବସେ, ଘଣ୍ଟା ଘଣ୍ଟା ବିତିଯାଏ, ବିକ୍ଷିପ୍ତ ଚିନ୍ତା ମୁଣ୍ଡକୁ ଘାରେ, କେବେ ନିଦ ମାଡ଼ି ଆସେ, ହେଲେ ଲେଖାଲେଖି ଆରମ୍ଭ ହୋଇପାରେନି। ମନେ ପଡ଼ିଲା ଅଜିତ୍ ତ୍ରିପାଠୀ, ଆଇ.ଏ.ଏସ୍‌ଙ୍କର ପ୍ରଥମ ବହିରେ ସେ ଲେଖିଥିବା ମୁଖବନ୍ଧର କଥା – ସେ କୁଆଡ଼େ ଛାତ୍ର ଜୀବନରେ ଲେଖାଲେଖି, ବକ୍ତୃତା ଇତ୍ୟାଦିରେ ଧୂରୀଣ ଥିଲେ ବୋଲି ବିବାହ ପରେ ତାଙ୍କର ପତ୍ନୀ ଜାଣିଲେ ଏବଂ ଦିନେ ରବିବାର ଅପରାହ୍ଣରେ ତାଙ୍କୁ ଗୋଟିଏ ଘରେ ଏକୁଟିଆ ଛାଡ଼ି ଖାତା କଲମ ନେଇ କବାଟ

ବନ୍ଦ କରି କହିଗଲେ ଏଇଠି ଲେଖାଲେଖି କର। ସେ ଖୁବ୍ ଜୋର୍‌ରେ ଫେନ୍ ଦେଇଦେଲେ ଏବଂ ଚାହୁଁ ଚାହୁଁ ତାଙ୍କ ଆଖିକୁ ମାଡ଼ି ଆସିଲା ଅନନ୍ତ ନିଦର ଅମାନିଆଁ ଜୁଆର। ରସିକତା କରି ଲେଖକ ଲେଖିଛନ୍ତି ସେଇ ବହିରେ ଯେ ତାଙ୍କର ନିଦ୍ରା ଭଙ୍ଗ ହେଲା ଚଉଦ ବର୍ଷ ପରେ। ତାଙ୍କର ତ ଚଉଦ ବର୍ଷରେ ନିଦ ଭାଙ୍ଗିଗଲା; ମାତ୍ର ମୋର! ମୁଁ ଭାରି କଲବଲ ହେଉଥିଲି। ଗୋଟିଏ ଖାତା ଧରି ଘଣ୍ଟା ଘଣ୍ଟା ବସି ରହୁଥିଲି। ଗୋଟିଏ ଶବ୍ଦ ତ ଦୂରର କଥା ଅକ୍ଷରଟିଏ ବି ବାହାରୁ ନଥିଲା। ନିଜକୁ ଧିକ୍‌କାର କରୁଥିଲି ସେତେବେଳେ ଭାବୁଥିଲି ଯେଉଁ କଲମ ପ୍ରାୟ ପଚିଶ ବର୍ଷ ହେଲା ନୀରବ ହୋଇଯାଇଛି ତାର ସ୍ୟାହି କ'ଣ ଏତେ ସହଜରେ କ୍ଷରଣ ହେବ? କେବଳ ଭଗବାନ ହିଁ ପଙ୍ଗୁକୁ ଗିରି ଲଙ୍ଘିବାର କ୍ଷମତା ଦେଇ ପାରନ୍ତି। ମୂକକୁ ବାଚାଳ କରିପାରନ୍ତି। ତାହେଲେ କଣ ପ୍ରଭୁ କୃପା ମୋତେ ମିଳୁନି କାହିଁକି? ବହୁ ବିକ୍ଷିପ୍ତ ଚିନ୍ତାର ଗହ୍ୱର ଭିତରେ ପଶିଯାଇ ସୁଡ଼ଙ୍ଗର କୌଣସି ଆଲୋକ ନ ପାଇ ହୃଦୟକୁ ବିଦୀର୍ଣ୍ଣ କରୁଥିଲି। ଛାତ୍ର ଜୀବନରେ ଗୋଟିଏ ପରିଚିତି ସୃଷ୍ଟି ହୋଇଥିଲା ମୁଁ କିଛି ଲେଖାଲେଖି କରିବି। ସାହିତ୍ୟ ସହିତ ଯୋଡ଼ି ହୋଇ ରହିବି। ତାହା କ'ଣ ମୋର କ୍ରମାଗତ ଉଦ୍ୟମ ବିନା ନିଷ୍ପ୍ରଭ ହୋଇଗଲା ଚିରଦିନ ପାଇଁ। ଏଇ ଭାବନା ମୋତେ ବାରମ୍ବାର ବିବ୍ରତ ଓ ବ୍ୟଥିତ କରୁଥିଲା। ଏତେ ଅନୁଭବ ହେଲା ଯେ ମୋର କିଛି ଅଭାବ ଅଛି। ଏଇ ଅଭାବପଣ ମୋ ଭିତରେ ସିନା ଗଭୀର ଆଲୋଡ଼ନ କଲେ ଯାଇ ବର୍ଷା ହେବ। ମୁଁ ଏକ ପ୍ରଶାସନିକ ଅଧିକାରୀ ଭାବରେ ନିଜକୁ ସ୍ୱୟଂ ସଂପର୍ଣ୍ଣ ଅନୁଭବ କରୁଥିଲି। ତେଣୁ ଭଗବତୀ ବାଗ୍‌ଦେବୀଙ୍କ କୃପା ବା ମିଳନ୍ତା କିପରି। ଏମିତି ଅନୁଭବ ମୋର ଆଗରୁ ନଥିଲା। ଯେମିତି ଆକାଶରେ ବହୁ ମେଘ ଖଣ୍ଡ ଘୁରି ବୁଲୁଥିବେ - ଅଥଚ କେବେ ବି ବର୍ଷା ଟୋପାଟିଏର ଦେଖା ନଥିବ। ଭାରି କଷ୍ଟକର ଯାତନା ଦାୟକ ସେଇ କ୍ଷଣମାନେ। ଆସ୍ତେ ଆସ୍ତେ ସେଇ ଦୁଃଖମାନଙ୍କୁ ସାଉଣ୍ଟିବାରେ ଲାଗିଲି। ସେଇ କଣ୍ଟାରେ ନିଜକୁ କ୍ଷତାକ୍ତ କରିବାରେ ଲାଗିଲି। ସେଇ ଯନ୍ତ୍ରଣା ଭିତରେ ନିଜକୁ ସମର୍ପି ଦେଲି। ତାପରେ ଅନୁଭବ କଲି ଶବ୍ଦମାନେ ମୋତେ ଆସ୍ତେ ଆସ୍ତେ ଧରା ଦେଇଛନ୍ତି। ମୋ ସହିତ ମିତ ବସୁଛନ୍ତି। ମୋତେ କେବେ କେତେ ତାଙ୍କ ସହିତ ନେଇ କୁଆଡ଼େ ନା କୁଆଡ଼େ ବୁଲିଯାଉଛନ୍ତି।

ମନେ ପଡୁଥିଲା ବାପପୁଅଙ୍କ ଗପ କେହିଜଣେ ଗାଳ୍ପିକ ବନ୍ଧୁ କହୁଥିଲେ। ଗାଳ୍ପିକ ଓ ଗପର ଧାରା ସବୁବେଳେ ବାପ ଆଉ ପୁଅଟି ପରି। ବାପଟିର କାଣି

ଅଙ୍ଗୁଠି ଧରି ପୁଅଟି ଚାଲୁଥିବ ଯାତ ଦେଖିବା ପାଇଁ। ବାପଟିର ନିଘାଥିବ ସବୁବେଳେ ଛୁଆଟି ଯେମିତି ତାହା ନଛାଡୁ। ସେ ଜାବୁଡ଼ି ଧରିଥାଏ ପୁଅଟିକୁ; ମାତ୍ର ଯାତର ଆତସବାଜି, ଆଲୋକମାଳା ଦେଖି ଉଲ୍ଲସିତ ହେଉଥିବା ପୁଅଟି ଚାହୁଁଥିବ ମନଇଚ୍ଛା ଯାତ ଦେଖନ୍ତା ବାପର ଆକଟ ଭିତରେ ରହନ୍ତାନି। ବାପର ଆକଟ ଭିତରେ ରହିଲେ ଗପର ସ୍ଵାଭାବିକତା ନଷ୍ଟ ହୋଇଯାଏ। ପୁଅକୁ ସ୍ୱାଧୀନତା ପୂର୍ଣ୍ଣ ଦେଇଦେଲେ ସେ କେଉଁ ଆଡ଼କୁ ନେଇଯିବ ତାର କିଛି ପତ୍ତା ମିଳିବନି। ହୁଏତ ଯାତ ଦେଖୁ ଦେଖୁ ଅନ୍ୟ କେଉଁ ଆଡ଼କୁ ମାଡ଼ିଯିବ ଯେ ତାର ଠିକ୍ ଠିକଣା ନଥିବ। ବାପପୁଅ ଭିତର ଗୋଟେ ତାଳମେଳ ଲୋଡ଼ା। ତାହା ହେଲେ ଗପର ସୌଷ୍ଠବ ରହିବ। ତା ଛଡ଼ା ଗପଟିଏ ପୂର୍ଣ୍ଣତାରେ ସରିବ, ନହେଲେ ତାହା ହେବ ବିଚ୍ଛିନ୍ନ ଚିନ୍ତାର ଏକ ଉଦ୍ଭଟ ସମ୍ମିଶ୍ରଣ। ଲେଖାଲେଖି ଭିତରେ ଉଭୟକୁ ଅନୁଭବ କରୁଥିଲି। କେତେବେଳେ ଉଲ୍ଲସିତ ହେଉଥିଲି, ଉଚ୍ଚାଟ ଅନୁଭବ କରୁଥିଲି। କେତେବେଳେ ଦୁଃଖରେ ଦ୍ରବୀଭୂତ ବି ହେଉଥିଲି ଯେ ଯାହା କହିବାକୁ ଚାହୁଁଥିଲି ସେଇ ବକ୍ତବ୍ୟ ଯେମିତି ପୂରା ଭାବରେ ପ୍ରକାଶ କରିପାରିଲି ନାହିଁ ଯାହାହେଉ ଏଇ ଦ୍ୱନ୍ଦ୍ୱ କ୍ରମଶଃ ଶେଷ ହେଲା। ତା ନହେଲେ ଦୁଇ ହଜାର ଉଣେଇଶିରୁ କ୍ରମାଗତ ସାତ ବର୍ଷ ଧରି ପ୍ରତିବର୍ଷ ଗୋଟିଏ ଲେଖାଏଁ ବହି ବାହାରିବା ସମ୍ଭବ ହୋଇନଥାନ୍ତା। ମୁଁ ଅନେକ ବେଳେ ଆକଟ କରୁନଥିବା ପିତାଟିଏ ପରି ପୁଅକୁ ଛାଡ଼ି ଦେଇଛି ଅବଶ୍ୟ ତାହା କେଉଁଠିନା କେଉଁଠି କିଛି ଉପଦ୍ରବ କରିଥିବା ଅସମ୍ଭବ ନୁହେଁ।

ଆଗରୁ ବିଭିନ୍ନ ଅଫିସରେ ଚାକିରି କରୁଥିଲା ବେଳେ ଯେଉଁସବୁ କଥାଗୁଡ଼ାକ ମନ ଭିତରେ ବେଶି ପ୍ରଭାବ ପକେଇଥଇଲା ସେଗୁଡ଼ାକ ଉପରେ ଲେଖିବାକୁ ଆରମ୍ଭ କଲି। ତେଣୁ ପ୍ରଥମ ବହିରେ ସେଗୁଡ଼ିକର ଅଧିକ ପ୍ରଭାବ ଥିଲା। ମୋର ଅଗ୍ରଜପ୍ରତୀମ ଜଣେ କହିଲେ - ଯେ ଲେଖାରେ ସରକାରୀ ଅଫିସର ଗନ୍ଧ ଟିକିଏ ଅଧିକ ରହୁଛି। ପରବର୍ତ୍ତୀ ସମୟରେ ସେ ବିଷୟରେ ଅଧିକ ସଚେତନ ହୋଇଛି; ମାତ୍ର ଚେତନ ଅବସ୍ଥା ଏକ ଆଧ୍ୟାତ୍ମିକ ଅବସ୍ଥା। ସେ ତମର ନିୟନ୍ତ୍ରଣରେ ନଥାଏ ସବୁବେଳେ।

ବିଭିନ୍ନ ଜିଲ୍ଲା ସ୍ତରରେ ସରକାରୀ କର୍ମରେ ନିୟୋଜିତ ଥିଲାବେଳେ ଏମିତି ନିଜକୁ ଢାଳି ଦେଇଥିଲି ଯେ ବହୁ ତାଚ୍ଛଲ୍ୟ ବି ସହିବାକୁ ହେଲା। ଜଣେ ତ କହିଲେ ତମେ କଣ ପଦ୍ମଶ୍ରୀ ପାଇବ କି ହୋ ? ଚାକିରି ଜୀବନରେ ଦିନେ ଛୁଟି ନେଲନି, କେବେ କେଉଁଠିକୁ ବୁଲାବୁଲି କରିବାକୁ ଗଲନି, ଗଧଟା ଭଳି ଖଟିଲ।

ବୁଦ୍ଧିଜୀବୀ ନହୋଇ ଶ୍ରମଜୀବୀ ପାଲଟି ଗଲ ! ମାତ୍ର ଏକଥା ସତ ଯେ ମୋର ପନ୍ଦରଟି ସିଏଲ୍‌ରୁ ବର୍ଷକରେ ହାରାହାରି ଅଧାରୁ ଅଧିକ ବ୍ୟୟ ନ ହୋଇ ରହୁଥିଲା ଏବଂ ମୋତେ ସାରା ଜୀବନ ଇ.ଏଲ୍. ନେବାକୁ ପଡ଼ିନାହିଁ ।

ମନ୍ତ୍ରୀଙ୍କ ନିକଟରେ କାମ କଲାବେଳେ ଲକ୍ଷ୍ୟ କଲି ମନ୍ତ୍ରୀ ମହୋଦୟ କେବେ ରାଜ୍ୟ ବାହାରକୁ କୌଣସି ସରକାରୀ କାର୍ଯ୍ୟରେ ଗଲେ ମୋତେ ସାଙ୍ଗରେ ନେଇଯାଉଥିଲେ । ସେହି କ୍ରମରେ ଭାରତର ବହୁ ସ୍ଥାନ ଦର୍ଶନର ସୁଯୋଗ ମିଳିଲା । ଯାହା ଅନ୍ୟ କୌଣସି ଚାକିରିରେ ହୁଏତ ସମ୍ଭବ ହୋଇ ପାରି ନଥାନ୍ତା । ତାଛଡ଼ା ମନ୍ତ୍ରୀମାନଙ୍କୁ ଯେଉଁ ପ୍ରୋଟୋକଲ ସୁବିଧା ମିଳିଥାଏ ତାହା ତାଙ୍କର ସହଯାତ୍ରୀ ଭାବରେ ମୋତେ ମଧ୍ୟ ମିଳୁଥିଲା । ତାଙ୍କର ବିଭିନ୍ନ ସଭାସମିତି ପାଇଁ ବକ୍ତବ୍ୟ ଲେଖିବା ଭିତରୁ ମୋର ଲେଖାଲେଖି ଆରମ୍ଭ ହେଲା ଓ କଳଙ୍କି ଲାଗିଥିବା ମୋର କଲମ ପୁଣି ଗତିଶୀଳ ହେବାକୁ ଲାଗିଲା ।

ମନ୍ତ୍ରୀଙ୍କ ଦପ୍ତରରେ କାମ କରୁ କରୁ ଶିଖିଗଲି ଯେ ସେଇଠି ତିନିଗୋଟି ଜିନିଷ ପ୍ରତି ବିଶେଷ ଦୃଷ୍ଟି ଦେବାକୁ ପଡ଼େ । ପ୍ରଥମଟି ହେଲା ମାନନୀୟ ମନ୍ତ୍ରୀଙ୍କର ବିଧାନସଭା ଅଞ୍ଚଳର ଲୋକମାନଙ୍କର ତଥା ଆଞ୍ଚଳିକ ଉନ୍ନୟନ ପ୍ରତି ସଜାଗ ଦୃଷ୍ଟିଦେବା । ମନ୍ତ୍ରୀ ମହୋଦୟଙ୍କର ବିଧାନସଭା ସମ୍ପର୍କୀତ କାର୍ଯ୍ୟକଳାପକୁ ସୁଗମ କରିବା ତଥା ବିଭାଗୀୟ ଫାଇଲ କାର୍ଯ୍ୟ ଓ ତତ୍‌ସମ୍ବନ୍ଧୀୟ ଯାବତୀୟ ଅନୁପାଳନ । ସମୀକ୍ଷା ଆଦିକୁ ସଂଯୋଜିତ କରିବା । ଏହାଛଡ଼ା ଆଉ ଗୋଟିଏ ଗୁରୁତ୍ୱପୂର୍ଣ୍ଣ କଥା ହେଲା ମାନନୀୟ ମନ୍ତ୍ରୀଙ୍କ ସହିତ ମାନ୍ୟବର ମୁଖ୍ୟମନ୍ତ୍ରୀଙ୍କ କାର୍ଯ୍ୟାଳୟ ସହିତ ଏକ ସକାରାତ୍ମକ ଯୋଗାଯୋଗ ସମ୍ପର୍ଣ୍ଣ କରାଇବା । ବିଧାନସଭାର କାର୍ଯ୍ୟକଳାପ ସମ୍ପର୍କରେ ମୋର ଆଗରୁ ବିଶେଷ ଧାରଣା ନଥିଲା । ମାନ୍ୟବର ବିଧାୟକମାନେ ମନ୍ତ୍ରୀଙ୍କଠାରୁ ବିଭାଗୀୟ ତଥ୍ୟ ବିଭିନ୍ନ ପ୍ରଶ୍ନ ମାଧ୍ୟମରେ ମାଗିଥାନ୍ତି । ତାରକାଚିହ୍ନିତ ପ୍ରଶ୍ନଗୁଡ଼ିକର ଉତ୍ତର ମନ୍ତ୍ରୀଙ୍କୁ ବିଧାନସଭାରେ ଆଲୋଚନା ବେଳେ ଦେବାକୁ ହୁଏ । ବାସ୍ତବରେ ଯେତିକି ପ୍ରଶ୍ନ ଆଲୋଚନା ହେବାକୁ ଥାଏ ତାର ମାତ୍ର କିଛି ଅଂଶ ପ୍ରଶ୍ନୋତ୍ତର ସମୟରେ ଆଲୋଚିତ ହୁଏ । ଯେମିତି ହାକିମମାନେ ବିଚାର ପାଇଁ ଦେଢ଼ଶହ କେଶ୍ ପକେଇଲେ ବି ପଚାଶ ଷାଠିଏ ଧରୁଧରୁ ଘଣ୍ଟି ବାଜିଯାଏ । ଠିକ୍ ସେଇମିତି ହୁଏ ପ୍ରଶ୍ନୋତ୍ତର କାଳରେ । ବିଧାନସଭାରେ ଗୋଟିଏ ନିୟମ ଅଛି ଯେ ପ୍ରଶ୍ନକର୍ତ୍ତା ଯଦି ନିଜେ ଉପସ୍ଥିତ ନ ରହନ୍ତି ତାହେଲେ ତାଙ୍କର ପ୍ରଶ୍ନ ଆଲୋଚିତ ହୁଏ ନାହିଁ । କେବେକେବେ କିଛି ବିଶେଷ ପ୍ରଶ୍ନକୁ ଏଡ଼େଇଯିବା ପାଇଁ ମନ୍ତ୍ରୀ ଚାହାନ୍ତି । ସଂପୃକ୍ତ ବିଧାୟକଙ୍କ ସହିତ

ବେଳେବଳେ ମୁଲଚାଲ ହୁଏ ବୋଲି ବହୁ ଗୁଞ୍ଜରଣ ସୃଷ୍ଟିହୁଏ। ଅନେକ ସମୟରେ ପ୍ରଶ୍ନ ପଚାରିଥିବା ବିଧାୟକ ତାଙ୍କର ପାଳି ପଡ଼ିବାର ଠିକ୍ ଅବ୍ୟବହୃତ ପୂର୍ବରୁ ନିଜର ଆସନ ଛାଡ଼ିଦେବା ସମୀକ୍ଷକ ସମାଲୋଚକଙ୍କୁ ସନ୍ଦେହରେ ପକାଇଥାଏ।

ବିଧାନସଭା ଏକ ସ୍ୱୟଂ ସଂପୂର୍ଣ୍ଣ ଅନୁଷ୍ଠାନ। ଓଡ଼ିଶା ବିଧାନସଭା ଆଗରୁ ଏକ ବିଧେୟକ ପାରିତ କରିଛନ୍ତି ଯେ ବର୍ଷକରେ ଅତି କମ୍‌ରେ ଷାଠିଏଦିନ ବିଧାନସଭା କାର୍ଯ୍ୟ ହେବ। ମାତ୍ର ଅନୁସନ୍ଧାନରୁ ଜଣାଯାଏ ଏହାର କାର୍ଯ୍ୟକାଳ ଦିନକୁ ଦିନ କମି କମି ଯାଉଛି। ବିଧାନସଭା ମୁଖ୍ୟତଃ ଆଲୋଚନାର ସ୍ଥଳ; ମାତ୍ର ବିଧାୟକମାନଙ୍କ ଭିତରୁ ଅଧିକାଂଶ ଆଜିକାଲି ସେମାନଙ୍କର କାର୍ଯ୍ୟନିର୍ବାହୀ ଦାୟିତ୍ୱ କରିବାକୁ ଅଧିକ ଗୁରୁତ୍ୱପୂର୍ଣ୍ଣ ଭାବୁଛନ୍ତି। ତେଣୁ ବିଧାନସଭା ଯେତିକି ଗୁରୁତ୍ୱପୂର୍ଣ୍ଣ ଭୂମିକା ତୁଲେଇବା କଥା ତାହା ସମ୍ଭବପର ହେଉନାହିଁ। ଆମ ମନ୍ତ୍ରୀ ନୂତନ ଭାବରେ ଦାୟିତ୍ୱ ନେଲାପରେ ତାଙ୍କ ବିଭାଗୀୟ କାର୍ଯ୍ୟକୁ ଅଧିକ ପ୍ରଚାର ପ୍ରସାର କରିବାକୁ ଚାହିଁଥିଲେ। ସେହି କ୍ରମରେ ନିଜେ ତଥା ଆମ୍ଭମାନଙ୍କ ଜରିଆରେ କିଛି ବିଧାୟକଙ୍କୁ ଅନୁରୋଧ କରି ପ୍ରଶ୍ନ ପଚାରିବାକୁ କୁହାଯାଇଥିଲା। ସରଳ ପ୍ରଶ୍ନମାନଙ୍କର ଉତ୍ତର ଯେପରି ସେ ସହଜରେ ଦେଇପାରିବେ ସେଥିପାଇଁ ଆନୁଷଙ୍ଗିକ ବ୍ୟବସ୍ଥା ମଧ୍ୟ କରାଯାଇଥିଲା। ଟିକି ପିଲା ଚାଲି ଶିଖିବା ବେଳେ ଶୁଭେଚ୍ଛୁ ଅଭିଭାବକମାନେ ଯେମିତି ସତର୍କତାର ସହିତ ଅପେକ୍ଷା କରିଥାନ୍ତି, ଠିକ୍ ସେଇ ଅବସ୍ଥା।

ପ୍ରାଥମିକ ଅବସ୍ଥାରେ ବିଧାନସଭାରେ ହେଉଥିବା ଆଲୋଚନାଗୁଡ଼ିକୁ ମୁଁ ମନଯୋଗ ସହକାରେ ଶୁଣୁଥିଲି। ସେତେବେଳର ଆଲୋଚନା ମଧ୍ୟ ଅତ୍ୟନ୍ତ ଉଚ୍ଚକୋଟୀର ଥିଲା। ବିଶେଷତଃ ବିରୋଧୀ ଦଳର ନେତା ପୂର୍ବତନ ମୁଖ୍ୟମନ୍ତ୍ରୀ ଜାନକୀ ବଲ୍ଲଭ ପଟ୍ଟନାୟକ, ବିରୋଧୀ ଦଳର ଉପନେତା ନରସିଂହ ମିଶ୍ର, ବିଧାୟକ ଅରୁଣ ଦେ, ବିଧାୟକ ପ୍ରତାପ ଷଡ଼ଙ୍ଗୀ, ଅତ୍ୟନ୍ତ ପ୍ରଭାବଶାଳୀ ଢଙ୍ଗରେ ସେମାନଙ୍କର ବକ୍ତବ୍ୟ ଉପସ୍ଥାପନ କରୁଥିଲେ। ଶାସକ ଦଳରୁ ଶ୍ରୀଯୁକ୍ତ ପ୍ରଫୁଲ୍ଲ ଘଡ଼େଇ, ଶ୍ରୀଯୁକ୍ତ ପ୍ରସନ୍ନ ଆଚାର୍ଯ୍ୟ, ଶ୍ରୀଯୁକ୍ତ ଦାମୋଦର ରାଉତ, ଶ୍ରୀଯୁକ୍ତ ରଣେନ୍ଦ୍ର ପ୍ରତାପ ସ୍ୱାଇଁଙ୍କର ଉତ୍ତର ଅତ୍ୟନ୍ତ ଚମତ୍କାର ରହୁଥିଲା। ତିନିଗୋଟି ବିଧାନସଭାରେ ମୋତେ ଆଲୋଚନା ଶୁଣିବାର ସୁଯୋଗ ମିଳିଥିଲା। କ୍ରମାଗତ ଭାବରେ ଆଲୋଚନାର ଗୁରୁତ୍ୱ କମୁଥିବାର ଲକ୍ଷ୍ୟ କରୁଥିଲି ଭାରି ସନ୍ତର୍ପଣରେ।

ବିଧାନସଭା ଆଲୋଚନାଗୁଡ଼ିକୁ ଆଗରୁ ବହୁତ ଗୁରୁତ୍ୱ ଦିଆହେଉଥିଲା; ମାତ୍ର କ୍ରମେ ବିଧାନସଭାରେ କେବଳ ଆଲୋଚନାର ମାନ କ୍ରମାଗତ ଭାବରେ

ହ୍ରାସ ପାଇଲା ନାହିଁ, ବିଧାନସଭାର ବାର୍ଷିକ କାର୍ଯ୍ୟ ଦିବସର ଅବଧି ମଧ୍ୟ ଦ୍ରୁତ ହ୍ରାସ ପାଇଲା । ମାନ୍ୟବର ବିଧାୟକମାନଙ୍କର ମୁଖ୍ୟ କାର୍ଯ୍ୟ ଯେଉଁ ବିଧେୟକ ଆଣିବା, ତା ଉପରେ ଆଲୋଚନା କରିବା, ସେଗୁଡ଼ିକ କ୍ରମଶଃ ଲୋପ ପାଇ ଆସିଲା । ଲୋକମାନଙ୍କର ସମସ୍ୟା ବିଷୟରେ ବିଧାୟକମାନେ ନିଜେ ସଂଶ୍ଳିଷ୍ଟ ରହୁଥିବାରୁ ସ୍ୱାଧୀନ ଭାବରେ ପ୍ରଶ୍ନ କରିପାରୁଥିଲେ ଏବେ କ୍ରମଶଃ ସେମାନେ ପ୍ରଶ୍ନ ପଚାରିବା ପାଇଁ ମଧ୍ୟସ୍ଥମାନଙ୍କ ଉପରେ ଦାୟିତ୍ୱ ନ୍ୟସ୍ତ କରି ନିଶ୍ଚିନ୍ତ ରହିଲେ । ଦୁଇ ହଜାର ଚାରି ମସିହାରେ ପାର୍ଲିଆମେଣ୍ଟରେ ସୂଚନା ଅଧିକାର ଆଇନ ଆସିଲା ପରେ ବିଧାନସଭାରେ ଯେଉଁ ପ୍ରଶ୍ନ ମାଧ୍ୟମରେ ବିଧାୟକମାନେ ତଥ୍ୟ ଲୋଡୁଥିଲେ, ସେଇ ପ୍ରଶ୍ନ ପଚାରି ସାଧାରଣ ଲୋକେ ସଂପୃକ୍ତ ସରକାରୀ ଅଫିସରୁ ତଥ୍ୟଭିତ୍ତିକ ସୂଚନା ପାଇପାରିଲେ । ତେଣୁ କ୍ରମଶଃ ପ୍ରଶ୍ନୋତ୍ତରର ଗରିମା କମିଗଲା କହିଲେ ଚଳେ । ବିଶେଷତଃ ବିଧାନସଭାରେ ହେଉଥିବା ଆଲୋଚନାଗୁଡ଼ିକ ସରକାର ଗୁରୁତ୍ୱ ଦେଲେ ଯାଇ ବିଧାନସଭାର ମହତ୍ତ୍ୱ ବଢ଼େ; ମାତ୍ର ସେହିପରି ବିଶେଷ କିଛି ନ ଘଟିବାରୁ ବିଧାନସଭା କାଳକ୍ରମେ ତାର ଉଭୟ ଗୁରୁତ୍ୱ ଓ ଗାରିମା ହରାଇଲା ।

ପାର୍ଲିଆମେଣ୍ଟାରୀ ବ୍ୟବସ୍ଥାରେ ବାଚସ୍ପତିମାନେ ସବୁବେଳେ ନିର୍ଦ୍ଦଳୀୟ ଭାବରେ ଭାବରେ କାମ କରିବା ବାଞ୍ଛନୀୟ; ମାତ୍ର ଅନେକ ସମୟରେ ସେମାନେ ସରକାରୀ ଦଳର ହାତ ବାରିସୀ ଭାବରେ କାର୍ଯ୍ୟ କରିବାରୁ ସେମାନେ ମଧ୍ୟ କ୍ରମଶଃ ନିଷ୍କ୍ରିୟ ଓ ଗୁରୁତ୍ୱହୀନ ପାଲଟିଗଲେ । ଆଗରୁ ବିଧାନସଭା ଏକ ରୋମାଞ୍ଚକର ଦର୍ଶନୀୟ ସ୍ଥାନ ଭାବରେ ବିବେଚିତ ହେଉଥିଲା । ଟିଭି ମାଧ୍ୟମରେ ଲୋକମାନେ ତାକୁ ବାରମ୍ବାର ଦେଖିବା ଫଳରେ ଏବଂ ବିଶେଷତଃ ବିଧାନସଭାରେ ବିରୋଧୀ ଦଳମାନେ କରୁଥିବା ନାରାବାଜି ଓ ବିଶୃଙ୍ଖଳାକୁ ବାରମ୍ବାର ଦେଖିବା ଫଳରେ ଲୋକଙ୍କର ମଧ୍ୟ ମୋହଭଙ୍ଗ ଘଟିଲା । ବିଧାନସଭା ଏକ ସାମ୍ବିଧାନିକ ସ୍ୱତନ୍ତ୍ର ସଂସ୍ଥାର ମାନ୍ୟତା କାଗଜପତ୍ରରେ ନ ହରାଇଲେ ମଧ୍ୟ ଉଣା ଅଧିକ ଶାସକଦଳର ହସ୍ତମୁଦି ମାହାଲ ପାଲଟିଗଲା, ଏକଥା ଦୁଃଖଦାୟକ ହେଲେବି ସତ୍ୟ । ଅନେକ ବିଧାନସଭା ତଥା ଲୋକସଭାରେ ବିଧେୟକ ପାରିତ ହେଲାବେଳେ ଯେଉଁଧରି ବିତର୍କ ହୋଇ ନିଷ୍କର୍ଷ ବାହାରିବା କଥା ତାହା ହେଉ ନଥିବାରୁ ଉଚ୍ଚତମ ନ୍ୟାୟାଳୟ ମଧ୍ୟ ଅନେକ ସମୟରେ ତାଙ୍କର ଆପତ୍ତି ଦର୍ଶାଉଛନ୍ତି ଓ କେତେକ ବିଧେୟକକୁ ଜୁଡ଼ିସିଆଲ ରିଭ୍ୟୁ କଲାବେଳେ ସମ୍ବିଧାନର ମୌଳିକ ଢାଞ୍ଚା ବିରୋଧ କରୁଛି ଦର୍ଶାଇ ଖାରଜ କରି ଦେଉଛନ୍ତି । ଏହା ଗଣତନ୍ତ୍ର ପ୍ରତି ଶୁଭଙ୍କର ନୁହେଁ ।

ମନ୍ତ୍ରୀ ମହୋଦୟ ଗଣଶିକ୍ଷା ବିଭାଗର ଦାୟିତ୍ୱ ନେଲାପରେ ଆମ ଦପ୍ତର ବେଶ୍ କର୍ମମୁଖର ହୋଇ ପଡ଼ିଲା। ଯେଉଁଠି ଦିନେ ମଶା ମାରିବା ଖାଲି ସାର ହେଉଥିଲା ସେଇଠି ମୁହୂର୍ତ୍ତେ ଫୁରସତ୍ ମିଳିଲା ନାହିଁ। ଅନେକ ସମୟରେ ବହୁ ଅଞ୍ଚଳରୁ ଲୋକମାନେ ଆସି ବିଦ୍ୟାଳୟର ରଜତ ଜୟନ୍ତୀ କିମ୍ବା ସୁବର୍ଣ୍ଣ ଜୟନ୍ତୀ ପରି ଆୟୋଜନରେ ଯୋଗଦେବାକୁ ଅନୁରୋଧ କରୁଥିଲେ। ଏଥିରେ ବେଶି ସମୟ ଦେବାକୁ ମନ୍ତ୍ରୀ ଚାହୁଁଥିଲେ ମାତ୍ର ମୁଁ ସାର୍‌ଙ୍କୁ ବୁଝାଇଲି ଯେ ଏଇମିତି ସଭାସମିତିରେ କାର୍ଯ୍ୟକ୍ରମରେ ଯୋଗଦେଲେ ସେ କିଛି ମୌଳିକ ଯୋଗଦାନ କରିପାରିବେ ନାହିଁ। ବରଂ ବିଭିନ୍ନ ଶୈକ୍ଷିକ ସମସ୍ୟା ବିଷୟରେ ବିଶାରଦମାନଙ୍କ ସହିତ ଆଲୋଚନା କରନ୍ତୁ। ମାତ୍ର ଲକ୍ଷ୍ୟ କରୁଥିଲି ସଭା ସମିତିରେ ନେତୃସ୍ଥାନୀୟ ଲୋକଙ୍କର ଭାରି ଆକର୍ଷଣ। ଭାଷଣବାଜୀ ନହେଲେ ସେମାନଙ୍କର ଭାତ ହଜମ ହୁଏନି। ଯଦି ଆନୁଷ୍ଠାନିକ ସଭାସମିତି କେଉଁଦିନ ନ ଥାଏ, ତାହେଲେ ବି ତାଙ୍କର ଦଳୀୟ କର୍ମୀଙ୍କ ସହିତ ଗପସପରେ ସେମାନଙ୍କର ସମୟ ବିତେ; ମାତ୍ର ଗୋଟିଏ ଜିନିଷ ଲକ୍ଷ୍ୟ କରୁଥିଲି ଯେ ନେତୃସ୍ଥାନୀୟ ଲୋକମାନେ ସାଧାରଣ ଜନତାଙ୍କର ଦୁଃଖସୁଖରେ ଭାଗୀଦାର ହୋଇଥାନ୍ତି। କାହାର ଘରେ କିଛି ପୁନେଇଁ ପର୍ବ ହେଉ କିମ୍ବା କିଛି ଶୋକ ଉତ୍ସବ - ସବୁଠି ତାଙ୍କର ଉପସ୍ଥିତି। ଆଉ ସରକାରୀ ଲୋକଙ୍କ ତୁଳନାରେ ସେମାନଙ୍କର ଲୋକସମ୍ପର୍କ ଖୁବ୍ ଅଧିକ।

ସରକାରୀ ଅଧିକାରୀମାନେ ସବୁବେଳେ ଆଇନର ଶାସନ କରିବା ପାଇଁ ନିୟୋଜିତ ହୋଇଥାନ୍ତି; ମାତ୍ର ରାଜନୈତିକ ଲୋକମାନେ ସେଇ ନିକିତିରେ ସମସ୍ୟାକୁ ତଉଲନ୍ତି ନାହିଁ। ତାଙ୍କର ସମର୍ଥକଙ୍କ କଥାକୁ ସବୁବେଳେ ଅଗ୍ରାଧିକାର ଦେଇଥାନ୍ତି, ଯଦି କୌଣସି ପ୍ରସଙ୍ଗ ବିରୋଧୀ ଶିବିରରେ ଉତ୍‌ଥାପିତ ହୋଇଥାଏ ତାର ଠିକ୍ ବିପରୀତ କଥାଟିଏ ଶାସକ ଦଳ ଲୋକଙ୍କୁ ସୁହାଏ। ଯିଏ ଶାସନରେ ଥାଏ ତାଙ୍କର ଇଚ୍ଛାଧୀନ ଅନେକ କଥା ଆପେ ଆପେ ହୋଇଯାଏ। ରାଜନୈତିକ ଇଚ୍ଛାଶକ୍ତି ପ୍ରଶାସକଙ୍କର ନଥାଏ, ଯଦି ରାଜନୈତିକ ଇଚ୍ଛାଶକ୍ତି ତାଙ୍କୁ ମିଳେ ତାହେଲେ ଅନେକ ଭଲକାମ ହୋଇପାରେ ଅକ୍ଲେଶରେ। ମାତ୍ର ଠିକ୍ ଭାବରେ ସେଇ ଇଚ୍ଛାଶକ୍ତିର ପ୍ରୟୋଗ ନହେଲେ ବହୁ ଭୟଙ୍କର କଥାଟିମାନ ବି ଘଟେ।

ମନ୍ତ୍ରୀଙ୍କର ବ୍ୟକ୍ତିଗତ ସଚିବ ହେବାରେ ସୁବିଧା ଠାରୁ ଅସୁବିଧା କିଛି କମ୍ ନୁହେଁ। ତାଙ୍କୁ ମାନ୍ୟବର ମୁଖ୍ୟମନ୍ତ୍ରୀଙ୍କ ଦପ୍ତର ସହିତ ଯୋଗାଯୋଗ ରଖିବାକୁ ହୁଏ ଏବଂ ସେଠାରୁ କିଛି ନିର୍ଦ୍ଦିଷ୍ଟ ନିର୍ଦ୍ଦେଶ ଥିଲେ, ସଂପୃକ୍ତ ଫାଇଲ ବିଭାଗରୁ

ତଲବ କରିବାକୁ ପଡ଼ିଥାଏ। ବିଭାଗୀୟ ସଚିବମାନେ ଅଧିକାଂଶ କ୍ଷେତ୍ରରେ ମାନ୍ୟବର ମନ୍ତ୍ରୀଙ୍କୁ ଭଲ ବ୍ୟବହାର ଦେଖାଇଥାନ୍ତି ଓ ତାଙ୍କର ଇଚ୍ଛାକୁ ସମ୍ମାନ ଦେଇଥାନ୍ତି; ମାତ୍ର ବିଭାଗୀୟ ସଚିବ ଯେଉଁ କାମ କରିବାକୁ ଚାହାନ୍ତି ତାହା ମନ୍ତ୍ରୀଙ୍କ ଅନୁମୋଦନ ସାପେକ୍ଷ ହୋଇଥିବାରୁ ବ୍ୟକ୍ତିଗତ ସଚିବଙ୍କ ସହିତ ଭଲ ବୁଝାମଣା ରଖନ୍ତି; ମାତ୍ର ସମସ୍ତେ ଜାଣନ୍ତି ମନ୍ତ୍ରୀଙ୍କ କାର୍ଯ୍ୟକାଳ ଖୁବ୍ କମ୍ ସମୟର ମାତ୍ର ସଚିବ ଦୀର୍ଘ ସମୟ ଯାଏ କ୍ଷମତାରେ ଥାଆନ୍ତି ଏବଂ ବ୍ୟକ୍ତିଗତ ସଚିବ ଆଜି ନ ହେଲେ ବି କାଲି ଅନ୍ୟ କେଉଁ ପଦବୀରେ ସଚିବଙ୍କ ଅଧୀନରେ କାମ କରନ୍ତି ନିଜର କାର୍ଯ୍ୟକାଳ ଭିତରେ। ସଚିବ କିମ୍ବା ସଚିବ ସ୍ତରୀୟ ଅଧିକାରୀଙ୍କ ସହିତ ଭୁଲ୍ ବୁଝାମଣା ହେଲେ ଅଫିସରମାନଙ୍କୁ ବହୁ ଅସୁବିଧାର ସମ୍ମୁଖୀନ ହେବାକୁ ପଡ଼ିଥାଏ। ଏକଥା ମୋତେ ସାମ୍ନା କରିବାକୁ ପଡ଼ିଥିଲା।

ଦୁଇହଜାର ନଅ ବେଳକୁ ଆମର ମନ୍ତ୍ରୀ ମହୋଦୟଙ୍କର ବିଭାଗ ପରିବର୍ତ୍ତିତ ହୋଇ ତାଙ୍କୁ ବାଣିଜ୍ୟ ଓ ପରିବହନ ବିଭାଗର ସ୍ୱାଧୀନ ଦାୟିତ୍ୱ ମିଳିଲା। ବିଭାଗଟି ଛୋଟ ହେଲେ ହେଁ ସେଥିରେ ଦୁଇ ସଚିବ ସ୍ତରୀୟ ଅଧିକାରୀ କାର୍ଯ୍ୟ କରୁଥିଲେ ଜଣେ ହେଲେ ବିଭାଗୀୟ ସଚିବ ଏବଂ ଆଉ ଜଣେ ହେଲେ ଟ୍ରାନ୍ସପୋର୍ଟ କମିଶନର ତଥା ଅଧକ୍ଷ, ଷ୍ଟେଟ୍ ଟ୍ରାନ୍ସପୋର୍ଟ ଅଥରିଟି। ବିଭାଗୀୟ ସଚିବ ଆଇନତଃ ମୁଖ୍ୟ ହେଲେ ବି ତାଙ୍କଠାରୁ କ୍ୟାଡ଼ର ଦୃଷ୍ଟିରୁ ସିନିଅର ଥିଲେ ତତ୍କାଳୀନ ଟ୍ରାନ୍ସପୋର୍ଟ କମିଶନର। ଟ୍ରାନ୍ସପୋର୍ଟ କମିଶନରଙ୍କ ନିକଟରେ ମୁଁ ଆଗରୁ କାମ କରିଥିଲି, ମୋର ତାଙ୍କ ଉପରେ ଏକରକମର ଭଲ ଧାରଣା ଥିଲା; ମାତ୍ର ମନ୍ତ୍ରୀଙ୍କ ଦପ୍ତରରେ କାମ କରୁ କରୁ ଲକ୍ଷ୍ୟ କଲି ମାନ୍ୟବର ମନ୍ତ୍ରୀଙ୍କ ସହିତ ତାଙ୍କର ସମ୍ପର୍କ କ୍ରମଶଃ ଖରାପ ହେବାରେ ଲାଗିଛି। ମାତ୍ର ମୋର ଦୁର୍ଭାଗ୍ୟ ଥିଲା ଯେ ଚେଷ୍ଟା କରି ତାହାକୁ ମୁଁ ସଜାଡ଼ି ପାରିଲି ନାହିଁ। ମନ୍ତ୍ରୀ ମହୋଦୟ ପରିବହନ ଦାୟିତ୍ୱ ନେଲାପରେ ଅନେକ ରାଜନୈତିକ ନେତୃବୃନ୍ଦ ଆନନ୍ଦିତ ହୋଇଥିଲେ – କାରଣ ମନ୍ତ୍ରୀ ମହୋଦୟ ଥିଲେ ଅପେକ୍ଷାକୃତ ନରମପନ୍ଥୀ ଓ ତାଙ୍କର ବ୍ୟବହାର ଉତ୍ତମ ଥିଲା। ଅନେକ ଆଗ୍ରହ ଆତିଶଯ୍ୟରେ ନିଜ ଅଞ୍ଚଳକୁ ସରକାରୀ ବସଚଲା ସାରିଣୀ ସଂପ୍ରସାରଣ କରିବାକୁ ଅନୁରୋଧ କରୁଥିଲେ। ଏପରି ଅନୁରୋଧ ଦରଖାସ୍ତ ଆସିଲେ ମୁଁ ତା ଉପରେ ଟ୍ରାନ୍ସପୋର୍ଟ କମିଶନରଙ୍କୁ ଟିପ୍ପଣୀ ଦେଉଥିଲି ଯେ ଏହା ଆଇନ ଅନୁସାରେ ବିବେଚନା କରାଯାଉ ଏବଂ ତା’ ତଳେ ମାନ୍ୟବର ମନ୍ତ୍ରୀ ତାଙ୍କର ସ୍ୱାକ୍ଷର ଦେଉଥିଲେ; ମାତ୍ର ଏକାଧିକ କ୍ଷେତ୍ର ଯେ ଯାହା ଘଟୁଥିଲା ତାହା ଥିଲା ଅପ୍ରତ୍ୟାଶିତ।

ଲୋକମାନଙ୍କର ଦରଖାସ୍ତ କେବଳ ବିଭିନ୍ନ ଆଳରେ ନାମଞ୍ଜୁର କରାଯାଉଥିଲା, ତାହା ନୁହେଁ - ତା ସହିତ ଆଦେଶ ଫର୍ଦ୍ଦରେ ଟ୍ରାନ୍ସପୋର୍ଟ କମିଶନର ଲେଖୁଥିଲେ ଯେ ମାନ୍ୟବର ସୁପ୍ରିମକୋର୍ଟ ତାଙ୍କର ଅମୁକ କେଶ୍‌ରେ ଜଣାଇଛନ୍ତି କୌଣସି ଆଇନଗତ ପ୍ରକ୍ରିୟାରେ ହସ୍ତକ୍ଷେପ ଅସ୍ପୃହଣୀୟ। ମାନ୍ୟବର ମନ୍ତ୍ରୀଙ୍କର ଟିପ୍‌ପଣୀ ସେଇ ହସ୍ତକ୍ଷେପର ଏକ ବିଶେଷ ନମୁନା।

ବାରମ୍ବାର ଏପରି ଘଟଣା ସଂପୃକ୍ତ ବିଫଳ ମନୋରଥ ରାଜନେତାମାନେ ମନ୍ତ୍ରୀଙ୍କ ନଜରକୁ ଆଣିବା ଫଳରେ ମନ୍ତ୍ରୀ ବିରକ୍ତ ହେଉଥିଲେ ଏବଂ ଥରେ ଅଧେ ଫୋନ୍ କରି କହିଲେ ଆପଣ ଏପରି କଥା ଆଦେଶ ପତ୍ରରେ ନଲେଖି ମୋ ସହିତ ଆଲୋଚନା କରିପାରିଥାନ୍ତେ; ମାତ୍ର ଟ୍ରାନ୍ସପୋର୍ଟ କମିଶନର ଥିଲେ ନଛୋଡ଼ବନ୍ଧା। ସେ କହିଲେ ମୋର ଯାହା ଲେଖିବା କଥା ମୁଁ ଲେଖି ସାରିଛି। ଏ ବିଷୟରେ ଆଉ କିଛି ମୋର କହିବାର ନାହିଁ, ଏହା ଦୁହିଁଙ୍କ ସମ୍ପର୍କର ଅବନତିର ପ୍ରମୁଖ କାରଣ ପାଲଟିଲା।

ଯେତେବେଳେ ସମ୍ପର୍କ ବିଗିଡ଼ିଯାଏ ସେତେବେଳେ ସବୁ ଟିକିନିକି କଥାରୁ ପ୍ରତ୍ୟେକ ପକ୍ଷ କେଁ ଖୋଜନ୍ତି। ଠିକ୍ ସେଇଆ ହେଲା ଉଭୟଙ୍କ କ୍ଷେତ୍ରରେ। ମନ୍ତ୍ରୀ ଥରେ କୌଣସି ଆର.ଟି.ଓ.ଙ୍କୁ କିଛି ମୌଖିକ ନିର୍ଦ୍ଦେଶ ଦେଇଥିଲେ। କଥାଟି କେମିତି ଟ୍ରାନ୍ସପୋର୍ଟ କମିଶନରଙ୍କ କାନକୁ ଗଲା। ସେ ଆର.ଟି.ଓ.ଙ୍କୁ ଧମକେଇ କହିଲେ ଯେ ମନ୍ତ୍ରୀ ଯାହା କହିବା କଥା କେବଳ ତାଙ୍କୁ କହିବେ। ତେଣୁ ସବୁ ଆର୍.ଟି.ଓଙ୍କୁ ଖବର ଗଲା ଯେ ମନ୍ତ୍ରୀଙ୍କ ଫୋନ୍ ସେମାନେ ଧରିବେ ନାହିଁ। ଯେ ବଡ଼ ଅଚଳାବସ୍ଥା ଆଡ଼କୁ ଘଟଣାକ୍ରମକୁ ଟାଣିନେଲା। କିଛି ଖୋସାମତିଆ ତଳତଳିଆ ଅଫିସର ମନ୍ତ୍ରୀଙ୍କ ନିକଟରେ ନେହୁରା ହୋଇ ଟ୍ରାନ୍ସପୋର୍ଟ କମିଶନରଙ୍କ ବିରୋଧରେ କହୁଥିଲା ବେଳେ, ତାଙ୍କ ନିକଟରେ ମନ୍ତ୍ରୀଙ୍କ ବିଷୟରେ ଅପପ୍ରଚାର କରୁଥିଲେ।

ଏତିକିବେଳେ ଦ୍ୱିତୀୟ ଘଟଣାଟି ଘଟିଗଲା। ସେତେବେଳେ କାର୍ଯ୍ୟ କରୁଥିବା ଜୁନିଅର ଏମ୍.ଭି.ଆଇ.ମାନଙ୍କର ଏକ ବଦଳି ତାଲିକା ଟ୍ରାନ୍ସପୋର୍ଟ କମିଶନର ବାହାର କଲେ ଯେଉଁଥିରେ ରାଜ୍ୟରେ କାମ କରୁଥିବା ମୋଟ ଜୁନିଅର ଏମ୍.ଭି.ଆଇଙ୍କ ଭିତରୁ ଶତକଡ଼ା ନବେ ଭାଗଙ୍କ ନାମ ଥିଲା। ଆଉ ବିଶେଷ କଥା ହେଲା ଟ୍ରାନ୍ସପୋର୍ଟ କମିଶନର ବଦଳି ସଂକ୍ରାନ୍ତରେ ମନ୍ତ୍ରୀ ମହୋଦୟଙ୍କ ସହିତ କିଛି ଆଲୋଚନା କରି ନ ଥିଲେ କିମ୍ବା ଆଲୋଚନା କରିବାର ଆବଶ୍ୟକତା

ଅନୁଭବ କରିନଥିଲେ। ଏପଟେ ମନ୍ତ୍ରୀ ମହୋଦୟଙ୍କୁ କେହି କେହି ମନ୍ତ୍ରୀ, ଏମ୍.ଏଲ୍.ଏ ବା ଏମ୍.ପି ବା କିଛି ସଂପୃକ୍ତ ଅଧିକାରୀ ନିଜର ଅସୁବିଧା ଦର୍ଶାଇ କିଛି ବଦଳି ଲୋଡ଼ିଥିଲେ। ମନ୍ତ୍ରୀ ମହୋଦୟ ମଧ୍ୟ ଆଶା କରୁଥିଲେ ଯେ ତାଙ୍କ ସହିତ ପରାମର୍ଶ କରି ଟ୍ରାନ୍ସପୋର୍ଟ କମିଶନର ବଦଳି କରିବେ; ମାତ୍ର ସମସ୍ତଙ୍କୁ ଚକିତ କରି ଯେତେବେଳେ ଏତେ ଅଭୁତପୂର୍ବ ବିଶାଳ ତାଲିକା ପ୍ରକାଶିତ ହେଲା ତାହା ଥିଲା ପ୍ରଧାନ ଆଲୋଚନାର ବିଷୟ। ମନ୍ତ୍ରୀ କିଛି ପ୍ରତିକ୍ରିୟା ରଖି ନଥିଲେ ମାତ୍ର ଯେତେବେଳେ ତାଙ୍କୁ ବହୁ ପ୍ରତିନିଧି ତାଛଲ୍ୟ କଲେ ସେ ଆଉ ସହିପାରିଲେ ନାହିଁ। ମୋତେ କହିଲେ - ନିରଞ୍ଜନ ବାବୁ, ପ୍ରଚଳିତ ବଦଳି ନୀତିକୁ ଆଧାର କରି ଯେ ସବୁ ବଦଳି ହୋଇଛି କି ନାହିଁ ତାହାର ଏକ ବିଶଦ ନୋଟ୍ ପ୍ରସ୍ତୁତ କରନ୍ତୁ।

ମୁଁ ଏକ ଦୀର୍ଘ ନୋଟ୍ ପ୍ରସ୍ତୁତ କଲି ଏବଂ ତର୍ଜମାରୁ ଜଣାପଡ଼ିଲା ସେଇ ବିଶାଳକାୟ ତାଲିକାର ଶତକଡ଼ା ପଞ୍ଚସ୍ତରୀ ଭାଗ ବଦଳି ପ୍ରଚଳିତ ନିୟମର ବିରୋଧାଚରଣ କରୁଛି। ମନ୍ତ୍ରୀ ମୋ ଠାରୁ ସେଇ କାଗଜ ନେଇ ତାଙ୍କର ରାଜନୈତିକ ଗୁରୁ ପ୍ୟାରୀବାବୁଙ୍କୁ ତାହା ଦେଖାଇଲେ ଓ ତାଙ୍କର ପରାମର୍ଶ ଲୋଡ଼ିଲେ। ସେଠାରୁ ବୋଧହୁଏ ତାଙ୍କୁ ଅନୁମତି ମିଳିଲା ତାହାକୁ ସରକାରୀ ଭାବରେ ମାନ୍ୟବର ମୁଖ୍ୟମନ୍ତ୍ରୀଙ୍କୁ ଅବଗତ କରାଇବା ପାଇଁ। ମାନ୍ୟବର ମୁଖ୍ୟମନ୍ତ୍ରୀ ଦୁଇଦିନ ଭିତରେ ସେଇ ସଂପୂର୍ଣ୍ଣ ତାଲିକାକୁ ଅସିଦ୍ଧ ଘୋଷଣା କଲେ। ଏଣେ ପିଛିଲା ତାରିଖରେ ରିଲିଭ ହୋଇ ନୂତନ ଜାଗାରେ ଯୋଗଦେବା ପାଇଁ ଟେଲିଫୋନ ମାଧ୍ୟମରେ ଟ୍ରାନ୍ସପୋର୍ଟ କମିଶନର କ୍ଷେତ୍ର ଅଧିକାରୀମାନଙ୍କୁ ଧମକ ଦେଲେ। ଏହା ଏକ ଅଚଳାବସ୍ଥା ସୃଷ୍ଟି କଲା ଏବଂ ଏପରି ସ୍ଥିତିକୁ ମାନ୍ୟବର ମନ୍ତ୍ରୀ ମାନ୍ୟବର ମୁଖ୍ୟମନ୍ତ୍ରୀଙ୍କ ପ୍ରକୋଷ୍ଠକୁ ଜଣାଇ ଦେଲେ।

ପରିସ୍ଥିତି ଥାଏ ଖୁବ୍ ଜଟିଳ। ସେତେବେଳେ ବିଧାନସଭା ଚାଲୁଥାଏ। ସେତିକିବେଳେ ମନ୍ତ୍ରୀ ଓ ଟ୍ରାନ୍ସପୋର୍ଟ କମିଶନର ବିବାଦ ହାଟରେ ପଡ଼ି ବାଟରେ ଗଡୁଥାଏ। ମୁଁ ଏକ ମାନସିକ ଦୁଃଶ୍ଚିନ୍ତା ଭିତରେ ସମୟ କଟୁଥାଏ। ଦିନେ ଅପରାହ୍ଣ ବିରତି ପରେ ମୁଁ ବିଧାନସଭାର ଉପର ମହଲାକୁ ଚଢୁଥାଏ ଆଉ ଟ୍ରାନ୍ସପୋର୍ଟ କମିଶନର ଉପରୁ ତଳକୁ ଓହ୍ଲାଉଥାନ୍ତି। ମୋତେ କହିଲେ କଣ ଚାଲିଛି ମିଷ୍ଟର ସାହୁ। ମୁଁ ନିରବରେ ସ୍ମିତହାସ୍ୟ ଦେଇ ପରିସ୍ଥିତିକୁ ସୁଧାରିବାକୁ ଚେଷ୍ଟା କଲି, ସେ ଦୁର୍ଦ୍ଧର୍ଷ ଦ୍ରୁତଗତି ବୋଲର ପରି ଗୋଟିଏ ବଲ୍ ପକାଇଲେ ମୋ ଉପରକୁ - "ଟେଲ୍ ୟୋର୍ ମିନିଷ୍ଟର ଦ୍ୟାଟ୍ ଆଇ କେନ୍ ବି ଟେନ୍ ଟାଇମସ୍ ମୋର ଡେଞ୍ଜରସ୍

ଦ୍ୟାନ ଗାୟତ୍ରୀ ପଣ୍ଡା"। ଶବ୍ଦଗୁଡ଼ାକ ମୋର ହୃଦୟ ଭିତରକୁ ତୀର ଭଳି ପଶିଯାଉଥାଏ; ମାତ୍ର ମୁଁ ଥିଲି ନିରୁତ୍ତର। ସେ ଦୁମ୍‌ଦୁମ୍ ହୋଇ ତଳକୁ ଖସି ଚାଲିଗଲେ। କହିବା ବାହୁଲ୍ୟ ସେତିକିବେଳେ ଜନୈକା ବିଧାନସଭାର ଅଫିସ କର୍ମଚାରୀ ଶ୍ରୀମତୀ ପଣ୍ଡାଙ୍କ ପ୍ରତି ମାନ୍ୟବର ବିଧାନସଭାର ଅଧକ୍ଷଙ୍କ କିଛି ଅରୁଚିକର ଘଟଣାକୁ ନେଇ ମହେଶ୍ୱର ମହାନ୍ତି ବିଧାନସଭା ବାଚସ୍ପତି ପଦରୁ ଅପସାରିତ ହୋଇଥାନ୍ତି। ପରିସ୍ଥିତି ଥାଏ ସଂଗୀନ, ବାତାବରଣରେ ଏକ ଗୁମ୍‌ସୁମ୍ ଭାବ।

ମୋର ଉପର ମହଲା କାମ ସାରି ମୁଁ ତଳକୁ ଆସିଲି। ଘଟିଯାଇଥିବା ଘଟଣାକୁ ମନେ ମନେ ପୁନଃ ସ୍ମରଣ କଲି ଆଉ ଠାକୁରଙ୍କୁ ଡାକିଲି ମୋତେ ଠିକ୍ ବାଟରେ ନେବାକୁ ଏମିତି ଏକ ଦୁଃସମୟରେ। ନିଷ୍ପତ୍ତି ନେଲି ଟ୍ରାନ୍‌ସପୋର୍ଟ କମିଶନର ମୋତେ ଯାହା କହିଲେ ତାହାକୁ ନିଜ ଭିତରେ ରଖିବି। ଏହାକୁ ମୁଁ କହିଦେଲେ ଏହା ଏକ ରାଜନୈତିକ ଘଟଣା ପାଲଟିଯିବ। ସେଇ ଘଟଣାର ଅନେକ ଦିନ ପରେ ତାକୁ ଆଜି ବିବୃତ କରୁଛି।

ଏଇ ଘଟଣା ଯଦିଓ କେବେବି ଅନ୍ୟ କେହି ଜାଣିଲେ ନାହିଁ ମୋ ଛାତି ଭିତରେ ନିଆଁଟିଏ ଭଳି ମୋତେ କେବେ ଜଳେଇଛି; ମାତ୍ର ମୁଁ କହିଛି ଗୋପନୀୟତା ବେଳେ ବେଳେ ଜରୁରୀ - ଅନ୍ତତଃ ନିର୍ଦ୍ଦିଷ୍ଟ ସମୟରେ।

ଅବଶ୍ୟ ଅଳ୍ପଦିନ ଭିତରେ ଟ୍ରାନ୍‌ସପୋର୍ଟ କମିଶନର ବଦଳି ହୋଇଗଲେ। ମନ୍ତ୍ରୀ ଖୁସି ମନେଇଲେ। ମୁଁ ପୂର୍ବପରି ଥିଲି ଚୁପ୍‌ଚାପ୍। ଭାବୁଥିଲି ବ୍ୟକ୍ତିଗତ ଅହଂକାର ଅନେକ ସମୟରେ ଅନେକ ସାମାଜିକ ଦୁର୍ବିପାକର କାରଣ ପାଲଟିଥାଏ। ଅହଂକାର ଥିବା ଯାକେ ମଣିଷ ଥାଏ ଆଉ ଗୋଟେ ପ୍ରକାରର – ମନେ ପଡ଼ିଲା ମନୋଜ ଦାସଙ୍କ ଗପ - ଅହଂକାରର ଦାନ୍ତ ଭାଙ୍ଗିଗଲାପରେ ମଣିଷଟି କେମିତି ଶିଶୁଟିଏ ପରି ସରଳ ଆଉ କୋମଳ ପାଲଟିଯାଏ। ପୁଣି ଥରେ ପଢ଼ିନେଲି ସେଇ ଗପଟି।

ମନ୍ତ୍ରୀଙ୍କ ଖାସ୍ ସଚିବ ଭାବରେ ମୋତେ ପ୍ରାୟ ଛଅ ବର୍ଷ କାମ କରିବାକୁ ପଡ଼ିଥିଲା। ଏଇ ସମୟ ଭିତରେ ହାରାହାରି ବର୍ଷେ ଲେଖାଏଁ ବିଜ୍ଞାନ ଓ କାରିଗରୀ, ଦୁଇ ବର୍ଷ ବିଦ୍ୟାଳୟ ଓ ଗଣଶିକ୍ଷା ଏବଂ ତିନି ବର୍ଷ ବାଣିଜ୍ୟ ଓ ପରିବହନ ବିଭାଗର କାର୍ଯ୍ୟ ଭିତରେ ନିଜକୁ ବୁଡ଼ାଇ ରଖିବାକୁ ହେଲା।

ବିଦ୍ୟାଳୟ ଓ ଗଣଶିକ୍ଷା ବିଭାଗର ଦାୟିତ୍ୱ ମନ୍ତ୍ରୀ ନେଉଁ ନେଉଁ କାର୍ଯ୍ୟଭାର ଏତେ ହଠାତ୍ ବୃଦ୍ଧି ପାଇବ ତାହା ଆଗରୁ ଆଶା କରିନଥିଲୁ। ଏତେ ଲୋକ ତାଙ୍କର ବ୍ୟକ୍ତିଗତ ଆପତ୍ତି ଅଭିଯୋଗ ନେଇ ଆସୁଥିଲେ ତାକୁ ଧୈର୍ଯ୍ୟର ସହିତ ଶୁଣିବା ଓ ନିର୍ଣ୍ଣାୟକ ନିଷ୍ପତ୍ତି ନେବା ଥିଲା କାଠିକରପାଠ। ବିଧାନସଭା କାର୍ଯ୍ୟକ୍ରମ ଆରମ୍ଭ ହେଲେ

ମନ୍ତ୍ରୀ ମହୋଦୟଙ୍କ ପାଇଁ ପ୍ରଶ୍ନୋତ୍ତର କାର୍ଯ୍ୟରେ ସହାୟତା ଦେବା ଥିଲା ସବୁଠୁ କଠିନ କାମ। ଆମର ମନ୍ତ୍ରୀ ମହୋଦୟ ସେତେ ବାଗ୍ମୀତା ପଟୁ ନଥିଲେ। ବେଶ୍ ସାଦାସିଦା ଲୋକ। ମନ୍ତ୍ରୀ ଶ୍ରୀଯୁକ୍ତ ପ୍ରସନ୍ନ ଆଚାର୍ଯ୍ୟ ଯେପରି କୌଶଳରେ ବିଧାନସଭାରେ ଉତ୍ତର ଦିଅନ୍ତି ତାଙ୍କଠାରେ ସେ କଳା ନଥିଲା; ମାତ୍ର ସିଧାସଳଖ ଉତ୍ତର ଦେବାରେ ତାଙ୍କୁ କିଛି ଅସୁବିଧା ନଥିଲା। ବେଳେ ବେଳେ ପ୍ରଶ୍ନୋତ୍ତର କାର୍ଯ୍ୟକ୍ରମ ବେଳେ ଅତିରିକ୍ତ ପ୍ରଶ୍ନ କିଛି ପଚରାହେଲେ ମୁଁ ତାର ଉତ୍ତର ଲେଖିଦିଏଁ ଓ ବିଭାଗୀୟ ସଚିବ ତାକୁ ଦେଖି ଦେଇ ମନ୍ତ୍ରୀଙ୍କ ନିକଟକୁ ପଠାନ୍ତି। ସେଥିରେ ବେଳେ ବେଳେ ବିଳମ୍ବ ହୁଏ। ମନ୍ତ୍ରୀ ମହୋଦୟ କହିଲେ, "ଆପଣ କାଳ ବିଳମ୍ବ ନ କରି ତୁରନ୍ତ ସପ୍ଲିମେଣ୍ଟାରୀ ଉତ୍ତର ପଠାଇବେ।" ମୁଁ ପଠାଇଦେଲି ବିଧାନସଭା ପିଅନ ଜରିଆରେ। ଏହାକୁ ଆଉ ଜଣେ ବୟୋଜ୍ୟେଷ୍ଠ ଅଫିସର ଦେଖୁଥିଲେ। କହିଲେ, ନିରଞ୍ଜନ ଏପରି କାମ ଠିକ୍ ନୁହେଁ। ତମେ କେବେ ବିଭାଗୀୟ ସଚିବଙ୍କ ବିନାନୁମତିରେ କୌଣସି କାଗଜ ମନ୍ତ୍ରୀଙ୍କୁ ଦେବ ନାହିଁ। ଉତ୍ତରରେ କିଛି ଭୁଲ୍ ଭଟକା ହୋଇଗଲେ ତମ ଚାକିରି ଯିବ। ମୁଁ ଭାରି ବ୍ୟସ୍ତ ହେଲି। ମନ୍ତ୍ରୀଙ୍କୁ ମନ କଥା କହିଲି। ସେ କହିଲେ – କାହିଁକି ସେଇ ସୋ କଲ୍ଡ଼ ସିନିଅରଙ୍କ କଥା ଶୁଣୁଛନ୍ତି। ମୁଁ ତ ଦେଖିଲିଣି ଆପଣ ଯାହା ଲେଖୁଛନ୍ତି ସେଥିରେ କେବେବି ସଚିବ କିଛି ସଂଶୋଧନ କରୁନାହାନ୍ତି। ଖାଲି ଡେରି ହେବା ସାର ହେଉଛି। ରାତି ମୋର ଦୁଃଶ୍ଚିନ୍ତାରେ କଟିଲା। ଏଣୁ ମାରିଲେ ବ୍ରହ୍ମ ହତ୍ୟା ସେଣୁ ମାରିଲେ ଗୋ ହତ୍ୟା। ମଝିରେ ସହୀଦ ହେବାକୁ ମୁଁ ଅପେକ୍ଷା କରିଛି। ଦେଖାଯାଉ କଣ ହେଉଛି। ଅବଶ୍ୟ ସେମିତି କିଛି ହେଲାନାହିଁ। କାରଣ କିଛିଦିନ ଭିତରେ ଉତ୍ତର ଦେବାର ଢଙ୍ଗ ମୁଁ ଶିଖିଯାଇଥିଲି। ଏପରି କିଛି ଉତ୍ତର ଦିଆଯାଉନଥିଲା ଯାହାକି କିଛି ସମସ୍ୟା ସୃଷ୍ଟି କରିବ। ତାଛଡ଼ା ବିଭାଗୀୟ ସଚିବଙ୍କର ମୋର କାର୍ଯ୍ୟଧାରା ଉପରେ ଶତ ପ୍ରତିଶତ ଭରସା ଥିଲା। ମୁଁ ତାଙ୍କୁ ସବୁବେଳେ ଯଥୋଚିତ ସମ୍ମାନ ଦେବାରେ କେବେ ଊଣା କରିନଥିଲି।

ଶିକ୍ଷକମାନଙ୍କର ଏତେ ସଂଖ୍ୟକ ସଂଘ ରହିଛି ଓ ସେମାନେ ସରକାରଙ୍କ ଆଦର୍ଶକୁ ଉପେକ୍ଷା କରି ନିଜ ନିଜର ସଂଘ ଆଦର୍ଶରେ ପରିଚାଳିତ ହୋଇଥାନ୍ତି। ସେମାନେ ବିଭିନ୍ନ ସମୟରେ ଶିକ୍ଷା ପରିଦର୍ଶକମାନଙ୍କୁ ଏବଂ ସଂଖ୍ୟାନୁସାରେ ସମୟ ଦେଖି ସରକାରଙ୍କୁ ମଧ୍ୟ ପ୍ରଭାବିତ କରନ୍ତି। ଶିକ୍ଷକ ସଂଘର ଅନେକ ନେତା ବିଦ୍ୟାଳୟ ମାଟି ମାଡ଼ନ୍ତି ନାହିଁ ବୋଲି ଯେଉଁ କଥା କୁହାଯାଏ ତାହା ପ୍ରକାରାନ୍ତରେ ସତ। ସେମାନଙ୍କୁ ଲକ୍ଷ୍ୟ କରି ବିଶିଷ୍ଟ ରାଷ୍ଟ୍ରପତି ପୁରସ୍କାରପ୍ରାପ୍ତ ଶିକ୍ଷକ ସ୍ୱର୍ଗତ ବଙ୍କିମ ଚନ୍ଦ୍ର ମହାରଣାଙ୍କର ବିଦ୍ରୂପ ମୋର ମନେ ପଡ଼ିଲା – "They are our non-teaching warriors"।

ଶିକ୍ଷା ବିଭାଗର କୋର୍ଟ କଚେରୀରେ ଚାଲୁଥିବା ମାଲି ମକଦ୍ଦମାର ସୁପରିଚାଳନା ଏକ ବିଶେଷ ଆହ୍ୱାନ। ଏଥିରେ କିଛି ସରକାରୀ ଓକିଲ ତଥା କିଛି ଅସାଧୁ କର୍ମଚାରୀଙ୍କ ସଲାସୁତୁରାରେ ସରକାର ବିରୋଧୀ ଆଦେଶ କୋର୍ଟ ଦ୍ୱାରା ମିଳେ ଏବଂ ସରକାରଙ୍କ ତହବିଲରୁ ବହୁ ଅର୍ଥ ଶ୍ରାଦ୍ଧ ହୁଏ। ଏତେ ପରସ୍ପର ବିରୋଧୀ ସର୍କୁଲାର ରହିଛି ଯାହାକି କେଶଖୋର୍‌ମାନଙ୍କୁ ସୁହାଏ। ଅନେକ ସମୟରେ ବିଭାଗୀୟ ନିର୍ଦ୍ଦେଶକ ବା ସଚିବଙ୍କୁ କାଠଗଡ଼ାରେ ହାଜରା ଦେବାକୁ ପଡ଼େ। ମୋତେ ଜଣେ ନିର୍ଦ୍ଦେଶକ କହିଲେ – ଆପଣ କୋର୍ଟ କଚେରୀର ଭିତିରି କଥା ଶୁଣିଲେ ମୁଣ୍ଡରେ ହାତ ଦେବେ। ସେତେବେଳେ ଏପରି କିଛି ଆଦେଶ ଆସିଥିଲା ଯାହାକୁ ଅନୁପାଳନ କଲେ ସରକାରୀ ତହବିଲ ଫାଙ୍କା ହୋଇଯିବ। ମୁଁ କହିଲି, ତାହେଲେ ସେଇ ଆଦେଶ ବିରୋଧରେ ଆପଣ ସୁପ୍ରୀମକୋର୍ଟ ଯାଉ ନାହାନ୍ତି କାହିଁକି। ସେ କହିଲେ, ଆରେ ତମ ପିଲା ଲୋକ। ଆଉ କିଛି ବର୍ଷର ଅଭିଜ୍ଞତା ହେଲେ ଜାଣିବ ଯେ ଗୋଟିଏ ନିୟମରେ ସବୁ କଥା ଚାଲୁନାହିଁ ଏବଂ ହାଇକୋର୍ଟ ଯେଉଁ ଆଦେଶ ଦେଉଛନ୍ତି ତାହା ସବୁବେଳେ ବେଆଇନ ବୋଲି ବି ଆମେ କହିପାରିବା ନାହିଁ; ମାତ୍ର ତାକୁ ଅନୁପାଳନ କରିବା ବି ସମ୍ଭବ ନୁହେଁ। ମୁଁ ସେଥିରେ ଏକମତ ନହେଲେ ବି ଚୁପ୍ ରହିଲି। ମାତ୍ର ବାସ୍ତବ କଥା ହେଲା, ଗୋଟିଏ କୋର୍ଟର ଆଦେଶ ଯଦି ଆମ ସ୍ୱାର୍ଥ ବିରୋଧୀ ତାହେଲେ ତା ବିରୋଧରେ ଆମେ ଉପର କୋର୍ଟକୁ ଯିବା କିମ୍ବା ତା'ର ଅନୁପାଳନ କରିବା। ଆଉ ତୃତୀୟ ପନ୍ଥା କିଛି ନାହିଁ।

ସେତେବେଳେ ନନ୍‌ଫର୍ମାଲ୍‌ରେ କାର୍ଯ୍ୟ କରୁଥିବା ଲୋକମାନେ କ୍ରମାଗତ ଭାବରେ ଏକ ଆନ୍ଦୋଳନ କଲେ। ହଜାର ହଜାର ଲୋକ ଆସି ମାଷ୍ଟରକ୍ୟାଣ୍ଟିନ୍‌କୁ ଜାମ୍ କରିଦେଲେ। ସେମାନଙ୍କ ସାମୟିକ ନିଯୁକ୍ତି ବଦଳରେ ସେମାନେ ସ୍କିମ୍ ଉଠିଯିବାରୁ ସ୍ଥାୟୀ ନିଯୁକ୍ତି ଦାବୀ କରୁଥିଲେ; ମାତ୍ର ବଡ଼ ଆଶ୍ଚର୍ଯ୍ୟର କଥା ସେମାନଙ୍କୁ ରେଗୁଲାର ନିଯୁକ୍ତି ଦେବାକୁ ସରକାର ସ୍ଥିର କଲେ। ସେମାନଙ୍କ ଭିତରୁ ଶତକଡ଼ା ପଞ୍ଚସ୍ତରୀ ଭାଗଙ୍କର ତାଲିମ ଯୋଗ୍ୟତା ନଥିଲା। ଅନେକଙ୍କର ସରକାରୀ ଚାକିରି କରିବାର ବୟସ ଗଡ଼ିଯାଇଥିଲା। ଏହିପରି ପ୍ରାୟ ପଚିଶ ହଜାର ନନ୍ ଫର୍ମାଲ ଏଜୁକେଟରଙ୍କୁ ନିୟମିତ କରିବା ନିଷ୍ପତ୍ତି ଫଳରେ ପ୍ରାଥମିକ ଶିକ୍ଷାରେ ଗୁଣାତ୍ମକ ଦିଗ ଦୁର୍ବଳ ହୋଇଗଲା। ଗଣତନ୍ତ୍ରରେ ସଂଖ୍ୟା ଏତେ ଗୁରୁତ୍ୱପୂର୍ଣ୍ଣ ହୋଇଯାଏ ଯେ ସରକାରମାନେ ତା ଆଗରେ ମୁଣ୍ଡ ନୁଆଁଇ ଦିଅନ୍ତି।

ଦୁଇ ହଜାର ନଅ ମସିହା ନିର୍ବାଚନରେ ମୁଖ୍ୟମନ୍ତ୍ରୀ ପୁନର୍ବାର ନିର୍ବାଚିତ ହୋଇ ଆସିଲେ; ମାତ୍ର କ୍ରମେ ତାଙ୍କର ଭାବମୂର୍ତ୍ତି ସାମାନ୍ୟ କ୍ଷୁର୍ଣ୍ଣ ହେଲା ଭଳି ଧାରଣା ହେଲା

କାରଣ ସାରା ରାଜ୍ୟରେ ରାଜନୈତିକ ବ୍ୟକ୍ତିମାନେ କ୍ରମଶଃ ପ୍ରଚାର କରିଦେଲେ ଯେ ଯିଏ ମାନ୍ୟବର ମୁଖ୍ୟମନ୍ତ୍ରୀଙ୍କର ମୁଖ୍ୟ ପରାମର୍ଶଦାତା ସେ ହିଁ ପ୍ରକୃତ କ୍ଷମତାର ନିୟନ୍ତ୍ରଣକାରୀ। ତାଙ୍କର ସୁପାରିଶକ୍ରମେ ଅନେକ ମନ୍ତ୍ରୀ ପଦ ପାଇଥିଲେ। ସେହି କ୍ରମରେ ମୋର ମାନନୀୟ ମନ୍ତ୍ରୀଙ୍କୁ ବି ଏକ ଆପାତତଃ ଗୁରୁତ୍ୱପୂର୍ଣ୍ଣ ବିଭାଗର ଦାୟିତ୍ୱ ମିଳିଲା। ବାଣିଜ୍ୟ ଓ ପରିବହନ ବିଭାଗର ଦାୟିତ୍ୱ ନେବାର କିଛିଦିନ ପରେ ଟ୍ରାନ୍ସପୋର୍ଟ ବିଭାଗରେ କାର୍ଯ୍ୟରତ ଅଧିକାରୀମାନେ ମୋତେ ଅଫିସରେ ମିଳିତ ଭାବରେ ଦେଖାକରି ଅନୁରୋଧ କଲେ ସବୁ ବଦଳି କଥା ନିଜେ ବୁଝିବା ପାଇଁ। ମୁଁ ସେମାନଙ୍କର କଥାର ମର୍ମ ବୁଝିଲି। ସେମାନଙ୍କୁ ରୋକ୍‌ଠୋକ୍ ଜଣାଇଦେଲି ଯେ କୌଣସି ବଦଳିରେ ମୋର ରୁଚି ନାହିଁ। ସେମାନେ ଭଗ୍ନ ମନୋରଥ ହୋଇ ଫେରିଗଲେ। ବଦଳି କରିବାର କ୍ଷମତା ଅଥବା ପରାମର୍ଶଦେବା ଭଳି କାମରୁ ନିଜେ ଅବ୍ୟାହତି ନେଇଥିବାରୁ ବହୁ ଜଟିଳ ସମସ୍ୟାରୁ ନିଜକୁ ମୁକୁଳେଇ ନେଇଥିଲି ସିନା, ମାତ୍ର କିଛି ଲୋକଙ୍କ ବିଚାରରେ ମୁଁ ଥିଲି ବିଚରାଟାଏ। ଅନେକ ସୁବିଧା ସୁଯୋଗକୁ ହାତଛଡ଼ା କରିଥିବା ଲକ୍ଷ୍ମୀଛଡ଼ାଟାଏ; ମାତ୍ର ଆଜି ବୁଝୁଛି ତାହାହିଁ ଥିଲା ମୋ ପାଇଁ ସର୍ବୋତ୍ତମ ନିଷ୍ପତ୍ତି।

ଦି ହଜାର ବାର ମସିହା ପ୍ରଥମାର୍ଦ୍ଧରେ ମୋର ଅତିରିକ୍ତ ଶାସନ ସଚିବ ପାହ୍ୟାଙ୍କୁ ପ୍ରମୋସନ ସହିତ ବଦଳି ହେଲା ଇଡ୍‌କୋର ମୁଖ୍ୟ ମହାପ୍ରବନ୍ଧକ ଭାବରେ। ମୁଁ ସେଠାରୁ ବଦଳି ହୋଇଯିବାର ଅଳ୍ପଦିନ ଭିତରେ ଏକ ଦୁଃଖଦ ଘଟଣାକ୍ରମରେ ମନ୍ତ୍ରୀ ମହୋଦୟ ମନ୍ତ୍ରୀମଣ୍ଡଳରୁ ଅପସାରିତ ହେଲେ। ତାହା ମୋତେ ବହୁତ ଦୁଃଖ ଦେଲା। ତାଙ୍କ ନିକଟରେ କାର୍ଯ୍ୟ କରିବା ବେଳେ ସେ ମୋତେ ବହୁତ ସାହାଯ୍ୟ କରିଛନ୍ତି। ଏକେତ ମନ୍ତ୍ରୀଙ୍କ ସହିତ ବିଭିନ୍ନ ସରକାରୀ କାର୍ଯ୍ୟରେ ଦେଶର ବିଭିନ୍ନ ଅଞ୍ଚଳକୁ ବୁଲିବାକୁ ଯିବା ସମ୍ଭବ ହୋଇଛି। ମୋର ଦୁଇପିଲା ଭୁବନେଶ୍ୱରରେ ରହି ଇଞ୍ଜିନିୟରିଂ ପାଠ୍ୟକ୍ରମ ଶେଷ କରିପାରିଛନ୍ତି। ଏହା ନ ହୋଇଥିଲେ ହୁଏତ ଦୁଇଟି ଛୁଆଙ୍କୁ ବାହାରେ ରଖି ଏକ ସମୟରେ ଇଞ୍ଜିନିୟରିଂ ପାଠ ପଢ଼େଇବା ମୋ ପାଇଁ ଅତ୍ୟନ୍ତ କଷ୍ଟସାଧ ହୋଇଥାନ୍ତା।

ମାନନୀୟ ମନ୍ତ୍ରୀ ମହୋଦୟଙ୍କ ନିକଟରେ ଖାସ୍ ସଚିବ ଭାବରେ ବାଣିଜ୍ୟ ଓ ପରିବହନ ବିଭାଗରେ କାର୍ଯ୍ୟ କରୁଥିବା ବେଳର ଗୋଟିଏ ଅନୁଭୂତି ମୋତେ ଭାରି ବ୍ୟସ୍ତ କରୁଥିଲା। ସେଇଟି ହେଲା ବହୁ ସାମ୍ବାଦିକ ଅନେକ ସମୟରେ ଗାଡ଼ି ମାଗୁଥିଲେ। ମୁଁ ପ୍ରଥମେ ଭାରି ଭିଡ଼ିମୋଡ଼ି ହେଉଥିଲି; ମାତ୍ର ମନ୍ତ୍ରୀ କହୁଥିଲେ ସାମ୍ବାଦିକମାନଙ୍କୁ ଆହୁରି କେତେ କଣ ଦିଆ ହୋଇ ସନ୍ତୁଷ୍ଟ କରାଯାଉଛି, ଗାଡ଼ି ଦେବା ପାଇଁ ଆମେ ଏତେ ନଛୋଡ଼ବନ୍ଧା ହେଲେ କ'ଣ ଚଳିବ? ମାତ୍ର ଆର.ଟି.ଓଙ୍କୁ ସେଇ କଥା କହିବାବେଳେ

ମୋତେ ଭାରି ଅସ୍ୱସ୍ତି ଲାଗେ। ମୋତେ ଲାଗେ ମୁଁ ଯେମିତି କିଛି ଅବିବେକୀ କାମ କରୁଛି। ଗାଡ଼ି ମାଗିବା ଯାହା ପଇସା ମାଗିବା ସେଇଆ। ଦିନକୁ ଦିନ ସେମାନଙ୍କ ସଂଖ୍ୟା ବଢୁଥିଲା। ବଡ଼ ସମ୍ପାଦିକଙ୍କ ଜୁଲମ ଥିଲା ବଡ଼ ଗାଡ଼ି ପାଇଁ - ମାନେ ଇନୋଭାରୁ ତଳକୁ ନୁହେଁ, ଏଇ କାମଟିରେ ମୁଁ ଆଉ ଜଣେ ଅଫିସରଙ୍କୁ ଲଗେଇ ଦେଲି ସିନା - ଜୀବନସାରା ଗ୍ଲାନିବୋଧକୁ ମୁଣ୍ଡେଇ ଚାଲିଲି।

ଇଡ୍‌କୋରେ କାର୍ଯ୍ୟ କରିବା ଭିତରେ ଶିଳ୍ପାୟନ ଉପରେ ସମ୍ୟକ୍ ଧାରଣା ସୃଷ୍ଟି ହୋଇଥିଲା। ଶିଳ୍ପୋଦ୍ୟୋଗୀମାନଙ୍କୁ ସରକାର ଯେଉଁ ଜମି ଜଳ ତଥା ଆନୁଷଙ୍ଗିକ ବ୍ୟବସ୍ଥା ଓ ଆଇନଗତ ବ୍ୟବସ୍ଥା ଦେବା କଥା ତାହା ବାସ୍ତବରେ ଶିଳ୍ପୋଦ୍ୟୋଗୀମାନେ ପାଇ ପାରୁନାହାନ୍ତି ବୋଲି ମୋର ହୃଦ୍‌ବୋଧ ହେଲା। ବହୁ ବଡ଼ ବଡ଼ କମ୍ପାନୀର ତୁଙ୍ଗ ଅଧିକାରୀମାନେ ସେମାନଙ୍କର ଆପତ୍ତି ଜଣାଇବା ପାଇଁ ଘଣ୍ଟା ଘଣ୍ଟା ଅପେକ୍ଷା କରନ୍ତି। ଅନେକ ଦିନ ମୁଖ୍ୟ କାର୍ଯ୍ୟନିର୍ବାହୀ ଅନୁପସ୍ଥିତ ଥାଆନ୍ତି ଯେହେତୁ ତାଙ୍କର ଅନ୍ୟ ଏକ ବିଭାଗର ସଚିବ ଭାବରେ ମଧ୍ୟ ଦାୟିତ୍ୱ ଥାଏ। ସେ କେଉଁ ସମୟରେ ଉପଲବ୍ଧ ହେବେ ତାହା ମଧ୍ୟ କେହି କହିପାରନ୍ତି ନାହିଁ। ଅନେକ ସମୟରେ ସେମାନେ ମୋ ପାଖରେ ବସି ତାଙ୍କର ସମସ୍ୟା କହନ୍ତି; ମାତ୍ର ମୁଁ ହତାଶ ଅନୁଭବ କରୁଥାଏ ଯେ ମୁଖ୍ୟ କାର୍ଯ୍ୟନିର୍ବାହୀ ଯେହେତୁ ଅନ୍ୟ କାହାରିକୁ ତାଙ୍କର ଦାୟିତ୍ୱ କ୍ଷମତା ଅର୍ପଣ କରି ନାହାନ୍ତି ସେମାନଙ୍କର ଅଭିଯୋଗ କେହି ସମାଧାନ କରିପାରିବେ ନାହିଁ। ଗୁଜୁରାଟ ଏତେ ଶିଳ୍ପୋନ୍ନତ ହେବାର ମୂଳ କାରଣ ହେଲା ସେଠାକାର ଲୋକଙ୍କର ଶିଳ୍ପ ଚଳାଇବା ଜନିତ ଜ୍ଞାନ ଅଧିକ। ସେଠାରେ ଶିଳ୍ପ ସହିତ ସଂପୃକ୍ତ ଅଧିକାରୀମାନେ ଶିଳ୍ପୋଦ୍ୟୋଗୀମାନଙ୍କୁ ସାହାଯ୍ୟ ସହଯୋଗ କରିବା ପାଇଁ ସର୍ବଦା ତୟାର; ମାତ୍ର ଆମ ରାଜ୍ୟରେ କତିପୟଙ୍କୁ ବାଦ୍ ଦେଲେ ସବୁ ହାକିମମାନେ କେବଳ ନିଜର ନିୟନ୍ତ୍ରଣାତ୍ମକ କାର୍ଯ୍ୟ କରିବା ପାଇଁ ଆଗଭର। ପୂର୍ବରୁ ଇଡ଼୍‌କୋର ସି.ଏମ୍.ଡ଼ି. ଥିବା ଆଇ.ଏ.ଏସ୍. ଅଧିକାରୀ ପ୍ରିୟବ୍ରତ ପଟ୍ଟନାୟକ ଶିଳ୍ପସଂସ୍ଥାମାନଙ୍କ ପ୍ରତି ଉଦାର ଥିଲେ ବୋଲି ସମସ୍ତେ ମତ ଦିଅନ୍ତି।

ତେର ମସିହା ଆରମ୍ଭରେ ମୋର ହଠାତ୍ ବଦଳି ହୋଇଗଲା ମାନନୀୟ ରାଜ୍ୟପାଳଙ୍କ ବ୍ୟକ୍ତିଗତ ସଚିବ ଭାବରେ। ମୁଁ ବଡ଼ ଅକଳରେ ପଡ଼ିଲି, ମୋତେ ଅନେକ କହିଲେ - ତମେ ସେଇଠି ମାଟି ହୋଇଯିବ, କେହି ସେଇଠୁ ତମକୁ ଆଣିବେ ନାହିଁ। ଆଉ ଆଠ-ଦଶ ବର୍ଷ କାଳ ସେଇଠି ରହି ରହି ରିଟାୟାର କରିବ। କିଛି ପୂର୍ବତନ ବ୍ୟକ୍ତିଗତ ସଚିବଙ୍କ ଉଦାହରଣ ଦେଇ ତାଚ୍ଛଲ୍ୟ କରିବାକୁ ଭୁଲିନଥିଲେ କିଛି ସିନିୟର। ମୁଁ ମନେ ମନେ କ୍ଷୁର୍ଣ୍ଣ ହୋଇଥିଲି। ମୁଁ ତ ଆଉ

କାହାରିକୁ ଖୋସାମତ କରି ଏଇଠିକି ଆସିନି। ମୋତେ କୁହାଗଲା ନୂଆ ଗଭର୍ଣ୍ଣର ଜଏନ କରିବେ। ତେଣୁ ତାଙ୍କ ପାଇଁ ଲୋକ ଖୋଜୁଖୋଜୁ ମୁଁ କୁଆଡ଼େ ମିଳିଯାଇଛି।

ରାଜଭବନରେ ଯୋଗଦେବାର ଦୁଇ ତିନିଦିନ ଭିତରେ ରାଜ୍ୟପାଳ ଭାବରେ ଯୋଗଦେଲେ ପ୍ରବୀଣ ରାଜନେତା ଡକ୍ଟର ଏସ୍.ସି. ଜମୀର, ସେ ଥିଲେ ନାଗାଲାଣ୍ଡର ପ୍ରାୟ ପନ୍ଦର ବର୍ଷରୁ ଊର୍ଦ୍ଧ୍ୱ ମୁଖ୍ୟମନ୍ତ୍ରୀ, କେନ୍ଦ୍ର ମନ୍ତ୍ରୀମଣ୍ଡଳରେ ରାଷ୍ଟ୍ରମନ୍ତ୍ରୀ ଭାବରେ ଅଭିଜ୍ଞତା ଥିଲା ପ୍ରାୟ ଦଶବର୍ଷ ଓ ମହାରାଷ୍ଟ୍ର, ଗୁଜୁରାଟ ଓ ଗୋଆର ରାଜ୍ୟପାଳ ଭାବରେ ଆଠବର୍ଷର ଦକ୍ଷତା ଓ ଅଭିଜ୍ଞତା। ତାଙ୍କର ଇଂଲିଶ୍ ଥିଲା ଚମତ୍କାର। ସେ ଅଶୀତୀପର ବର୍ଷ ବୟସରେ ଟେନିସ ଖେଳୁଥିଲେ ଓ କମ୍ପ୍ୟୁଟର ଶିଖୁଥିଲେ। ତାଙ୍କ ସହିତ କାମ କରିବାରେ ଥିଲା ଆନନ୍ଦ। ମାସେରୁ ସାମାନ୍ୟ ଅଧିକ କାଳ ତାଙ୍କ ସହିତ କାମ କରିବାର ସୁଯୋଗ ପାଇଛି। ଦିନେ ଯାଇଥିଲି ପୁରୀ ଅଭିମୁଖେ। ଦେଖିବାକୁ ପୁରୀ ରାଜଭବନର ମରାମତି ଓ ସୌନ୍ଦର୍ଯ୍ୟକରଣ; ମାତ୍ର ସେଇଠି ଖବର ମିଳିଲା ମୋତେ ଝାରସୁଗୁଡ଼ାରେ ଜିଲ୍ଲାପାଳ ଭାବରେ ଅବସ୍ଥାପିତ କରାଯାଇଛି। ମୁଁ ଫେରିବା ବେଳକୁ ମୋତେ ମାନନୀୟ ମୁଖ୍ୟମନ୍ତ୍ରୀଙ୍କ ଯୁଗ୍ମ ସଚିବ ଗୋପବନ୍ଧୁ ବାବୁ କହିଲେ ଆପଣ ତୁରନ୍ତ ଝାରସୁଗୁଡ଼ାରେ ଯୋଗ ଦିଅନ୍ତୁ। ମୁଁ ବଡ଼ ଦ୍ୱନ୍ଦ୍ୱରେ ଥାଏ କାରଣ ରାଜ୍ୟପାଳ ଦିଲ୍ଲୀ ଗସ୍ତରେ ଥାଆନ୍ତି ସେତେବେଳେ। ମୁଁ ଅନେକ ସିନିୟରଙ୍କ ସହିତ ଯୋଗାଯୋଗ କଲି। ସେମାନେ ସମସ୍ୱରରେ କହିଲେ - "ଆରେ ନିରଞ୍ଜନ, ତମେ ଏତେ ସରଳ ହେଲେ ଚଳିବ! ତମକୁ ସରକାର ଜିଲ୍ଲାପାଳ ଭାବରେ ନିଯୁକ୍ତି ଦେଇଛନ୍ତି, ସରକାର ହିଁ ସରକାରୀ କର୍ମଚାରୀଙ୍କ ମାଆବାପ। ତମକୁ ଆଉ କାହାଠାରୁ ଆଦେଶ ଦରକାର। ତମେ ତୁରନ୍ତ ରେଲିଂକୁଇସ କରି ଝାରସୁଗୁଡ଼ାରେ ଯୋଗ ଦିଅ। ନହେଲେ ଆଉ କିଏ ମାଡ଼ି ବସିବ ସେଇ ଚଉକି। ଜିଲ୍ଲାପାଳ ହେବା କେଉଁ ଓ.ଏ.ଏସ୍. ଅଫିସରଙ୍କ ଭାଗ୍ୟରେ ଥିଲେ ମିଳେ। ତମେ କଣ ଏଇ କଥାର ସମାଧାନ ପାଇଁ ଏତେ ପରାମର୍ଶ ଲୋଡୁଛ, ଜିଲ୍ଲା ଚଳେଇବ ପୁଣି କେମିତି!"

ମୋର ଦ୍ୱନ୍ଦ୍ୱ ଦୂର ହେଉନଥାଏ। ଖରାଦିନ ସାଙ୍ଗକୁ ମନ ଭିତରଟା ଗରମ। ମୁଁ ଝାଳରେ ଗୋଟା ଜଡ଼ସଡ଼। କ'ଣ କରିବି - ଜିଲ୍ଲାପାଳ ହେବା କ'ଣ ମୋ ଭାଗ୍ୟରେ ନାହିଁ। ଭାଗ୍ୟ ମୋତେ ଅନେକ ସମୟରେ ପ୍ରତାରିତ କରିଛି। କ'ଣ ପ୍ରକୃତରେ ଭଗବାନଙ୍କର ଇଚ୍ଛା।

କିଶୋର ଭାଇନା (ଶ୍ରୀଯୁକ୍ତ କିଶୋର ଚନ୍ଦ୍ର ବାରିକ)ଙ୍କୁ ପଚାରିଲି ମନ

କଥା । ସେ କହିଲେ ତମେ କ'ଣ ଭାବୁଛ ? ମୁଁ କହିଲି, ଠିକ୍ କରିଛି ରାଜ୍ୟପାଳଙ୍କ ବିନାନୁମତିରେ ମୁଁ ଜିଲ୍ଲାପାଳ ଭାବରେ ଯୋଗଦେବାକୁ ଯିବି ନାହିଁ । ସେ ମୋ କଥାରେ ସମ୍ମତି ଦେଲେ । ମୋତେ ଟିକିଏ ହାଲ୍‌କା ଲାଗିଲା । ସେଦିନ ରାତି ହୋଇଯାଇଥିଲା - ମୁଁ କେତେବେଳେ ଥକ୍କାରେ ଶୋଇ ପଡ଼ିଲି ଜାଣିପାରିଲି ନାହିଁ । ତା ପରଦିନ ଦିଲ୍ଲୀରେ ଥିବା ରାଜ୍ୟପାଳ ମହୋଦୟଙ୍କୁ ଯୋଗାଯୋଗ କରିବାକୁ ଚେଷ୍ଟା କଲି ତାଙ୍କ ପ୍ରମୁଖ ସଚିବଙ୍କ ମାଧ୍ୟମରେ । ସେ ମୋତେ ରୋକଠୋକ୍ କହିଦେଲେ ଏପରି ଅନୁରୋଧ ସେ କରିପାରିବେ ନାହିଁ । ମୁଁ ନିରାଶ ନହୋଇ କିଛି ସମୟ ପରେ ମହାମହୀମ ରାଜ୍ୟପାଳଙ୍କ ବ୍ୟକ୍ତିଗତ ସୁରକ୍ଷା ଅଧିକାରୀ ଶ୍ରୀଯୁକ୍ତ ନାୟକଙ୍କ ସହିତ କଥା ହେଲି ଓ ରାଜ୍ୟପାଳଙ୍କ ସହିତ କିଛି ଜରୁରୀ କଥା କହିବାକୁ ଚାହୁଁଛି ବୋଲି ଜଣାଇଲି ।

ନାୟକ ବାବୁଙ୍କ ସହିତ ମୋର ଭଲ ବ୍ୟକ୍ତିଗତ ସମ୍ପର୍କ ଥାଏ । ସେ ଟେଲିଫୋନ ଯୋଗେ ମାନ୍ୟବର ରାଜ୍ୟ ରାଜ୍ୟପାଳଙ୍କୁ ଯୋଗାଯୋଗ କରେଇ ଦେଲେ । ମୋର ହୋଇଥିବା ବଦଳି ବିଷୟରେ ଉଲ୍ଲେଖ କରି ମୁଁ ତାଙ୍କର ଆଦେଶ କାମନା କରୁଛି ବୋଲି କହିଲି । ମାନ୍ୟବର ରାଜ୍ୟପାଳଙ୍କ ଗୁରୁ ଗମ୍ଭୀର ସ୍ୱର ସେ ପଟରୁ ଭାସି ଆସିଲା । ତାଙ୍କର ସ୍ୱର ଥିଲା ସଂକ୍ଷିପ୍ତ ମାତ୍ର ତୀକ୍ଷ୍ଣ । ସେ କହିଲେ, ତାଙ୍କ ଫେରିବା ଯାଏ ମୋତେ ଅପେକ୍ଷା କରିବାକୁ ହେବ । ସେ ପଦେ କଥା ମୋତେ ଯେମିତି ସୂଚାଇ ଦେଉଥିଲା ଏଇ ବଦଳି ପାଇଁ ମୋତେ ଆଉ ଚିନ୍ତା ନ କରିବା ଭଲ କାରଣ ଯାହା ଭାଗ୍ୟରେ ଅଛି ତାହା ଅବଶ୍ୟ ଘଟିବ ।

ମାନ୍ୟବର ରାଜ୍ୟପାଳଙ୍କ ସହିତ ହୋଇଥିବା କଥାବାର୍ତ୍ତା ମୋ ଠାରେ ସୀମିତ ନ ରଖି ମୁଁ ମାନନୀୟ ମୁଖ୍ୟମନ୍ତ୍ରୀଙ୍କ କାର୍ଯ୍ୟାଳୟକୁ ଗଲି ଏବଂ ସେଠାରେ ଅବସ୍ଥାପିତ ହୋଇଥିବା ଅତିରିକ୍ତ ମୁଖ୍ୟ ଶାସନ ସଚିବ ଶ୍ରୀଯୁକ୍ତ ଆଦିତ୍ୟ ପାଢ଼ୀ ସାର୍‌ଙ୍କୁ ସାକ୍ଷାତ କରି ମାନ୍ୟବର ରାଜ୍ୟପାଳଙ୍କ ଆଦେଶ ବିଷୟରେ ଜଣାଇଲି ଏବଂ ସେଇ ଅନୁସାରେ ମୁଁ ତୁରନ୍ତ ରିଲିଜ୍ ହୋଇପାରୁନାହିଁ ବୋଲି ଜଣାଇଲି । ମୋତେ ପରାମର୍ଶ ଦିଆଗଲା ରାଜ୍ୟପାଳ ଫେରିଲା ପରେ ତାଙ୍କ ଆଦେଶ ନେଇ ନୂତନ ସ୍ଥାନରେ ଯୋଗଦେବା ପାଇଁ ।

ତା ପରଦିନ ରାଜ୍ୟପାଳ ଫେରୁ ଫେରୁ ସଂଧ୍ୟା ହୋଇଗଲା । ମୁଁ ତାଙ୍କୁ ବିମାନଘାଟିରେ ସ୍ୱାଗତ କଲି । ସେ ମୋତେ ପଦେ ହେଲେ କଥା ହେଲେ ନାହିଁ । ଅତଏବ ସେଦିନ ରାତିଟି ଥିଲା ମୋ ପାଇଁ ଭାରି ଅଶାନ୍ତିର ସମୟ ।

ତାପରଦିନ ଅଫିସ ସମୟ ବେଳକୁ ମୁଁ ଯାଇ ପହଞ୍ଚି ଯାଇଥିଲି । ପ୍ରାୟ ଚାରି ପାଞ୍ଚଦିନ ରାଜ୍ୟପାଳ ମହୋଦୟ ରାଜ୍ୟ ବାହାରେ ଥିବାରୁ ଫାଇଲ କିଛି ଅଧିକ ଥିଲା । ସେ ଅନ୍ୟ ଯେଉଁ ସବୁ କାର୍ଯ୍ୟ ଦେଇଥିଲେ, ତାର ଅନୁପାଳନ ମଧ୍ୟ ତାଙ୍କୁ ପେଶ୍ କଲି । କିଛି ଲୋକ ମହାମହୀମଙ୍କୁ ସାକ୍ଷାତ କରିବାକୁ ଆସିଥିଲେ । ସବୁ କାମ ଶେଷ ହେଲା ବେଳକୁ ପ୍ରାୟ ଦିନ ଗୋଟାଏରୁ ଦେଢ଼ଟା ଭିତରେ । ସବୁଦିନ ସଅଳ ଅଫିସ କାମ ସାରି ମଧ୍ୟାହ୍ନ ଭୋଜନ ନିଅନ୍ତି ମାନ୍ୟବର ରାଜ୍ୟପାଳ । ମୁଁ ସବୁ ଅଫିସ କାମ ଶେଷ ହେବା ପରେ ବିନୀତ କଣ୍ଠରେ କହିଲି, ୟୋର ଏକ୍‌ସେଲେନ୍‌ସି, ଆଇ ହେଭ୍ ଏ ଗ୍ରୀଭାନ୍‌ସ । ହଠାତ୍ ସେ ଭାରି ଟାଣ ଗଳାରେ କହିଲେ, ମିଷ୍ଟର ସାହୁ, ଆଇ ନୋ ୟୋର କେଶ୍, ବଟ୍ ଆଇ ଏମ୍ ସରପ୍ରାଇଜଡ଼୍ ହାଓ ଗଭର୍ଣ୍ଣମେଣ୍ଟ ହେଜ୍ ଟ୍ରାନ୍‌ସଫରଡ଼୍ ୟୁ ଉଇଦାଉଟ୍ ଟେକିଂ ମାଇଁ ଆଡ୍‌ଭାଇସ୍ । ଦିସ୍ ଇଜ୍ ଭେରୀ ଅନ୍‌ଫରଚ୍ୟୁନେଟ୍ । ମୁଁ ସରକାର ସହିତ କିଛି ପଙ୍ଗା ନେଇପାରିଥାନ୍ତି; ମାତ୍ର ତମର କ୍ୟାରିଅର ଦୃଷ୍ଟିରୁ କିଛି ସେମିତି କରିବି ନାହିଁ । ଅଳ୍ପ ଦିନ ଭିତରେ ତମର ନମ୍ରତା, ଶାଳୀନତା ଓ ହୃଦୟବତ୍ତା ମୋତେ ସ୍ପର୍ଶ କରିଛି । ଜିଲ୍ଲାପାଳ ଭାବରେ ତମେ ଗରିବ ଓ ସାଧାରଣ ଜନତାଙ୍କର କାମ ବେଶ୍ କରିପାରିବ । ମୁଁ ଆଶାବାଦୀ, ତମକୁ ମୁଁ ଅନୁମତି ଦେଉଛି । ଏତେକ କହିବା ପରେ ମୁଁ ଫାଇଲଟି ତାଙ୍କ ହାତକୁ ବଢ଼େଇ ଦେଲି ଓ ସେ ତାଙ୍କର ସମ୍ମତିସୂଚକ ସ୍ୱାକ୍ଷର ଦେଲେ । ମୁଁ ଏତେ ଅଭିଭୂତ ହୋଇଯାଇଥିଲି ଯେ ତାଙ୍କର ପଦସ୍ପର୍ଶ କଲି, ଆଶୀର୍ବାଦ ଲୋଡ଼ିଲି ।

ଜିଲ୍ଲାପାଳ ହେବା ପାଇଁ ହୁଏତ ବହୁତ ଲବି କରିବାକୁ ପଡୁଥିବ ବୋଲି ମୋର ଆଗରୁ ଧାରଣା ଥିଲା । ଯେତେବେଳେ ଅପ୍ରତ୍ୟାଶିତ ଭାବରେ ଯେ ଖବର ମିଳିଥିଲା, ମୁଁ ତାକୁ ହଠାତ୍ ବିଶ୍ୱାସ କରିପାରି ନଥିଲି । ଜିଲ୍ଲାପାଳ ପଦବୀ ପ୍ରତି ଅନେକ ଭାରତୀୟଙ୍କର ଶତାବ୍ଦୀ ଶତାବ୍ଦୀ ଧରି ମୋହ ରହିଯାଇଛି । ଏପରିକି ଜବାହରଲାଲ ନେହେରୁ ତାଙ୍କ ଆତ୍ମଜୀବନୀରେ ଲେଖିଛନ୍ତି ପ୍ରାୟ ଶହେ ବର୍ଷରୁ ଅଧିକ ସମୟ ପୂର୍ବରୁ ଯେତେବେଳେ ତାଙ୍କୁ ଶୈଶବରେ ତାଙ୍କର ପିତା ନେଇ ଲଣ୍ଡନରେ ପାଠ ପଢ଼ାଇଲେ, ଠିକ୍ ତା'ର ପରେ ପରେ ସେ ଗୋଟିଏ ସ୍ୱପ୍ନ ସେ ବାରମ୍ବାର ଦେଖୁଥିଲେ ଯେ ତାଙ୍କର କାର ଚଳେଇ ସେ ଗଲାବେଳେ କାରଟି ଗୋଟିଏ ସୁଦୃଶ୍ୟ ଅଟ୍ଟାଳିକା ନିକଟରେ ଅଟକି ଯାଉଥିଲା ଆଉ ସେଇ ଦୃଢ଼ ପ୍ରାଚୀର ବେଷ୍ଟିତ ସୁନ୍ଦର ବଗିଚା ସମନ୍ୱିତ ପ୍ରାସାଦର ମୁଖ୍ୟ ପ୍ରବେଶ ପଥରେ ଝୁଲୁଥିଲା ଏକ

ନାମଫଳକ । ଯେଉଁଥିରେ ଲେଖାଥିଲା - ଜବାହରଲାଲ ନେହେରୁ, ଆଇ.ସି.ଏସ୍. - ଡିସ୍‌ଟ୍ରିକ୍ଟ ମାଜିଷ୍ଟ୍ରେଟ - ଝାନସି । କହିବା ବାହୁଲ୍ୟ ସେଦିନରୁ ବି ପିତାମାନେ ତାଙ୍କର ପୁତ୍ରମାନଙ୍କର ସର୍ବଶ୍ରେଷ୍ଠ ସୌଭାଗ୍ୟ ଜିଲ୍ଲାଧୀଶ ହେବା ବୋଲି ଧରି ନେଉଥିଲେ ।

ଅବଶ୍ୟ ଆଜିର ପରିସ୍ଥିତି ଭିନ୍ନ । ତଥାପି କ୍ଷମତା ଓ ଦାୟିତ୍ୱର କେନ୍ଦ୍ର ସ୍ଥଳ ଜିଲ୍ଲା ମାଜିଷ୍ଟ୍ରେଟ ବୋଲି ଅନେକଙ୍କର ଧାରଣା । ରାଜ୍ୟ ପ୍ରଶାସନିକ ସେବାରୁ ଉନ୍ନୀତ ହୋଇ ଜିଲ୍ଲା ଦାୟିତ୍ୱରେ ରହିବାକୁ ଏକ ବିଶେଷ ତାତ୍ପର୍ଯ୍ୟପୂର୍ଣ୍ଣ ଉପଲବ୍ଧି ଭାବରେ ଗ୍ରହଣ କରାଯାଇଥାଏ । ଜିଲ୍ଲା ମାଜିଷ୍ଟ୍ରେଟ୍ ପଦବି ପ୍ରାୟ ଅଢ଼େଇ ଶହ ବର୍ଷ ହେଲା ଭାରତରେ ହେଷ୍ଟିଂସ୍‌ଙ୍କ ଅମଳରୁ ପ୍ରଚଳିତ ହୋଇ ଆସିଛି । ଏଇ ଦୀର୍ଘ ଅବଧିରେ ଏହା ଏକ ଅନୁଷ୍ଠାନ ପାଲଟି ଯାଇଛି । ଲୋକଙ୍କ ସମସ୍ତ ସୁଖଦୁଃଖ ଆପତ୍ତି ଅଭିଯୋଗ ବୁଝିବା ପାଇଁ ସେ ସର୍ବୋଚ୍ଚ ଅଧିକାରୀ ବୋଲି ଲୋକମାନଙ୍କର ଏକ ଧାରଣା ସୃଷ୍ଟି ହୋଇଛି ।

ମନେ ପଡ଼ିଯାଉଛି ପ୍ରଥମେ ଜିଲ୍ଲାପାଳ ଭାବରେ ବିଜ୍ଞପ୍ତି ବାହାରିବା ପରର ଅନୁଭବ । ମୁଁ ପ୍ରଥମେ ଚାହିଁଥିଲି ମୋର ମାଆ ଏବଂ ମୋର ପ୍ରିୟ ପିଲାଦିନର ଶିକ୍ଷକ ନରହରି ସାର୍‌ଙ୍କୁ ଏହା ଜଣେଇବା ପାଇଁ; ମାତ୍ର ମୁଁ ଜାଣିନଥିଲି ଏପରି ପରିସ୍ଥିତି ହେବ ବୋଲି । ତୁହାକୁ ତୁହା ଫୋନ୍ ଆସିଲା ମୋ ପାଖକୁ । କ୍ରମାନ୍ୱୟରେ ମୁହୂର୍ତ୍ତେ ବିରାମ ନଥିଲା । ଟେଲିଫୋନ୍‌ର ବ୍ୟବସ୍ଥା ଏମିତି ଯେ ଆପଣ ଫୋନ୍ କଲେ ତାହା ଅଗ୍ରାଧିକାର ପାଏନି, ଆପଣଙ୍କ ନିକଟକୁ ଆସୁଥିବା ଫୋନ୍‌ର ଥାଏ ସବୁବେଳେ ସେଇ ବିଶେଷାଧିକାର । ପ୍ରାୟ ଦୁଇ ତିନି ଘଣ୍ଟା କିମ୍ବା ତାଠାରୁ ଅଧିକ ସମୟ ଖାଲି ଶୁଭେଚ୍ଛା ବାର୍ତ୍ତା । ହ୍ୱାଟ୍‌ସ ଆପ୍ ଆଉ ଏସ୍.ଏମ୍.ଏସ୍.ରେ ଶତାଧିକ ଶୁଭେଚ୍ଛା । ମୁଁ ଅନୁଭବ କରୁଥିଲି ମୋର ଦାୟିତ୍ୱ ବଢ଼ି ବଢ଼ି ଯାଉଛି, ମୁଁ ଭାବୁଥିଲି ମୋର କାମକୁ ଏବେ ନିଘା ରଖିବେ ଶହ ଶହ କାନ ଆଉ ଆଖି ।

ମାନ୍ୟବର ରାଜ୍ୟପାଳଙ୍କ ସମ୍ମତି ପାଇବା ପରେ ମୁଁ ତୁରନ୍ତ ଝାରସୁଗୁଡ଼ାର ଅତିରିକ୍ତ ଜିଲ୍ଲାପାଳଙ୍କୁ ଜଣେଇଦେଲି ଯେ ମୁଁ ସେଇଦିନ ଅପରାହ୍ଣରେ ଜିଲ୍ଲା ଅଭିମୁଖେ ବାହାରୁଛି । ମୋର ଦୁଇଜଣ ଅନ୍ତରଙ୍ଗ ବନ୍ଧୁ ଅଧ୍ୟାପକ ଡକ୍ଟର କାର୍ତ୍ତିକ ଚନ୍ଦ୍ର ଦାଶ ଓ ପ୍ରଭାତ ଦାସ ମୋ ସାଙ୍ଗରେ ଯିବା ପାଇଁ ବାହାରିଲେ । ଝାରସୁଗୁଡ଼ାରେ ପହଞ୍ଚିବା ବେଳକୁ ରାତି ସାଢ଼େ ଦଶଟା । ମାତ୍ର ମୁଁ ଆଶ୍ଚର୍ଯ୍ୟ ହେଲି ସର୍କିଟ୍ ହାଉସ୍‌ରେ ପହଞ୍ଚି । ଏତେ ରାତିରେ ବି ଫୁଲତୋଡ଼ା ସହିତ ଅପେକ୍ଷା କରିଥିଲେ ପ୍ରାୟ ପଚାଶରୁ

ଅଧିକ ଲୋକ। ଏହା ମୋତେ ଉଲ୍ଲସିତ କରିନଥିଲା, ବରଂ ମୋ ଭିତରେ ଏକରକମର ଭାବନା ସୃଷ୍ଟି ହୋଇଥିଲା। ମୁଁ ଠାକୁରଙ୍କୁ ଡାକୁଥିଲି ମୋତେ ଶକ୍ତି, ସାହସ ଓ ସାମର୍ଥ୍ୟ ଦେବା ପାଇଁ ଯେମିତି କି ସେଇ ଜାଗା ଛାଡ଼ିଲା ବେଳେ ଅନୁରୂପ ଶ୍ରଦ୍ଧା ଓ ଶୁଭେଚ୍ଛା ପାଇ ପାରିବି।

ଝାରସୁଗଡ଼ା ଏକ ଶିଳ୍ପ ସମୃଦ୍ଧ ଜିଲ୍ଲା। ଜିଲ୍ଲା ସଦର ମହକୁମାରେ ବେଦାନ୍ତ ଆଲୁମିନିୟମର ବିଶାଳ କାରଖାନା। ଝାରସୁଗୁଡ଼ା ଜିଲ୍ଲା ଆରମ୍ଭର ଠିକ୍ ପୂର୍ବରୁ ଯେଉଁ ଭୂଷଣ ଲୁହା ଇସ୍ପାତ କାରଖାନା ତାହା ସମ୍ବଲପୁର ଜିଲ୍ଲା ଭିତରେ ଥିଲେ ବି ତାର ସମସ୍ତ କର୍ମଚାରୀ ଅଧିକାରୀମାନେ ପ୍ରାୟ ଝାରସୁଗୁଡ଼ାରେ ଅବସ୍ଥାନ କରନ୍ତି। ବହୁସଂଖ୍ୟକ ଛୋଟ ଛୋଟ ଇସ୍ପାତ କାରଖାନା, ମହାନଦୀ କୋଲ ଲିମିଟେଡ଼ର ବିଭିନ୍ନ କୋଲିଆରୀ ଏବଂ ବନହରପାଲି ଖଣିଜ ବିଦ୍ୟୁତ ପ୍ରକଳ୍ପ ଆଦି ବହୁବିଧ କାରଖାନାରେ ଏଇ ଜିଲ୍ଲା ସମନ୍ୱିତ। ଟାଟା ରିଫ୍ରାକ୍ଟରିଜ ବେଲପାହାଡ଼ରେ ଆଉ ବ୍ରଜରାଜନଗରରେ ବହୁଦିନରୁ ଥିବା କାଗଜକଳର ଭଙ୍ଗାରୁଜା ଦସ୍ତାବିଜ। କୋଲାବିରା, ଲାଇକେରା ଓ କିରମିରା ତିନୋଟି ଆଦିବାସୀ ଅଧ୍ୟୁଷିତ ଅଞ୍ଚଳ, ଲକ୍ଷଣପୁର ଆଉ ଝାରସୁଗୁଡ଼ା ବ୍ଲକରେ ବହୁ ବିସ୍ଥାପିତଙ୍କ ବସତି। ହୀରାକୁଦ ବନ୍ଧ ଯୋଜନା ବେଳେ ବିସ୍ଥାପିତ ହୋଇଥିବା ବହୁ ଲୋକ ଯେଉଁଠି ପୁନର୍ବାସ ପାଇଥିଲେ ପୁଣି ଆଉ କିଛି ନୂତନ ପ୍ରକଳ୍ପ ହେବାରୁ ସେମାନଙ୍କୁ ପୁଣି ଭିଟାମାଟି ଛାଡ଼ିବାକୁ ପଡ଼ିଛି। ଗୋଟିଏ ଗଛକୁ ଦୁଇଥର ଓପାଡ଼ି ଦେଲେ ଯେଉଁ ଅବସ୍ଥା ସେଇ ପରିବାରମାନଙ୍କର ସ୍ଥିତି ସେଇଆ, ନିହାତି ଦୟନୀୟ।

ବ୍ରଜରାଜନଗରର ଶିଳ୍ପାଞ୍ଚଳ ଅକାମୀ ହେଲାପରେ ସେଇ ଅଞ୍ଚଳଟି ହୋଇ ପଡ଼ିଛି ଅପରାଧପ୍ରବଣ। କୋଇଲା ମାଫିଆମାନେ ସକ୍ରିୟ ହୋଇଛନ୍ତି, ରାଜନୈତିକ ପୃଷ୍ଠପୋଷକତା ପାଇ ସେମାନେ ନିଜର ଅପରାଧ ଜଗତକୁ କରିଛନ୍ତି ପରିବ୍ୟାପ୍ତ। ଦିନ ଦିପହରରେ ଲୋକଙ୍କ ସାମ୍ନାରେ ଜଣେ ଅପରାଧୀ ଗୋଟିଏ ସାଧାରଣ ଲୋକକୁ ହତ୍ୟା କଲାରୁ ସେଇ ଅପରାଧୀ ନାଁରେ ଆମେ ଏନ୍‌ଏସ୍‌ଏ କରିଥିଲୁ; ମାତ୍ର ଦୁଇ ସପ୍ତାହ ପରେ ହାଇକୋର୍ଟ ସେଇ କେଶ୍‌କୁ ରିଭ୍ୟୁ କଲେ - ମୁଁ ଓ ଏସ୍.ପି. ଦୁହେଁ ଯାଇ ସାକ୍ଷ୍ୟ ପ୍ରଦାନ କଲୁ, ଆମକୁ ଯେତିକି ଜେରା କରାଯାଇଥିଲା ଅପରାଧୀକୁ ହୁଏତ ସେତିକି କରାଯାଇଥିବ କି ନା ସନ୍ଦେହ ! ଫଳ ଏଇଆ ହେଲା ଯେ ଅପରାଧୀ ନିଶରେ ତେଲ ଦେଇ ବୁଲିଲା ଦିନ କେଇଟା ଭିତରେ। ଆମର କୋର୍ଟ ରୁମର ଘଟଣାକୁ ଭଲ ଭାବରେ ଅନୁଧ୍ୟାନ କରିଥିବା ଓକିଲମାନେ ଯେମିତି କେଶ ଚଳାନ୍ତି

ସେଇଥିରୁ ବାସ୍ତବ କଥାକୁ ଅନୁମାନ କରନ୍ତି ମାନ୍ୟବର ବିଚାରପତି । ବାସ୍ତବ କଥା ସେଥିରେ କେତେ ଥାଏ ତାହା ସମସ୍ତେ ଜାଣିଲେ ବି କେହି କହିପାରନ୍ତି ନାହିଁ ।

ହୀରାକୁଦ ଜଳଭଣ୍ଡାରକୁ ଲାଗି ଝାରସୁଗୁଡ଼ା ଜିଲ୍ଲା । ୧୮୬ଟି ଗାଁ ବୁଡ଼ିଯାଇଥିଲା ଜଳଭଣ୍ଡାର ଭିତରେ । ସେତେବେଳେ ଲୋକମାନଙ୍କୁ ଯଥାଯଥ କ୍ଷତିପୂରଣ ଦିଆଯାଇନଥିଲା ବୋଲି ବାରମ୍ବାର ଅଭିଯୋଗ ହୁଏ । ପୁନର୍ବସତି ଯୋଜନା ପୂରା ଫେଲ୍ ମାରିଥିଲା କହିଲେ ଚଳେ । ଯେଉଁମାନେ ଉଦ୍‌ବାସ୍ତୁ ହୋଇଥିଲେ ସେମାନଙ୍କୁ ଦିଆଯାଇଥିବା ଜମି ପରବର୍ତ୍ତୀ ବନ୍ଦୋବସ୍ତରେ ଜଙ୍ଗଲ କିସମ ହୋଇଯିବାରୁ ହଜାର ହଜାର ପରିବାର ବହୁ କଷ୍ଟରେ ଜୀବନ ନିର୍ବାହ କରିଥିଲେ । ୧୯୯୬-୯୭ରେ ହୃଷୀକେଶ ପଣ୍ଡା ଉତ୍ତରାଞ୍ଚଳ ରାଜସ୍ୱ କମିଶନର ଥିବା ବେଳେ କିଛି ଜମି ପୁନର୍ବାର ଲୋକଙ୍କୁ ଦିଆଯାଇପାରିଥିଲା । ମୂଳ ବାସିନ୍ଦାଙ୍କ ପରିବାର କେଉଁଠି ରହୁଛନ୍ତି ତା'ର କିଛି ନିର୍ଦ୍ଦିଷ୍ଟ ଖବର ନଥିଲା, ଯେତିକି ଜମି ଅଧିଗ୍ରହଣ ହୋଇଥିଲା ତା ଭିତରୁ ଅନେକ ଜଳଭଣ୍ଡାରର ସର୍ବୋଚ୍ଚ ଜଳସ୍ତରର ଉପରେ ଥିବାରୁ ସେଗୁଡ଼ିକ କିପରି ଜମିମାଲିକଙ୍କ ପାଖକୁ ଆସିପାରିବ ସେ ବିଷୟରେ ଆମେ କିଛି ଆଲୋଚନା ଆରମ୍ଭ କରିଥିଲୁ; ମାତ୍ର ତାହା ଅଧାରେ ରହିଲା ।

ଛ' ମାସ ଯାଇଛି କି ନାହିଁ, ଦିନେ ଦିପହର ବେଳେ ମୁଁ ଗୋଟିଏ ଗ୍ରାମ୍ୟ ଉନ୍ନୟନ ସମୀକ୍ଷା ବୈଠକରେ ଥାଏ । ଏ.ଡ଼ି.ଏମ୍. ମୋତେ ଫୋନ୍ କରି କହିଲେ, ସାର୍ ଟି.ଭି. ଦେଖିଲେଣି । ମୁଁ ପଚାରିଲି କଣ ହେଲା କି ? ସେ କହିଲେ ଆପଣଙ୍କର ବଦଳି ହୋଇଯାଇଛି । ମୁଁ ଆଶ୍ଚର୍ଯ୍ୟ ହେଲି; ମାତ୍ର ବାସ୍ତବତାକୁ ଅବଶ୍ୟ ଗ୍ରହଣ କରିବାକୁ ପଡ଼େ । ମୋତେ ତୁରନ୍ତ ଖୋର୍ଦ୍ଧା ଜିଲ୍ଲାପାଳ ଭାବରେ ଦାୟିତ୍ୱ ନେବାକୁ କୁହାଯାଇଥିଲା । ଗୋଟିଏ ଜିଲ୍ଲାକୁ ଭଲ ଭାବରେ ଅନୁଧ୍ୟାନ କରି ସେଥିରେ କିଛି ଗୁଣାତ୍ମକ ପରିବର୍ତ୍ତନ କରିବା ପୂର୍ବରୁ ମୋର ବଦଳି ହୋଇଥିବାରୁ ମନରେ ସରସତା ନଥିଲା ।

ଝାରସୁଗୁଡ଼ା ମୁଁ ଏକୁଟିଆ ଯାଇଥିଲି, ଭୁବନେଶ୍ୱରର ସରକାରୀ ବାସଭବନ ଛାଡ଼ି ନଥିଲି । ତେଣୁ ଫେରି ଆସିବା ବେଳେ ସେମିତି କିଛି ଅସୁବିଧାର ସମ୍ମୁଖୀନ ହେବାକୁ ପଡ଼ିନଥିଲା । ସାନପୁଅ ଟଗୁଲୁ ସେତିକି ବେଳେ ଏମ୍.ଟେକ୍ କରୁଥାଏ ଆଉ ବଡ଼ ପୁଅ ବାବୁଲ ତାର ଚାକିରିରେ ଅବସ୍ଥାପିତ ହୋଇଥାଏ କଲିକତାରେ । ମୋର ଝାରସୁଗୁଡ଼ା ରହଣୀର ଅଧିକାଂଶ ସମୟ ମା'ପୁଅ ସରକାରୀ ଘରେ ଭୁବନେଶ୍ୱରରେ ରହୁଥିଲେ । ତେଣୁ ମୋର ସେମାନଙ୍କ ପାଇଁ ବିଶେଷ

ଚିନ୍ତା କରିବାର ନଥିଲା । ମୋର ଖୋର୍ଦ୍ଧାକୁ ବଦଳି ଶୁଣି ସବୁଠୁ ଖୁସି ହୋଇଥିଲେ ସେମାନେ କାରଣ ଖୋର୍ଦ୍ଧା ଜିଲ୍ଲାପାଳମାନଙ୍କୁ ଭୁବନେଶ୍ୱରରେ ରହିବାକୁ ଅନୁମତି ଦିଆଯାଉଥିଲା ଏବଂ ସେମାନେ ସର୍କିଟ୍ ହାଉସରେ ତାଙ୍କର କ୍ୟାମ୍ପ୍ ଅଫିସ୍ କରୁଥିଲେ ।

ଖୋର୍ଦ୍ଧା ଜିଲ୍ଲାପାଳ ଭାବରେ ମୋର ଅନୁଭୂତିର କିୟଦଂଶ ଲେଖିଥିଲି ଅନ୍ୟତ୍ର । ମୋର ମନେ ପଡୁଛି ଖୋର୍ଦ୍ଧାରେ ଥିଲାବେଳେ ଗୋଟାଏ ବଡ଼ଧରଣର ନିଷ୍ପତ୍ତି ନିଆଯାଇଥିଲା ଯେ ଜାତୀୟ ରାଜପଥର ଅଢ଼େଇଶହ ମିଟର ଭିତରେ ଥିବା କୌଣସି ପଥର ଭଙ୍ଗା କ୍ରସର ମେସିନକୁ ଅନୁମତି ଦିଆଯିବ ନାହିଁ । ଏହାକୁ କଡ଼ାକଡ଼ି ଭାବରେ ଲାଗୁ କରିବାରୁ ପ୍ରାୟ ପଚାଶରୁ ଅଧିକ କ୍ରସର ବନ୍ଦ କରାଯାଇଥିଲା । ସେମାନଙ୍କୁ ଆଇନ ଅନୁଯାୟୀ ଅନ୍ୟତ୍ର ସ୍ଥାନାନ୍ତରିତ ହେବା ପାଇଁ ଅଗ୍ରାଧିକାର ଦିଆଯାଇଥିଲା । ଏଇ କାର୍ଯ୍ୟ କଲାବେଳେ ଲକ୍ଷ୍ୟ କରୁଥିଲି ଯେ ପଲ୍ୟୁସନ କଣ୍ଟ୍ରୋଲ୍ ବୋର୍ଡ଼ର ଅଧିକାରୀମାନେ ବେଳେ ବେଳେ ପକ୍ଷପାତିତା ଆଚରଣ କରୁଥିଲେ । ସେମାନଙ୍କୁ କଡ଼ା ଭାଷାରେ ତାଗିଦ କରିବାକୁ ପଡ଼ିଲା । ଅନେକ କ୍ରସର ମାଲିକ ଅନୌପଚାରିକ ଭାବରେ କହୁଥିଲେ ଯେ ସେମାନେ ବହୁ ସମୟରେ ତାଙ୍କଦ୍ୱାରା ବେଆଇନ ଭାବରେ କ୍ଷତିଗ୍ରସ୍ତ ହେଉଛନ୍ତି । କେତେବେଳେ ଡାଆଣୀ ତ କେବେ ଗୁଣିଆଁର ଭୂମିକା ନେଉଛନ୍ତି ସେମାନେ । ସରକାରୀ ପଦାଧିକାରୀମାନେ ନିରପେକ୍ଷ ରହିବା ନିତାନ୍ତ ଦରକାର; ମାତ୍ର ତାହା ସମ୍ଭବ ହୁଏ ଯଦି ସରକାର ତା'ର କର୍ମଚାରୀମାନଙ୍କୁ ସେତିକି ସମର୍ଥନ ଦିଏ; ମାତ୍ର ଆଜିକାଲି ସରକାରମାନେ ବିରୋଧୀମାନଙ୍କ ଉପରେ ସବୁ ଆଇନ ଲଦି ଦେଉଥିଲାବେଳେ ନିଜ ସପକ୍ଷବାଦୀମାନେ ଅନାୟାସରେ ବେଆଇନ କାମ କରି ମଧ୍ୟ ଖସି ଯାଉଛନ୍ତି ।

ପ୍ରଶାସନ ସହିତ ସ୍ଥାନୀୟ ସାହିତ୍ୟ, କଳା, ସଂସ୍କୃତି ସବୁଠି ମୁଁ ଜିଲ୍ଲାପାଳ ଭାବରେ ପ୍ରତ୍ୟକ୍ଷ ଯୋଗଦାନ କରୁଥିଲେ । ଖୋରଧା ମୋ ସମୟରେ ସବୁବେଳେ ଉନ୍ନୟନ କାର୍ଯ୍ୟକ୍ରମରେ ସାରା ରାଜ୍ୟରେ ତିନି ଚାରି ସ୍ଥାନରେ ରହୁଥିଲା; ମାତ୍ର ସବୁଠୁ ମୋ ପାଇଁ ଗୋଟିଏ ଖୁସି ଖବର ଥିଲା ମୋ ବିଦାୟ ବେଳାରେ ଖୋର୍ଦ୍ଧାର ଜଣେ ବରିଷ୍ଠ ମାନ୍ୟଗଣ୍ୟ ନାଗରିକ ଏକ ଚମତ୍କାର ମନ୍ତବ୍ୟ ଦେଇଥିଲେ । ତାଙ୍କ ବକ୍ତବ୍ୟ ଥିଲା - "କଲେକ୍ଟରମାନେ କେତେ ଆସନ୍ତି ଓ ଚାଲି ଯାଆନ୍ତି; ମାତ୍ର ଏଇ ଜିଲ୍ଲାପାଳ ହୁଏତ ଜଣେ ଯିଏକି ଖୋର୍ଦ୍ଧ ଜିଲ୍ଲାର ଅନ୍ତତଃ ହଜାର ଲୋକଙ୍କୁ

ନାଁ ଧରି ଡାକିପାରୁଥିଲେ। ତାଙ୍କଠାରୁ ନ୍ୟାୟ ମିଳିବ ଏଇ ଆଶା ଲୋକଙ୍କ ପାଖରେ ଥିଲା।" ମୋ ଆଖି ଲୋତକାର୍ଦ୍ର ହୋଇଯାଇଥିଲା ଏଇ କଥା ପଦକରେ। ଆଉ ତମ୍ବାପଟା କିମ୍ବା ମୂଲ୍ୟବାନ ଉପାୟନରେ କୌଣସି ଆବଶ୍ୟକତା ନଥିଲା।

ଖୋରଧାର ସ୍ମୃତି ବିଷୟରେ 'କଥା ଅନେଶ୍ୱତ' ପ୍ରଥମ ଭାଗରେ ବହୁ ବର୍ଣ୍ଣନା ରହିଛି, ସେଗୁଡ଼ିକ ଆଉ ଥରେ ଲେଖାଯିବାର ଆବଶ୍ୟକତା ନାହିଁ। ଦୁଇଟିଯାକ ମିଶାଇ ପାଠ ନ କଲେ ସ୍ମୃତି କଥା ଅପୂର୍ଣ୍ଣ ରହିଯିବ।

■

ରାଜ୍ୟ ପବ୍ଲିକ୍ ସର୍ଭିସ୍ କମିଶନରେ କଟିଥିବା ଦିନଗୁଡ଼ିକ

ମୋର ସରକାରୀ ଚାକିରି ସରିବାର ପ୍ରାୟ ମାସେ ଆଗରୁ ରାଜ୍ୟ ସରକାର ମୋତେ ରାଜ୍ୟ ପବ୍ଲିକ୍ ସର୍ଭିସ୍ କମିଶନର ସଦସ୍ୟ ଭାବରେ ନିଯୁକ୍ତ କରିଥିଲେ। ରାଜ୍ୟପାଳଙ୍କ ଠାରୁ ନିଯୁକ୍ତ ପତ୍ର ମିଳିବା ପରେ ମୁଁ କିଛି ସମୟ ଭାବୁକ ପାଲଟି ଯାଇଥିଲି। କାରଣ ଏଇ ସାମ୍ବିଧାନିକ ସଂସ୍ଥାର ନିରପେକ୍ଷତା ଓ ଗୁଣବତ୍ତା କୈନ୍ଦ୍ରିକତା ପାଇଁ ମୁଁ ପଇଁତିରିଶ ବର୍ଷ ତଳେ ରାଜ୍ୟ ପ୍ରଶାସନିକ ସେବାରେ ଯୋଗ ଦେଇଥିଲି। ସମୟକ୍ରମେ ଭାରତୀୟ ପ୍ରଶାସନିକ ସେବାକୁ ଉନ୍ନୀତ ହୋଇଥିଲି ଏବଂ ଜଣେ ଓ.ଏ.ଏସ୍. ଅଫିସର ଯେତିକି ସର୍ବୋଚ୍ଚ ବାଟକୁ ଯାଇପାରିବ ଭଗବାନଙ୍କ କୃପା ମୋତେ ସେଥିରୁ ଊଣା କରିନଥିଲା।

ଦୁଇ ହଜାର ଏକୋଇଶି ଜାନୁୟାରୀ ୩୧ରେ ମୁଁ ସରକାରୀ ଚାକିରିରୁ ଉତ୍ତରାଞ୍ଚଳ ରାଜସ୍ୱ କମିଶନର ଭାବରେ ଅବସର ନେଇ ତାର ପରଦିନ ଓଡ଼ିଶା ଲୋକସେବା ଆୟୋଗରେ ସଦସ୍ୟ ଭାବରେ ଯୋଗ ଦେଲି। କେନ୍ଦ୍ରୀୟ ଲୋକସେବା ଆୟୋଗ ଓ ରାଜ୍ୟ ଲୋକସେବା ଆୟୋଗ ମାନେ ଭାରତୀୟ ସମ୍ବିଧାନକୃତ ସ୍ୱୟଂଚାଳିତ ସଂସ୍ଥା। ସମ୍ବିଧାନର ଧାରା ୩୧୫ ରୁ ୩୨୩ ମଧ୍ୟରେ ଏହି ସଂସ୍ଥାର ଦାୟିତ୍ୱ, ଏହାର ଅଧ୍ୟକ୍ଷ ଓ ସଦସ୍ୟମାନଙ୍କର ନିଯୁକ୍ତି, ସର୍ବାଧିକ କାର୍ଯ୍ୟକାଳ, ଚାକିରି ସର୍ତ୍ତାବଳୀ ଆଦି ବର୍ଣ୍ଣିତ ହୋଇଛି। ଧାରା ୩୧୯ରେ ପ୍ରଦତ୍ତ ସର୍ତ୍ତଟି ଆମମାନଙ୍କୁ ଆଗରୁ ଜଣା ନଥିଲା ତାହା ହେଲା ଥରେ ପବ୍ଲିକ୍ ସର୍ଭିସ୍ କମିଶନରେ ସଦସ୍ୟ କିମ୍ବା ଅଧ୍ୟକ୍ଷ ଭାବରେ ନିଯୁକ୍ତ ହେଲେ କେହି ଭବିଷ୍ୟତରେ ରାଜ୍ୟ ସରକାର କିମ୍ବା

କେନ୍ଦ୍ର ସରକାରଙ୍କ ଅଧିନରେ କାର୍ଯ୍ୟ କରିପାରିବେ ନାହିଁ। ସମ୍ବିଧାନ ପ୍ରଣେତାମାନେ ବୋଧହୁଏ ଆଶଙ୍କା କରିଥିବେ କାଳେ କେତେବେଳେ ସରକାର ଓ କମିଶନର ଅଧ୍ୟକ୍ଷ/ସଦସ୍ୟଙ୍କ ଭିତରେ କିଛି ଭିତିରିଆ ସଂପର୍କ ସୃଷ୍ଟି ହୋଇଯିବ ସେଥିପାଇଁ ହୁଏତ ଏଇ ପ୍ରତିବନ୍ଧକ ରଖାଯାଇଥିଲା।

ମୁଁ ଯୋଗଦେବା ପୂର୍ବରୁ ଓଡ଼ିଶାରେ ସାରା ଦେଶର ବିଭିନ୍ନ ରାଜ୍ୟର ଲୋକସେବା ଆୟୋଗର ଅଧ୍ୟକ୍ଷ ଓ ସଦସ୍ୟମାନଙ୍କର ଏକ ବୈଠକ ହୋଇଥିଲା, ଯେଉଁଠି ଏକ ପ୍ରସ୍ତାବ କେନ୍ଦ୍ର ସରକାରଙ୍କ ନିକଟକୁ ପଠାଯାଇଥିଲା ଯେ ସମ୍ବିଧାନର ଧାରା ୩୧୬ ସଂଶୋଧନ କରାଯାଇ ଅବସର ସୀମା ବାଷଠି ବର୍ଷରୁ ପଞ୍ଚଷଠୀ ବର୍ଷ କରାଯାଉ। ମୁଁ ଯୋଗଦେବା ବେଳକୁ କମିଶନରେ କେହି ପୂର୍ଣ୍ଣକାଳୀନ ଅଧ୍ୟକ୍ଷ ନଥିଲେ ଏବଂ ଆମ ଭିତରୁ ଆଗରୁ ଯୋଗଦେଇଥିବା ଜଣେ ଅଧ୍ୟକ୍ଷ ଦାୟିତ୍ୱ ତୁଲାଉଥିଲେ। ମୁଁ ଯୋଗଦେବା ବେଳେ କମିଶନର ଅନ୍ୟ ସଦସ୍ୟ/ସଦସ୍ୟମାନେ ଥିଲେ ପ୍ରଫେସର ସୁଧାଂଶୁ ଶେଖର ରଥ, ପ୍ରାକ୍ତନ କୁଳପତି ଗଙ୍ଗାଧର ମେହେର ବିଶ୍ୱବିଦ୍ୟାଳୟ, ଶ୍ରୀଯୁକ୍ତ ବିଭୂତି ଭୂଷଣ ପଟ୍ଟନାୟକ, ପୂର୍ବତନ ଜିଲ୍ଲାପାଳ ଝାରସୁଗୁଡ଼ା, ପ୍ରଫେସର ଶ୍ରୀମତୀ ସଂଗୀତା ରଥ, ପ୍ରାକ୍ତନ ପ୍ରଫେସର ମନୋବିଜ୍ଞାନ - ରେଭେନ୍‌ସା ବିଶ୍ୱବିଦ୍ୟାଳୟ। ମୁଁ ଯୋଗଦେବାର ଦୁଇ ତିନିମାସ ପରେ ଅଧ୍ୟକ୍ଷ ଭାବରେ ଯୋଗଦେଲେ ସେବାନିବୃତ୍ତ ଡି.ଜି. ପୋଲିସ୍ (ପ୍ରିଜନ୍‌ସ) ଡକ୍ଟର ସତ୍ୟଜିତ୍ ମହାନ୍ତି ଏବଂ ସଦସ୍ୟ ଭାବରେ ଅବସରପ୍ରାପ୍ତ ଅବକାରୀ କମିଶନର ଶ୍ରୀ ଅଞ୍ଜନ କୁମାର ମାଣିକ। ଏଇ ଛଅଜଣିଆ ଗୋଷ୍ଠୀ ଭିତରେ ଥିଲା ବେଶ୍ ତାଳମେଳ, ସୌହାର୍ଦ୍ଦ୍ୟ ଓ ସମନ୍ୱୟ। ମଝିରେ ମଝିରେ ଆଲୋଚନା ବେଳେ ପଶି ଆସୁଥିଲା ଅବସର ସୀମା ବାଷଠୀରୁ ପଞ୍ଚଷଠୀକୁ ବୃଦ୍ଧି କରିବା ପ୍ରସଙ୍ଗ। ଏହା ସହିତ ହାଇକୋର୍ଟ ଜଜ୍‌ମାନଙ୍କର ଅବସର ବୟସସୀମା ବୃଦ୍ଧି ମିଶିଥିବା ହେତୁ ଏବଂ ଏହି ଜିନିଷଟିର ରାଜନୈତିକ ପ୍ରଭାବକୁ ଲକ୍ଷ୍ୟକରି ସମ୍ବିଧାନ ସଂଶୋଧନ ପ୍ରସ୍ତାବ ଆସିନଥିଲା।

ବିଚିତ୍ର ମଣିଷର ମନ। ଚାକିରି ଆରମ୍ଭ ବେଳେ ଅବସର ସୀମା ଥିଲା ଅଠାବନ ବର୍ଷ। ଭାରତୀୟ ପ୍ରଶାସନିକ ସେବାକୁ ପ୍ରମୋସନ ହେଲାରୁ ତାହା ବଢ଼ିଗଲା ଆଉ ଦୁଇ ବର୍ଷ। ଅବଶ୍ୟ କିଛି ବର୍ଷ ଭିତରେ ରାଜ୍ୟ ସରକାର ମଧ୍ୟ ତାଙ୍କର କର୍ମଚାରୀମାନଙ୍କର ଅବସର ସୀମା ବଢ଼େଇ ଷାଠିଏ କରିଦେଲେ। ଲୋକସେବା ଆୟୋଗର ସଦସ୍ୟ ଭାବରେ ନିଯୁକ୍ତି ପାଇବା ପରେ ବାଷଠି ଯାଏ ଚାକିରି କରିବାର ସୁଯୋଗ ମିଳିଲା ଯାହା ମୂଳ ସଂଭାବନାରୁ ଚାରିବର୍ଷ ଅଧିକ, ତଥାପି ଗୋଟେ

ସମୟରେ ମନ ହେଉଥିଲା ବଢ଼ି ଯାଆନ୍ତା କି ଅବସର ସୀମା। ଅବସର ସୀମା ବଢ଼େଇ ଦେଲେ ଯେଉଁମାନେ ଚାକିରିରେ ଥାଆନ୍ତି ସେମାନଙ୍କର ସୁବିଧା ହୁଏ, ମାତ୍ର ନୂଆ ଚାକିରି ଆଶାୟୀଙ୍କ ମନ ହୁଏ ଖରାପ, ସରକାରଙ୍କୁ ଉଭୟଙ୍କ ଅବସ୍ଥାର ସମୀକରଣ କରିବାକୁ ପଡ଼େ ବରଂ ଆଉ ଅଧିକ ବୃଦ୍ଧି ନ ହେବା ମୋ ପାଇଁ ବରଦାନ ହୋଇଥିଲା। ମୋର ଗବେଷଣା କାମ ତ୍ୱରିତ କରିବାର ସୁଯୋଗ ମିଳିଥିଲା, ଯାହା ଫଳରେ ୨୦୨୪ ମୋତେ ପି.ଏଚ୍.ଡ଼ି ଉପାଧି ମିଳିଥିଲା।

ରାଜ୍ୟ ସ୍ତରରେ ଲୋକସେବା ଆୟୋଗଙ୍କୁ ଗୁରୁତ୍ୱପୂର୍ଣ୍ଣ ନିଯୁକ୍ତିଗୁଡ଼ିକ ପାଇଁ ଚୟନ ପରୀକ୍ଷା କରିବାର ଦାୟିତ୍ୱ ଦିଆଯାଇଥିବା ବେଳେ ଗେଜେଟେଡ୍ ଏବଂ ତଦୁର୍ଦ୍ଧ୍ୱ ସ୍ତରର କର୍ମଚାରୀ ଓ ଅଧିକାରୀମାନଙ୍କର ପ୍ରମୋସନର ବୈଧୀକରଣ, ବିଭାଗୀୟ କାର୍ଯ୍ୟାନୁଷ୍ଠାନଗୁଡ଼ିକର ସମନ୍ୱୟନ ପରି କାର୍ଯ୍ୟମାନ ଦିଆଯାଇଥାଏ। ଅନେକ ଲୋକଙ୍କର କିଛି ସନ୍ଦେହ ଥାଏ ପବ୍ଲିକ୍ ସର୍ଭିସ୍ କମିଶନ ଥାଉ ଥାଉ ଷ୍ଟାଫ୍ ସିଲେକ୍ସନ୍ କମିଶନ ଏବଂ ସବ୍ ଅର୍ଡ଼ିନେଟ୍ ଷ୍ଟାଫ୍ ସିଲେକ୍ସନ୍ କମିଶନର ପରି ସଂସ୍ଥାମାନେ କ'ଣ କରନ୍ତି। ବାସ୍ତବରେ ଓଡ଼ିଶା ପବ୍ଲିକ୍ ସର୍ଭିସ୍ କମିଶନ ଦ୍ୱିତୀୟ ଶ୍ରେଣୀ ଗେଜେଟେଡ଼ ଓ ତଦୁର୍ଦ୍ଧ୍ୱ ପରୀକ୍ଷା ନିୟନ୍ତ୍ରଣ କରୁଥିବା ବେଳେ ଷ୍ଟାଫ୍ ସିଲେକସନ କମିଶନର ରାଜ୍ୟ କ୍ୟାଡ଼ର ଗୁଡ଼ିକ (ଅଣଗେଜେଟେଡ଼) ପାଇଁ, ପରୀକ୍ଷା କରାଇଥାନ୍ତି, ଠିକ୍ ସେହିପରି ସବ୍ ଅର୍ଡ଼ିନେଟ ଷ୍ଟାଫ୍ ସିଲେକସନ୍ କମିଶନ ଜିଲ୍ଲା ସ୍ତରୀୟ କ୍ୟାଡ଼ରରେ ଥିବା ପଦବୀଗୁଡ଼ିକର ଚୟନ ଦାୟିତ୍ୱ ନେଇଥାନ୍ତି। ଅବଶ୍ୟ ଅନେକ ଦିନରୁ ସରକାରଙ୍କ ବିଶେଷ ଆଦେଶ ଅନୁସାରେ ରାଜ୍ୟ ସେକ୍ରେଟେରିଆଟ୍‌ରେ ନିଯୁକ୍ତ ହେଉଥିବା ଏ.ଏସ୍.ଓ.ମାନଙ୍କର ନିୟୋଜନ ପାଇଁ ପରୀକ୍ଷା ଓ.ପି.ଏସ୍.ସି ମାଧ୍ୟମରେ କରାଯାଇଥାଏ।

ଏବେ ରାଜ୍ୟ ସରକାର ଦ୍ୱିତୀୟ ଶ୍ରେଣୀ ଗେଜେଟେଡ୍ ପାହ୍ୟାର ତଳ ସ୍ତରର ନିଯୁକ୍ତି ପ୍ରକ୍ରିୟାରୁ ମୌଖିକ ପରୀକ୍ଷାକୁ ବାଦ୍ ଦେଇଛନ୍ତି। ତେଣୁ ବସ୍ତୁତଃ ଓଡ଼ିଶା ସିଭିଲ୍ ସର୍ଭିସ୍ (ଓ.ଏ.ଏସ୍. ଏବଂ ଅନ୍ୟାନ୍ୟ ପରୀକ୍ଷା), ଓଡ଼ିଶା ଜୁଡ଼ିସିଆଲ ସର୍ଭିସ୍, ଡାକ୍ତର, ଇଞ୍ଜିନିୟର ଏବଂ ସରକାରୀ କଲେଜର ଅଧ୍ୟାପକ ଏବଂ ବିଭିନ୍ନ ବିଭାଗର ଦ୍ୱିତୀୟ ଶ୍ରେଣୀ ଏବଂ ତଦୁର୍ଦ୍ଧ୍ୱ ପରୀକ୍ଷା କରିବାର ଦାୟିତ୍ୱ ଓ.ପି.ଏସ୍.ସି. ଉପରେ।

ମୌଖିକ ପରୀକ୍ଷା କରିବା ବେଳେ ପି.ଏସ୍.ସି.ର ଅଧ୍ୟକ୍ଷ କିମ୍ବା ସଦସ୍ୟ ବିଭିନ୍ନ ବୋର୍ଡ଼ରେ ଅଧ୍ୟକ୍ଷତା କରିଥାନ୍ତି। ବହୁ ବିଶାରଦମାନଙ୍କୁ ପରୀକ୍ଷାରେ ସାହାଯ୍ୟ କରିବାକୁ ଡକାଯାଏ। ବିଭାଗୀୟ ବିଶାରଦମାନଙ୍କର ମତକୁ ଅଧିକ ଗୁରୁତ୍ୱ ଦିଆଯାଇଥାଏ।

ଆଗ କାଳରେ ମୌଖିକ ପରୀକ୍ଷା କରୁଥିବା ବୋର୍ଡ଼ର ପ୍ରତ୍ୟେକ ସଦସ୍ୟ ଅଲଗା ଅଲଗା ନମ୍ବର ଦେଉଥିଲେ ଓ ତାର ହାରାହାରି ବାହାରୁଥିଲା; ମାତ୍ର ଏବେ ସମସ୍ତ ସଦସ୍ୟଙ୍କର ସହମତିରେ କରାଯାଉଛି। ଦୁଇ ବର୍ଷର କାର୍ଯ୍ୟକାଳ ମୋତେ ଗଭୀର ସନ୍ତୋଷ ଦେଇଛି ଯେ କୌଣସି ଗୋଟିଏ ଘଟଣା ନାହିଁ ଯେତେବେଳେ ମୋତେ ପ୍ରଭାବିତ ହୋଇ କିଛି କରିବାକୁ ପଡ଼ିଛି 'ମେଧା ହିଁ ଏକମାତ୍ର ମାନଦଣ୍ଡ' – ଏଇ ଲକ୍ଷ୍ୟ ଶତପ୍ରତିଶତ ପୂରଣ ହୋଇଛି।

ବେଳେ ବେଳେ କିଛି ଲୋକ ମୋତେ ଅନୁରୋଧ ନ କରିଛନ୍ତି କହିଲେ ସତ୍ୟର ଅପଳାପ ହେବ; ମାତ୍ର ମୁଁ କେବେବି ବିବେକ ବିରୋଧୀ କାର୍ଯ୍ୟ କରିନାହିଁ। ତାଛଡ଼ା କେହି କେହି ପିଲାଙ୍କର ରୋଲ ନମ୍ବରଟିଏ ପଠେଇ ଦିଅନ୍ତି; ମାତ୍ର ସେମାନଙ୍କୁ ଅଜଣା ଯେ ସେଇ ନମ୍ବରଗୁଡ଼ିକ କୋଡ଼ିଙ୍ଗ୍ ହେଲା ଫଳରେ ତାର ନବକଳେବର ହୋଇଥାଏ ଏବଂ ତାହା କେହି ଜାଣିପାରନ୍ତି ନାହିଁ।

ଥରେ ମୋର ଜଣେ ବନ୍ଧୁ ସିଧା ମୋ ବାସଭବନକୁ ଆସି ମୋ ସହିତ ଅନୌପଚାରିକ କଥାବାର୍ତ୍ତା ହେଉ ହେଉଁ ଚା'ପିଆ ପର୍ବ ପରେ ଫେରିଗଲା ବେଳେ ମୋ ହାତକୁ ଗୋଟିଏ କାଗଜ ବଢ଼େଇ ଦେବାକୁ ଚାହିଁଲେ ଏବଂ ତାଙ୍କର ପୁତୁରା ନିର୍ଦ୍ଦିଷ୍ଟ ପରୀକ୍ଷାର ମୌଖିକ ସ୍ତରରେ ଉପନୀତ ବୋଲି କହିଲେ। ଆମ ଅଫିସ୍‌ରେ ସେପରି କୁହାକୁହିର ସମ୍ଭାବନା ନାହିଁ କହିଲେ ବି ଭାବିଲେ ମୁଁ ବୋଧହୁଏ ଲୋକାଚାରରେ ମନା କରୁଥିଲି। ତାଙ୍କର ପ୍ରତ୍ୟାବର୍ତ୍ତନ ପରେ ମୁଁ ତୁରନ୍ତ ସେଇ ଚିରିକୁଟ କାଗଜକୁ ଚିରି ଦେଲି। ପରୀକ୍ଷା ଫଳ ବାହାରିବା ପରେ ସେ ମୋତେ ଏତେ କଟୁ ଭାଷାରେ ଭର୍ତ୍ସନା କଲେ ତାହା ମୁଁ କେବେ ଆଶା କରିନଥିଲି। ଏହା ବହୁଦିନ ଯାଏ ମୋତେ ବାଧିଥିଲା; ମାତ୍ର ଏହା କାହାକୁ କହିବା ସମୀଚୀନ ନୁହେଁ ଭାବି ମୁହଁ ପୋତି ରହିଥିଲି।

ଆମର ରହଣି ବେଳେ ରାଜ୍ୟ ସରକାର ଗୋଟିଏ ଆଇନ ପାସ କଲେ ଯେ ବିଶ୍ୱବିଦ୍ୟାଳୟ ସ୍ତରରେ ଅଧ୍ୟାପକ, ପ୍ରାଧ୍ୟାପକ ଏବଂ ପ୍ରଫେସର ପଦବୀ ଓ.ପି.ଏସ୍.ସି. ଜରିଆରେ ପୂରଣ କରାଯିବ। ତାହା ଏକ ବିରାଟ ଆହ୍ୱାନ ଥିଲା। ଏକେତ କୋଭିଡ଼ ସମୟ ହୋଇଥିବାରୁ ବହୁ ନିୟନ୍ତ୍ରଣ ମଧ୍ୟରେ ପରୀକ୍ଷାର ବିଭିନ୍ନ ସ୍ତରର କାର୍ଯ୍ୟ କରିବାକୁ ପଡ଼ିଲା। ଦ୍ୱିତୀୟତଃ ଆଗରୁ ବିଶ୍ୱବିଦ୍ୟାଳୟମାନେ ଏହି କାର୍ଯ୍ୟ ନିଜେ କରୁଥିବାରୁ ବହୁ ସତର୍କତା ସହିତ ସେହି କାର୍ଯ୍ୟ ଆରମ୍ଭ କରାହେଲା। ଅନେକ ଅଭିଯୋଗ ଆଗରୁ ଆସୁଥିଲା ଯେ ବହୁତ ମୁହଁ ଦେଖାଦେଖି ଏଇ

ପରୀକ୍ଷାରେ ହୁଏ ବୋଲି; ମାତ୍ର ଓଡ଼ିଶା ବାହାରେ ଥିବା ପ୍ରଖ୍ୟାତ ବିଶ୍ୱବିଦ୍ୟାଳୟର ଧୂରୀଣ ପ୍ରଫେସରମାନଙ୍କୁ ଅଣାଯାଇ ଚୟନ ପରୀକ୍ଷା କରାଗଲା ଏବଂ ସେମାନଙ୍କ ମଧ୍ୟରୁ ଅନେକ ଫେରିଗଲାବେଳେ ଯେଉଁ ମନ୍ତବ୍ୟ ଦେଉଥିଲେ ତାହା ଆମ ପାଇଁ ଥିଲା ଅତ୍ୟନ୍ତ ଆନନ୍ଦଦାୟକ। ସେମାନେ ଅନ୍ୟ ଯେକୌଣସି ବିଶ୍ୱବିଦ୍ୟାଳୟକୁ ଚୟନ ପାଇଁ ଗଲାବେଳେ ସେମାନଙ୍କୁ କିଛି ଅନୁରୋଧ କର୍ତ୍ତୃପକ୍ଷଙ୍କ ତରଫରୁ ରହୁଥିଲା; ମାତ୍ର ଓ.ପି.ଏସ୍.ସି. ଦ୍ୱାରା ହେଉଥିବା ଏହି ସାକ୍ଷାତକାର କେବଳ ମେଧା ଭିତ୍ତିକ। ଆମର କାର୍ଯ୍ୟକାଳ ଭିତରେ ପ୍ରାୟ ତିନିଶହ ଅଧ୍ୟାପକ ନିଯୁକ୍ତ କରାଯାଇପାରିଲା। ଅବଶ୍ୟ ପରବର୍ତ୍ତୀ ସମୟରେ ମାନ୍ୟବର ସୁପ୍ରିମ କୋର୍ଟ ଓଡ଼ିଶା ହାଇକୋର୍ଟଙ୍କ ଆଦେଶ ଉପରେ ସ୍ଥିତାବସ୍ଥା ଜାରି କରିବାରୁ ସେ କାମ ଆଉ ଆଗେଇ ପାରିଲା ନାହିଁ। ଏହା ଭିତରେ ଆଇନ ବଦଳିଛି; ମାତ୍ର ଗତ ସାଢ଼େ ତିନିବର୍ଷ ଭିତରେ ଜଣେ ହେଲେ ଅଧ୍ୟାପକ ନିଯୁକ୍ତି ନ ପାଇବାରୁ ବିଶ୍ୱବିଦ୍ୟାଳୟରେ ପଢ଼ାପଢ଼ି କେମିତି ଚାଲିଥିବ ପାଠକେ ତାହା ଅନୁମାନ କରିପାରୁଥିବେ।

ଏତିକିବେଳେ ଗୋଟିଏ ଅଦ୍ଭୁତ ଜିନିଷ ସରକାରଙ୍କ ଦୃଷ୍ଟିକୁ ଆସିଲା। ତାହାହେଲା ସରକାରୀ ବି.ଏଡ୍. ଟ୍ରେନିଂ କଲେଜଗୁଡ଼ିକରେ ଅଧ୍ୟାପକ ନଥିବା ଫଳରେ ନ୍ୟାସନାଲ୍ କାଉନସିଲ୍ ଅଫ୍ ଟିଚରସ୍ ଏଜୁକେଶନ ସେହି କଲେଜଗୁଡ଼ିକର ଅନୁବନ୍ଧନ ରଦ୍ଦ କଲେ ଯାହାଫଳରେ ଓଡ଼ିଶାରେ କେହି ପିଲା ବି.ଏଡ୍. ଅଧ୍ୟୟନ କରିବାର ସୁଯୋଗ ପାଇଲେ ନାହିଁ। କେବଳ ରିଜିଓନାଲ ଇନ୍‌ଷ୍ଟିଚ୍ୟୁଟ୍ ଅଫ୍ ଏଜୁକେସନ ଭୁବନେଶ୍ୱର ଛଡ଼ା। ତେଣୁ ଗୋଟିଏ ବିଶାଳ ଆହ୍ୱାନ ଥିଲା ଓ.ପି.ଏସ୍.ସି ପାଇଁ ସବୁଠାରୁ କମ୍ ସମୟରେ କେମିତି ସେଇ ଫାଙ୍କା କଲେଜଗୁଡ଼ିକରେ ଅଧ୍ୟାପକ ନିଯୁକ୍ତି ହୋଇପାରିବେ। ବହୁ ପରିଶ୍ରମ କରି ସେଇ କାମ ଆମେ କରିବା ଫଳରେ ପ୍ରାୟ ପାଞ୍ଚଶହରୁ ଅଧିକ ସରକାରୀ ଅଧ୍ୟାପକ ବି.ଏଡ୍. କଲେଜରେ ନିଯୁକ୍ତି ପାଇଲେ।

କେମିତି ସବୁ ବି.ଏଡ୍ କଲେଜ ଅଧ୍ୟାପକଶୂନ୍ୟ ହୋଇଗଲା; ମାତ୍ର ସରକାର ତାହା ଜାଣିପାରିଲେନି ଠିକଣା ସମୟରେ ? ଏହି ପ୍ରଶ୍ନ କଲାରୁ ଜଣେ ଅଧ୍ୟାପକ ଯାହା କହିଲେ ତାହା ଭାରି ଚିନ୍ତା ଉଦ୍ରେକକାରୀ। ବେଳେ ବେଳେ ସରକାର ବିଷୟରେ କୁହାଯାଏ ଏଠାରେ ବାଁ ହାତ କ'ଣ କରେ ଡାହାଣ ହାତ ଜାଣେନି। ଠିକ୍ ସେଇମିତି ଘଟଣାଟିଏ ଇଏ, ଉଚ୍ଚଶିକ୍ଷା ବିଭାଗ ହେଉଛି ସରକାରୀ କଲେଜ ଅଧ୍ୟାପକମାନଙ୍କର ନିଯୁକ୍ତିଦାତା ଅର୍ଥାତ୍ ସେମାନଙ୍କର ଚାକିରି ନିୟନ୍ତ୍ରକ; ମାତ୍ର ଶିକ୍ଷା ବିଭାଗରେ ଯେଉଁମାନେ ନିଯୁକ୍ତ ହେଉଥିଲେ ସେମାନଙ୍କୁ ବିଦ୍ୟାଳୟ ଓ

ଗଣଶିକ୍ଷା ବିଭାଗକୁ ଡେପୁଟିସେନ୍‌ରେ ପଠାଯାଉଥିଲା। ଏସ୍.ସି.ଇ.ଆର୍.ଟି ଥିଲା ସେଇ ଅଧ୍ୟାପକମାନଙ୍କ ପାଇଁ ନିର୍ଦ୍ଦେଶାଳୟ। ତେଣୁ ଥରେ ଡେପୁଟେସନ୍‌ରେ ଗଲାପରେ ଉଚ୍ଚଶିକ୍ଷା ବିଭାଗ ସେଇ ଶିକ୍ଷା ବିଷୟର ଅଧ୍ୟାପକମାନଙ୍କୁ ବସ୍ତୁତଃ ଭୁଲିଯାଉଥିଲେ। କ୍ରମେ କ୍ରମେ ସେଇ ଅଧ୍ୟାପକମାନେ ରିଟାୟାର୍ଡ଼ କରିଯାଉଥିଲେ ଓ ତାଙ୍କ ସ୍ଥାନରେ ନୂଆ ଅଧ୍ୟାପକ ନିଯୁକ୍ତି ପାଇଁ ପ୍ରସ୍ତାବ ମାନ ବିଦ୍ୟାଳୟ ଓ ଗଣଶିକ୍ଷା ବିଭାଗରୁ ଗଲେ ବି ଉଚ୍ଚଶିକ୍ଷା ବିଭାଗର ବୈମାତୃକ ଭାବ ହିଁ ଏତେବଡ଼ ଶୂନ୍ୟତାର ଫଳ କ'ଣ ହୋଇପାରେ ତାହା କଳନା କରିନଥିଲେ, ଯାହା ପରବର୍ତ୍ତୀ ସମୟରେ ରାଜ୍ୟ ପାଇଁ ଅତି ଅସମ୍ମାନଜନକ ପରିସ୍ଥିତି ସୃଷ୍ଟି କରିଥିଲା।

ମୋର ସେଇ ଅଫିସ୍‌ରେ ଥିଲାବେଳେ ରାଜ୍ୟ ସରକାରଙ୍କ ତରଫରୁ ଆଉ ଗୋଟିଏ ରିକ୍ୱୁଜିସନ ଆସିଲା ଯେ ଓ.ପି.ଏସ୍.ପି. ସଚିବାଳୟର ଏ.ଏସ୍.ଓ.ମାନଙ୍କ ଚୟନ ପରୀକ୍ଷା କରିବ। ଏହା ସବୁଠୁ କଷ୍ଟକର ପରୀକ୍ଷା ଏଇଥିପାଇଁ ଯେ ପ୍ରାୟ ଦୁଇଲକ୍ଷ ପାଖାପାଖି ଛାତ୍ରଛାତ୍ରୀ ଏଥିରେ ପ୍ରତିଯୋଗିତା କରୁଥିଲେ ଏବଂ ମାତ୍ର ସାତ-ଆଠଶହ (ସେ ଥରର ପଦବୀ ସଂଖ୍ୟା) ଚୟନ ହେବା କଥା। ଗୋଟିଏ ମାତ୍ର ପରୀକ୍ଷା, ମୌଖିକ ପରୀକ୍ଷା ନଥାଏ, ତେଣୁ ଚାକିରି ପାଇବା ଲୋକଙ୍କ ସଂଖ୍ୟା ଅତ୍ୟନ୍ତ ନଗଣ୍ୟ। ପରୀକ୍ଷା ପୂର୍ବରୁ ସବୁ ଗଣମାଧ୍ୟମ ଟି.ଭି./ରେଡ଼ିଓ ଓ ସମ୍ବାଦପତ୍ରରେ ବ୍ୟାପକ ଏବଂ ବହୁଳ ଭାବରେ ପ୍ରଚାର କରାଗଲା ଯେ ଏଇ ଚୟନ ପଦ୍ଧତି କେବଳ ମେଧା ଭିତ୍ତିକ, ଯଦି କେହି କାହାରିକୁ ପ୍ରଲୋଭିତ କରି ଚାକିରି କରେଇ ଦେବାକୁ କହେ ତାହେଲେ ତାକୁ ଅଧକ୍ଷଙ୍କ ଦୃଷ୍ଟିକୁ ଆଣିବାକୁ ଅନୁରୋଧ କରାଯାଇଥିଲା। ପରୀକ୍ଷା ଫଳ ବାହାରିବା ପରେ ବହୁ ବେନାମୀ ଅଭିଯୋଗ ଆସିଲା ଯେ କିଛି ପ୍ରତିଯୋଗୀ ବହୁ ପଇସା ଖର୍ଚ୍ଚ କରି ଚାକିରି ପାଇଛନ୍ତି। ଏଭଳି ଅଭିଯୋଗରେ ସତ୍ୟତା ଖୁବ୍ କମ୍ ଥାଏ; ମାତ୍ର ମୋତେ ଜଣେ କହିଲେ କିଛି ଅସାଧୁ ପ୍ରକୃତିର ବ୍ୟକ୍ତି ଲୋକଙ୍କ ଭିତରେ ଧାରଣା ସୃଷ୍ଟି କରନ୍ତି ଯେ ସେମାନେ କେଉଁଠି ନା କେଉଁଠି ପ୍ରଭାବିତ କରି ଚାକିରି କରେଇ ଦେଇ ପାରିବେ। ସରକାରୀ ଚାକିରି ସଂଖ୍ୟା ଅତି ନଗଣ୍ୟ ହୋଇଥିବା ବେଳେ କିଛି ବୁଡ଼ିଯାଉଥିବା ଲୋକ କୁଟାଖିଅକୁ ଆଶ୍ରା କଲା ଭଳି ତାଙ୍କର ସୁଆଦିଆ କଥାରେ ପଡ଼ିଯାଆନ୍ତି ଓ ଜମିବାଡ଼ି ବିକ୍ରି କରି ଦଲାଲଙ୍କ କବଳରେ ପଡ଼ନ୍ତି। ସେମାନେ ସଂପୃକ୍ତ ଲୋକଙ୍କୁ ଧାରଣା ଦେଇଥାନ୍ତି ଯେ ଚାକିରି ନ ହୋଇ ପାରିଲେ ପଇସା ଫେରସ୍ତ ପାଇବେ। ଯଦି ପରୀକ୍ଷାରେ ଆନୁମାନିକ ଛକିଶୂନ ପରି ଓ.ଏମ୍.ଆର୍ ସିଟ୍‌ର ଉତ୍ତର ପୂରଣ କରିଥିବା

ପରୀକ୍ଷାର୍ଥୀ ନିଜ ଭାଗ୍ୟ ବଳରୁ ଭଲ ନମ୍ବର ରଖିଦେଲେ, ତାହା ସେମାନେ କରାଇ ଦେଲେ କହି ପଇସା ନେଇଯାଆନ୍ତି ଓ ଅନ୍ୟମାନଙ୍କ ଟଙ୍କା ଫେରାଇ ଦିଅନ୍ତି। ଏପରି ହେବା ମଧ୍ୟ ସମ୍ଭବ; ମାତ୍ର ଏହି ସମ୍ଭାବ୍ୟ ପରିସ୍ଥିତି ଉପରେ ନଜର ଦେବା ପାଇଁ ମଧ୍ୟ ଭିଜିଲେନ୍‌ସ ବିଭାଗକୁ ଅନୁରୋଧ କରାଗଲା – ହେଲେ କୌଣସି ଫଳ ମିଳି ନଥିଲା।

ସବୁଠୁ ବଡ଼ କଥା ହେଲା ଯେଉଁମାନେ ଚୟନ ପରୀକ୍ଷାରେ ଉପଯୋଗୀ ବିବେଚିତ ହୁଅନ୍ତି, ସେମାନଙ୍କ ତରଫରୁ କେବେ ବି କୁହାଯାଏ ନାହିଁ ଯେ କେହି କେବେ ଏପରି ଦୁଷ୍ଟ ଚରିତ୍ରଙ୍କ ପ୍ରଭାବରେ ଆସିଥିଲେ। କେବଳ ଅଭିଯୋଗ ମୌଖିକ ଭାବରେ ରହିଯାଏ ଅକୃତକାର୍ଯ୍ୟ ପ୍ରାର୍ଥୀଙ୍କ ଦ୍ୱାରା ଗଣମାଧ୍ୟମରେ ଯାହା ସାମୟିକ ଉତ୍ତେଜନା ଓ ଉତ୍ତାପ ସୃଷ୍ଟି କରେ; ମାତ୍ର ସମାଧାନର ଆଲୋକ ଦେଇପାରେ ନାହିଁ। ଆମ ଦେଶରେ ମିଛି ଅଭିଯୋଗ ସଂଖ୍ୟା ବହୁତ ହେଉଥିବାରୁ ହୁଏତ ଅଭିଯୋଗ ପ୍ରତି ଯେଉଁ ଗୁରୁତ୍ୱ ରହିବା କଥା ତାହା ରହିପାରୁନାହିଁ। କେବଳ ଅଭିଯୋଗ କଲେ ତ ହେବ ନାହିଁ ତାକୁ କୋର୍ଟରେ ପ୍ରମାଣ କରିବା ଭଳି ଦସ୍ତାବିଜ୍ ଯୋଗାଡ଼ କଲେ ଆଖିଦୃଶିଆ ଦଣ୍ଡ ହୁଏତ ସମ୍ଭବ ହୁଅନ୍ତା।

ପରୀକ୍ଷା ପ୍ରକ୍ରିୟା ଆରମ୍ଭ ହୋଇଯାଏ ବିଜ୍ଞାପନ ବାହାରିବା ଠାରୁ ଚୟନ ଶେଷରେ ଚୂଡ଼ାନ୍ତ ତାଲିକା ପ୍ରକାଶ ହେବା ପର୍ଯ୍ୟନ୍ତ। ଏତେ କ୍ଲିଷ୍ଟ ପ୍ରକ୍ରିୟା ଭିତରେ କେଉଁଠି ଟିକିଏ ମନ ନ ବୁଝିଲେ ପ୍ରତିଯୋଗୀମାନେ ସାଙ୍ଗେ ସାଙ୍ଗେ ହାଇକୋର୍ଟଙ୍କ ଦରଜାରେ ଖଟ୍ ଖଟ୍ କରନ୍ତି। ଆଗରୁ ଯେତେବେଳେ ସବୁକାମ ହାତ ଯୋଗେ ହେଉଥିଲା ସେତେବେଳେ ମାମଲା ସଂଖ୍ୟା ବେଶି ହେଉଥିଲା। ଏବେ ପରୀକ୍ଷାର ପ୍ରକ୍ରିୟାଗୁଡ଼ିକ ବହୁ ଭାଗରେ କମ୍ପ୍ୟୁଟରାଇଜଡ୍ ହୋଇଯିବା ଫଳରେ କେଶ୍ ସଂଖ୍ୟା କମିଯାଇଛି। ବର୍ଷକରେ ଯେତେ କେଶ୍ ପରୀକ୍ଷା ସଂକ୍ରାନ୍ତରେ ହୋଇଥାଏ ସେଥିରୁ ହାରାହାରି ଶତକଡ଼ା ଅଶୀଭାଗରୁ ଅଧିକ ଲୋକସେବା ଆୟୋଗ ଜିତିଥାଏ। ତେଣୁ ସାଧାରଣ ଭାବରେ ଯେଉଁ ଆଲୋଚନା ହୁଏ ଯେ ଓ.ପି.ଏସ୍.ସି. ସବୁ ଠିକ୍‌ଠାକ୍ ଚାଲୁନାହିଁ ତାହା ଭ୍ରମାତ୍ମକ।

ଓ.ପି.ଏସ୍.ସି.ରେ କାର୍ଯ୍ୟ କରିବା ବେଳେ ବହୁ ଅଧ୍ୟୟନ କରିବାକୁ ପଡୁଥିଲା। ବିଶେଷତଃ ମୌଖିକ ପରୀକ୍ଷା ପାଇଁ ଅନେକ ସମ୍ଭାବ୍ୟ ପ୍ରଶ୍ନ ପାଇଁ ଅଧ୍ୟୟନ ଦରକାର। ତା'ଛଡ଼ା ଗୋଟିଏ ପ୍ରଶ୍ନକୁ ବାରମ୍ବାର ପଚାରିବା ମଧ୍ୟ ଅନୁଚିତ। ଏହା ଜ୍ଞାନର ପରିସର ବୃଦ୍ଧି କରିବାରେ କିଞ୍ଚିତ୍ ସହାୟକ ହୋଇଥିଲା।

ଦୁଇ ବର୍ଷର କାର୍ଯ୍ୟକାଳ ମୋ ପାଇଁ ଭାରି ଅର୍ଥପୂର୍ଣ୍ଣ ଓ ଆନନ୍ଦଦାୟକ ଥିଲା। ଯେତେବେଳେ ସିଭିଲ୍ ସର୍ଭିସ୍ ବା ଅନ୍ୟ ପରୀକ୍ଷା ଫଳ ବାହାରେ ଏବଂ ବହୁ ଉପାନ୍ତ ଅଞ୍ଚଳର ପିଲା କୃତୀତ୍ଵର ସହିତ ସଫଳକାମ ହେବାର ଖବର ମିଳେ, ତାହା ବେଶ୍ ଖୁସିଦିଏ। ଏହାଠାରୁ ଅଧିକ ନିରପେକ୍ଷତାର ପ୍ରମାଣ ବା କ'ଣ ହୋଇପାରେ !

ଯେ ମନ ଭାବୁଥାଏ ଯାହା

ପୂର୍ବରୁ ଲେଖିଛି ଯେ ୧୯୮୪ ମସିହାରେ ମୁଁ ଇତିହାସ ବିଭାଗ (ସ୍ନାତକୋତ୍ତର) ବାଣୀବିହାରରେ ୟୁଜିସି ଜୁନିଅର ରିସର୍ଚ୍ଚ ଫେଲୋ ଭାବରେ ଯୋଗ ଦେଇ ପ୍ରଫେସର ଅତୁଲ ଚନ୍ଦ୍ର ପ୍ରଧାନଙ୍କ ଅଧୀନରେ ଗବେଷଣା କରୁଥିଲି। ମୋର ବିଷୟବସ୍ତୁ ଥିଲା Character and Role of Odia Elites : From Famine to independence (1866 - 1947)। ପରିଜା ଲାଇବ୍ରେରୀ, ଷ୍ଟେଟ୍ ଲାଇବ୍ରେରୀ ଏବଂ ଷ୍ଟେଟ୍ ଆର୍‌କାଇଭସ୍ ମୁଖ୍ୟ ଥିଲା ମୋର କର୍ମସ୍ଥଳୀ। ସେଠାରେ ନିୟମିତ ଅଧ୍ୟୟନ କରି ବିଷୟବସ୍ତୁ ଉପରେ ସମ୍ୟକ୍ ଜ୍ଞାନ ଆହରଣ କରିବା ଥିଲା ମୋର ପ୍ରାଥମିକ କର୍ତ୍ତବ୍ୟ। ସେଇ ବର୍ଷ ଡିସେମ୍ବର ମାସରେ ଆଡ୍‌ହକ ଲେକଚରର ଭାବରେ ମୋତେ ଏମ୍.ଏସ୍. କଲେଜ ବଡ଼ମ୍ବାରେ ନିଯୁକ୍ତି ମିଳିଲା। ସେଠାରୁ ତିନିମାସ ଅଧ୍ୟାପନା କଲାପରେ ମୋତେ ସେଣ୍ଟ୍ରାଲ୍ ଏକ୍‌ସାଇଜ୍ ବିଭାଗରେ ଆଉ ଚାରିପାଞ୍ଚ ମାସ କଟେଇବାକୁ ହେଲା ଭୁବନେଶ୍ୱରରେ। ଆଉ ସେତିକି ବେଳେ ମୋର ପୋଷ୍ଟିଂ ହେଲା ଗୋଟିଏ ଏସୋସିଏଟ୍ ଷ୍ଟେଟ୍ ବ୍ୟାଙ୍କ୍‌ରେ ପ୍ରୋବେସନାରୀ ଅଫିସର ଭାବରେ ହାଇଦ୍ରାବାଦ ଠାରେ - ଯେଉଁଠୁ ଛ' ସାତ ମାସ ଭିତରେ ଫେରି ଆସିବାକୁ ହେଲା ଓଡ଼ିଶାକୁ ରାଜ୍ୟ ପ୍ରଶାସନିକ ସେବାରେ ଯୋଗ ଦେବାକୁ।

ଏତେ କମ୍ ସମୟରେ ଏତେ ଗୁଡ଼ିଏ ବିଭାଗ ବୁଲିବା ଭିତରେ ଲାଗିଲା ବୋଧହୁଏ ଆଉ ଗବେଷଣା କରି ପି.ଏଚ୍.ଡ଼ି. କରିବା ମୋ ଭାଗ୍ୟରେ ନାହିଁ। ଯେତେବେଳେ ଯେ ବିଷୟରେ ଆଲୋଚନା ହେଉଥିଲା ଏକ ଉଦାସ ଭାବ ମୋତେ ଗ୍ରାସ କରୁଥିଲା।

ଓ.ଏ.ଏସ୍ ଚାକିରିର ଜଞ୍ଜାଳ ଭିତରେ ଫୁରସତ୍ ମିଳିବ ମୋତେ ଆଉ ମୁଁ ମୋ ଗବେଷଣା କାମ କରିପାରିବି ସେ କଥା କ୍ରମେ କ୍ରମେ ମୋ ମନରୁ ଲିଭି ଆସୁଥାଏ। ଏହା ଭିତରେ ପ୍ରାୟ କୋଡ଼ିଏ ବର୍ଷ ବିତିଯାଇଥାଏ। ଥରେ ମୋର ଅନୁଜ ପ୍ରତୀମ ହରି (ପ୍ରଫେସର ହରିହର ପଣ୍ଡା ତତ୍କାଳୀନ ପ୍ରଫେସର ଏନ୍.ଡ଼ି.ଏ. ପୁନେ) ଆସି ମୋ ଘରେ ପହଞ୍ଚି କହିଲେ - "ଭାଇ ଆପଣଙ୍କ ରିସର୍ଚ୍ଚ କାମ ଯଦି ଚାଲୁ କରନ୍ତେ ତାହେଲେ ମୁଁ ସହଯୋଗ କରନ୍ତି। ନିଭି ଆସୁଥିବା ନିଆଁ ଅମ୍ଳଜାନ ସଂସ୍ପର୍ଶରେ ଆସିଲେ ଯେମିତି ଆଉ ଥରେ ଦିକ୍ ଦିକ୍ ହୋଇ ଜଳିଉଠେ ଠିକ୍ ସେଇଆ ହେଲା। ପୁଣି ମନ ଭିତରେ ପଶିଲା ସେଇ ବାସନା। ଦୁହେଁ ବାଣୀବିହାର ଗଲୁ। ଅତୁଲ ସାର ମୋ ଉପରେ ଅଭିମାନ କରିଥିବେ ଭାବି ତାଙ୍କୁ ଦେଖା କଲିନି। ହେଲେ ସେଠାରୁ ଯେଉଁ ଖବର ମିଳିଲା ତାହା ଥିଲା ନିରୁତ୍ସାହଜନକ। କାରଣ ଏଇ ସମୟ ଭିତରେ ଭାରତୀୟ ବିଦେଶ ସେବାର ଅଧିକାରୀ ଶୁଭକାନ୍ତ ବେହେରା ଓଡ଼ିଆ ଏଲିଟସ୍‌ଙ୍କ ବିଷୟରେ ଗବେଷଣା କରି ଅକ୍ସଫୋର୍ଡ଼ ବିଶ୍ୱବିଦ୍ୟାଳୟରୁ ପି.ଏଚ୍.ଡ଼ି ପାଇଲେଣି ବୋଲି ଜାଣିଲୁ। ପୁନଶ୍ଚ ବିଶ୍ୱବିଦ୍ୟାଳୟରୁ ଜଣାଗଲା ଯେ ଆଉ ସିଧାସଳଖ ପି.ଏଚ୍.ଡ଼ି ପାଇଁ ରେଜିଷ୍ଟ୍ରେସନ କରିବା ପ୍ରକ୍ରିୟା ନାହିଁ। ବିଶ୍ୱବିଦ୍ୟାଳୟ ମଞ୍ଜୁରି ପରିଷଦଙ୍କର ନୂତନ ନିର୍ଦ୍ଦେଶ ଅନୁସାରେ ପ୍ରଥମେ ଗୋଟିଏ ବର୍ଷ କୋର୍ସ ୱାର୍କ କରିବାକୁ ହେବ - ଯାହାପାଇଁ ରେଗୁଲାର କ୍ଲାସ କରାଯିବା ଜରୁରୀ। ମୁଁ ଭାବିଲି ଗବେଷଣା ଓ ପି.ଏଚ୍.ଡ଼ି ବୋଧହୁଏ ଆଉ ମୋ ଭାଗ୍ୟରେ ନାହିଁ। ମନ ମାରି ଶୋଇଲି ସେଦିନ। ବହୁ ବିକ୍ଷିପ୍ତ ଚିନ୍ତାରେ ଆକ୍ରାନ୍ତ ହେଲି। କ୍ଷଣିକ ଉତ୍ସାହ ପୁଣି ମରିଗଲା ସ୍ୱାଭାବିକ ଭାବରେ।

ସମୟ ଗଡ଼ି ଚାଲିଲା। ଦୁଇ ହଜାର ନଅ ଦଶ ମସିହା। ସେତେବେଳେ ମୁଁ ଜଣେ ମନ୍ତ୍ରୀଙ୍କର ବ୍ୟକ୍ତିଗତ ସଚିବ ଭାବରେ ଥାଏ କାର୍ଯ୍ୟବ୍ୟସ୍ତ। ଏତିକିବେଳେ ମୋର ବନ୍ଧୁ ବାଲେଶ୍ୱର ଏଫ୍.ଏମ୍. ବିଶ୍ୱବିଦ୍ୟାଳୟର ପ୍ରଫେସର ଡକ୍ଟର ଭଗବାନ ଦାସଙ୍କ ସହିତ ଏକ ବନ୍ଧୁ ସମାରୋହରେ ଭେଟ ହେଲା। ସେ ମୋର ବାଣୀବିହାର କାଳର ଅନ୍ତରଙ୍ଗ ବନ୍ଧୁ। ତାଙ୍କ ବିଶ୍ୱବିଦ୍ୟାଳୟରେ ଏମ୍.ବି.ଏ ପାଠ୍ୟକ୍ରମ ଦୂର ନିରନ୍ତର ଶିକ୍ଷା ଅଧୀନରେ ହେଉଛି ଏବଂ ବିଶ୍ୱବିଦ୍ୟାଳୟ ଅଧୀନରେ କିଛି ଷ୍ଟଡ଼ି ସେଣ୍ଟର ଭୁବନେଶ୍ୱରରେ ରହିଛି ବୋଲି ସେ ମୋତେ ସୂଚନା ଦେଲେ। ମୁଁ ରାଜ୍ୟ ସରକାରଙ୍କୁ ଏକ ଅନୁମତି ମାଗିଲି ଏହି କୋର୍ସରେ ଅଧ୍ୟୟନ କରିବା ପାଇଁ। ମୋର ସରକାରୀ କାମରେ କ୍ଷତି ପହଞ୍ଚାଇ ସେ କାମ କରିପାରିବି ନାହିଁ, ଏହି

ସର୍ତ୍ତରେ ସରକାର ମୋତେ ସମ୍ମତି ଦେଲେ। ତହୁଁ ମୁଁ କାଳ ବିଳମ୍ବ ନ କରି ସେଥିରେ ଆଡ଼ମିଶନ କଲି। ସେମାନେ ମଝିରେ ମଝିରେ କ୍ଲାସ କରୁଥିଲେ ଏବଂ ଅନେକ ଷ୍ଟଡ଼ି ମେଟେରିଆଲ୍ ଯୋଗାଇ ଦେଉଥିଲେ। ଦି ବର୍ଷ ଭିତରେ ଚାରିଗୋଟି ସେମିଷ୍ଟାର ପରୀକ୍ଷା ହେଲା। ପ୍ରତ୍ୟେକରେ ଚାରୋଟି ଲେଖାଏଁ ପେପର ଆଉ ମୋର ବିଶେଷ ଅଧ୍ୟୟନ ଥିଲା ମାନବ ସମ୍ବଳ। ଆଉ ଶେଷରେ ମୋତେ ବିଶ୍ୱବିଦ୍ୟାଳୟ ଏମ୍.ବି.ଏ. ଡିଗ୍ରୀ ପ୍ରଦାନ କଲେ। ଏହା ମୋର ଆତ୍ମବିଶ୍ୱାସ ସାମାନ୍ୟ ବୃଦ୍ଧି କଲା।

ଦୁଇ ହଜାର ପନ୍ଦର ମସିହାର କଥା। ସେତେବେଳକୁ ମୁଁ ଭାରତୀୟ ପ୍ରଶାସନିକ ସେବାକୁ ଉନ୍ନୀତ ହୋଇସାରିଥାଏ ଏବଂ ଖୋର୍ଦ୍ଧାର ଜିଲ୍ଲାପାଳ ଭାବରେ ହୋଇଥାଏ ଉପସ୍ଥାପିତ। ଏତିକିବେଳେ ଖୋର୍ଦ୍ଧା ଜିଲ୍ଲା ତରଫରୁ ଆମ ଜିଲ୍ଲାରେ ଥିବା ବିଭିନ୍ନ ବିପଜ୍ଜନକ କାରଖାନା ଉପରେ ଏକ ଅଧ୍ୟୟନ କରିବାକୁ ନିଷ୍ପତ୍ତି ହେଲା। ବିଶେଷତଃ ଏଚ୍.ପି.ସି.ଏଲ୍, ଆଇ.ଓ.ସି.ଏଲ୍ ପରି ବିପଜ୍ଜନକ ଗ୍ୟାସ ଯେପରି ବଡ଼ ବଡ଼ ଜାଗାରେ ରଖାଯାଇଛି ତାହା ଖୁବ୍ ଦୁର୍ଘଟଣା ପ୍ରବଣ। ସେତେବେଳେ ଡାଇରେକ୍‌ଟୋରେଟ୍ ଅଫ୍ ଫେକ୍‌ଟ୍ରିଜ୍ ଏଣ୍ଡ୍ ବଏଲର୍ସର ଉପନିର୍ଦ୍ଦେଶକ ଥିବା ଡକ୍ଟର ମଳୟ ପ୍ରଧାନ ମୋତେ କହିଲେ, "ସାର୍ ଏହି ଗବେଷଣାମୂଳକ ଅଧ୍ୟୟନଟି ଆମେ କରି ରାଜ୍ୟ ସରକାରଙ୍କୁ ଦେଇ ପ୍ରଚଳିତ ବ୍ୟବସ୍ଥାର ସୁଦୃଢ଼ୀକରଣ ପାଇଁ କିଛି ଖାସ୍ ପରାମର୍ଶ ଦେଲେ ଆମ ଉପରୁ ସମ୍ଭାବ୍ୟ ବିପଦ କମି ପାରନ୍ତା।" ମୁଁ ଏଥିରେ ରାଜି ହେଲି ଏବଂ ଏଇ ଷ୍ଟଡ଼ି ଚାଲିଥିବା ଭିତରେ କେତେଥର ସେଇ ବିପଜ୍ଜନକ କାରଖାନା ଗସ୍ତ କରିଥିଲି। ସବୁବେଳେ ଠାକୁରଙ୍କୁ ଡାକୁଥିଲି କେବେବି ଦୁର୍ଘଟଣା ନହେଉ। ମୋର ଅନୁରୋଧକ୍ରମେ ଶିକ୍ଷା ଓ ଅନୁସନ୍ଧାନ ବିଶ୍ୱବିଦ୍ୟାଳୟ ଏହି ଗବେଷଣା ଅନୁଧ୍ୟାନରେ ସହଯୋଗ କରିଥିଲେ। ଅଧ୍ୟୟନ ଶେଷ ହେବା ପରେ ଗୋଟିଏ ଦିନ ବିଶ୍ୱବିଦ୍ୟାଳୟ କର୍ତ୍ତୃପକ୍ଷ ଗୋଟିଏ ପ୍ରେଜେଣ୍ଟେସନ୍ ଦେବା ପାଇଁ ମୋ ପାଖକୁ ଆସିଲେ। ବିଶ୍ୱବିଦ୍ୟାଳୟର କୁଳପତି ବି ଆସିଥାନ୍ତି। ତାଙ୍କ ସହିତ ବିଭିନ୍ନ ବିଷୟରେ ଆଲୋଚନା ହେଲା। ମୋର ଗବେଷଣା ଅଧାରୁ ସରିଯାଇଛି ବୋଲି ମୁଁ କ୍ଷୋଭରେ ତାଙ୍କୁ କହୁଁ କହୁଁ କହିଦେଲି, "I am constrained to tell that I am a drop out" ସେ ତତ୍‌କ୍ଷଣାତ୍ କହିଲେ ସାର୍, ଅନେକ ଆଇ.ଏ.ଏସ୍. ଅଫିସର ସରକାରଙ୍କଠାରୁ ଅନୁମତି ନେଇ ଗବେଷଣା କରୁଛନ୍ତି ଏବଂ ପି.ଏଚ୍.ଡ଼ି ପାଉଛନ୍ତି। ଆପଣ ଚାହିଁଲେ ଆମ

ବିଶ୍ୱବିଦ୍ୟାଳୟରେ ରେଜିଷ୍ଟ୍ରେସନ କରିପାରିବେ, ଆପଣଙ୍କ ଜିଲ୍ଲାରେ ଆମର ଅନୁଷ୍ଠାନ। ଆପଣ ବାସ୍ତବରେ ଆମ ପରିବାରର ମୁଖ୍ୟ ଭଳି, ଆପଣ ପି.ଏଚ୍.ଡ଼ି ପାଇଁ ଆଗେଇ ଆସିଲେ ଆମେ ସବୁ ସୁବିଧା ଯୋଗେଇ ଦେବୁ।

ଯେଉଁ ନିଆଁ ତିରିଶ ବର୍ଷ ଆଗରୁ ଆରମ୍ଭ ହୋଇ କିଛି ଦିନ ଜଳି ନିଭିଯାଇଥିଲା ପୁଣି ଆଉ ଥରେ ଜଳିବାର ଆଶା ଉପରେ ପାଣି ପଡ଼ିଯାଇଥିଲା, ସେଇ ଆଶାର ହଠାତ୍ ଏକ ସମ୍ଭାବନା ଯୋଡ଼ି ହୋଇଗଲା। ମୁଁ ତାଙ୍କଠୁଁ ସମୟ ନେଲି - ଟିକିଏ ବୁଝି ବିଚାରି କହିବି ବୋଲି କହିଲି। ଦୁଇ ତିନିଦିନ ମନେ ମନେ ଭାବିଲି; ମାତ୍ର ତାଙ୍କୁ କହିଲି, ମୁଁ ଏହି ଜିଲ୍ଲାର ଜିଲ୍ଲାପାଳ ଥିଲା ବେଳେ ଆପଣଙ୍କ ଅନୁଷ୍ଠାନରୁ ଅନୁଗୃହୀତ ହେବା ଠିକ୍ ହେବ ନାହିଁ। ଜିଲ୍ଲାପାଳ ଦାୟିତ୍ୱ ସରିବା ପରେ ଆପଣମାନଙ୍କ ସହିତ ହୁଏତ ଯୋଗାଯୋଗ କରିବି।

ଯେଉଁ ଛୋଟିଆ ନୂଆ ପତ୍ରଟିଏ କଅଁଳିବାକୁ ଯାଉଥିଲା ତାହାକୁ ମୁଁ ନିଜେ ଯେମିତି ଛିଣ୍ଡେଇଦେଲି। ଅନୌପଚାରିକ ଭାବରେ ଏକଥା ଯେତେବେଳେ ବନ୍ଧୁମାନେ ଜାଣିଲେ ମୋତେ ଭାରି ତାଚ୍ଛଲ୍ୟ କଲେ। କହିଲେ, ଆରେ ବୋକା, ଜିଲ୍ଲାପାଳ ଥିଲାବେଳେ ଯଦି ପି.ଏଚ୍.ଡ଼ି କରିଥାନ୍ତ ଦେଖିଥାନ୍ତ କେତେ ଅଯାଚିତ ସୁବିଧା ଅଜାଡ଼ି ପଡ଼ିଥାନ୍ତା। ଆଉ ଯେ ଜାଗା ଛାଡ଼ିଲା ପରେ ସେମାନେ କଣ ତମକୁ ଚିହ୍ନିବେ! ତା' ବି ସତ କଥା। କ୍ଷମତା ଛାଡ଼ିବା ପରେ କିଏ ବା କାହିଁକି ଆନୁଗତ୍ୟ ଦେଖେଇବ!

ମୋ ଚରିତ୍ରର ତାହା ଦୁର୍ବଳତା କି ଆଉ କିଛି ତାହା ମୁଁ ଜାଣିପାରେ ନାହିଁ। କାହାରିଠାରୁ କିଛି ସୁବିଧା ସୁଯୋଗ ପାଇବାକୁ ମୋ ମନ ଆଦୌ ବଳେ ନାହିଁ। ପାଟି ଖୋଲେ ନାହିଁ। ଜେଜେ ପିଲାବେଳେ କହିଥିଲେ କାହାକୁ କିଛି ମାଗିବୁ ନାହିଁ। ତାହା ତୋର ଛୋଟପଣକୁ ଦର୍ଶାଇବ। ଅଥଚ ଅନେକ ଲୋକ କହିଛନ୍ତି - ମୁଖ ଖୋଲିଲେ ଦୁଃଖ ଯାଏ। ମୁଁ ମୋ ଜେଜେଙ୍କ ଚେହେରା ମନେ ପକାଏ। ପାଞ୍ଚ ହାତିଆ ମଣିଷ, ଚନ୍ଦା, ଚଉଡ଼ା ଛାତି। ଛାତିରେ ଭର୍ତ୍ତି ମେଞ୍ଚା ମେଞ୍ଚା ଧଳା ଧଳା ବାଳ। ବେପରବାୟ କଥାବାର୍ତ୍ତା। "ମାଗିବୁ ଯଦି କେବଳ ଭଗବାନଙ୍କୁ। ଆଖିରୁ ଲୁହ ଢାଳି ମାଗିବୁ। ନିଜ ପାଇଁ ଅନ୍ୟ କାହାରି ପାଖରେ ହାତ ପତେଇବୁ ନାହିଁ" କହିଥିଲେ ସେ। ଏବେବି ସେଇ ଅଭ୍ୟାସ ରହିଯାଇଛି। ତାହା କେତେବେଳେ ଦୁଃଖର କାରଣ ହୋଇଛି କେବେବି ସୁଖର।

୨୦୧୬ ଅକ୍ଟୋବର ମାସରେ ଏକ ଦୁଃଖଦାୟକ ଘଟଣା ଘଟିଲା। ସମ୍ ହସ୍‌ପିଟାଲରେ ଏକ ଦୁର୍ଘଟଣାଜନିତ ଅଗ୍ନିକାଣ୍ଡ ନେଲା ବହୁ ଲୋକଙ୍କ ଜୀବନ। ଅନେକ ଲୋକଙ୍କର କ୍ଷୋଭ। ଜିଲ୍ଲାର ଜିଲ୍ଲପାଳ ଭାବରେ ବି କିଛି ଲୋକ ମୋ ଉପରେ ଆଙ୍ଗୁଳି ଉଠେଇଲେ। ତତ୍‌କାଳୀନ ସ୍ୱାସ୍ଥ୍ୟମନ୍ତ୍ରୀଙ୍କ ପତ୍ନୀ ସୋଆ ବିଶ୍ୱବିଦ୍ୟାଳୟରେ ଅଧ୍ୟାପିକା ଭାବରେ କାର୍ଯ୍ୟ କରୁଥିବାରୁ ଏବଂ ସୋଆ ବିଶ୍ୱବିଦ୍ୟାଳୟ ଏବଂ ସମ୍ ହସ୍‌ପିଟାଲର କର୍ତ୍ତୃପକ୍ଷ ଗୋଟିଏ ହୋଇଥିବାରୁ ମାନ୍ୟବର ସ୍ୱାସ୍ଥ୍ୟମନ୍ତ୍ରୀଙ୍କୁ ଇସ୍ତଫା ଦେବାକୁ ପଡ଼ିଲା। ମୁଁ ଯଦି ସେଇ ବିଶ୍ୱବିଦ୍ୟାଳୟରେ ସେତେବେଳେ ପି.ଏଚ୍.ଡ଼ି. କରୁଥାନ୍ତି ପରିସ୍ଥିତି କଣ ହୋଇଥାନ୍ତା ତାହା କେବଳ ଭଗବାନଙ୍କୁ ଜଣା।

ଦୁଇ ହଜାର ଷୋହଳ ମସିହାରେ ମୋତେ ସୌଜନ୍ୟମୂଳକ ସାକ୍ଷାତ କରିଥିଲେ ଏ.ଏସ୍.ବି.ଏମ୍.ର ମୁଖ୍ୟ ସ୍ଥପତି ତଥା ପୂର୍ବତନ ଆଇ.ଆଇ.ଏମ୍. ପ୍ରଫେସର ଡକ୍ଟର ବିଶ୍ୱଜିତ ପଟ୍ଟନାୟକ। ତାଙ୍କର ଅନୁଷ୍ଠାନଟି ସେତେବେଳେ ଏ.ଆଇ.ସି.ଟି.ଇ ଦ୍ୱାରା ଅନୁବନ୍ଧିତ ହୋଇ ଗୁଣାତ୍ମକ ଏମ୍.ବି.ଏ. ଶିକ୍ଷା ଦେଉଥାଏ। ମୋତେ ଥରେ ସେ ତାଙ୍କ ଅନୁଷ୍ଠାନକୁ ନିମନ୍ତ୍ରଣ କରି ଛାତ୍ରଛାତ୍ରୀମାନଙ୍କୁ କିଛି ସମ୍ବୋଧନ କରିବାକୁ ଅନୁରୋଧ କରିଥିଲେ। ସେଦିନ ସେଇ ଅନୁଷ୍ଠାନ ପରିଦର୍ଶନ କରିବା ବେଳେ ପ୍ରଫେସର ପଟ୍ଟନାୟକଙ୍କର ବ୍ୟକ୍ତିତ୍ୱ ମୋତେ ଆକୃଷ୍ଟ କଲା।

ଦୁଇ ହଜାର ସତରରେ ମୋତେ ମାନନୀୟ ମୁଖ୍ୟମନ୍ତ୍ରୀଙ୍କ କାର୍ଯ୍ୟାଳୟରେ ଅତିରିକ୍ତ ସଚିବ ଭାବରେ ଯୋଗ ଦେବାକୁ ପଡ଼ିଲା। ମଝିରେ ମଝିରେ ପ୍ରଫେସର ପଟ୍ଟନାୟକ ସେଠାକୁ ଆସନ୍ତି। ଏ.ଏସ୍.ବି.ଏମ୍‌କୁ ସେ ଏକ ବିଶ୍ୱବିଦ୍ୟାଳୟରେ ପରିଣତ କରିବା ସଂକ୍ରାନ୍ତରେ ବାରମ୍ବାର ଆସୁଥାନ୍ତି। ତାଙ୍କ ସହିତ ମୋର ସାକ୍ଷାତ ହୁଏ ଏବଂ ବହୁ ଆଲୋଚନା ଭିତରେ ତାଙ୍କ ପ୍ରତି ମୋର ଶ୍ରଦ୍ଧା ଓ ସମ୍ମାନ ବଢ଼ିଯାଏ। ୨୦୧୯ରେ ଏ.ଏସ୍.ବି.ଏମ୍ ଏକ ବିଶ୍ୱବିଦ୍ୟାଳୟରେ ପରିଣତ ହୁଏ ଏବଂ ପ୍ରଫେସର ପଟ୍ଟନାୟକ ହୁଅନ୍ତି ଏହାର ପ୍ରତିଷ୍ଠାତା ସଭାପତି। ସରକାରୀ ବିଶ୍ୱବିଦ୍ୟାଳୟରେ ଚାନସେଲର ଯାହା ପ୍ରାଇଭେଟ ବିଶ୍ୱବିଦ୍ୟାଳୟ ପାଇଁ ସଭାପତି ତାହା।

ଦୁଇ ହଜାର କୋଡ଼ିଏ ଆରମ୍ଭରେ ମୋତେ ବଦଳି କରନ୍ତି ସରକାର। ଉତ୍ତରାଞ୍ଚଳ ରାଜସ୍ୱ କମିଶନର ଭାବରେ। ମୁଁ ଯୋଗ ଦେବାର ତିନିମାସ ପରେ ଆରମ୍ଭ ହୋଇଯାଏ କୋଭିଡ଼୍‌ର କାରନାମା। ସାରା ବିଶ୍ୱରେ ଉଚ୍ଛୁଳି ଉଠେ ଆତଙ୍କ। ରାସ୍ତାଘାଟ ହୋଇଯାଏ ଶୂନଶାନ।

ସେଇ ବର୍ଷ ଜୁନ୍ ଜୁଲାଇ ମାସରେ ବିଶ୍ୱଜିତ୍ ସାର ମୋତେ ଫୋନ୍ କରି କହନ୍ତି – ତାଙ୍କର ବିଶ୍ୱବିଦ୍ୟାଳୟରେ ପି.ଏଚ୍.ଡ଼ି ପ୍ରୋଗ୍ରାମ୍ ଆରମ୍ଭ ହେବ ବୋଲି ଏବଂ ମୋତେ ଦରଖାସ୍ତ କରିବାକୁ କହନ୍ତି। ସରକାରଙ୍କ ଠାରୁ ଅନୁମତି ମିଳିଯାଏ ସହଜରେ। ପ୍ରାୟ ଶତାଧିକ ଛାତ୍ରଛାତ୍ରୀ ଦରଖାସ୍ତ କରିଥାନ୍ତି। ଅନ୍‌ଲାଇନ୍‌ରେ ଇଣ୍ଟରଭ୍ୟୁ ହୁଏ ଏବଂ ମୁଁ ସେଥିରେ ସର୍ବାଗ୍ରେ ଥିବା କଥା ମୋତେ ଜଣେଇ ଦିଅନ୍ତି ସାର୍। ତାପରେ କୋର୍ସ ୱାର୍କ କାମ ଆରମ୍ଭ ହୁଏ। ବିଧାତାର ବିଧାନ ବିଚିତ୍ର। ସାଧାରଣ ସମୟ ହୋଇଥିଲେ ଯାହା ସମ୍ଭବ ହୋଇନଥାନ୍ତା କୋଭିଡ୍ ପାଇଁ ତାହା ହୋଇପାରିଲା। ପ୍ରାୟ ଆଠ ନଅ ମାସ ଧରି ଅନଲାଇନ୍‌ରେ କ୍ଲାସ ହେଲା। ଏ.ଏସ୍.ବି.ଏମ୍ ବିଶ୍ୱବିଦ୍ୟାଳୟରେ ପାଠପଢ଼ାରେ କୋହଲ ନଥାଏ।

ଦୁଇ ହଜାର ୨୧ରେ ମୋତେ ଓଡ଼ିଶା ପବ୍ଲିକ୍ ସର୍ଭିସ୍ କମିଶନର ସଦସ୍ୟ ଭାବରେ ଯୋଗଦେବାକୁ ପଡ଼ିଲା। ଓ.ପି.ଏସ୍.ସିର କାର୍ଯ୍ୟ ପରିସରରେ ସବୁ ଦାୟିତ୍ୱର ନାଭିକେନ୍ଦ୍ରରେ ଥାଆନ୍ତି ଅଧ୍ୟକ୍ଷ। ସଦସ୍ୟମାନଙ୍କର ଦାୟିତ୍ୱ ହେଉଛି ମୌଖିକ ପରୀକ୍ଷା କରିବା ଏବଂ ବିଭିନ୍ନ ଫାଇଲରେ ମତାମତ ରଖିବା ଏବଂ କମିଶନର ମିଟିଂରେ ଯୋଗଦେବା। ଚାକିରି ଜୀବନରେ କଠିନ ପରିଶ୍ରମ କରିଥିବା ଲୋକ ପାଇଁ ଏହା ଥିଲା ଏକ ହାଲୁକା ଦାୟିତ୍ୱ। ତେଣୁ ପଢ଼ାପଢ଼ି ବି ତା ସହିତ ଚାଲିଲା ଓ ଦୁଇ ହଜାର ଏକୋଇଶରେ କୋର୍ସ ୱାର୍କର ପରୀକ୍ଷା ହେଲା ଯେଉଁଥିରେ ଦଶଜଣ ପି.ଏଚ୍.ଡ଼ି. ଗବେଷକଙ୍କ ଭିତରେ ମୋତେ ସର୍ବାଗ୍ରେ ବୋଲି ବିଶ୍ୱବିଦ୍ୟାଳୟ ବିବେଚନା କରିଥିଲେ।

ତାପରେ ଆସିଲା ସନ୍ଦର୍ଭ କାମ। ଗବେଷଣା କାମରେ ପ୍ରଫେସର ପଟ୍ଟନାୟକଙ୍କର ଅଧୀନରେ କାମ କରିବାର ଥିଲା ପ୍ରଚୁର ଆନନ୍ଦ। ମୋର ବିଷୟଟି ଥିଲା – Managerial Effectiveness : A Study of Organisational Citizenship Behaviour and Learned Optism of Odisha Administrators। ଏହି ପାଠ୍ୟକ୍ରମରେ ମୁଁ ଆପେକ୍ଷିକ ଭାବରେ ନୂଆ। ଏହା ବିଷୟରେ ଯାହା କିଛି ଗବେଷଣା ଆଗରୁ ହୋଇଥିଲା ତାହା ଥିଲା କର୍ପୋରେଟ୍ ଜଗତ ଭିତରେ ସୀମାବଦ୍ଧ। ସରକାରୀ ସ୍ତରରୁ ତଥ୍ୟ ନେଇ ଗବେଷଣା କରିବା ବାହାର ଲୋକଙ୍କ ପାଇଁ ଏତେ ସହଜସାଧ୍ୟ ନୁହେଁ, ମୋର ଗବେଷଣା କାର୍ଯ୍ୟ ପାଇଁ ଗାଇଡ଼ଙ୍କ ସହଯୋଗରେ ଯେଉଁ ପ୍ରଶ୍ନାବଳି କରାଯାଇଥିଲା ତାହା ଓଡ଼ିଶା ପ୍ରଶାସନିକ ସେବା, ଓଡ଼ିଶା ପୁଲିସ ସେବା ଏବଂ ଓଡ଼ିଶା ଅର୍ଥ ସେବାର ଅଧିକାରୀଙ୍କ ଠାରୁ ପୂରଣ କରିବା ଥିଲା ଭାରି ଆହ୍ୱାନପୂର୍ଣ୍ଣ। ବିଭିନ୍ନ ଜିଲ୍ଲାର ଜିଲ୍ଲାପାଳମାନେ ମୋର

ଜଣାଶୁଣା ଥିବାରୁ ଏବଂ ସରକାରର ବିଭିନ୍ନ ସ୍ତରରେ ମୋର ଅଦୃଶ୍ୟ ବନ୍ଧୁମାନେ ମୋତେ ବହୁ ସହଯୋଗ କରିଥିବାରୁ ତାହା ସୁଗମ ହେଲା।

ଏ.ଏସ୍.ବି.ଏମ୍ ବିଶ୍ୱବିଦ୍ୟାଳୟର ମ୍ୟାନେଜମେଣ୍ଟ ବିଭାଗର ଅନ୍ୟତମ ପ୍ରଫେସର ଡକ୍ଟର ମନ୍ମଥ ନାଥ ସାମନ୍ତରାୟ ମୋର ସହଯୋଗୀଗାଇଡ଼ ମୋତେ ବହୁ ପରାମର୍ଶ ଦେଇଥିଲେ। ବିଶ୍ୱବିଦ୍ୟାଳୟର ଉପ ସଭାପତି ପ୍ରଫେସର କଲ୍ୟାଣ ଶଙ୍କର ରାୟ, କୁଳପତି ପ୍ରଫେସର ରଞ୍ଜନ ବଳ, ଉପକୁଳପତି ପ୍ରଫେସର ଫଲଗୁ ନିରଞ୍ଜନା ସମସ୍ତେ ମୋତେ ଅକୁଣ୍ଠ ସହଯୋଗ ଯୋଗେଇ ଦେଇଥିଲେ। ସମସ୍ତଙ୍କର ସାହାଯ୍ୟ ପରାମର୍ଶ ଫଳରେ ମୁଁ ୨୦୨୪ ମଇ ମାସ ସୁଦ୍ଧା ମୋର ସନ୍ଦର୍ଭ ଦାଖଲ କଲି ଏବଂ ତାହା ଗବେଷଣା ପରିଷଦ ଦ୍ୱାରା ସ୍ୱୀକୃତ ହେଲା। ହାଇଦ୍ରାବାଦ ବିଶ୍ୱବିଦ୍ୟାଳୟର ପ୍ରାକ୍ତନ ଡିନ୍ ପ୍ରଫେସର ରାଓ ଓ ରାଜସ୍ଥାନ ଜୟପୁରର ପ୍ରଫେସର ଦୁହେଁ ସନ୍ଦର୍ଭର ମୂଲ୍ୟାଙ୍କନ କରିଥିଲେ। ପ୍ରଫେସର ରାଓ ନିଜେ ବିଶ୍ୱବିଦ୍ୟାଳୟକୁ ଆସି ଗବେଷଣା ପରିଷଦର ସମସ୍ତଙ୍କ ସମ୍ମୁଖରେ ମୌଖିକ ପରୀକ୍ଷା କରିଥିଲେ। ସର୍ବଶେଷରେ ଅଗଷ୍ଟ ୨୦୨୪ରେ ଅନୁଷ୍ଠିତ ବିଶ୍ୱବିଦ୍ୟାଳୟର ସମାବର୍ତ୍ତନ ଉତ୍ସବରେ ମୋତେ ପି.ଏଚ୍.ଡ଼ି. ଡିଗ୍ରୀ ପ୍ରଦାନ କରାଯାଇଥିଲା। ଏହି ଉତ୍ସବର ମୁଖ୍ୟ ଅତିଥି ଭାବରେ ପୂର୍ବତନ ଉପରାଷ୍ଟ୍ରପତି ଡକ୍ଟର ଭେଙ୍କୟା ନାଇଡୁ ଯୋଗ ଦେଇଥିଲେ।

ଆଜିକାଲି ପି.ଏଚ୍.ଡ଼ି ଡିଗ୍ରୀର ମଧ୍ୟ ପ୍ରବଳ ଅବମୂଲ୍ୟାୟନ ହୋଇଛି ବୋଲି ଆଲୋଚିତ ହୁଏ। ଅନେକ ପଇସା ପତ୍ର ଖର୍ଚ୍ଚ କରି ନିଜ ନାଁ ପୂର୍ବରୁ ଡକ୍ଟରେଟ୍ ଲେଖିପାରୁଛନ୍ତି। କେବଳ ଡିଗ୍ରୀ ପାଇବା ବଡ଼ କଥା ନୁହେଁ ଏଇ ଅନ୍ୱେଷଣ ପଛରେ ଯେଉଁ ଅଧ୍ୟୟନ କରିବାକୁ ପଡ଼ିଲା, ଯେଉଁ ଦିଗଗଜ ପ୍ରଫେସରମାନଙ୍କର ସାନ୍ନିଧ୍ୟ ମିଳିଲା ତାହା ନିରନ୍ତର ପ୍ରେରଣା ହୋଇ ରହିଲା ସାରା ଜୀବନ ପାଇଁ। ଓଡ଼ିଆ ଭାଗବତରେ ଜଗନ୍ନାଥ ଦାସ ଲେଖିଥିଲେ -

ଏ ମନ ଭାବୁଥାଇ ଯାହା
କାଳେ ପ୍ରାପତ ହୁଏ ତାହା।

ହୁଏତ ଭଗବାନଙ୍କ ଇଚ୍ଛା ଅନୁସାରେ ସବୁ ଘଟେ କେବଳ ମଣିଷର ଇଚ୍ଛାରେ ନୁହେଁ। ୧୯୮୪ ମସିହାରେ ଯେଉଁ ସ୍ୱପ୍ନର ମଞ୍ଜି ବୁଣା ହୋଇଥିଲା, ତାହା ଫସଲ ହେବା ପୂର୍ବରୁ କେତେଥର ଧ୍ୱସ୍ତ ହୋଇଛି; ମାତ୍ର ଭଗବାନଙ୍କ କରୁଣାରୁ ଚାଳିଶ ବର୍ଷ ପରେ ତାହା ସମ୍ଭବ ହେଲା। ଏହା କେବଳ ଏକ ବ୍ୟକ୍ତିଗତ ମାଇଲ ଖୁଣ୍ଟ ନୁହେଁ ଏହା ମୋର କୃତଜ୍ଞତା ଜଣେଇବାର ଏକ ନୂଆ ଫର୍ଦ୍ଦ ହୋଇ ରହିଗଲା ଜୀବନ ସ୍ମୃତିରେ। ■

ଯୁଗ୍ମ ଜୀବନ ଓ ଟୁନୀ

ଚାନ୍ଦବାଲିରେ ଚାକିରିରେ ଯୋଗଦେଲା ପରେ ମୋର ତହସିଲଦାର ମୋ ଠାରେ ଗୋଟାଏ ଧାରଣା ସୃଷ୍ଟି କରିବାକୁ ଚାହୁଁଥିଲେ ଯେ ଆମେ ଗୋଟାଏ ନୂଆ ପ୍ରଜାତି – ମାନେ ଶାସନ କରିବା ଖାଲି ଆମ ଦାୟିତ୍ୱ ନୁହେଁ, ସାଧାରଣ ଲୋକଙ୍କଠାରୁ ଦୂରେଇ ରହିବା ମଧ୍ୟ ଆମର କର୍ତ୍ତବ୍ୟ। ତା' ନହେଲେ ସେମାନେ ଆମକୁ ଖାତିର କରିବେ ନାହିଁ। ମୁଁ ମଧ୍ୟ ପ୍ରଥମେ ପ୍ରଥମେ ସେଇ କଥାକୁ ଠିକ୍ ବୋଲି ଭାବୁଥିଲି। ଦୋକାନକୁ ଯାଇ କିଛି ଚା ଜଳଖିଆ ଖାଇବା, ବାହାରେ ଲୋକଙ୍କ ସହିତ କଥାବାର୍ତ୍ତା କରିବା, ହସଖୁସି କରିବାକୁ ବାରଣ କରାଯାଇଥିଲା କହିଲେ ଚଳେ। ସେମିତି ହେଲେ ପ୍ରଶାସନିକ ଅଧିକାରୀଙ୍କ ଗୁରୁତ୍ୱ କମିଯିବ କୁଆଡ଼େ।

ଟୁନୀ ଆସିଲା ପରେ (ମାର୍ଚ୍ଚ ୬, ୧୯୮୮) ମୋ ଜୀବନକୁ ବଦଳେଇ ଦେଲା। ସେ କହିଲା, ଆରେ ଆଛା କଥା - ଆମେ ସ୍ୱାଭାବିକ ଭାବରେ ଲୋକଙ୍କ ସହିତ ମିଶିଲେ କଣ କ୍ଷତିହେବ ? ସେ ପଡ଼ିଶା ଘର ସହିତ ମିଶିଲେ – ସେମାନେ ତାକୁ ନିଜର ଝିଅ ପରି ଦେଖିଲେ। ମୁଁ ବାହାରକୁ ଟୁର୍ ଗଲେ ବଡ଼ବାବୁଙ୍କ ବାପା ଯିଏକି ତାଙ୍କୁ ନିଜର ନାତୁଣୀ ପରି ଦେଖୁଥିଲେ ତାଙ୍କୁ ଯେମିତି ଛାଇ ପରି ଜଗି ରହୁଥିଲେ। ଆମର ଘର ସାମ୍‌ନାରେ ରହୁଥିବା ମୁସଲମାନ ଘରର ବୁଢ଼ୀବି ତାଙ୍କୁ ଝିଅ ପରି ଦେଖିଲେ। ସେଇ ପାଖାପାଖି ଯେତେ ସ୍ତ୍ରୀଲୋକ ଥିଲେ ସେମାନେ ତାଙ୍କୁ କ୍ରମେ ନିଜର ବୋଲି ଭାବିଲେ। ଅନ୍ୟକୁ ନିଜର ବୋଲି ଭାବିବାର ଅନୁଭବ ମୋ ଭିତରେ ଗଭୀର ଭାବରେ ସୃଷ୍ଟି ହେଲା, କିଏ ଧନୀ ଦରିଦ୍ର, ଶିକ୍ଷିତ ଅଶିକ୍ଷିତ, ଉଚ୍ଚ ପଦବୀଧାରୀ ନିମ୍ନ ସାମାଜିକ ଶ୍ରେଣୀ ସେଇ ଭିତରେ ଆମେ ସୀମିତ ରହିଲୁ ନାହିଁ। ମୁଁ କିଛି ବର୍ଷ ହେଲା ଯେଉଁ ସ୍ୱାଭାବିକତା ହରେଇ ନିଜକୁ ଅସହଜ ମଣୁଥିଲି ସେଇ ଭାବନା ଦୂରେଇ ଗଲା।

ବାପା ଅଳ୍ପ ବୟସରୁ ଚାଲିଯାଇଥିବାରୁ ମୋର ମନ ଭିତରେ ଆତ୍ମବିଶ୍ୱାସର କିଛି ଅଭାବ ରହିଯାଉଥିଲା। କିଛି କାମ କଲାବେଳେ ଲାଗେ କିଛି ଭଲମନ୍ଦ ହେଲେ କିଏ ବା ପିଠିରେ ପଡ଼ିବ। କଥାରେ କହନ୍ତି 'ବାପାଥିଲା ପୁଅ ସଭାରେ ହାରେନା'। ତା ମନ ଭିତରେ ଥାଏ ଯେ - ବାପା ଅଛନ୍ତି। ଯେକୌଣସି ବିପଦ ବେଳେ ସେ ଆଗେଇ ଆସିବେ। ହେଲେ ମୋ ପାଇଁ କିଏ ଅଛି। ଏମିତି ଗୋଟେ ଧାରଣା ସବୁବେଳେ ମୋତେ କାବୁ କରିଥିଲା। ମୁଁ କିନ୍ତୁ ଲକ୍ଷ୍ୟ କରୁଥିଲି ଟୁନୀ ସେଇ ଦୃଷ୍ଟିରୁ ଥିଲା ଅତି ଦୃଢ଼ମନା। କୌଣସି କାମ କରିବାକୁ ଚାହିଁଲେ ସେ ଗଭୀର ମନଯୋଗ ସହିତ କରେ। ତାର ସେଇ ଇଚ୍ଛା ଶକ୍ତି ମୋତେ ଆଶ୍ଚର୍ଯ୍ୟ କରେ। ମୁଁ ଯେତେବେଳେ କୌଣସି କାମରେ ଟିକିଏ ଝୁଣ୍ଟିପଡ଼େ, ମନ ମାରେ ସେ ସଙ୍ଗେ ସଙ୍ଗେ ମୋତେ ସାଥୀ ଦିଏ, ଏମିତି ସାଥୀଟିଏ ଜୀବନରେ କ୍ୱଚିତ ଲୋକପାଆନ୍ତି। ମୁଁ ଅନୁଭବ କରେ ଯେ ଟୁନୀର energy level ମୋଠାରୁ ଅଧିକ।

ଆମେ ଦୁହେଁ ଯୁଗ୍ମ ଜୀବନ କଟେଇବାର ଅଳ୍ପଦିନ ଭିତରେ ସ୍ଥିର କରିଥିଲୁ ଯେ ଆମ ଦୁହିଁଙ୍କ ଭିତରେ ଯଦି ମତ ପାର୍ଥକ୍ୟ ହୁଏ ତାହେଲେ ତାକୁ ବଢ଼େଇବାକୁ କେବେ ଦେବୁନି। ବେଳେବେଳେ ସ୍ୱାମୀ-ସ୍ତ୍ରୀ ମତାନ୍ତରରୁ ମନାନ୍ତର ଆଡ଼କୁ ମୁହାଁନ୍ତି। ଯଦି କେବେ ମତାନ୍ତରରୁ କଥାହେବା ବନ୍ଦ କରିଦିଅନ୍ତି ତାହେଲେ ପ୍ରତ୍ୟେକ ଭାବନ୍ତି ମୁଁ କାହିଁକି ଆଗ କଥା ହେବି। ରାଗ ବା ଅହଙ୍କାର ମନକୁ ଆୟତ୍ତ କରେ। ମୁଁ ଭୁଲ କରିନି ଅନ୍ୟ ଜଣକ ଆଗ କ୍ଷମା ମାଗୁ ଅଥବା କଥା କହୁ। ଏମିତି ଭାବୁଭାବୁ ଯଦି ରାତି ପାହିଯାଏ ତାହେଲେ ପୁନର୍ବାର କଥା ଆରମ୍ଭ କରିବା କଷ୍ଟ ହୋଇଯାଏ। ତେଣୁ ଆମେ ଦୁହେଁ ନିଷ୍ପତ୍ତି ନେଇଥିଲୁ ଯଦି କୌଣସି ଦିନ ଦୁହିଁଙ୍କ ଭିତରେ କିଛି ମତ ପାର୍ଥକ୍ୟ ହୁଏ କିମ୍ବା ଛୋଟମୋଟ ମାନ ଅଭିମାନ ହୁଏ ତାହେଲେ ରାତିରେ ଶୋଇବା ପୂର୍ବରୁ ନିଶ୍ଚିତ ତାର ସମାଧାନ କରିବୁ। କେତେବେଳେ ମୁଁ କ୍ଷମା ମାଗିନିଏ କିମ୍ବା କେତେବେଳେ ସେ । ଆମେ ସାଙ୍ଗହୋଇ ଶୋଉଁ। କେବେ ରାଗବଶତଃ ଅଲଗା ବିଛଣାରେ ଶୋଇନୁ। ଗୋଟିଏ ବିଛଣାରେ ଶୋଇବା ମାନସିକ ସ୍ୱାସ୍ଥ୍ୟ ପାଇଁ ଅତି ଜରୁରୀ।

ଟୁନୀ ଦ୍ୱାରା ଆମର ଅଭିଭାବକ ମଣ୍ଡଳୀ ବଢ଼ିଯାଇଥିଲେ, ବଢ଼ିଯାଇଥିଲେ ଆମର ଶୁଭେଚ୍ଛୁ ବର୍ଗ। ଯେମିତି କୁଚିଣ୍ଡାରେ ଦ୍ୱିବେଦୀ ସାର୍ ଆମ ପରିବାରର ଅନନ୍ୟ ଶୁଭେଚ୍ଛୁ ପାଲଟି ଗଲେ ସେଥିରେ ଟୁନୀ ହିଁ ମୁଖ୍ୟ ଉଦ୍ୟୋକ୍ତା। ସେ ଦିନକୁ ବେଳେ ବେଳେ ଦୁଇ ଚାରିଥର ଫୋନ୍ କରୁଥିଲେ ଅତି ଶ୍ରଦ୍ଧାରେ। ସାରଙ୍କ ବିୟୋଗରେ ଆମେ ଅତି ନିଜର ଲୋକଙ୍କର ବିୟୋଗ ହେଲାଭଳି ଅନୁଭବ କରିଥିଲୁ।

ନରହରି ସାର୍ (ଶ୍ରୀଯୁକ୍ତ ନରହରି ମହାନ୍ତି) ଆମ ପରିବାରର ଏତେ ନିକଟତର ହେବାରେ ଟୁନୀର ବଡ଼ ଅବଦାନ। ସାର୍ ଆମ ଦୁହିଁଙ୍କ ବାହାଘରରେ କେବଳ ମୁଖ୍ୟ ଉଦ୍ୟୋକ୍ତା ନଥିଲେ ବରଂ ଆମ ଜୀବନକୁ ସୁବାଟରେ ନେବାପାଇଁ ସବୁବେଳେ ଉପସ୍ଥିତ ରହିଥିଲେ। ମାଉସୀ ବି ଟୁନୀକୁ ଖୁବ୍ ଭଲ ପାଉଥିଲେ ଓ ପାଉଛନ୍ତି। ଟୁନୀ ଅନେକ ସମୟରେ ଗାଁକୁ ଗଲା ଆସିବା ବେଳେ ସାର୍ ଓ ମାଉସୀଙ୍କୁ ଦେଖା କରିବାକୁ କହେ। ସେ ଦୁହେଁ ଆମର ସର୍ବକାଳୀନ ମାର୍ଗଦର୍ଶକ ପାଲଟି ଯାଇଛନ୍ତି।

ରାଧାଶ୍ୟାମ ପଣ୍ଡା ଯେତେବେଳେ ଆମ ଘରକୁ ଆସିଲେ ତାଙ୍କୁ ଆମେ ଖୁବ୍ ଆଦରରେ ସ୍ୱାଗତ କରୁଥିଲୁ। ସେ ଆମ ପରିବାରର ଅତି ନିକଟତର ହେବାରେ ଟୁନୀର ଅବଦାନ। ତାଙ୍କର ପତ୍ନୀ (ଖୁଡ଼ୀ) ଟୁନୀକୁ ଖୁବ୍ ଭଲ ପାଉଥିଲେ। ତାଙ୍କ ଘରକୁ ଆମେ ଦୁହେଁ ଅନେକ ଥର ଯାଇଛୁ। ଆମର ଦୁଇ ପୁଅଙ୍କୁ ସେ ନାତିର ମାନ୍ୟଦେଇ ସେମାନଙ୍କୁ ଗଭୀର ଶ୍ରଦ୍ଧା କରୁଥିଲେ। ଆମଘରେ ତାଙ୍କର ଅବାଧ ପ୍ରବେଶ କେବଳ ଟୁନୀ ଦ୍ୱାରା ହୋଇପାରିଲା। ସେ ଆମକୁ ଖୁବ୍ ଭଲ ପାଉଥିଲେ। ବାଲେଶ୍ୱର ଜିଲ୍ଲାର ଜଣେ ପ୍ରତିଷ୍ଠିତ ସମାଜସେବୀ ଭାବରେ ତାଙ୍କର ନାଁ ଡାକ ଥିଲା।

ବ୍ରଜ ସାର୍ ବି ଆମ ଦୁହିଁଙ୍କୁ ଖୁବ୍ ସ୍ନେହ କରୁଥିଲେ। ନରହରି ସାର୍ ଓ ବ୍ରଜସାର୍ (ପ୍ରଫେସର ବ୍ରଜ ମୋହନ ମିଶ୍ର) ଦୁହେଁ ଆମ ଦୁହିଁଙ୍କ ଜୀବନକୁ ବହୁ ଭାବରେ ପ୍ରଭାବିତ କରୁଥିଲେ। ବ୍ରଜସାର୍ ଥିଲେ ଜ୍ଞାନର ଭଣ୍ଡାର। ମୁଁ ସିଧାସଳଖ ତାଙ୍କର ଛାତ୍ର ନଥିଲେ ବି ସବୁବେଳେ ତାଙ୍କୁ ଗୁରୁ ମାନ୍ୟ କରେ। ତାଙ୍କ ପରି ସମଦର୍ଶୀ ହୃଦୟବାନ ବ୍ୟକ୍ତି କ୍ୱଚିତ୍ ଦେଖାଯାନ୍ତି। ସେ ଆମମାନଙ୍କୁ ବହୁଧା ପ୍ରଭାବିତ କରିଛନ୍ତି – ଟୁନୀ ଏଥିପାଇଁ ଅନେକାଂଶରେ ଦାୟୀ।

ଆମ ଘରକୁ ପ୍ରଥମେ ଯେତେବେଳେ ଆଦରମଣି ବରାଳ ଆସିଥିଲେ ତାହା ପ୍ରାୟ ୨୦୦୫ର କଥା। ଆମେ ଖୋର୍ଦ୍ଧାରେ ରହୁଥାଉ। ସେ କ୍ରମେ ଟୁନୀର ମାଆ ପାଲଟି ଗଲେ ଆଉ ତା ସହିତ ମୋର ବି। ସେ ପାଲଟିଗଲେ ଆମର ପିଲା ଦୁହିଁଙ୍କର ଆଇ ଏବଂ ସର୍ବୋପରି ଆମର ମୁରବୀ। ତାଙ୍କର ଭଲପାଇବାର ତୁଳନା ନଥାଏ। ଅଧାଦିନ ଆମ ଘରେ କଟେ। ତାଙ୍କ ସହିତ ଆସନ୍ତି ବହୁ ପୂର୍ବତନ ଅଧ୍ୟାପକ ଅଧ୍ୟାପିକା। ସବୁ ବୁଢ଼ାବୁଢ଼ୀ – ଟୁନୀ ସହିତ ସେମାନଙ୍କର ଯତିପାତ ହୁଏ ପ୍ରବଳ। ସମୟ କଟିଯାଏ ଗପସପ, ଜଳଯୋଗ ଭିତରେ। ଏହି କ୍ରମରେ ସାକ୍ଷାତ ହୋଇଛି ବାଲା ମାଡ଼ାମ୍, ଶକୁନ୍ତଳା ମାଡ଼ାମ୍ ଆଦି ଅନେକଙ୍କ ସହିତ। ଆଦରମଣି ବରାଳ କେବଳ ଅବନୀ ବରାଳଙ୍କ ଧର୍ମପତ୍ନୀ ନଥିଲେ ଜଣେ ସମାଜସେବୀ ଓ ସାହିତ୍ୟିକା ଭାବରେ ଥିଲା ତାଙ୍କର ନିଜସ୍ୱ ପରିଚୟ।

ଚାନ୍ଦବାଲିରେ ଥିବା ସମୟରେ ଥରେ ଆମ ଘରକୁ ଆସିଥିଲେ ଯୁଗଳ ସାର୍, ସେ ଯଦିଓ ଚାନ୍ଦବାଲିର ବାସିନ୍ଦା ମାତ୍ର ଓଳାଭର ହାଇସ୍କୁଲର ହେଡ୍ ମାଷ୍ଟର, ଭାରି ସରଳ, ନିରାଡ଼ମ୍ବର ଓ ସ୍ନେହୀ, ସେ ଟୁନୀକୁ ଖୁବ୍ ଭଲ ପାଇଲେ, ତାଙ୍କର ସ୍ତ୍ରୀ ବି ଆମ ଘରକୁ କେତେ ଥର ଆସିଲେ, ଏପରିକି ଆମର ପ୍ରଥମ ପୁଅ ଜନ୍ମ ପୂର୍ବରୁ ସେ ଦୁହେଁ ଆସି ମିଠା (ସାଦ) ଖୁଆଇଥିଲେ। ପରେ ତାଙ୍କର ଝିଅ ଲୀନା ମୋର ସାଙ୍ଗ ରମାକାନ୍ତଙ୍କୁ ବାହାହବା ପରେ ତାଙ୍କ ସହିତ ସମ୍ପର୍କ ଦୀର୍ଘସ୍ଥାୟୀ ହେଲା, ମୋର କିଛି ପୁସ୍ତକ ବାହାରିଲେ ଶ୍ରଦ୍ଧାରେ ପଢ଼ନ୍ତି ଓ ମତାମତ ଦିଅନ୍ତି।

ମୁରଲୀ ସହିତ ଆମର ପରିଚୟ ଝାରବନ୍ଧ ଦିନରୁ ପ୍ରଥମେ ସେଠାକାର ଜଣେ ପ୍ରାଇମେରୀ ଶିକ୍ଷକ ଭାବରେ ପରିଚୟ। ପରେ ତାର ପତ୍ନୀ କୁନୀ ମୋ ସହିତ ଭାଇ ବସିଲା ଓ ସେମାନେ ଆମ ପରିବାରର ଅଙ୍ଗ ପାଲଟିଗଲେ। ଟୁନୀ ସବୁବେଳେ ସେମାନଙ୍କ ସହିତ ସଂପର୍କ ରଖିଥାଏ। ସେମାନେ କିଛିଦିନ ପରେ ବଦଳି ହୋଇ ଘେଁସ ଗଲେ। ସେଇଠି ରହିଗଲେ ପ୍ରାୟ ୨୭ ବର୍ଷ। ଏଇ ସମୟ ଭିତରେ ଆମେ କେତେଥର ଘେଁସ ଯାଇଛୁ। ତାଙ୍କ ଗାଁ ମାର୍କୋଣା ଯାଇଛୁ ଅନେକଥର। କୁନିର ମାଆ ବାପା ବି ଆମର ମାଆବାପା ଭଳି ପାଲଟି ଯାଇଛନ୍ତି। ଆମ ଘରର ସବୁ ପାରିବାରିକ ଉତ୍ସବରେ ସେମାନେ ଯୋଗ ଦିଅନ୍ତି। ଆମେ ବି ତାଙ୍କ ଘରକୁ ନିଜ ଭଉଣୀ ଘର କରିଦେଲୁ।

ଆଗରପଡ଼ା ଦାଦାଘର ଥିଲେ ଆମର ଦୂର ସମ୍ପର୍କୀୟ ବନ୍ଧୁ; ମାତ୍ର ଟୁନୀ ଆସିବା ପରେ ସେମାନଙ୍କ ସହିତ ବନ୍ଧୁତା ଅଧିକ ଗଭୀର ହେଲା। ଦାଦା ଓ ଖୁଡ଼ୀ ଆମ ବସାକୁ ଆସନ୍ତି ବେଳେବେଳେ। ଆମେ ଗାଁକୁ ଗଲାବେଳେ ବି ତାଙ୍କ ଘର ବାଟ ଦେଇ ଯାଉଁ। ତାଙ୍କର ପୁଅ ବାହାଘର ବେଳେ ହୋଇଥିବା ସମସ୍ୟାକୁ ସମାଧାନ କରିବାକୁ ଆମେ ଦୁହେଁ ଯାଇଥିଲୁ। ପୁଅ ଯେଉଁଟି ବାହା ହେବାକୁ ଜିଦ୍ ଧରିଥିଲା, ଆମେ କେବଳ ସେଇଥିରେ ରାଜି ହେଲୁ ନାହିଁ ବରଂ ଦାଦାଙ୍କୁ ବୁଝେଇ ରାଜି କରେଇ ଥିଲୁ। ଗୀତା ତାଙ୍କ ଘରକୁ ବହୁ ହୋଇ ଆସିବା ପରେ ତାଙ୍କ ଘରେ ଆର୍ଥିକ ଉନ୍ନତି ବି ଦେଖାହେଲା। ସେମାନେ ଆମର ଏତେ ଘନିଷ୍ଠ ହେବାରେ ଟୁନୀର ଯୋଗଦାନ ସର୍ବାଧିକ।

ପୁଣି ମନେ ପଡ଼ୁଛି। ବାହାଘର ପରେ ପରେ ମୁଁ ଏକୁଟିଆ ଚାଲିଗଲି ଚାନ୍ଦବାଲି। ଟୁନି ଏକୁଟିଆ ରହିଲା ଘରେ। ସେତେବେଳେ ଆମ ଘରେ ବିଜୁଳି ଲାଇନ ନଥାଏ। ତା ପାଖରେ ଯାହା ପଇସା ଥିଲା, ସେଇ ପଇସା ଦେଇ ସେ ଘରକୁ ଇଲେକ୍ଟ୍ରି ଲାଇନ ନେଲା। ମୁଁ ପର ସପ୍ତାହ ଆସିବା ବେଳକୁ ଘରେ ଲାଇନ ଆସିଛି। ନୂଆ ନୂଆ ବିଜୁଳି ଆସିଥିବାରୁ ସମସ୍ତେ ଖୁସି ଥିଲେ। ସେ ଏକୁଟିଆ ଥିଲାବେଳେ ଗାଁର ଯେତେ ବୁଢ଼ୀଥିଲେ

ସବୁଦିନ କେହି ନା କେହି ଦି ପହର ଗଡ଼ିଲେ ଆମ ଘରକୁ ଆସନ୍ତି । ସମସ୍ତଙ୍କୁ ସେ ପ୍ରଣାମ କରେ, ଭଲ କଥାବାର୍ତ୍ତା କରେ । ଯାହାଫଳରେ ଅଳ୍ପ ଦିନ ଭିତରେ ଚାରିଆଡ଼େ ଖବର ବ୍ୟାପିଗଲା ଯେ ସାହୁଘର ନୂଆ ବୋହୂଟି ଖୁବ୍ ଭଲ ।

ନରହରି ସାର ଟୁନୀ ପାଇଁ ଗୋଟିଏ ଲମ୍ବା ଚିଠି ଦେଇଥିଲେ । ସେଇ ଚିଠିଟି ଆମେ ଦୁହେଁ ବାରମ୍ବାର ପଢୁ । ଆଖିର ଲୁହରେ ଚିଠିଟି ଭିଜିଯାଏ ବାରମ୍ବାର । ବାପାଙ୍କର ଅନୁପସ୍ଥିତିରେ ସେଇ ଚିଠିଟି ଥିଲା ଆମ ଦୁହିଁଙ୍କ ପାଇଁ ଦିଗବାରେଣୀ । ପରସ୍ପର ଭିତରେ ଗଭୀର ପ୍ରେମଭାବ ସହିତ ଘରେ ସବୁଲୋକ ଗାଁ ପଡ଼ିଶା ସମସ୍ତଙ୍କୁ ନିଜର କରିବାର କଳା ଥିଲା ଟୁନୀ ପାଖରେ । ମୁଁ ଜାଣିଛି ଅନେକ ଚାକିରିଆଙ୍କ ସ୍ତ୍ରୀମାନେ ଟିକିଏ ଅହଂକାରୀ । ହେଲେ ଗାଁ ଲୋକଙ୍କ ନଜରରୁ ସେମାନେ ବର୍ତ୍ତିପାରନ୍ତି ନାହିଁ । ଯୋଗକୁ ଟୁନୀର ସେପରି ବେପରୁଆ ଭାବ କେବେ ବି ନଥିଲା । ସେ ବଡ଼ସାନ ସମସ୍ତଙ୍କୁ ଯଥୋଚିତ ସମ୍ମାନ ଓ ଶ୍ରଦ୍ଧା ଦେଉଥିଲା । ତାର ଛଳନାରହିତ ଆଚରଣ ପାଇଁ ସେ ଯେତିକି ପ୍ରଶଂସା ପାଇଥିଲା, କିଛି ନ କରିବି ମୁଁ ତାର ସାବାସି ପାଇଥିଲି । କଥାରେ କହନ୍ତି, କେହି ଲୋକ ତମ ପାଖକୁ ଆସିଲେ ତମେ ତାକୁ କଣ ଦେଲ ବା ନଦେଲ ତାହା ବଡ଼ କଥା ନୁହେଁ, ତମେ କିପରି ତାଙ୍କୁ ବ୍ୟବହାର କଲ ତାହା ସେ କେବେ ଭୁଲିବ ନାହିଁ । ଯଦି ଆପଣ ଛଳ କରି କିଛି ଉପର ଦେଖାଣିଆ ମନଲୋଭା କଥା କହିଥିବେ ତାହେଲେ ତାହା ବି ଆପଣାଛାଏଁ ତାହା କିଛି ସମୟ ଭିତରେ ଜଣା ପଡ଼ିଯିବ ଏବଂ ସତ ଆପେ ଆପେ ଉଭା ହୋଇ ଯିବାକୁ ବେଶି ଡେରି ହେବ ନାହିଁ

ଟୁନୀ ପିଲା ଦୁହିଁଙ୍କୁ ବଢ଼େଇଲା ବେଳେ ସେମାନଙ୍କୁ ସ୍ନେହ ଦେବାରେ କାର୍ପଣ୍ୟ କରିନି, ମାତ୍ର ତାଙ୍କୁ କେବେବି ଫୁଲେଇ ନାହିଁ, ଯେମିତି ଅନେକ ଜାଗାରେ ଦେଖାଯାଏ । ପଇସା ଦେଲାବେଳେ କେବେ ବି ଅଧିକ ପଇସା ଦିଏନି, ଯାହା ଖୁବ୍ ସମୟରେ ପିଲାମାନଙ୍କୁ ଭୁଲ ବାଟରେ ନେଇଯାଏ । ଘରେ ଯେଉଁ ଶିକ୍ଷକମାନେ ପଢ଼େଇବାକୁ ଆସନ୍ତି, ସେମାନଙ୍କୁ ଭଲ ଜଳଖିଆ ଦିଏ, ଆଶା କରିଥାଏ ଯେ ସେମାନେ ମନଦେଇ ଛୁଆଙ୍କୁ ପଢ଼େଇବେ । ବୋର୍ଡ଼ ସ୍କୁଲର ଜଣେ ସାର୍ ଥିଲେ ଯିଏ କି ଛୁଆଙ୍କୁ ଠୋ ଠୋ ଚାପୁଡ଼ା ବସେଇ ଦିଅନ୍ତି । ସିଏ ଆଗରୁ କହିଦେଇଥିଲେ, ମ୍ୟାଡ଼ାମ୍ ମୁଁ କେବେ ଥରେ ଚାପୁଡ଼ାଏ ପିଟି ଦେଲେ ଆପଣ ମନ ଦୁଃଖ କରିବେନି; ବେଳେ ବେଳେ ଟିକିଏ କଠୋର ହେବାକୁ ପଡ଼େ ! ସେଇ ସାର୍ ପଢ଼େଇଲା ବେଳେ, ଟିକିଏ ଦୂରରେ ଟୁନୀ ରହେ । ସାନପୁଅ ଚଗୁଲ ଉପରେ ଚାପୁଡ଼ା ବାଜିଗଲେ, ଟୁନୀ ଆଖିରେ ଲୁହ ଜକେଇ ଆସେ, ସେ କାନ୍ଦି ପକାଏ; ମାତ୍ର ଶବ୍ଦ କେମିତି ନ ହେବ ତା ଉପରେ ନିଘା ରଖେ, ହେଲେ

ସାର୍‌ଙ୍କୁ ଚା ଜଳଖିଆ ଦେଲାବେଳେ ନିହାତି ସ୍ୱାଭାବିକ ବ୍ୟବହାର କରେ। ସାର୍ ଚାଲିଗଲାପରେ ଚଗୁଲ୍‌କୁ ତା ମାଡ଼ ଖାଇବା ବିଷୟରେ କିଛି ପଚାରେ ନାହିଁ।

ମୋର ମନେ ପଡ଼ୁଛି ଆମେ ଭୁବନେଶ୍ୱର ଆସିଲା ପରେ ଛୁଆ ଦୁହେଁ ଏଇଠି ପଢ଼ିଲେ। ବାବୁଲ ପଢ଼ିଲା ଟ୍ରାଇଡେଣ୍ଟ୍‌ରେ ଇଞ୍ଜିନିୟରିଂ ଆଉ ଚଗୁଲ ପଢ଼ିଲା ବିଜେବିରେ ଆଇ.ଏସ୍.ସି। ସେତେବେଳେ ଆମ ଘରେ ଥାଏ ଗୋଟିଏ ଟିଭି। ଆମର ଡିସ୍ ଏଣ୍ଟିନା ନଥାଏ। ଆମେ ଗୋଟେ ବାଉଁଶରେ ବିଶାଳକାୟ ଏଣ୍ଟିନା ବାନ୍ଧି ଦେଇଥାଉଁ, ସେଥିରେ କେବଳ ଦୂରଦର୍ଶନ ଆସେ, ବେଳେ ବେଳେ ସେଥିରେ ଖାଲି ଝିଲିମିଲ ଦିଶେ। ଛୁଆଁ ଦୁହେଁ ଯାଇ ସେଇ ବାଉଁଶକୁ ମୋଡ଼ନ୍ତି ଏବଂ ସେଇ ଦିଗ ଏପଟ ସେପଟ ହେଉଁ ହେଉଁ କେତେବେଳେ କେମିତି ଚିତ୍ର ଆସିଯାଏ ଟିଭି ସ୍କ୍ରିନ୍‌ରେ। ହେଲେ ଛୁଆ ଦୁହେଁ କେବେ ଜିଦ୍ କରିନାହାନ୍ତି ତାଙ୍କ ମାଆ ପାଖରେ ଆମର ଡିସ୍ ଆଣ୍ଟିନା ଆଣିବାକୁ। ସେଇ ସମୟରେ ସେମାନଙ୍କୁ ନିୟନ୍ତ୍ରଣରେ ରଖିବା ପାଇଁ ଟୁନୀର ଦୃଢ଼ତା ଯଥେଷ୍ଟ ଅଧିକ ଥିଲା। ମୁଁ ବି କେତେଥର କହିଥିବି ସମସ୍ତଙ୍କର ଟିଭିରେ ବିଭିନ୍ନ ସିନେମା ଦେଖୁଛନ୍ତି, ଟୁନୀ କହେ ମୋର ଦରକାର ନାହିଁ। ଏଇ ସମୟରେ ପିଲାମାନଙ୍କ ମନ ଏଣେତେଣେ ନହେଉ ତାହା ଥିଲା ଟୁନୀର ଚିନ୍ତା।

ଟୁନୀ ଆସିବାର ବର୍ଷେ ପୂରୁପୂରୁ ଆମର କୋଳ ମଣ୍ଡନ କରିଥିଲା ବଡ଼ ପୁଅ ବାବୁଲ। ବାବୁଲ ଥିଲା ଭାରି ଖାଦ୍ୟ ପ୍ରିୟ – ଏଣେ ଟୁନୀର ଥନହରା ହେଲା ପରେ ସେ ଆଉ ସ୍ତନ୍ୟପାନ କରାଇପାରିଲା ନାହିଁ। ଛୁଆଟିକୁ କେବଳ ମିଲ୍‌କ କେୟାର ଖୁଆଇ ବଢ଼େଇଲା। ସେ ମାସକୁ ଆଠଟା ମିଲ୍‌କ କେୟାର ଖାଇଦିଏ। ମାସକୁ ଖର୍ଚ୍ଚ ପ୍ରାୟ ଚାରିଶହ ଟଙ୍କା। ବେଳେ ବେଳେ ଚଳିବାକୁ ଭାରି ଅସୁବିଧା ହୁଏ। ଥରେ ଟୁନୀ କହିଲା ଆଉ ଘରେ କିଛି ପଇସା ନାହିଁ, ମାତ୍ର ଅଛି ପଚାଶ ଟଙ୍କା। ସେତେବେଳକୁ ମାସ ଶେଷ ହେବାକୁ ଆହୁରି ଦୁଇ ତିନି ଦିନ ବାକୀ ଥାଏ। ମୁଁ କଣ କରିବି ଭାବି ପାରୁନଥାଏ। ସେଦିନ ଅଫିସ୍‌ରେ ମୋ ପାଖକୁ ଆସିଲେ କ୍ୟାସିଅର ବୈଦ୍ୟନାଥ ବାବୁ। ଆଉ ଆସି କହିଲେ, ସାର୍ ଆପଣଙ୍କର କିଛି ମାସର ଗସ୍ତଖର୍ଚ୍ଚ ଡ୍ର ହୋଇଥିଲା କହି ମୋଠାରୁ ଦସ୍ତଖତ କରେଇ ନେଲେ ଖାତାରେ ଆଉ ମୋ ପାଖରେ ପହଞ୍ଚିଗଲା ପ୍ରାୟ ଛଅଶହ କେତେ ଟଙ୍କା। ମୁଁ ବେଳେବେଳେ ଭାବେ କେହି ଜଣେ ଉପରୁ ଥାଇ ଯେମିତି ନିର୍ଦ୍ଦେଶ ଦେଉଛି ଆଉ ଆମେ ସବୁ ନାଟକର ନାୟକ ବା ଅଭିନେତା ପରି ନିଜର କାମ କରିଯାଉଛନ୍ତି। କେତେବେଳେ ଖୁସି ହେଉଛନ୍ତି, କେବେ ଭାଙ୍ଗି ପଡ଼ୁଛନ୍ତି। ଖାଲି ନାଟକରେ ନିର୍ଦ୍ଦେଶକ ଜାଣିଥାଏ ଶେଷ ପରିଣତି କଣ ହେଲେ ଜୀବନରେ ପର ମୁହୂର୍ତ୍ତ କଥା ରହିଥାଏ ରହସ୍ୟମୟ

ହୋଇ। ଯେମିତି ସେଦିନ ଅଫିସ ଗଲା ବେଳେ ମୁଁ ଭାବିଥିଲି, ଯଦି ଆଜିକାଲି ଛୁଆଟି ଖାଦ୍ୟ ସରିଯାଏ ତାହେଲେ କଣ କରାଯିବ ?

କଥାରେ କହନ୍ତି ଛୁଆଟିଏ ଜନ୍ମ ହେବା ପୂର୍ବରୁ ଭଗବାନ ମାତୃସ୍ତନରେ ତା ପାଇଁ ଆଧାର ଯୋଗାଡ଼ କରିଥାନ୍ତି। କେବଳ ସବୁକଥା ଆମର ଯୋଜନା ଓ ପରିଶ୍ରମରୁ ହୁଏ ବୋଲି କୁହାଯାଇପାରିବ ନାହିଁ, ତା ସାଙ୍ଗକୁ ଭଗବାନଙ୍କର ଇଚ୍ଛା ବି ଆଉ ଗୋଟାଏ କଥା ଯାହାକୁବି ଅସ୍ୱୀକାର କରାଯାଇ ପାରିବନି।

ଆମର ଦୁଇଟିଯାକ ପୁଅ ବର୍ଷେ ଆଉ ଅଳ୍ପ କିଛି ମାସ ଅନ୍ତରରେ ଜନ୍ମ ହୋଇଥିଲେ। ଆମେ ଭାରି ଚିନ୍ତାରେ ଥିଲୁ। ଦୁଇଟି ଟିକିଟିକି ଛୁଆଙ୍କର ଯତ୍ନ ନେବାରେ କିଛି ଅସୁବିଧା ହେବ ନାହିଁ ତ ! ସମାଜ ହେଉଛି ସର୍ବପୁରାତନ ଅନୁଷ୍ଠାନ। ଆମ ଅଜାଣତରେ ସେ ତା'ର କାମ କରି ଚାଲିଥାଏ। କେତେବେଳେ ଛୁଆମାନେ ବଡ଼ ହେଲେ, ପାଠ ପଢ଼ିଲେ- ପୁଣି ବାହା ସାହା ହୋଇଗଲେ ଜାଣି ହେଲା ନାହିଁ। ସମୟ ଖୁବ୍ ଶୀଘ୍ର ବିତିଯାଏ। ଆଜି ତାରି ଭିତରେ କିଛି ଘଟଣା ଚିହ୍ନ ହୋଇ ରହିଯାଏ ଯେମିତି।

ବୋର୍ଡ଼ ଅଫ୍ ସେକେଣ୍ଡେରୀ ଏଜୁକେସନରେ ଥିଲାବେଳେ ଜଟାଧାରୀ ଓ ବିପିନର ପରିବାର ସହିତ ଆମ ଯାଇଥିଲୁ ପୁରୀ। ଦୁଇଟି ଗାଡ଼ିରେ ଗୋଟିଏରେ ପୁରୁଷଦଳ ଓ ପିଲାମାନେ। ଆଉ ଗୋଟିକରେ ସ୍ତ୍ରୀଲୋକେ। ହଜିଗଲେ ସେମାନେ। ଆଉ ପ୍ରାୟ ଆଠଦଶ ଘଣ୍ଟା ପରେ ପୁରୀରେ ପୁଣି ମିଶିଲେ ସେତେବେଳେ ମୋବାଇଲ ଫୋନ୍ ନଥିଲା। କି କଷ୍ଟ ସେଇ ସମୟ ଥିଲା ଆଉ ପୁନର୍ମିଳନରେ କି ଆନନ୍ଦ !

କେବେବି ଟୁନୀ ଦାମୀ ଗହଣା କିଣିବାକୁ କହୁନଥିଲା ସେଥିରେ ତାର ପସନ୍ଦ ନଥିଲା। ବୋଧହୁଏ ମୁଁ ତାକୁ ଥରେ ମାତ୍ର ଦୁଇଟି ସୁନା ବଳା କିଣେଇ ଦେଇଥିଲି ଦି ଭରିର। ସେତିକି ଜୀବନ ସାରା। ଆଉ କେତେଥର କାନଫୁଲ କିଣିଥିବୁ। ମାତ୍ର ସେ ଯାହା ବାହାଘର ବେଳେ ପାଇଥିଲା ସବୁ ଗୋଟି ଗୋଟି କରି ବିଭିନ୍ନ ବାହାଘରରେ ଦେଇ ଦେଲା। ତାର ଗହଣା ପ୍ରତି ଆଗ୍ରହ ନଥିବା ପରୋକ୍ଷରେ ମୋତେ ସାହାଯ୍ୟ କରିଥିଲା। ଆମେ କେବେବି ଗହଣା ରଖିବାକୁ ବ୍ୟାଙ୍କରେ ଲକରଟାଏ ନେଇନୁ।

ନୂଆ ନୂଆ ଆମ ଘରକୁ ଆସିଥିଲା ବେଳେ ଟୁନୀ ମୋତେ କହିଥିଲା ଗୋଟେ ପୋଷା କୁକୁର ଆଣିବାକୁ। ତାଙ୍କର ବାପ ଘରେ ଥିଲା ଗୋଟିଏ ଡେଷ୍ଟଉଣ୍ଡ ପ୍ରଜାତିର କୁକୁର। ମୁଁ କୁକୁର ରଖିବା ସଂସ୍କୃତିର ବିରୋଧୀ ଥିଲି। ଭାବୁଥିଲି ସାଧାରଣ ଲୋକଙ୍କ ଠାରୁ ଦୂରେଇବା ପାଇଁ ହୁଏତ ତାହା ଗୋଟାଏ ପ୍ରକ୍ରିୟା। ମୁଁ କେବେବି ନେଲିନି। ଅବଶ୍ୟ ମୋର ଏବେ ଆଉ ସେମିତି ଧାରଣା ନାହିଁ। ସେମାନେ ବି ଭାରି ବିଶ୍ୱାସୀ ଜନ୍ତୁ।

ବିପଦବେଳେ ଜୀବନ ଦେଇ ଦିଅନ୍ତି; ମାତ୍ର କଣ ପାଇଁ କେଜାଣି ମୁଁ କୁକୁର ରଖିନଥିଲି ଆଉ ଟୁନୀର ଆଗ୍ରହରେ ପାଣି ପକେଇ ଦେଇଥିଲି ।

ଟୁନୀ ପିଲାଦିନୁ ମାଂସ ବା ଚିକେନ୍ ଖାଉନଥିଲା । ତେଣୁ ସେ ଆସିଲା ପରେ ଆମ ଘରକୁ ସେ ଖାଦ୍ୟ ଆସିବା ଏକରକମର ବନ୍ଦ ହୋଇଗଲା କହିଲେ ଚଳେ । ଆମ ଘରେ ମୁଖ୍ୟତଃ ସାଦା ଖାଦ୍ୟ – ଅବଶ୍ୟ ସେ ଖୁବ୍ ଚମତ୍କାର ରୋଷେଇ କରେ । ମୋର ଖାଦ୍ୟରୁଚି ଅନୁସାରେ କରେ । ଆମ ଘରେ ମାଛ ହେଉଛି ଆମିଷର ମୁଖ୍ୟ ଉପାଦାନ । ଛୁଆମାନେ ବେଳେ ବେଳେ ଚିକେନ ଖାଆନ୍ତି କଦବା କେମିତି ମାଂସ ଆସେ ।

ସେ ଭାରି ମିତବ୍ୟୟୀ । କେବେ ବଦଖର୍ଚ୍ଚ ବୋଲି କିଛି ନଥାଏ । ପିଲା ଦୁହିଁଙ୍କୁ ବି ତାରି ଭଳି ଗଢ଼ିଲା । ତା ନହେଲେ ମୋତେ ହୁଏତ ଦୁର୍ନୀତି କରିବାକୁ ପଡ଼ିଥାନ୍ତା କି କଣ କିଏ ଜାଣେ !

ଭୁବନେଶ୍ୱରର କେନ୍ଦ୍ରରେ ଥିବା ମାଷ୍ଟର କ୍ୟାଣ୍ଟିନ ଅଞ୍ଚଳରେ ଥିବା ଗୋଟେ ସରକାରୀ ଘରେ ଆମେ ପ୍ରାୟ ସତରବର୍ଷ ରହିଲୁ । ସେ ବାଡ଼ିରେ ବହୁତ ଫସଲ କରେ ଟୁନୀ । ଅନେକ ଫୁଲଗଛ ଲଗାଏ । ଶୀତ ଦିନେ ଭାରି ସୁନ୍ଦର ଦିଶେ ଘର । ଖୋର୍ଦ୍ଧା ଜିଲ୍ଲାପାଳ ଥିବା ସମୟ ବି ସେଇଠି କଟିଲା । ଜାନୁଆରୀ ପହିଲାରେ ଟ୍ରକ୍ ଭର୍ତ୍ତି ଫୁଲତୋଡ଼ାରେ ଘର ପୂରିଯାଏ । ଟୁନୀ ଭାରି ଖୁସି ହୋଇଯାଏ । ମୁଁ ତାକୁ କହିଦେଲେ "ବୁଝିଲ ଏଇ ଫୁଲ ତୋଡ଼ା ଲୋକେ ବା ଅଧସ୍ତନମାନେ / ସହକର୍ମୀମାନେ ସେମାନଙ୍କର ଜିଲ୍ଲାପାଳଙ୍କୁ ଦେଉଛନ୍ତି । ଆମକୁ ବ୍ୟକ୍ତିଗତ ଭାବରେ ନୁହେଁ ।" ସେ ମିଛିମିଛିକା ରାଗେ । ମୋର ଏପରି ଧାରଣା ମୂଳରୁ । ମୁଁ ତା ଭିତରେ ପୂରେଇ ଦେଇଥିଲି ବୈରାଗ୍ୟ, ତା ନହେଲେ ପରେ ତାକୁ ଭାରି କଷ୍ଟ ହୋଇଥାନ୍ତା । ଅବଶ୍ୟ ଘର ଛାଡ଼ିଲା ବେଳେ ସେ ଭାରି କଷ୍ଟ ପାଇଲା ମୋର ସାମାନ୍ୟତମ ଦୁଃଖ ନଥିଲା । ମୁଁ ଜୀବନକୁ ହୁଏତ ଟିକିଏ ସାମାନ୍ୟ ଅଧିକ ବୁଝିଥିଲି ।

ଦାମୀ ଜିନିଷ କିଣିବା, ଆଉ ଘର ସଜେଇବା, କ୍ଲବ ଯିବା, ବ୍ୟୟବହୁଳ ହୋଟେଲରେ ଖାଇବା, ପ୍ରତି ଛୁଟିରେ ବାହାରେ ବୁଲିବା ଏଥିରେ ଟୁନୀର ଆଗ୍ରହ ନଥିଲା । ଯାହାଫଳରେ ଆମେ ହାତଗଣତି କେତୋଟି ଯାଗାକୁ ଯାଇପାରିଛୁ । ଆମର ସାଙ୍ଗମାନେ ବହୁ ବାହାରକୁ ବିଦେଶକୁ ଯାଇଥିଲାବେଳେ ଆମେ ସେମିତି କିଛି ଭ୍ରମଣରେ ମାତିନାହୁଁ । ଏହା ଫଳରେ ସାମାନ୍ୟ କିଛି ସଂଚୟ କରିବା ସମ୍ଭବ ହୋଇଛି ଏବଂ ଟୁନୀର କଠୋର ଅର୍ଥନୈତିକ ମାନଦଣ୍ଡ ପାଇଁ ମୁଁ ଲୋନ୍ କରିବାକୁ କେବେ ବି ଅଗ୍ରାଧିକାର ଦେଇନାହିଁ । ଯାହା ହେଉ ଆମର ଜୀବନ ନୌକା ସେଇ ପରିଭାଷା ଭିତରେ ଗଢ଼ିଆସିଛି ।

ମୋ ପାଖରେ ଯାହା ପଇସା ଥାଏ ତାହା ଖର୍ଚ୍ଚ ହୋଇଯାଏ । ମୁଁ ଯାହା ପଇସା ଟୁନୀ ପାଖରେ ଦେଇଥାଏ ତାହା ସେ ସେମିତି ରଖିଥାଏ । ଅବଶ୍ୟ ସେ ପଇସା ମୁଁ ହିଁ ଖର୍ଚ୍ଚ କରେ । ତାର ପଇସା ଲୋଭ ନଥିବା ମୋତେ ବାସ୍ତବରେ ଭଲ ବାଟରେ ପକେଇ ଦେଇଛି । ପତ୍ନୀମାନେ ଖର୍ଚ୍ଚୀ ହେଲେ ସ୍ୱାମୀମାନଙ୍କର ଅବସ୍ଥା କଣ ହୁଏ ତାହା ମୁଁ ଦେଖିଛି । ସେ ଦୃଷ୍ଟିରୁ ମିତବ୍ୟୟୀ ପତ୍ନୀଟିଏ ପାଇଥିବାରୁ ମୁଁ ଭଗବାନଙ୍କ ନିକଟରେ କୃତଜ୍ଞ ।

ଯଦି ଦୁଇ ତିନିଜଣ ଗେଷ୍ଟଙ୍କର ଲଞ୍ଚ ଖାଇବାର ଥାଏ ତାହେଲେ ଲଞ୍ଚ କରିବାର ଦି ଘଣ୍ଟା ପୂର୍ବରୁ କହିଲେ ସେ ଅନ୍ତତଃ ପାଞ୍ଚ ଛଅ ତରକାରୀ କରିଦିଏ । ଅତିଥିମାନେ ସବୁବେଳେ ଆନନ୍ଦ ହୋଇ ଫେରିଛନ୍ତି । ମାତ୍ର ଦିଦିନ ଆଗରୁ କହିଦେଲେ ସେ ଭାରି ଉଦ୍‌ବିଗ୍ନ ହୁଏ । ଆଉ ତାର ପ୍ରସ୍ତୁତିରେ ସେଇ ଭାବନା ପ୍ରତିଫଳିତ ହୁଏ ।

ମୋର ଅନ୍ୟତମ ଅନ୍ତରଙ୍ଗ ସାଙ୍ଗ ବିଶ୍ୱନାଥ (ଓଡ଼ିଶା ସରକାରଙ୍କର ସ୍ୱତନ୍ତ୍ର ଶାସନ ସଚିବ ଭାବରେ ସେବା ନିବୃତ୍ତ ବିଶ୍ୱନାଥ ପ୍ରଧାନ) ବେଳେ ବେଳେ ଥଟ୍ଟା କରି ମୋତେ କହେ – 'ତୁ ଟୁନୀକୁ ମାଟି କରିଦେଲୁ – ତାକୁ ମାଷ୍ଟର କେଣ୍ଟିନ୍‌ରୁ ବାଣୀବିହାର ଯାଇକି ଆସିବାକୁ କହିଲେ ସେ ତୋ ସାଙ୍ଗ ଲୋଡ଼ିବ । ଠିକ୍ କଥା, ସେ ସରଳ ଥିଲା ଆଉ ସେମିତି ରହିଗଲା । ସେଇ ବିଶ୍ୱନାଥ ପୁଣି କହେ – ଟୁନୀ ପାଇଁ ତୋର କୁଟାକୁ ଦି ଖଣ୍ଡ କରିବାକୁ ପଡୁନି । ତାହା ବି ସତ, ସେ ସବୁ କାମ କରିଦିଏ । ମୋତେ ଘରକାମ କିଛିରେ ମୁଣ୍ଡ ପୁରେଇବାକୁ ପଡ଼େନି । ଯେକୌଣସି ଲୁଗାପଟା ଥରେ ପିନ୍ଧିଲା ପରେ ସେ ତାକୁ ସଫା କରି ଇସ୍ତ୍ରୀ କରିଦେବ । ମୁଁ ଜୀବନ ସାରା କୌଣସି ସାର୍ଟ ଦୁଇଥର ପିନ୍ଧିନି କହିଲେ ଚଳେ ଏବଂ ଏହି କ୍ରମରେ ସତରେ ମୁଁ ଅତ୍ୟନ୍ତ ନିର୍ଭରଶୀଳ ହୋଇଯାଇଛି ଟୁନୀ ଉପରେ । ଘରୁ ବାହାରକୁ ବାହାରିଲେ ସେସବୁ ବେଳେ ମୋତେ ଖୋଜିବ । ଆଉ କାହାରି ସହିତ ଯିବାକୁ ମଙ୍ଗିବନି । ମୁଁ କେବେ ଏକୁଟିଆ ସେ କୁଆଡ଼େ ଯିବାକୁ ବିରୋଧ କରିନି; ମାତ୍ର ସେ ସବୁବେଳେ ଏକୁଟିଆ କୁଆଡ଼େ ଯିବାକୁ ବାହାରେ ନାହିଁ । ଅବଶ୍ୟ ଏହା ଫଳରେ ତାର ବାହ୍ୟ ଜ୍ଞାନର ବିଶେଷ ଅଭିବୃଦ୍ଧି ହେଲାନାହିଁ । ଯେମିତି ଚାକିରି କରୁଥିବା ସ୍ତ୍ରୀଲୋକମାନଙ୍କର ଆତ୍ମବିଶ୍ୱାସ ଅଧିକ ଥାଏ ସେମିତି କିଛି ତା' ନିକଟରେ ମିଳିବନି; ମାତ୍ର ସେ ସବୁବେଳେ ପରିବାର ପ୍ରତି ଅଧିକ ସମର୍ପିତ । ବନ୍ଧୁବାନ୍ଧବ ଏବଂ ଯେକେହି ଅତିଥି ଅଭ୍ୟାଗତ ଆସିଲେ ତାଙ୍କ ଚର୍ଚ୍ଚା କରିବାରେ ସାମାନ୍ୟ ହେଳା ଅଥବା ଊଣା କରେନି । ତେଣୁ ଅନ୍ୟ କାହାରି ନଜରରେ ଯଦି ସେ ଅପେକ୍ଷାକୃତ କମ୍ ଚାଲାକ, ସେଥିରେ ମୁଁ ଦୁଃଖୀ ନୁହେଁ । ବରଂ ଆମର ଛୋଟ ପୃଥିବୀକୁ ସବୁବେଳେ ସୁଖୀ କରିବାକୁ ସୁଖୀ ଦେଖିବାକୁ ତାର ସବୁ ଉଦ୍ୟମ । ଘର ପୁରା ପରିଷ୍କାର ରହିବ, ଲୁଗାପଟା ସବୁଦିନ ଇସ୍ତ୍ରୀ ଦିଆ ହୋଇଥିବ । ସ୍ୱାସ୍ଥ୍ୟ ଉପଯୋଗୀ

ଖାଦ୍ୟ ପ୍ରସ୍ତୁତ ହେବ। କେବେ ତାକୁ ଥକିପଡ଼ିବାର ମୁଁ ଦେଖିନି। କେବେ ହତାଶ ହେବାର ମୁଦ୍ରାରେ ତାକୁ ମୁଁ କେବେବି ଲକ୍ଷ୍ୟ କରିନି। ତାକୁ ମୋ ଜେଜେମା ନାଁ ଦେଇଥିଲେ ଲକ୍ଷ୍ମୀ। ସେ ବାସ୍ତବରେ ମୋର ଗୃହଲକ୍ଷ୍ମୀ। ବେଳେ ବେଳେ ମୋର ହାତଖୋଲା ଖର୍ଚ୍ଚ ଦେଖି କାର୍ପଣ୍ୟ କରିଛି, ମାତ୍ର ତାକୁ ପାଖରେ ଦେଖିଲେ ମୋତେ ଲାଗେ ମୋର ଆଉ କିଛି ଅଭାବ ନାହିଁ। ତାର କାର୍ପଣ୍ୟକୁ ମୁଁ ବେଳେ ବେଳେ ତାଚ୍ଛଲ୍ୟ କରିଛି। ପଚାଶ ଶହେ ଟଙ୍କା ବଞ୍ଚାଇକି କ'ଣ ବା କରିପାରିବା ବୋଲି କହି ତାକୁ ବିରକ୍ତ ହୋଇଛି, ବିରକ୍ତି ଉତୁରି ଗଲେ ଭାବିଛି ସେ ହିଁ ଠିକ୍ ମୁଁ ଭୁଲ୍।

ଏବେ ମୋତେ ପଞ୍ଚଷଠୀକୁ ଟୁନୀ ଏକଷଠୀ। ସମୟ ଗଡ଼ି ଚାଲିଛି। ଏହା ଭିତରେ ବିତିଗଲାଣି ସଇଁତିରିଶ ବର୍ଷର ଯୁଗ୍ମ ଜୀବନ। ରାତିରେ ଶୋଇବା ବେଳେ କେବେ କେବେ ଲମ୍ବା ଗପ ହୋଇଯାଏ। ମୁଁ କହେ – ଜୀବନ କାହାର ଆଗେ ସରିଯିବ କେହି କହିପାରିବେ ନାହିଁ। ଯିଏ ରହିଯିବ – ତା'ର ଏକୁଟିଆ ଜୀବନଟା ହେବ ଦୁଃଖମୟ, ଏହା ମୋତେ ଜଳଜଳ ଦିଶୁଛି। ମୁଁ କେତେ ଲୋକଙ୍କୁ ଦେଖିଲିଣି। ଆଗରୁ ଗାଁରେ ଥିଲା ଗୋଷ୍ଠୀ ଜୀବନ। ଥିଲା ଯୁଗ୍ମ ପରିବାରର ଗହଳ ବନ୍ଧନ। ସବୁ କ୍ରମେ ଲୋପ୍ ପାଇ ଆସିଲାଣି। ବିଦେଶରେ ଯଦିଓ ବୁଢ଼ାବୁଢ଼ୀମାନେ ବୃଦ୍ଧାଶ୍ରମରେ ରହନ୍ତି ତାଙ୍କୁ ବହୁ ସୁବିଧା ସୁଯୋଗ ଉପଲବ୍ଧ ହୁଏ। ଏବେ ବି ଭୁବନେଶ୍ୱର ଭଳି ମଧ୍ୟମ ସ୍ତରର ସହରରେ ସେପରି ବୃଦ୍ଧାଶ୍ରମ ତିଆରି ହୋଇନି ଯେଉଁଠାରେ ପଇସା ଦେଇ ଏକ ନିରୁପଦ୍ରୁତ ଜୀବନ ଜୀଇଁ ହେବ। ପରିଣତ ବୟସରେ ପରିବାର ଠାରୁ ସ୍ନେହ ସୋହାଗ ଆଶା କରିବା ଅନୁଚିତ। ଆଜିକାଲି ଉଭୟ ସ୍ୱାମୀ–ସ୍ତ୍ରୀ ଚାକିରିଆ। ସେମାନଙ୍କ ପାଖରେ ସମୟର ଅଭାବ ବୁଢ଼ାବୁଢ଼ୀ ବାପମାଆଙ୍କ ଯତ୍ନ ନେବାକୁ। ପୁରାତନ କାଳରେ ବାନପ୍ରସ୍ଥ ଆଉ ଯତିବ୍ରତ ବୋଲି ଯେଉଁ ଆଶ୍ରମ କଥା କୁହାଯାଇଥିଲା ସେସବୁ ପରିବାରଠାରୁ ମୋହ କମେଇବା ଏବଂ ପରିବାର ଠାରୁ ଦୂରରେ ରହିବାର ପର୍ଯ୍ୟାୟ।

ଏତେ କଥା ଶୁଣିଲା ପରେ ଟୁନୀ କିଛି କହୁ ନଥାଏ। ମୁଁ ଭାବେ ଶୋଇ ପଡ଼ିଲାଣି କି ? ଡାକିଦେଲେ କହେ – ମୁଁ ସବୁ ଶୁଣୁଛି – ହେଲେ ତମେ ଏପରି ଅବାନ୍ତର କଥା କହୁଛ କାହିଁକି। ମୃତ୍ୟୁ ସବୁବେଳେ ରହସ୍ୟମୟ। ଯେତେ ଦିନ ଅଛନ୍ତି ସଂସାରରେ ସେତେଦିନ ଜୀବନ କଥା ବୁଝିବା। ମୃତ୍ୟୁ ଆସିବ ନିଶ୍ଚୟ। ସେ ଅପ୍ରତିରୋଧ୍ୟ। ସେ ବିଷୟରେ ବେଶି ଚିନ୍ତା କରି ଜୀବନକୁ କ୍ଷୟ କରିବାନି। ଯେତେଦିନ ଯାଏ ଅଛନ୍ତି ଭଲ କାମରେ ମନ ଦେବା। ଏମିତି ଗପ ଶୁଣୁ ଶୁଣୁ ନିଦ ଆସିଯାଏ। କେବେ ସେଇ ନିଦ ଶେଷ ନିଦ୍ରା ହେବ କିଏ ଜାଣେ ! ■

BLACK EAGLE BOOKS

www.blackeaglebooks.org
info@blackeaglebooks.org

Black Eagle Books, an independent publisher, was founded as a nonprofit organization in April, 2019. It is our mission to connect and engage the Indian diaspora and the world at large with the best of works of world literature published on a collaborative platform, with special emphasis on foregrounding Contemporary Classics and New Writing.

www.ingramcontent.com/pod-product-compliance
Lightning Source LLC
Chambersburg PA
CBHW022221090526
44585CB00013BB/662
* 9 7 8 1 6 4 5 6 0 7 6 4 9 *